Replikation und Erweiterung des Modells zur Bestimmung der Disruptionsreife von Wertnetzwerken

Eva Maria Baumann

Replikation und Erweiterung des Modells zur Bestimmung der Disruptionsreife von Wertnetzwerken

Eine fallstudienbasierte Untersuchung in konvergierenden Märkten

Mit Geleitworten von Prof. Dr. Michael Dowling und Prof. Dr. Stefan Hüsig

Springer Gabler

Eva Maria Baumann
Regensburg, Deutschland

Dissertation zur Erlangung des Grades eines Doktors der Wirtschaftswissenschaft, eingereicht an der Fakultät für Wirtschaftswissenschaften der Universität Regensburg
Berichterstatter: Prof. Dr. Michael Dowling, Prof. Dr. Stefan Hüsig
Tag der Disputation: 23.05.2017.

ISBN 978-3-658-20478-5 ISBN 978-3-658-20479-2 (eBook)
https://doi.org/10.1007/978-3-658-20479-2

Die Deutsche Nationalbibliothek verzeichnet diese Publikation in der Deutschen Nationalbibliografie; detaillierte bibliografische Daten sind im Internet über http://dnb.d-nb.de abrufbar.

Springer Gabler

Gedruckt auf säurefreiem und chlorfrei gebleichtem Papier

Springer Gabler ist Teil von Springer Nature
Die eingetragene Gesellschaft ist Springer Fachmedien Wiesbaden GmbH
Die Anschrift der Gesellschaft ist: Abraham-Lincoln-Str. 46, 65189 Wiesbaden, Germany

Für zwei ganz besondere Menschen, die mir immer zur Seite stehen und die ich über alles in der Welt liebe!

Meinen Ehemann Florian Fritsch und meine Mutter Christa Baumann

Ihnen widme ich diese Arbeit!

Geleitwort von Prof. Dr. Michael Dowling

Die wichtigste theoretische Entwicklung der letzten 20 Jahre in der wirtschaftswissenschaftlichen Literatur über Innovationsmanagement ist die von Prof. Clayton Christensen entwickelte disruptive Innovations Theorie (Disruptive Innovation Theory). Mit dieser Theorie hat Christensen das Innovationsmanagement einen sehr großen Schritt vorangebracht. Allerdings basierten seine Forschungen zu diesen Themen fast ausschließlich auf retrospektiven Analysen von Technologien in verschiedenen Märkten und dem Einfluss dieser Technologien auf den Erfolg- oder Misserfolg sowohl von großen etablierten Firmen, als auch Startup- und Wachstumsunternehmen. Sowohl für die Wissenschaft als auch für die Praxis ist es umso wichtiger, nicht nur rückwirkend Disruptionen in der Vergangenheit zu analysieren, sondern Methoden zu entwickeln, um die Möglichkeit einer zukünftigen Disruption zu erkennen und zu bestimmen. Die Forschungen von Klenner (2011) und Keller/Hüsig (2009) auf diesem Gebiet haben erste Schritte gemacht, um Modelle zur Früherkennung Disruptiver Innovationen zu entwickeln. Aber diese Forscher haben damals schon erkannt, dass, um diese Modelle weiter zu entwickeln, weitere Studien in anderen Märkten notwendig sind. In diese Lücke zielt die vorliegende Dissertation von Frau Baumann. Unter Anwendung der Fallstudienmethode, angelehnt an Yin (2009), hat Frau Baumann analysiert, ob die beiden genannten Vorhersagemodelle auch in anderen Märkten konsistent und dadurch auch auf andere Märkte - insbesondere auf Märkte, in denen Konvergenz auf Produktebene stattfindet - übertragbar sind. Mit dieser Dissertation hat Frau Baumann einen wichtigen Beitrag für die Forschung und die betriebswirtschaftliche Praxis auf dem Gebiet „Disruptive Innovation" geleistet.

Geleitwort von Prof. Dr. Stefan Hüsig

Die Arbeit von Eva Baumann zielt darauf ab einen Beitrag zur Weiterentwicklung der „Disruptive Innovation Theory“ von Prof. Clayton Christensen (Harvard Business School) hinsichtlich ihrer Prognosefähigkeit zu liefern. Damit adressiert Sie einen derzeit stark diskutierten Theoriebereich in der Innovationsforschung, der mit kritischen Beiträgen wie z. B. von Sood & Tellis (2011), King & Baatartogtokh (2015), Lepore (2014) oder Wadhwa (2015) neue Aufmerksamkeit auch außerhalb der Wissenschaft gefunden hat. In diesem Zusammenhang werden außerdem regelmäßig zwei Kritikpunkte an der ursprünglichen Theorie von Christensen formuliert: Erstens, ob die theoretischen Erkenntnisse ausreichend konkret sind, um daraus Prognosen für die Zukunft abzuleiten und zweitens, ob die Theorie im Umfeld fortschreitender Digitalisierung und konvergierender Märkte noch Gültigkeit bzw. Relevanz besitzt. An beiden Punkten setzt die Autorin an, indem Sie auf bereits bestehende Ansätze zur ex ante Analyse von disruptiven Entwicklungen von Klenner (2011) sowie Keller & Hüsig (2009) zurückgreift und diese in Fallstudien anwendet, die von Digitalisierung in konvergierenden Märkten betroffen sind. Insbesondere das Modell zur Bestimmung von Disruptionsreife von Klenner (2011) ist noch relativ neu und es besteht noch erheblicher Forschungsbedarf hinsichtlich der möglichen Weiterentwicklungspotentiale im Zusammenhang mit rein digitalen Disruptionen, die von neuen Märkten bzw. Konvergenzprodukten ausgehen.

Damit zielt diese Dissertation auf eine erweiterte Replikation von Klenners Modell zur Bestimmung der Disruptionsreife ab, was im Kontext der Innovationsforschung einen noch relativ originellen methodischen Ansatz darstellt sowie empirisch Neuland betritt. Gerade in letzter Zeit wurde im Zusammenhang mit häufiger auftretenden Problemen der Replizierbarkeit von empirischen Ergebnissen oder auch bewusstem wissenschaftlichem Fehlverhalten, das Fehlen von systematischen Replikationen wiederholt gefordert (Fanelli 2009). Teilweise wird bereits von einer „replication crisis" oder "replicability crisis" in Feldern wie Sozialpsychologie oder Medizin gesprochen (Schooler 2014). Es ist ein wesentlicher Verdienst dieser Arbeit, dass die deutschsprachige Innovationsforschung im Bereich der Wirtschaftswissenschaften anfängt eine Führungsrolle zu übernehmen.

Konkret beantwortet Eva Baumann in Ihrer Arbeit folgende Forschungsfragen:

- Wie geeignet sind die beiden Modelle, das Modell zur Bestimmung des disruptiven Potentials einer Innovation und das Modell zur Bestimmung der Disruptionsreife von Märkten, in anderen Fällen?
- Wie geeignet sind die beiden Modelle, das Modell zur Bestimmung des disruptiven Potentials einer Innovation und das Modell zur Bestimmung der Disruptionsreife von Märkten in konvergierenden Märkten, insbesondere bei Konvergenz auf Produktebene?
- Wie ergänzen sich die beiden Vorhersagemodelle bei der Früherkennung disruptiver Innovationen?

Zur Beantwortung der gestellten Forschungsfragen wurde folgende Vorgehensweise gewählt: Ausgehend von der Einleitung (Kapitel 1), in der die Relevanz und Zielsetzung sowie die Forschungsfragen und Aufbau der Arbeit hergeleitet werden, sind in Kapitel 2 die theoretischen Grundlagen der „Disruptive Innovation Theory" von Clayton Christensen, sowie die Ansätze zur ex ante Analyse von disruptiven Entwicklungen von Klenner (2011) und Keller & Hüsig (2009) Gegenstände der Ausführungen. Für Einsteiger in die Thematik aber auch für Experten wird hier eine sehr gute Übersicht zu den theoretischen Ansätzen geboten. Außerdem werden hier auch die Grundlagen von Konvergenz thematisiert und mit dem Phänomen der Disruption in Zusammenhang gebracht. Die Forschungsmethodik und das Forschungsdesign der Arbeit werden in Kapitel 3 vorgestellt. Eva Baumann verwendet die Fallstudienmethode (Yin 2009) für die erweiterte Replikation des Modells zur Bestimmung der Disruptionsreife von Klenner (2011) im Rahmen eines multiplen Fallstudienforschungsdesigns und begründet dort Ihre Fallauswahl. In Kapitel 4 wird die empirische Analyse präsentiert und die drei ausgewählten Fallstudien dargestellt und mit Hilfe der Ansätze von Klenner (2011) und Keller & Hüsig (2009) analysiert. Die erste Fallstudie „Von der Digitalkamera zur Mobiltelefonkamera" überzeugt durch eine klare Systematik, Detailreichtum, hohe Datenqualität und klare Beweisführung. Neben den für die Arbeit essentiellen Analysen des disruptiven Potentials, der Disruptionsreife und auch der Feststellung einer eingetretenen Disruption, hat sich die Eva Baumann auch der Herausforderung gestellt jeweils eine kurze

Fallgeschichte zu schreiben, die einerseits einen eigenständigen wissenschaftlichen Mehrwert durch die verbesserte Beurteilungsmöglichkeit der internen Validität der durchgeführten Analysen bietet sowie im Rahmen von Lehrmaterialien genutzt werden könnte. Auch für an Wirtschafts- und Technikgeschichte Interessierte bietet diese detailreiche Aufarbeitung einen datenreichen Einblick, der zu weiteren Analysen einlädt. Die Fallstudie 2 und 3 beschäftigen sich mit der automobilen Navigationsindustrie. Auch hier beeindruckt die Arbeit mit einer teils sehr guten Datenbasis und guten Analysen, die auch einen Eindruck der Komplexität vermitteln, wenn solche Fragestellungen mit wissenschaftlichem Anspruch durchgeführt werden. Somit könnten nachfolgende Forscher diese Arbeit als Vorlage für eigene Analyse nutzen. Die fallstudienübergreifende Analyse ist Gegenstand von Kapitel 5. Dort werden die Forschungsfragen anhand der Fallstudiendaten diskutiert und Ansätze zur Modifikation präsentiert. Im letzten Kapitel werden die Ergebnisse der Dissertation mit Implikationen für Wissenschaft und Praxis und weiterem Forschungsbedarf zusammengefasst.

Mit dieser Dissertation hat Eva Baumann einen wichtigen Beitrag für die Forschung und die betriebswirtschaftliche Praxis auf dem Gebiet der „Disruptive Innovation Theory“ geleistet. Ihre Ergebnisse sind theoretisch, empirisch und methodisch anregend für weitere Forschung auf diesem Gebiet. Aufgrund Ihrer teils sehr umfangreichen Datenbasis konnte Sie empirischen Analysen über längere Zeiträume in diesem Forschungsgebiet durchführen, die selten im deutschsprachigen Raum zu finden und hochwahrscheinlich international anschlussfähig sind. Die hier vorliegende Kombination der differenzierten Bewertungen des disruptiven Potentials, der Disruptionsreife und auch der Feststellung einer eingetretenen Disruption innerhalb einer Arbeit in der vorliegenden Qualität stellt einen sehr gelungenen analytischen Beitrag dar, der helfen konnte zu zeigen, dass die Konzepte von Klenner (2011) und Keller & Hüsig (2009) teilweise mit weiteren Daten konsistent sind und für weitere empirische Untersuchungen und praktische Anwendungen dienen können.

Vorwort

Die vorliegende Arbeit ist während meiner Promotionszeit am Lehrstuhl für Innovations- und Technologiemanagement von Prof. Dr. Michael Dowling an der Universität Regensburg entstanden. Motiviert war diese Arbeit durch das große Interesse an Marktveränderungen, insbesondere an dem Phänomen der disruptiven Innovationen, welche das Potential haben Märkte grundlegend zu verändern. An dieser Stelle möchte ich all denjenigen meinen herzlichen Dank aussprechen, die zum Gelingen dieser Arbeit beigetragen haben.

Zunächst möchte ich mich bei meinem Doktorvater Prof. Dr. Michael Dowling für die Übernahme der Betreuung meiner Arbeit und die lehrreiche Zeit am Lehrstuhl herzlich bedanken. Ein ganz besonderer Dank richtet sich auch an meinen Zweitgutachter Prof. Dr. Stefan Hüsig, der jederzeit ein offenes Ohr für mich hatte und mich durch viele Diskussionen und konstruktive Anregungen inspirierte. Mit seinem wissenschaftlichem Rat stand er mir stets zur Seite.

Ein weiterer Dank gilt auch meinen Kollegen für den stets interessanten Gedankenaustausch und die zahlreichen wertvollen Anmerkungen. Insbesondere sei hier Frau Mirjam Franz genannt, mit der ich eine Freundin an meiner Seite hatte, die mich auch in schwierigen Phasen immer wieder ermutigt hat und mit der ich während meiner Zeit am Lehrstuhl viel diskutieren aber auch viel lachen konnte.

Auch allen Experten, die mir im Rahmen meiner Recherchen als Interviewpartner zur Verfügung gestanden sind, sei an dieser Stelle herzlich gedankt. Besonders möchte ich Herrn Armin G. Schmidt hervorheben, der sich nicht nur mehrmals als Interview- und Diskussionspartner zur Verfügung gestellt sondern auch sein Netzwerk für mich geöffnet hat und mir dadurch viele interessante Gespräche und Zugang zu wichtigen Daten ermöglicht hat. Besonders bedanken möchte ich mich auch bei der GFK für die Bereitstellung aller Archivdaten, die für die Durchführung meiner Untersuchungen und Analysen unabdingbar waren.

Mein größter Dank gilt jedoch meiner gesamten Familie. Meinen Eltern, Christa und Thomas Baumann, die durch die Ermöglichung meiner Ausbildung die Grundvoraussetzung geschaffen haben, meine Promotion anzutreten und die mich durch ihre tolerante und liebevolle Art immer in allem unterstützt haben, was ich mir zum Ziel gesetzt hatte. Insbesondere meiner Mutter, die jederzeit ein offenes Ohr für mich hat und mich in dieser Zeit mit unendlicher Liebe und Geduld begleitet hat.

Ganz besonders danken möchte ich meinem lieben Ehemann Florian Fritsch, der mich stets unterstützt und motiviert. Danke für die zahlreichen Stunden der Diskussion über verschiedenste Themen. Danke für Deine unermessliche Liebe und das schöne Leben mit Dir! Ich bin zutiefst dankbar für Deine Liebe.

Eva Baumann

Inhaltsverzeichnis

Abkürzungsverzeichnis

Abb.	Abbildung
AG	Aktiengesellschaft
App(s)	Application(s)
APS	Advanced Photo System
Aufl.	Auflage
BBD	Big Bang Disruption
BDMI	Bundesministerium für Verkehr & digitale Infrastruktur
BMBF	Bundesministerium für Bildung und Forschung
Bsp.	Beispiel
BVT	Bundesverband Technik des Einzelhandels
c. p.	ceteris paribus
CAGR	Compound annual growth rate
CCD	Charge-Coupled-Device,
CD-ROM	Compact Disk – Read only Memory
CE	Consumer Electronics
CNS	Connected navigation system
Corp.	Corporation
DAB	Digital Audio Broadcasting
DAT	Deutsche Automobil Treuhand GmbH
DI	disruptive Innovation
DIT	Disruptive Innovation Theory / Disruptive Innovations-Theorie
DK	Digitalkamera
DKK	digitale Kompaktkamera
DP	disruptives Potential
DR	Disruptionsreife

DRAM	Dynamic Random Access Memory
dSLR	digitale Spiegelreflexkamera
DSV	Digital Storage Unit
Ed.	Editor(s)
EDV	Elektronische Datenverarbeitung
et al.	et alii (und andere)
etc.	et cetera
EU	Europäische Union
F&E	Forschung und Entwicklung
f.	folgende
FCD	Floating Car Data
ff.	fortfolgende
FPD	Floating Phone Data
GfK	Gesellschaft für Konsumforschung
gfu	Gesellschaft für Unterhaltungs- und Kommunikationselektronik
ggf.	gegebenenfalls
ggü.	gegenüber
GmbH & Co. KG	Kommanditgesellschaft mit beschränkt haftendem Komplementär
GmbH	Gesellschaft mit beschränkter Haftung
GPRS	General Packet Radio Service
HK	Handykamera
Hrsg.	Herausgeber
HTML	Hypertext Markup Language
i. d. R.	in der Regel
i. e. S.	im engeren Sinne
Inc.	Incorporated
IO	Internet Protocol
IP	Internet Protocol
i. S. d.	im Sinne der/des
ISDN	Integrated Services Digital Network
i. S. v.	im Sinne von
IT	Information und Telekommunikation
IUK	Information und Kommunikation
i. V. m.	in Verbindung mit
i. w. S.	im weiteren Sinne
Jg.	Jahrgang

Kap.	Kapitel
KK	Kompaktkamera
KMU	Kleine und mittelgroße Unternehmen
LAN/WAN	Local Area Network/Wide Area Network
MB	Megabit
Mbit/s	Megabit pro Sekunde
KPCB	Kleiner Perkins Caufield Byers
KPI	Key performance indicators
LTE	Long Term Evolution
LZ	Lebenszyklus
Mio.	Million(en)
Mrd.	Milliarde(n)
MSO	Multiple Service Operator
NBIC	Nano-, Bio-, Information Technology and Cognitive Science
Nr.	Nummer
o. S.	ohne Seitenangabe
o. T.	ohne Titel
o. V.	ohne Verfasser
OECD	Organization for Economic and Commercial Development
OEM	Original Equipment Manufacturer (Erstausrüster)
p. a.	per annum
PC	Personal Computer
PDA	Personal Digital Assistant
PDI	potentiell disruptive Innovation
PLZ	Produktlebenszyklus
PND	Personal Navigation Device (Mobiles Navigationsgerät)
POS	Point of Sale
S.	Seite
SaaS	Software-as-a-Service
SI	sustaining Innovation
SK	Smartphonekamera
SMS	Short Message Service
SOTA	Software over the air
SVC	Still Video Camera
TIME	Telecommunication, Information, Media, Entertainment
TK	Telekommunikation
TLZ	Technologielebenszyklus

TMC	Traffic Message Channel
TMCpro	Navteq Traffic
Tsd.	Tausend
UMTS	Universal Mobile Telecommunication Service
USA	Vereinigte Staaten von Amerika
VAS	Value Added Services
URL	Uniform Resource Locator
VDA	Verband der Automobilindustrie
Vgl.	vergleiche
VoD	Video on Demand
VuMA	Arbeitsgemeinschaft Verbrauchs- und Medienanalyse
WLAN	Wireless Local Area Network
www	World Wide Web
XFCD	Erweiterung zu Floating Car Data
zit.	zitiert
zugl.	zugleich

Abbildungsverzeichnis

Tabellenverzeichnis

1 Einleitung

Innovation distinguishes between a leader and a follower.
Steve Jobs (Quelle: lomography 2011)

Exzellente Unternehmen sind nur solche, die stetig Innovationen hervorbringen. Wie Steve Jobs, der Gründer von Apple, immer wieder betonte, ist die Innovationsfähigkeit ein wichtiger strategischer Erfolgsfaktor, der den Geschäftserfolg maßgeblich beeinflusst. Betrachtet man die Entwicklung der Fortune-500-Unternehmen der letzten Jahrzehnte über alle Industrien hinweg, so zeigt sich, dass bei allen 195 Unternehmen, die von 1970 bis Anfang des 21. Jahrhunderts überlebt haben, Innovation der wichtigste Treiber für Rentabilität und Wachstum war. Unternehmen, die nicht innovativ sind, überleben nicht lange, da es nur mit Innovationen möglich ist, sich von den Wettbewerbern zu differenzieren, Kunden zu gewinnen und Marktanteile zu generieren.[1]

1.1 Gegenstandsbereich und Problemhintergrund

In Zeiten von Digitalisierung, vor dem Hintergrund weitgehend gesättigter Märkte, globalen Wettbewerbs und steigender Fragmentierung der Märkte, wird Innovation zum wichtigsten „Werkzeug" für viele Unternehmen, um ihr Überleben zu sichern.[2] Vor allem die Tatsache, dass durch die Digitalisierung Produkt-

[1]Vgl. Mueller-Oerlinghausen, Sauder (2003) in Hess, Köhler (2003); Booz, Allen, Hamilton (1983), S. 12; Herstatt, Verworn (2003), S. 4; Song (2015), S. V; Isaacson (2011).

[2]Vgl. Specht, Beckmann, Amelingmeyer (2002), S. 127; Booz, Allen, Hamilton (1983); S. 5; Herstatt, Verworn (2003), S. 4.

E. M. Baumann, *Replikation und Erweiterung des Modells zur Bestimmung der Disruptionsreife von Wertnetzwerken,* https://doi.org/10.1007/978-3-658-20479-2_1

und Technologielebenszyklen in vielen Märkten immer kürzer werden,[3] bedeutet für Unternehmen, dass sie schneller neue Produkte auf den Markt bringen und schneller innovieren müssen, um erfolgreich zu bleiben. Damit einhergehend wird es immer wichtiger Innovationen am Markt richtig einzuschätzen und mögliche Gefahren ursprünglich zu erkennen, um angemessen und frühzeitig darauf reagieren zu können.[4] Ein Unternehmen muss zwischen Innovationen unterscheiden können, die nur einen vielversprechenden Eindruck machen, und solchen, die tatsächlich den Markt verändern werden.[5]

Innovationstheorien können Unternehmen helfen einzuschätzen, wann eine Innovation sinnvoll und wahrscheinlich ist und welche Auswirkungen sie auf die Industrie haben kann.[6] Eines der Kernelemente in der Unternehmensstrategie ist die Frage, in *welche* Innovationen *wann* investiert werden soll und *wie* sie umgesetzt werden.[7] Wie andere Bereiche im Unternehmen müssen Innovationen daher auch strukturiert und geplant werden. Während es in vielen Fällen richtig ist, auf seine (besten) Kunden zu hören und Marktforschung zu betreiben, kann diese Vorgehensweise beispielsweise in Fällen mit disruptiven Innovationen (DI) vernichtend sein.[8] Gleichzeitig ist aber die Wahrscheinlichkeit, erfolgreiches neues Wachstum zu kreieren, zehn Mal größer wenn eine disruptive Innovation hervorgebracht wird, als wenn es sich um eine andere Innovationsart handelt.[9] Disruptive Innovationen können daher gleichzeitig eine große Chance und eine große Gefahr für Unternehmen sein, da sie das Potential haben Märkte völlig zu verändern. Das Phänomen der Disruption tritt zwar nur selten auf, führt dann aber häufig, trotz gutem Management, zum Scheitern etablierter Unternehmen. Das liegt daran, dass diese die Gefahr, die von disruptiven Innovationen ausgeht, nicht frühzeitig genug erkennen und/oder falsch darauf reagieren.[10] Vorliegende Arbeit möchte sich daher auf diese Art der Innovation fokussieren und durch die Forschung in diesem Rahmen einen dazu Beitrag leisten, die Früherkennung in diesem Bereich zu verbessern.

---

[3]Vgl. Markus (1999), S. 21; Thielmann (2000), S. 1; Bharadwaj, Noble (2015), S. 1.

[4]Vgl. Gemici, Alpkan (2015), S. 797f.; Gilbert (2003), S. 27f.

[5]Vgl. Sood, Tellis (2013), S. 25.

[6]Vgl. Hauschildt (1997), S. 25ff.

[7]Vgl. Gemici, Alpkan (2015), S. 797f.

[8]Vgl. Christensen (1997); Christensen, Raynor (2003); Sood, Tellis (2013), S. 25; Govindarajan et al. (2011).

[9]Vgl. Robles (2015), S. 121.

[10]Vgl. Christensen (1997); Christensen, Raynor (2003), S. 56ff.; Gilbert (2003), S. 27ff.; siehe dazu auch Abschnitt 2.2.

Um disruptive Innovationen frühzeitig zu erkennen, ist es zunächst wichtig sie von anderen Innovationen unterscheiden zu können. Die Ausführungen von Christensen im Rahmen der Disruptiven Innovations-Theorie (*engl. Disruptive Innovation Theory*) (DIT) können dazu einen wesentlichen Beitrag leisten. Es wird jedoch häufig kritisiert, dass die Disruptive Innovations-Theorie nicht hilfreich genug ist, um disruptive Innovationen frühzeitig zu erkennen.[11] Christensen selbst, aber auch viele andere Autoren haben sich daher in der Vergangenheit damit beschäftigt, Ansätze zu entwickeln, die bei der Früherkennung disruptiver Innovationen helfen sollen.[12] Die meisten Forscher konzentrierten sich dabei auf die Untersuchung von bestehenden Innovationen und der Einschätzung, ob diese eine Disruption am Markt auslösen könnten. Der Untersuchungszeitpunkt liegt in diesen Fällen auf dem Zeitraum „nach dem Eintritt einer potenziell disruptiven Innovation" am Markt.[13] Da trotz dieser Bemühungen auch in den letzten Jahren immer wieder – sowohl in der Wissenschaft, aber vor allem in der Praxis – betont wurde, wie schwierig es sei, disruptive Innovationen *frühzeitig* zu erkennen, werden immer weiter neue Ansätze vorgestellt.[14]

Nach ausführlicher Analyse zahlreicher Früherkennungsansätze, siehe dazu auch Abschnitt 2.2.3, fielen die beiden Modelle, das Modell zur Bestimmung der Disruptionsreife von Märkten von Klenner (2011) und das Modell zur Bestimmung des disruptiven Potentials von Innovationen von Keller und Hüsig (2009) ins Auge, die nicht nur einzeln sehr interessant sondern auch in Kombination sehr vielverprechend schienen. Während sich viele Vorhersagemodelle auf bestehende Innovationen fokussieren, war das Modell zur Bestimmung der Disruptionsreife von Märkten eines der wenigen Modelle, welches sich auf den Markt im Zeitabschnitt vor Eintritt einer potentiell disruptiven Innovation fokussiert. Es handelt sich bei diesem Modell um ein Früherkennungssystem, welches die Analyse von Märkten hinsichtlich der Chance einer wirtschaftlichen Verwertung disruptiver Innovationen noch vor Eintritt einer neuen Technologie ermöglicht. Gleichzeitig

[11]Vgl. Christensen (1997, 1992a,b); Christensen, Overdorf (2000); Christensen et al. (2001); Christensen et al. (2004); Sandström (2015); Sandström et al. (2014), S. 472f.; Bennet (2014).

[12]Vgl. Adner, Zemsky (2001); Rafii, Kampas (2002); Adner (2002); Christensen et al. (2004); Hüsig, et al. (2005); Kostoff (2004); Paap, Katz (2004).

[13]Vgl. Adner, Zemsky (2001); Rafii, Kampas (2002); Adner (2002); Christensen et al. (2004); Hüsig, et al. (2005); Kostoff (2004); Paap, Katz (2004); Dijk et al. (2016).

[14]Vgl. Nagy et al. (2016); Momeni, Rost (2016), S. 16f.; Dijk et al. (2016); Lim, Anderson (2015); Sandström et al. (2014), S. 472f.

hilft es die Frage zu beantworten, ob neue Firmen in den Markt eintreten können, bevor eine potentiell disruptive Innovation auf den Markt kommt.[15] Um das Modell zu erstellen, hat Klenner (2011) zunächst Marktstrukturen analysiert, die auftreten bevor eine disruptive Innovation in einen Markt eingeführt wird, um herauszufinden, welche Bedingungen am Markt vor einer Disruption den erfolgreichen Eintritt neuer Firmen und die wirtschaftliche Verwertung von disruptiven Innovationen in diesem Markt begünstigen.

Das Modell wurde innerhalb der Originalstudie von Klenner (2011) in einer Ex-post- und einer Ex-ante-Fallstudie angewandt. In der durchgeführten Ex-post Fallstudie wurde der technologische Wandel von der analogen zur digitalen Kamera am Amateurfotomarkt untersucht. Da eine ex post gerichtete Anwendung nur wenig über die Ausweitbarkeit der Theorie aussagen kann, scheint es sinnvoll, die Studie im Rahmen neuer Fallstudien zu wiederholen, um das Modell weiter zu festigen und zu untersuchen, inwiefern es auch auf andere Fälle anwendbar ist.[16]

Wird das Modell mit dem Modell zur Bestimmung des disruptiven Potentials einer Innovation von Keller und Hüsig (2009) kombiniert, kann zeitlich ein sehr langer Abschnitt im Disruptionsprozess abgebildet werden, indem die potentielle Gefahr disruptiver Innovationen für etablierte Unternehmen untersucht werden kann. Das bedeutet, dass Unternehmen, unabhängig in welcher Phase eines disruptiven Prozesses sie sich gerade befinden, durch die Kombination der beiden Modelle zu jeder Zeit ein Tool zur Hand haben, um die Gefahr einer Disruption einzuschätzen.

Wie bereits erwähnt, fokussieren sich mehrere der bestehenden Ansätze auf die Bestimmung des disruptiven Potentials einer bereits am Markt vorhandenen Innovation. Das Modell zur Bestimmung des disruptiven Potentials von Keller und Hüsig (2009) schien jedoch für die Kombination mit dem Modell zur Bestimmung der Disruptionsreife von Märkten am besten geeignet. Zum einen, da es über einen langen Zeitraum unter Einbezug der Erweiterungen von Christensen und Ansätzen anderer Autoren entwickelt wurde und zum anderen, da es durch zahlreiche Anwendungen in verschiedenen Fällen in den letzten Jahren immer wieder verfeinert wurde.[17] Obwohl das Modell zur Bestimmung des disruptiven Potentials einer Innovation bereits sehr ausgereift scheint,[18] soll es trotzdem in der Replikation der

[15]Vgl. Klenner et al. (2013); Klenner (2011), S. 289, 104 ff.; vgl. dazu auch Hahn, Krystek (1979).

[16]Vgl. Baumgarth, Evanschitzky (2005); Mittelstaed, Zorn (1984); Bortz, Döring (2006); Lindsay, Ehrenberg (1993), Hubbard, Armstrong (1993); Srnka, Koeszegi (2007).

[17]Siehe dazu mehr in Abschnitt 2.2.5.

[18]Vgl. Hüsig et al. (2005); Hüsig, (2009); Keller, Hüsig (2009); Hüsig, (2013); Kaltenecker et al. (2013); Pur et al. (2014); Madjdi, Hüsig (2011).

Initialstudie von Klenner (2011) Anwendung finden, um herauszufinden, inwiefern die beiden Modelle in Kombination zur Früherkennung disruptiver Innovationen geeignet sind.[19] Eine weitere Festigung und Ausweitung des Modells ist dadurch ebenfalls zu erwarten.[20]

Obwohl Replikationen gerade in den Wirtschaftswissenschaften oft wenig Bedeutung beigemessen wird, wie zahlreiche Auswertungen von Publikationen belegen,[21] sind Replikationen ein zentraler Baustein für den Fortschritt in der Wissenschaft, da durch diese Methode die Ergebnisse von Initialstudien bestätigt und generalisiert werden können und die Qualität einer vorangegangenen Forschung erhöht werden kann.[22] Studien zeigen, dass im Durchschnitt nur ca. 25%[23] der Replikationen das Ergebnis der Originaltheorien vollständig bestätigen können. Dass eine Replikation zu abweichenden Ergebnissen gelangt, kann verschiedene Gründe haben: Forschungsfehler, Fehler bei der Kodierung, Aufzeichnung und der Analyse der Daten. Vor allem aber gelten die Rückschlüsse der Originaltheorie nicht immer über einen bestimmten Zeitraum hinaus oder sind nicht auf andere Orte, Situationen oder Grundgesamtheiten generalisierbar.[24] Vorliegende Arbeit möchte die Vorteile einer erweiterten Replikation nutzen und die Initialstudie von Klenner (2011) in drei Fallstudien replizieren und um das Modell des disruptiven Potentials ergänzen, um die beiden Modelle zur Früherkennung disruptiver Innovationen zu festigen und ggf. zu erweitern.

Weil in den letzten Jahren zu beobachten war, dass in digitalisierten Märkten immer mehr Konvergenz auf verschiedenen Ebenen stattfindet,[25] die immer häufiger

---

[19]Vgl. Klenner et al. (2013); Klenner (2011), S. 289, 104 ff.

[20]Vgl. Baumgarth, Evanschitzky (2005); Mittelstaed, Zorn (1984); Bortz, Döring (2006); Lindsay, Ehrenberg (1993); Hubbard, Armstrong (1993); Srnka, Koeszegi (2007).

[21]Vgl. Baumgarth, Evanschitzky (2005); Evanschitzky, Baumgarth, Hubbard, Armstrong (2007); Easley, Madden (2000); Hubbard, R.; Armstrong (1993); Tsang, Kwan (1999), S. 763.

Anmerkung: Einige Autoren konnten durch Auswertung diverser Journale nachweisen, dass die Anteile der veröffentlichten Replikationen nur zwischen 0,6% (Marketing ZFP) und 7,6 % (Journal of Finance) liegen, vgl. Hubbard, Vetter (1991); Baumgarth, Evanschitzky (2005); Hubbard, Armstrong (1994).

[22]Vgl. Baumgarth, Evanschitzky (2005); Mittelstaed, Zorn (1984); Bortz, Döring (2006); Lindsay, Ehrenberg (1993), Hubbard, Armstrong (1993); Srnka, Koeszegi (2007), Habel (2015), S. 96ff.

[23]selbst errechneter Durchschnittswert, vgl. dazu Baumgarth, Evanschitzky (2005), S. 254; Berthon et al. (2002), S. 419 f.; Hubbard, Armstrong (1993).

[24]Vgl. Hubbard, Armstrong (1993).

[25]Vgl. Markus (1999), S. 21; Robles (2015), S. 121f.; Faßnacht et al. (2009), S. 4ff.

in Kombination mit Disruption aufgetreten ist, soll das Phänomen der Konvergenz in diese Forschung miteinbezogen werden. Vor allem Konvergenz auf Produktebene hat stark zugenommen. Mehrfunktionale Geräte werden immer beliebter und die Nachfrage nach mobilen Versionen steigt stetig an.[26] Und obwohl sich die Theorien zu den beiden Phänomenen Konvergenz und Disruption im Verlauf der Jahre individuell stark entwickelt haben, fällt auf, dass der Zusammenhang zwischen beiden Phänomen in der Wissenschaft bislang nur mäßig behandelt wurde.[27] Es scheint bis heute nicht eindeutig geklärt, inwiefern Konvergenz und Disruption interagieren. So wird zwar oft in der Literatur betont, dass Disruption eine Folge von Konvergenz sein kann, allerdings wird nicht ganz klar, ob einer Disruption immer eine Konvergenz vorausgeht oder ob jede Konvergenz Disruption zur Folge hat.[28] Es lässt sich weiterhin feststellen, dass Konvergenz und Disruption in vielen Aspekten Ähnlichkeiten aufweisen. Es gibt daher in diesem Forschungsfeld einen klaren Bedarf an erklärenden Ansätzen, inwiefern Konvergenz und Disruption interagieren und sich gegenseitig beeinflussen. Vor allem im Bereich der Früherkennung disruptiver Innovationen könnte ein detaillierteres Verständnis weitere Erkenntnisse bringen. Folgende Forschungsfragen wurden daher für diese Arbeit abgeleitet:

- *Wie geeignet sind die beiden Modelle, das Modell zur Bestimmung des disruptiven Potentials einer Innovation und das Modell zur Bestimmung der Disruptionsreife von Märkten, in anderen Fällen?*
  - andere Art disruptiver Innovation
  - andere Branchen
  - andere Technologieart[29]
- *Wie geeignet sind die beiden Modelle, das Modell zur Bestimmung des DP einer Innovation und das Modell zur Bestimmung der Disruptionsreife von Märkten in konvergierenden Märkten, insbesondere bei Konvergenz auf Produktebene?*
- *Wie ergänzen sich die beiden Vorhersagemodelle bei der Früherkennung disruptiver Innovationen?*

---

[26]Vgl. Said, Adham (2016), S. 132; Lee et al. (2013), S. 123ff.; Aylette (2013), S. 46.

[27]Vgl. Said, Adham (2016), S. 131ff.

[28]Vgl. dazu auch Stieglitz (2003), S. 3ff.; Markus (1999), S. 197ff.; Hacklin et al. (2005), S. 1ff.

[29]Nach der Einteilung von Henderson, Clark (1990).

1.2 Zielsetzung der Arbeit

Das Ziel dieser Arbeit ist es, zu untersuchen, ob die beiden Vorhersagemodelle, das qualitativ-fallstudienbasierte Modell zur Bestimmung der Disruptionsreife von Märkten und das Modell zur Bestimmung des disruptiven Potentials von Innovationen, auch auf andere Fälle ausweitbar sind. Hierfür wird eine erweiterte Replikation der Initialstudie von Klenner (2011) mit Hilfe der Fallstudienmethodik anhand dreier Fallstudien durchgeführt. Dass es sich um eine erweiterte Replikation handelt, liegt zum einen daran, dass ein weiteres Modell kombiniert angewandt wird, zum anderen an der Tatsache, dass neue Fälle mit neuen Parametern und eigens dafür erstellten, sehr ausführlichen Datenbasen untersucht werden. Für die Fallauswahl wurde darauf geachtet, dass nur einzelne Parameter im Vergleich zur Initialstudie verändert sind. Konkret handelt es sich um die Art der disruptiven Innovation (low-end vs. new-market disruptive Innovation), um die Art der Technologie nach der Einteilung von Henderson, Clark (1990) sowie um die Anwendung in neuen Branchen. Die erstmalige Kombination der beiden Vorhersagemodelle, das Modell zur Bestimmung der Disruptionsreife von Märkten und das Modell zur Bestimmung des disruptiven Potentials, soll helfen, herauszufinden, wie und ob die sich die beiden Modelle bei der Früherkennung disruptiver Gefahren für etabliert Unternehmen ergänzen. Des Weiteren soll das Phänomen Konvergenz teilweise mit in die Untersuchungen einbezogen werden, da bislang nicht klar ist, wie geeignet die beiden Modelle für die Früherkennung disruptiver Innovationen in Märkten mit Konvergenz, insbesondere Produktkonvergenz sind. Es soll untersucht werden, inwiefern Produktkonvergenz in disruptiven Innovationen einen Einfluss auf die Anwendung der beiden Vorhersagemodelle und deren Ergebnisse hat. Um die Ergebnisse der Modelle und damit deren Eignung in anderen Fällen bewerten zu können, wird in jeder Fallstudie untersucht werden, ob in den Märkten eine Disruption, ausgelöst durch die untersuchte Innovation, stattgefunden hat. Des Weiteren soll durch den theoretischen Teil zum Verständnis der Beziehung der Phänomene Konvergenz und Disruption beigetragen werden.

Die vorliegende Arbeit will damit einen Beitrag leisten, das häufig diskutierte Problem der schwierigen Vorhersagbarkeit disruptiver Innovationen zu verbessern. Indem die zwei Vorhersagemodelle erstmals kombiniert auf neue Fälle angewandt werden, soll die Früherkennung verbessert, die Modelle erweitert und induktiv Vorschläge für Modifikationen erarbeitet werden. Durch die Erkenntnisse aus der Empirie können auch Handlungsoptionen als Hilfestellung für die Praxis im Rahmen der Vorhersage disruptiver Innovationen abgeleitet werden. Die Arbeit ist in sechs Abschnitte gegliedert, auf die im Folgenden jeweils kurz eingegangen wird.

1.3 Arbeitsaufbau

Kapitel 1 sollte dem Leser einen ersten Überblick über die Arbeit, die Problemstellung und das damit verfolgte Ziel vermitteln. Es sollte in das Forschungsfeld einführen, innerhalb dessen die Forschungsfragen eingeordnet werden können, und die Motive vermitteln, auf Grund derer diese Arbeit begonnen wurde. Im **zweiten Kapitel** werden theoretische Grundlagen erläutert. Es wird zunächst allgemein auf den Forschungsbereich *Innovation* und *technologischer Wandel* im Rahmen des strategischen Managements eingegangen (Abschnitt 2.1), bevor im Speziellen die *Disruptive Innovations- Theorie (DIT)* in Abschnitt 2.1 vorgestellt wird. Der Fokus dieses Abschnitts liegt auf dem *Modell zur Bestimmung der Disruptionreife (DR) von Märkten* und dem *Modell zur Bestimmung des disruptiven Potentials einer Innovation.* Zwei Früherkennungsmodelle für disruptive Entwicklungen, die im empirischen Teil im Rahmen einer Replikation der Initialstudie von Klenner (2011) untersucht werden. Beendet wird das Kapitel mit der *Konvergenztheorie* in Abschnitt 2.3, in der ein Verständnis über die Begrifflichkeit Konvergenz geschaffen und der Themenbereich im betriebswirtschaftlichen Zusammenhang erläutert wird. Bevor mit der Empirie begonnen wird, werden in **Kapitel** 3 die *Forschungsmethodik* und das ausgewählte *Forschungsdesign* vorgestellt. Zunächst wird die Methode der Replikation erläutert und kritisch beleuchtet. Dann werden die Forschungsfragen entwickelt und die Fallstudienmethodik als gewähltes Forschungsdesign vorgestellt. Weiterhin werden die drei geplanten Fallstudien für die Replikation vorgestellt und deren Auswahl begründet. Die ***empirische Analyse*** beginnt in Kapitel 4. In den Abschnitten 4.1 und 4.2 werden die beiden Modelle, das Modell zur Bestimmung der DR von Märkten und das Modell zur Bestimmung des DP einer Innovation, in drei Fallstudien angewandt. Zudem findet die Anwendung des Modells zur Bestimmung des DP einer Innovation am Fall der Initialstudie statt. Sofern die Modelle auch in den durchgeführten Fallstudien (Replikationen der Initialstudie) ihre Gültigkeit behalten, können sie lt. Eisenhardt (1989) als besonders gesichert gelten.[30] Nach jeder Fallstudie werden die Ergebnisse zusammengefasst und analysiert. Dabei wird diskutiert, inwiefern die theoretischen Modelle mit den empirischen Ergebnissen übereinstimmen. Eine ***fallstudienübergreifende Analyse*** findet im Anschluss in Kapitel 5 statt. Hier werden zunächst die Ergebnisse der einzelnen Fallstudien nochmals zusammengefasst (Abschnitt 5.1), bevor sie fallstudienübergreifend verglichen und analysiert werden. Diese Analyse bildet die Grundlage für die Beantwortung

[30]Vgl. Eisenhardt (1989), S. 536.

der Forschungsfragen in Abschnitt 5.3. Aufgrund der Erkenntnisse aus Theorie und Empirie findet in Abschnitt 5.4 eine zirkuläre Erweiterung der bestehenden Propositionen des Modells zur Bestimmung der DR statt, indem Vorschläge für mögliche Modifikationen erarbeitet werden. Sie sollen helfen, die Ausweitbarkeit des Modells auf andere Fälle für die Zukunft zu verbessern. Im ***Schlussteil*** (Kapitel 6) wird die Arbeit zusammengefasst und es werden Implikationen für Praxis und Forschung abgeleitet. Des Weiteren findet ein Hinweis auf die Limitationen der Arbeit und weiteren Forschungsbedarf statt. Ein Fazit am Schluss fasst die wichtigsten Erkenntnisse nochmals zusammen. Der Aufbau ist in Abbildung 1.1 grafisch dargestellt.

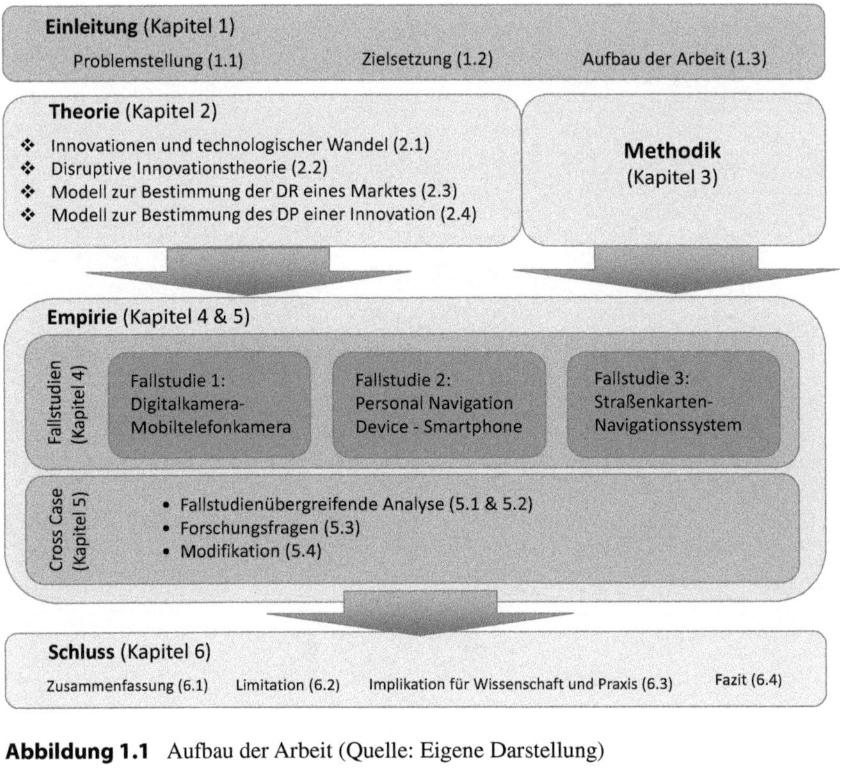

Abbildung 1.1 Aufbau der Arbeit (Quelle: Eigene Darstellung)

2 Theorie

In folgendem Kapitel wird eine umfassende Betrachtung der wissenschaftlichen Literatur zu den Themen *Disruptive Innovation* (Abschnitt 2.2) und *Konvergenz* (Abschnitt 2.3) vorgenommen, bevor im Anschluss daran Gemeinsamkeiten und Unterschiede der beiden Forschungsfelder herausgearbeitet werden (Abschnitt 2.4). Der Fokus liegt dabei auf den Modellen zur Vorhersage disruptiver Innovationen. Abschnitt 2.1 führt zunächst in die Grundlagen zu Innovation und technologischem Wandel ein.

2.1 Innovationen und technologischer Wandel

Unternehmen können in verschiedener Weise von Innovation profitieren. Als Produzent gewinnen sie neue Kunden und können den Absatz erhöhen, als Nutzer von Innovationen können Einsparungen erzielt werden.[1] Wie andere Bereiche im Unternehmen müssen Innovationen auch strukturiert und geplant werden. Innovationstheorien sind die Basis für das Innovationsmanagement, das den Innovationsprozess in Unternehmen strukturiert und vorantreibt. Innovationstheorien helfen Unternehmen einzuschätzen, wann eine Innovation sinnvoll und wahrscheinlich ist und welche Auswirkungen sie auf die Industrie haben kann. Das Innovationsmanagement nutzt dieses Wissen und hilft Ideen voranzutreiben und diese in wirtschaftlich verwertbare Produkte oder Dienstleistungen umzusetzen.[2]

[1] Vgl. Hippel (1988), S. 72.

[2] Vgl. Hauschildt (1997), S. 25ff.

E. M. Baumann, *Replikation und Erweiterung des Modells zur Bestimmung der Disruptionsreife von Wertnetzwerken*, https://doi.org/10.1007/978-3-658-20479-2_2

Im folgenden Abschnitt werden zunächst die Grundlagen von Innovationen erläutert, bevor in Abschnitt 2.1.2 relevante Innovationstheorien vorgestellt werden.

2.1.1 Innovation – Grundlagen und Definitionen

Der Begriff Innovation kann von dem lateinischen Verb „*innovare*" abgeleitet werden, was mit „erneuern" übersetzt wird.[3] Bevor später verschiedene Arten von Innovationen vorgestellt und Innovationstheorien erklärt werden, ist es zunächst wichtig, eine Begriffsdefinition zu geben und zu eruieren, was unter dem Begriff Innovation verstanden wird. Dies ist nicht so einfach, wie es auf den ersten Blick scheint, da in der Literatur zahlreiche unterschiedliche Definitionen zu finden sind. Manche sind breiter gefasst, manche eher enger. Um die unterschiedlichen Ansätze zu verdeutlichen, sind einige ausgewählte Beispiele in Tabelle 2.1 aufgeführt.[4]

Wie in Tabelle 2.1 zu sehen ist, unterscheiden sich Wissenschaftler in ihrem Verständnis darüber, was unter einer Innovation verstanden wird. Während einige Innovation eher objektbezogen betrachten, gehen andere bei Innovation von einem Prozess aus[5], bei dem neben der Erfindung einer Neuerung auch die wirtschaftliche Verwertung am Markt miteinbezogen ist.

Auch Clayton Christensen sieht Innovation als einen Prozess. Die letztgenannte Definition von ihm aus dem Jahre 1992 wurde ursprünglich zunächst für den Begriff *Technologie* formuliert. Erst später merkte Christensen an, dass statt der Bezeichnung disruptive Technlogy auch die Begrifflichkeit disruptive Innovation verwendet werden sollte.

Die prozessbasierte Definition, die als Basis im Rahmen der Disruptive Innovation Theory formuliert wurde, ist damit etwas breiter gefasst und beschränkt sich nicht rein auf eine funktionale oder wissensbasierte Definition sondern umfasst z.B. auch Prozesse die auf den ersten Blick nur wenig mit der Technologie zu tun haben.[6] Diese Definition soll auch im Rahmen dieser Arbeit verwendet werden und als Basis für die nachfolgenden Untersuchungen dienen. Auch werden die Begriffe Technologie und Innovation zum Teil synonym verwendet. Dies ist auf die Ausführungen Christensen im Rahmen seiner Disruptive Innovation

---

[3]Übersetzung laut dict.cc, vgl. Vahs, Schäfer-Kunz 2007, S. 421

[4]Vgl. Hauschildt, Salomo (2011), S. 3f.; Smith (2006), S. 6

[5]Vgl. die Definitionen 3, 6, 9 und 12 in Tabelle 2.1.

[6]Vgl. Dowling, Hüsig (2004), S. 1; Enders et al. (2006), S. 67.

Tabelle 2.1 Ausgewählte Definitionen des Innovationsbegriffes (Quelle: Eigene Zusammenstellung, teilweise in Anlehnung an Hauschildt 1997, S. 4ff.)

Nr.	Definition „Innovation"	Autor (Jahr)
1	„(...) the setting up of a new production function. This covers the case of a new commodity, as well as those if a new form of organization such as a merger, of the opening up of new markets, and so on. (...) innovation combines factors in a new way (...)."	Schumpeter (1939), S. 84
2	„An innovation is (...) any thought, behaviour or thing that is new because it is qualitatively different from existing forms."	Barnett (1953), S. 7
3	„Unter einer Innovation soll hier der gesamte Prozess der Erforschung, Entwicklung und Anwendung einer Technologie verstanden werden. Dieser Prozeß besteht definitionsgemäß also aus mehreren logisch aufeinander folgenden Phasen (Subprozessen), die sich analytisch unterscheiden lassen."	Uhlmann (1978), S. 41
4	„Most generally, innovation can be seen as the synthesis of a marked need with the means to achieve and produce a product to meet that need."	Moore, Tushman (1982), S. 132
5	„An innovation is an idea, practice or object that is perceived as new by an individual or other unit of adaption. It matters little, so far as human behavior is concerned whether or not an idea is ‚objectively' new (...). The perceived units of the idea for the individual determines his or her reaction to it. If the idea seems new to the individual, it is an innovation."	Rogers (1983), S. 11
6	„(...) innovation = invention + exploitation. The invention process covers all efforts aimed at creating new ideas and getting them to work. The exploitation process includes all staged of commercial development, application, and transfer, including the focussing of ideas or inventions towards specific objectives, evaluating those objectives, downstream transfer of research and/or development results, and the eventual broad based utilization, dissemination, and diffusion of the technology-based outcomes."	Roberts (1987), S. 3
7	„Neue Produkte, neue Verfahren, neue Vertragsformen, neue Vertriebswege, neue Werbeaussagen, neue Corporate Identity. Innovation ist wesentlich mehr als ein technisches Problem."	Hansel (1996), S. 323ff
8	„Innovationen sind qualitativ neuartige Produkte oder Verfahren, die sich gegenüber einem Vergleichszustand ‚merklich' – wie auch immer das zu bestimmen ist – unterscheiden."	Hauschild, Salomon (2011), S. 5
9	„(...) innovation refers to the process by which individuals or organizations arrive at a technical solution. Indeed, the problem-solving model we presented in our overview of the dynamics of technological change is a framework to describe different processes of innovation. (...) also (...) to refer to a product or service, i. e., the output of the process of innovation. According to this use, the personal computer, when it first appeared, was an innovation."	Narayanan (2001), S. 68
10	„A product innovation is a new technology or combination of technologies introduced commercially to meet a user or a market need."	Utterback, Abernathy (1975), S. 642
11	„(...) a process, technique, or methodology – embodied in a product design or in a manufacturing or service process – which transforms inputs of labor, capital, information, material, and energy into outputs of greater value."	Christensen (1992a), S. 210

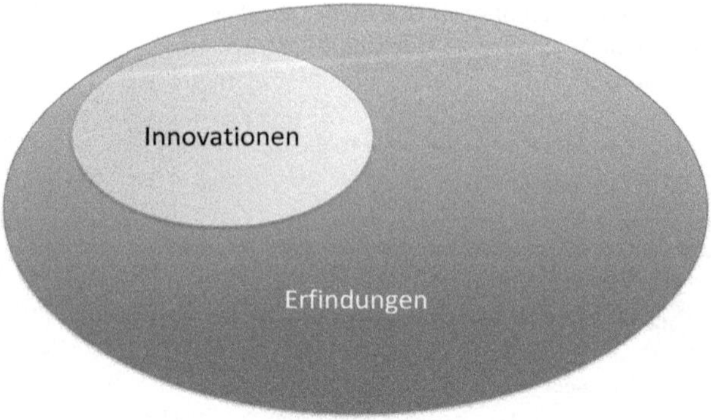

Abbildung 2.1 Innovation vs. Invention/Erfindung (Quelle: Smith 2006, S. 5)

Theory zurückzuführen in dessen Zusammenhang die beiden Begiffe ebenfalls Synonyme darstellen.

Trotz der Vielzahl an Definitionen sind sich nahezu alle Autoren über ein Merkmal einig und das ist die Tatsache, dass Innovationen immer etwas *Neues* mit sich bringen.[7] Neuerung allein reicht jedoch als Merkmal nicht aus. Es ist in diesem Zusammenhang wichtig, zwischen Innovation und Invention, also der Erfindung an sich, zu unterscheiden, siehe dazu Abbildung 2.1. Schumpeter (1939) hat vermutlich als Erster auf diesen Unterschied aufmerksam gemacht. Innovationen sind ein kleiner Teil aller Erfindungen, die gemacht werden, und heben sich durch ihre Kommerzialisierung bzw. die Markteinführung von allen anderen Erfindungen ab. Eine Innovation kann somit als die Verwertung oder die Anwendung einer Erfindung, die dadurch auf einem Markt gehandelt werden kann, gesehen werden.[8]

Da die Kommerzialisierung teilweise ein langer Prozess ist und nicht jede Erfindung kommerzialisiert wird, ist die Anzahl der Erfindungen, die gemacht werden, weit größer als die Anzahl der Innovationen. Nachdem eine Erfindung erfolgreich auf den Markt gebracht wurde, findet ihre Verbreitung am Markt statt. Dieser Prozess wird als *Diffusion* bezeichnet, siehe Abbildung 2.2.[9]

---

[7]Vgl. Hauschildt, Salomo (2011), S. 3f.

[8]Vgl. Smith (2006), S. 5ff.; Narayanan (2001), S. 67ff.; Lefenda, Pöchhacker-Tröscher (2014), S.13; Fai (2003), S. 33.

[9]Vgl. Smith (2006), S. 6f.; Gort, Klepper (1982), S. 630.

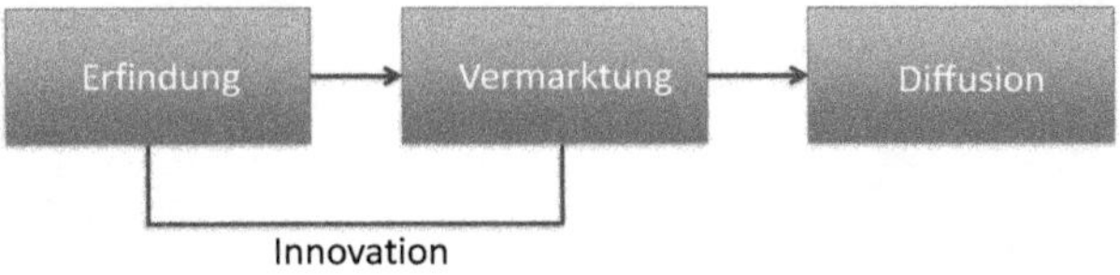

Abbildung 2.2 Innovation (Quelle: Smith 2006, S. 7; Roberts 1987, S. 3; Gort, Klepper 1982, S. 630)

Im Diffusionsprozess einer Innovation entscheiden sich Menschen entweder dafür, die Innovation anzunehmen oder sie abzulehnen. Dieser Prozess ist in der Regel eher langsam, da neben der Innovation auch Verbesserungen etablierter Technologien auf den Markt gebracht werden und der Nutzen einer Innovation nicht immer sofort von den Kunden erkannt wird.[10] Diffusionsforscher sehen die Diffusion bzw. die Adaption der Kunden als einen sozialen Prozess an, der sich über einen variierenden Zeitraum erstreckt und unterschiedliche Stufen durchläuft.[11] Rogers (2003) unterteilt den Diffusionsprozess beispielsweise in fünf Phasen: *Knowledge, Persuasion, Decision, Implementation* und *Confirmation,* siehe Abbildung 2.3. Im Verlauf des Adoptionsprozesses versucht der Kunde durch Informationsbeschaffung seine Unsicherheit gegenüber der Innovation zu reduzieren und sich aufgrund der Vorteile der Innovation, der Komplexität und der Komplementarität für oder gegen die Innovation zu entscheiden. Nach ihrer Entscheidung versuchen viele Personen, die getroffene Entscheidung nochmals in der *Confirmation* Phase zu bestätigen. Die Adoption einer Innovation gleicht nach Rogers (2003) einer S-Kurve. Der Diffusionsforscher teilt die Kunden, je nachdem wie schnell sie eine Innovation adoptieren, in folgende Gruppen ein: *Innovators, Early Adopters, Early Majority, Late Majority* und *Laggards*. Je nach Kategorie verfügen die Kunden über unterschiedliche Bildung, Risikobereitschaft oder sozialen Status und entscheiden sich daher schneller oder weniger schnell für die Adoption einer Innovation.[12]

Wie bereits erwähnt, gibt es unterschiedliche Definitionen für Innovationen, die insofern übereinstimmen, als dass alle die Neuartigkeit als Merkmal einer

---

[10] Vgl. Rosenberg (1976), S. 195ff.

[11] Vgl. Rogers (2003); Rosenberg (1976), S. 197f.; Gort, Klepper (1982), S. 630f.

[12] Vgl. Rogers (2003); Rosenberg (1976), S. 197f.; für eine ausführliche Erläuterung zum Diffusionsprozess wird auf Rogers (2003) und Moore (1991) verwiesen.

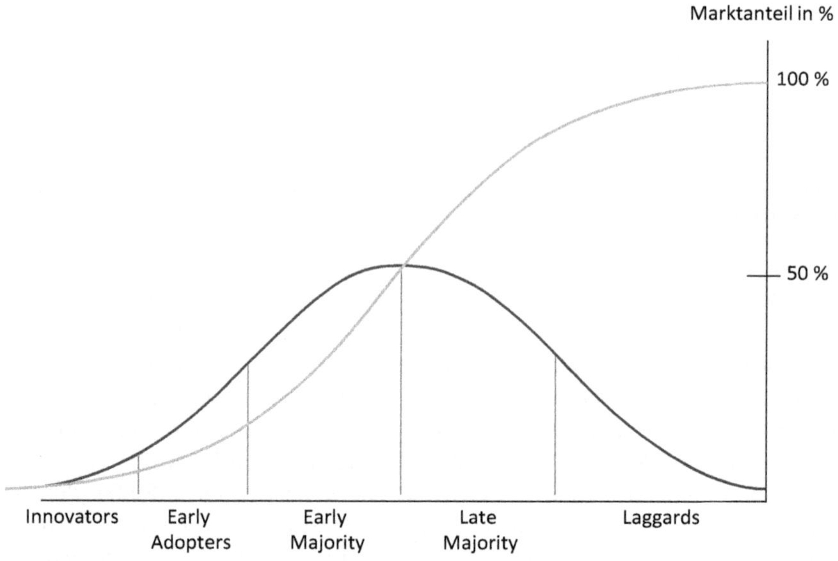

Abbildung 2.3 Diffusionsprozess nach Rogers (2003) (Quelle: Rogers 2003 in Höft 1992, S. 22.)

Innovation sehen. Diese Neuartigkeit kann unterschiedlicher Art und Ausprägung sein und wird je nachdem mit speziellen Kriterien gemessen.[13] Die Neuheit einer Innovation kann nach verschiedenen Dimensionen kategorisiert werden. Je nach Ausprägung der einzelnen Dimensionen ist die Innovation als größer oder kleiner, relevanter oder bahnbrechender einzustufen.[14] Hauschildt und Salomon (2011) fassen die verschiedenen Dimensionen einer Innovation, die am Ende dieses Prozesses stehen, wie folgt zusammen:

- Inhaltliche Dimension: Was ist neu?
- Intensitätsdimension: Wie neu ist es?
- Subjektive Dimension: Für wen ist es neu?
- Prozessuale Dimension: Wo beginnt, wo endet die Neuerung?
- Normative Dimension: Bedeutet neu auch gleichzeitig erfolgreich?[15]

[13]Vgl. Hauschildt, Salomo (2011), S. 3f.

[14]Vgl. Smith (2006), S. 22; Garcia, Calantone (2002), S. 117.

[15]Vgl. Hauschildt, Salomo (2011), S. 5; Corsten et al. (2016), S. 6.

Betrachtet man die **inhaltliche Dimension,** so kann zum Beispiel zwischen einer Neuartigkeit in der Technik oder einer Neuartigkeit in der Verwendung eines Produktes unterschieden werden.[16] Dadurch entstehen verschiedene Arten von Innovationen. In der Literatur wird ursprünglich hauptsächlich zwischen drei Arten von Innovationen unterschieden: *Produktinnovationen, Dienstleistungsinnovationen* und *Prozessinnovationen. Produktinnovationen*, vor allem bei Konsumgütern, gelten als die Innovationen, die am leichtesten wahrgenommen werden. Auf ihnen liegt auch der Fokus der vorliegenden Arbeit. Weil die Neuheit eines Produktes Kunden zum Kauf bewegt, ist es wichtig für Unternehmen, immer wieder neue Produktinnovationen auf den Markt zu bringen, um Kunden damit zum Kauf neuer Produkte zu bewegen. [17]

Service- oder Dienstleistungsinnovationen erreichen im Vergleich in der Regel nicht dieselbe Aufmerksamkeit, sind aber ebenso wichtig. Es handelt sich dabei um eine neue Art und Weise, eine Dienstleistung anzubieten oder um eine neue Dienstleistung, oft in Kombination mit einem neuen Geschäftsmodell.[18]

Prozessinnovationen haben oft einen größeren Einfluss auf Gesellschaft und Wirtschaft als Produkt- und Serviceinnovationen. Sie können auch hinter Produktinnovationen stehen und beeinflussen die Art und Weise, wie etwas gemacht wird. Das Ziel von Prozessinnovationen ist die Effektivität, insbesondere innerbetriebliche Effizienzsteigerungen z. B. bei der Herstellung in der Produktion, aber auch im Verwertungsprozess am Markt.[19] Prozessinnovationen sind oft schwieriger durchzusetzen, obwohl ihre Verwertung firmenintern besser erzwungen werden kann als die von Produktinnovationen am freien Markt. Dies liegt darin begründet, dass die Prozesse stärker mit dem Gesamtsystem eines Unternehmens verbunden sind und stärker auf implizitem Wissen (tacit knowledge) basieren. Dadurch sind sie komplexer und der innovative Fortschritt ist schlechter zu erkennen.[20]

Die Kategorisierung von Innovationen hilft zu zeigen, dass Innovationen nicht homogen sind, und zu verstehen, warum Firmen oder Kunden eine bestimmte Reaktion zeigen, wenn neue Technologien auf den Markt kommen.[21] Denn

---

[16] Vgl. Hauschildt, Salomo (2011), S. 3f.

[17] Vgl. Smith (2006), S. 22ff.; Habann (2003), S. 17; Lefenda, Pöchhacker-Tröscher (2014), S. 14.

[18] Vgl. Smith (2006), S. 22ff.

[19] Vgl. Smith (2006), S. 22ff.; Hauschildt, Salomo (2011), S. 5.

[20] Vgl. Hauschildt, Salomon (2011), S. 8; Henderson, Clark (1990); Fai (2003), S. 33f.

[21] Vgl. Smith (2006), S. 33.

obwohl Unternehmen stets darauf angewiesen sind, Innovationen hervorzubringen, um sich von den Wettbewerbern zu differenzieren und den Geschäftserfolg zu verbessern, können Innovationen auch einen negativen Einfluss auf Unternehmen haben.[22]

Geht man auf die **Intensitätsdimension** ein, so gibt es ebenfalls die Möglichkeit, Innovationen danach zu kategorisieren, wie *neu* etwas ist, also die Neuheit dem Grade nach, wenngleich dies nicht so einfach darzustellen ist, weil viele Autoren hier unterschiedliche Auffassungen vertreten und teilweise ähnliche Bezeichnungen mit unterschiedlichen Definitionen verwenden.[23] Für den Innovations- oder Neuheitsgrad gibt es bis zu acht Kategorien, die oft in Dichotomien formuliert sind. Einige Beispiele hierzu sind:[24]

- *radikal vs. inkrementell* (Rothwell, Gardiner 1989, Christensen 1997, Henderson, Clark 1990)
- *kontinuierlich vs. diskontinuierlich* (Anderson, Tushman 1990, Schumpeter 1939)
- *originär vs. adaptiv* (Milling 1974, Gläser 2014)
- *kompetenzzerstörend vs. kompetenzerhaltend* (Tushman, Anderson 1986; Schumpeter 1939)
- *revolutionär vs. evolutionär*[25]

Die am häufigsten verwendete Kategorisierung ist vermutlich die von *radikalen* und *inkrementellen* Innovationen.

Innovationen gelten als radikal, wenn sie auf neuem Wissen basieren bzw. wenn sie neues technologisches Wissen und Ressourcen benötigen, das bislang nicht notwendig war.[26] Radikale Innovationen können eine große Gefahr für etablierte Unternehmen darstellen, weil sie das bisherige Wissen und die Fähigkeiten eines Unternehmens obsolet machen.[27] Inkrementelle Innovationen hingegen basieren auf den bisherigen Technologien oder Kernkompetenzen und verbessern die etablierte Technologie bzw. deren Preis-Leistungs-Verhältnis.[28] Schumpeter

---

[22]Vgl. Habann (2003), S. 17; Christensen (1997).

[23]Vgl. Rosenbloom, Christensen (1994), S. 658; Klenner (2013), S. 28.

[24]Vgl. Garcia, Calantone (2002), S. 117; Hauschildt (1997), S. 11f.

[25]Vgl. Hauschildt (1997), S. 13.

[26]Vgl. Rosenbloom, Christensen (1994), S. 658; Schumpeter (1939), S. 94ff.; Lefenda, Pöchhacker-Tröscher (2014), S. 15ff.

[27]Vgl. Rosenbloom, Christensen (1994), S. 655; Schumpeter (1939), S. 95ff.

[28]Vgl. Foster (1982); Lefenda, Pöchhacker-Tröscher (2014), S. 15f.

hat vermutlich als Erster diese beiden Innovationsarten unterschieden und mit dem Prinzip der schöpferischen Zerstörung auf die Einführung neuer Produkte und Prozesse und entstehende Diskontinuitäten hingewiesen – auch wenn er die Innovationen anders bezeichnet hat.[29] Er zeigte, dass verschiedene Arten von Innovationen unterschiedliche Wirkungen auf etablierte Unternehmen und den Markt haben. Zum einen Innovationen, die auf bisherigen Strukturen und Fähigkeiten aufbauen und die Leistung bisheriger Produkte oder Prozesse verbessern, zum anderen Innovationen, die „unterbrechend" wirken, indem sie bisher geltende Gesetze und Wissen überflüssig machen.[30]

2.1.2 Technologischer Wandel und Probleme etablierter Unternehmen

Obwohl Innovationen ein wichtiger Treiber für die Wirtschaft, aber auch für das Wachstum einzelner Unternehmen sind, können Innovationen auch scheitern, negativen Einfluss auf Unternehmen oder gar den Verlust massiver Marktanteile zur Folge haben. Das Scheitern etablierter Unternehmen in Zusammenhang mit technologischem Wandel, ausgelöst durch Innovationen, ist ein Phänomen, das in der Wissenschaft bereits vielseitig untersucht und diskutiert wurde und für die Praxis eine sehr hohe Relevanz hat, siehe dazu z. B. Foster 1986, Tushman, Anderson (1986), Henderson, Clark (1990, Funk (2013), Mellahi, Wilkinson (2004).[31] Um negative Folgen vermeiden zu können, müssen die Gründe für den Erfolg und Misserfolg einer Innovation sowie deren Entwicklungsprozess verstanden werden. Innovationstheorien und Lebenszykluskonzepte können dabei helfen.[32] Im Lauf der Zeit wurden verschiedene Konzepte entwickelt, die Aufschluss über die Auswirkung von Innovationen auf bestehende Organisationen geben sollen.[33] Einige ausgewählte, relevante Ansätze in Bezug auf technologische Innovationen werden im Folgenden vorgestellt. Da sich viele dieser Theorien

[29]Vgl. Schumpeter (1939).

[30]Vgl. Schumpeter (1939), S. 85–96; Foster (1982).

[31]Vgl. Schumpeter (1950); Klenner (2011), S. 29; Smith (2006), S. 11, S. 33f.; Tushman, Anderson (1986), S. 440; Herstatt, Verworn (2003), S. 5.

[32]Vgl. Smith (2006), S. 66.

[33]Vgl. Henderson, Clark (1990), S. 11.

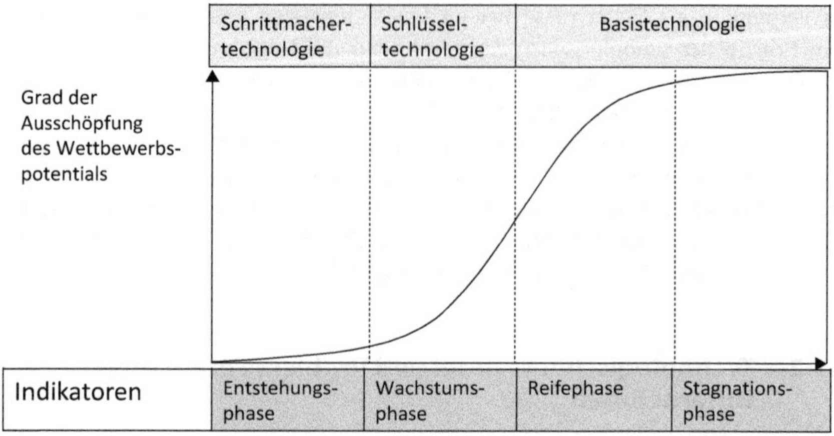

Abbildung 2.4 Technologieentwicklungsphasen und -typen (Quelle: Little 1991 in Specht et al. 2002, S. 66; Höft 1992, S. 17)

auf Lebenszyklusmodelle beziehen[34], soll dieser Ansatz ebenfalls zunächst grundsätzlich kurz Erwähnung finden, um ein Grundverständnis für die nachfolgenden Innovationstheorien zu schaffen.

Technologie- oder Industrielebenszyklen gehen zurück auf die Arbeiten von Little (1986) und Porter (1999)[35] und beschreiben die typischen Phasen, die eine Technologie oder eine Industrie im Lauf der Zeit durchläuft. Little (1986) zeigt, dass sich Technologien ähnlich wie Produkte im Rahmen eines Lebenszyklus entwickeln und verschiedene Phasen durchlaufen.[36] Technologielebenszyklen (TLZ) basieren auf der Annahme, dass die Entwicklung einer Technologie einem regelmäßigen Verlauf entspricht, der an einem Zeitstrahl aufgezeigt werden kann. Werden die Parameter Zeit und Technologieentwicklung in Zusammenhang gesetzt, ergibt sich als idealtypisches Standardmodell eine glocken- oder S-förmige Kurve,[37] die in folgende Phasen unterteilt werden kann: Entstehungsphase, Wachstumsphase, Reifephase und Stagnationsphase, siehe Abbildung 2.4. Die einzelnen

[34]siehe dazu z.B. Tushman, Anderson (1986); Christensen (1997); Klepper (1997); Strebel (1987); Henderson, Clark (1990) etc.

[35]Vgl. Klenner (2013), S. 11.

[36]Vgl. Little (1986), Porter (1999).

[37]Vgl. Specht et al. (2002), S. 64.

Phasen zeigen, dass sich die Leistungsfähigkeit einer Technologie im Verlauf der Zeit verändert. Während bei Glockenkurven die Parameter im Verlauf der Zeit aufgezeigt werden und positiv oder negativ ausfallen können, werden bei S-Kurven kumulierte Werte, z. B. Anwendungshäufigkeiten, dargestellt, die in der Regel keinen negativen Wert annehmen können, zeitraumbezogen sind und Sättigungsgrenzen aufweisen.[38] Die technologische S-Kurve hat sich bis heute zum „Herzstück" entwickelt, wenn man über Technologiestrategie nachdenkt.[39]

Innerhalb der verschiedenen Phasen des Technologielebenszyklus ändert sich das wettbewerbsstrategische Potential einer Technologie.[40] Um dies herauszustellen, kategorisiert Little (1986) die Technologien in *Schrittmacher-, Schlüssel- und Basistechnologien.* Wichtig ist, dass zwischen den technologischen und den strategischen Lebenszyklusphasen einer Industrie unterschieden wird, da sich eine Industrie bereits in der Reifephase befinden kann, während sich ihre Schlüsseltechnologie noch in der Wachstumsphase befindet.[41] Eine Technologie, die sich in der Entstehungsphase befindet, zeichnet sich i. d. R. durch ein hohes Investitionsrisiko aus, da ihr Anwendungs- und Wettbewerbspotential in dieser Phase nur grob geschätzt werden kann. Technologien in diesem Stadium, mit bereits erkennbarem Wettbewerbspotential, werden als *Schrittmachertechnologien* bezeichnet und können über hohes Entwicklungs- und ggf. Wettbewerbspotential verfügen. Weil sie das Potential haben, die Wettbewerbslandschaft grundsätzlich zu verändern, sollten Unternehmen in besonders vielversprechende Schrittmachertechnologien investieren. Von *Schlüsseltechnologien* wird gesprochen, sobald sich eine Technologie in der Wachstumsphase befindet und das Wissen bezogen auf die Anwendung weiter ausgereift ist. Sie zeigen den Stand der Technik an, haben allerdings bereits leicht abnehmendes Wettbewerbspotential. Technologien, die sich in der Reifephase befinden, haben ein geringes Differenzierungspotential, da sie elementare Bestandteile der Produkte und Prozesse einer Branche sind. Obwohl eine Weiterentwicklung einer solchen *Basistechnologie* nur noch wenig sinnvoll ist, da diese Art der Technologie nur noch ein geringes Wettbewerbspotential aufweist und an seine natürlichen Grenzen gelangt, investieren dennoch

[38]Vgl. Höft (1992), S. 113, S. 64; Little (1986); Gort, Klepper (1982), S. 630ff.

[39]Vgl. Christensen (1992a), S. 209.

[40]Vgl. Little (1986); Klepper (1997), S. 145f.; Gort, Klepper (1982), S. 630ff.; Tushman, Anderson (1986), S. 439ff.

[41]Vgl. Little (1986), S. 52ff.

viele Unternehmen in diese Art von Technologie.[42] Little (1991) verweist darauf, dass nicht jede Technologie zwingend alle Zyklen durchlaufen muss, dass der dargestellte Verlauf nur idealtypisch ist und dass TLZ branchenabhängig Unterschiede aufweisen können.[43] Ansoff (1984) geht ebenfalls von einem typischen Verlauf einer Technologie aus. Er zeigt jedoch, dass es zwischen dem Technologielebenszyklus und dem Nachfrage- und Produktlebenszyklus (PLZ) einen Zusammenhang gibt. Der Nachfragelebenszyklus steht über den beiden anderen, weil er ein Bedürfnis beschreibt, das sich im Verlauf der Zeit verändert und durch verschiedene Technologien konsistent wird. Der TLZ ist wiederum über dem PLZ zu vermuten, weil Technologien während ihres Lebens in verschiedene Produkte einfließen. Daraus ist abzuleiten, dass TLZ i. d. R. länger andauern als PLZ.[44] Zyklusmodelle auf unterschiedlichem Aggregationsstufen können daher eine gute Basis für das Verständnis von technologischem Wandel liefern.[45]

Technologielebenszyklusmodelle können im Rahmen des strategischen Technologiemanagements Unternehmen durch die verbesserte Einschätzung der restlichen Lebensdauer der Technologie sowie des verbleibenden Wettbewerbspotentials helfen, ihre Ressourcen richtig einzusetzen.[46] Die Grundlage dafür ist die Annahme, dass sich das Wettbewerbspotential einer Technologie phasenspezifisch unterscheidet. Es wird zwar kritisiert, dass es keine ausreichenden Hinweise zur Operationalisierung gibt, wodurch unklar bleibt, wie der TLZ-Verlauf bestimmt werden kann, und dass es Probleme gibt, den Verlauf eines Technologielebenszyklus vorherzusehen. Das liegt u. a. daran, dass nicht alle relevanten Parameter zur Erfassung der Entwicklung sowie die Einflussfaktoren miteinbezogen werden können, die Leistungsgrenze nicht immer absehbar und der Verlauf nicht immer idealtypisch ist.[47] Dennoch wird der PLZ in einigen Wissenszweigen als wichtiger Punkt für die Entwicklung von Industrien gesehen, vor allem für technologisch fortschrittliche Industrien mit vielen Möglichkeiten für Produkt- und Prozessinnovationen; viele Autoren fokussieren sich auf Industriedynamiken, um das Scheitern

---

[42]Anmerkung: Dies wird in der Literatur meist dadurch erklärt, dass sie die Verringerung des Wettbewerbspotentials und die Grenzen der Technologie nicht erkennen oder ignorieren, vgl. Specht et. al. (2002), S. 67f.

[43]Vgl. Little (1991), S. 66ff. in Specht et al. (2002).

[44]Vgl. Ansoff (1984), S. 41.

[45]Vgl. Klenner (2013), S. 13.

[46]Vgl. Specht et al. (2002).

[47]Vgl. Specht et al. (2002), S. 70, 72f.; Klepper (1997), S. 145ff.; Gort, Klepper (1982), S. 630 ff.; Tushman, Anderson (1986), S. 439; Utterback, Abernathy (1975), S. 640ff.

etablierter Unternehmen im Zusammenhang mit technologischem Wandel zu erklären.[48] Als Ausschnitt relevanter Arbeiten sind in diesem Zusammenhang folgende zu nennen: Abernathy (1978); Utterback (1979); Gort, Klepper (1982); Abernathy, Clark, Kantrow (1983); Ansoff (1984); Little (1986) Abernathy, Clark (1985); Clark (1985), Strebel (1987); Klepper, Graddy (1990); Utterback, Suarez (1993); Malerba, Orsengio (1996); Agarwal, Gort (1996) und Klepper (1997).

Utterback, Abernathy (1975) und Abernathy, Utterback (1978) untersuchen – basierend auf Lebenszyklusmodellen – die Entwicklung von Innovationen in Unternehmen. Sie teilen den Innovationsprozess in drei Phasen ein und zeigen, dass in der ersten Phase, der *fließenden Phase* (fluid phase), bei der Entwicklung neuer Produkte oder Prozesse zunächst großes Chaos herrscht. Verschiedene Produkttechnologien oder Bauweisen konkurrieren zunächst miteinander und es gibt eine große Produktvielfalt unter den Wettbewerbern. Stetige Verbesserungen werden durchgeführt und neue Wettbewerber treten in den Markt ein. In diesem Zeitraum ist die Technologie sowie die Beziehung zwischen den einzelnen Komponenten (Bauweise) nicht standardisiert und es gibt viele Designvarianten. Erst im Lauf der Zeit, in der *Übergangsphase* (transitional phase), wird das Produkt reifer, es wächst organisch und es entwickelt sich ein *dominantes Design*.[49]

Das dominante Design ist charakterisiert durch eine Reihe von Kern-Design-Konzepten, die zu den Hauptfunktionen des Produktes passen und in den Komponenten sowie der Produktarchitektur enthalten sind. Es definiert die Art und Weise, in der Komponenten integriert sind.[50] Sobald sich ein dominantes Design gebildet hat, lassen sich die konkurrierenden Unternehmen auf dieses Design ein oder scheiden aus dem Wettbewerb aus. Ab diesem Zeitpunkt verlagert sich der Wettbewerb langsam weg von der Leistung, hin zum Preis. Die Margen sinken und der Markt wird häufig zum Oligopol. Neben der Verbesserung der Produktfunktionalitäten gewinnt die Reduzierung von Stückkosten durch Degressions- und Skaleneffekte an Bedeutung. Prozesse werden angepasst, um Kosten zu sparen und Economies of Scale spielen eine wettbewerbsentscheidende Rolle.[51] Dadurch wird das Unternehmen unflexibel, weil es von hohen Absatzzahlen abhängig ist, um seine Fixkosten decken zu können.[52] Die Aufgaben werden

[48]Vgl. Klepper (1997), S. 145.

[49]Vgl. Utterback, Abernathy (1975), S. 641f.

[50]Vgl. Henderson, Clark (1990), S. 14; Clark (1985).

[51]Vgl. Utterback, Abernathy (1975), S. 644.

[52]Vgl. Abernathy, Utterback (1978), S. 41.

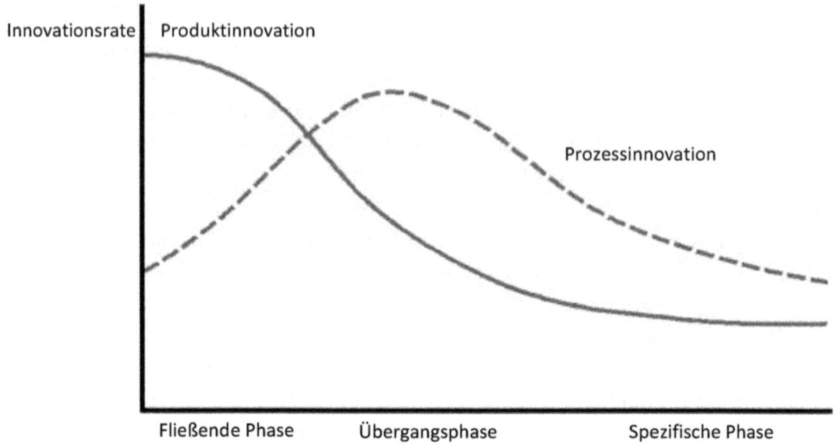

Abbildung 2.5 Dominantes Design (Quelle: Abernathy, Utterback 1978, S. 40)

daher konkreter gestaltet, Prozesse werden spezialisierter und Unternehmen investieren mehr in Produktionsausstattung und Prozesse, da sich ihre Unsicherheit in Bezug auf das Produktdesign und damit die Angst, in falsche Produktionsausstattung zu investieren, durch die Entstehung des dominanten Designs reduziert hat. Da der Wettbewerb nicht mehr auf der Produktleistung bzw. dem -design liegt, gehen die Produktinnovationen zurück und es entstehen Prozessinnovationen, um die Produktion effizienter zu machen, siehe Abbildung 2.5. Es findet mehr Automatisierung und Contolling statt. In der *spezifischen Phase* ist das dominante Design bereits fest etabliert und es werden weder Produkte noch Prozesse wesentlich verändert. In dieser Phase werden nur geringfügige Verbesserungen in Form von inkrementellen Innovationen hervorgebracht.[53]

Die Autoren zeigen, dass in einem Umfeld, in dem die Produkte standardisiert sind, der Markt gut verstanden wird und der Wettbewerb über den Preis stattfindet, es oft nur inkrementelle Innovationen gibt, weil Veränderungen kostenintensiv sind und weil eine Veränderung an einer Stelle Veränderungen an einer anderer Stelle nach sich ziehen würde. Das verursacht ebenfalls Kosten, während inkrementelle Innovationen positive Auswirkungen auf den Erlös und die Produktivität eines Unternehmens haben.[54] Radikale Innovationen werden meist

[53]Vgl. Utterback, Abernathy (1975), S. 641f.

[54]Vgl. Abernathy, Utterback (1978), S. 41.

abgelehnt, weil die Strukturen im Unternehmen dafür nicht passen. Das Unternehmen ist abhängig von hohen Absatzzahlen, um seine Fixkosten zu decken. Dennoch haben radikale Innovationen einen Wettbewerbsvorteil gegenüber neuen Produkten, weil sie eine viel bessere Leistung bieten und daher damit höhere Margen erzielt werden können, statt nur weniger Kosten zu verursachen. Radikale Innovationen kommen daher häufig von neuen Wettbewerbern, die flexibler reagieren und sich anpassen können.[55] Durch ihre geringen Produktionskapazitäten können sie verschiedene Produktvarianten und bessere Produkte anbieten. Zudem bergen sie Gefahren für etablierte Unternehmen, indem sie den Wettbewerb vom Preis wieder in Richtung Leistung verschieben.[56]

Die Arbeiten von Utterback, Abernathy (1975), Abernathy, Utterback (1978) sollen Unternehmen helfen, passend zum Entwicklungsstadium ihrer Industrie Wettbewerbsstrategien zu definieren. Außerdem machen die Autoren darauf aufmerksam, dass es während dieser Phasen verschiedene Innovationsbarrieren gibt. Während in der fließenden Phase neue Technologien leicht als irrelevant eingeschätzt und übersehen werden, ist die Gefahr in der spezifischen Phase groß, dass in etablierten Unternehmen grundlegende Neuerungen wegen ihrer „kompetenzzerstörenden" Wirkungen bewusst ignoriert werden.

Auch bei Klepper (1997) sowie bei Gort, Klepper (1982) ist der Innovationsprozess mit drei Phasen zur Technologieentwicklung ähnlich beschrieben. Es wird jedoch angenommen, dass sich jene Anbieter in der dritten Phase durchsetzen, die als Erste in den Markt eintraten. Sie generieren die meisten Marktanteile und haben die höchsten Umsätze.[57] Zudem gibt es ständig die Möglichkeit für Produkt- und Prozessinnovation. Steigende Renditen werden durch Prozessinnovationen realisiert und durch einen hohen Output steigt der Gewinn. So können Firmen mit hohem Absatz mehr Gewinne erzielen und einen Wettbewerbsvorteil erlangen.[58] Diese Sichtweise zeigt ebenfalls wie die Arbeiten von Utterback, Abernathy (1975), Abernathy, Utterback (1978) und Abernathy (1978), dass Unternehmen unflexibel werden, weil sie nach einer gewissen Zeit auf hohe Absatzzahlen angewiesen sind, um ihre Kosten decken zu können.

Ein weiterer sehr relevanter Ansatz im Bereich des Innovationsmanagements ist das S-Kurvenkonzept von Foster (1986). Das S-Kurvenkonzept ist ein Instrument

---

[55]Vgl. Abernathy, Utterback (1978), S. 43.

[56]Vgl. Abernathy, Utterback (1978), S. 43; Utterback, Abernathy (1975), S. 642.

[57]Vgl. Klepper (1997), S. 148f.

[58]Vgl. Klepper (1997), S. 145ff.; Gort, Klepper (1982) S. 630ff.

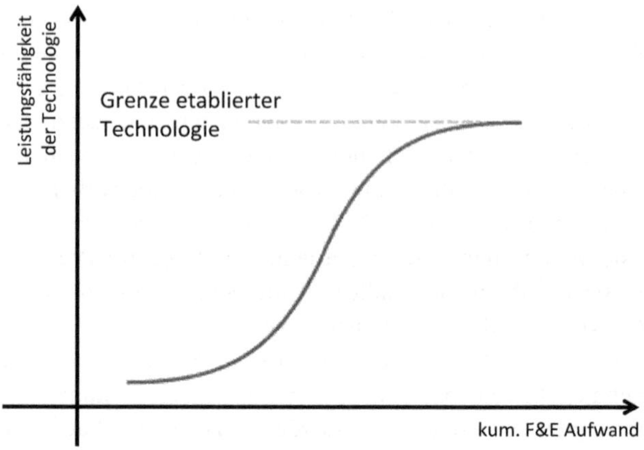

Abbildung 2.6 S-Kurve (Quelle: Foster 1986, S. 31; Christensen 1992a, S. 209)

des strategischen Innovationsmanagements, das auf den Annahmen des Lebenszykluskonzeptes von Arthur D. Little basiert. Während bei Little der Faktor Zeit als direkter Parameter dient, ist er im S-Kurvenkonzept nur als indirekter Abszissenparameter vorhanden, in dem davon ausgegangen wird, dass der kumulierte F&E-Aufwand im Verlauf der Zeit ansteigt.[59] Das Modell beschreibt das Phänomen des Erfolgs neuer Unternehmen in etablierten Märkten, wenn ein technologischer Wandel in diesem Markt stattfindet.[60] Der Technologielebenszyklus wird dabei in Form einer S-Kurve dargestellt.[61] Die S-Kurve zeigt die Beziehung zwischen dem Aufwand, im Bezug auf F&E, Investitionen und Zeit, die in ein Produkt oder einen Prozess fließen, und den daraus resultierenden Ergebnissen in Form von Leistung. Zu Beginn des Lebenszyklus ist ein hohes Investment von Zeit und Aufwand notwendig und die Leistung eher gering. Es bedarf einiges an F&E, bis sich der Aufwand in Leistung auswirkt. Sobald ein gewisser Wissensstand erreicht ist, erfolgt ein starker Anstieg der Leistung, der auch mit Hilfe geringen Aufwands so lange erhalten werden kann, bis die Technologie an ihre natürliche Leistungsgrenze gelangt. Kurz bevor diese Grenze erreicht ist, kann die Leistung auch mit starkem zusätzlichen Aufwand nur noch geringfügig verbessert werden, siehe Abbildung 2.6.[62]

[59]Vgl. Specht et al. (2002), S. 65, 70.

[60]Vgl. Christensen (1992a), S. 209.

[61]Vgl. Foster (1986), S. 31ff.; Smith (2006), S. 67.

[62]Vgl. Smith (2006), S. 67; Foster (1986), S. 31f.; Utterback, Abernathy (1975), S. 643.

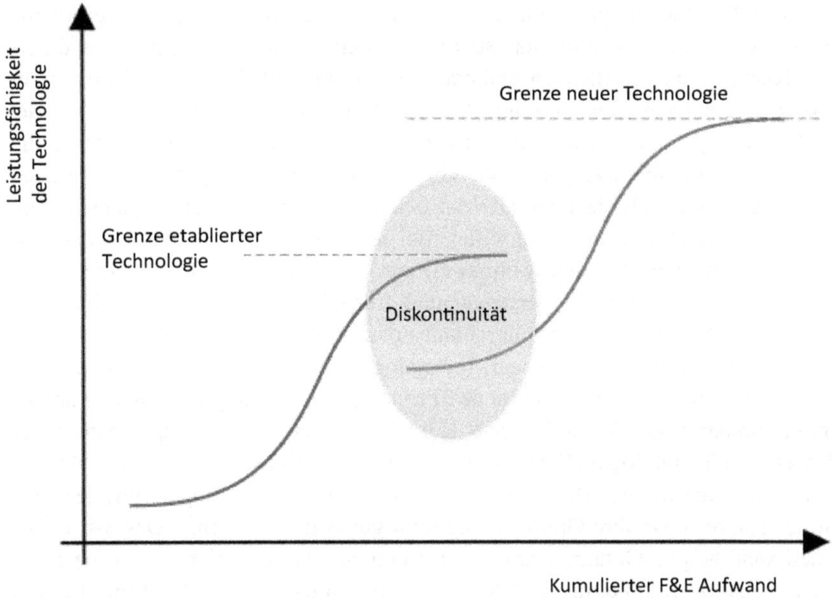

Abbildung 2.7 S-Kurven-Modell (Quelle: Foster (1986), S. 102; Smith (2006), S. 67; Specht et al. (2002), S. 70)

Nur eine neue Technologie in Form einer neuen S-Kurve kann dann helfen, die Leistungsfähigkeit des Produktes etc. weiter zu verbessern. Es handelt sich bei dieser Form der Innovation um eine radikale Innovation, während es sich bei den Innovationen entlang einer S-Kurve um inkrementelle Innovationen handelt. Die Innovation, die durch die neue Kurve dargestellt wird, basiert auf einer völlig neuen Technologie im Gegensatz zur bisherigen. Aus diesem Grund wird bei dem Wechsel von einer alten auf eine neue S-Kurve von einer technologischen Diskontinuität gesprochen, siehe Abbildung 2.7.[63]

Radikale Innovationen lassen neue Produktklassen entstehen, bringen Substitute oder fundamentale Produktverbesserungen und führen daher oft zum Scheitern etablierter Unternehmen.[64] Foster (1986) erklärt das Scheitern etablierter Unternehmen bei technologischem Wandel damit, dass etablierte Unternehmen

[63]Vgl. Foster (1986), S. 35f.; Klenner (2011), S. 34; Smith (2006), S. 66ff.

[64]Vgl. Tushman, Anderson (1986), S. 441.

inkrementelle Innovationen entlang einer S-Kurve gut meistern, jedoch Probleme haben, wenn eine Diskontinuität stattfindet, weil sie die Grenzen der etablierten S-Kurve oft nicht erkennen und/oder den Sprung auf die neue S-Kurve nicht frühzeitig genug schaffen. Er zeigt, dass etablierte Unternehmen zu lange auf die alte Technologie setzen und versuchen, diese weiter zu verbessern, statt auf die neue Technologie umzusteigen. Neue Unternehmen setzen hingegen auf die neue Technologie, wodurch sie First-Mover-Effekte erlangen, die ihnen später helfen, eine starke Marktposition zu ergreifen. Bei technologischen Diskontinuitäten ist es für etablierte Unternehmen wettbewerbsentscheidend, die S-Kurve einer Technologie und ihre Limits zu verstehen und frühzeitig auf die neue Technologie umzustellen.[65] Dass etablierte Unternehmen das nicht umsetzen können, liegt 1) an der fehlenden Motivation, zur neuen Technologie zu wechseln und sich neue Kompetenzen anzueignen, die für die neue Technologie notwendig sind und 2) an der Fehlinterpretation des Verlaufs der S-Kurven und der Identifizierung natürlicher Grenzen von Technologien.[66] Es ist daher für Unternehmen wichtig, die Faktoren zu erkennen, die die natürliche Grenze einer Technologie bedingen, um den Verlauf der Kurve sowie ihre Grenzen möglichst gut vorherzusagen.[67] Das S-Kurvenmodell kann helfen, Gefahren zu erkennen und zu einer effektiven und effizienten Ressourcenallokation beitragen.[68] Kritisiert wird an diesem Ansatz ebenfalls, dass nur ex post tatsächlich bestimmt werden kann, wann eine Technologie ihre Grenze erreicht hat. Christensen (1992a, b) zeigt in diesem Zusammenhang beispielsweise, dass der Verlauf einer S-Kurve innerhalb einer Industrie unterschiedlich ist, da er nachweisen kann, dass deren Verlauf firmenspezifisch variiert.[69]

Zunächst wurde im Rahmen der Innovationsforschung also angenommen, dass neue Unternehmen mit verbesserter Technologie – insbesondere durch Hervorbringen von Diskontinuitäten – eine relevante Gefahr für Unternehmen darstellen.[70] Tushman, Anderson (1986), Henderson, Clark (1990) sowie Christensen (1992a, b, 1997) zeigen jedoch, dass der First-Mover-Effekt bei Diskontinuitäten nur einen Vorteil bringt, wenn es sich um Innovationen handelt, die ein neues Wissen in Bezug auf die Bauweise benötigen, während es für etablierte Firmen bei Innovationen, bei

[65]Vgl. Foster (1986), S. 36f.

[66]Vgl. Foster (1986), S. 36ff.; Rosenbloom, Christensen (1994), S. 656; Klenner (2011), S. 35.

[67]Vgl. Foster (1986), S. 37; Klenner (2011), S. 35; Rosenbloom, Christensen (1994), S. 657f.

[68]Vgl. Specht (2002), S. 71.

[69]Vgl. Christensen (1992a), S. 211f.

[70]Vgl. Dosi (1982); Foster (1986); Tushman, Anderson (1986).

denen sich die Kernkonzepte der Komponenten ändern und die Bauweise erhalten bleibt, besser ist, erst später auf die neue Technologie umzusteigen.[71]

Tushman, Anderson (1986) beschäftigen sich intensiv mit den Auswirkungen von technologischem Wandel, ausgelöst durch Diskontinuitäten und deren Auswirkungen auf etablierte Unternehmen. Sie kommen zu dem Ergebnis, dass es unterschiedliche Arten von diskontinuierlichen Innovationen gibt und nicht alle einen negativen Einfluss auf etablierte Firmen haben. Diskontinuitäten können entweder *kompetenzerhaltend* oder *kompetenzzerstörend* sein, weil sie entweder auf das Wissen und die Fähigkeiten eines Unternehmens aufbauen oder dieses obsolet machen. Während kompetenzzerstörende Innovationen meist von neuen Firmen eingeführt werden und Turbulenzen am Markt verursachen, werden erhaltende Diskontinuitäten eher durch etablierte Firmen eingeführt, sie verbessern das Preis-Leistungs-Verhältnis enorm und haben einen positiven Einfluss auf die Wettbewerbsfähigkeit etablierter Unternehmen.[72] Kompetenzzerstörende Innovationen verringern hingegen die Eintrittsbarrieren am Markt, wodurch neue Firmen in den Markt eintreten, die neue Technologien anbieten und zu neuen Marktführern werden.[73]

Auch Henderson, Clark (1990) stimmen diesem Ansatz zu. Sie gehen sogar noch weiter und unterscheiden zwischen speziellem Wissen und Fähigkeiten, die ggf. obsolet werden. Damit bauen sie den Ansatz von Tushman, Anderson (1986) weiter aus. Die Autoren zeigen, dass die traditionelle Kategorisierung von Innovationen in inkrementell und radikal unvollständig ist und ggf. sogar irreführend sein kann, weil diese Kategorisierung allein keine Erklärung für existentielle Probleme etablierter Unternehmen und große Auswirkungen am Markt bietet, da die Probleme teilweise nur aufgrund minimaler technologischer Verbesserungen an Produkten entstehen. Die Autoren fokussieren sich daraufhin auf die Produktentwicklung, untersuchen die Art von Innovationen, die große Auswirkungen auf etablierte Unternehmen haben, und unterscheiden bei den Innovationen zwei Kategorien von Veränderungspotential. Entweder wird das Kernkonzept und damit die Komponenten oder die Bauweise verändert. Sie teilen damit Innovationen in zwei Dimensionen ein. Zum einen wird auf der horizontalen Ebene der Einfluss einer Innovation auf die Komponenten und Kernkonzepte einer etablierten Technologie abgetragen, zum anderen zeigt die vertikale Achse die Veränderung im Hinblick auf die Bauweise bzw. die Verbindung der Komponenten

[71]Vgl. Henderson, Clark (1990); Tushman, Anderson (1986).

[72]Vgl. Tushman, Anderson (1986), S. 439.

[73]Vgl. Tushman, Anderson (1986), S. 444.

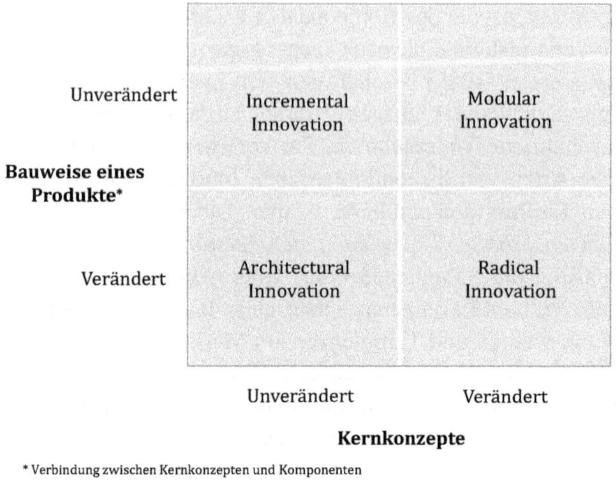

Abbildung 2.8 Kategorisierung von Innovationen nach Henderson und Clark (1990) (Quelle: Henderson, Clark 1990, S. 12)

an. Die Autoren gehen davon aus, dass für die Produktentwicklung zwei Arten von Wissen benötigt werden. Zum einen sog. *component knowledge*, Wissen über Komponenten und deren Kernkonzepte, und zum anderen *architectural knowledge,* Wissen über die Bauweise eines Produktes, also die Art und Weise, wie Komponenten in ein System integriert und miteinander verbunden werden.[74] Während es sich bei *component knowledge* mehr im explizites Wissen handelt, das einfach verändert oder aufgebaut werden kann, handelt es sich bei *architectural knowledge* hauptsächlich um implizites Wissen, das in den Prozessen einer Organisation verankert ist.[75] Je nachdem, auf welcher Achse Veränderungen vorgenommen werden bzw. welches Wissen für eine Innovation notwendig ist, handelt es sich um eine andere Art der Innovation, siehe Abbildung 2.8.[76]

Architectural Innovationen werden als Innovationen beschrieben, bei denen die Art und Weise, wie Komponenten eines Produktes miteinander verbunden sind, verändert wurde, während die Komponenten an sich im Grunde erhalten bleiben.

[74]Vgl. Henderson, Clark (1990), S. 9ff.

[75]Vgl. Henderson, Clark (1990), S. 16.

[76]Vgl. Henderson, Clark (1990), S. 9ff.

Das bedeutet nicht, dass sich die Komponenten nicht verändern können, die Kernkonzepte der Komponenten bleiben jedoch unberührt, wodurch das wissenschaftliche und technische Wissen, das für die Herstellung benötigt wird, unverändert bleibt.[77] Das komponentenspezifische Wissen (*component knowlegde*) ist also weiterhin notwendig, während sich das Wissen über die Architektur (*architectural knowledge*) verändert. Damit haben architectural Innovationen einen großen Einfluss auf die Bauweise, nicht jedoch auf die Technologie der einzelnen Komponenten. Weil das *architectural knowledge* in die Prozesse, die Informationsverarbeitung und die Strukturen eines Unternehmens stark eingebettet ist, weil ein Teil des alten Wissens dennoch gebraucht wird (wobei nur schwer zu erkennen ist, welcher Teil nach wie vor wichtig ist) und weil es schwierig ist für Unternehmen, sich neues *architectural knowlegde* anzueignen, ist eine solche Innovation für etablierte Firmen sehr schwierig umzusetzen. Aus diesem Grund werden architectural Innovationen in der Regel nicht von etablierten Unternehmen hervorgebracht, was meist weitgreifende wettbewerbstechnische Folgen hat.[78] Ändert sich hingegen nur das Kernkonzept eines Produktes, also werden die Komponenten erneuert, ohne dass sich die Bauweise verändert, dann spricht man von einer *modularen Innovation*. Als Beispiel kann der Ersatz des analogen Telefons durch das digitale Telefon genannt werden.[79] Beide Innovationsarten erhalten und zerstören Kompetenzen gleichermaßen.[80] Die meisten Innovationen, die von etablierten Unternehmen hervorgebracht werden, sind inkrementeller Art.[81]

Inkrementelle Innovationen bringen relativ geringe Veränderungen im Vergleich zum etablierten Produkt. Sie nutzen die Möglichkeiten des etablierten Designs aus und verstärken durch Verbesserungen die Dominanz bzw. die Wettbewerbsposition etablierter Firmen.[82] Weil sie sowohl auf dem bestehenden architectural und component Wissen einer Organisation aufbauen[83], könnten sie

[77]Die Komponenten ändern sich oft nur insofern, als dass neue Verbindungen mit anderen Komponenten ermöglicht werden, z. B. Veränderung in der Größe oder in anderen unterstützenden Parametern des Designs; vgl. Henderson, Clark (1990), S. 9 ff.

[78]Vgl. Henderson, Clark (1990), S. 9 ff.,13, 16; Christensen (1992a), S. 211.

[79]Vgl. Henderson, Clark (1990), S. 12; Smith (2006), S. 30; Christensen (1992a), S. 211.

[80]Vgl. Henderson, Clark (1990), S. 28.

[81]Vgl. Henderson, Clark (1990), S. 16.

[82]Vgl. Henderson, Clark (1990), S. 9.

[83]siehe dazu Abernathy, Utterback (1978); Rosenberg (1982); Clark (1985); Sahal (1986); Vgl. Henderson, Clark (1990), S. 13; Smith (2006), S. 29.

nach der Kategorisierung von Tushman, Anderson (1986) auch als *kompetenzerhaltend* bezeichnet werden.[84]

Radikale Innovationen stehen im Gegensatz dazu und basieren auf einer völlig anderen Technologie bzw. anderen wissenschaftlichen Prinzipien und machen beide Arten von Wissen obsolet. Sie können neue Märkte eröffnen und neue Anwendungen ermöglichen[85] und damit die Basis für den Eintritt neuer Firmen oder die Redefinition einer Industrie sein.[86] Radikale Innovationen erzeugen immer Diskontinuitäten und technologischen Wandel.[87] Sie sind eine Herausforderung für etablierte Firmen, weil sie den Wert aller bestehender Fähigkeiten - sowohl im Hinblick auf die Komponenten als auch im Hinblick auf die Bauweise - zerstören.[88] Die Autoren helfen mit dieser Einteilung Innovationen zu identifizieren, die eine Gefahr darstellen können. Sie zeigen, dass Unternehmen scheitern, wenn sich das *architectural knowledge* ändert.[89] Neu eintretende Firmen mit geringer Bindung an alte Arbeitsweisen können sich leichter neues Wissen aneignen und sind flexibler. Aus diesen Gründen haben architectural Innovationen meistens einen signifikanten Einfluss auf die Wettbewerbslandschaft am Markt.[90] Kritisch betrachtet muss erwähnt werden, dass Innovationen in der Realität selten exakt in eines der vier Quadrate eingeteilt werden können. Sie können jedoch „eher radikaler" oder „mehr architectural" sein, weshalb diese Einordnung zumindest einen Hinweis darauf geben kann, ob etablierte Firmen Schwierigkeiten haben werden, eine Innovation umzusetzen.[91]

Christensen (1997) baut auf der Theorie von Henderson und Clark auf, indem er ebenfalls den Einfluss unterschiedlicher Bauweisen von Innovationen mit in seine Untersuchungen einfließen lässt. Weiterhin schaut sich auch die externe Umwelt der Firmen an.[92] Christensen (1992a, b), Rosenbloom, Christensen (1994) sowie Christensen (1997) finden zunächst anhand von Untersuchungen in der amerikanischen Festplattenindustrie ebenfalls heraus, dass Diskontinuitäten

[84]Vgl. Dewar, Dutton (1986); Henderson, Clark (1990), S. 9.

[85]Vgl. Dewar, Dutton (1986); Henderson, Clark (1990), S. 9.

[86]Vgl. Henderson, Clark (1990), S. 9.

[87]Vgl. Tushman, Anderson (1986), S. 441.

[88]siehe dazu Abernathy, Utterback (1978); Rosenberg (1982); Clark (1985); Sahal (1986); Henderson, Clark (1990), S. 13.

[89]Vgl. Henderson, Clark (1990), S. 13; Smith (2006), S. 33.

[90]Vgl. Henderson, Clark (1990), S. 15.

[91]Vgl. Henderson, Clark (1990), S. 13; Smith (2006), S. 33.

[92]Vgl. Sandström (2011), S. 109.

nicht immer zum Scheitern etablierter Unternehmen führen. Sie zeigen, dass S-Kurven einen firmenspezifisch unterschiedlichen Verlauf haben können und dass mit Hilfe des S-Kurven-Modells nach Foster (1986) nur eine Möglichkeit des Scheiterns erklärt wird. Während die Autoren unter Einbeziehung der Marktperspektive versuchen, genauer zu eruieren, unter welchen Umständen etablierte Unternehmen einen Nachteil bei radikalen Innovationen haben[93], finden sie heraus, dass auch Innovationen, die zunächst schlechter sind als die etablierte Technologie, ein Scheitern erfolgreicher Firmen forcieren können.[94] Diese Art von Innovation bringt keine Verbesserung und kann daher nicht mit bisher vorhandenen Kategorisierungen beschrieben werden. Christensen erfindet daraufhin eine neue Kategorie von Innovationen und bezeichnet sie als *disruptiv*. Im Gegensatz dazu fasst er radikale und inkrementelle zu *erhaltende* (*sustaining*) Innovationen zusammen.[95] Dadurch, dass er in seinen Studien nachweisen kann, dass die meisten der disruptiven Innovationen auf *architectural knowledge* basieren, bestätigt er die Studien von Henderson, Clark (1990) auch mit der DIT und erweitert sie um die Marktperspektive.[96] Da die Theorie der disruptiven Innovationen die Grundlage der Arbeit bildet, wird sie im Abschnitt 2.2 etwas ausführlicher dargestellt.

Der Ansatz von Funk, Magee (2014) und Funk (2016) unterscheidet sich zu den bisher aufgeführten Ansätzen. Er ist sehr aktuell und spiegelt vor allem die Zeit der Digitalisierung wider. Die Autoren widersprechen dem typischen Verlauf einer Innovation wie in der Vergangenheit angenommen und zeigen, dass es mittlerweile in der Zeit, in der die Digitalisierung in vielen Branchen Einzug gehalten hat, eine neue Kategorie von elektronischen Produkten gibt, die in Bezug auf Leistung und Preis vor allem auf Standardkomponenten basieren. Die Autoren gehen davon aus, dass in diesem Fall die erste Phase der Invention wegfällt und dass sich das Produkt mehr durch die Verbesserung der Leistung der Standardkomponenten und deren fallende Preise entwickelt statt durch F&E. Die eigentliche Entwicklung der Technologie passiert im Lauf der Zeit durch das Hervorbringen verschiedener Modelle.[97] Funk (2013) zeigt, dass sich vor allem

[93]Vgl. Rosenbloom, Christensen (1994), S. 656ff.; Christensen (1992a, b);
Anmerkung: Die Marktperspektive wird in Form des Wertnetzwerkes, in dem sich eine Technologie befindet, aufgegriffen.

[94]Vgl. Christensen (1992a), S. 212f.; Christensen (1997).

[95]Vgl. Christensen (1997).

[96]Vgl. Christensen (1997), Christensen et al. (1998), S. 208ff.; Christensen (1992a, b); Christensen et al. (2001).

[97]Vgl. Funk (2016), S. 21ff.

die Bereiche weiterentwickeln, in denen Komponenten verbaut sind, die ein großes Potential für Verbesserungen und die Degression von Kosten haben, während Industrien, in denen die Kernkomponenten weniger Potential für Weiterentwicklungen haben, eher inkrementelle Verbesserungen erfahren.[98] Im Gegensatz zu verschachtelten Hierarchien zeigt Funk (2008), dass technologische Diskontinuitäten bei Komponenten zu architectural Innovationen in elektronischen Systemen führen. Die Veränderungen in der Architektur der Systeme ist ein Grund, warum es signifikante Veränderungen bei den Zulieferern gibt, denn die Zulieferer fokussieren sich auf die Probleme der etablierten Systeme.[99] Damit geht Funk davon aus, dass sich die Entwicklung vieler Industrien in Zeiten der Digitalisierung fast ausschließlich durch die richtige Einschätzung des Potentials der Kernkomponenten vorab einschätzen lässt, da diese das Potential für einen diskontinuierlichen Verlauf von Innovationen bedingen.[100]

2.2 Die Disruptive Innovations-Theorie (DIT)

Die *Disruptive Innovation Theory* (DIT) ist im Rahmen der Forschungen Clayton Christensen als Doktorand an der Harvard Business School (USA) im Bereich der S-Kurven entstanden. Es geht dabei um technologischen Wandel in Branchen, verschiedene Arten von Innovationen und den Einfluss den diese auf den Erfolg neuer und etablierter Unternehmen haben können.

2.2.1 Grundlagen der disruptiven Innovations-Theorie

Die Disruptive Innovatione-Theorie kann helfen zu verstehen, warum gerade bestehende Unternehmen besondere Schwierigkeiten mit einer bestimmten Art von technologischem Fortschritt haben. Christensen (1997) fand anhand seiner empirischer Studien, vorwiegend in der Festplattenindustrie, heraus, dass es oft an einer bestimmten Art von Innovation mit einem anderen S-Kurvenverlauf liegt, wenn etablierte, erfolgreiche Firmen massiv Marktanteile verlieren oder sogar komplett aus dem Markt gedrängt werden, obwohl sie z.B. den Markt in ihrer

[98]Vgl. Funk (2013), S. 178.

[99]Vgl. Funk (2008), S. 557ff.

[100]Vgl. Funk (2013), S. 179ff.; Funk (2008), S. 568ff.

Branche angeführt hatten und gut und innovativ geführt wurden.[101] Im Widerspruch zur S-Kurven Theorie fand Christensen heraus, dass etablierte Firmen doch in der Lage waren Sprünge zu neuen S-Kurven durchzuführen. Dies galt sofern die Innovationen leistungsverbessernd für die etablierten Produkte waren, während es nicht für Innovationen zutraf, die zunächst eine schlechtere Leistung in den Eigenschaften boten, die die etablierten Kunden am Markt hauptsächlich schätzten.

Das Scheitern etablierter Unternehmen, im Sinne von massiven Marktanteilsverlusten oder durch massive finanzielle Verluste, einhergehend mit dem Verlassen des Marktes oder einer Insolvenz, war daher häufig nach der Einführung einer bestimmten Art neuer Technologien zu beobachten. Diese Art der Technologie bezeichnete er als „disruptive Technologie" oder später genereller auch als „disruptive Innovation".[102] Im Gegensatz zu den disruptiven Innovationen stehen lt. Christensen *erhaltende (sustaining) Innovationen,* die wesentlich häufiger zu finden sind und bei deren Einführung sich etablierte Firmen im Vergleich zu neu eintretenden Firmen meist leichter tun und aufgrund dessen nur selten scheitern unabhängig davon, ob sie radikaler oder inkrementeller Art sind.[103]

In den meisten Fällen schafften es die etablierten Firmen nicht, disruptive Innovation erfolgreich einzuführen. Dies lag daran, dass die etablierten Kunden diese Art der Innovation ablehnten, wodurch die etablierten Firmen ihren Fokus und ihre Ressourcen auf erhaltende (sustaining) Innovationen lenkten. Erst wenn sich die neue Technologie so weit verbessert hat, dass sie jene Leistungsfähigkeit besitzt, die auch im etablierten Markt gefordert wird, kann die neue Technologie in das etablierte Wertnetzwerk eindringen. Dort verdrängt sie dann in der Regel mit hoher Geschwindigkeit die etablierten Technologien und ihre Anbieter.[104] In diesen Märkte dominierten dann nach einiger Zeit häufig die neu eingetretenen Firmen, die nachdem sie die disruptive Innovation eingeführt hatten und den etablierten Firmen nach einer gewissen Zeit des „Ausprobierens" und der Suche nach neuen Märkten mit Hilfe dieser neuen, zunächst schlechteren Technologie

[101] Vgl. Christensen (1997dt), S. 1; Christensen (1997), S. ix, Dowling, Hüsig (2007), S. 34f.

[102] Anmerkung: Bei seiner Bezeichnung verwendet er die Begriffe *Innovation* und *Technologie* synonym und erklärt, dass damit sowohl Produkt-, Prozess- als auch Dienstleistungsinnovationen gemeint sein können, vgl. Christensen (1997), S. xiif.

[103] Vgl. Christensen (1997), S. 9, 13; Christensen et al. (1998), S. 207.

[104] Vgl. Christensen (1997), S. 40 f.

massiv Marktanteile wegnahmen. Etablierte Firmen wurden dadurch häufig zum Marktaustritt gezwungen.[105]

Allerdings sind die meisten Innovationen in einer Branche erhaltend (sustaining). Sustaining Innovationen sind Innovationen, die eine Verbesserung entlang der bekannten Leistungsmerkmale bieten, welche die etablierten Kunden am meisten wertschätzen.[106] Sie können inkrementeller Art sein, was bedeutet, dass sie entlang einer technologischen S-Kurve Verbesserungen innerhalb einer bestimmten Technologie bringen, oder radikal, was einen Sprung auf eine neue S-Kurve impliziert.[107] Im Gegensatz zu den sustaining Innovationen haben disruptive Innovationen zunächst eine schlechtere Leistung in den wichtigsten Merkmalen, bieten jedoch andere, neue Merkmale und damit ein neues Wertversprechen. Disruptive Innovationen unterbrechen damit die Leistungskurven der etablierten Produkte und definieren diese neu. Sie sind in der Regel *günstiger, einfacher, kleiner* und *bequemer* zu nutzen als die etablierte Technologie. Sie bringen meist aufgrund des geringeren Preises geringere Margen und werden zunächst meist in neu entstehenden, kleinen Märkten oder in kleinen Nischen des etablierten Marktes kommerzialisiert, weil die etablierten Kunden die disruptiven Innovationen aufgrund der geringeren Leistung in den Hauptmerkmalen zu Beginn ablehnen. Durch das neue Wertversprechen sprechen DI zunächst andere Kunden an und kreieren neue Märkte. Später verändern sie die bestehenden.[108] Kunden disruptiver Innovationen können etablierte Kunden sein, die wenig anspruchsvoll sind oder bisherige Nichtkunden. Im Lauf der Zeit wird die DI sukzessive verbessert, auch in den Merkmalen, die am etablierten Markt wertgeschätzt werden. Damit wird der Anspruch an Leistung von immer mehr der etablierten Kunden erfüllt, so dass diese zur neuen Technologie wechseln. Zunächst ist die Innovation in den Hauptmerkmalen nur gut genug und bietet noch andere Merkmale. Nach einiger Zeit ist sie so gut, dass der Großteil der etablierten Kunden damit zufrieden ist. Wenn das passiert, ist der Disruptor auf dem Weg, die etablierten Unternehmen zu verdrängen.[109] Dabei betont Christensen,

---

[105] Anmerkung: Bei diesen *neuen Firmen* kann es sich sowohl um Neugründungen als auch um etablierte Firmen handeln, die zuvor in einem anderen Markt aktiv waren, vgl. Christensen (1997), S. 9f.; Christensen et al. (1998), S. 207.

[106] Vgl. Christensen (1997), S. xv, S. xvii; Christensen (1997), S. 9; Christensen, Raynor (2003), S. 34.

[107] Vgl. Christensen (1997), S. 11; Christensen, Raynor (2003), S. 34.

[108] Vgl. Christensen (1997), S. xv, S. xvii; Christensen (1997), S. 9, 23, 214; Christensen, Anthony, Roth (2004), S. xvi

[109] Vgl. Christensen, Raynor (2003), S. 34.

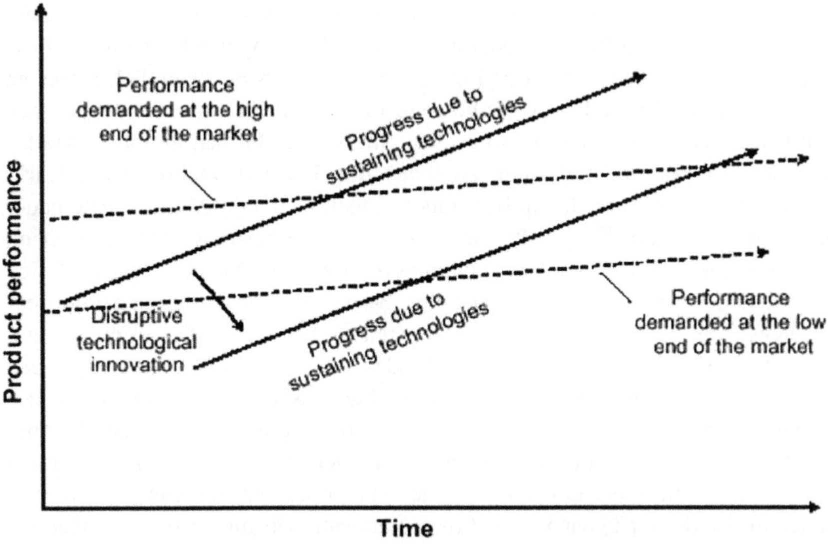

Abbildung 2.9 Typischer Verlauf eines disruptiven Technologiewandels (Quelle: Christensen 1997, S. xvi; Dowling, Hüsig 2004, S. 2)

dass disruptive Innovationen immer nur relativ disruptiv sind. Das bedeutet, dass eine Technologie auf eine andere Technologie disruptive Wirkung haben kann, während sie im Hinblick auf eine dritte Technologie sustaining Charakter hat.[110] Abbildung 2.9 zeigt den typischen Verlauf einer disruptiven Innovation.[111]

Eine wichtige Erkenntnis von Christensen bei seinen Untersuchungen in diesem Zusammenhang war auch, dass technologischer Fortschritt meist schneller ist, als sich die Nachfrage am Markt entwickelt. Das bedeutet, dass Firmen mit ihren Anstrengungen, immer weiter Verbesserungen in der Leistungsfähigkeit ihrer Produkte vorzunehmen, nach und nach immer mehr Kunden am Markt *übersättigen*. Durch diese Verbesserungen versuchen die etablierten Unternehmen ihre Wettbewerber zu verdrängen, bessere Produkte mit höheren Margen anzubieten, anspruchsvollere Kunden anzusprechen und höhere Gewinne zu realisieren.

[110]Hierauf wird später noch näher eingegangen. vgl. Christensen (1997), S. xv, S. xvii, 180; Christensen, Raynor (2003), S. 34, 41, 193; Christensen, Anthony, Roth (2004), S. xxii, 47f.; Lacourbe (2013), S. 10350017-2.

[111]vgl. Dowling, Hüsig (2004), S. 2

Bei diesem Streben nach „mehr“ werden nach und nach immer mehr Kunden, beginnend am unteren Ende des Marktes, von der Leistung der Technologie übersättigt. Diesen Kunden wird mehr Leistung verkauft, als sie eigentlich brauchen und sie können oder wollen die verbesserte Leistung nicht nutzen und sind auch nicht bereit, dafür zu zahlen. Das bzw. das Streben der Firmen in höhere Marktsegmente kann zu einem Vakuum zwischen Angebot und Nachfrage am Markt führen und den Absatz disruptiver Innovationen und den Markteintritt neuer Unternehmen fördern[112] und die Grundlage des Wettbewerbs verändern. Denn die relative Wichtigkeit der Entscheidungskriterien von Kunden verändert sich im Verlauf der Zeit, sobald das Leistungsniveau der Produkteigenschaften über dem liegt, was der Markt fordert.[113] Christensen beschreibt diese Entwicklung mit dem Produktevolutionsmodell von Windermere Associates, das vier typische Phasen nennt, in denen verschiedene Produkteigenschaften, aus der Sicht des Kunden, nach und nach für diesen relevant werden. Zuerst Funktionalität, dann Zuverlässigkeit, dann Convenience und dann der Preis.[114] Obwohl disruptive Innovationen schlechtere Leistungen in den Hauptmerkmalen bieten als das, was bereits am Markt verfügbar ist, sind diese Innovationen für übersättigte Kunden meist ausreichend.[115] Um das Vakuum, das durch Übersättigung entsteht, sichtbar zu machen, nutzt Christensen Kurvendiagramme (Trajektorien), bei denen ähnlich wie im S-Kurven-Modell an der x-Achse die Zeit und an der y-Achse die Produktleistung eingetragen ist. In diesem Diagramm wird die Kundennachfrage aufgezeichnet und mit dem Angebot am Markt verglichen – Originalabbildung siehe Abbildung 2.9. Eine Übersättigung zeigt sich in Abbildung 2.9 dann, wenn die Innovationskurve die Nachfragekurve übersteigt.

Die beiden gestrichelten Geraden zeigen die Kundennachfrage am unteren und oberen Ende des Marktes. Dazwischen sind zahlreiche Geraden, die die Nachfrage unterschiedlichster Kunden darstellen sollen. Kunden auf der oberen Linie haben die höchsten Anforderungen, aber auch die höchste Preisbereitschaft, Kunden am unteren Ende sind schon mit sehr wenig Leistung zufrieden, wollen aber auch nicht viel bezahlen. Die zwei durchgehenden Geraden zeigen das Angebot der disruptiven Innovation und die sustaining Innovation an. Durch die Steigung

[112]Vgl. Christensen (1997), S. xvi, 214f.; Christensen (1997b), S. 117ff; Christensen et al. (2001), S. 74.

[113]Vgl. Christensen, Raynor (2003), S. 131; Christensen (1997), S. 189 ff.; Christensen (1997b), S. 120.

[114]Vgl. Christensen et al. (2004), S. 12; Christensen et al. (2001), S. 74.

[115]Vgl. Christensen (1997), S. xvi, 214f.

wird die Verbesserung im Zeitverlauf veranschaulicht. In jedem Markt gibt es eine Verbesserungsrate, die Kunden nutzen bzw. annehmen können.[116] Im Lauf der Zeit werden durch die Verbesserungen der Technologie immer mehr Kunden übersättigt. Die Übersättigung zeigt sich, sobald die Angebotskurve beginnt, die Nachfragekurven von unten zu schneiden und über dieser liegt. Solange die Angebotskurve unter der Nachfragekurve ist, werden die Kundenansprüche nicht ganz erfüllt. Der Verlauf der Angebotskurve zeigt, dass es immer Kunden gibt, die übersättigt werden, während andere Kunden dieselbe Leistung als nicht ausreichend empfinden. Firmen streben immer danach, bessere Produkte hervorzubringen, um die Kunden am oberen Ende des Marktes bedienen und dadurch höhere Margen abschöpfen zu können. Durch das Kurvendiagramm wird deutlich, ob eine sustaining Innovation bereits eine Übersättigung am Markt bewirkt. Obwohl also disruptive Innovationen zu Beginn die geforderte Leistung nicht erbringen, können sie zu einem späteren Zeitpunkt wettbewerbsfähig sein, weil auch sie sich im Lauf der Zeit verbessern und nach und nach die Anforderungen der Kunden erfüllen und weil sich die Anforderungen der Kunden im Verlauf der Zeit verändern können.[117]

2.2.1.1 Low-end vs. new-market disruptive Innovation

Im Laufe der Zeit hat Christensen seine Theorie immer weiter verfeinert und auch weiterentwickelt. So unterscheidet er später in ergänzenden Werken zwei Arten disruptiver Innovationen: *low-end* DI und *new-market disruptive innovations*, siehe Abbildung 2.10.[118]

Low-end DI sprechen zunächst die am wenigsten profitablen und am meisten übersättigten Kunden am unteren Ende des ursprünglichen Wertnetzwerkes an, indem sie eine einfachere, günstigere und/oder komfortablere Lösung bieten als die etablierte Technologie bieten. Diese Nische am unteren Ende des Marktes ist für die etablierten Unternehmen aufgrund der geringen Preisbereitschaft, nicht besonders attraktiv. Weil die Kunden am unteren Ende des Marktes ohnehin keine hohen Margen versprechen, sehen sie die Verteidigung dieses Kundensegments als nicht lohnend und freuen sich zu Beginn sogar, diese Kunden nicht mehr bedienen zu müssen. Sie sehen low-end DI daher nicht als Gefahr sondern fokussieren sich lieber in Richtung high-end Kunden.[119]

---

[116]Vgl. Christensen, Raynor (2003), S. 33f.; Christensen, Anthony, Roth (2004), S. xvi.

[117]Vgl. Christensen (1997), S. xvi, xxiv.

[118]Vgl. Christensen, Anthony, Roth (2004), S. xvi.

[119]Vgl. Christensen, Raynor (2003), S. 47.

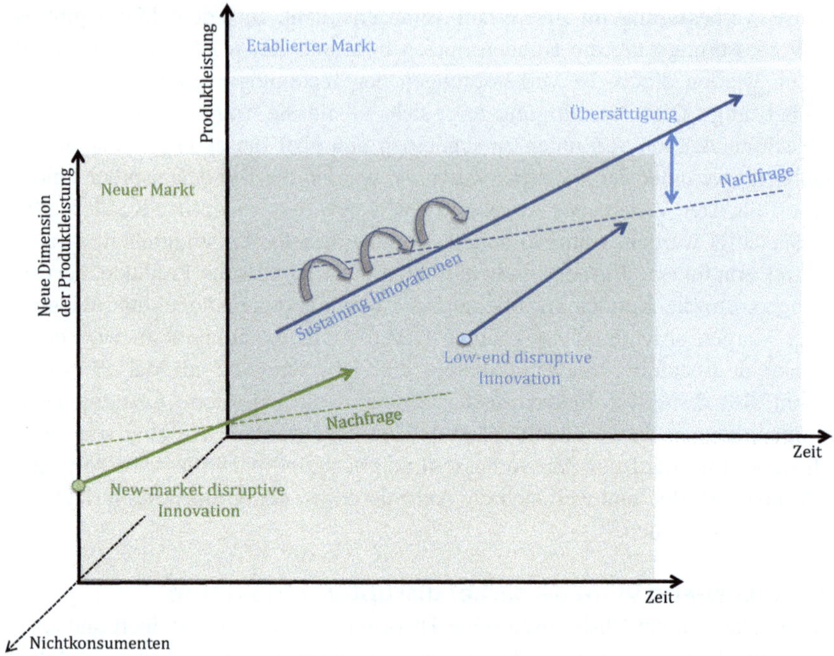

Abbildung 2.10 Erweiterte disruptive Innovation Theory (Quelle: Christensen, Anthony, Roth 2004, S. xvi; Christensen et al. (2001), S. 75, Christensen, Raynor 2003, S. 44)

New-market disruptive Innovationen sprechen dagegen mit ihrem neuen Wertversprechen neue Kunden in anderen oder neuen, bislang nicht existenten Märkten an. Bisherige Nichtkonsumenten, denen zuvor das Geld, die Fähigkeit oder die Lust fehlte, die etablierte Technologie zu konsumieren, werden angesprochen, weil die DI bezahlbarer und/oder einfacher zu nutzen ist.[120] Im Laufe der Zeit verbessert sich die Performance der Innovation auch in den etablierten Leistungsmerkmalen so weit, bis sie auch für die Kunden des etablierten Wertnetzwerkes gut genug ist. Dann wechseln die etablierten Kunden zur neuen Technologie. Damit tritt die new-market DI zunächst nicht in den Hauptmarkt ein, kann aber später auch Kunden aus dem alten Wertnetzwerk bedienen. Auch in

[120]Vgl. Christensen, Raynor (2003), S. 45ff.

diesem Fall werden die neuen Unternehmen die die DI anbieten zunächst nicht als Gefahr gesehen weil sie ja einen anderen Markt bzw. Nichtkonsumenten ansprechen. Wenn die etablierten Kunden wechseln ist es meist zu spät und die Disruption steht kurz bevor.[121] Wie die Beschreibungen vielleicht vermuten lassen, ist die Grenze zwischen den beiden Arten DI sehr fließend. Bei vielen DI handelt es sich sogar um Hybride, die sowohl am unteren Ende des etablierten Marktes als auch in neuen Märkten eingeführt werden.[122]

2.2.1.2 Das Dilemma etablierter Unternehmen bei disruptiven Innovationen

Die Forschungen von Christensen zeigen, dass die gescheiterten Firmen in allen Fällen gut geführt wurden. Sie analysierten Markttrends, die aktuelle und künftige Nachfrage und investierten in neue Technologien, um leistungsfähigere Produkte herzustellen. Dass dieses, in Bezug auf sustaining Innovationen, richtige Management letztendlich bei DI häufig zum Scheitern führt, liegt daran, dass sich die Unternehmen an ihren Kunden und deren Wünschen orientieren. Die Kunden, vor allem die profitablen, lehnen aber disruptive Innovationen aufgrund der anfänglich schlechten Leistung zunächst ab und Marktforschung für Märkte zu betreiben, die erst entstehen, ist schwierig. Wenn neue Wettbewerber in den Markt eintreten und eine Innovation anbieten, die schlechter ist als der Status quo, können sich etablierte Firmen meist nicht vorstellen, dass sich diese Innovation in Zukunft so verbessern könnte, dass sie zur Gefahr für sie wird. Weiterhin sprechen die neuen Wettbewerber nicht ihre Kunden an und falls doch, nur solche, die aufgrund ihrer geringen Preisbereitschaft nur geringe Margen bringen und dadurch unattraktiv sind. Eventuell entstehende Verluste durch Abwanderung dieser Kunden stören die etablierten Firmen nicht, denn sie können diesen Verlust durch höhere Margen im Premiumsegment ausgleichen. Aus diesen Gründen sehen etablierte Unternehmen die neuen Firmen nicht als ihre Wettbewerber an und ignorieren sie.[123]

Darin liegt das Dilemma, denn die disruptiven Innovationen verbessern sich im Verlauf der Zeit und sprechen immer mehr Kunden der etablierten Unternehmen an, so lange, bis diese kaum noch Kunden haben. Zum Zeitpunkt, ab dem die etablierten Unternehmen realisieren, dass sie massiv Kunden verlieren, ist es meist zu spät, um auf die neue Technologie umzusteigen, weil die neuen Firmen

---

[121] Vgl. Christensen, Raynor (2003), S. 46f.; Christensen, Anthony, Roth (2004), S. 7f.

[122] Vgl. Christensen, Raynor (2003), S. 47.

[123] Vgl. Christensen (1997), S. xii ff., 3f.; Christensen, Raynor (2003), S. 101 f.

bereits zu viel Vorsprung und den Vorteil der Economies of Scale haben.[124] Es kann zusammengefasst werden: Während Unternehmen bei sustaining Innovationen Erfolg haben, wenn sie auf ihre Kunden hören und aggressiv in neue Technologien, Produkte oder Prozesse investieren, um deren Wünsche zu erfüllen und Produkte mit besserer Leistung hervorzubringen, ist es bei disruptiven Innovationen besser, nicht auf seine Kunden zu hören, da diese die Unternehmen eher in die Irre führen.[125]

2.2.1.3 Wertnetzwerk und die RPV-Theorie

Der Grund, warum es etablierten Unternehmen häufig leichter fällt *erhaltende* Innovationen hervorzubringen statt auf DI zu setzen, ist, dass es für sie wichtig ist, Gewinne zu generieren und Wachstum zu erzeugen. Dies liegt u.a daran weil sie diverse Verpflichtungen haben, wie gegenüber ihren Shareholdern den Unternehmenswert zu erhöhen.[126]

Christensen erklärt das Dilemma der Etablierten mit der Ressourcen-Prozess-Werte-Theorie (RPV-Theory) und baut damit auf den Arbeiten von Clark (1985) und Henderson und Clark (1990) auf. Clark (1985) hat erörtert, dass Firmen die technologischen Potentiale in einem Produkt hierarchisch und auf Erfahrung beruhend bilden. Getroffene Entscheidungen, wie technologische Probleme, die gelöst werden sollen, beeinflussen die Art des Wissens, das sie sich im Lauf der Zeit angeeignet haben. Wird allerdings ein neues Wissen erforderlich, ist ein Scheitern leicht möglich. Die Arbeiten von Tushman, Anderson und Kollegen unterstützen die Hypothesen von Clark.[127] Henderson und Clark (1990) zeigen, dass die organisationalen Strukturen einer Firma typischerweise *component-level innovations* erleichtern, weil die Unternehmen aus Untereinheiten bestehen, die den einzelnen Produkteinheiten bzw. Komponenten entsprechen. Das funktioniert so lange sehr gut, so lange sich die Produktarchitektur nicht fundamental ändert, aber wenn sie sich ändert bzw. eine grundlegende Änderung der Produktarchitektur notwendig wird, dann verhindert diese Organisationsform Innovation, da Mitarbeiter und Teams auf neue Art und Weise zusammenarbeiten müssen.[128] Diese Theorie passt zu den Ergebnissen von Christensens Studien. Christensen hat

[124]Bei DI sind die First-Mover-Effekte sehr stark, vgl. Christensen (1997), S. xii ff., 3f.,48.

[125]Vgl. Christensen (1997), S. xii ff., 3f.,48.

[126]Vgl. Christensen, Raynor (2003), S. 2.

[127]Vgl. Christensen (1997), S. 31.

[128]Vgl. Christensen (1997), S. 29 f.

herausgefunden, dass die meisten disruptiven Technologien *architectural innovations* nach der Einteilung von Henderson und Clark (1990) waren, bei denen ein neues Wissen in Bezug auf die Produktarchitektur, aber nicht in Bezug auf die Komponenten notwendig war.[129] Generell waren DI technologisch unkompliziert und bestanden aus Standardkomponenten, die in einer neuen Bauweise kombiniert waren, die oft einfacher war als die bisherige.[130] Bekannte Komponenten werden in einer neuartigen Bauweise zusammengefügt und bieten dadurch einen neuen Nutzen im Gegensatz zum bisherigen.[131]

Obwohl etablierte Unternehmen keine Probleme haben, die Innovationen technisch zu realisieren – im Gegenteil, oft hatten sie sogar einen Vorteil gegenüber neuen Unternehmen, z. B. aufgrund der Vielzahl an verfügbaren Ressourcen –, schaffen sie es häufig trotzdem nicht diese umzusetzen oder auf den Markt zu bringen. Die Erklärung dafür sieht Christensen ist in der RPV-Theorie, die besagt, dass jedes Unternehmen innerhalb eines Wertnetzwerkes agiert und sich nach den dortigen Prioritäten richtet. Ein Wertnetzwerk ist der Kontext, innerhalb dem ein Unternehmen Kundenwünsche identifiziert und darauf antwortet, indem es Probleme löst, Input in Output verwandelt und auf Wettbewerb reagiert. Das Wertnetzwerk ist für den Erfolg und Misserfolg eines Unternehmens verantwortlich. Innerhalb eines Wertnetzwerkes sammelt jede Firma Erfahrungen und entwickelt ihre Werte und Unternehmenskultur. Sie baut Kompetenzen auf, entwickelt Wettbewerbsstrategien, analysiert Kostenstrukturen und trifft Entscheidungen über die Auswahl der Kunden, die sie bedient. Das hilft dem Unternehmen, Einschätzungen über den ökonomischen Wert einer Innovation und die Erträge, die davon zu erwarten sind, zu entwickeln. Die erwarteten Erträge lenken wiederum die Allokation der Ressourcen.[132] Innerhalb einzelner Netzwerke unterscheidet sich die Art und Weise, wie Werte definiert und gemessen werden. Die Grenzen der Netzwerke werden z. T. durch die relative Wichtigkeit unterschiedlicher Produkteigenschaften bestimmt.[133] Dabei spiegeln Wertnetzwerke Produktarchitekturen wider. Unternehmen sind in Wertnetzwerke eingebettet, weil ihre Produkte als Komponenten in andere Produkte eingebettet sind oder weil sie Teil eines Systems beim Endverbraucher sind. Zum Beispiel bilden Drucker und PC ein Netzwerk, während jedes Teil an sich wiederum eine Architektur ist, die aus einzelnen

[129]Vgl. Christensen (1997), S. 15.

[130]Vgl. Christensen (1997), S. 15.

[131]Vgl. Christensen (1997), S. 23.

[132]Vgl. Christensen (1997), S. 32 ff.; Christensen, Raynor (2003), S. 44.

[133]Vgl. Christensen (1997), S. 34.

Komponenten besteht.[134] Die Unterschiede in der Wichtigkeit der einzelnen Produkteigenschaften definieren die Grenzen dieses Wertsystems.[135] Da jede Firma innerhalb ihres Wertnetzwerkes unter bestimmten Wirkungskräften, sog. *laws of organizational nature*, agiert, wird sie indem beeinflusst was sie machen kann und was nicht.[136] Die Kostenstruktur hat beispielsweise einen großen Einfluss darauf, welche Innovationen und Märkte als gewinnbringend erachtet werden, weil sie z. B. bedingt, welche Gewinnspannen generiert werden müssen, was die optimale Betriebsgröße ist und wie die erforderlichen Wachstumsraten auszusehen haben, um die Kosten des Unternehmens zu decken und Gewinne zu erwirtschaften. Die Kostenstrukturen sind je nach Unternehmen und Wertnetzwerk unterschiedlich.[137]

Ausgehend von den innerhalb des Wertnetzwerkes formulierten Werten und der dadurch entstandenen Kostenstruktur entwickeln Firmen Prozesse und verteilen ihre Ressourcen. Das RPV-Modell kann helfen zu verstehen, warum manche Unternehmen mit DI Erfolg haben und andere nicht. Es besagt, dass die Fähigkeiten eines Unternehmens aus drei Faktoren bestehen: seinen *Ressourcen, Prozessen* und *Werten.* Diese Faktoren bestimmen, was ein Unternehmen kann und wozu es nicht in der Lage ist.[138]

Ressourcen sind die konkretesten der drei Faktoren. Sie umfassen Menschen, Ausstattung, Technologie, Produkte, Designs, Marken, Informationen, Finanzmittel, Beziehungen zu Zulieferern, Distributoren und Kunden. Es handelt sich meistens um sichtbare und messbare Ressourcen, deren Wert ermittelt werden kann und die geschaffen oder abgeschafft und zugekauft oder verkauft werden können. Sie können zwischen Unternehmensgrenzen transferiert werden.[139]

Prozesse werden hingegen von Firmen bewusst und unbewusst kreiert. Unabhängig davon, um welche Art von Prozessen es sich handelt. *Formelle, informelle* oder *kulturelle* Prozesse bestimmen, wie in einer Organisation Input in Output verwandelt wird. Das gelingt durch die Muster der Interaktion, Koordination, Kommunikation und Entscheidungsfindung. Prozesse beinhalten die Art und Weise, wie Produkte entwickelt werden, und bestimmen die Methoden für

[134] Vgl. Christensen (1997), S. 32.
[135] Vgl. Christensen (1997), S. 68.
[136] Vgl. Christensen (1997), S. xviii.
[137] Vgl. Christensen (1997), S. 37–39, 42.
[138] Vgl. Christensen (1997), S. 166f.
[139] Vgl. Christensen, Raynor (2003), S. 178.

Beschaffung, Marktforschung, Budgetierung, Entwicklung der Mitarbeiter und Ressourcenallokation. Manche Prozesse sind formell und damit explizit definiert, andere sind informell. Bei Letzteren handelt es sich um gewohnheitsmäßige Routinen oder Arbeitsweisen, die sich im Lauf der Zeit entwickelt haben. Prozesse bestimmen die Organisationskultur, passen aber nur zu bestimmten Aufgaben. Wenn andere Aufgaben erfüllt werden müssen, können die vorhandenen Prozesse hinderlich oder ineffizient sein. Prozesse sind nicht flexibel und damit nicht einfach zu verändern. Falsche Prozesse sind oft ein Grund für das Scheitern einer Unternehmung. Weil die meisten Prozesse nicht sichtbar sind, ist es oft schwer zu sagen, ob sie ein Projekt verhindern oder begünstigen.[140]

Werte sind jene Kriterien, die Managern und Mitarbeitern auf jeder Ebene im Unternehmen helfen, Entscheidungen zu treffen und Prioritäten zu setzen. Je größer die Unternehmung, desto wichtiger ist es, dass Mitarbeiter Werte haben, nach denen sie sich richten können. Werte bestimmen, was eine Firma aufgrund ihrer Kostenstrukturen und der dafür notwendigen Margen kann oder nicht kann. Werte sind Bewertungskriterien, die z. B. eine Alternative, einen Kunden oder eine Idee etc. attraktiv oder unattraktiv machen, und legen fest, wie eine Organisation ihre Ressourcen verteilt, kombiniert und einsetzt. Organisationen mit unterschiedlichen Werten können ein Projekt unterschiedlich attraktiv finden. Die Unternehmenswerte müssen die Kostenstruktur und das Geschäftsmodell des Unternehmens widerspiegeln. Die Entwicklung der Werte lässt sich hinsichtlich zweier Dimensionen vorhersagen. Die erste Dimension betrifft die akzeptable Bruttogewinnspanne, die ein Projekt aufgrund der vorhandenen Kostenstrukturen bringen muss, die zweite Dimension ist die Einschätzung der Marktattraktivität, damit ist die Mindestgröße gemeint, die ein neuer Markt haben muss, um interessant zu sein. Unterschiede in den Werten können Asymmetrien zwischen Firmen im Bereich der Motivation kreieren. Das ist z. B. bei Disruptoren und etablierten Firmen der Fall. Die Werte eines Unternehmens ändern sich, wenn es sich marktaufwärts bewegt. Das liegt zum einen an den Margen, die hoch genug sein müssen, zum anderen müssen Firmen immer eine bestimmte Wachstumsrate bringen, um z. B. den Aktienkurs halten zu können.[141]

Ressourcen, Prozesse und Werte bedingen damit die Stärken und Schwächen einer Firma. Die RVP-Theorie argumentiert, dass etablierte Firmen sustaining Innovationen (SI) meistern, weil ihre Werte sie priorisieren und ihre Prozesse

[140]Vgl. Christensen (1997), S. 152ff.; Christensen, Raynor (2003), S. 183f.

[141]Vgl. Christensen (1997), S.164; Christensen, Raynor (2003), S. 186f.

dafür geeignet sind, während sie bei DI scheitern, weil ihre Werte solche Projekte nicht priorisieren, DI keine hohen Margen versprechen und ihre Prozesse nicht zu DI passen, weil sie die ganze bisher geltende Produktarchitektur verändern.[142] Für DI müssten neue Werte aufgestellt und neue Prozesse entwickelt werden.[143] Während Mitarbeiter sehr flexibel sind und sich anpassen können, trifft das auf Werte und Prozesse einer Organisation nicht zu. Sie sind nur sehr schwer veränderbar.[144]

Das Problem ist, dass Unternehmen i. d. R. von ihren Kunden und Investoren abhängig sind[145], denn Firmen, die ihre Kunden und Investoren nicht zufrieden stellen, können auch nicht lange überleben. Ideen, die Kunden nicht wollen, werden daher i. d. R. frühzeitig aufgegeben. Obwohl DI also i. d. R. aus Standardkomponenten bestehen und einfach hergestellt werden könnten, scheitern die Projekte innerhalb etablierter Unternehmen, selbst wenn sie bereits dort, meist nebenbei, sogar ohne freigegebene Ressourcen entwickelt wurden. Dies liegt daran, dass das Marketing mit Standardmethoden den Markt testet und Feedback von führenden Kunden einholt. Diese Umfragen zeigen dann, dass die Kunden kein Interesse an der Innovation haben, wodurch die Verkaufsprognosen schlecht ausfallen. Und da auch die erwarteten Margen von DI in der Regel deutlich geringer sind als bei SI, verliert das Projekt vor dem Hintergrund konkurrierender Projekte im Kampf um Ressourcen und wird nicht weiter verfolgt. Für den Fall, dass dem Projekt Ressourcen zugeteilt werden, wird in täglichen Entscheidungen das Projekt oft bewusst oder unbewusst vernachlässigt, weil Manager parallel versuchen, bessere Produkte für einen Markt, von dem man weiß, dass er existiert und von dem man die Kundenbedürfnisse kennt, zu entwickeln, um die regelmäßigen Kosten zu decken und Gewinne zu erzielen. Dadurch wird jedoch die rechtzeitige Markteinführung der DI verhindert.[146] Ressourcen wie z. B. Humanressourcen oder finanzielle Mittel, die notwendig wären, um sich eine starke Position im kleinen, neu entstehenden Markt zu sichern, können von Managern nicht frei erteilt werden.[147] Sie werden so verteilt, dass die Renditen, Gewinne

[142] Vgl. Christensen (1997), S. 174; Christensen et al. (2004), S. xviii.

[143] Vgl. Christensen (1997), S. xxiii; Christensen (1997), S. 51, 54.

[144] Vgl. Christensen (1997), S. xxiii; Christensen (1997), S. 51, 54.

[145] Vgl. Theory of Resource Dependence nach Pfeffer, Salancik (1978).

[146] Vgl. Christensen (1997), S. 43ff.

[147] Vgl. Christensen (1997), S. xixf.

und das Wachstum möglichst hoch ausfallen und DI können die Wachstums- und Gewinnanforderungen der großen Firmen nicht lösen.[148] Große Firmen brauchen große Märkte und große Margen, um wachsen zu können. Eine kleine Firma, die eben neu gegründet wurde, verfügt über ganz andere Kostenstrukturen, ist dadurch auch mit kleineren Marktanteilen und kleineren Margen zufrieden und kann damit seine Wachstumsziele erreichen. Die Folge: Je größer und erfolgreicher ein Unternehmen ist, desto schwieriger ist es für das Unternehmen, in neu entstehende Märkte und DI zu investieren. Viele Unternehmen warten daher ab, bis die neuen Märkte groß genug sind, aber dann ist es für DI meistens zu spät.[149]

Ein weiterer Grund für den fehlenden Erfolg etablierter Unternehmen ist die Tatsache, dass sie oft stark integriert sind. Um Produkte durch Innovationen zu verbessern, wie es bei SI der Fall ist, ist Integration eine gute Strategie. Neu eintretende Unternehmen haben bei DI den Pioniervorteil, dass sie in der Regel neue Produktarchitekturen mit relativ wenig neuer Technologie darstellen, die das Ausmaß, die Geschwindigkeit und die Richtung des technologischen Fortschritts eines etablierten Technologieentwicklungspfades neu definieren oder sprengen. Diese Technologien schaffen keinen Mehrwert im etablierten Wertsystem, sondern agieren in anderen Wertnetzwerken, in denen sie Wert schaffen. Der wahre Wettbewerbsvorteil der neu eintretenden Unternehmen besteht in der Leichtigkeit, in der sie neue Wertnetzwerke identifizieren oder schaffen und Ressourcen mobilisieren.[150] Etablierte Unternehmen können das nicht, weil sie oft sehr integriert sind, was bedeutet, dass die Bauweise ihrer Produkte verflochten ist und das Design der Komponenten vom Design, der Bauweise und den anderen Komponenten abhängt. Die Bauweise eines integrierten Produktes bestimmt somit die Komponenten und Subsysteme und gibt vor, wie diese interagieren und zusammenpassen. Das ist sinnvoll, wenn Produkte nicht gut genug sind und weiter verbessert werden sollen, denn durch die eigene Herstellung möglichst vieler Komponenten eines Systems sind Firmen flexibler in der Produkt- und Prozessgestaltung und dadurch kann z. B. die Grenze einer S-Kurve weit ausgedehnt werden. Diese Firmen arbeiten ganzheitlich und kontrollieren das Design und die Herstellung aller kritischen Komponenten.[151] Sobald Kunden jedoch übersättigt werden, beginnt die Chance

[148] Vgl. Christensen (1997), S. 43ff.

[149] Vgl. Christensen (1997), S. xxi; Christensen (1997), S. 99ff.; Christensen, Raynor (2003), S. 190.

[150] Vgl. Christensen (1997), S. 55.

[151] Vgl. Christensen, Raynor (2003), S. 128ff.

für die modulare Bauweise.[152] Sie ist sehr einfach, weil es keine unvorhersehbaren gegenseitigen Abhängigkeiten zwischen Komponenten oder Prozessen in der Wertschöpfungskette gibt. Modulare Komponenten passen und arbeiten in einer fest definierten Art und Weise zusammen. Eine modulare Architektur bestimmt die Passform und Funktionsweise aller Elemente so umfassend, dass es keinen Unterschied macht, wer die Komponenten oder Subsysteme herstellt, so lange sie bestimmte Spezifikationen erfüllen. Modulare Komponenten können von verschiedenen Zulieferern entwickelt werden und verbessern dadurch die Flexibilität der Firmen in Abhängigkeit zu ihren Lieferanten. Durch fixe Vorgaben haben Ingenieure allerdings weniger Gestaltungsfreiheit, was die Verbesserungen der Leistungsfähigkeit ab einem gewissen Punkt beeinträchtigen kann. Modularität und Abhängigkeit sind zwei Enden eines Spektrums. Die meisten Produkte liegen irgendwo dazwischen. Neu eintretende Firmen kombinieren bei DI nur zugekaufte Standardkomponenten. Die modulare Bauweise hilft Firmen, um in den Dimensionen zu konkurrieren, die am unteren Ende des Marktes nachgefragt werden. Bei DI können so die besten Komponenten von den besten Herstellern kombiniert werden. Durch die nichtintegrierte Struktur entstehen auch weniger Overheadkosten, so dass auch weniger profitable Kunden interessant sind, nichtintegrierte Wettbewerber disruptieren dann die integrierten Führer.[153] Disruption und Kommodifizierung sind zwei Seiten einer Medaille – entweder nimmt die Kommodifizierung die Profite oder die Disruption die Märkte.[154]

2.2.1.4 Strategien für etablierte Unternehmen

Wenn Manager etablierter Unternehmen diese Kräfte verstehen und nutzen, können sie auch Erfolg mit DI zu haben.[155] Christensen nennt dafür drei Möglichkeiten: 1. Ein Unternehmen akquirieren, dessen Prozesse und Werte den Anforderungen entsprechen, 2. Versuchen, die Prozesse und Werte des etablierten Unternehmens zu verändern oder 3. eine unabhängige Organisationseinheit zu schaffen und in dieser Prozesse und Werte für die neue Aufgabe entwickeln.[156] Ein etabliertes Unternehmen kann einer Disruption entgegnen, indem es selbst mit ausgegliederten Organisationseinheiten an DI arbeitet. Es muss sich dann

[152] Vgl. Christensen, Raynor (2003), S. 152.

[153] Vgl. Christensen, Raynor (2003), S. 128ff.

[154] Vgl. Christensen, Raynor (2003), S. 152.

[155] Vgl. Christensen (1997), S. xixf.

[156] Vgl. Christensen (1997), S. 172; Sandström et al. (2009), S. 9.

quasi selbst disruptieren.[157] Da es meist nicht funktioniert, die Werte eines Unternehmens zu verändern, sollen DI in kleinen, neuen Organisationseinheiten (Spin-offs) erschaffen werden, die neue Werte und Prozesse mit eigenen Kostenstrukturen und Arbeitsstilen aufbauen können und klein genug sind, um auch kleine Märkte als Chance zu sehen. Da die Märkte vorher nicht bekannt sind, müssen sie ebenso wie die gewünschten Eigenschaften der DI durch ein Trial-and-Error-Verfahren in einem iterativen Prozess gefunden werden.[158] DI selbst zu entwickeln, ist eine Art Kannibalismus der eigenen, etablierten Technologie. Etablierte Unternehmen versuchen daher oft die neue Technologie in das alte Wertnetzwerk hineinzupressen.[159] Das sollte jedoch verhindert werden. Wenn die neuen Herausforderungen innerhalb der Organisation gemeistert werden sollen, ist es erforderlich, dass Mitarbeiter über Abteilungen hinweg in neuen oder geänderten Prozessen zusammenarbeiten. Sie müssen aus ihrer gewohnten Routine herausgerissen und in neue Teams und Organisationseinheiten integriert werden. So entstehen neue Formen der Zusammenarbeit, neue Prozesse und neue Fähigkeiten. Clark, Wheelwright, (1992) bezeichnen solche Strukturen *Heavy Weight Teams*.[160] Die Struktur der Organisation und wie Gruppen lernen, zusammenzuarbeiten, kann dann die Art und Weise beeinflussen, neue Produkte designen zu können oder nicht.[161] Das reibungslose Zusammentreffen zweier unterschiedlicher Kostenstrukturen und Geschäftsmodelle scheint jedoch äußerst schwierig zu sein. [162] Manager wie Mitarbeiter müssen daher sehr aufpassen, dass sie dem neuen Projekt nicht die Ressourcen zugunsten alter Projekte entziehen.

Eine weitere Möglichkeit, auf DI zu reagieren, ist sie bzw. die Firmen, die sie entwickelt haben, zuzukaufen. Das RVP-Modell kann eine gute Richtlinie für Manager sein, wenn es darum geht, eine Entscheidung zu treffen, ob DI zugekauft oder selbst kreiert werden sollen, um neues Wachstum zu erzeugen. Wird eine Firma gekauft, um deren Prozesse, Ressourcen und Werte nutzen zu können, sollte sie auf keinen Fall in die etablierte Organisation integriert werden, da sich sonst die Werte und Prozesse an die etablierte Organisation anpassen und verloren gehen. Christensen nennt die Integration von DI in die Prozesse der etablierten

---

[157]Vgl. Christensen, Anthony, Roth (2004), S. 66.

[158]Vgl. Christensen (1997), S. 99ff.

[159]Vgl. Christensen, Raynor (2003), S. 114.

[160]Vgl. Christensen (1997), S. 174.

[161]Vgl. Christensen (1997), S. 30.

[162]Vgl. Christensen (1997), S. 111.

Organisation *Cramming* und zeigt, dass dies in der Realität häufig von etablierten Firmen gemacht wird. Dabei ist es für den Erfolg der DI sehr wichtig, dem Unternehmen weiterhin seine Unabhängigkeit zu gewähren. Das Problem des Cramming ist, dass es die Innovation verändert, so dass sie keinen disruptiven Charakter mehr hat, es bringt sie in ein Umfeld, in dem die neuen Features nicht wertgeschätzt werden. Die Firma müsste dann ihre Kunden überzeugen, ihre Gewohnheiten zu ändern. Nur wenn ein Unternehmen allein aufgrund der Ressourcen zugekauft wird, kann es integriert werden.[163] Um DI richtig zu handhaben und zu wissen, wann richtungsweisend eingegriffen werden muss, müssen sie frühzeitig erkannt und Faktoren, die sie beeinflussen, eingeschätzt werden können. Christensen schlägt dafür die Zuhilfenahme des *Motivations- und Fähigkeiten-Modells,* vor das im folgenden Abschnitt näher beschrieben wird.[164]

2.2.1.5 Das Motivations- und Fähigkeiten-Modell

Wie bereits oben erwähnt, können zwei Organisationseinheiten aufgrund unterschiedlicher Werte und Kostenstrukturen unterschiedliche Projekte favorisieren. Im Bezug auf die DIT finden etablierte, erfolgreiche Unternehmen sustaining Innovationen attraktiv, während neu gegründete Unternehmen sich oft auf disruptive Innovationen fokussieren. Christensen geht auf diese Asymmetrien mit dem Motivations- und Fähigkeiten-Modell ein und beschreibt, wie man mit diesem Modell den Status quo identifizieren kann und wie diese Asymmetrien durch den Einfluss von Nichtmarktfaktoren aus der Umwelt beeinflusst werden können.

Asymmetrien können im Bereich der Motivation und in den Fähigkeiten von Unternehmen auftreten. Sobald Firmen unterschiedliche Motivation in Bezug auf eine Innovation haben, unterstützt diese Asymmetrie disruptive Angreifer, in den Markt einzutreten und zu wachsen, ohne dass die etablierten Firmen dies verhindern, weil sie nicht motiviert sind, die Innovation anzubieten oder Kunden der neuen Unternehmen damit zu bedienen. Entweder ist die absolute Größe des neuen Kundensegments zu klein, oder sie existiert noch nicht oder die erwarteten Margen sind zu gering. Diese fehlende Motivation bewegt etablierte Unternehmen dazu, Kunden am unteren Ende des Marktes, die die neue Innovation schätzen, aufzugeben und sich auf bessere Marktsegmente am oberen Ende des Marktes zu konzentrieren, während neue Firmen sehr motiviert sind, die DI anzubieten und damit immer mehr Kunden gewinnen. Disruptive Angreifer entwickeln

[163] Vgl. Christensen, Raynor (2003), S.195 ff.; Christensen (1997), S.174; Christensen, Anthony, Roth (2004), S. 37ff.

[164] Vgl. Christensen, Anthony, Roth (2004), S. 92.

dann ihre eigenen sustaining Innovationen und verbessern die DI immer weiter. Ab einem gewissen Zeitpunkt ist ihr Kundenkreis groß genug, dass die etablierten Firmen sie nicht mehr ignorieren können. Zu diesem Zeitpunkt haben etablierte Unternehmen dann Schwierigkeiten zu konkurrieren, weil dann bereits eine Asymmetrie in den Fähigkeiten vorherrscht. Die neuen Unternehmen haben dann oft andere Fähigkeiten entwickelt, einen Zeitvorteil, Economies of Scale und ein Geschäftsmodell, das sich von dem der etablierten Unternehmen unterscheidet. Es ist daher sehr schwierig für etablierte Unternehmen, die neu benötigten Fähigkeiten schnell genug zu entwickeln.[165]

Das Modell, siehe Abbildung 2.11, ist eine 2 x 2-Matrix und hat auf je einer Achse ein Kontinuum. Es gibt vier Situationen, in denen sich ein Unternehmen befinden kann: 1) *Hotbed*, in der Motivation und die Fähigkeiten vorhanden sind, 2) *Looking for a target*, in der der Firma die Fähigkeit fehlt, eine Innovation zu erschaffen, 3) *Looking for the money*, in der der Firma die Motivation fehlt, wie im Falle von disruptiven Innovationen und 4) *Dilemma*, wenn sowohl die Motivation als auch die Fähigkeit fehlen – das zeigt die Situation, die auftritt, wenn ein Unternehmen zu lange die DI ignoriert hat.[166]

Je nachdem, wie die Motivation und die Fähigkeiten eines Unternehmens gestaltet sind, können sie durch sogenannte *Nichtmarktkräfte* (engl. *non-market factors*) beeinflusst werden. Diese Faktoren sind z. B. die Regierung, Aufsichtsbehörden, Industriestandards, Gewerkschaften, kulturelle Normen, der Stand der technologischen Entwicklung, das Wissen einer Landesbevölkerung oder staatliche Regulationen. Diese Faktoren können die Position eines Unternehmens auf der Achse verschieben und spielen eine wichtige Rolle.[167] Die Motivation eines Unternehmens hängt von Faktoren wie Marktgröße, Marktwachstum, Wettbewerbsdynamik, Industrieattraktivität, Attraktivität des Geschäftsmodells oder Wettbewerbskräften ab und kann z. B. durch folgende Regierungsaktivitäten verändert werden: Steuergesetze, Wettbewerbspolitik, Kartellrecht etc. Die Fähigkeiten sind abhängig von Ressourcenverfügbarkeit, Standards, Marktzugang, Industrieentwicklung und können ebenfalls durch Standards beeinflusst werden.[168] Die Regierung kann beispielsweise durch Gesetze oder Regulationen Einfluss nehmen und die Grenzen von Geschäftsmodellen verschieben. Das Modell zeigt, dass Innovationen florieren, wenn Firmen über Motivation und Fähigkeit verfügen, eine bestimmte Innovation zu entwickeln. Markteinflüsse können dadurch Innovationen

---

[165]Vgl. Christensen, Anthony, Roth (2004), S. 37ff.

[166]Vgl. Christensen, Anthony, Roth (2004), S. 74f.

[167]Vgl. Christensen, Anthony, Roth (2004), S. 21f.

[168]Vgl. Christensen, Anthony, Roth (2004), S. 74ff.

Abbildung 2.11 Motivations- und Fähigkeiten-Modell (Quelle: Christensen, Anthony, Roth 2004, S. 75)

verhindern oder fördern, indem sie die Motivation oder die Fähigkeiten der Unternehmen beeinflussen.[169] Dies ist wichtig für die Wirtschaft, denn es zeigt, dass etablierte Firmen bei DI durch ihre Umwelt unterstützt werden können. Indem ihre Motivation anfänglich erhöht wird, kann ein Dilemma vermieden werden.

2.2.2 Kritik und Weiterentwicklung der Theorie

Dieser Abschnitt gibt einen kurzen Überblick über die Limitationen und am häufigsten kritisierten Punkte der DIT durch andere Wissenschaftler.

[169] Vgl. Christensen, Anthony, Roth (2004), S. 21f.

Die disruptive Innovationstheorie von Christensen hatte einen tiefgreifenden Einfluss darauf, wie Wissenschaftler und Praktiker technologischen Wettbewerb sehen und mit technologischem Wandel umgehen.[170] Trotz der extrem hohen Beachtung der Theorie der disruptiven Innovationen in Wissenschaft und Praxis und der zahlreichen Verfeinerungen durch Christensen und seiner Co-Autoren in den letzten Jahren[171] wurde die Theorie bislang aber auch vielseitig kritisiert.[172] Unter anderem werden dabei vor allem die nicht eindeutige und klare Definition disruptiver Innovationen, die fehlende oder eingeschränkte Vorhersagemöglichkeit disruptiver Innovationen sowie ex post gerichtete Analyse anhand einiger ausgewählter Industrien und zum Teil fehlende Strategien für etablierte Firmen genannt.[173] Aus diesem Grund haben sich viele Autoren in den letzten Jahren des Themas aus wissenschaftlicher Sicht angenommen und versucht, die Theorie weiterzuentwickeln bzw. die aus ihrer Sicht noch vorhandenen Forschungslücken zu schließen. Die häufigsten Kritikpunkte sollen im Folgenden kurz dargestellt werden:

1) Kritik an einer eindeutigen Definition

Wie anfangs bereits erwähnt wurde, wird der Begriff Disruption vor allem in den letzten Jahren in der Praxis immer häufiger – teilweise geradezu inflationär – verwendet und immer häufiger werden damit alle Arten von technologischem Wandel beschrieben. Dies ist damit zu begründen, dass dem Begriff, wie von zahlreichen Wissenschaftlern zu Recht kritisiert, keine eindeutige Definition zugrunde liegt, wodurch er sehr oft falsch verstanden, misinterpretiert oder falsch verwendet wird.[174] Gibt man bei Google News *Disruption* ein, so überschlagen sich die Ergebnisse und eine Disruption ist fälschlicherweise in nahezu jeder Industrie zu finden.

Viele Wissenschaftler kritisieren, dass eine eindeutige Definition des Begriffs *„disruptive Innovation"* fehlt, weil Christensen keine klaren Angaben macht, was genau unter einer disruptiven Innovation zu verstehen ist, welche Merkmale eine

---

[170] Vgl. Adner (2002), S. 667; Danneels (2004), S. 246; Gilbert (2003); Gilbert et al. (2012).

[171] Vgl. U. a. Christensen et al. (1998); Christensen, Overdorf (2000), Christensen, Raynor (2003); Christensen et al. (2004); Christensen et al. (2013).

[172] Vgl. Hang et al. (2011); Chandra, Yang (2012), S. 23; Danneels (2004), S. 246; Klenner et al. (2013); Guercini, Runfola (o. Jg.), S. 2; Downes, Nunes (2013), S. 46.

[173] Vgl. Klenner (2011), S. 59; Danneels (2004), S. 246.

[174] Vgl. Paap, Katz (2004), S. 15; Danneels (2004); Adner (2002), S. 667; Chandra, Yang (2012), S. 24; Schmidt (2004), S. 167; Hüsig, Hipp, Dowling (2005), S. 21; Ganguly, Nilchiani, Farr (2010), S. 36; Schwertfeger (2016).

disruptive Innovation ausmachen, was sie antreibt und ab wann eine Innovation als *disruptiv* bezeichnet werden kann.[175]

Viele der von Christensen (1997a) angegebenen Eigenschaften sind zum Teil zwar typische, jedoch nicht immer nachweisbare Eigenschaften, die bei jeder disruptiven Innovation zu finden sind.[176] Er beschreibt disruptive Innovationen in der Regel als günstiger, einfacher, kleiner und bequemer zu nutzen als die etablierte Technologie, die durch ein neues Wertversprechen zunächst andere Kunden ansprechen und neue Märkte kreieren.[177] Auch in der Wissenschaft sind dadurch im Lauf der Jahre viele Missverständnisse entstanden, indem z. B. die wörtliche Bedeutung des Begriffs Disruption – die Zerstörung eines Marktes – als Verständnis der DIT verwendet wurde[178] oder indem Wissenschaftler die Kritik an der fehlenden eindeutigen Definition zum Anlass nahmen, um neue Begriffe für ähnliche Phänomene zu verwenden oder eigene Definitionen für den Begriff Disruption zu entwickeln, ohne die Theorie dahinter wirklich verstanden zu haben.[179] Dadurch wurden teilweise radikale, kompetenzzerstörende Innovationen den disruptiven Innovationen gleichgesetzt und Christensens Beschreibungen für falsch erklärt[180], siehe dazu folgendes Beispiel einer neuen Definition DI von Schmidt, Druehl (2008):

> „*(…) a disruptive innovation (in that it disrupts the current market) is not necessarily a disruptive innovation (as Christensen defines it).*" [181]

Andere Autoren wie z. B. Govindarajan und Kopalle (2006a, b) erweiterten das Phänomen und ergänzten in ihrer Theorie eine neue Art von DI, sogenannte *high-end disruptions*, die zunächst ihren Anfang im oberen Bereich (high-end) des etablierten Marktes haben. [182]

---

[175]Vgl. Danneels (2004), S. 247, 249; Schmidt, Druehl (2008), S. 348; Yu, Hang (2010), S. 347 ff; Markides (2006), S. 19.; Adner (2002), S. 667; Chandra, Yang (2012), S. 24; Weisenbach-Keller, Shanklin (2005), S. 172; Kostoff, Boylan, Simons (2003), S. 143.

[176]Vgl. Danneels (2004), S. 249.

[177]Vgl. Christensen (1997), S. xv, S. xvii; Christensen (1997), S. 9, 23, 214; Christensen, Anthony, Roth (2004), S. xvi

[178]Vgl. Adner (2002) S. 667; Schmidt (2004) S. 167; Markides (2006) S. 19; Yu, Hang (2010) S. 439; Tellis (2006) S. 35; Schwertfeger (2016); Schmidt, Druhel (2008) S. 348.

[179]Vgl. Klenner (2011) S. 70; Christensen, Raynor (2003), S. 143; Webster (2014), S. 4.

[180]siehe dazu beispielsweise Danneels (2004), S. 249.

[181]Vgl. Schmidt, Druehl (2008), S. 348.

[182]Vgl. Govindarajan, Kopalle (2006a), S. 13.

Christensen hat bereits im Jahre 2006 auf diese Kritik reagiert und eingeräumt, dass es, um mögliche Missverständnisse zu vermeiden, vermutlich besser gewesen wäre, seine Erkenntnisse lieber mit einem weniger missverständlichem Begriff wie beispielsweise „Christensen's Effect" zu bezeichnen, statt einen Begriff zu verwenden, der zwar mit der wörtlichen Bedeutung die Auswirkung DI am Markt beschreibt, jedoch nicht einziges Kriterium einer DI ist. Er hat daraufhin versucht, den Begriff zu konkretisieren.[183] Obwohl Christensen in verschiedenen Werken und zusammen mit seinen Co-Autoren die Ergebnisse seiner weiteren Forschungen sehr ausführlich beschreibt, gibt er bis heute keine klare Definition zur disruptiven Innovation und Disruption. Der Leser versteht durch die vielen Beschreibungen zwar, was es mit dem Phänomen auf sich hat und worum es sich bei DI handelt, soll jedoch ex ante bestimmt werden, ob eine Innovation disruptiv ist, fehlt es an klar definierten Kriterien.[184] So wird beispielsweise die Bedeutung des Preises in der Theorie nicht nur nicht ganz klar, sondern von Christensen zum Teil sogar widersprüchlich dargestellt. Die an vielen Stellen erwähnten Beschreibungen einer disruptiven Technologie lassen darauf schließen, dass es sich bei einem *günstigen Preis* um eine typische Eigenschaft einer disruptiven Innovation handelt:

> *„(...) disruptive technologies are typically cheaper, simpler, smaller, and frequently, more convenient to use."*[185]

oder

> *„The disruptive innovation theory points to situations in which new organiszations can use relativly simple, convenient, low-cost innovations to create growth and triumph over powerful incumbents."*[186]

Im Gegensatz dazu wird der Preis einer Innovation aber auch als Produktmerkmal der betrachteten Technologie unter vielen anderen genannt, das, wenn überhaupt, erst dann an Wichtigkeit gewinnt, wenn bereits alle anderen Eigenschaften wie Funktionalität, Zuverlässigkeit und Bequemlichkeit ausreichende Leistung bringen.[187]

---

183 Vgl. Yu, Hang (2010), S. 439.

184 Vgl. Danneels (2004), S. 249; Weisenbach-Keller, Shanklin (2005), S. 172; Hüsig, Hipp, Dowling (2005), S. 20; Adner (2002), S. 667.

185 Vgl. Christensen (1997a), S. xv.

186 Vgl. Christensen (1997a), S. xv.

187 Vgl. Christensen, Anthony, Roth (2004), S. 12; Christensen (1997a), S. xxiii, 17, 48.

Adner (2002) hingegen zeigt in diesem Zusammenhang, dass die Diffusion DI im Massenmarkt häufig allein durch einen geringeren Preis zu erklären ist, statt wie von Christensen beschrieben durch ein besseres Preis-Leistungs-Verhältnis.[188] Chesbrough (1999) findet in seinen Studien heraus, dass etablierte Unternehmen aufgrund einer Innovation in einer Branche in einem Land durch neue Unternehmen ersetzt werden, während sie in einem anderen Land die Innovation und den Eintritt neuer Firmen überleben. [189] Der Autor zeigt damit, dass die Einflussfaktoren auf disruptive Innovationen/Disruption und wie sie in verschiedenen Wertnetzwerken wirken sowie die richtige Strategie für Incumbents noch nicht vollständig verstanden wird.

Als weiteren Widerspruch im Bereich der Merkmale einer DI führt Klenner (2011) an, dass die Erstellung von Kurvendiagrammen als Analyseinstrument zur Identifikation von disruptiven Innovationen für die Marktübernahme als Definitionsmerkmal einer disruptiven Innovation spricht. Dieses Merkmal würde Aufschluss darüber geben, ab wann von einer disruptiven Innovation gesprochen werden kann, wird jedoch von Christensen nie explizit benannt.[190] Im Gegensatz dazu spricht die strategische Bewertung von disruptiven Innovationen mit Hilfe der gleichen Trajektorien, wie von Christensen und Bower (1995) empfohlen,[191] gegen die Marktübernahme als typische Eigenschaft.[192] Damit können die Merkmale einer DI nicht eindeutig genannt und abgeprüft werden. Die Widersprüche erschweren auch die praktische Anwendung des Konzepts, denn durch das Fehlen einer detaillierten Beschreibung der Merkmale einer *„disruptiven Innovation"* können schlechter Tools geschaffen werden, um diese frühzeitig zu erkennen.[193] Somit können etablierte Unternehmen auch nicht früh genug reagieren, um sich zu verteidigen.

Wie bereits erwähnt, arbeitet Christensen zusammen mit seinen Co-Autoren daran, die DIT zu präzisieren und auf die Kritikpunkte zu antworten.[194] Erste Versuche, auf die ungenaue Definition und die fehlenden Treiber einer Disruption zu antworten, sind die Ausweitung des Begriffes disruptive Technologie auf den Begriff disruptive Innovation in Christensen and Raynor (2003) und Johnson et al., (2008). Sie ersetzen den Begriff Technologie durch Innovation, weil sie

---

[188] Vgl. Adner (2002).

[189] Vgl. Chesbrough (1997), (1998); Chesbrough (1999), S447ff.

[190] Vgl. Christensen, Anthony, Roth (2004), S. 293.

[191] Vgl. Christensen, Bower (1996), S. 49ff.

[192] Vgl. Klenner (2011), S. 70.

[193] Vgl. Schmidt, Druehl (2008), S. 347.

[194] Vgl. Christensen et al. (2004); Christensen et al. (2016); Christensen, Roger (2003); Christensen et al. (2013).

erkannt haben, dass nicht nur Technologien an sich, sondern auch Prozesse oder Geschäftsmodelle disruptiven Charakter besitzen können.[195] Zudem unterteilten Christensen, Raynor (2003) das Phänomen in low-end und new-market DI.[196] Der Unterschied der beiden Arten wurde bereits in Abschnitt 2.2.1.1 aufgezeigt. Ein weiterer Kritikpunkt ist die fehlende Angabe, ab welchem Zeitpunkt im Diffusionsprozess es sich tatsächlich um eine disruptive Innovation handelt und ob eine Innovation auch dann disruptiv genannt werden darf, wenn die etablierten Unternehmen nicht an ihren Folgen gescheitert sind.[197] Weisenbach-Keller, Shanklin (2005) behaupten, dass nicht eine Technologie an sich disruptiv ist, sondern dass eine Disruption aufgrund einer Kombination aus bestimmten Gegebenheiten ausgelöst wird. Sie zeigen, dass, je mehr dieser Bedingungen erfüllt sind, desto höher ist die Gefahr einer Disruption.[198] Adner (2002) kritisiert, dass ohne die Frage, wann eine Technologie als disruptiv bezeichnet werden kann, auch keine Vorhersage dieser Art von Technologie möglich ist, und untersucht Nachfragekonditionen, die Disruption begünstigen.[199] Viele Wissenschaftler sprechen deshalb nur vom *„disruptiven Potential einer Innovation“* oder von einer *„potentiell disruptiven Innovation“*, bis ex post festgestellt werden kann, ob eine Disruption am Markt ausgelöst wurde und die etablierten Unternehmen aus dem Markt verdrängt worden sind.[200]

2) Kritik der fehlenden Vorhersagbarkeit

Aber gerade diese ex post gerichtete Betrachtung und die ex post gerichteten Forschungen Christensens und damit einhergehend eine fehlende Prognosefähigkeit seiner Theorie werden von vielen Wissenschaftlern kritisiert.[201] Tellis (2006) bringt diese Kritik mit folgendem Satz auf den Punkt:

> *„(...) if one must wait till the disruption has occurred, then what predictive value is there in the concept?“*[202]

---

[195] Vgl. Dijk et al. (2016), S. 78; Christensen, Raynor (2003); Johnson et al. (2008).

[196] Vgl. Christensen Raynor (2003), S. 45ff.

[197] Vgl. Hüsig, Hipp, Dowling (2005), S. 21; Ganguly et al. (2010), S. 36; Klenner (2011), S. 60.

[198] Vgl. Weisenbach-Keller, Shanklin (2005), S. 172.

[199] Vgl. Adner (2002), S. 667.

[200] Vgl. Hüsig, Hipp, Dowling (2005), S. 21; Ganguly et al. (2010), S. 36; Klenner (2011), S. 60.

[201] Vgl. Danneels (2006), S. 3, S. 248ff.; Tellis (2006), S. 35; Klenner (2011), S. 72; Adner (2002), S. 667; Webster (2014), S. 4; Gilbert et al. (2012), S. 67 ff.; Thurston (2014).

[202] Vgl. Tellis (2006), S. 35.

Vor allem für die Praxis ist es notwendig, disruptive Innovationen frühzeitig (ex ante) erkennen zu können, um Strategien zur erfolgreichen Verteidigung ergreifen zu können.[203] Christensen gibt zwar Empfehlungen, diese scheinen jedoch teilweise sehr generisch und damit nur zum Teil hilfreich. Neben dem zunächst einzigem Instrument, dem *Kurvendiagramm*, das er in seinem ersten Buch *„The Innovator's Dilemma"* als *„am besten geeignetes Tool zur Vorhersage von disruptiven Innovationen"* bezeichnet[204], reagiert er vor allem in den Folgepublikationen *„The Innovator's Solution"* und *„Seeing what's next"* auf diesen Kritikpunkt und zeigt neue Methoden zur frühzeitigen Identifikation disruptiver Innovationen auf. Neben dem bereits erwähnten Zeichnen von Kurvendiagrammen, dem sog. *„Trajectory mapping"*, werden als Bestandteil einer dreistufigen Prüfung die Betrachtung von Asymmetrien zwischen neuen und etablierten Unternehmen,[205] die Überprüfung einer vorliegenden Übersättigung am Markt sowie die Überprüfung von externen Einflussfaktoren vorgeschlagen.[206] Des Weiteren soll mit dem sog. *„Three Litmus Tests"* frühzeitig analysiert werden können, ob eine Innovation disruptives Potential hat. Dabei wird getestet, ob es Nichtkonsumenten bzw. übersättigte Kunden gibt und ob die Innovation gegenüber allen etablierten Unternehmen disruptiv wirken würde.[207] Beide Methoden basieren auf der Überprüfung der ursprünglich beschriebenen Merkmale disruptiver Innovationen. Auch hierbei wird jedoch leider nicht klar, welche Eigenschaften davon zwingend erfüllt sein müssen, damit von einer disruptiven Innovation gesprochen werden kann bzw. damit eine Disruption stattfindet. Obwohl Christensen versucht, seine Empfehlungen mit zahlreichen Branchenbeispielen zu untermauern, sind klare messbare und von Einzelbeispielen unabhängige Kriterien zur Vorhersage nur schwer erkennbar.[208]

---

[203]Vgl. Hüsig, Hipp, Dowling (2005), S. 20; Kaplan (2012).

[204]Vgl. Christensen (1997a), S. 206, 183, 226; Danneels (2004), S. 249.

[205]Hier kann auf Abschnitt 2.1.1 verwiesen werden.

[206]Vgl. Christensen, Anthony, Roth (2004), S. 4–71, siehe dazu auch Abschnitt 2.2.1.5.

[207]Vgl. Christensen, Raynor (2003), S. 49.

Es ist darauf hinzuweisen, dass in den drei Hauptwerken von Christstensen (et al.) *„The Innovator's Dilemma"*, *„The Innovator's Solution"* und *„Seeing whats next"*, immer wieder Bemerkungen zu finden sind, wie man eine ex ante Identifikation erreichen kann. Bei genauerer Betrachtung gibt es jedoch viele Wiederholungen und es ist nur schwer, ein klares, messbares Vorhersagetool zu identifizieren. Die hier ausgewählten Beispiele stellen aus der Sicht des Autors die wichtigsten heraus.

[208]Vgl. Danneels (2006), S. 3.

Besonders das von ihm vorgeschlagene „*Trajectory mapping*“ wird in der Wissenschaft als alleiniges Vorhersageinstrument kritisiert. Dagegen spricht die ungenaue Vorhersagbarkeit der eingezeichneten Kurven. Hüsig, Hipp und Dowling (2005) betonen den Einfluss von Marktunsicherheiten, z. B. durch Marktveränderungen, die keine sichere Prognose über die künftige Marktnachfrage zulassen. Daten über Angebot und Nachfrage, die für die Zeichnung von *Trajektorien* notwendig sind, sind meist nur schwer zu bekommen.[209] Danneels (2004) kritisiert, dass nicht alle Eigenschaften einer Technologie auf einer Achse in einem Kurvendiagramm darstellbar sind und dass viel mehr als einzelne Eigenschaften die Kombination der verschiedenen Leistungsmerkmale sowie komplexe Interdependenzen zwischen den Leistungsmerkmalen für Kunden relevant sind.[210] Adner widerspricht dieser Ansicht, indem er aufzeigt, dass sich die Adaption der disruptiven Innovationen im Hauptmarkt der etablierten Unternehmen vor allem durch den geringeren Preis erklären lässt statt durch die neuen Eigenschaften.[211] Govindarajan und Kopalle (2006a, b) unterscheiden in ihrer Arbeit hingegen zwischen Vorhersagen zur Disruption einer Technologie an sich und der Art von Firmen, die in Relation zu anderen Firmen besser mit disruptiven Innovationen umgehen können.[212] Aufgrund dieser kritischen Punkte im Bereich der Vorhersage haben sich viele Wissenschaftler zum Ziel gesetzt, diese Forschungslücke zu schließen und ein geeignetes Instrument zur frühzeitigen (ex ante) Identifikation disruptiver Innovationen zu entwickeln. Ausgewählte Ansätze werden im nächsten Abschnitt näher vorgestellt.

Neben der fehlenden Vorhersage wurde auch die selektive Auswahl der Industrien von Christensen zur Bestätigung seiner Theorie[213] sowie die Ressourcenallokation, die er als Erklärung für das Scheitern etablierter Unternehmen nennt, kritisiert.[214] Kritiker merken ebenfalls an, dass die Auswirkungen der disruptiven Innovation auf den Markt durch Christensens Theorie nicht ganz klar werden[215] und dass nicht die Technologie an sich von Natur aus disruptiv ist, sondern äußere

[209]Vgl. Hipp, Hüsig, Dowling (2005), S. 21.

[210]Vgl. Daneels (2004), S. 249.

[211]Vgl. Adner (2002).

[212]Vgl. Govindarajan (2006a), S. 13.

[213]Vgl. Danneels (2004), S. 250f; Tellis (2006), S. 34 ff.

[214]Vgl. Gilbert, Bower (2002), S. 100 ff.; Klenner (2011), S. 71 ff.

[215]Vgl. Klenner (2011), S. 70.

Umstände zur Disruption führen.[216] Benner, Tripsas (2012) kritisieren in diesem Zusammenhang, dass in der DIT zu wenig auf die Heterogenität der Incumbents eingegangen wird, also darauf, dass etablierte Unternehmen unterschiedlich sind, unterschiedliche Ressourcen, Strategien und Marktpositionen haben und in welchem Segment sie agieren. Sie werden immer nur als homogene Gruppe behandelt, die im Gegensatz zu den neuen Unternehmen stehen[217] und die bei Entstehen von disruptiven Innovationen den Erfolg ihres etablierten Geschäftsmodells erhalten und verbessern müssen, um ihre Kunden nicht zu verlieren, aber gleichzeitig DI erschaffen müssen, um auch in der Zukunft wettbewerbsfähig zu sein.[218] Wobei bei den neuen Unternehmen zu beachten ist, dass es sich hier sowohl um komplett neu gegründete, als auch um etablierte Firmen aus anderen Branchen handeln kann, die bisher nur nicht in diesem Markt agiert haben.[219] Dijk et al. (2016) hingegen kritisieren, dass sich die DIT weniger mit der Veränderung der Konsumentensichtweisen und dem Einfluss der Regierung beschäftigt, und holen das in ihrem speziellen Fall, indem sie Elektromobilität untersuchen, nach.

Fazit

Nicht jede Kritik ist gerechtfertigt und auf viele der Kritikpunkte hat Christensen zusammen mit seinen Co-Autoren im Verlauf der Zeit versucht, zu antworten.[220] Die Kritik der unklaren Definition und die damit einhergehende, fehlende frühzeitige Erkennungsmöglichkeit von disruptiven Innovationen scheint für die Praxis die größte Relevanz zu haben. Beide Aspekte sind für etablierte Unternehmen überlebensnotwendig, um ihre Marktposition verteidigen zu können und dem Dilemma, das disruptive Innovationen auslösen, zu entkommen. Aus diesem Grund haben sich viele Autoren daran versucht, Ansätze zu entwickeln, mit denen die Früherkennung disruptiver Innovationen gelingen soll. Ausgewählte Ansätze werden im folgenden Abschnitt zunächst durch einen Literaturüberblick und mit Hilfe eines kurzes Abrisses vorgestellt, bevor in den letzten beiden Abschnitten dieses Kapitels auf zwei Modelle näher eingegangen wird.

[216] Vgl. Weisenbach, Shanklin (2005), S. 172; Paap, Katz (2004).

[217] Vgl. Sandström et al. (2009), S. 8f.; König et al. (2013).

[218] Vgl. Paap, Katz (2004), Charitou, Markides (2003), S. 62; Schwertfeger (2016).

[219] Vgl. Benner, Tripsas (2012), S. 282.

[220] Vgl. Klenner (2011), S. 59.

2.2.3 Ansätze zur Früherkennung disruptiver Gefahren

Wie bereits oben erwähnt, stellen für die meisten Autoren die ex post gerichtete Betrachtung, die unklare Definition und die damit einhergehende begrenzte Früherkennung DI noch immer eine große Forschungslücke dar.[221] Aus diesem Grund haben viele Wissenschaftler in der Vergangenheit Modelle entwickelt, mit deren Hilfe disruptive Innovationen frühzeitig erkannt werden sollen. Dieser Abschnitt gibt einen Überblick über die verschiedenen Vorgehensweisen zur frühzeitigen Einschätzung disruptiver Gefahren, die vor allem für etablierte Unternehmen von großer Bedeutung sind, um frühzeitig handeln zu können.

Technologische Vorhersagemodelle können als explorative oder normative Ansätze klassifiziert werden, indem sie entweder aktuelle Trends ausweiten (explorativ) oder zurückblicken und die Entwicklungen beschreiben, die notwendig waren, um eine bestimmte Zukunft zu erreichen (normativ).[222] Abbildung 2.12 gibt einen Überblick über die unterschiedlichen Zeiträume, die in der Betrachtung und Früherkennung einer potentiell disruptiven Innovation und deren Bezeichnungen in der Literatur eingenommen werden. „*Ex ante*“ bezeichnet die Phase, bevor eine disruptive bzw. potentiell disruptive Innovation auf den Markt gebracht wird. In dieser Phase können z. B. Umstände analysiert werden, die den Eintritt disruptiver Innovationen begünstigen. Dabei handelt es sich beispielsweise um optimale Marktgegebenheiten. In der zweiten Phase „*Ex ante/Gegenwart*“ wird ebenfalls meist noch von *ex ante Identifikation* gesprochen. Hierbei handelt es sich allerdings eher um eine „*gegenwärtige*“ Betrachtung einer Situation oder einer bereits am Markt vorhandenen Technologie. Der Begriff ex ante bezieht sich hierbei auf den Zeitraum, bevor eine Disruption am Markt stattfindet. In dieser Phase kann z. B. das disruptive Potential einer bereits bestehenden Innovation untersucht werden oder Umstände, die verhindern bzw. begünstigen, dass sich die Innovation am Markt weiter durchsetzt. Im Anschluss an eine erfolgte Diffusion der Innovation können die Vorkommnisse dann „*ex post*“ analysiert werden. Ex post Betrachtungen werden oft durchgeführt, um Modelle zur Vorhersage DI zu entwickeln, denn nur wenn bereits klar ist, wie sich die Innovation entwickelt hat und welche Auswirkungen sie auf etablierte Firmen und deren Situation am Markt hatte, kann nach Mustern gesucht werden, die ggf. frühzeitig ein Indiz für die Gefahr DI sein können.[223]

---

[221]Vgl. Hüsig, Hipp, Dowling (2005), S. 18; Adner (2002), S. 667; Danneels (2004), S. 250; Yu, Hang (2010), S. 440, Markides (2006), S. 20ff.

[222]Vgl. Porter et al. (2011), Lim, Anderson (2015).

[223]Vgl. Klenner (2011), S. 116ff.

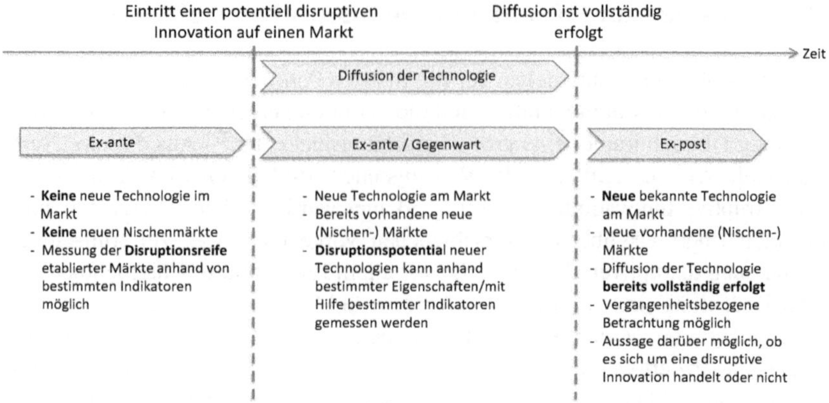

Abbildung 2.12 Zeiträume zur Betrachtung einer DI (Quelle: Eigene Darstellung in Anlehnung an Klenner 2011, S. 106)

Klenner et al. (2013) teilen die Literatur zur Früherkennung disruptiver Gefahren zudem in drei Kategorien ein: **(1)** ***Messinstrumente*** untersuchen das disruptive Potential einer Innovation in einer ex ante/gegenwartsbezogenen Betrachtung. Hierbei wird versucht, frühzeitig zu analysieren, ob es sich bei einer am Markt vorhandenen Innovation um eine potentiell disruptive Innovation oder um eine andere Art von Innovation handelt. Im Gegensatz dazu untersuchen **(2)** ***industrieökonomische Modelle*** den Eintritt disruptiver Innovationen auf mathematisch-theoretischer Ebene. Auch diese Ansätze haben ex ante/gegenwartsbezogene Betrachtung. **(3)** ***Szenarien- und Situationsanalysen*** ermöglichen eine sehr frühzeitige Identifizierung disruptiver Entwicklungen und der Eintrittsfaktoren potentieller, disruptiver Innovationen in einer reinen ex ante Betrachtung.[224] Es gelingt nicht immer, die Kategorie der Messinstrumente gegenüber den Szenarien- und Situationsanalysen eindeutig abzugrenzen. Als Hauptunterscheidungsmerkmal gibt Klenner (2011) an, dass Szenarien- und Situationsanalysen eher generelle Aussagen über das mögliche Bestehen disruptiver Innovationen liefern, während Messinstrumente vorwiegend das disruptive Potential bereits bestehender Innovationen untersuchen.[225] Die Hauptidee all dieser Ansätze ist, dass der disruptive

[224]Vgl. Klenner (2011), S. 3, 75.
[225]Vgl. Klenner (2011), S. 79.

Tabelle 2.2 Literaturübersicht zur Früherkennung disruptiver Gefahren (Quelle: Eigene erweiterte Darstellung in Anlehnung an Klenner 2011, S. 67)

Zeitraum	Messinstrumente	Industrieökonomische Instrumente	Szenarien- und Situationsangaben
1997–2004	Christensen (1997), Rafii, Kampas (2002) Christensen, Raynor (2003) Christensen; Anthony, Roth (2004) Kostoff, Boylan, Simons (2003)	Adner (2002) Adner, Zemsky (2004) Schmidt (2004)	Paap, Katz (2004) Kostoff et al. (2004) Vojak, Chambers (2004)
2005–2009	Hüsig, Hipp, Dowling (2005) Govindarajan, Kopalle (2006a) Govindarajan, Kopalle (2006b) Sainio, Puualainen (2007) Keller, Hüsig (2009) Ganguly, Nilchiani, Farr (2010)	Kassicieh, Rahal (2007) Schmidt, Druehl (2008)	
2010–2016	Hang et al. (2011) Nagy, Schuessler, Dubinsky (2016) Pur et al. (2016)	Yu, Hang (2010) Phaal et al. (2011) Sood, Tellis (2011) Madden, Morey, Theoharakis (2012) Lim, Anderson (2015) Momeni, Rost (2016)	Klenner et al. (2013) Dijk, Wells, Kemp (2016)

Charakter einer Innovation eruiert werden kann, indem Technologien, deren Leistung und der Markt aus verschiedenen Blickwinkeln untersucht werden.[226] Da Klenner bereits eine ausführliche Übersicht über vorhandene Vorhersagemodelle gibt, wird diese Einteilung auch für die folgende Arbeit beibehalten und um aktuelle Ansätze ergänzt, siehe Tabelle 2.2. Einige ausgewählte Ansätze werden im Folgenden kurz erläutert.

[226] Vgl. Lim, Anderson (2015), S. 824.

1) Messinstrumente

Rafii & Kampas (2002) entwickeln das erste Modell zur Identifikation von Gefahren, die disruptive Innovationen im Verlauf ihrer Diffusion für etablierte Unternehmen darstellen.[227] Die Autoren unterteilen den Diffusionsprozess einer disruptiven Innovation in sechs Phasen und prüfen in jeder Phase anhand verschiedener, zuvor festgelegter Einflussfaktoren, ob die Innovation den nächsten Schritt des Diffusionsprozesses erreichen kann. Expertenteams sollen zusätzliche Eigenschaften individuell für jeden Markt identifizieren, welche die Erfolgswahrscheinlichkeit einer Disruption in den jeweiligen Diffusionsstufen beeinflussen können. Für die abschließende Einschätzung der Disruptionsgefahr werden eine Bewertung anhand einer 7-stufigen Skala, sowie eine Gewichtung einzelner Faktoren durchgeführt.[228] Obwohl die Autoren keine empirische Überprüfung der Theorie bieten, ist der Ansatz bis heute als einer der relevantesten ex ante Identifizierungsansätze anerkannt. Es ist jedoch anzumerken, dass die Anwendung aufgrund der Vorauswahl der zu untersuchenden Innovationen sowie der Notwendigkeit eines Expertenteams und deren subjektiver Ansicht für die Anwendung in der Praxis erschwerend sein kann.[229] Hipp, Hüsig und Dowling (2005) bauen auf diesen Ansatz auf und führen ihn weiter. Sie fokussieren sich als erste Autoren auf das disruptive Potential einer bestehenden Innovation und greifen neben Sekundärdaten zur Abgrenzung des Wertschöpfungsnetzwerkes ebenfalls auf die Meinung von Experten zurück. Durch geleitete Experteninterviews mit 64 Fragen versuchen sie das disruptive Potential einer bestehenden Innovation zu ermitteln. Entscheidungsgrundlage für die Messung des DP ist die relative Anzahl erfüllter Kriterien des vorgestellten Fragenkataloges. Der Fragebogen wird dabei als eines der frühen Instrumente zur Identifikation DI gesehen.[230] Darauf aufbauend und unter Einbeziehung der Arbeit von Adner (2002) entwickeln Keller und Hüsig (2009) unter Einbeziehung von Netzwerkeffekten und mit Hilfe der Analyse von Kurvendiagrammen (Trajectory mapping) einen Kriterienkatalog zur Untersuchung des disruptiven Potentials neuer, webbasierter Office-Applikationen. Die Autoren berücksichtigen in ihrem Modell die verschiedenen Phasen des Diffusionsprozesses ähnlich wie Rafii und Kampas (2002) und unterteilen diesen in drei Abschnitte. Durch die Kombination der Methoden gelingt eine präzise Messung

[227]Vgl. Klenner (2011), S. 79.

[228]Vgl. Rafii, Kampas (2002); Klenner (2011), S. 79 ff.

[229]Vgl. Klenner (2011), S. 80.

[230]Vgl. Hüsig, Hipp Dowling (2005); Klenner (2011), S. 80.

in jeder Phase. Auch kann die bereits bei Christensen angebrachte Kritik bezüglich der Vorhersage mit Trajektoriendiagrammen angebracht werden. Ebenso ist aufgrund der benötigten Daten nur eine gegenwartsbezogene Analyse möglich. Keller und Hüsig sehen selbst einen Kritikpunkt an ihrem Modell, da die einzelnen Eigenschaften nicht unterschiedlich gewichtet sind.[231] Auch Kostoff, Boylan und Simons (2003) nutzen die Erfahrung und das Wissen von Experten. Sie entwickeln, erstmals aufbauend auf der Literatur zu Text Mining, einen Fahrplan zur Identifizierung disruptiver Technologien. Sie unterscheiden mehr als andere Autoren zwischen Technologie und Produkt. Mit Hilfe ihres Bezugsrahmens sollen Technologien identifiziert werden, die durch weitere Entwicklung und Anwendung auf spezifische Probleme innovative Produkte erzeugen können, die das Potential haben, eine Industrie neu zu definieren oder einen neuen Markt zu kreieren. Der Ansatz richtet sich an etablierte Firmen, die mit Hilfe des vorgeschlagenen Prozesses zunächst PDI identifizieren und dann einen systematischen Ansatz entwickeln können, um die Technologie selbst entwickeln und implementieren zu können. Die Autoren unterscheiden bei der Entwicklung der DI zwischen bottom-up und top-down Ansatz. Beim ersten Ansatz soll anhand der vorherrschenden Bedürfnisse am Markt eine disruptive Innovation entwickelt werden, während beim zweiten Ansatz versucht wird, eine Technologie, die bereits entwickelt ist, disruptiv einzusetzen. Für die Identifizierung PDI schlagen die Autoren einen Workshop-Ansatz vor, bei dem Experten aus Technologie und Management einbezogen werden.[232] Eine genaue Beschreibung, wie dieser Workshop gestaltet sein soll, geben sie nicht. Unter anderem aus diesem Grund scheint dieser Ansatz für die Praxis zur Vorhersage von DI noch nicht besonders ausgereift.

Govindaranjan und Kopalle (2006a) zeigen in ihrer Arbeit, dass es ihrer Meinung nach neben den „low-end“ und „new-market“ disruptiven Innovationen noch eine dritte Art von disruptiven Innovationen, nämlich *„high-end disruptive innovations“* gibt, deren Diffusion am oberen Ende des Marktes beginnt, weil sie höhere Margen bieten und teurer sind als die etablierte Technologie.[233] In ihrem zweiten Artikel fokussieren sich Govindarajan und Kopalle (2006b) ähnlich wie Keller und Hüsig (2009) auf das disruptive Potential neuer Technologien und entwickeln eine 5-stufige Skala, um dieses zu messen und von radikalen und kompetenzstörenden Innovationen zu unterscheiden.[234] Ganguly, Nilchiani und Farr

231 Vgl. Keller, Hüsig (2009); Klenner (2011), S. 82.

232 Vgl. Kostoff, Boylan, Simons (2003).

233 Vgl. Govindarajan, Kopalle (2006a), S. 13 ff.

234 Vgl. Govindarajan, Kopalle (2006b), S. 12 ff.

(2010) definieren ebenfalls Eigenschaften, an denen man disruptive Innovationen als solche erkennt, und unterteilen diese in *quantitative* und *qualitative* Segmente. Dabei legen sie ihren Fokus auf den Reifegrad der etablierten Technologie, das Zielmarktsegment, den erwarteten Nutzen für die Kunden und die Adoptionsrate. Auch sie beziehen den Diffusionsprozess in ihre Untersuchung mit ein und prüfen je nach Diffusionsphase verschiedene Eigenschaften. Dabei gelingt es ihnen ähnlich wie den bisher erwähnten Autoren, neben den typischen Eigenschaften einer disruptiven Technologie weitere Faktoren zu identifizieren, die Einfluss auf die Diffusion und den Erfolg der PDI am Markt haben können.[235] Sainio, Puumalainen (2007) wollen untersuchen, wie Firmen PDI in ihrem eigenen strategischen Kontext identifizieren können und wie diese Information auf Firmenebene für das Technologiemanagement und die Strategieformulierung genutzt werden kann. Dafür erarbeiten die Autoren einen Bezugsrahmen, mit dem Firmen die Höhe einer radikalen Veränderung im Geschäftsmodell und ex ante das DP einer neuen Technologie in ihrem eigenen Geschäftsumfeld einschätzen können. Basierend auf den Annahmen von Christensen (1997) und der Literatur in Bezug auf DI entwickeln sie einen Fragenkatalog mit sechs Propositionen, um das disruptive Potential und die strategische Relevanz einer neuen Technologie in Bezug auf die eigene Organisationseinheit einzuschätzen. Je größer das disruptive Potential und die strategische Relevanz einer Technologie für eine individuelle Firma, desto radikaler werden die Veränderungen für das Geschäftsmodell eines Unternehmens eingeschätzt.[236] Durch den erstellten Fragekatalog ist das Modell im Vorgehen, nicht im Inhalt, ähnlich der Arbeit von Keller und Hüsig (2009), da jedoch hauptsächlich die Kriterien abgefragt werden, die Christensen im Zusammenhang mit der DIT nennt, bringt dieses Modell im Hinblick auf die Vorhersage disruptiver Innovationen wenig neuen Input.

Basierend auf der DIT und Erweiterungen in der Literatur entwickeln Hang et al. (2011) ein Bewertungsmodell, das die essentiellen Merkmale und Erfolgsfaktoren von DI untersucht. Sie entwickeln einen Bezugsrahmen, der ihrer Aussage nach systematisch und einfach genug ist, um die Erfolgsfaktoren einer DI zu beurteilen und das DP einer Innovation im Vergleich zu einem Mainstream-Produkt zu untersuchen. Das Modell fokussiert sich auf die ganzheitliche Betrachtung von Innovation als dynamischer Prozess und besteht aus drei Bereichen (Marktpositionierung, Technologie und „andere Treiber"), in denen die Erfolgsfaktoren untersucht werden. Eine erste Anwendung des erarbeiteten Modells

[235]Vgl. Ganguly, Nilchiani, Farr (2010).

[236]Vgl. Sainio, Puualainen (2007).

findet in der Festplatten- und der Stahlindustrie statt. Die Messung DI von Govindarajan und Kopalle (2006) dient neben der DIT als Basisdefinition.[237] Obwohl das Modell an sich sehr einfach gestaltet wurde, damit es für die Praxis zugänglich ist, müssen jedoch die Daten, die notwendig sind, um die Fragen beantworten zu können, sehr breit und ausführlich sein, was die Durchführung für etablierte Unternehmen erschweren könnte.

Nagy, Schüssler, Dubinsky (2016) untersuchen DI in Bezug auf Adaptionskriterien einer Innovation und wollen damit die Definition DI erweitern. Sie entwickeln einen dreistufigen Ansatz, um DI zu identifizieren, bevor eine Disruption eintritt. Damit kann dieses Modell zeitlich ebenfalls in die ex ante/gegenwartsbezogene Betrachtung eingeordnet werden. Mit Hilfe der Innovationsadaptionsliteratur und der Diffusionstheorie von Rogers (1995) identifizieren sie fünf Merkmale, die die Adoption disruptiver Innovationen beeinflussen, so dass die Innovation das Potential hat, den Markt zu verändern. Basierend auf dieser Erweiterung der Definition entwickeln sie ein dreistufiges Modell, mit Hilfe dessen eruiert werden kann, ob eine Innovation für eine Organisation disruptive Wirkung haben kann.[238] Durch die etwas ausgeweitete Definition und das noch nicht ganz ausgereift wirkende Modell scheint dieser Ansatz ohne weitere Entwicklung jedoch noch nicht sehr geeignet für die Anwendung in der Praxis.

Jedoch erscheint ein anderer neuer Ansatz von Pur et al. (2014) in Bezug auf Geschäftsmodelle sehr interessant und vielversprechend. Aufbauend auf den Ansätzen von Hüsig et al. (2005) und Keller und Hüsig (2009) wurde erstmalig in der Literatur ein Modell zur Analyse des DP einer Innovation speziell für Geschäftsmodellinnovationen entwickelt. Die Autoren wollen untersuchen, ob P2P-Lending in Deutschland DP für traditionelle Retail-Banken darstellt. Dafür entwickeln sie ein Modell zur Bestimmung des DP einer Geschäftsmodellinnovation in zweiseitigen Märkten. Dass sich Autoren bei der Analyse des DP einer Innovation auf Geschäftsmodellinnovationen in zweiseitigen Märkten fokussieren, ist bis zu diesem Zeitpunkt neu. Für die Erstellung des Bezugsrahmens erweitern sie das Modell zur Bestimmung des DP einer Innovation von Keller und Hüsig (2009) u. a. um die Erkenntnisse von Kaltenecker et al. (2013) und passen es für die Situation von Geschäftsmodellinnovationen auf zweiseitigen Märkten an. Da zweiseitige Märkte zwei verschiedene Kundengruppen mit unterschiedlichen Netzwerkeffekten haben, überarbeiten die Autoren den Fragenkatalog von

[237]Vgl. Hang et al. (2011).

[238]Vgl. Nagy, Schüssler, Dubinsky (2015), S. 119 ff.

Keller und Hüsig (2009) komplett und wenden ihn auf beiden Seiten des Marktes an, um das DP auf jeder Seite einzuschätzen. Die Struktur der drei zeitlichen Phasen wird ebenso wie die Analyse der Leistungs-, Nachfrage- und Preiskurven beibehalten. Beibehalten wird im Vergleich zur Arbeit von Keller und Hüsig (2009) auch, dass alle 20 Kriterien positiv formuliert sind, was bedeutet, je mehr Kriterien erfüllt sind, desto wahrscheinlicher ist eine Disruption. Das Ergebnis der Anwendung des Modells ist ein aggregierter numerischer Wert über alle Kriterien, der das DP in Summe darstellt.[239] Dieses Modell scheint, vor allem durch die erstmalige Fokussierung auf Geschäftsmodellinnovationen und zweiseitige Märkte und die Einbeziehung der bereits sehr ausgereiften Arbeit von Keller und Hüsig (2009), ein sehr gutes Tool für die Praxis zu sein, um disruptive Gefahren, die von Geschäftsmodellinnovationen ausgehen, frühzeitig zu erkennen.

2) Industrieökonomische Instrumente

Adner (2002) sowie Adner und Zemsky (2004) betrachten das Phänomen DI als erste Autoren zu Beginn des 21. Jahrhunderts aus der industrieökonomischen Perspektive. Sie setzen sich, ausgehend von Christensens Theorie, mit der ex ante Identifizierbarkeit des disruptiven Potentials neuer Technologien auseinander und fokussieren sich dabei vor allem auf die Nachfrage- und Preisanalyse sowie deren Auswirkungen auf das disruptive Potential einer Innovation.[240]

Auch Schmidt (2004) entwickelt eine Art Vorhersagemodell. Er konstruiert, basierend auf ökonomischen und Marketingkonzepten, einen Bezugsrahmen, mit dem eruiert werden soll, welchen Einfluss ein neues Produkt auf den Markt haben kann und welche Kunden es zuerst ansprechen wird. Schmidt (2004) kritisiert die vage Definition Christensens und die Bezeichnung „disruptive innovation" und führt daher eine neue Begrifflichkeit ein. Er verwendet die Begriffe *„low-end encroachment"* für Innovationen, die zunächst von low-end Kunden nachgefragt werden, und *„high-end encroachment"* für Innovationen, die zunächst von Kunden am oberen Ende des Marktes gekauft werden. Damit erinnert dieser Versuch in gewisser Weise an den Ansatz von Govindarajan, Kopalle (2006a, b). Schmidt (2004) vergleicht jedoch high-end encroachment mit sustaining Innovation und low-end encroachment mit disruptiven Innovationen nach der Definition von Christensen (1997). Sein Modell basiert auf dem linearen Reservationpreiskurven-Modell von Schmidt, Porteus (2000) und soll Organisationen helfen, über

[239] Vgl. Pur et al. (2014).

[240] Vgl. Klenner (2011), S. 78; Adner, Zemsky (2004); Adner (2002).

ihre Kunden, deren Präferenzen und Produktpositionierungen nachzudenken und quantitativ sowie qualitativ den potentiellen Einfluss einer neuen Technologie zu eruieren. Das Ergebnis soll dann als Ausgangsbasis für eine ausführliche Analyse dienen, bei der bestimmt wird, welche Strategien weiter verfolgt werden sollen. Schmidt (2004) zeigt, wie und warum sich eine Innovation am Markt aufgrund der angebotenen Leistung mit neuen Merkmalen oder Merkmalskombinationen verbreitet und wie sich Veränderungen in der Reservationspreiskurve der verschiedenen Kunden und den Kosten in den Preisveränderungen auswirken. Anhand bestimmter Konstellationen von Kurven soll so eruiert werden, ob eine PDI am Markt Erfolg haben könnte. Schmidt (2004) beschreibt, dass seine Untersuchungen eruieren, ob ein Markt reif ist für DI, wobei es sich vermutlich mehr um die erfüllte Voraussetzung einer Übersättigung etablierter Kunden am Markt handelt, die bereits von Christensen (1997) im Zusammenhang mit der DIT beschrieben wurde.[241] Schmidt und Druhel (2008) vergleichen ebenfalls wie Schmidt (2004) die DIT mit dem Encroachment-Ansatz und weisen mit Hilfe des Reservationspreismodells nach, dass beide Theorien gleiche Ergebnisse liefern können. Sie identifizieren Nachfragebedingungen, die disruptive Innovationen begünstigen, und ermitteln mit Hilfe von Zahlungsbereitschaften verschiedener Kundensegmente Erkenntnisse über die Zukunft am Markt.[242] Damit geben beide Modelle eine Art Hilfestellung für Firmen in dem Sinne, welche Strategien sie verfolgen können, um in den neuen Markt vorzudringen.

Yu und Hang (2010) betrachten den Erfolg von disruptiven Innovationen dagegen aus verschiedenen Perspektiven. Sie untersuchen aus interner, externer, Marketing- und Technologieperspektive, welche Zusammenhänge und Zustände disruptive Innovationen ermöglichen. Daraus geht eine Serie von Faktoren hervor, die Einfluss auf potentiell disruptive Innovationen haben können.[243] Sood und Tellis (2011) kritisieren die Vorhersagekraft der DIT und widerlegen mit Hilfe ihrer Forschungen sogar einige der von Christensen beschriebenen typischen Eigenschaften. Sie entwickeln ein neues Schema, um die Limitationen der Theorie zu beheben und die Gefahr, die von DI ausgeht, zu identifizieren. Dabei unterscheiden sie zwischen der Art der Innovation und trennen *„platform“*, *„component“* und *„design innovations“*. Die Autoren verwenden ebenfalls ein Diagramm als Hilfestellung bei der Analyse, indem sie zwei Dimensionen der

241Vgl. Schmidt (2004).

242Vgl. Schmidt (2004), Schmidt, Druehl (2008).

243Vgl. Yu, Hang (2010).

beiden Technologien abbilden können.[244] Madden, Mores, Theoharakis (2012) versuchen im Rahmen eines statistischen Vorgehens disruptive Technologien mit Hilfe eines autoregressiven Modells zu identifizieren. Als Beispiel dafür untersuchen sie ex post den Einfluss der mobilen Telefonie auf die Veränderung der Penetration von Festnetztelefonie.[245] Lim, Anderson (2015) nutzen ebenfalls Kurvendiagramme und Datenanalysen, um den technologischen Fortschritt in den Leistungsmerkmalen einer Technologie aus verschiedenen Perspektiven zu untersuchen. Ihr Ansatz ermöglicht Flexibilität, indem nicht nur verschiedene Merkmale einer Technologie beachtet werden, sondern auch Trade-off-Entscheidungen zwischen verschiedenen Merkmalen einer Technologie in Betracht gezogen werden können.[246] Damit entgegnen sie auch der Kritik, die in der Vergangenheit oft an Kurvendiagrammen geäußert wurde, dass die Vielfalt verschiedener Merkmale einer Technologie sowie deren Beziehung zueinander durch die von Christensen (1997) beschriebenen Kurvendiagramme nicht vollständig einbezogen werden können.

Momeni, Rost (2016) entwickelten erst kürzlich auf Basis von ex post Beobachtungen ein Modell, das neben der Entwicklung von Patenten bzw. Patentpfaden auch zwei weitere Ansätze, nämlich k-core analysis und topic modeling, miteinbezieht und sich auf die Mikroebene einer Technologie konzentriert. Damit ist das Modell eines der ersten seiner Art. Indem sie Patentdaten miteinbeziehen, wollen sie sich von bestehenden Methoden zur frühzeitigen Identifikation DI abgrenzen, die oft auf Expertenmeinungen setzen. Eine erste Anwendung des Bezugsrahmens findet in der Photovoltaikindustrie statt, indem die Autoren untersuchen, welche Technologien in nächster Zeit für kristallines Silikon bedrohlich werden und sie ersetzen könnten.[247] Durch die Analyse von zahlreichen Patentdaten scheint dieses Modell aufgrund der benötigten großen Datenbasis jedoch teilweise schwieriger anwendbar als die Einholung von Wissen von Branchenexperten. Weitere Anwendungsbeispiele werden aber vermutlich die Produktivität des Modells und seine Vorhersagekraft noch weiter stärken.

3) Szenarien- und Situationsanalysen

Wie bereits oben erwähnt, gelingt es nicht immer, die Kategorie der Messinstrumente gegenüber den Szenarien- und Situationsanalysen eindeutig abzugrenzen.

[244] Vgl. Sood, Tellis (2011).

[245] Vgl. Madden, Mores, Theoharakis (2012).

[246] Vgl. Lim, Anderson (2015).

[247] Vgl. Momeni, Rost (2016).

Während Messinstrumente vorwiegend das disruptive Potential einer bereits am Markt verfügbaren Innovation untersuchen, versuchen **Szenarien- und Situationsanalysen** eher generelle Aussagen über das mögliche Bestehen disruptiver Innovationen zu liefern.[248] Paap und Katz (2004) identifizieren in ihrer Arbeit Szenarien am Markt, innerhalb derer disruptive Innovationen stattfinden können, und analysieren Treiber von Adoption und Substitution, um disruptive Innovationen möglichst frühzeitig zu identifizieren. Auch sie nutzen Kurvendiagramme, um den Verlauf von Technologien skizzieren zu können, und analysieren die Wünsche der Kunden.[249] Auch Kostoff et al. (2004) können in diesen Bereich eingeordnet werden. Sie entwickeln mit Hilfe von Text Mining einen Ansatz zur Identifizierung disruptiver Innovationen und beziehen Experten des jeweiligen neuen technologischen Bereiches entweder als Durchführende oder Berater mit ein. Ein literaturbasierter Ansatz, gekoppelt mit einer Art Workshop-Prozess, soll helfen, das disruptive Potential einer Innovation zu erkennen.[250] Vojak, Chambers (2004) entwickeln mit der SAILS-Methodik, benannt nach den Anfangsbuchstaben der einbezogenen Komponenten, einen interessanten Ansatz zur Vorhersage von Disruption. Basierend auf Beobachtungen von Mustern in der Vergangenheit entwickeln sie einen heuristischen Ansatz, der die fünf Bereiche Standards, Bauweisen, Integration, Verbindungen und Substitution in die Analyse miteinbezieht. Durch Untersuchungen in diesen fünf Bereichen können Erkenntnisse über die Existenz von möglichen disruptiven Innovationen oder Disruptionen auf der Subsystem-Ebene einer Wertschöpfungskette generiert werden. Angewandt wird die Methode in der Arbeit von Vojak und Chambers (2004) in drei Märkten, der kabellosen Kommunikation, der optischen Kommunikation und im Automotive-Bereich.[251] Djik et al. (2016) entwickeln auf Basis der Studien von Christensen (1997) und unter Einbeziehung anderer Arbeiten wie Windrum, Birchenhall (1998), Geels (2005), Dijk, Kemp (2010) etc. einen Bezugsrahmen, der Veränderungen in Technologien, dem institutionellen Kontext von Produktion, der Nutzung mit Fokus auf die Kundenperspektive und Regulation durch Regierungen untersucht, um Marktdisruption frühzeitig zu erkennen. Basierend auf diesen Veränderungen entwickeln sie sechs Hypothesen, um ex ante/gegenwartsbezogen Einschätzungen vornehmen zu können, wann es wahrscheinlich ist, dass eine Disruption am Markt erfolgreich ist. Die entwickelten Hypothesen werden am Fallbeispiel des

[248]Vgl. Klenner (2011), S. 79.

[249]Vgl. Paap, Katz (2004), S. 13 ff.

[250]Vgl. Kostoff et al. (2004).

[251]Vgl. Vojak, Chambers (2004).

Elektroautos im Zeitraum von 1990 bis 2015 erstmals angewandt.[252] In eine ähnliche Richtung gehen auch Klenner et al. (2013). Die Autoren versuchen ebenfalls auf Marktebene Disruptionen vorherzusehen und untersuchen dafür die Disruptionsreife eines Wertnetzwerkes vor dem Eintritt einer möglichen disruptiven Innovation. Mit der Entwicklung ihres Modells geben sie erstmals Aufschluss darüber, inwiefern die am Markt vorherrschenden Strukturen und Gegebenheiten den Eintritt neuer Unternehmen in bestehende Wertnetzwerke und die Verwertung disruptiver Innovationen und damit PDI beeinflussen können. Sie entwickeln erstmals ein Framework, um den Markt vor Eintritt einer PDI aus verschiedenen Perspektiven zu analysieren und mit Hilfe der dadurch ermittelten DR des Marktes eine Einschätzung über den Zeitraum bis zum möglichen Eintritt einer PDI und der Wahrscheinlichkeit deren wirtschaftlichen Verwertung am Markt angeben zu können.[253] Bei dem Modell zur Bestimmung der DR eines Marktes handelt es sich um ein Prognoseinstrument für die Marktreife eines Wertnetzwerkes bezüglich des Eintritts neuer Unternehmen und der erfolgreichen wirtschaftlichen Verwertung disruptiver Innovationen, ohne dabei eine neue Technologie hinsichtlich ihres disruptiven Potentials zu untersuchen.[254]

Fazit

Wie in Tabelle 2.2 zu sehen ist, wurden in der Vergangenheit bereits viele Ansätze im Bereich der Messinstrumente für die ex ante Identifizierung disruptiver Innovationen entwickelt, während es bei Szenarien- und Situationsanalysen des Marktes eher weniger Literatur gibt, die den Markt analysiert und aufgrund von bestimmten am Markt vorherrschenden Kräften Hinweise auf die Gefahr einer Disruption geben könnte. In diesem Bereich, aber auch insgesamt im Bereich der Früherkennung einer Disruption, scheint das Modell zur Bestimmung der DR eines Marktes von Klenner et al. (2013) ein sehr interessanter, neuer und vielversprechender Ansatz für die Praxis, weil erstmals der Markt bereits vor dem Auftreten einer PDI untersucht und Indikatoren identifiziert werden, die eine Einschätzung bzgl. der Wahrscheinlichkeit einer Disruption erlauben, bevor eine PDI auf dem Markt auftaucht. Damit ist das Modell bislang einzigartig und kann bei richtiger Anwendung von großem Wert für die Praxis sein, da es bei einer vorhandenen und ausführlichen Sekundärdatenbasis einfach anwendbar ist und etablierten Unternehmen nach Einschätzung der Gefahr einer Disruption genug Zeit

[252]Vgl. Djik, et al. (2016).

[253]Vgl. Klenner (2011), S. 290 f.

[254]Vgl. Klenner (2011), S. 5.

lässt, darauf zu reagieren. Etablierte Unternehmen können nach Anwendung des Modells verschiedene Strategien entwickeln, um sich gegen Disruption zu schützen. So können sie zum Beispiel selbst die Entwicklung disruptiver Innovationen in einer eigenen Organisationseinheit nach der Empfehlung aus der DIT in Auftrag geben oder den Zeitvorteil nutzen, um die Disruptionsreife des Wertnetzwerkes wieder zu verringern.[255] Leider wurde das Modell zur Bestimmung der DR eines Marktes, aufgrund seiner Neuartigkeit, bislang nur an einer einzigen ex post Fallstudie angewandt, daher ist nicht ganz klar, inwieweit es sich auf andere Branchen und Technologien generalisieren lässt und ob es auch in anderen Fällen die Gefahr einer Disruption erkennen lässt. Aus diesem Grund soll das Modell in vorliegender Arbeit zunächst repliziert und dann gegebenenfalls erweitert werden. In Kombination mit dem bereits relativ ausgereiften Modell zur Bestimmung des DP einer Innovation von Keller und Hüsig (2009) könnte etablierten Unternehmen dann eine sehr umfangreiche, aber relativ einfach anwendbare und breite Methode zur Früherkennung disruptiver Innovationen vorliegen. Während Klenner et al. (2013) den Zeitraum vor Eintritt einer disruptiven Innovation aus marktgerichteter Perspektive untersuchen, fokussieren sich Keller und Hüsig (2009) nämlich darauf, das disruptive Potential bestehender Innovationen zu analysieren. Da die Autoren verschiedene Ansätze aus dem Bereich der Messinstrumente und der Früherkennung von DI analysiert, die Erkenntnisse mehrerer Autoren kombiniert und ergänzt haben und das Modell in zahlreichen Anwendungsfällen[256] wieder verfeinert haben, scheint dies als eines der geeignetsten Modelle, um das DP einer Innovation zu untersuchen und das Modell zur Bestimmung der DR eines Marktes zu ergänzen. Aus diesem Grund werden beide Modelle im Folgenden etwas detaillierter dargestellt.

2.2.4 Das Modell zur Bestimmung der Disruptionsreife von Märkten - Klenner (2011)

Das Modell zur Bestimmung der Disruptionsreife von Märkten wurde von Klenner (2011)/Klenner et al. (2013) entwickelt. Es handelt sich dabei um ein Früherkennungssystem, um die Reife von Wertschöpfungsnetzwerken bezüglich

---

[255] mehr Alternativen für etablierte Unternehmen siehe auch bei Klenner (2009), S. 290f.

[256] siehe Keller, Hüsig (2009); Hüsig (2009); Kaltenecker, Hüsig, Hess, Dowling (2013); Hüsig (2013), Anwendung im Fall von „two sided markets", siehe Pur et al. (2014).

der erfolgreichen wirtschaftlichen Verwertung disruptiver Innovationen zu bestimmen.[257] Zeitlich kann die Arbeit auf den Zeitabschnitt vor dem Eintritt einer disruptiven Innovation auf den Markt eingeordnet werden. Sachlich bezieht sich die Analyse auf Marktstrukturen, die den Eintritt disruptiver Innovationen und die wirtschaftliche Verwertung begünstigen.[258] Die Arbeit schließt an die Analyse von Branchen- und Innovationslebenszyklen in der Innovationsforschung und an die schwachen Signale aus dem Bereich der Frühaufklärung an.[259] Klenner (2011) erkannte im Bereich der DIT und der Literatur zu DI eine Forschungslücke im Bereich marktgerichteter Prognosen, was die Reife von Wertschöpfungsnetzwerken in Bezug auf disruptive Innovationen betrifft. Er setzt sich daher mit Marktkonstellationen auseinander, die sich vor dem Eintritt disruptiver Innovationen am Markt nachweisen lassen, und analysiert Marktstrukturen, die den Eintritt und die anschließende wirtschaftliche Verwertung einer disruptiven Innovation begünstigen.[260] Das Modell folgt DI nach der Definition von Christensen (1997), erweitert um die Erkenntnisse von Charitou und Markides (2003). Ausgehend von bestehenden Ansätzen in der Literatur zu disruptiven Innovationen und Lebenszyklusmodellen,[261] wurden zunächst Propositionen entwickelt, die später mit Hilfe einer ex post gerichteten Fallstudie, der Digitalfotografie im deutschen Amateurfotomarkt, im Rahmen einer zirkulären Anpassung überarbeitet wurden.[262] Klenner unterscheidet in seinem Bezugsrahmen zwischen *„bedingenden“* und *„beschleunigenden“* Propositionen, siehe Abbildung 2.13. Die bedingenden Propositionen kennzeichnen ein Wertnetzwerk mit geringer bis mittlerer DR, in dem die wirtschaftliche Verwertung einer DI eher lang- bis mittelfristig wahrscheinlich ist, während die beschleunigenden Faktoren kurzfristig einen Markteintritt und eine wirtschaftliche Verwertung einer DI vermuten lassen, so dass die DR als hoch eingeschätzt werden kann. Beide Propositionsarten zeigen eine Veränderung, bevor eine DI in den Markt kommt. Beschleunigende Propositionen verändern sich auch nach dem Eintritt einer DI, ihnen wird daher eine hohe Aussagekraft zugeschrieben.[263]

---

[257] Vgl. Klenner (2011), S. 5.

[258] Vgl. Klenner (2011), S. 5.

[259] Vgl. Klenner (2011).

[260] Vgl. Klenner (2011), S. 4.

[261] dazu zählen: Abernathy, Utterback (1978); Foster (1986); Strebel (1987); Klepper (1997); Adner, Levinthal (2002); Linton (2004); Schmidt (2008).

[262] Vgl. Klenner (2011), S. 5, Klenner et al. (2013).

[263] Vgl. Klenner et al. (2013)

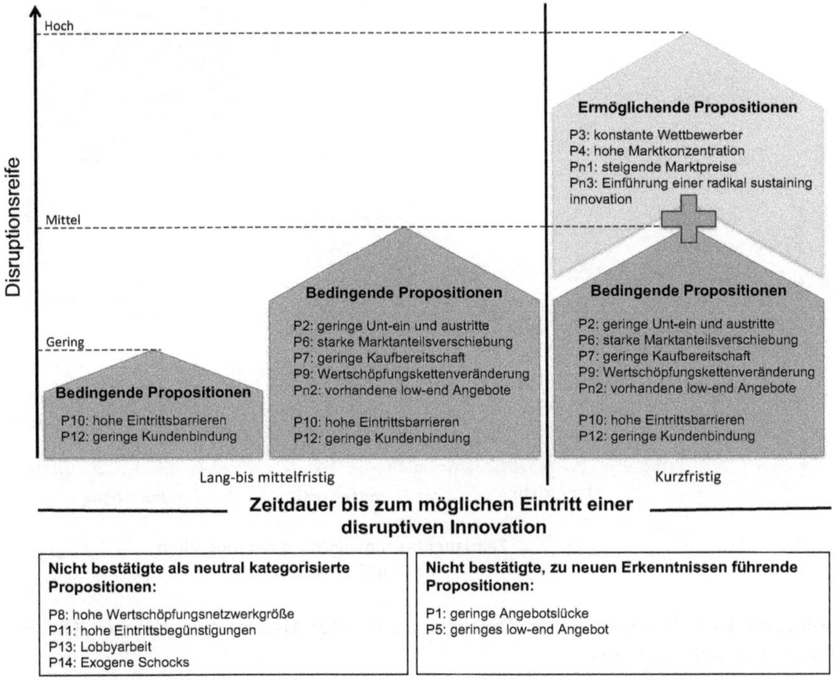

Abbildung 2.13 Modell zur Bestimmung der Disruptionsreife von Märkten nach Klenner (2011) (Quelle: Klenner 2011, S. 223; Klenner et al. 2013, S. 921)

Mit Hilfe des Modells bzw. den einzelnen Propositionen kann eine Analyse bzgl. eines möglichen Eintritts neuer Firmen in das Wertnetzwerk und die Möglichkeit ihrer wirtschaftlichen Verwertung in diesem Wertnetzwerk vorgenommen werden. Nur wenn der Markt reif ist für die Verwertung einer DI, dann kann eine PDI in den Markt eingeführt werden und Nutzen stiften. Dabei gibt es drei mögliche Ergebnisse. Eine hohe, eine mittlere und eine geringe DR – siehe dazu auch Abbildung 2.14.[264]

Eine hohe DR deutet auf eine hohe Marktreife hin und impliziert einen erfolgreichen Eintritt einer DI und eine wirtschaftliche Verwertung am Markt. Eine geringe DR impliziert, dass der Markt nicht bereit ist, z. B. weil es hohe Markteintrittsbarrieren gibt und dass dadurch ein möglicher Markteintritt nur langfristig

[264]Vgl. Klenner et al. (2013)

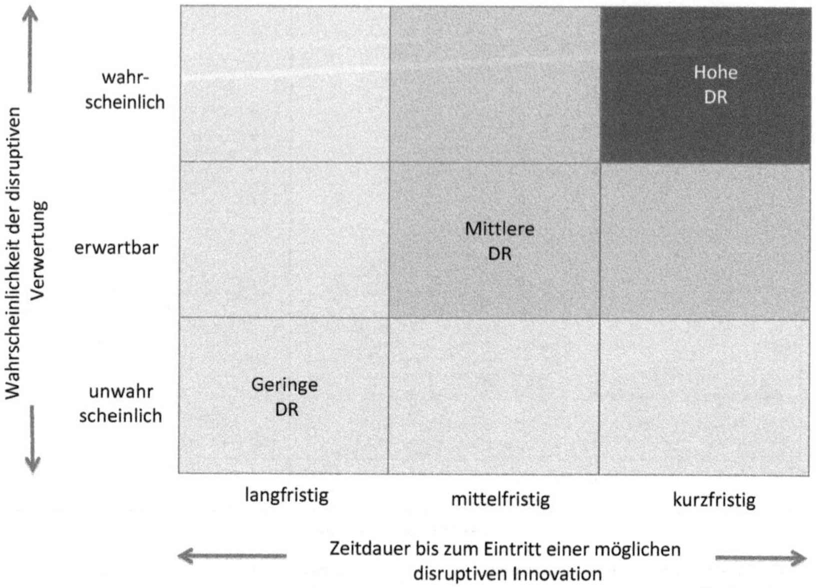

Abbildung 2.14 Bestimmung der Disruptionsreife eines Marktes nach Klenner (Quelle: Klenner et al. 2013, S. 916)

wahrscheinlich ist. Kurz- und mittelfristig kann auch eine wirtschaftliche Verwertung bei einer geringen DR nicht angenommen werden.[265] Eine mittlere DR ist hingegen durch wenige Veränderungen am Markt charakterisiert und impliziert mittelfristig ein mögliches Aufkommen einer DI.[266]

2.2.5 Das Modell zur Bestimmung des disruptiven Potentials - Keller und Hüsig (2009)

Das Modell zur Bestimmung des disruptiven Potentials einer Innovation wurde von Keller und Hüsig (2009) entwickelt. Es basiert auf den Studien von Christensen (1997), Christensen, Anthony, Roth (2004), seiner Beschreibung von disruptiven

---

[265] Vgl. Klenner et al. (2013), S. 916.

[266] Vgl. Klenner et al. (2013).

Innovationen, der DIT sowie dem Motivations- und Fähigkeiten-Modell. Zudem wurden Erweiterungen der Theorie durch andere Autoren, wie die Arbeit von Adner (2002) im Bezug auf Preiskurven und die Studien von Rafii und Kampas (2002) in Bezug auf ein mehrstufiges Früherkennungstool für Disruptionen, in das Vorhersagemodell miteinbezogen.[267] Als Vorstufe des Modells kann die Methodik von Hüsig, Hipp, Dowling (2005) gesehen werden, bei der Innovationen mit Hilfe von geführten Interviews auf ihre disruptiven Merkmale hin untersucht wurden. Sie wurde entwickelt, um die disruptiven Merkmale der WLAN-Technologie näher zu beleuchten und ex ante Unterscheidungen zwischen disruptiven und anderen neu entstehenden Innovationen vorzunehmen.[268] Keller und Hüsig (2009) kombinieren das Wissen aus vergangenen Forschungen und entwickeln eine neue Analysemethode, bei der, neben den Merkmalen einer disruptiven Innovation, auch Kurvendiagramme miteinbezogen werden, mit deren Hilfe die Entwicklung der wichtigsten Merkmale der Technologie im Verlauf der Zeit analysiert werden kann. Durch die zusätzliche Einbeziehung von Netzwerkeffekten entwickeln sie eine Methode, um die DIT besser zur Vorhersage von DI nutzen zu können.[269]

Der erste Teil des Modells besteht aus Merkmalslisten, die zwischen der Sicht des etablierten und neuen Wettbewerbers unterscheiden. Jede Merkmalsliste ist in drei aufeinanderfolgende Zeiträume unterteilt, um dem dynamischen Charakter einer Disruption gerecht zu werden und um zu analysieren, ob die PDI die einzelnen Diffusionsphasen erreichen kann. Die erste Phase ist jene, in der eine Innovation z. B. durch ein neues Unternehmen auf den Markt gebracht wird. Sie wird als *„Foodhold Phase"* bezeichnet, weil die Innovation bzw. das neue Unternehmen in dieser Phase zunächst Fuß auf dem Markt fassen und sich etablieren muss. Die Innovation wird in dieser Zeitspanne vor allem von einem kleinen, neuen Markt oder von Nischenkunden der etablierten Technologie nachgefragt. Die zweite Phase wird als *„Mainmarket Entry Phase"* bezeichnet. Hier wird untersucht, ob die Innovation auch die Mainstreamkunden des etablierten Marktes ansprechen kann und dort Erfolg haben wird. Die dritte Phase wird als *„Failure of incumbents"* bezeichnet. Etablierte Unternehmen scheitern in der Regel in dieser Phase, weil sie die DI selbst nicht eingeführt haben und daher von den neu eingetretenen Firmen verdrängt werden. Alle Merkmale des Bezugsrahmens basieren auf der Originaltheorie von Christensen und sind positiv formuliert, so dass sie, wenn sie als erfüllt angesehen werden können, das disruptive Potential einer Innovation

[267] Vgl. Keller, Hüsig (2009), S. 1044ff.

[268] Vgl. Hüsig, Hipp, Dowling (2005), S. 17f.

[269] Vgl. Keller, Hüsig (2009) S. 1044, 1046f.

Tabelle 2.3 Kriterien zur Messung des DP einer Innovation aus der Sicht des neuen Unternehmens (Quelle: Keller, Hüsig 2009, S. 1047)

Phase	Neues Unternehmen
Foothold market entry	• Die Produkte verfügen in den Haupteigenschaften über eine schlechtere Leistung • Die Produkte sind günstiger, einfacher, bequemer und zuverlässiger • Die Produkte sprechen bisherige Nichtkonsumenten an • Das Geschäftsmodell ist profitabel und adressiert übersättigte Kunden • Die Investoren erlauben Experimente
Main market entry	• Die Produkte basieren auf Standardkomponenten • Strategische Ressourcen (Lizenzen, Kapital etc.) sind verfügbar • Das Netzwerk für die PDI wird als groß eingeschätzt • Die PDI ist kompatibel mit dem bestehenden Netzwerk
Failure of Incumbent	• Das neue Geschäftsmodell unterscheidet sich stark vom etablierten Geschäftsmodell • Die Prozesse sind signifikant anders • Das neue und das etablierte Wertnetzwerk haben nur geringe Überschneidungen

Tabelle 2.4 Kriterien zur Messung des DP einer Innovation aus der Sicht des etablierten Unternehmens (Quelle: Keller, Hüsig 2009, S. 1047)

Phase	Etabliertes Unternehmen
Foothold market entry	• Es gibt übersättigte Kunden • Die Hauptkunden lehnen das neue Produkt ab • Der Markt für Produkte, basierend auf der PDI, scheint klein und irrelevant
Main market entry	• Etablierte Leistungsmerkmale verschieben sich • Kunden sind nicht bereit, für Verbesserungen der etablierten Leistungsmerkmale zu bezahlen • Wechselkosten sind gering • Koordinationskosten sind gering
Failure of Incumbent	• Die neuen Produkte werden von etablierten Unternehmen nicht angeboten • Etablierte Unternehmen fliehen in Premiumkundensegmente • Die PDI wird nicht in einer getrennten Organisationseinheit verwirklicht

und damit die Gefahr einer Disruption erhöhen.[270] Die einzelnen Merkmale sind in Tabelle 2.3 und Tabelle 2.4 dargestellt.

Jede Merkmalsausprägung kann drei Formen annehmen: *erfüllt*, *nicht erfüllt* oder *unbekannt*. Das Ziel der Anwendung dieser Merkmalsliste ist nicht, eine

[270] Vgl. Keller, Hüsig (2009).

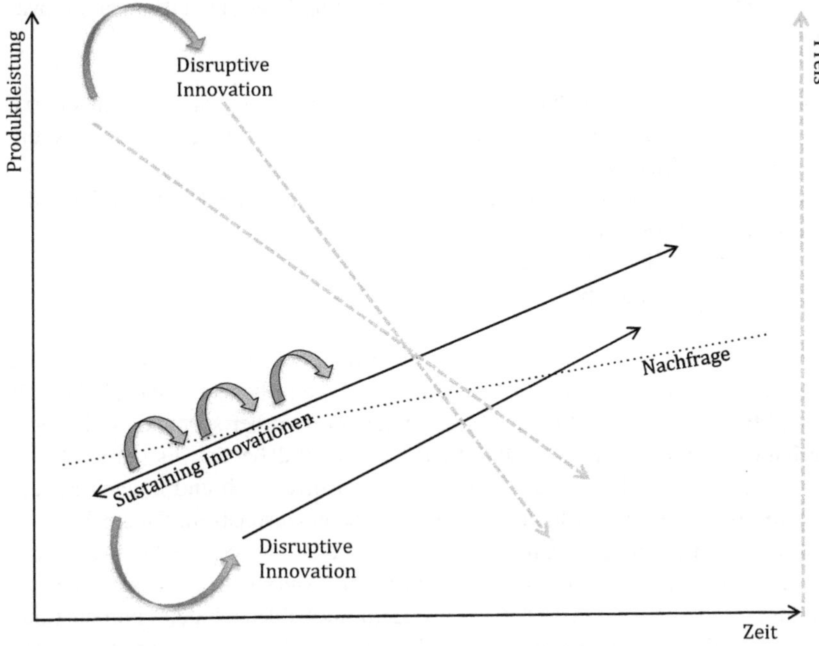

Abbildung 2.15 Kurvendiagramm zur Analyse des DP einer Innovation (Quelle: Keller, Hüsig 2009, S. 1047)

Einschätzung abzugeben, ob eine Disruption am Markt stattfinden wird, vielmehr soll das Potential einer Innovation eingeschätzt werden, unter bestimmten Voraussetzungen eine Disruption auslösen zu können. Das Modell soll dadurch etablierten Unternehmen helfen einzuschätzen, wie sinnvoll es für das Unternehmen ist, auf die neue Innovation zu setzen. Schafft es eine Innovation durch alle drei Phasen, ist eine Disruption als sehr wahrscheinlich anzunehmen.[271]

Der zweite Teil des Modells besteht aus Kurvendiagrammen, in denen nach dem Vorbild der DIT und den Studien von Adner (2002) die Leistungs- und Preiskurven der etablierten und neuen Technologie sowie die Marktnachfragekurven eingezeichnet werden, siehe Abbildung 2.15. Auch hierzu entwickeln Keller und

---

[271]Vgl. Keller, Hüsig (2009), S. 1044, 1046f.

Hüsig (2009) vier Merkmale, die eine Einschätzung bzgl. des DP einer Innovation zulassen:

1. Die Leistungskurve der PDI schneidet mindestens die unterste Nachfragekurve
2. Die Leistungskurve der etablierten Technologie übersteigt mindestens die unterste Nachfragekurve
3. Die Leistungskurve der PDI geht steil nach oben (schneller Angriff auf die etablierten Unternehmen)
4. Die Preiskurve der PDI kreuzt die Preiskurve der etablierten Technologie von oben nach unten oder bleibt immer darunter[272]

Mit dem Kurvendiagramm und den dazugehörigen Merkmalen wird untersucht, ob die etablierte Technologie die Nachfrage am Markt übersteigt und ob die PDI die Marktnachfrage am etablierten Markt in den dort vorherrschenden Leistungskriterien erfüllen kann. Jedes erfüllte Merkmal erhöht dabei das disruptive Potential einer Innovation. Beide Teile des Modells ergänzen sich und können helfen, die disruptive Bedrohung von neuen Innovationen einzuschätzen. Da die Kurvendiagramme den Fokus eher auf die Analyse der Leistung der Technologien und die Nachfrage am Markt legen, unterstützen die Merkmale zunächst eher die erste Phase der Diffusion der PDI.[273] Nachdem die beiden Modelle nun ausführlich vorgestellt wurden, findet im empirischen Teil die Replikation der beiden Modelle statt. Zuvor wird im folgenden Abschnitt, wie in der Einleitung beschrieben, noch auf das Phänomen der Konvergenz eingegangen, da auch das in den Fallstudien eine wesentliche Rolle spielen wird.

2.2.6 Definition Disruption

Im Hinblick auf die später durchzuführende Empirie und die fehlende eindeutige Definition einer *Disruption* innerhalb der DIT[274] soll an dieser Stelle festgehalten werden, welche Definition für vorliegende Arbeit gelten soll.

[272]Vgl. Keller, Hüsig (2009), S. 1047.

[273]Vgl. Keller, Hüsig (2009), S. 1047.

[274]vgl. Danneels (2004), S. 249; Adner (2002), S.667; Paap, Katz (2004), S.15; siehe dazu auch Abschnitt 2.2.2.

Um feststellen zu können, ob in den untersuchten Fallstudien eine Disruption in den betrachteten Märkten stattgefunden hat, wurden folgende Parameter aus der DIT abgeleitet:

- Eine Innovation mit anfänglich schlechteren Eigenschaften substituiert eine bisherige Technologie in mehr als 50% des Marktes.[275]
- Damit einhergehend ändert sich die Hersteller-/Anbieterlandschaft am Markt massiv, sprich: die Marktführer (Top-5) ändern sich, indem neue Firmen hinzukommen und etablierte Firmen aus dem Markt austreten.
- Etablierte Anbieter verschwinden entweder ganz vom Markt oder konzentrieren sich nur noch auf Premiumsegmente.
- Die neuen Unternehmen verbessern die potentiell disruptive Innovation im Lauf der Zeit (inkrementell und radikal), so dass eine große Zahl der Mainstreamkunden das Angebot akzeptiert.[276]

2.3 Konvergenz

Nachdem im vorhergehenden Abschnitt zunächst theoretische Grundlagen und Erweiterungen im Bereich der disruptiven Innovationstheorie vorgestellt und erläutert wurden, soll in diesem Abschnitt auf die Grundlagen zu Konvergenz und konvergierenden Branchen eingegangen werden. Dies ist wichtig, um später im empirischen Teil zu untersuchen, inwiefern die Modelle zur Bestimmung der DR eines Marktes und zur Bestimmung des DP einer Innovation auch in Branchen mit konvergierenden Produkten Anwendung finden können. Abschnitt 2.4 schließt mit einem Vergleich der Phänomene Konvergenz und Disruption den theoretischen Teil der Arbeit ab.

Während in den letzten Jahrzehnten eine zunehmende Vernetzung von Unterhaltungselektronik, Telekommunikation und Informationstechnologie zu beobachten war,[277] stellte dies die Betreiber aus den verschiedenen Branchen vor die große Schwierigkeit, trotz erhöhtem Wettbewerb, neuen Marktgegebenheiten und veränderten Kundenanforderungen wettbewerbsfähig zu bleiben. Sie haben daher versucht, die Möglichkeiten des technologischen Fortschritts zu nutzen, um ihre

---

[275] Vgl. Dowling et al. (1998), S. 34.

[276] Vgl. Christensen, Raynor, McDonald (2016), S. 67; Markides (2012), S. 25.

[277] Vgl. gfu, GFK (2013), Song (2015), S. 82; Müller (2008), S. 1; Stieglitz (2004), S. 2; Europäische Kommission (1997), S. ii; Hess (2007).

Geschäftsaktivitäten auszuweiten und auch branchenübergreifend erfolgreich zu sein.[278] Auch heute stehen Unternehmen aufgrund des wirtschaftlichen Wandels – von einer Informationsgesellschaft zu einer digitalen Gesellschaft – vor großen Herausforderungen. Durch die Digitalisierung entsteht in vielen Bereichen Konvergenz, die neue Märkte mit neuen Rahmenbedingungen entstehen lässt. Eine Konvergenz kann in jeder Branche auftreten und beeinflusst, ähnlich wie DI, das strategische Handeln, das Management und insbesondere das Innovationsmanagement von Unternehmen. In diesem Zusammenhang ist es deshalb besonders wichtig, Innovationspotentiale auszuschöpfen, um wettbewerbsfähig zu bleiben.[279] Ein Verständnis über die Treiber, Merkmale und Auswirkungen von Konvergenz sind essentiell, um die industriellen Dynamiken besser zu verstehen und Veränderungen, anhand von Indikatoren, frühzeitig abschätzen zu können.[280] Folgendes Kapitel setzt hier an und soll helfen, die Grundlagen zu verstehen.

Im ersten Abschnitt dieses Kapitels findet zunächst eine Begriffsdefinition statt, um den Konvergenzbegriff theoretisch abzugrenzen. Danach wird aufgezeigt, welche Arten von Konvergenz (Dimensionen) unterschieden werden und welche Ausprägungen diese annehmen können. Dann wird verdeutlicht, wie Konvergenz in den Kontext des Innovationsmanagements eingebettet ist, welche Merkmale eine Konvergenz aufweist und welche Faktoren Konvergenz begünstigen. Im letzten Abschnitt wird auf die Folgen eingegangen, die Konvergenz nach sich ziehen kann. Ziel ist es, ein Verständnis der Begrifflichkeit Konvergenz im betriebswirtschaftlichen Zusammenhang zu schaffen und das Thema theoretisch zu konzeptualisieren.

2.3.1 Definition des Konvergenzbegriffes

> „*The Allegheny River forms in Pennsylvania, loops into western New York, and then flows southward into Pennsylvania. The Monongahela River forms in West Virginia and flows northward into Pennsylvania. At the very center of Pittsburgh, these two major waterways converge and become the Ohio River. Until they converge, geographers and everyone who uses them can not distinguish them; where they converge; there is neither one nor the other but only a new thing: the Ohio River.*" Greenstein, Khanna (1997), S. 201

[278] Vgl. Europäische Kommission (1997), S. ii.

[279] Vgl. Song (2015), S. 148ff.; Weaver (2007), S. 8ff.

[280] Vgl. Song (2015), S. 106f.

Greenstein, Khanna (1997) beschreiben mit dieser Metapher Konvergenz aus eher marktorientierter Sicht.[281] Der Konvergenzbegriff findet sich in vielen wissenschaftlichen Disziplinen wieder. Seine Bedeutung variiert je nach Fachgebiet.[282] Eine einheitliche Definition ist selbst in den Wirtschaftswissenschaften nicht zu finden. Die Begriffsdefinitionen in der Literatur sind nicht sehr exakt und einheitlich, dies könnte daran liegen, dass der Begriff durch Vielschichtigkeit charakterisiert ist und je nach Betrachter unterschiedliche Bedeutung und Folgen haben kann.[283] Eine Wortableitung ist von dem lateinischen Wort *convergentia* (Annäherung zweier Linien) oder von dem Verb *„Convergere"* möglich, was so viel bedeutet wie: *„sich einander annähern"*, *„in einem Punkt zusammenlaufen"*. Anhand dieser sprachlichen Wurzel sowie dem oben aufgeführten Zitat kann abgeleitet werden, dass es sich bei Konvergenz um eine Annäherung von mind. zwei Einheiten handelt. Konvergenz bezeichnet eine Veränderung, deren Ergebnis eine Mischung aus zwei Welten ist. Divergenz steht im Gegensatz dazu.[284]

Der Ursprung des Begriffes in den Wirtschaftswissenschaften, insbesondere in der Managementlehre, geht auf die Veröffentlichungen von Rosenberg (1963, 1976) und Amnes, Rosenberg (1977) zurück.[285] Rosenberg hat das Phänomen Konvergenz als Erster beschrieben und auf die technologische Konvergenz bei Maschinen in verarbeitenden Industriesektoren verwiesen. Durch die zunehmende Standardisierung der Produktionsprozesse verwendeten diese Industrien dieselben Prozesse, um unterschiedliche Waren herzustellen.[286] Technologische Konvergenz bedeutete demnach, dass ähnliche Produktionsprozesse in verschiedene Industrien eingeführt und dort genutzt wurden, was zu großen Veränderungen, Marktwachstum und

[281]Vgl. Greenstein, Khanna (1997), S. 201.

[282]Beispiele sind Mathematik, Sozialwissenschaften, Biologie, Wirtschaftswissenschaften, Psychologie, Kommunikationswissenschaft. // Für folgende Arbeit wird der Fokus nur auf die Begriffsverwendung und Definition in den Wirtschaftswissenschaften im Rahmen des Innovations- und Technologiemanagements gelegt.

Vgl. Stieglitz (2004), S. 21–23; Curran (2013), S. 10; Weinberger et al. (2007), S. 416ff.; Markus (1999), S. 45f.; S. 10ff.; Song (2015), S. 88; Vowe, Henn (2015), S. 43, 46f.

[283]Vgl. Leker, Song (2014), S. 4; BITKOM (2005), S. 6; Stieglitz (2004), S. 5, 15; Nyström (2007), S. 1; Europäische Kommission (1997), S. vii; Interview 8, Song (2015), S. 90f.; Lind (2005), S. 1f.; Lind (2004), S. 1f.; Borés et al. (2003), S. 1f.; Dowling et al. (1998), S. 31.

[284]Vgl. Pfeifer, Braun (2005), S. 714; Vowe, Henn (2015), S. 44; Pfeifer (1989), S. 908f.; Christensen, F. (2013), S. 16f.

[285]Vgl. Athreye, Keeble (2000), S. 228; Markus (1999); Song (2015), S. 89; Sick et al. (2016), S. 1; Markus (1999), S. 44; Greenstein, Khanna (1997), S. 202.

[286]Vgl. Rosenberg (1963), S. 423; Rosenberg (1976), S. 13ff.

technologischem Fortschritt geführt hat.[287] Greenstein, Khanna (1997) sind neben Yoffie (1997) vermutlich die am häufigsten zitierten Autoren, wenn es um Konvergenz im Bereich der Wirtschaftswissenschaften geht. Sie bauen auf den Arbeiten von Rosenberg et al. auf und beschreiben das Verschwinden von Grenzen zuvor unabhängiger, eigenständiger Industrien und das Bilden einer neuen Industrie. Konvergenz beeinflusst die Aktivitäten der involvierten Firmen stark.[288] Dowling et al. (1998) orientieren sich an der Definition von Greenstein, Khanna (1997) sehen allerdings die Marktkonvergenz als mögliche Folge des Zusammenwachsens von Bedürfnissen oder Technologien.[289] Auch Porter (1992) hat sich mit Konvergenz in der Informationstechnologie als wettbewerbstechnisches Problem, das Einfluss auf die Branchenstruktur hat, beschäftigt, indem er auf die Zunahmen von Marktverflechtungen, ausgelöst durch technologischen Wandel, hinweist.[290]

Viele Definitionen von Konvergenz werden für ein spezifisches Umfeld und nicht abstrakt formuliert. Die meisten zielen jedoch auf das Ergebnis ab, ein Zusammenwachsen von etwas, weniger darauf, wie diese Konvergenz entstanden ist.[291] Da die Definitionen je nach Autor variieren, sind einige Beispiele in Tabelle 2.5 zusammengefasst.

Die Zusammenfassung der verschiedenen Definitionen zeigt, dass Konvergenz in der Wirtschaftswissenschaft als Prozess verstanden wird, der durch hohe Komplexität und Dynamik gekennzeichnet ist.[292] Konvergenz beschreibt das Verschmelzen oder die vollständige Auflösung traditioneller Grenzen von mindestens zwei zuvor getrennten und eigenständigen Elementen, dessen Verlauf nicht detailliert vorhergesagt werden kann.[293] Konvergenz kann auf verschiedenen Ebenen, wie Produktebene, Industrie- oder Branchenebene stattfinden. Bislang

[287]Vgl. Greenstein, Khanna (1997), S. 202.

[288]Vgl. Greenstein, Khanna (1997), S. 201.

[289]Vgl. Dowling et al. (1998), S. 33ff.

[290]Vgl. Porter (1992), S. 409f.

[291]Vgl. Müller (2006), S. 4.

[292]Vgl. Song (2015), S. 86f., 148ff.; Stieglitz (2004), S. 23ff.; Vowe, Henn (2015), S. 43; Europäische Kommission (1997), S. vii; Markus (1999), S. 43f.

[293]Vgl. Dowling et al. (2006), S. 31, 34; Markus (1999), S. 5; Kaumanns et al. (2007); Han et al. (2009); S. 97–101; Stieglitz (2004), S. 23ff.; Song (2015), S. 80–88; 90f.; Leker, Song (2014), S. 14; Interview 8; Europäische Kommission (1997), S. vii; OECD (1992), S. 13; Lind (2005), S. 1f.; Lind (2004), S. 1f.; Borés et al. (2003), S. 1f.; Hamel, Prahalad (1994), 40ff; Bettis, Hitt (1995), S. 23; Haupter (2012), S. 5; Greenstein, Khanna (1997), S. 201f.; Choi, Välikangas (2001), S. 426; Pennings, Puranam (2001), S. 3; Curran, Leker (2011), S. 257

Tabelle 2.5 Definitionen des Konvergenzbegriffes (Quelle: Eigene Darstellung)

Definition	Autor (Jahr), Seite
„Technological convergence (...) is defined as the process by which two hitherto different industrial sectors come to share a common knowledge and technological base."	Rosenberg (1976)
„Mit dem Begriff Konvergenz wird ein Prozess des Verschwimmens oder sogar der vollständigen Auflösung traditioneller Branchengrenzen beschrieben."	Markus, D. (1999), S. 5
„die Verschmelzung von Endgeräten wie Telefon, Fernseher und PC"	Europäische Kommission (1997), S. 1
„(...) as the unification of functions – the coming together of previously distinct products which employ digital technologies."	Yoffie (1996), S. 33
„Technological convergence is, however, a concept that is used to link industrial sectors that may seem unrelated in consumption terms, because of the commonality in their technological (and hence knowledge) bases."	Athreye, Keeble (2000), S. 229
„a movement towards a point or the coming together to unite in a common interest or focus."	Webster's Dictionary
„(...) the blurring of technical and regulatory boundaries between sectors of the economy." „(...) the growing overlap between the technologies services and firms active in each sector."	OECD (1992), S. 13 und S. 93
„(...) Prozess der Interaktion zwischen Unternehmensumwelt bzw. Wettbewerbsstruktur und Unternehmensstrategie, der zur strukturellen Verbindung bislang getrennter Märkte führt. Grundlage sind die Kombination von Technologien, ferner die angebotsinduzierte Bündelung und zugleich nachfrageinduzierte Anreize durch potentiell verbundenen Bedarf."	Thielmann (2000), S. 9
„(...) blurred (...) boundaries between industries by converging value propositions, technologies and markets. Deregulation, the ubiquity of information, and new customer demands let innovators transcend an industry's boundaries. "	Choi, Välikangas (2001), S. 426
„(...) als Prozess des qualitativen Wandels, der zwei oder mehr bestehende, zuvor getrennte Märkte verbindet."	DB Research (2011), S. 3
„Convergence describes a process change in industry structures that combines markets through technological and economic dimensions to meet merging consumer needs. It occurs either through competitive substitution or through the complementary merging of products or services or both at once."	Dowling et al. (1998), S. 34

getrennte Firmen, Industrien, Produkte oder Technologien kommen zusammen und es entsteht etwas Neues. Es kann damit zum einen die Verschmelzung von Branchengrenzen und damit auch die Auflösung einzelner Branchen, zum anderen die Verschmelzung auf Produktebene, z. B. von Endgeräten oder Diensten wie Telefon, Kamera, PC als Smartphone, bezeichnet werden. Ein Produkt übernimmt dann immer mehr Funktionen, die zuvor durch zwei oder mehr eigenständige Produkte erfüllt wurden. Durch die Auflösung etablierter Branchengrenzen verschmelzen traditionelle Branchen und es entwickeln sich neue Wertnetzwerke.[294] Einzelne Branchen lassen sich dann immer weniger eindeutig voneinander abgrenzen.[295] Als ein Beispiel für eine solche Querschnittsbranche kann die Multimediaindustrie genannt werden, die durch Konvergenz der Branchen Medien, Telekommunikation, Hard- und Software sowie Unterhaltungselektronik entstanden ist.[296] Sie steht aufgrund der immer noch hohen Wachstumsdynamik im Mittelpunkt des öffentlichen Interesses.[297] Konvergenz auf Branchenebene kann auch als kreative Zerstörung etablierter Branchen angesehen werden.[298] Sie führt meist zu massiven Veränderungen am Markt, die vorab nicht gut einzuschätzen sind. Der Wettbewerb steigt, traditionelle Beziehungen zwischen Anbietern und Kunden, die Kunden selbst, der Wettbewerb und die Geschäftsmodelle ändern sich und es können disruptive Geschäftsmodelle entstehen.[299] Dies führt u. a. dazu, dass etablierte Anbieter den Wandel als Bedrohung wahrnehmen. Sie sind verunsichert, geraten unter Druck, fokussieren sich zur Absicherung verstärkt auf das Kerngeschäft und nutzen neue Geschäfte maximal als Ergänzung.[300] Konvergenz kann damit ähnliche Verhaltensmuster bei Incumbents auslösen wie disruptive Innovationen.

Konvergenz ist ein relativ junger Forschungsbereich, der in den letzten 30 Jahren stark an Bedeutung zugenommen hat. Der Fokus der Untersuchungen lag dabei vor allem auf der Entwicklung in den TIME-Märkten (Telekommunikation,

[294] Vgl. Markus (1999), S. 5; Haupter (2012), S. 5; Europäische Kommission (1997), S. 1.

[295] Vgl. Markus (1999), S. 19f.

[296] Vgl. Markus (1999), S. 5.

[297] Vgl. Markus (1999), S. 20.

[298] Vgl. Thielmann (2000), S. 2.

[299] Vgl. Kaumanns et al. (2007); Dowling et al. (2006), S. 34; Markus (1999); Europäische Kommission (1997), (1997b).

[300] Vgl. Markus (1999), S. 65; Kaumanns et al. (2007); Song (2015), S. 148ff.; Holle et al. (2015), S. 304f.

Information Medien und Entertainment).[301] Aufgrund der Entwicklung in der Multimediaindustrie, in der zahlreiche Konvergenzen auf verschiedenen Ebenen beobachtet werden konnten, wurde Konvergenz in den Wirtschaftswissenschaften in den letzten Jahren verstärkt diskutiert und es wurde versucht, die gewonnenen Erkenntnisse auf andere Branchen auszuweiten.[302] Die Entwicklungen in den TIME-Branchen wurden gestützt durch Deregulierungen, technologische Fortschritte, M&As und neue Kundenanforderungen.[303] Durch schnellere Internetverbindungen im Festnetz- und Mobilfunkbereich wurden immer mehr Dienste auf Endgeräten möglich.[304]

Für Unternehmen sind Innovationen bzw. die Investition in die richtigen Innovationen, insbesondere in volatilen Zeiten, in denen die PLZ immer kürzer werden, Schlüsselfaktoren für ihren Erfolg. Gerade im Innovationsmanagement können konvergente Denkweisen beim Innovationsprozess helfen und den Wissenstransfer fördern.[305] Konvergenz von Technologien erlaubt das Verfügen über alte Dienstleistungen oder Produkte in einer neuen, günstigeren und qualitativ höheren und bequemeren Art und Weise und eröffnet Möglichkeiten, Dinge in einer neuartigen Weise zu tun.[306] Stieglitz (2004) weist darauf hin, dass Konvergenz oft das Ergebnis eines technologischen Wandels ist.[307] Konvergenz hat daher einen großen Einfluss auf den wirtschaftlichen Wohlstand, indem sie z. B. dazu beiträgt, die Angebote zu erhöhen.[308] In der Telekommunikationsindustrie war Konvergenz schon vor Jahren ein Schlüsselfaktor für das rasante Branchenwachstum. Für den Nutzer ergab sich dadurch plötzlich eine Vielzahl an neuen Angeboten.[309] Ein prominentes Beispiel für Konvergenz im Produktbereich ist das Smartphone.[310]

[301]Vgl. Thielmann (2000), S. 9; Markus (1999), S. 45f.; Holle et al. (2015), S. 304f.; DB Research (2011), S. 1.

[302]Vgl. Song (2015), S. 82.

[303]Vgl. Holle et al. (2915), S. 304f.

[304]Vgl. DB Research (2011), S. 1.

[305]Vgl. Song (2015), S. 92.

[306]Vgl. Katz (1996), S. 1079.

[307]Vgl. Stieglitz (2004), S. 32f.

[308]Vgl. Katz (1996), S. 1079, 1081; Yoffie (1996), S. 33; Europäische Kommission (1997), S. vii, 1.

[309]Vgl. Song (2015), S. 80.

[310]Vgl. Vowe, Henn (2015), S. 49f.

2.3.2 Dimensionen von Konvergenz

Dass Konvergenz auf verschiedenen Ebenen stattfinden kann, darüber sind sich die Wissenschaftler einig.[311] Es herrscht allerdings kein Konsens darüber, was die Anzahl und die Bezeichnungen dieser Dimensionen betrifft. Während Stieglitz (2003) von drei Konvergenzarten ausgeht, unterscheiden Karvonen, Kässi (2012) sechs. Hacklin (2008) benennt die Dimensionen *Wissen, Technologie, Funktion* und *Industrie* und geht damit von vier Ebenen aus.[312] Die OECD (1992) sieht hingegen bei *Unternehmen, Diensten* und *Netzen* drei Konvergenzdimensionen.[313] Auch die Europäische Kommission (1997) spricht in ihrem Greenpaper über Konvergenz, allerdings liegt hier der Fokus auf Konvergenz bei *Endgeräten* und *Netzen,* die auf verschiedenen Ebenen (Technologie, Industrie, Markt und Dienstleistungen) stattfinden.[314] Während Greenstein, Khanna (1997) davon ausgehen, dass Konvergenz in den drei Bereichen der Wertschöpfungskette eines Unternehmens (*Beschaffung, Produktion, Distribution*) sowie auch auf der *Nachfrageseite* auftreten kann, unterscheiden Curran et al. (2010) und Curran, Leker (2011) *Wissenschaft, Technologie, Märkte* und *Industrien* und bauen darauf, dass die Grenzen zwischen den verschiedenen Arten fließend sind.[315]

Obwohl es verschiedene Arten von Konvergenz gibt, wird in der Literatur oft nicht genau definiert, um welche Art der Konvergenz es sich jeweils handelt bzw. werden die verschiedenen Arten nicht exakt voneinander abgegrenzt. Stattdessen wird in den meisten Fällen nur das „Ergebnis" beschrieben. Diese Vorgehensweise ist insofern sinnvoll, als Konvergenz, egal auf welcher Dimension, innerhalb eines langen Prozesses entsteht, in den zum Teil mehrere Arten von Konvergenz einfließen.[316] Leker, Song (2014) und Song (2015) zeigen diesen komplexen Prozess anhand der von ihnen angenommenen Dimensionen Wissen, Technologie, Markt und Industrie, siehe dazu Abbildung 2.16. Sie gehen dabei davon aus, dass Industriekonvergenz der maximal erreichbare Endzustand von Konvergenz ist, der dann eintritt wenn die anderen Konvergenzdimensionen bereits aufgetreten sind.[317]

---

[311]Vgl. Katz (1996), S. 1090.

[312]Vgl. Sick et al. (2016), S. 2.

[313]Vgl. OECD (1992), S.16; Song (2015), S. 99.

[314]Vgl. Europäische Kommission (1997), S. 1.

[315]Vgl. Sick et al. (2016), S. 2; Greenstein, Khanna (1997), S. 2010ff.; Curran, Leker (2011), S. 256ff.; Curran et al. (2010), S. 385ff.

[316]Vgl. Song (2015), S. 94; Leker, Song (2014), S. 6; Thielmann (2000), S. 16ff.

[317]Vgl. Leker, Song (2014), S. 9ff, 13f.; Song (2015), S. 99f.

Abbildung 2.16 Idealisierter Ablauf von Konvergenzprozessen (Quelle: Leker, Song 2014, S.13; Song 2015, S. 105)

Auch die Innovationsökonomie sieht Konvergenz von Märkten als Folge von technologischer Konvergenz. Während sie aber Produktkonvergenz als eigenständige Kategorie betrachtet, geht auch Stieglitz (2004) davon aus, dass Marktkonvergenz das Ergebnis angebotseitiger, technologischer Konvergenz oder nachfrageseitiger Produktkonvergenz ist.[318] Eine explizite Unterscheidung zwischen Markt und Industrie wie bei Leker, Song (2014) und Song (2015) ist jedoch in beiden Fällen nicht zu finden. Dowling et al. (1998) und Thielmann (2000) unterscheiden ebenfalls die Dimensionen Technologie, Nachfrage, Angebot und Marktkonvergenz und gehen davon aus, dass technologische Konvergenz die Dimensionen Angebot und

[318]Vgl. Stieglitz (2004), S. 30ff.

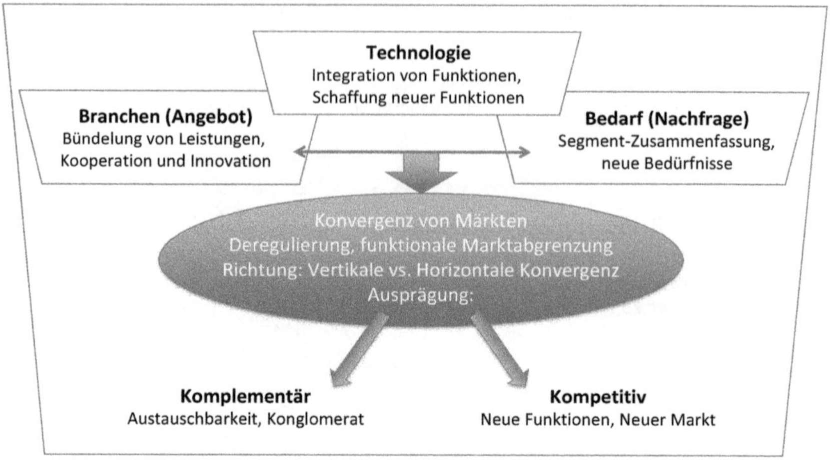

Abbildung 2.17 Dimensionen und Ausprägungen von Konvergenz (Quelle: Dowling et al. 1998, S. 33; Thielmann 2000, S. 9)

Nachfrage sowie die Marktkonvergenz bedingt, siehe dazu Abbildung 2.17. Die technologische Dimension bezieht sich dabei auf die Diffusion von Technologien in verschiedene Industrien, während die Nachfragedimension die funktionelle Dimension von Konvergenz und damit eigentlich Konvergenz auf Produktebene bezeichnet. Technologische Konvergenz findet statt, wenn sich Basistechnologien in verschiedene Branchen ausbreiten. Sie bilden damit die Basis für Konvergenz in anderen Dimensionen. Es entsteht z. B. die Möglichkeit, immer mehr Funktionen in einem Gerät zu kombinieren und dadurch neue Funktionen zu schaffen. Auf der Nachfrageseite liegt der Fokus auf der Erfüllung von Kundenbedürfnissen durch Funktionen. Werden diese Bedürfnisse durch andere Produkte erfüllt und von Kunden akzeptiert, dann werden die Grenzen zwischen den Kundengruppen aufgehoben und es entsteht eine Marktkonvergenz. Ebenso kann eine Marktkonvergenz auch nachfrageseitig bedingt werden. Die Industriedimension bezieht sich auf den Markt, dessen Grenzen und die Frage, wie Kulturen Traditionen, Regulationen, kartellrechtliche Bestimmungen und Allianzen verhindern. Deregulierung führt oft zur Beseitigung künstlicher Barrieren und fördert die Industriekonvergenz.[319]

Auch Stieglitz (2004) sieht Produktkonvergenz als nachfrageseitige und technologische Konvergenz. Er geht wie Thielmann (2000) davon aus, dass Marktkonvergenz

[319]Vgl. Dowling et al. (1998), S. 8, 33; Thielmann (2000), S. 10ff.

stattfindet, indem sich entweder die Eigenschaften eines Produktes verändern (Produktkonvergenz) oder indem sich Produktionstechnologien in Märkte ausbreiten (technologische Konvergenz).[320] Sick et al. (2016) sprechen in diesem Zusammenhang von Schritten (steps), die aufeinander folgen. Auch sie gehen davon aus, dass die verschiedenen Bereiche nacheinander konvergieren, zeigen allerdings auch auf, dass Marktkonvergenz auch ohne Konvergenz im Wissens- und Technologiebereich auftreten kann.[321] Auch die Europäische Kommission vertritt diese Meinung und weist darauf hin, dass Konvergenz auf einer Ebene nicht zwingend auch zu Konvergenz auf einer anderen Ebene führen muss. [322] Aufgrund der differenzierten Darstellungen in der Literatur bleibt es ungeklärt, ob Konvergenz in einem Bereich Konvergenz auf einer anderen Ebene zur Folge hat.[323] Es ist daher anzunehmen, dass dies zwar eine mögliche, jedoch keine zwingende Konsequenz darstellt. Die einzelnen Arten sollen jedoch im Folgenden kurz beschrieben werden.

Produktkonvergenz oder von Han et al. (2009) auch als *funktionale Konvergenz* bezeichnet, beschreibt das Verschwimmen oder die Auflösung traditioneller Branchengrenzen durch Zusammenführung von Funktionen von bislang getrennten Produkten.[324] Der Prozess der Konvergenz auf Produktebene bedeutet, dass ein (neues) Produkt die Funktionalität anderer, zunächst eigenständiger Produkte übernimmt und deren etablierten Kunden in einem neuen Markt bedient.[325] Als Beispiel kann das Smartphone genannt werden, das über viele Funktionen/Leistungsmerkmale verfügt, die zunächst durch eigenständige Geräte wie Telefon, Digitalkamera, Taschenrechner, Kalender etc. abgedeckt wurden.[326] Das Smartphone und damit die Produktkonvergenz stehen in den nachfolgend durchgeführten Fallstudien im Fokus der Untersuchung und stehen beispielhaft für das Element der Produktkonvergenz.

Ermöglicht wurde dieses Konvergenzprodukt durch die Verbesserung der dahinterstehenden Technologien, des mobilen Netzes und der Miniaturisierung der Technik. Günstigere Datenvolumen und Tarife haben dazu beigetragen,

[320]Vgl. Stieglitz (2004), S. 25.

[321]Vgl. Sick et al. (2016), S. 3.

[322]Vgl. Europäische Kommission (1997), S. 1.

[323]Vgl. Stieglitz (2004), S. 11; Europäische Kommission (1997), S. 1.

[324]Vgl. Dowling et al. (2006), S. 34; Markus (1999); Europäische Kommission (1997); Kaumanns et al. (2007), S. 3ff.

[325]Vgl. Yoffie (1997), S. 2; Han et al. (2009), S. 97; Mueller (1999), S. 11.

[326]Vgl. Song (2015), S. 96; DB Research (2011), S. 3; Markus (1999), S. 5; Haupter (2012), S. 5; Europäische Kommission (1997), S. 1ff.

die Nutzergruppen zu vergrößern und im Zusammenhang mit Netzwerkeffekten auch zu einer Vergrößerung des Angebotes im App-Bereich geführt.[327] Eine funktionale Konvergenz benötigt also immer Innovationen oder sogar technologischen Wandel, um entstehen zu können. In den meisten Fällen findet zunächst eine *technologische Konvergenz* statt. Darunter ist die Diffusion von (Basis-) Technologien in verschiedene, unverbundene Industrien und deren Nutzung, z. B. in Form von Prozessen, zu nennen. Beispiele hierfür sind Digitalisierung oder Datenkomprimierung. Technologische Konvergenz ist durch eine Überlappung von zunächst unabhängigen und unverbundenen technologischen Feldern charakterisiert, deren Grenzen langsam verschwinden.[328] Die lange geltende Sichtweise „eine Technologie – eine Branche“, die vielen Lebenszyklusmodellen zugrunde liegt, wird durch Querschnittsbranchen abgelöst, die durch dieselben Technologien verbunden sind.[329] Technologische Konvergenz kann so zur Redefinition von Industriegrenzen führen und *Marktkonvergenz* nach sich ziehen.[330] Während Marktkonvergenz oft gleichgesetzt wird mit Industriekonvergenz, gibt es auch in diesem Fall keine allgemein akzeptierte Definition. In vielen Bereichen orientieren sich die Definitionen am Einzelfall.[331] Der Begriff *Industry Convergence* wurde jedoch erstmals von Greenstein und Khanna im Jahr 1997 benutzt und beschreibt das Verschmelzen bislang unterschiedlicher, getrennter Industrien zu einer neuen Branche.[332] Industriekonvergenz hat zur Folge, dass Branchengrenzen verschwinden, die Eintrittsbarrieren sinken und ehemalige Wettbewerbspotentiale sich verändern. Industriekonvergenz kann die Veränderung von Regulierungen und Standards zur Folge haben.[333] Die Entstehung neuer Märkte durch Konvergenz ist mit hohen Unsicherheiten in den traditionellen Branchen verbunden, da bisherige Branchenregeln aufgehoben werden und neue Wettbewerber in den Markt eintreten. Ein zunehmend genutztes Mittel von

---

[327] Vgl. DB Research (2011), S. 3.

[328] Vgl. Sick et al. (2016), S. 3; Dowling et al. (1998), S. 32; Fai (2003), S. 47ff.; Thielmann (2000); Athreye, Keeble (2000), S. 228; Song (2015), S. 107; Markus (1999), S. 44f.; Europäische Kommission (1997), S. 1ff; Amnes, Rosenberg (1977), S. 45ff.

[329] Vgl. Müller-Stewens, Hoffmann-Burchardi (1996), S. 1.

[330] Vgl. Athreye, Keeble, (2000), S. 229; Europäische Kommission (1997), S. 6.

[331] Vgl. Stieglitz (2004), S. 11–15; Song (2015), S. 104; Leker, Song (2014), S. 10, 14f.; Hacklin (2008), S. 62ff.

[332] Vgl. Greenstein, Khanna (1997), S. 201ff.; Song (2015), S. 91; Song (2015), S. 104; Leker, Song (2014), S. 10, 14f.; Hacklin (2008), S. 62ff.; Stieglitz (2004), S. 11ff.

[333] Vgl. Song (2015), S. 104; Leker, Song (2014), S. 10, 14f.; Hacklin (2008), S. 62ff.; Stieglitz (2004), S. 11ff.

etablierten Unternehmen, um diesen Unsicherheiten zu entgehen, ist, Kooperationen einzugehen. Dabei handelt es sich meist nicht um dyadische, sondern mehr um netzwerkförmige Kooperationen.[334] Marktkonvergenz ist schwer zu messen und kann nur durch öffentlich zugängliche Daten, Studien, Zeitungsartikel und Pressemitteilungen, z. B. über die Zusammenarbeit verschiedener Firmen aus unterschiedlichen Industrien, nachverfolgt werden.[335] Wie bereits erwähnt, ist das Verhältnis von technologischer Konvergenz, Marktkonvergenz und Konvergenz auf Produktebene in der Literatur nicht einheitlich beschrieben.[336] Industriekonvergenz wird oft als Folge der anderen beiden Konvergenzarten gesehen.[337] Vor allem in hochtechnologischen Branchen, wie der Chemie- oder der Elektronikindustrie, treten oft alle drei Arten von Konvergenz zusammen auf.[338]

2.3.3 Ausprägungen

Während auf der einen Seite verschiedene Dimensionen von Konvergenz unterschieden werden können, so kann auf der anderen Seite jede Konvergenzart verschiedene Ausprägungsformen annehmen. Greenstein, Khanna (1997) unterscheiden *substitutive* (1 + 1 = 1) und *komplementäre* Konvergenz (1 + 1 = 3).[339] Substitutive Produktkonvergenz liegt z. B. vor, wenn Kunden zwei Produkte als austauschbar erachten. Sie entsteht, wenn Firmen Produkte oder eine Standardkombination von Komponenten entwickeln, deren Funktionen anderen Produkten ähnlich sind. Selbst wenn die Produkte z. T. unterschiedlich sind, erfüllen sie denselben Nutzen für den Kunden, so dass dieser nur noch eines der beiden Produkte benötigt. Als Beispiel nennen Greenstein, Khanna (1997) Großrechner und

[334] Vgl. Markus (1999), S. 22 ff.
Anmerkung: Bei den genannten Kooperationen handelt es sich lt. Markus (1999) um vertikale Kooperationen mit dem Ziel, Wertschöpfungsstufen zu verknüpfen oder einen neuen Marktstandard durchzusetzen.

[335] Vgl. Sick et al. (2016), S. 3

[336] Vgl. Stieglitz (2004), S. 15; Sick et al. (2016), S. 2

[337] Vgl. Song (2015), S. 104; Leker, Song (2014), S. 10, 14f.; Hacklin (2008), S. 62ff.; Stieglitz (2004), S. 11ff.

[338] Vgl. Sick et al. (2016), S. 3; Dowling et al. (1998), S. 32; Fai (2003), S. 47ff.; Thielmann (2000); Athreye, Keeble (2000), S. 228; Song (2015), S. 107; Markus (1999), S. 44f.; Europäische Kommission (1997), S. 1ff; Amnes, Rosenberg (1977), S. 45ff.

[339] Vgl. Greenstein, Khanna (1997), S. 203ff.

Minicomputer, die zunächst in unterschiedlichen Bereichen an unterschiedliche Kunden verkauft wurden. Durch den technologischen Fortschritt sind die Grenzen zwischen den Produkten verschwommen, Minicomputer konnten mehr Funktionen erfüllen und wurden zum Substitut für Großrechner.[340] Je nachdem, wie ausgeprägt die Substituierbarkeit ist, desto höher ist die Wettbewerbsintensität.[341] Dowling et al. (1998) beziehen sich auf die Ausprägungen von Greenstein und Khanna (1997), bezeichnen aber die substitutive Konvergenz als *kompetitive Konvergenz*. Sie gehen davon aus, dass eine Substitution nur dann erfolgt, wenn das Preis-Leistungs-Verhältnis des Substituts besser ist.[342] *Komplementäre Konvergenz* liegt hingegen vor, wenn zwei Produkte oder Komponenten ihre Leistung durch Verknüpfungen erhöhen und wenn der Output der Kombination größer ist als die Summe der Einzelteile, weil ein Teil den Wert des andern anhebt. Komponenten erzeugen zusammen eine neue Funktion oder ergänzen sich.[343] Durch die Kombination werden zum einen neue Anwendungen ermöglicht, zum anderen verdrängt die neue Produktklasse vorhandene Angebote nicht, sondern ergänzt sie. Als Beispiel nennt Song (2015) „Becel pro activ". Eine Margarine, die den Cholesterinspiegel senken soll. Das Produkt ist aus der Konvergenz von Wissen und Technologie der Lebensmittel- und Pharmaindustrie entstanden und soll das vorhandene Angebot am Markt ergänzen, ohne Margarine oder Medikamente zur Senkung des Cholesterinspiegels an sich zu ersetzen.[344] In diesem Zusammenhang ist es wichtig zu erwähnen, dass beide Ausprägungen auf jeder Ebene stattfinden und auch in Kombination, also gleichzeitig, auftreten können.[345]

2.3.4 Treiber von Konvergenz

Um einschätzen zu können, welche neuen Produkte und Dienstleistungen in Zukunft angeboten werden und wie sich Industrien entwickeln, ist es wichtig, die Treiber von Konvergenz zu verstehen.[346] Treiber sind Auslösefaktoren oder

---

[340] Vgl. Greenstein, Khanna (1997), S. 202ff.
[341] Vgl. Stieglitz (2004), S. 30ff.; Song (2015), S. 122.
[342] Vgl. Dowling et al. (1998), S. 34.
[343] Vgl. Greenstein, Khanna (1997), S. 202ff.; Stieglitz (2004), S. 30ff.
[344] Vgl. Song (2015), S. 124.
[345] Vgl. Song (2015), S. 123; Greenstein, Khanna (1997), S. 202ff.; Stieglitz (2004), S. 25.
[346] Vgl. Katz (1996), S. 1079; Hacklin et al. (2005), S. 1.

Faktoren, die die Entwicklung von Konvergenz ermöglichen. Dabei kann es sich um Veränderungen im Branchenumfeld, technologische Entwicklungen, Innovationen, sinkende Kosten, regulatorische Maßnahmen wie (De-)Regulierungen, staatliche Förderungen oder eine Kombination mehrerer Faktoren handeln.[347] Wie bereits in Abschnitt 2.3.2 erwähnt, kann auch eine Konvergenz auf einer Ebene eine Konvergenz auf einer höhergestellten Ebene auslösen.[348] So können Produkt- und Prozessinnovationen Auslöser und Treiber von technologischer Konvergenz sein und in Folge zu erhöhtem Wettbewerb und Marktkonvergenz führen.[349] Die Treiber, die für technologische Konvergenz verantwortlich sind, müssen nicht die gleichen sein wie für Industrie- oder Produktkonvergenz.[350] Aber auch hier herrscht ein unterschiedliches Meinungsbild in der Literatur. Thielmann (2000) bezieht sich auf verschmelzende Technologien sowie auftragsbezogene oder nachfrageseitige Anreize als Treiber für Konvergenz. Im Gegensatz dazu sehen Bettis and Hitt (1995) Technologie und Katz (1996) Regulierungen als Haupttreiber an. Malhorta and Gupta (2001) unterscheiden zwischen technologiegetriebener, eingangseitiger und marktgetriebener, outputseitiger Konvergenz. Auch Picard (1998), Bröring, Leker (2007), Thielmann (2000), Song (2015) und Vowe, Henn (2015) beziehen mit dem Kunden, seiner Akzeptanz und der Veränderung seiner Bedürfnisse als Einflussfaktoren die Nachfrageseite mit ein.[351] Holle et al. (2015) stellen zusammenfassend fest, dass Konvergenz durch Technologie, Marktentwicklung, Regulierungen und Kundennachfrage getrieben werden kann.[352] Während die meisten Autoren von Treibern als Auslöser sprechen, unterscheidet Curran (2013) die beiden Begriffe (engl. *drivers* and *triggers*) und vertritt die Annahme, dass es sich bei Auslösern um plötzlich aufkommende Gegebenheiten handelt, die eine Konvergenz anstoßen können, während Treiber konstante Entwicklungen sind, die diese Reaktionen aufrechterhalten und verstärken können.[353] Aber auch staatliche Regulationen können Konvergenz positiv

[347]Vgl. Markus (1999), S. 46ff.; Vowe, Henn (2015), S. 53; Europäische Kommission (1997), S. 1f.; Song (2015), S. 107; Katz (1996), S. 1083; Greenstein, Khanna (1997), S. 212.

[348]Vgl. Stieglitz (2004), S. 221ff.; Europäische Kommission (1997), S. 6; Fai (2003), S. 51f.; Markus (1999), Thielmann (2000), S. 16ff.

[349]Vgl. Stieglitz (2004), S. 221.

[350]Vgl. Gambardella, et al. (1998), S. 445.

[351]Vgl. Holle et al. (2015), S. 307; Vowe, Henn (2015), S. 53; Picard (1998), Bröring, Leker (2007), Thielmann (2000), Song (2015).

[352]Vgl. Hole et al. (2015), S. 307.

[353]Vgl. Song (2015), S. 106.

oder negativ beeinflussen. Je nachdem, ob künstliche Grenzen geschaffen, aufrechterhalten oder abgeschafft werden.[354] So kam es beispielsweise in den USA aufgrund einer Regulierung bezogen auf die Trennung von Telefon und EDV lange zu einer Stagnation der Entwicklung in beiden Bereichen.[355] Falls Regierungen die rechtlichen Rahmenbedingungen nicht rechtzeitig anpassen, so dass konvergente Entwicklungen ermöglicht werden, besteht die Gefahr, dass wichtige Chancen für das Wirtschaftswachstum und technologischen Fortschritt ungenutzt bleiben oder gar verhindert werden.[356] Regierungen sehen sich oft aufgrund der angenommenen positiven Folgen von Konvergenz für das Leben der Bürger und die Wirtschaft verantwortlich, Konvergenz durch Regulierungen zu begünstigen und Normen zu reduzieren.[357]

Als Beispiel soll auch in diesem Fall die Multimediaindustrie dienen. Für die Konvergenzen dort werden folgende Haupttreiber genannt: 1) *Die Zunahme der Übertragungskapazitäten*, ausgelöst durch neue Übertragungstechnologien wie Glasfaser- oder Mobilfunknetze und neue Softwaretechnologien zur besseren Nutzung der Kapazitäten von Kupferkabeln.[358] 2) *Die Verbesserung der Komprimierung von Daten* im Zeitverlauf und die damit einhergehende Reduzierung der notwendigen Übertragungskapazitäten. Durch diese Komprimierung von Daten wird die Datenmenge für einzelne multimediale Produkte reduziert.[359] 3) *Die enormen Verbesserungen der Prozessor- und der Speicherleistung* im Verlauf der Jahre, die zu immer höheren Prozessorgeschwindigkeiten und Speichermöglichkeiten bei gleichzeitiger Miniaturisierung der Hardware geführt haben. So konnte beispielsweise durch die Einführung optischer Speichermedien die Speicherkapazität im Vergleich zu traditionellen Verfahren bei ähnlichen Herstellungskosten um ein Vielfaches verbessert werden.[360] Betrachtet man die Entwicklungen

[354] Vgl. Greenstein, Khanna (1997), S. 212; Katz (1996), S. 1084.

[355] Vgl. Song (2015), S. 110ff.; Katz (1996), S. 1084.

[356] Vgl. Europäische Kommission (1997), S. 18ff.; Song (2015), S. 112.

[357] Vgl. Europäische Kommission (1997), S. vii.

[358] Vgl. Markus (1999), S. 46ff.

[359] Vgl. Research Council (1995), 17; Negroponte (1995), S. 30ff.

[360] Vgl. Markus (1999), S. 48; Europäische Kommission (1997), S. 3.

Anmerkung: Die Leistung der Prozessoren hat sich bei relativ konstanten bzw. sinkenden Preisen nahezu alle 18 Monate verdoppelt. Um aufgrund physikalisch-technischer Grenzen weiterhin Verbesserungen zu erreichen, wurden Chips parallel geschalten, vgl. Yoffie (1996), S. 36ff.

detaillierter, liegen weitere Verbesserungen im Bereich der Halbleiter, der Software und der Computertechnologie durch Mikroprozessoren sowie bei dem Preisverfall von Bandbreite und Speicherkapazität vor.[361] Die Digitalisierung war eine der wichtigsten und elementarsten Innovation für die Konvergenz in den TIME-Märkten.[362] Durch die Umwandlung analoger Daten in digitale wurde die Übertragung, Duplikation und Verarbeitung von Informationen maßgeblich erleichtert und verschiedene Produkte, Technologien und Plattformen konnten konvergieren.[363] Auch der Ausbau der Netzinfrastruktur, z. B. die mobile Internetnutzung, die Verbesserung der Verbreitung des Internet und damit die Ausweitung der Übertragungsmöglichkeiten sowie die zunehmenden Möglichkeiten, über bestehende Netze gleichzeitig Telekommunikationsdienste und Rundfunkdienste zu übertragen, waren wichtige technologische Entwicklungen, die Konvergenz in den TIME-Märkten angestoßen und vorangetrieben haben.[364] Das Ergebnis sind vernetzte Geräte, die weit mehr Nutzen bieten als ihre unvernetzten Geschwister, denn durch die Vernetzung der Geräte wurden neue Kombinationen von Technologien möglich.[365] Alle genannten Kriterien haben sich in den letzten 30 Jahren entschieden weiterentwickelt. Aufgrund dessen haben sich die Angebotsmöglichkeiten für multimediale Produkte stark vergrößert und zahlreiche multimediale Anwendungen für Endverbraucher ermöglicht.[366] Neue Produkte und Dienstleistungen mit überschneidenden Funktionalitäten sind entstanden.[367] Während Konvergenz in den letzten Jahren vor allem in den TIME-Märkten zu beobachten war, werden künftige konvergente Entwicklungen im NBIC-Bereich erwartet.[368]

[361] Vgl. Collis, Bane, Bradley (1997).

[362] Vgl. Song (2015), S. 84, 107ff.; Wirtz (2001), S. 491; Katz (1996), S. 1083.

[363] Vgl. Song (2015), S. 107ff., Wirtz (2001), S. 491; Europäische Kommission (1997), S. 3.

[364] Vgl. Song (2015), S. 107ff., Wirtz (2001), S. 491; Europäische Kommission (1997), S. 3; DB Research (2011), S. 2.

[365] Vgl. DB Research (2011), S. 2.

[366] Vgl. Markus (1999), S. 45ff.

[367] Vgl. Yoffie (1996), S. 36ff.

[368] Vgl. Albright (2006), S. 30 in Song (2015), S. 110.
NBIC steht für Nano, Bio, Information Technology and Cognitive Science.

2.3.5 Folgen von Konvergenz

Da Konvergenz in der Regel einen starken Einfluss auf das Marktgeschehen hat, scheint eine kritische Hinterfragung und Auseinandersetzung mit den Konsequenzen von Konvergenz höchst relevant für betroffene Unternehmen. Die frühzeitige Erkennung von konvergierenden Branchen oder Produkten kann Unternehmen helfen, auch nach der Konvergenz ihre Wettbewerbsposition zu erhalten und sich optimal gegenüber den neuen Wettbewerbern zu positionieren.[369]

Thielmann (2000) geht davon aus, dass es sich bei Konvergenz um eine Art „schöpferische Zerstörung", wie von Schumpeter (1926) beschrieben, im Bereich der Industrie- und Branchenstrukturen handelt.[370] Song (2015) teilt diese Einschätzung und erklärt, dass durch den verstärkten Wettbewerb, ausgelöst durch Konvergenz, Verbesserungen bei den Produkten und Technologien stattfinden, die als Treiber der wirtschaftlichen Entwicklung angesehen werden können. Betrachtet man die Folgen der Konvergenz als „schöpferische Zerstörung", dann hat jede Konvergenz negative (Zerstörung des alten) und positive (Schaffung von etwas Neuem) Folgen. Durch Konvergenz konkurrieren zwei ursprünglich separate Industrien oder Produkte um dieselben Kunden und Branchengrenzen verschwimmen.[371] Wenn sich Technologien über verschiedene Branchen ausweiten, können sie in den neuen oder konvergierenden Branchen Innovationsprozesse auslösen.[372] Es entstehen Innovationen, neue Dienstleistungen und neue Möglichkeiten, die das Wirtschaftswachstum und die Lebensqualität positiv beeinflussen.[373] Greenstein, Khanna (1997) unterscheiden auch bei den Folgen zwischen substitutiver und komplementärer Konvergenz. Während sie als Folgen von substitutiver Konvergenz erhöhten Wettbewerb und als Folge dessen Innovationen und/oder Verbesserung der Leistung eines Produktes, sinkende Preise sowie die Erhöhung des Preis-Leistungs-Verhältnisses sehen, führen sie bei komplementärer Konvergenz schnelleren technologischen Wandel – sofern es Standards gibt – und Verbesserungen inkrementeller Art – falls sich noch keine Standards gebildet haben – an.[374]

---

[369] Vgl. Song (2015), S. 81, 149; Katz (1996), S. 1092f.

[370] Vgl. Thielmann (2000), S. 2.

[371] Vgl. Song (2015), S. 84f.

[372] Vgl. Sahal (1985), S. 79f.

[373] Vgl. Europäische Kommission (1997), S. vii; DB Research (2011), S. 2.

[374] Vgl. Greenstein, Khanna (1997); S.212f.

Beide Einschätzungen zeigen, dass die Eintrittsbarrieren der betroffenen Märkte durch Konvergenz heruntergesetzt werden. Dadurch beeinflusst Konvergenz die Marktkonzentration und eröffnet Anbietern neue Märkte und Kunden. Das kann dazu führen, dass Wettbewerber aus verschiedenen, zunächst in keinem Zusammenhang stehenden Branchen oder auch neue Akteure in den Markt eintreten, die ähnliche wirtschaftliche Interessen haben und um dieselben Kunden und Marktanteile konkurrieren.[375] Konvergenz bringt daher grundlegende Veränderungen und kann zu neuen Chancen und Möglichkeiten beitragen, auch wenn der Markt bereits einen sehr hohen Reifegrad erreicht hat.[376] Vor allem technologische Konvergenz kann Einfluss auf die Wertschöpfungskette eines Marktes nehmen und fördert Innovationen.[377] Lee et al. (2010) sprechen in diesem Zusammenhang auch von *Convergenomics*. Darunter soll verstanden werden, dass Wissen aus anderen Bereichen genutzt wird, um Innovationen hervorzubringen.[378]

Da an dieser Stelle nicht alle möglichen Folgen ausführlich erläutert werden können, sind in Tabelle 2.6 die relevantesten Folgen konvergenter Entwicklungen aus der Literatur zusammengefasst.

Konvergenz bringt aber auch Unsicherheit und Gefahren, weil der künftige Zustand oder die Veränderung in Bezug darauf, wann eine Konvergenz stattfindet und was ihr Ergebnis sein wird, nicht antizipierbar ist. Es herrscht sowohl Unsicherheit über die Marktabgrenzung als auch über die künftige Marktentwicklung. Selbst die Identifizierung relevanter Konkurrenten ist schwierig, weil sich der neue Markt erst im Lauf der Zeit strukturiert. Oft liegt zudem eine Informationsasymmetrie bei Unternehmen und Kunden vor. Standards existieren noch nicht und sind ebenso wie die Kunden und deren Wünsche nur schwer vorher einzuschätzen.[379] Unternehmen müssen lernen, sich schnell anzupassen, um in der Wettbewerbsdynamik mithalten zu können. Sie müssen sich strategisch neu ausrichten und ggf. diversifizieren, weil sich Wettbewerbsfaktoren, Wettbewerber, Gegebenheiten, Geschäftsmodelle, Marktanforderungen etc. ändern. Durch Akquisitionen, Kooperationen, JV, Fusionen oder die Bildung strategischer Allianzen etc. wird

[375]Vgl. Dowling et al. (1998), S. 31f.; Europäische Kommission (1997), S. 14, 18ff.; Katz (1996), S. 1080; Greenstein, Khanna (1997), S. 212f.; DB Research (2011), S. 3; Song (2015), S. 107, 112

[376]Vgl. Song (2015), S. 124.

[377]Vgl. Jang (2009), S. 1010; Song (2015), S. 82.

[378]Vgl. Lee et al. (2010), S. 223ff.

[379]Vgl. Thielmann (2000), S. 1; Vowe, Henn (2015), S. 56; Markus (1999), S. 65; Song (2015), S. 81,163; DB Research (2011), S. 13; Anmerkung: Damit erinnert die Situation an die Folge von disruptiven Innovationen.

Tabelle 2.6 Mögliche Folgen aus Konvergenzentwicklungen – Zusammenfassung (Quelle: Eigene Darstellung und Ergänzung in Anlehnung an Song 2015, S. 125f.)

Konvergenzkontext	*Konsequenzen*	*Literatur*
Wert erzeugen (Value creation)	„Broad economic welfare"	Katz (1996),
	Vereinigung der Funktionalität	Yoffie (1997)
	(Technische) Überalterung und Substitution bestehender Technologie	Greenstein, Khanna (1997)
	Entstehung der generischen Technologie	Arthreye, Keeble (2000)
	Entstehung von Multimedia	Wirtz (1999)
	Virtualisierung von Produkten und Unternehmen	BITKOM (2005)
	„value creation potential"	Nyström, Hacklin (2005)
Regulierung & Standardisierung	Etablierung einheitlicher Standards	EC (1997)
	Liberalisierung und Deregulierung →Förderung des Wettbewerbs	EC (1997), Zhang (2002), Bröring (2007)
	Strategische Anpassung „rethink the nature of core competencies"	Prahalad (1998)
	Änderung der Wertschöpfungskette	Wirtz (2001)
	Entstehung neuer Geschäftssegmente und Geschäftsaktivitäten	Nyström (2009)
Strategie & Wettbewerb	Neue Alternativen mit höherem Kundennutzen (teilweise beruhend auf einer Kombination bestehender Technologien)	IBM (2007), Eselius et al. (2008), DB Research (2011), KPMG (2013)
	Zunehmender Eintritt branchenfremder Unternehmen → Intensivierung des Wettbewerbs	EC (1997)
	Verschiebung des intraindustriellen Wettbewerbs zu einem industriellen (übergreifenden) Wettbewerb	Krauß (2008)
Value chain reconstruction	Unternehmensfusionen und Akquisitionen (M&A)	Arthreye, Keeble (2000)
	Outsourcing und Allianzbildung	Fai, von Tunzelmann (2001)
	Unternehmenszusammenschlüsse	Lind (2004)
	Rekonfiguration der Wertkette (in Kommunikations- und Medienmärkten)	Picot et al. (2007)
	Verringerung der Informationsasymmetrien, Veränderung im Kundenverhalten, Komplexitätssteigerung	Rockenhäuser (1999)

die Notwendigkeit der Aneignung neuer Fachkenntnis aus anderen Bereichen erleichtert. Kooperationen können aber auch helfen, Veränderungen zu unterdrücken oder zumindest zu verlangsamen.[380] Ob ein Unternehmen seine Wettbewerbsposition auch nach einer Marktkonvergenz erhalten kann, liegt u. a. an der Verwertung seiner Ressourcen und dem strategischen Aufbau.[381] Je nachdem, wie gut die Ressourcen in die neuen Märkte übertragen werden können, ist ein höherer Erfolg zu erwarten.[382]

2.4 Konvergenz und Disruption

Bevor im empirischen Teil der Einfluss von Produktkonvergenz auf die Disruptionsreife von Wertnetzwerken und das disruptive Potential einer Innovation untersucht wird, werden in diesem Abschnitt die beiden Theorien zunächst gegenübergestellt.

Vergleicht man die Phänomene Konvergenz und Disruption, so fällt auf, dass es einige Ähnlichkeiten gibt. Doch obwohl sich die Forschung in beiden Bereichen in den letzten Jahren sehr stark individuell weiterentwickelt hat, wurde der Zusammenhang zwischen beiden Phänomen in der Wissenschaft bislang nur mäßig behandelt. Es scheint bis heute nicht eindeutig geklärt, inwiefern Konvergenz und Disruption interagieren. So wird zwar oft in der Literatur betont, dass Disruption eine Folge von Konvergenz sein kann, allerdings wird nicht ganz klar, ob einer Disruption immer eine Konvergenz vorausgeht oder ob jede Konvergenz Disruption zur Folge hat. Als ein Beispiel für die mögliche Verschlungenheit der beiden Konzepte ist das Smartphone zu nennen, das in vorliegender Arbeit von großer Bedeutung ist. Smartphones sind beispielsweise Konvergenzprodukte mit einem substitutiven Charakter für Digitalkameras und Navigationsgeräte (PND) und einem komplementären Charakter, was die Kombination der Funktionen innerhalb des Gerätes betrifft. Durch die Konvergenz der beiden Funktionen Kamera und Navigation im Mobiltelefon sind die Absätze in den Märkten Digitalkamera und portable Navigation jeweils stark zurückgegangen[383] und das Smartphone hat auf beiden Märkten eine Disruption ausgelöst.

---

[380]Vgl. Song (2015), S. 149ff.; Yoffie (1996), S. 36ff.; Europäische Kommission (1997), S. 3; Greenstein, Khanna (1997), S. 214f.

[381]Vgl. Song (2015), S. 85.

[382]Vgl. Stieglitz (2004), S. 222; Gambardella et al. (1998), S. 449; Markus (1999), S. 78ff.

[383]Vgl. DB Research (2011), S. 11f.

Den Zusammenhang zwischen Disruption und Konvergenz zu verstehen, könnte vor allem im Bereich der Früherkennung von Vorteil sein und weitere Erkenntnisse für die Früherkennung von disruptiven Innovationen bringen. Aus diesem Grund werden in folgendem Abschnitt die Phänomene Konvergenz und Disruption in Beziehung gesetzt. Es wurde aufgrund der beiden zuvor vorgestellten Theorieabschnitte verglichen, wo sich Überschneidungen oder Gemeinsamkeiten der beiden Forschungsfelder ergeben. Diese sind im Folgenden stichpunktartig dargestellt:

- Konvergenz führt dazu, dass alte Technologien oder Dienstleistungen in einer neuen Konstellation günstiger, qualitativ hochwertiger und bequemer genutzt werden können. Sie eröffnet neue Arten, Dinge zu tun.[384] Dasselbe gilt für disruptive Innovationen. Disruptive Innovationen sind in der Regel günstiger, einfacher und bequemer zu nutzen und eröffnen durch neue Wertversprechen neue Möglichkeiten.[385]
- Konvergenz kann zu erhöhtem Wettbewerb führen, weil Wettbewerber aus verschiedenen etablierten Märkten in den neu entstehenden Markt eintreten.[386] Auch disruptive Innovationen führen zu erhöhtem Wettbewerb, da meist neue Firmen die disruptive Technologie anbieten, die dann mit etablierten Firmen in den Wettbewerb treten.[387]
- Als eine Folge von Branchenkonvergenz wird ein neu entstehender oder sehr stark veränderter Markt beschrieben, dessen Dimensionen und Anforderungen zu Beginn noch nicht klar sind. Konvergenz ist dadurch eine große Herausforderung für etablierte Unternehmen und kann weitreichende Auswirkungen auf das wirtschaftliche Umfeld haben.[388] Damit weist Branchenkonvergenz ähnliche Folgen wie eine new-market disruptive Innovation auf. Auch new-market disruptive Innovationen richten sich zunächst an neue Kunden, lassen neue Märkte entstehen und ziehen im Verlauf der Zeit Kunden der etablierten Unternehmen ab, indem sie ähnliche Funktionen bieten. Meist mit einer geringeren Leistung, aber dafür mit neuen Anwendungen oder Wertversprechen. Die Unsicherheit in den alten Branchen bei den etablierten Unternehmen wird

[384] Vgl. Katz (1996), S. 1079.

[385] Vgl. Christensen (1997), S. xv.

[386] Vgl. Katz (1996), S. 1080.

[387] Vgl. Christensen (1997), S. 10ff.

[388] Vgl. Thielmann (2000), S. 1ff.; Song (2015), S. V; Europäische Kommission (1997), S. 18ff.; Yoffie (1997), S. 3.

erhöht, weil sich die Anforderungen der neuen Kunden vom alten Wertnetzwerk unterscheiden, vorab aber nicht eingeschätzt werden können.[389] Auch Konvergenz zieht Unsicherheit nach sich, da der künftige Zustand oder die Veränderung nicht antizipierbar sind. Oft liegt eine Informationsasymmetrie bei den Unternehmen und bei den Kunden vor. Kundengruppen können nur schwer vorher eingeschätzt werden, ebenso deren Wünsche und Erwartungen in Bezug auf die Produkteigenschaften, weil Konvergenz neue Märkte kreiert, die es bis dahin nicht gab.[390]

- Etablierte Firmen können ihre Vorteile bei digitaler Konvergenz nur erhalten, wenn sie aggressiv ihre bestehende Marktposition kannibalisieren. Neue Geschäftsprozesse müssen entstehen, um die Turbulenzen und Unsicherheiten mit den Technologien der nächsten Generation handhaben zu können.[391] Auch bei disruptiven Innovationen ist es wichtig, dass sich etablierte Unternehmen mit DI selbst angreifen und ihre Marktposition kannibalisieren.[392]
- Eine frühzeitige Antizipation von konvergierenden Industrien kann Unternehmen helfen, ihre Wettbewerbsposition zu erhalten oder zu verbessern, z. B. indem sie künftig attraktive Innovationsfelder identifizieren können. Dadurch wird es auch möglich, die Wertschöpfungskette der neuen Branche oder des neuen Produktes zu beeinflussen. So können durch die neuen Möglichkeiten der Konvergenz Wachstum generiert und neue Umsatzpotentiale erschlossen werden.[393] Auch hier ist die Ähnlichkeit zu Disruption hoch. Ein relevanter Faktor für etablierte Unternehmen, um Disruption überleben zu können, ist die frühzeitige Identifikation der DI als solche, um selbst frühzeitig die neue Technologie erstellen und anbieten zu können. Der First-Mover-Effekt ist bei DI ebenfalls vorhanden.[394]

389 Vgl. Christensen et al. (2004), S. xvi, 5f.
390 Vgl. Song (2015), S. 163.
391 Vgl. Yoffie (1996), S. 32.
392 Vgl. Christensen (1997), S. xiii,137ff.; Gilbert et al. (2012); S. 67 ff.
393 Vgl. Song (2015), S. Vf., 80.
394 Vgl. Christensen et al. (2004), S. xvff.; Christensen (1997), S. xiiiff.

- Sowohl Konvergenz als auch Disruption stellen jeweils einen komplexen Prozess dar, der sich i. d. R. über einen längeren Zeitraum hinzieht.[395]
- Durch Konvergenz bei Branchen und Produkten eröffnen sich für Anbieter neue Märkte und Kunden, es entstehen neue Produkte und Dienstleistungen.[396] Auch bei disruptiven Innovationen handelt es sich um neue Technologien, Produkte, Dienstleistungen oder Geschäftsmodelle, die geschaffen werden und das Potential haben, neue Kunden anzusprechen und neue Märkte zu erschaffen.[397]

Downes und Nunes (2009) gehören zu den ersten Autoren, die beide Phänomene, Disruption und Konvergenz, in einen Zusammenhang setzen, indem sie sich mit DI beschäftigen, die durch Konvergenz(produkte) entstanden sind. Obwohl sie nicht von Konvergenz an sich sprechen, lässt jedoch die Beschreibung ihrer sog. *Big Bang Disruption (BBD)* sehr gut eine Kombination der beiden Phänomene erkennen. BBD sind Disruptionen, die ganz plötzlich auftreten und die nicht wie low-end disruptive Innovationen frühzeitig erkannt werden können, weil ihre Diffusion nicht am unteren Ende des etablierten Marktes beginnt und sich langsam hocharbeitet, sondern weil sie auf einem anderen Markt entstehen und ganz plötzlich die etablierte Technologie von heute auf morgen, innerhalb weniger Tage oder Stunden ablösen. Während es sich bei der etablierten Technologie i. d. R. um eine reife Technologie handelt, wenn BBD am Markt auftreten, werden diese von neuen Unternehmen aus bereits bestehenden, leicht zu erwerbenden Komponenten gebaut, die günstig oder sogar kostenlos am Markt zu bekommen sind. Es handelt sich dabei um eine Kombination verschiedener reifer Features oder Technologien.[398] Die Autoren beschreiben, dass BBD deshalb so erfolgreich sind, weil sie so schnell entstehen und adoptiert werden. Meist erfolgt der Vertrieb über das Internet – es handelt sich auch oft um Softwareprodukte –, wodurch quasi in Echtzeit und rund um die Uhr abgesetzt werden kann. Zudem herrscht u. a. aufgrund der Digitalisierung fast vollständige Marktinformation.[399] Die Beschreibung von Downes und Nunes ist nicht grundsätzlich neu, sondern deckt sich teilweise mit new-market DI. Es scheint jedoch, dass die Autoren unter den Ersten sind, die die

[395]Vgl. Europäische Kommission (1997), S. vii; Christensen (1997); Mueller (1999), S. 11ff.
[396]Vgl. Europäische Kommission (1997), S. 18ff.; Song (2015), S. 112.
[397]Vgl. Christensen et al. (2004), S. xviif.
[398]Vgl. Downes, Nunes (2009), S. 48.
[399]Vgl. Downes, Nunes (2009), S. 46ff.

Kombination zwischen Disruption und Konvergenz aufnehmen, indem sie Konvergenzprodukte beschreiben, die new-market DI sind, auch wenn sie die Begrifflichkeiten nicht in der Form verwenden. Denn bei disruptiven Innovationen, die durch Konvergenzprodukte entstehen, ist genau der Effekt zu beobachten, dass aufgrund der Tatsache, dass es sich bei der PDI um ein Konvergenzprodukt handelt, das Menschen aufgrund anderer Funktionen bereits erworben haben, eine weite Verbreitung der PDI bereits lange vor einer Disruption stattgefunden hat. Sehr viele Menschen haben Zugang zur DI, nutzen aber nach wie vor die etablierte Technologie. Da sie die DI aber bereits besitzen, können sie ab dem Zeitpunkt, ab dem die Technologie *gut genug* ist, sofort auf die DI wechseln. Die Kunden müssen quasi nur ihr Nutzerverhalten ändern, sie haben keinen großen Aufwand, müssen keinen Neukauf tätigen und haben dadurch keine Anschaffungs- oder Umstellkosten. Werden also new-market DI durch Konvergenzprodukte ausgelöst, so können Kunden innerhalb kürzester Zeit auf die neue Technologie umsteigen. Das bedeutet, dass die Substitution der etablierten Technologie und damit eben auch die Disruption sehr schnell und unvorhergesehen passieren kann. Zwar können new-market DI im Vergleich zu den Beschreibungen von BBD vorhergesehen werden, allerdings stimmt dieser Faktor insofern auch für new-market DI, als DI in der Regel aus Sicht der etablierten Unternehmen immer überraschend und unerwartet kommen.[400]

Zusammenfassend lässt sich feststellen, dass sich Konvergenz und Disruption in vielen Aspekten sehr ähnlich sind, ihr Zusammenhang jedoch bislang leider nur wenig erforscht ist. Es gibt daher in diesem Forschungsfeld einen klaren Bedarf an erklärenden Ansätzen, inwiefern Konvergenz und Disruption interagieren und inwiefern Konvergenz Disruption beeinflusst. Vor allem im Bereich der Früherkennung disruptiver Innovationen könnte ein detaillierteres Verständnis weitere Erkenntnisse bringen.

[400]Vgl. Christensen (1997), S. xviiff.; Christensen et al. (2004), S. xviiff., 7f.

Methodik 3

3.1 Entwicklung der Forschungsfragen

Das Ziel des vorangegangenen Kapitels war, theoretische und konzeptionelle Grundlagen zu den Forschungsbereichen Disruption und Konvergenz zu schaffen. Wie aus diesem Theorieteil deutlich wurde, stehen Wissenschaftler, aber vor allem Praktiker häufig vor dem Problem, disruptive Innovationen frühzeitig zu erkennen und vorherzusagen.[1] Die meisten Früherkennungsmodelle zielen auf die technologische Ebene ab, indem eine Innovation auf ihr Potential, eine Disruption auszulösen, untersucht wird.[2] Weiterhin scheint der Zusammenhang zwischen Disruption und Konvergenz noch nicht ausreichend erforscht, insbesondere auch im Hinblick der Früherkennung. So wird beispielsweise nicht klar, inwiefern sich die beiden Theorien im Bereich der Früherkennung tangieren. Es wird jedoch vermutet, dass mit den beiden Modellen – dem Modell zur Bestimmung der DR von Märkten und dem Modell zur Bestimmung des DP einer Innovation – eine gute Kombination an Früherkennungsmethoden erreicht werden kann, mit der das Problem der Früherkennung DI zu lösen wäre, da sowohl verschiedene Ebenen (Markt und Technologie) als auch Zeiträume (vor und nach Eintritt einer PDI) mit in die Analyse einfließen und so ein sehr umfangreiches Bild über eine Situation am Markt gezeichnet werden kann, in dem Anzeichen für Disruptionen sichtbar werden.

Während das Modell zur Bestimmung des DP einer Innovation im Laufe der Jahre zunächst in mehreren Schritten erarbeitet und später durch weitere

[1]Vgl. Klenner et al. (2013), S. 914, Adner (2001), Hang et al. (2011); Tellis (2006), Danneels (2004); Gilbert (2003); Chandra, Yang (2012); etc.

[2]Klenner et al. (2013), S. 915; siehe dazu auch Tabelle 2.2.

E. M. Baumann, *Replikation und Erweiterung des Modells zur Bestimmung der Disruptionsreife von Wertnetzwerken*, https://doi.org/10.1007/978-3-658-20479-2_3

Anwendungen erweitert und angepasst wurde, ist das Modell zur Bestimmung der DR eines Marktes relativ neu. Es ist eines der wenigen Modelle, das sich bei der Früherkennung DI auf den Bereich der Marktstrukturen zeitlich vor Eintritt einer PDI fokussiert. Eine Anwendung fand bislang nur an einer ex post und einer ex ante durchgeführten Fallstudie statt. Aus diesem Grund ist nicht klar, inwiefern die Theorie auf andere Fällen anwendbar ist, ob das Modell auch in anderen Anwendungsfällen zu richtigen Schlussfolgerungen führt und wie gut es für die Verwendung in der Praxis geeignet ist. Vorliegende Arbeit verfolgt das Ziel, an diesem Punkt anzuknüpfen und dies zu untersuchen um das Modell zu festigen und eine Aussage über die Auszuweitbarkeit treffen zu können. Zudem soll der Einfluss von Konvergenz, insbesondere Produktkonvergenz, auf die Anwendbarkeit eruiert werden. Dies erscheint insofern notwendig, da in Zeiten der Digitalisierung immer mehr Konvergenzprodukte entstehen, die Veränderungen oder Disruptionen am Markt auslösen. Da das Modell zur Bestimmung des DP einer Innovation bislang ebenfalls noch nicht explizit in Märkten mit Produktkonvergenz angewandt wurde, soll auch für dieses Modell untersucht werden, ob es auf diese Fälle ausweitbar ist und ob es sich in Kombination mit dem Modell der DR als gutes Früherkennungstool für DI eignet.. Aus diesem Grund soll die Initialstudie des Modells zur Bestimmung der DR eines Marktes in vorliegender Arbeit repliziert und erweitert werden. Dafür werden mehrere Fallstudien durchgeführt, bei denen jeweils einzelne Parameter verändert werden, siehe dazu später mehr. Zunächst wurden folgende Forschungsfragen fomuliert:

Forschungsfrage 1

Wie geeignet sind die beiden Modelle, das Modell zur Bestimmung des DP einer Innovation und das Modell zur Bestimmung der Disruptionsreife von Märkten, in anderen Fällen?

- andere Art disruptiver Innovation (new-market vs. low-end DI)
- andere Branchen
- andere Technologien (architectural vs. component knowledge)

Werden die Propositionen des Modells durch Anwendung auf andere Fälle bestätigt? Falls nein, wie könnten sie modifiziert werden? Können die in der Initialstudie als *nicht konsistent* mit der Theorie bezeichneten Propositionen des Modells der DR in der Replikation doch bestätigt werden?

Forschungsfrage 2
Wie geeignet sind die beiden Modelle, das Modell zur Bestimmung des DP einer Innovation und das Modell zur Bestimmung der Disruptionsreife von Märkten in konvergierenden Märkten, insbesondere bei Konvergenz auf Produktebene?

- Wie verhält sich das Modell bzw. die Disruptionreife eines Marktes bei disruptiven Innovationen im Sinne eines Konvergenzproduktes?
- Wie verhält sich das Modell zur Bestimmung des DP bei disruptiven Innovationen im Sinne eines Konvergenzproduktes?
- Können die in der Initialstudie als *nicht konsistent* mit der Theorie bezeichneten Propositionen in diesen Fällen ggf. doch als konsistent nachgewiesen werden?

Forschungsfrage 3
Wie ergänzen sich die beiden Vorhersagemodelle bei der Früherkennung disruptiver Innovationen?

- Ist die Kombination der beiden Modelle geeignet, um DI frühzeitig zu erkennen?
- Wie ergänzen sich die beiden Modelle in der Anwendung?

Nachdem die Forschungsfragen formuliert wurden, soll im nächsten Schritt das methodische Vorgehen der empirischen Untersuchung erklärt werden. Dafür wird zunächst die Methode der Replikation vorgestellt (Kap. 3.2), bevor im Anschluss erläutert wird, warum die Fallstudienmethodik als Forschungsdesign (Kap. 3.3) geeignet schien und wie im Detail vorgegangen wurde.

3.2 Replikation

Replikationen sind Wiederholungen einer bereits durchgeführten empirischen Studie und ein zentraler Baustein für den Fortschritt in der Wissenschaft, da durch diese Methode die Ergebnisse von Initialstudien beurteilt, bestätigt oder generalisiert werden können. Die Qualität einer vorangegangenen Forschung kann erhöht werden und den Kenntnisstand in der Wissenschaft vorantreiben.[3] Wie die Forschungsfragen

[3]Vgl. Baumgarth, Evanschitzky (2005), S.254f.; Mittelstaed, Zorn (1984); Bortz, Döring (2006); Lindsay, Ehrenberg (1993); Amir, Sharon (1991); Hwang, Lui, Tong (2008), S. 67.

oben gezeigt haben, war es Ziel vorliegender Arbeit, vor allem das Modell der DR auszuweiten. Es sollte untersucht werden, inwiefern das Modell der DR für andere Fälle und in Kombination mit dem Modell zur Bestimmung des DP einer Innovation zur Früherkennung von Disruption geeignet ist.

Obwohl die Replikation als Forschungsmethode in den Wirtschaftswissenschaften, vor allem in der deutschsprachigen Forschung, oft wenig publiziert wird, weil ihre Bedeutung umstritten ist, zeigen Studien, dass im Durchschnitt nur ca. 25% der Replikationen das Ergebnis der Originaltheorien vollständig bestätigen können.[4] Dass eine Replikation zu abweichenden Ergebnissen gelangt, kann verschiedene Gründe haben. Forschungsfehler, Fehler bei der Kodierung, der Aufzeichnung oder der Analyse der Daten. Vor allem aber gelten Rückschlüsse auf die Originaltheorie nicht immer über einen bestimmten Zeitraum hinaus oder sind nicht auf andere Orte, Situationen oder Grundgesamtheiten generalisierbar.[5] Die meisten Wissenschaftler sind sich deshalb einig, dass Replikationen einen wichtigen Beitrag zur Weiterentwicklung von Erkenntnissen in der Wissenschaft leisten können.[6] Auch Tsang, Kwang (1999) argumentieren zwar, dass Replikation keine konklusive Verifikation oder Falsifikation bieten kann, gehen aber gleichzeitig davon aus, dass theoretische Konstrukte dadurch gefestigt werden können.[7]

In der Literatur werden, je nach Autor, verschiedene und unterschiedlich viele Replikationsformen unterschieden. Die meisten Arten sind sich trotz unterschiedlicher Bezeichnungen im Grunde sehr ähnlich.[8] Es wird zwischen *engerer* und *weiterer* Replikation unterschieden, je nachdem, wie stark die Replikation von der Initialstudie in Bezug auf Datensatz, Population, Art der Messung und Auswertung abweicht. Auch Yin (2007) spricht beispielsweise im Zusammenhang mit Fallstudien von *literal replication,* wenn gleiche oder ähnliche Ergebnisse wie in der Originalstudie zu erwarten sind, und von *theoretical replication,* wenn aus vorhersehbaren

[4]Vgl. Baumgarth, Evanschitzky (2005); Evanschitzky, Baumgarth, Hubbard, Armstrong (2007); Easley, Madden (2000); Hubbard, Armstrong (1993); Tsang, Kwan (1999), S. 763; Habel (2015), S. 96.

Anmerkung: selbst errechneter Durchschnittswert aus Baumgarth, Evanschitzky (2005), S. 254; Berthon et al. (2002); S. 419 f.; Hubbard, Armstrong (1993).

[5]Vgl. Armstrong (1993).

[6]Vgl. Baumgarth, Evanschitzky (2005); Mittelstaedt, Zorn (1984); Berthon et al. (2002); Habel (2015), S. 96.

[7]Vgl. Tsang, Kwan (1999), S. 763.

[8]Vgl. Mittelstaed, Zorn (1984); Easley, Madden, Dunn (2000).

Gründen die Ergebnisse abweichen.[9] Exakte Replikationen sind allein aufgrund der veränderten zeitlichen Umstände der Untersuchungen selten möglich. Dennoch wird teilweise versucht, die Umstände so nah wie möglich an jenen der Originalstudie zu halten, um Theorien zu festigen. In der Regel werden Untersuchungen mit geringfügigen Modifikationen gegenüber der Originaluntersuchung wiederholt. Wichtig ist dabei vor allem für die anschließende Analyse, dass dem Forscher diese Modifikationen und Unterschiede bewusst sind, dass das Ergebnis am Ende mit der Originalstudie verglichen wird und Unterschiede oder Abweichungen mit Hilfe von Literatur erklärt werden. Durch die Modifikationen der Ausgangsbasis können Replikationen originell und spannend sein.[10] Baumgarth und Evanschitzky (2005) betonen, dass es wichtig ist, mehrere Replikationen und verschiedene Arten anzuwenden, um fundierte Aussagen über das neue Modell treffen zu können.[11] Dieser Empfehlung soll in vorliegender Arbeit nachgekommen werden, indem drei erweiterte Replikationen der Initialstudie von Klenner durchgeführt wurden. Auf die Details zu den einzelnen Studien wird später im Rahmen der Forschungsmethodik weiter eingegangen.

Im Rahmen der Replikation wurde mit der Fallstudienmethodik die gleiche Forschungs- und Messmethode verwendet wie bei der Initialstudie, in der das Modell der DR erarbeitet worden ist. Durch die Beibehaltung des Forschungsdesigns soll der Parameter der Methodik und Analyse in den hier durchgeführten Replikationen gleich gehalten werden. Dies ist notwendig, um das Ziel der Generalisierung und Festigung des Modells zu erreichen. Das Ziel dieser Arbeit war, eine erweiterte Replikation durchzuführen, bei der möglichst wenig, aber gezielt Parameter verändert werden. Im Folgenden soll weiterhin erläutert werden, warum die Fallstudienmethodik darüberhinaus für das vorliegende Forschungsfeld sehr gut geeignet scheint und was bei der Durchführung zu beachten ist.

3.3 Fallstudien als geeignete Forschungsmethodik

> *„Die Forschungsmethodik beantwortet die Frage: Was hat der Forscher konkret getan, um das Erkenntnisziel zu erreichen?“*[12]

Es gibt verschiedene Forschungsmethoden, die auf unterschiedliche Art und Weise Daten und empirische Beweise sammeln, analysieren und auswerten.

[9] Vgl. Yin (2007), S. 54.

[10] Vgl. Bortz, Döring (2006), S. 37.

[11] Vgl. Baumgarth, Evanschitzky (2005); Tsang, Kwan (1999), S. 766.

[12] Vgl. Markus (1999), S. 198.

Tabelle 3.1 Kriterien zur Auswahl der Forschungsmethodik (Quelle: Yin 2009, S. 8)

Method	Form of Research Question	Requires Control of Behavioral Events	Focuses on Contemporary Events
Experiment	How? Why?	Yes	Yes
Survey	Who, what, where? How many, how much?	No	Yes
Archival Analysis	Who, what, where? How many, how much?	No	Yes/No
History	How? Why?	No	No
Case study	How? Why?	No	Yes

Dabei haben alle Methoden ihre eigenen Vor- und Nachteile und können explorativer, deskriptiver oder explanativer Natur sein. Jede Methode ist für unterschiedliche Arten von Forschungsvorhaben geeignet. Welche Methode wann geeignet ist, hängt laut Yin (2009) von folgenden Faktoren ab: *1) von der Art der Forschungsfrage,* die beantwortet werden soll, *2) von dem Ausmaß der Kontrolle und Einflussnahme, die der Forschende auf das aktuelle Geschehen* hat und *3)* von der Tatsache, *ob es sich um ein vergangenes oder aktuelles Phänomen handelt,* das untersucht werden soll, siehe Tabelle 3.1.[13]

Je nach Untersuchungsgegenstand ist die eine oder andere Methode besser oder weniger gut geeignet. Die Fallstudienmethodik wird in vielen Fällen genutzt, um durch neue Erkenntnisse zum bestehenden Wissen beizutragen oder Strukturen zu untersuchen, denn sie erlauben dem Forscher, ein ganzheitliches und aussagekräftiges Bild über alle Faktoren eines Untersuchungsobjektes zu zeichnen. Der Fokus liegt dabei auf den Fragen: *Warum*? und *Wie*? Diese Fragen sind erklärend im Charakter und um sie beantworten zu können, ist es notwendig, Verbindungen über einen Zeitraum hinweg zu verfolgen. Soll eruiert werden, *warum* etwas passiert oder passiert ist, ist es wichtig, die Forschung stark auszuweiten und viele Informationen zu sammeln, damit alle Möglichkeiten zur Klärung der Fragen miteinbezogen werden können. Antworten auf *Wer*- oder *Wo*-Fragen können dagegen eher im Rahmen von Umfragen oder Sekundärdatenanalysen gefunden werden. Dies begründet sich darin, dass hier kaum Kausalzusammenhänge

[13]Vgl. Yin (2009), S. 2–8.

abgefragt werden. Fallstudien können rein quantitativer oder rein qualitativer Natur sein oder beides mischen.[14]

Yin (2009) beschreibt Fallstudien wie folgt:

> „*A case study is an empirical inquiry that investigates a contemporary phenomenon in depth and within its real life context, especially when the boundaries between phenomenon and context are not clearly evident.*"[15]

Weil die Ereignisse und ihr Kontext in tatsächlichen Situationen nicht immer klar erkennbar sind, bilden technische Merkmale den zweiten Teil seiner Definition:

> „*The case study inquiry copes with technically distinctive situation in which there will be many more variables of interest than data points, and as one result relies on multiple sources of evidence, with data needing to converge in a triangulation fashion and as another result benefits from prior development or theoretical propositions to guide data collection and analysis.*"[16]

Fallstudien sind sehr gut geeignet, um neue Theorie zu generieren oder wenig gefestigte Theorien zu validieren und ggf. zu ergänzen, da sie sich auf das Verständnis von Veränderungen in bestimmen Situationen fokussieren. Die Art der Forschung ist für relativ neue Forschungsbereiche geeignet und hochgradig iterativ.[17] Eine Fallstudie kann ermitteln, ob die Propositionen einer Theorie richtig oder ob alternative Erklärungen zutreffender sind. So kann sie einen wichtigen Wissensbeitrag und einen Beitrag zur Theoriebildung leisten. Fallstudien sind auch sehr gut geeignet, Theorien zu falsifizieren. Oft wird zwar kritisiert, dass die Stichprobe einer einzigen Fallstudie zu klein ist, aber eine Theorie kann auch durch einen einzigen Fall falsifiziert werden. Es kann beispielsweise erkannt werden, dass eine Theorie nicht ganz richtig ist und dass es weiterer Forschungen in diesem Bereich bedarf.[18] Theorien sind immer Vereinfachungen. Wenn das Wissen über ein bestimmtes Phänomen limitiert ist, kann eine induktive Forschungsstrategie, die eine Theorie aus den Daten entstehen lässt, hilfreich sein. Fallstudien können helfen, neue Theorien induktiv herzuleiten oder bestehende Theorien Schritt für Schritt, durch das Aufzeigen und Füllen von Lücken,

[14]Vgl. Yin (2009), S. 2–19

[15]Vgl. Yin (2009), S. 18.

[16]Vgl. Yin (2009), S. 18.

[17]Vgl. Eisenhardt (1989), S. 532ff.

[18]Vgl. Siggelkow (2007), S. 20f.; Yin (2009), S. 43f.

verbessern. Diese Art der Theoriebildung ist reich an empirischen Aussagen und Beweisen.[19] Vor allem bei Forschungen, die sich auf lange Zeiträume beziehen oder längere Prozesse abbilden, ist es wichtig, die Entwicklung im Verlauf der Zeit im Detail zu beobachten. Dabei wird zunächst die Theorie präsentiert, dann auf den Fall angewandt und dann zwischen Daten und Theorie in einem iterativen Prozess hin- und hergewechselt, um die Theorie zu optimieren.[20] Yin (2009) verweist weiterhin darauf, dass Fallstudien gut geeignet sind, um 1) Verbindungen zwischen tatsächlichen Ereignissen zu erklären, die für Umfragen oder Experimente zu kompliziert sind, 2) Situationen aufzuklären, in denen das untersuchte Vorkommnis kein klares Ergebnis hat, weil es z. B. nicht gemessen werden kann, und um 3) eine breite Generalisierung zu erreichen.[21] Alle drei Faktoren scheinen in vorliegendem Forschungsvorhaben erfüllt. So handelt es sich bei Disruptionen und Konvergenz jeweils um einen Prozess, der sich über einen langen Zeitraum hinziehen kann, dessen Ergebnis jedoch nicht allein mit Hilfe quantitativer Daten messbar ist. Disruption, die DR eines Marktes und das DP einer Innovation sind zudem komplexe Phänomene, die nicht allein mit quantitativen Daten nachgewiesen werden können. Des Weiteren ist die Neuartigkeit des Modells der DR und seiner Propositionen sehr hoch und es soll die Verbindung zwischen den Bereichen Konvergenz und Disruption geklärt werden. Die vorliegende Fragestellung ist primär eine nach Kausalzusammenhängen und nach dem Verständnis für ein komplexes Phänomen, nämlich nach den Marktstrukturen und -konstellationen, die disruptive Innovationen begünstigen. Erkenntnisse darüber lassen sich kaum im Rahmen vorstrukturierter Umfragesituationen, der reinen statistischen Auswertung qualitativer Daten oder gar in Sekundärquellen ohne jede Möglichkeit der spezifischen Fragestellung finden.[22] Das vorliegende Forschungsinteresse erfordert eine Forschungsmethode, die mit seiner facettenreichen und interpretationsbedürftigen Vielfalt umgehen kann, ohne diese zu stark zu vereinfachen. Weiterhin kann der Nachweis über das Stattfinden oder Nichtstattfinden einer Disruption ex post, der in diesem Zusammenhang geführt werden muss, um Aussagen über die Aussagekraft und Richtigkeit der Propositionen treffen zu können, nicht rein quantitativ erfolgen oder isoliert betrachtet werden. Der Ansatz ist eher explorativer und deskriptiver Art. Dem Ziel vorliegender Arbeit kann daher mit der Fallstudienmethodik am besten nachgekommen werden.[23]

---

[19] Vgl. Eisenhardt, Graebner (2007), S. 25; Siggelkow (2007), S. 21.

[20] Vgl. Siggelkow (2007), S. 22.

[21] Vgl. Yin (2009), S. 20.

[22] Vgl. Leonard-Barton (1990), S. 249.

[23] Vgl. Eisenhardt (1989); Siggelkow (2007); Eisenhardt, Graebner (2007); Yin (2009), S. 43f.

Wie bereits erwähnt, schließen sich die einzelnen Forschungsmethoden nicht immer gegenseitig aus, sondern überlappen sich teilweise oder können kombiniert werden. Dies wird vor allem bei der Datensammlung deutlich.[24] Fallstudien können verschiedene Arten zur Datensammlung wie Archivdaten, Fragebögen, Interviews und Beobachtungen kombinieren. Die Daten können dabei sowohl qualitativ als auch quantitativ sein.[25] Durch die Forschungsfrage wird festgelegt, welche Daten gesammelt werden müssen.[26] Die Kombination verschiedener Daten und Methoden, unter dem Dach des Fallstudiendesigns, um ein möglichst genaues Abbild der Realität zu erhalten, erinnert an das Vorgehen der multi-method study nach Maidique, Zirger (1984), bei der die Nutzung qualitativer und quantitativer Methoden aufgrund eines spezifischen Interesses in einem Forschungsfeld und dem noch unausgereiften Stadium der Forschung die Basis bildet.[27]

3.3.1 Fallstudiendesign

Nachdem die Fallstudienmethodik als Forschungsdesign für vorliegende Arbeit ausgewählt wurde, wurde das Fallstudiendesign bestimmt. Es handelt sich dabei um einen Plan oder eine logische Abfolge, welche von den anfänglich gestellten Forschungsfragen über die Generierung der empirischen Daten und deren Analyse zu den Forschungsfragen und Schlussfolgerungen führt.[28]

Bei den Fallstudiendesigns wird zwischen vier Arten unterschieden, siehe Abbildung 3.1. Dabei kommt es zum einen darauf an, wie viele Fälle untersucht werden sollen, und zum anderen, wie viele Untersuchungseinheiten es pro Fall gibt.[29] Multiple Fallstudien sind vor allem für die Frage nach der Generalisierbarkeit sehr gut geeignet, da sie die Wiederholung von Erkenntnissen innerhalb einer Kategorie ermöglichen.[30] Für vorliegende Arbeit wurden drei Fallstudien mit jeweils drei Untersuchungseinheiten geplant. Es handelt sich daher um ein

[24]Vgl. Holle et al. (2015), S. 309; Yin (2009), S. 2, 13.

[25]Vgl. Eisenhardt (1989), S. 534; Flick (2011), S. 27ff., 42.

[26]Vgl. Eisenhardt (1989), S. 536.

[27]Vgl. Holle et al. (2015), S. 309.

[28]Vgl. Yin (2009), S. 26, 34 ff.

[29]Vgl. Yin (2009), S. 47ff.

[30]Vgl. Eisenhardt (1989), S. 537.

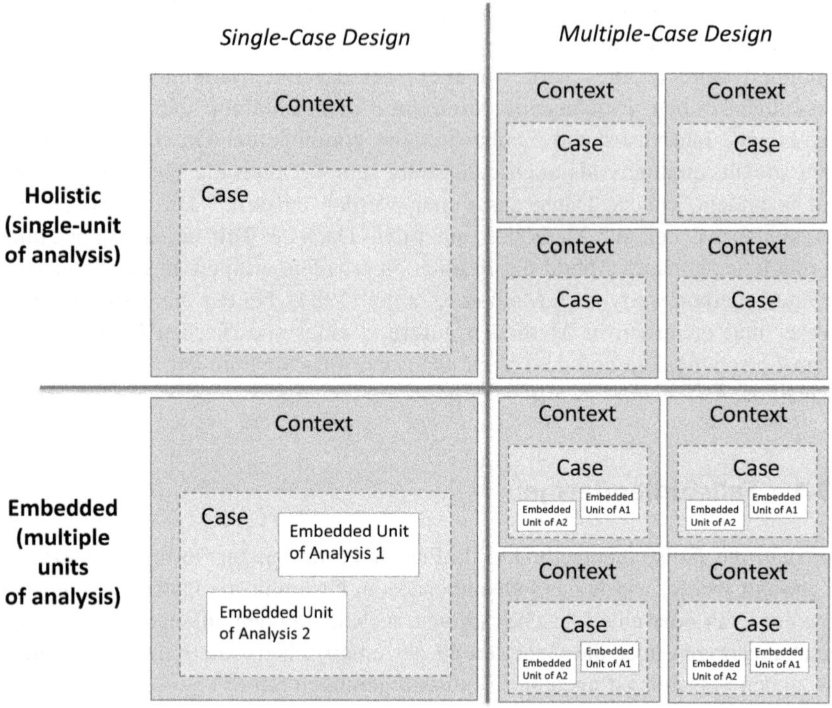

Abbildung 3.1 Basic Designtypen für Fallstudien (Quelle: Yin 2009, S. 46)

Embedded Multi-Case Design.[31] Dies liegt daran, dass gerade im Rahmen von Replikationen aufgrund einer noch nicht gefestigten Theorie mehrere Fallstudien notwendig sind, um die Theorie zu stärken und weil mit den beiden Modellen sowie der Tatsache, ob eine Disruption am Markt stattgefunden hat, mehrere Untersuchungseinheiten im Fokus der Analyse stehen.[32] Obwohl die Annahme besteht, dass die Informationen in einer Single Case Study ausführlicher sind, weil nur ein Fall vorgestellt werden muss,[33] so wurde dennoch auch bei dem

[31]Vgl. Yin (2009), S. 47ff.

[32]Vgl. Yin (2009), S. 51f.; Eisenhardt (1989), S. 532; Eisenhardt, Graebner (2007), S. 27.
Anmerkung: Der Untersuchungsgegenstand (Unit of analysis) bezieht sich auf das Problem oder die Definition, was genau der „Fall“ ist und untersucht werden soll, vgl. Yin (2009), S. 29.

[33]Vgl. Eisenhardt, Graebner (2007), S. 28f.

vorliegenden multiple Case Design darauf geachtet, dass die einzelnen Fallstudien sehr umfangreich sind, um das komplexe Bild der Realität möglichst gut abzubilden und dadurch validere Ergebnisse zu erhalten. Aus diesem Grund wurde eine sehr breite Datenbasis aus verschiedenen Quellen mit Hilfe unterschiedlicher Methoden erstellt, die sowohl quantitative als auch qualitative Daten beinhaltet.[34]

3.3.2 Vorgehen

Nachdem die Forschungsfragen bestimmt worden sind, in denen definiert wurde, was untersucht werden soll, wurden die einzelnen Fallstudien sorgfältig ausgewählt, Daten dafür gesammelt und diese dann analysiert. Jeder Fall wurde zunächst als eigenständige Einheit behandelt und abgeschlossen. Unter Beachtung der gesammelten Fakten wurden zusammenlaufende Beweise gesucht und Schlussfolgerungen für jeden Fall gezogen.[35] Ein wichtiger Teil bei der Durchführung der Fallstudie wird in Abbildung 3.2 mit der gestrichelten Linie, der sog. Feedback-Schleife, gezeigt. Sie zeigt die Situation, die auftritt, wenn eine wichtige neue Entdeckung während einer einzelnen Fallstudie gemacht wurde. Das erfordert, zur Theorie zurückzugehen und diese und die damit zusammenhängenden Behauptungen neu zu überdenken. Dieses *Redesign* soll durchgeführt werden, bevor weitere Fallstudien durchgeführt werden, denn es könnte dazu führen, dass alternative Fälle ausgewählt werden oder sich Veränderungen an anderer Stelle der Fallstudien, z. B. bei der Datensammlung, ergeben. Ohne Anpassungen wird riskiert, dass neue Entdeckungen ignoriert werden, indem man in der Datenauswahl selektiv ist und nur die bestehenden Ideen unterstützt.[36]

Eine Hilfestellung bei der Durchführung der Fallstudie gibt das Fallstudienprotokoll. Es beinhaltet Vorgehensweisen und Regeln und ist ein effektives Werkzeug, um die Reliabilität der Fallstudienforschung zu erhöhen. Es soll den Forscher bei der Durchführung der Datensammlung lenken. Datensammlung ist mehr als das Sammeln an sich, die Informationen müssen auch analytisch beurteilt und eingeordnet werden können.[37] Nachdem alle Fallstudien durchgeführt

[34] Vgl. Holle et al. (2015), S. 309.
[35] Vgl. Yin (2009), S. 56; 71.
[36] Vgl. Yin (2009), S. 56ff.
[37] Vgl. Yin (2009), S. 67–71.

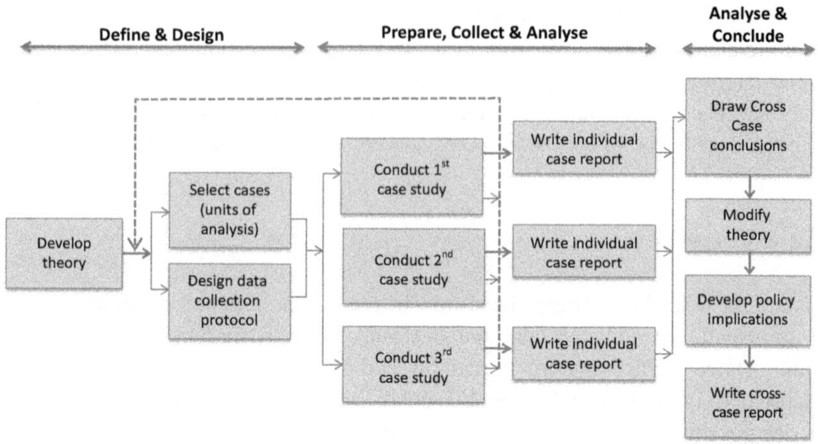

Abbildung 3.2 Vorgehen Fallstudienmethodik (Quelle: Yin 2009, S. 57)

waren, wurden die Ergebnisse der einzelnen Fälle zusammengefasst und fallstudienübergreifend analysiert. Diese Analyse soll helfen, Fragen zu beantworten, wie und warum bestimmte Abweichungen gefunden wurden und warum bestimmte Fälle gleiche oder gegensätzliche Ergebnisse bringen.[38]

3.3.2.1 Auswahl der Fallstudien

Die Auswahl der Fälle ist sehr wichtig für die zu ziehenden Schlussfolgerungen und kann gravierende theoretische und forschungspraktische Folgen haben, da sie hilft, die Grenzen für die Generalisierbarkeit einer Theorie zu bestimmen.[39] Fälle werden ausgewählt, um vorhergehende Studien zu replizieren, um bestehende Theorie auszuweiten oder um Beispiele für entgegengesetzte Typen bereitzustellen. Das Ziel dieser Arbeit war es Fälle auszuwählen, die voraussichtlich die Ergebnisse der Initialstudie wiederholen und/oder erweitern.[40] Es wurden bei der Auswahl der Fälle die Konsequenzen für die abschließende Erklärung bzw. Verallgemeinerung bei der Fallauswahl bedacht, dass die Ergebnisse vom untersuchten Fall auf eine Klasse von Fällen schließen lassen, auf die dann die Theorie

[38]Vgl. Yin (2009), S. 56; 71.

[39]Vgl. Eisenhardt (1989), S. 537; Gläser, Laudel (2010), S. 96.

[40]Vgl. Eisenhardt (1989), S. 537. Anmerkung: Wichtig, es geht dabei nicht um statistische Stichproben.

im Optimalfall ausgeweitet werden kann.[41] Jeder der Fälle wurde sorgfältig ausgewählt, so dass er entweder a) die gleichen Ergebnisse (literal replication) oder b) gegensätzliche Ergebnisse, aber aufgrund von vorhersehbaren Gründen (theoretical replication) vermuten ließ.[42] So wurde ein Fall für eine literal Replikation ausgewählt, um die Theorie zu stärken, und zwei Fälle für eine theoretical Replikation, um die Theorie zu erweitern. Bei den beiden theoretical Replikationen wurde wiederum versucht, dass sich die beiden Fälle relativ ähnlich sind und die zweite Fallstudie als eine Art literal Replikation der ersten Fallstudie gesehen werden könnte.[43]

Für den ersten Fall wurde der analoge Fotokameramarkt im Amateurbereich zwischen 1996 und 2014 untersucht. Damit wurde dieselbe Branche wie in der Originalstudie, mit neuem Zeithorizont und neuem technologischen Wandel, gewählt. Der Fokus der Untersuchung lag auf dem technologischen Wandel von Digitalkameras zu Mobiltelefonkameras. Dieser Fall wurde ausgewählt, weil er eine illustrative Anwendung der Modelle auf eine abgeschlossene Disruption erlaubt, jedoch gleichzeitig eine andere Art des technologischen Wandels aufzeigt. Der technologische Wandel von Digital- zu Mobiltelefonkameras ist durch eine Veränderung der Produktarchitektur zu begründen. Daher handelt es sich um eine *theoretical replication* mit deren Hilfe eine erste Antwort auf die Forschungsfragen gefunden werden soll. Zudem unterscheidet sich der Fall insofern, als dass es sich bei der PDI Mobiltelefonkamera um ein Konvergenzprodukt handelt, siehe dazu Tabelle 3.2. Der gesamte Untersuchungszeitraum 1996–2014 wurde für die Untersuchung in einzelne Abschnitte unterteilt und nach Untersuchungseinheiten analysiert. Von 1996 (Einführung der Digitalkamera) bis 2001 (Einführung der Mobiltelefonkamera) erfolgte die ex ante Betrachtung und Analyse der DR des Digitalkameramarktes. Die Jahre 2002–2006 spiegeln die Phase nach der Einführung der Handykamera wider, bevor 2007 das Smartphone auf den Markt kam und die dritte Phase einleitete, die dann bis 2014 untersucht wurde. Das Modell der DR wurde auf alle drei Phasen angewandt, um im Nachgang bei der Analyse die Veränderung der Faktoren identifizieren und analysieren zu können. Im Zeitraum 2001 bis 2014 wurde mit Hilfe des Modells zur Bestimmung des DP einer Innovation das DP der Mobiltelefonkamera untersucht sowie die Tatsache, ob eine Disruption am Markt stattgefunden hat. Damit war die Untersuchung aller drei Analyseeinheiten (units of analysis) abgeschlossen.

[41]Vgl. Gläser, Laudel (2010), S. 96.

[42]Vgl. Yin (2009), S. 54ff.

[43]Vgl. Yin (2009), S. 58ff.; Eisenhardt, Graebner (2007), S. 27.

Tabelle 3.2 Fallstudie 1 – Details zum Fall (Quelle: Eigene Darstellung)

Fallstudie 1 – Amateurkameramarkt in Deutschland	
Technologischer Wandel:	Digitale Kamera zu Mobiltelefonkamera
Zeitraum	1996–2014
Art der Replikation	Theoretical Replication
Fallstudie	Zeitreihenfallstudie
Ziel	Generalisierbarkeit, Erweiterung
Gemeinsamkeiten	Branche
Unterschiede	Konvergenzprodukt, Architectural innovation, New-market DI, Digitalisierter Markt

Tabelle 3.3 Fallstudie 2 – Details zum Fall (Quelle: Eigene Darstellung)

Fallstudie 2 – Portabler Navigationsmarkt (PKW) in Deutschland	
Technologischer Wandel:	PND vs. Smartphone
Zeitraum	1999–2015
Art der Replikation	Theoretical Replication
Ziel	Generalisierbarkeit, Erweiterung
Gemeinsamkeiten	Geografischer Fokus
Unterschiede	Konvergenzprodukt, Architectural innovation, New-market DI, Andere Branche, Digitalisierter Markt

Als zweite Fallstudie wurde der technologische Wandel von PNDs zur Smartphone-Navigation im portablen Navigationsgerätemarkt für PKWs ausgesucht. Der Untersuchungszeitraum erstreckt sich von 1999 bis 2015. Während der Fokus der DR des Marktes im Zeitraum 1999–2008 lag, wurde die Analyse des DP der Smartphone-Navigation im Zeitraum 2009–2015 durchgeführt. Auch in diesem Fall wurde im letzten Zeitraum untersucht, ob eine Disruption stattgefunden hat und wie sich die Parameter des Modells der DR verändert haben. Die Unterschiede und Gemeinsamkeiten zur Initialstudie sind in Tabelle 3.3 aufgeführt. Diese Aufstellung zeigt, dass es sich auch in diesem Fall um eine theoretical Replikation handelt, deren veränderte Parameter sehr ähnlich zu jenen in Fallstudie 1 im Vergleich zur Initialstudie sind, wodurch Fallstudie 2 als literal Replikation im Vergleich zur Fallstudie 1 gesehen werden könnte.

Tabelle 3.4 Fallstudie 3 – Details zum Fall (Quelle: Eigene Darstellung)

Fallstudie 3 - Navigationsmarkt (PKW) in Deutschland	
Technologischer Wandel:	Straßenkarten vs. im PKW verbautes Navigationssystem
Zeitraum	1980–2015
Art der Replikation	Literal Replication
Ziel	Generalisierbarkeit
Gemeinsamkeiten	Digitalisierung
Unterschiede	Andere Branche

Als dritter Fall wurde der technologische Wandel von Straßenkarten zu embedded Navigationssystemen im PKW-Navigationsmarkt von 1980 bis 2015 ausgewählt. Die Anwendung des Modells der DR auf die Branche der Kartographie – insbesondere der Straßenkarten und -atlanten für die Navigation im PKW – sollte neben der weiteren Generalisierung des Modells auch der Forderung Klenners nach weiteren industriespezifischen Erkenntnissen nachkommen und stellt aufgrund der Ähnlichkeit zur Initialstudie eine literal Replikation dar. Auch in diesem Fall wurde der Zeitraum unterteilt und das DP ab Einführung des embedded Navigationssystems im Jahre 1989 untersucht, siehe Tabelle 3.4.

Während die einzelnen Fallstudien, isoliert betrachtet, einige neue Erkenntnisse versprachen, schien auch die Kombination der gewählten Fälle insgesamt betrachtet sehr vielversprechend. So lassen die beiden Fallstudien der Navigationsbranche mit zwei technologischen Umbrüchen auf viele Parallelen zur Branche der Fotokameras vermuten. In beiden Fällen fand zunächst eine Digitalisierung der Produkte und im Anschluss eine Konvergenz auf Produktebene statt.[44] Es handelte sich in beiden Branchen zunächst um einen technologischen Wandel, der auf Komponentenwissen basiert, während der zweite Wandel durch Veränderung der Produktarchitektur eingeleitet wurde. Weiterhin waren in beiden Fällen Überlappungen auf Markt- und Technologieebene zu betrachten, siehe dazu Abbildung 3.3

Der Versuch, einen Beitrag zu einem wissenschaftlichen Feld zu leisten, macht eine Fokussierung und Einschränkung der Themenstellung notwendig. Die empirischen Untersuchungen wurden durch die Fallstudien eingegrenzt. So wurde zum

[44]Vgl. Haupter (2012), S. 5.

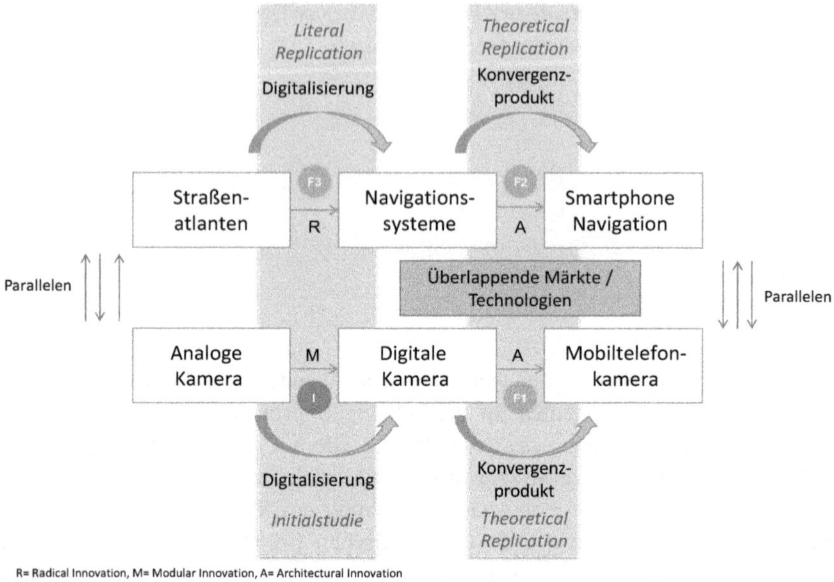

Abbildung 3.3 Fallstudienauswahl im Überblick (Quelle: Eigene Darstellung)

einen der geografische Fokus bei allen Fallstudien auf Deutschland gelegt und zum anderen wurde innerhalb eines Marktes immer nur der Einfluss einer Technologie in Relation zu einer zweiten untersucht.[45]

3.3.2.2 Datenerhebung

Die Fallstudie stützt sich, ähnlich wie auch die Methodik der Historie, auf viele Techniken zur Datensammlung, jedoch mit dem entscheidenden Vorteil, dass zwei zusätzliche Quellen, die bei der Historie nicht miteinbezogen werden können, hier berücksichtigt werden. Diese sind die direkte Beobachtung und das Interview mit beteiligten Personen.[46] Fallstudien ermöglichen so einen reichen Dialog zwischen Forscher und Forschungsobjekt. Neben der Möglichkeit konkretisierender Fragestellung an den Interviewten ermöglichen sie auch eine damit einhergehende Interpretation des Gesprächskontextes.[47]

[45]Vgl. Gläser, Laudel (2010), S. 96.

[46]Vgl. Yin (2009), S. 11.

[47]Vgl. Markus (1999). S. 199.

Bei der Datenerhebung für vorliegende Arbeit wurde dieser Vorteil der Quellenvielfalt aufgegriffen. Es wurden viele verschiedene Quellen verwendet, da die Triangulation bei den Datenerhebungsmethoden und den Daten selbst stärkere Begründungen der Modelle und Hypothesen liefert und die Ergebnisse valider macht. Bei der Datentriangulation ist wichtig, dass zahlreiche unabhängige Quellen unabhängig voneinander das gleiche Ergebnis liefern. Durch die verschiedenen Quellen kann eine zusammenlaufende Linie von Beweisen (converging lines of inquiry) entwickelt werden. Speziell zu erwähnen ist die Kombination von qualitativen und quantitativen Daten.[48] Quantitative Daten können Beziehungen anzeigen, die mit qualitativen Daten erklärt und begründet werden können. Die Kombination der Daten kann die Erkenntnisse erhöhen, sofern sie sich gegenseitig stützen.[49] Mit der Datentriangulation wurde versucht, den Problemen der Konstruktvalidität zu entgegnen. Des Weiteren wurde eine Case Study Database erstellt, um die für die Fallstudie gesammelten Daten zu organisieren und zu dokumentieren und die Reliabilität der Fallstudie zu erhöhen.[50] Es wurden zunächst ganzheitliche Daten aus Sekundärquellen und Archivdaten gesammelt, um den Fall an sich zu betrachten und dann mit anderen Methoden wie den Experteninterviews genauer auf die einzelnen Untersuchungseinheiten einzugehen. Die Kombination qualitativer und quantitativer Methoden für vorliegende Arbeit erinnert an ein *Mixed Method Design*. Es konnte so eine stärkere Beweiskette geschaffen werden, als das mit einer Methode allein möglich gewesen wäre.[51] Ebenso sind Ähnlichkeiten im Hinblick auf die Methodik der historischen Forschung und Analyse erkennbar, weil vor allem Daten aus der Vergangenheit zusammengefasst und analysiert wurden, um Erkenntnisse für die Generalisierbarkeit der Theorie abzuleiten.[52]

Eine der wichtigsten Quellen für die retrospektiven Fallstudien waren, neben den sehr umfangreichen Archivdaten und den eigens erstellten Modelllisten für eine Vielzahl an Kameras und Navigationsgeräten, auf die später noch näher eingegangen wird, die 23 Experteninterviews.[53] Die Durchführung der Experteninterviews war sehr wichtig, um Informationen zu erschließen, welche nicht durch

[48] Vgl. Eisenhardt (1989), S. 538; Yin (2009), S. 100, 116f.; Eisenhardt, Graebner (2007), S. 28; Gläser, Laudel (2010), S. 104; Sandström et al. (2009), S. 10; Mayring (2002), S. 147.

[49] Vgl. Eisenhardt (1989), S. 538.

[50] Vgl. Yin (2009), S. 116ff.

[51] Vgl. Yin (2009); Maidique, Zirger (1984); Flick (2011), S. 36ff.

[52] Vgl. siehe dazu z. B. auch Vaara, Lamberg (2016), S. 633ff.; Maclean et al. (2016), S. 609ff.

[53] Vgl. Yin (2009), S. 106; Eisenhardt, Graebner (2007), S. 28.

Sekundärdaten erhoben werden konnten, insbesondere auch implizites Wissen.[54] Experten sind Personen, die auf einem speziellen Gebiet über sehr viel Wissen verfügen, so dass ihre Aussagen von hohem Wert sind.[55] Der Befragte ist dabei als Repräsentant einer Gruppe zu sehen und wird so in die Untersuchung einbezogen.[56] Bei der Auswahl der Experten wurde darauf geachtet, dass die Personen aus verschiedenen Bereichen, dabei vorwiegend aber aus der C-Level-Management-Ebene weltweit führender Firmen, kommen, so wurde z. B. der ehemalige CTO der Ford Motor Company interviewt. Zudem sollte jeder Experte mindestens 10 Jahre Erfahrung in seinem speziellen Bereich aufweisen können. Dies ist gelungen. Zum Teil verfügten die ausgewählten Personen sogar über 35 Jahre Erfahrung und kannten sich daher in ihrer Branche sehr gut aus und konnten den Gesamtzusammenhang sowie Überschneidungen oder Beziehungen zu anderen Branchen sehr gut einordnen.[57] In den Interviews wurden neben Beobachtungen, Erfahrungen und Erinnerungen auch Einschätzungen abgefragt.[58] Dabei muss allerdings beachtet werden, dass es natürliche Grenzen bei einer Befragung, z. B. in Bezug auf die Erinnerungsfähigkeit, gibt.[59] Aus diesem Grund wurden wichtige Angaben beispielsweise zu quantitativen Daten, die weit in der Vergangenheit zurückliegen, immer mit Sekundärdaten überprüft.

Die Experteninterviews wurden zum Teil persönlich, zum Teil telefonisch durchgeführt. Jedem Interview ging ein Vorgespräch voraus. Im Nachgang wurden weitere aufgekommene Fragen aufgrund des Interviews oder nach der Transkription per Mail oder auf telefonischem Wege geklärt.[60] Bei den Interviews handelte es sich um teilstandardisierte, problemzentrierte, semistrukturierte Leitfadeninterviews, in denen für jeden Experten ein eigener Interviewleitfaden mit offenen und geschlossenen Fragen erstellt wurde. Während einige Fragen an alle Experten gestellt wurden, wurden andere Fragen speziell für jeden Experten formuliert. Die unterschiedlichen Interviewleitfaden schienen deshalb notwendig, da jeder Experte aus einem anderen Bereich kam, der für die Fallstudie aus unterschiedlichen

[54]Vgl. Gläser, Laudel (2010), S. 43; Helfferich (2011), S. 164f.; Bogner, Menz (2005), S. 34.

[55]Vgl. Mayer (2010), S. 41; Helfferich (2011), S. 163, 165; Gläser, Laudel (2010), S. 11.

[56]Vgl. Mayer (2010), S. 38; Flick (1999), S. 109 f.; Gläser, Laudel (2010), S. 43.

[57]Vgl. einzelne Interviews im Bereich Personenvorstellung und Kompetenzdarstellung; Kallus (2010), S. 30.

[58]Vgl. Gläser, Laudel (2010), S. 43; Helfferich (2011), S. 164f.; Bogner, Menz (2005), S. 34.

[59]Vgl. Schnell (2012), S. 21.

[60]Vgl. Gläser, Laudel (2010), S. 42.

Gründen von Interesse war und deshalb zum Teil über spezielles Wissen verfügte, das die anderen Experten nicht aufweisen konnten.[61]

Der Leitfaden wurde vom Interviewer zur Orientierung während des offenen Gesprächs genutzt, um die Vergleichbarkeit der Daten zu erhöhen und zu vermeiden, dass wesentliche Aspekte vergessen werden.[62] Vor dem Interview wurde der Leitfaden in einem Pretest mit Kollegen diskutiert, um komplexe oder unverständliche Formulierungen erkennen und verbessern zu können.[63] Um sehr konkrete Informationen zu erhalten, wurde ein Teil der Fragen sehr präzise gestellt, so dass eine optimale Beantwortbarkeit im Sinne des Abrufens des Expertenwissens innerhalb kurzer Zeit möglich war.[64] Damit wurde eine Mischung aus *in-depth und focused interview* durchgeführt, da die Gesprächspartner innerhalb einer kurzen Zeit von bis zu 2 Stunden sowohl zu den Fakten als auch zu ihrer Meinung zu bestimmten Sachverhalten befragt wurden. Zudem wurden auch andere Quellen in das Interview einbezogen. Die Einblicke der Person in bestimmte Vorkommnisse konnten die Basis für weitere Befragungen bilden. Der Gesprächspartner wurde so zum Informanten statt nur zum Antwortenden und konnte wesentliche Erkenntnisse und hilfreiche Einsichten bringen. Es wurde versucht, die Informationen aus dieser Quelle durch Informationen aus anderen Quellen zu bestätigen. Dies war nicht immer möglich, weil die Informationen teilweise sehr einzigartig waren – das zeigt die Bedeutung der Interviews für vorliegende Arbeit. Die Interviews wurden auf Band festgehalten, wodurch die Wiedergabe und damit die Auswertung verbessert werden konnte.[65] Indem unterschiedliche Experten aus verschiedenen Bereichen, funktionalen Ebenen und Organisationen befragt wurden, konnten sie unterschiedlich tief zu verschiedenen Themen und Fragestellungen berichten und besser in die Tiefe gehen als Experten aus ein und demselben Bereich. Der Untersuchungsgegenstand konnte dadurch ganzheitlich aus verschiedenen Perspektiven betrachtet werden.[66]

Um die Kriterien für das Modell zur Bestimmung des DP einer Innovation vollumfassend einschätzen zu können, wurde für jeden Fall eine eigene Datenbasis

---

[61] Vgl. Gläser, Laudel (2010), S. 43.

[62] Vgl. Gläser, Laudel (2010), S. 41; Helfferich (2011), S. 22f., 39ff, S. 105; Mayer (2010), S. 37; Kallus (2010), S. 29; Petersen (2014), S. 100 ff.; Mayer (2010), S. 91 f., Schnell (2012), S. 81ff.; Yin (2009), S. 106.

[63] Vgl. hierzu Mayer (2010), S. 45; Kallus (2010), S. 85.

[64] Vgl. Helfferich (2011), S. 165.

[65] Vgl. Yin (2009), S. 107ff.

[66] Vgl. Eisenhardt, Graebner (2007), S. 28.

erstellt. Die selbst erstellten Modelllisten im Kamerabereich umfassen beispielsweise 1.000 Digitalkameramodelle mit je bis zu 32 Merkmalen von 178 Herstellern und 1.000 Mobiltelefonkameras mit bis zu 38 Merkmalen pro Gerät (siehe Anhang B.4). Die einzelnen Modelle wurden durch das Zufallsprinzip ausgewählt. Bei den Digitalkameras wurde darauf geachtet, dass die Modelle zwischen verfügbarem Erscheinungsjahr und Herstellerfirma ausgeglichen sind. Zudem wurden ca. 70% Kompaktkameras und 30% System- und SLR-Kameras erfasst, da dies auch die Verkaufszahlen am Markt widerspiegelt und der Amateurkameramarkt vor allem aus Verkäufen DKK besteht. Der Zeitraum wurde von 1996–2014 festgesetzt. Aufgrund der Einführung der Digitalkameratechnologie in den Amateurmarkt im Jahr 1996 gab es in den ersten Jahren nur eine begrenzte Anzahl an Modellen, die in Kombination mit einem Datenblatt zu finden waren. Es ergibt sich daher aufgrund der Verfügbarkeit der Daten und des zu diesem Zeitpunkt noch eingeschränkten Angebots an Modellen ein marginales Ungleichgewicht zwischen den gesammelten Modellen pro Jahr. Die einzelnen Datenblätter wurden im Internet auf verschiedenen Fotoportalen und Websites von Herstellern recherchiert.[67] Die Mobiltelefonkameramodelle wurden von 2002 bis 2014 erfasst und sollen mit der Verteilung ca. 65% Smartphones und 35% Handymodelle die Realität möglichst gut widerspiegeln.

Wie bereits erwähnt, stellten neben den Experteninterviews eine sehr große Anzahl von Archivdaten, darunter neben öffentlich zugänglichen Daten auch eine sehr breite Datenbasis unveröffentlichter Daten der GFK Retail GmbH sowie eigens recherchierte umfangreiche Modellisten zu Mobiletelefonen und Digitalkameras und Herstellerlisten die Basis für die spätere Analyse. Damit war die Datenbasis geprägt von einem Mix aus qualitativen und quantitativen Daten. Insgesamt wurde bei der Datensammlung darauf geachtet, die Gütekriterien einzuhalten. So wurde ein Fallstudienprotokoll und eine Fallstudiendatenbank entwickelt, um die Reliabilität zu verbessern. Um die Konstruktvalidität zu erhöhen, wurde eine Triangulation der Daten vorgenommen sowie die Veränderung in den einzelnen Fallstudien definiert.[68] Es wurde versucht, Datensammlung und Analyse teilweise zu mischen, dies ermöglichte eine flexiblere Datensammlung und die Möglichkeit, Anpassungen während des Datensammlungsprozesses durchzuführen, um neue Erkenntnisse zu erlangen und Ergänzungen aufzudecken. So konnten beispielsweise Anpassungen bei den Methoden zur Datensammlung, insbesondere bei den Interviewfragen, vorgenommen werden.[69]

[67]Vgl. dkamera.de; digitalkamera.de; fotomundus24.de; digicammuseum.de; handylist.de; inside-handy.de.

[68]Vgl. Yin (2009), S. 41f.; Mayring (2002), S. 141.

[69]Vgl. Eisenhardt (1989), S. 539.

3.3.2.3 Auswertung der Daten

Die Auswertung der qualitativen Daten erfolgte durch interpretative Verfahren. Die Suche nach Auffälligkeiten, Regelmäßigkeiten, neuen Phänomenen, abweichenden Ergebnissen sowie die Berücksichtigung und Offenlegung der eigenen Vorannahmen und Theorien.[70] Die Interviews wurden zunächst transkribiert, einzeln analysiert und dann miteinander verglichen, um zu allgemein gültigen Erkenntnissen zu gelangen. Es wurde versucht, Fehlinterpretationen durch Kontrollieren der Transkripte und wiederholte Anhörung der Originalaufnahmen zu vermeiden.[71] Ebenso wurden die Informationen aus den anderen Datenquellen zunächst einzeln analysiert und dann miteinander verglichen, so dass eine Datentriangulation gewährleistet werden konnte und Fehlinformationen auszuschließen waren.

Nach jeder Fallstudie wurden die Ergebnisse analysiert (within case analysis), um Muster zu entdecken, bevor am Ende versucht wurde, diese Muster über die Fälle zu generalisieren und die Fälle zu vergleichen (cross-case pattern). Um falsche Schlüsse zu vermeiden, wurden die Daten auf verschiedene Weisen betrachtet und Fallpaare ausgewählt, um Ähnlichkeiten und Unterschiede zwischen den Paaren zu Hilfe zu nehmen. Durch diese Cross-case-Taktiken wurde versucht, hinter anfängliche Eindrücke zu kommen, um die Modelle zu stärken und zu sehen, ob sie empirisch valide sind.[72] Nachdem die Ergebnisse verglichen wurden, sind abweichende Ergebnisse mit bestehenden Konzepten aus der Literatur verglichen worden, um Muster zu erkennen und die Theorie durch Vorschläge für Modifikationen zu erweitern.[73]

[70] Vgl. Mayer (2009), S. 25f.

[71] Vgl. Lamnek (2010), S. 368f.

[72] Vgl. Eisenhardt (1989), S. 540f.

[73] Vgl. Eisenhardt (1989), S. 544f.; Yin (2009), S. 136ff.

Empirische Analyse 4

4.1 Fallstudie 1 – Von der Digitalkamera zur Mobiltelefonkamera

Bei der ersten Fallstudie, die im Rahmen dieser Arbeit untersucht wird, handelt es sich um die Innovation Mobiltelefonkamera und deren disruptive Wirkung auf digitale Kompaktkameras im deutschen Amateurfotomarkt. Ziel ist die Anwendung des Modells zur Bestimmung des disruptiven Potentials der Mobiltelefonkamera im Rahmen einer Replikation der Initialstudie von Klenner (2011) zur Weiterentwicklung und Anpassung des Modells zur Bestimmung der Disruptionsreife eines Marktes. Es wurde daher für die erste Fallstudie die gleiche Branche ausgewählt wie bei der Initialstudie, nur der Betrachtungszeitraum und die zu untersuchende Innovation haben sich verändert. Durch die ex post Betrachtung dieses Falls sollen Erkenntnisse über die Generalisierbarkeit beider Theorien sowie über die Kombination der beiden Modelle zur Früherkennung von Disruptionen generiert werden.

Vor der Anwendung der Indikatoren des Modells zur Bestimmung der DR werden im Folgenden zunächst *die verwendeten Datenquellen* (Abschnitt 4.1.1) präsentiert, die *Grundlagen erläutert* (Abschnitt 4.1.2), *Definitionen* gegeben und das Wertschöpfungsnetzwerk abgegrenzt. Die *Bestimmung der DR des Amateurfotomarktes* findet in Abschnitt 4.1.5 statt. Abschnitt 4.1.4 befasst sich mit der Anwendung des Modells zur Bestimmung des disruptiven Potentials auf die Innovation Mobiltelefonkamera, bevor in Abschnitt 4.1.6 untersucht wird, ob eine Disruption am Markt stattgefunden hat. Abgeschlossen wird das Kapitel mit einer Zusammenfassung und kritischen Betrachtung der Fallstudienergebnisse in Abschnitt 4.1.7.

E. M. Baumann, *Replikation und Erweiterung des Modells zur Bestimmung der Disruptionsreife von Wertnetzwerken,* https://doi.org/10.1007/978-3-658-20479-2_4

4.1.1 Datenquellen und Triangulation

Für die Fallstudienanalyse wurde bei der Datensammlung darauf geachtet, möglichst viele verschiedene Datenquellen zu verwenden, um eine Triangulation der Daten sicherzustellen und die Konstruktvalidität der angewandten Modelle zu verbessern.[1] Des Weiteren wurde versucht, ähnliche Quellen wie in der Initialstudie zu verwenden, um die Replikation in der ersten Fallstudie relativ nahe an der Initialstudie zu halten. Folgender Mix aus quantitativen und qualitativen Daten wurde für die Anwendung der Bezugsrahmen verwendet:

- **Unveröffentlichte Marktdaten** aus den Jahren 1996–2014 mit detaillierten Verkaufs- und Umsatzzahlen, zur Verfügung gestellt von der GFK Retail and Technology GmbH und dem Photoindustrieverband
- **Veröffentlichte Marktdaten und Studien** von folgenden Institutionen: GFK Retail and Technology GmbH, Bitkom, Photoindustrie-Verband, gfu, Dialog Consult, VATM, AG ARD-Multimedia, Deloitte, BVT, KPCB, Focus
- **Semistrukturierte Experten-Interviews**: mit zehn Branchenexperten[2] international agierender Firmen aus verschiedenen Bereichen. Die Experten waren zumeist aus dem C-Level-Management und verfügten im Durchschnitt über mehr als 20 Jahre Erfahrung in der Foto- und Consumer-Elektronik-Branche.
- **Gespräche** mit Amateurfotografen
- **Öffentlich zugängliche Daten:** Analyse von Pressedokumenten, Pressemitteilungen, Jahresabschlüssen, Unternehmenswebsites, Artikeln aus Magazinen und Zeitungen, Testberichten, Geschäftsberichten.
- **Paper** zum Bereich Foto, Fotofinishing und Consumer Electronics, gesucht über die Ebsco-Host-Oberfläche
- **Eigens erstellte Modelllisten:** Je 1.000 Digitalkamera- und 1.000 Mobiltelefonkameramodellen mit bis zu 32 Merkmalen von insgesamt 178 Herstellern, recherchiert in diversen Internetdatenbanken[3], Digitalkameramodelle ab 1996 und Handys und Smartphones mit Kamera ab 2002.

---

[1]Vgl. Yin (2009).

[2]Eine ausführliche Auflistung dazu ist in Anhang A1 zu finden.

[3]Vgl. als Datenbanken wurden v.a. folgende Portale verwendet: dkamera.de; digitalkamera.de; fotomundus24.de; digicammuseum.de; handylist.de, inside-handy.de, siehe dazu Anhang B.4.

Eine sehr umfangreiche Datenbasis mit ausschließlich quantitativen Daten wurde von der GFK Retail and Technology GmbH zur Verfügung gestellt. Die GFK beobachtet seit über 40 Jahren den Markt für technische Gebrauchsgüter im Rahmen ihrer Handelspanels und veröffentlicht zum Teil zusammen mit der gfu[4] die jährlichen Gesamtmarktzahlen für den deutschen Markt. Durch die Bereitstellung dieser ausführlichen Datenbasis war eine objektive Analyse des Marktes ohne subjektive Beeinflussung durch Experten, Unternehmen oder Verbände möglich.[5]

Einen wichtigen Beitrag im Hinblick auf die qualitativen Daten bildeten die semistrukturierten Interviews mit den Branchenexperten. Bei der Auswahl der Experten wurde viel Wert auf eine langjährige Erfahrung aus verschiedenen Bereichen der Branche und eine gute Position mit dem Verständnis für das große Ganze gelegt, um ein möglichst umfassendes, reelles Bild der Branche zu erhalten. Ziel der Interviews war, es die Sekundärdaten abzugleichen und durch Wissen zu ergänzen, das allein aus Sekundärdaten nicht zu generieren gewesen wäre. Die Interviews wurden persönlich oder per Telefon in englischer oder deutscher Sprache durchgeführt. Für jeden Experten wurde ein individueller Leitfaden erstellt. Zu jedem Interview gab es in der Regel ein kurzes Vorgespräch sowie eine kurze Einführung per E-Mail, in dem ein Teil der Fragen vorab übermittelt und das Forschungsthema erklärt wurde. Eventuelle Unklarheiten konnten durch nachfolgende E-Mails oder kurze Nachbesprechungen beseitigt werden.

Insbesondere für die Anwendung des Modells zur Bestimmung des disruptiven Potentials einer Innovation wurde eine ausführliche Liste von 2.000 Kameramodellen (digital und Mobiltelefon) mit bis zu je 38 Ausprägungen erstellt. Grundlage dafür waren verschiedene Fotoportale im Internet, die Datenblätter zu allen gelisteten Kameramodellen führen.[6] Die Modellliste sowie die Kriterien für die Auswahl der Modelle können im Anhang eingesehen werden.

Die öffentlich zugänglichen Daten und die Interviews wurden zudem kritisch hinterfragt und mit verschiedenen Datenquellen wie auch den statistischen Daten trianguliert, um eine möglichst objektive Datenbasis für die Analysen zu bekommen. Insgesamt konnte durch die Kombination einzelner, jeweils sehr wertvoller Datenquellen eine einzigartige und sehr breite Datenbasis für diese Fallstude geschaffen werden.

---

[4]Die gfu, in der führende Unternehmen der Consumer Electronics organisiert sind, ist der jährliche Veranstalter der IFA in Berlin, der weltweit bedeutendsten Messe für Consumer Electronics und Home Appliances.

[5]Vgl. Yin (2009).

[6]Wie z. B. dkamera.de; digitalkamera.de; fotomundus24.de; digicammuseum.de; handylist.de; inside-handy.de.

4.1.2 Grundlagen, Definitionen und Abgrenzung des Wertschöpfungsnetzwerkes

4.1.2.1 Digitale Kameraarten

Im Bereich der Digitalfotografie gibt es verschiedene Kameraarten, die für ein besseres Verständnis zunächst voneinander abgegrenzt werden müssen.

Displaykameras sind in der Regel sehr kompakte Kameramodelle, die nur noch über ein Display und nicht mehr über einen Sucher verfügen. Das Display zeigt das Bild so, wie es auf den Sensor kommt.[7] Der Begriff Displaykamera war zunächst sehr gebräuchlich, wurde im Lauf der Zeit aber durch den Begriff digitale Kompaktkamera oder den englischen Begriff fixed-lens camera ersetzt.[8] Es handelt sich dabei um Geräte mit fest montiertem Objektiv und LCD-Monitor.[9] Interessant ist, dass diese Kameraart zu Beginn ihres Produktlebenszyklus bzw. in den ersten Jahren nach Markteinführung lange nicht so klein und handlich und damit *kompakt* war, wie es der Name vermuten lässt und es heute der Fall ist.[10] Die ersten Modelle hatten eine stattliche Größe mit einem Volumen, das am Anfang leicht bei über 500 cm^3 liegen konnte.[11] Die Kompaktkamera ist die beliebteste Kameraart der Amateurfotografen.[12]

Bei der digitalen *Spiegelreflexkamera (SLR)* ist hinter dem Objektiv und vor dem Bildfenster ein Spiegel eingebaut. Der Spiegel reflektiert das durch das Objektiv einfallende Licht auf eine Mattscheibe, über der meist ein Dachkantprisma o. Ä. angebracht ist. So kann man das Bild aufrecht und seitenrichtig sehen. Der Spiegel wird erst im Moment der Aufnahme hochgeklappt bzw. der Verschluss geöffnet, so dass das Licht vom Objektiv auf den Sensor fallen kann. Durch diesen Aufbau ist nicht nur der fotografierte Ausschnitt gut zu erkennen, sondern auch die Schärfentiefe so, wie sie später im Bild erscheint. Im Gegensatz zur Kompaktkamera ist die Spiegelreflexkamera viel größer und die Objektive sind wechselbar, wodurch die Bildwirkung verändert werden kann.[13] Digitale Spiegelreflexkameras (dSLR-Kameras) haben i. d. R. qualitativ sehr hochwertige

---

[7] Vgl. Striewisch (2010), S. 25.

[8] Vgl. Experte A, Experte B, Experte D.

[9] Vgl. Rupprecht (2003).

[10] Vgl. Experte A, Experte B, Experte D.

[11] Vgl. eigene Berechnung aufgrund der gesammelten Kameradaten.

[12] Vgl. Experte A, Experte E.

[13] Vgl. Striewisch (2010), S. 26.

Komponenten verbaut und liefern eine sehr gute Bildqualität. Deshalb sind sie viel hochpreisiger als Kompaktkameras und werden vor allem von Profifotografen und ambitionierten Hobbyfotografen verwendet.[14]

Systemkameras kamen erst 2008 auf den Markt und sind den dSLR-Kameras sehr ähnlich, beinhalten jedoch keinen Spiegel. Vereinfacht beschrieben, handelt es sich um eine dSLR-Kamera ohne Spiegel, aber mit mehr Technik. Es gibt Ausnahmen wie z. B. Sony, die mit einem transparenten Spiegel arbeiten, aber dadurch können die Kameras deutlich kleiner gefertigt werden als echte SLR-Kameras. Ihre Qualität ist trotzdem miteinander vergleichbar. Systemkameras bieten eine sehr gute Qualität und es gibt sie in zwei Varianten, mit wechselbaren oder fixen Objektiven. Der optische Sucher wird ersetzt durch ein digitales oder durch ein farbiges Display, welches das Bild so anzeigt, wie es vom Sensor erfasst wird und später auf elektronischen Devices erscheint.[15]

Mobiltelefonkameras sind kleine, im Mobiltelefon verbaute Kameras. Es gibt sie mittlerweile in unterschiedlichen Qualitäten. Dabei kann zwischen Handykamera und Smartphone-Kamera unterschieden werden. Handys haben im Vergleich zu anderen Mobiltelefonen wie Multimediahandys oder Smartphones ein kleines Display mit geringer Auflösung sowie eine Tastatur mit mehrfach belegten Tasten. Diese Handys sind mittlerweile sehr günstig zu bekommen, bewegen sich in einem Preissegment zwischen 20 und 100 Euro und haben verschiedene Basisfunktionen wie Kamera, Musikplayer und Kalender. Die Kameras in diesen Geräten sind sehr einfach und nicht als Kameraersatz geeignet. Die Bildqualität ist schlecht und die Bildauflösung ist sehr gering. Bei Multimediahandys oder Smartphones liegt der Schwerpunkt meist auf Fotos, Musik und sozialen Netzwerken.[16] Sie haben ein großes Display und neben der Hauptkamera auf der Rückseite des Gerätes auch eine kleine integrierte Kamera auf der Vorderseite. Mit der Kamera können auch Videos aufgenommen werden. Die meisten Smartphones werden in einem Vertrag mit mobilen Datenflatrates verkauft und bieten zahlreiche andere Funktionen an. Es gibt unzählige Modelle mit unterschiedlichen Betriebssystemen. Durch Apps können die Fotos der Smartphone-Kameras direkt am Gerät bearbeitet, versendet oder ins Internet hochgeladen werden.[17]

---

[14]Vgl. Experte I; Striewisch (2010), S. 25f.

[15]Vgl. Prophoto (2012), S.14f., Experte A, Experte B.

[16]Vgl. Schönfeldinger (2013), S. 10ff.

[17]Vgl. Schönfeldinger (2013), S. 13 ff.

4.1.2.2 Unterschied Amateur- und Profimarkt

Zu analogen Zeiten war es einfacher, professionelle Fotografen und Amateurfotografen anhand ihrer Kameraart zu unterscheiden. SLR-Kameras wurden vor allem von Profis genutzt, da die Geräte sehr teuer waren und es einer Lernkurve bedurfte, die SLR-Kamera richtig bedienen zu können. Dafür war es notwendig, getätigte Einstellungen zu notieren und zu warten, bis die Fotos entwickelt waren, um das Ergebnis sehen und ggf. Verbesserungen in den Einstellungen vornehmen zu können. Dieser Lernprozess war sehr zeitaufwändig und teuer. Mit digitalen SLR-Kameras wurde alles viel einfacher, weil das Bild sofort zu prüfen war und die Einstellungen verändert werden konnten. Aus diesem Grund war es viel mehr Menschen möglich, sich mit Fotografie auseinanderzusetzen. Zudem gab es Automatikprogramme, die auf Wunsch alle Einstellungen automatisch vornehmen konnten, und die Möglichkeit, Fotos am PC nachzubearbeiten. Letzteres gilt auch für alle anderen Kameraarten. Durch diese Veränderung ist die Grenze zwischen Amateur und Profi heute schwer zu ziehen.[18] Viele ambitionierte Amateure haben eine bessere Ausrüstung als manche Profis.[19] Zu den *Profis* zählen professionelle Fotografen, die mit Fotografie ihr Geld verdienen. *Semi-professionelle* oder *ambitionierte Hobbyfotografen* sind Enthusiasten, die zwar nicht hauptsächlich Geld damit verdienen, aber sich viel Wissen angeeignet und hohe Ansprüche an Equipment und Fotos haben. Neben den Profis können die Amateure segmentiert werden. Hier wird unterschieden zwischen *Gelegenheitsfotografen* und *Wenigfotografierern*. Letztere werden auch als Mobiltelefonfotografen bezeichnet.[20]

Der *Profi* verdient sein Geld mit Fotografie. Ob er immer davon leben kann, ist nicht ganz sicher, aber er fotografiert vorwiegend, um damit Geld zu verdienen. Das unterscheidet ihn klar vom ambitionierten Hobbyfotografen. In Deutschland ist Fotograf kein Handwerksberuf mehr, das bedeutet, man muss keine Ausbildung mehr machen, um sich Fotograf nennen zu dürfen. Seitdem gibt es viel mehr Fotografen, die professionell arbeiten. Ein Profi benutzt vor allem hochwertige SLR- oder dSLR-Kameras und legt viel Wert auf gute Sensoren und Objektive. In der Regel nutzen Profis Vollformatsensoren, eine schnelle Blende und eine gute Lichtstärke, damit auch in wenig hellen Räumen gute Bilder mit tollen Farben, Unschärfe und wenig Rauschen gemacht werden können.[21] Der Profi

[18]Vgl. Experte D.

[19]Vgl. Experte B.

[20]Vgl. Experte H, Kamera Kaufratgeber (o. Jg.), Experte B, Experte E, Experte I.

[21]Vgl. Experte E, Experte I.

nutzt außerdem eine Vielzahl an weiterem professionellem Zubehör. Seit sich der Videobereich in die Kamera verschoben hat, haben sich viele Profis auch auf das Filmen konzentriert.[22]

Semiprofi oder ambitionierter Hobbyfotograf: Diese Kundengruppe ist nicht ganz klar einzuordnen. Sie versteht sehr gut, was der Profi macht, beschäftigt sich viel mit Fotografie, nimmt selbst Einstellungen an der Kamera vor und gibt viel Geld für neueste Kameramodelle oder Zubehör aus. Der aktuellste Stand der Technik ist diesen Kunden sehr wichtig. Benutzt werden vorwiegend dSLR-Kameras, ggf. werden diese noch durch weitere Geräte wie Systemkameras oder sehr hochwertige Kompaktkameras ergänzt. Es wird wie auch von den Profis sehr viel Wert auf gute Sensoren und wechselbare Objektive gelegt, da die Qualität der Bilder, die oft auch gedruckt werden, dieser Kundengruppe sehr wichtig ist.[23] Der Semiprofi beschäftigt sich viel mit Bildern, teilt und diskutiert sie gerne mit einer Community und legt viel Wert auf Details. Viele Semiprofis machen z. B. Reisen, um schöne Bilder machen zu können, wählen einzelne Motive sorgfältig aus und machen sich Gedanken über die passenden Einstellungen. Die Kunden aus diesem Bereich geben zwischen 500 und 2.500 Euro aus. Das überschneidet sich mit dem Profibereich, in dem Kameras ab 2.000 Euro gekauft werden.[24]

Gelegenheitsfotografen sind visuelle Menschen, die nicht nur den Moment einfangen wollen, sondern Wert auf ein schönes Bild legen. Sie lassen die Fotos oft bei Drogerien entwickeln oder gestalten Fotobücher, um Erinnerungen zu schaffen. Sie machen viele Urlaubsfotos und fotografieren neben besonderen Ereignissen auch im Alltag. Die Gestaltung der Bilder ist ihnen wichtig. Sie sind preissensitiv und fotografieren vorwiegend mit DKK im Automatikmodus. Seit Einführung der Mobiltelefonkamera nutzen sie beide Geräte. Mit der Digitalfotografie haben sie kaum-keine Bildbearbeitung gemacht, weil sie mit Bildbearbeitung am Computer, z. B. mit Photoshop, nicht umgehen konnten und wollten. Sie schätzen daher die einfachen Bildbearbeitungsprogramme am Smartphone.[25] Der Gelegenheitsfotograf legt mehr Wert auf das Aufnahmegerät als der Wenigfotografierer und erneuert dieses alle 4–6 Jahre, wenn das neue Gerät wesentliche Verbesserungen oder Neuerungen für ihn bietet, z. B. WiFi-Datenübertragung etc.[26]

[22] Vgl. Experte D, Experte I, Experte B, Experte G, Experte H.

[23] Vgl. Experte A, Experte B, Experte D, Experte I, Experte H.

[24] Vgl. Experte A, Experte E, Experte H.

[25] Vgl. Experte E.

[26] Vgl. Experte B, Experte H, Experte.

Wenigfotografierer fotografieren, wie die Bezeichnung schon vermuten lässt, eher wenig und haben keine hohen Ansprüche an Qualität, sondern wollen vor allem Momente und Erinnerungen einfangen.[27] Der Wenigfotografierer ist wenig technikaffin, hat meist nur ein Gerät in Benutzung und gibt sich schnell mit der angebotenen Qualität zufrieden. Wichtig ist im ein geringer Preis und einfache Bedienung. Aufgrund seiner hohen Preissensibilität und den geringen Ansprüchen an Qualität hat dieser Kunde nicht das Verlangen, seine Kamera in regelmäßigen Abständen zu erneuern. Je nach Alter hatte er zwar sowohl eine analoge als auch eine DKK, hat beide Geräte aber nur wenig verwendet und war damit eher schlechter Kunde der DK-Hersteller. Diese Kundengruppe hat die Mobiltelefonkamera schon früh als Ersatz für eine DK verwendet, weil die Bedienung einfacher und das Gerät ohnehin immer dabei war. Die Bilder der DK wurden nur selten entwickelt, mit dem Mobiltelefon werden sie jedoch verschickt oder ins Internet hochgeladen. Weil die meisten Mobiltelefone über einen Mobilfunkvertrag alle 2 Jahre erneuert werden, ist diese Kundengruppe jetzt häufiger auf einem aktuellen Stand, was die Kamera betrifft.[28]

4.1.2.3 Abgrenzung des Beobachtungswertschöpfungsnetzes

In der vorliegenden Fallstudie wird der digitale Amateurfotomarkt in Deutschland im Zeitraum von 1996 bis 2014 untersucht. Die wichtigsten Einschränkungen dieser Fallstudie sind der geografische Fokus auf den deutschen Markt und der Fokus auf den Amateurfotomarkt und digitale Kompaktkamera. Im Gegensatz dazu ist der Profimarkt zu sehen, in dem vor allem dSLR abgesetzt werden. Da der Amateur- und Profimarkt seit der Einführung der Digitaltechnologie nicht mehr problemlos vor allem anhand der Gerätearten zu trennen sind, werden trotz Fokus auf den Amateurkameramarkt alle Kameraarten in die Fallstudie miteinbezogen und analysiert. Die angenommenen Ansprüche der Kunden an Kamera sind allerdings die der Amateurfotografen. Der zeitliche Fokus ergibt sich durch die Einführung der Digitalfotografie im Jahr 1996.[29] Bis zur Einführung der Handykamera im Jahr 2002 wird die DR des Marktes untersucht. Im Anschluss daran wird das disruptive Potential der Mobiltelefonkamera bis zum Jahr 2014 analysiert, weil dies zum Zeitpunkt der Durchführung der Fallstudie das letzte Jahr war, für das Daten des gesamten Jahres verfügbar waren.

---

[27] Vgl. Runde et al. (2008), S. 14.

[28] Vgl. Interview 6, Nutzer 1, Experte E, Experte H, Experte I.

[29] Vgl. Klenner (2009), S. 303, 198.

4.1.2.4 Technologischer Aufbau und Komponenten

Im Folgenden werden die Innovationsarten nach der Einteilung von Henderson, Clark (1990), ausgehend von dem technologischen Aufbau und den Komponenten, beschrieben:

Analoge Kamera vs. digitale Kamera: Die Innovation Digitalkamera kann nach der Einteilung nach Henderson, Clark (1990) als *Modulare Innovation* eingeordnet werden. Bei den analogen Kameras handelte es sich, vereinfacht dargestellt, um einen Kasten mit einem Objektiv davor und einem Speichermedium dahinter. Das Speicher- bzw. Aufnahmemedium war der Film, der von einem Filmhersteller kam, in das Gerät eingelegt werden musste und gewechselt werden konnte. Kamerahersteller haben sich mit Ausnahme von Kodak und Fuji nicht um dieses Aufnahmemedium gekümmert und hatten auch keine Kompetenzen, dieses herzustellen. Mit der Innovation Digitalkamera hat sich das Aufnahmemedium verändert und war plötzlich ein fester Bestandteil, der mit der übrigen Kameratechnik verbaut war. Das Aufnahmemedium wurde nicht mehr durch einen anderen Hersteller entwickelt, sondern wurde Teil der Kernkompetenz des Kameraherstellers. Die Kamerahersteller mussten daher ihre Kompetenzen erweitern und die Digitaltechnologie, die Sensoren, die digitale Bildverarbeitung, die Prozessoren und alles, was damit zusammenhängt, an das neue Aufnahmemedium anpassen. Die Komponenten wurden dadurch verändert, der Rest, sprich die Architektur, ist jedoch ziemlich gleich geblieben.[30]

Digitale Kamera vs. Mobiltelefonkamera: Die Innovation Mobiltelefonkamera ist als *Architectural Innovation* nach Henderson, Clark (1990) einzuordnen, da die Komponenten ähnlich sind wie bei der Digitalkamera und sich vor allem die Produktarchitektur verändert hat. Bei der Digitalkamera gibt es ein Objektiv mit einem einen elektronischen Bildsensor dahinter. Der Sensor kann mit mehr oder weniger Pixeln ausgestattet sein, und dahinter befindet sich ein Signaturverarbeitungsprozessor, der aus den einzelnen fotoelektrischen Impulsen besteht, die auf den Bildsensor treffen und durch das Licht zu einem Bild gerechnet werden, das auf dem Display wiedergegeben wird. Dieser Prozess ist beim Smartphone und der Digitalkamera identisch. Der Unterschied beider Geräte liegt nur in der Größe der einzelnen Komponenten und ihrer Leistungsfähigkeit. Weil das Mobiltelefon besonders flach ist, ist das Kameramodul sehr klein und die Komponenten sind

[30] Vgl. Experte I, Experte E.

miniaturisiert. Smartphone-Kameras besitzen zudem oft kein optisches Zoomobjektiv, wodurch der Bildausschnitt, der festgehalten werden kann, nicht veränderbar ist. In den meisten Fällen ist dieser weitwinklig.[31]

4.1.3 Geschichte der Digitalkamera

4.1.3.1 Vor der digitalen Fotografie

Die Geschichte der Fotografie reicht zurück bis ins Jahr 1765. Joseph Niépce gilt als einer der Ersten, der mit Hilfe einer Camera obscura und Chlorsilberpapier ein Bild auf einer lichtempfindlichen Schicht festhalten konnte. In den ersten Jahren dauerte es, mit Belichtungszeiten von bis zu acht Stunden, unglaublich lange, ein Bild zu machen. Ein Fotograf brauchte hohe Fachkenntnis im Bereich Chemie und viel technisches Verständnis für die Kamera. Chemische Emulsionen mussten vorbereitet und auf Glasplatten aufgetragen werden. Kompliziertes und detailliertes Wissen über Zeit-Licht-Verhältnisse sowie schwere und teure Ausstattung waren notwendig. Für ein Porträtfoto mussten Personen sehr lange sehr still sitzen und Nachtfotografien waren gar nicht möglich. Fotografie war zu dieser Zeit Spezialisten vorbehalten, die viel Zeit und Geld investieren mussten. Fotos waren daher sehr teuer und wurden in normalen Haushalten nur sehr selten gemacht.[32] Mit der Einführung der Kodakkamera Ende des 19. Jahrhunderts, die mit dem Werbeslogan „press the button we do the rest" eingeführt wurde, gab es erstmals erste Vereinfachungen im Bereich der Fotografie. Der Markt für Fotografie vergrößerte sich dadurch und es gab die ersten „Amateurfotografen". Kodak schaffte es, das ganze Wissen über Fotografie in eine Black Box zu integrieren, die günstiger, kleiner und einfacher zu bedienen war, als das bisher der Fall war. Damit war viel weniger technisches Wissen notwendig. Die Kamera wurde mit dem Film zusammen zu Kodak eingeschickt, dort wurden der Film entfernt und die Bilder entwickelt. So konnte plötzlich jedermann Fotos machen. Die Qualität war zwar noch sehr limitiert, aber Fotos waren plötzlich in Tageszeitungen zu finden und Fotos von Familienfeiern, aus dem Alltag und Schnappschüsse konnten in Fotoalben geklebt werden. Fotografie gehörte damit mehr zum Alltag normaler Familien, als das bis zu diesem Zeitpunkt der Fall war. In späteren Jahren wurden immer weitere Verbesserungen durchgeführt. Es war dann nur noch notwendig, die Filme zum Entwickeln in Fotolabore zu schicken, während die Kamera

[31] Vgl. Experte I.

[32] Vgl. Cruz, Meyer (2012), S. 207 f.; Planet Wissen (2015), Kodak (2016).

zuhause behalten werden konnte. Mit der Verbesserung der Lichtempfindlichkeit wurde es Anfang des 20. Jahrhunderts erstmals möglich, Kleinbildkameras herzustellen. Leica stellte 1925 die erste Kleinbildkamera mit einem Objektiv von 50 mm vor, die später zum Standard der Branche wurde. Im Jahr 1936 wurde von der Firma Agfa der erste Farbfilm entwickelt. Damit konnte jeder nahezu wirklichkeitsgetreue Fotos machen. Als komplementäre Technologie war man damals auf die Post angewiesen, die Filme und Fotos transportierte. Die Qualität der analogen Fotografie verbesserte sich immer weiter und die Preise sanken. Mitte des 20. Jahrhunderts wurden durch immer mehr Elektronik im Fotoapparat Kameras vorgestellt, die alle notwendigen Einstellungen selbst vornehmen konnten. Damit wurde die Fotografie immer komfortabler und einfacher.[33]

4.1.3.2 Die Anfänge der digitalen Fotografie (1996–2001)

„Die Digitaltechnik hat die Fotografie von Grund auf verändert. Das betrifft nicht nur die Art und Weise, wie Fotos aufgezeichnet werden, sondern den ganzen Imaging-Workflow von der Bilderfassung über die Speicherung, die Bearbeitung, den Druck, die Aufbewahrung und das Teilen der Bilder."[34]

Die Geschichte der digitalen Fotografie begann bei Kodak im Jahr 1975. Die Voraussetzung für den Bau der ersten Digitalkamera lieferte der erste CCD (Charge-Coupled-Device)-Bildsensor, den die Physiker Willard Boyle und George E. Smith in den Bell Laboratories entwickelt hatten. Kodak versuchte jedoch die Innovation zunächst nicht zu veröffentlichen, weil sie dadurch einen großen Teil ihres Geschäftsmodells, die Filmherstellung, zerstört hätten.[35] Die erste Entwicklung in Richtung digitale Kamera wurde deshalb erst im Jahr 1981 von der Firma Sony vorgestellt. Sony war zu dieser Zeit ein neuer Akteur am Kameramarkt und bis dahin vor allem durch den Verkauf von Walkmans oder Videorekordern bekannt. Mit dem neuen System der Sony MAVICA (Magnetic Video Camera) konnten Standbilder auf zwei Zoll großen Disketten gespeichert werden. Obwohl die MAVICA einen CCD-Bildwandler hatte, handelte es sich bei diesem System noch nicht um eine reine Digitalkamera, weil die Bilder nicht in digitaler Form, sondern als analoges Videosignal auf der Diskette gespeichert wurden. Es war jedoch möglich, die Fotos auf einem Fernsehgerät vorzuführen. Um die

[33]Vgl. Cruz, Meyer (2012), S. 210; Kodak (2016), Planet Wissen (2015).

[34]Vgl. Photoindustrie-Verband (2014), Digicammuseum (2015).

[35]Vgl. Photoindustrie-Verband (2014), Experte B, Experte I.

Bilder auf einem PC weiterverarbeiten zu können, wurde das Bildsignal mit einer Wandlerkarte digitalisiert. Dadurch war erstmals kein chemischer Prozess mehr notwendig, um Fotos auf Papier zu bringen.[36] Die ersten richtigen Digitalkameras kamen von der Firma Canon. Sie waren sehr teuer und die Bildqualität war im Vergleich zu analogen Kameras eher schlecht. Aus diesem Grund richteten sich die Kameras hauptsächlich an den professionellen Markt – speziell die Zeitungspresse, der vor allem Geschwindigkeit wichtig war und der die schlechte Qualität der Bilder für das grobe Raster von Tageszeitungen ausreichte. Kodak stellte 1990 die erste dSLR-Kamera, die DSC 100, vor, die umgerechnet rund 25.000 Euro kostete und ebenfalls nur für das Profisegment gedacht war. Fujifilm führte erstmals Speicherkarten statt Disketten als Speichermedium ein, aber auch hier wurden die Bilder zunächst noch in analoger Form gespeichert. Die Firma Logitech, die bis dahin eigentlich für die Herstellung von Computermäusen bekannt war, führte 1991 den *Fotoman* ein. Diese digitale Kamera war erstmals für den Massenmarkt konzipiert, hatte aber kein Display, sondern nur einen Auslöser und lieferte nur Bilder in Graustufen.[37] Die ersten Angebote digitaler Kameras für Amateure kamen in Deutschland im Jahr 1996 auf den Markt.[38] Die bisherigen Investments der etablierten Kamerahersteller wurden durch die Innovation Digitalkamera fast nutzlos. Neues Wissen und Investments waren plötzlich notwendig, weil das Speichermedium als neue Komponente fest in die Kamera integriert werden musste.[39] Die etablierten Hersteller sahen die Innovation Digitalkamera aber nicht als Bedrohung für ihr Geschäft, weil sie im Vergleich zu analogen Kameras zu Beginn sehr viel teurer und schwerer war und eine viel schlechtere Bildqualität bot, und investierten daher zunächst nicht in diese Technologie.[40] Vielmehr versuchten sie mit der Einführung einer neuen Technologie, dem Advanced Photo System (APS), einem hybriden System aus Film- und Digitaltechnik, der schlechten Digitalkameratechnik entgegenzusteuern, ihre Investitionen in die analoge Fotografie sowie ihre Kompetenzen zu retten, und den Umsatz analoger Kameras wieder anzukurbeln. Das APS-System bot im Vergleich zu normalen analogen Kameras viele Vorteile, z. B. beim Handling und

[36] Vgl. Boeres (2002); Rupprecht (2002).

[37] Vgl. Boeres (2002); Photoindustrie-Verband (2014); Experte I; Kodak (2016); Rupprecht (2002).

[38] Vgl. Experte A, eigene Recherche-Zahlen.

[39] Vgl. Runde et al. (2008), S. 17.

[40] Vgl. Experte A, Experte B.

Einlegen des Films, beim Transportieren, Rückspulen, Entwickeln und Scannen. Eine Besonderheit war das kleinere Format der APS-Filme und die Möglichkeit der Wahl unterschiedlicher Seitenverhältnisse und Bildgrößen.[41] Die APS-Technologie war eine radikale Innovation, die für die Hersteller hohen Forschungsaufwand und große Investitionen bedeutete.[42] Leider war die Technologie nicht sehr erfolgreich und hat sich nicht durchgesetzt. Das lag daran, dass kurze Zeit später die Preise für Digitalkameras stark gefallen sind und die Leistung sich rasant verbessert hat.[43] Innerhalb kurzer Zeit gab es enorme Qualitätssteigerungen im Bereich der Digitalkameras.[44]

Die Einführung der Digitalfotografie war ein wichtiger Meilenstein in der 175-jährigen Fotogeschichte und zog einen Technologiewandel nach sich. Die Digitalfotografie hat aus dem Fotomarkt einen richtigen Massenmarkt gemacht.[45] Der in der Vergangenheit sehr stabile Markt für Fotohersteller änderte sich 1996, als die Digitalkamera in den Amateurfotomarkt eingeführt wurde. Es traten plötzlich viele neue Hersteller in den Markt ein. Die meisten dieser Anbieter für Digitalfotografie waren nämlich keine klassischen Kamerahersteller, sondern Unternehmen, die bis dahin vor allem im Elektronik- und Computerbereich tätig waren.[46] Darunter waren Apple, Canon, Casio, Kodak, Olympus und Sony. Sie lieferten ab dem Jahr 1996 erstmals brauchbare digitale Kameras zu bezahlbaren Preisen.[47] Zu Beginn der digitalen Ära gab es nur digitale Kompaktkameras. In den ersten Jahren waren die Modelle jedoch noch relativ groß, unhandlich und sehr teuer.[48] Die erste kompakte Digitalkamera für den Amateurmarkt war die QV-10 von Casio.[49] Ab 1998 boten immer mehr Hersteller Digitalkameras an, die meisten Modelle verfügten noch über keinen Zoom und eine Auflösung von weniger als 1 MP. Im Jahr 2000 kamen die ersten Digitalkameras, mit einem selbst entwickelten Bildsensor namens Super-CCD von Fujifilm, auf den Markt. Im selben Jahr gab es erstmals Kameras mit 10-fach optischem Zoom und Bildstabilisator sowie Innovationen im Bereich

[41] Vgl. Photoindustrie-Verband (2014), Canon (2015); Experte B.

[42] Vgl. Experte B.

[43] Vgl. Experte F.

[44] Vgl. Experte A; Experte B.

[45] Vgl. Experte B.

[46] Vgl. Cruz, Meyer (2012), S. 204; Zumbusch 1998; Bottler 2000 in Klenner (2011), S. 188.

[47] Vgl. Rupprecht (2003).

[48] Vgl. Experte A; Experte B.

[49] Vgl. Photoindustrie-Verband (2014).

des Speichermediums. Ende 1998 wurde die erste digitale Spiegelreflexkamera (dSLR) DSC-D700 von Sony auf den Markt gebracht. Mit einem Preis von 2.000 Euro und einer Auflösung von 1,5 MP entsprach sie allerdings nicht den Anforderungen am Kameramarkt.[50] Insgesamt wurden die digitalen Kameras zunächst von den Kunden der analogen Kameras ablehnend betrachtet. Das lag daran, dass die Bildqualität, sprich die Auflösung, und die Auslösezeit sehr viel schlechter waren als bei der analogen Kamera, was zu langen Wartezeiten und schlechten Bildern geführt hat.[51] Viele Kunden waren enttäuscht, wenn Schnappschüsse nicht gelangen, weil die Kamera zu langsam war.[52] Verbesserungen waren daher anfangs vor allem in der Auflösung und beim Zoom zu beobachten.[53] Ein wichtiges Kriterium für Amateure in Bezug auf die Kaufentscheidung einer Digitalkamera war daher lange Zeit die Bildauflösung, ausgedrückt in Megapixel (MP). Ein herkömmlicher analoger 100-ISO-Film schaffte ca. 30 MP. Durch Filmführung und Objektiv wurde diese Zahl gemindert, so dass analoge SLR-Kameras ca. 10 MP und analoge Kompaktkameras ca. 3 MP boten.[54] Bis zum Jahr 1999 ca. lag die Anzahl der MP bei DK durchschnittlich unter einem MP, was die im Vergleich zu analogen Kameras schlechte Bildqualität erklärt. Aus diesem Grund konnte die neue Technologie die etablierten Kunden am Markt zunächst nicht überzeugen.[55] Erst nachdem viele Verbesserungen durchgeführt wurden und die Pixelzahl über die Jahre erhöht wurde, entschieden sich immer mehr Amateure dafür, eine DK zu erwerben.[56] Im Jahr 2000 waren die Geräte erstmals als Konsumentenprodukt erfolgreich.[57] Im Jahr 2001 hat sich in der Branche ein Wandel weg von der analogen hin zur digitalen Fotografie vollzogen. In diesem Jahr hat die digitale Fotografie die analoge erstmals sowohl im Umsatz als auch mit den Stückzahlen überholt.[58] Das hat bei vielen etablierten Firmen zu dramatischen Umsatzrückgängen geführt.[59] 2004 war die digitale Fotografie kaum noch teurer als vergleichbare analoge Kameras und konnte bei den

[50]Vgl. Rupprecht (2003).

[51]Vgl. Experte E.

[52]Vgl. Runde et al. (2008), S. 16; Experte A; Experte B.

[53]Vgl. Rupprecht (2003).

[54]Vgl. Kamera Kaufratgeber (o. Jg.); Experte I; Experte E.

[55]Vgl. Experte B.

[56]Vgl. Kamera Kaufratgeber (o. Jg.).

[57]Vgl. Experte F.

[58]Vgl. Maschke (2004a), S. V f.

[59]Vgl. Experte F.

Nutzern durch Vorteile wie schnellere Verfügbarkeit, unmittelbare Aufnahmekontrolle, beliebige Anzahl von digitalen und gedruckten Kopien ohne Qualitätsverlust, Bearbeitungsmöglichkeiten und einfachen und kostengünstigen digitalen Versand weltweit punkten.[60] In den Jahren 2006–2008 war bereits der Großteil der Bilder, die im Labor entwickelt wurden, von Digitalkameras aufgenommen worden.[61] Die Anzahl der gemachten Fotos hatte sich seit Einführung der Digitalkamera exponentiell gesteigert. Bei analogen Fotos war es noch zwingend notwendig, das Foto zu entwickeln, um es sehen zu können, bei digitalen Kameras war das nicht mehr der Fall. Es war möglich, das Foto sofort auf der DK anzusehen und es ggf. sofort wieder zu löschen. Weil die meisten Displays sehr klein waren, war die Vorschau vor allem dafür geeignet, Aufnahmefehler zu identifizieren. Die Betrachtung der Bilder der DK erfolgte mit Hilfe der Übertragung auf den PC.[62] Dort konnten sie bearbeitet, geteilt, gedruckt oder archiviert werden.[63] Das führte dazu, dass prozentual gesehen weniger der Fotografien entwickelt wurden als zu analogen Zeiten. Da sich aber die Anzahl der Bilder, die gemacht wurden, sehr stark erhöht hat, hat sich auch die Anzahl der Bilder, die entwickelt wurden, leicht erhöht.[64] Für die Nutzung der Digitalfotografie waren der PC und später das Internet wichtige Komplementärprodukte. Die Verbesserung der Rechner- und Prozessorleistung, der Softwareentwicklung und der Speicherkartenkapazität sowie die steigende Verbreitung des Internets unterstützten den Absatz.[65]

Der Fotomarkt hat sich durch den Wandel von analoger zu digitaler Fotografie sowohl im Bereich der Anbieter als auch im Bereich der Kunden stark verändert.[66] Die etablierten Hersteller haben durch den Technologiewandel ihre dominante Stellung am Markt verloren und mussten den Markt mit neuen Firmen teilen. Durch den Wegfall der Filme sind neben Geschäftsbereichen ganze Firmen verschwunden. Davon haben andere Firmen, wie Anbieter digitaler Speichermedien wie San-disk, Kensington und Softwarefirmen wie Adobe partizipiert. Die Innovation Digitalkamera schaffte ein neues sozio-technisches Netzwerk an

[60] Vgl. Maschke (2004a), S.V f.

[61] Anmerkung: An der jpeg-Datei kann man sehen, mit welchem Medium das Bild aufgenommen wurde.

[62] Vgl. Experte D.

[63] Vgl. Experte A; Experte E; Runde et al. (2008), S. 15; Photoindustrie-Verband (2014).

[64] Vgl. Experte D.

[65] Vgl. Experte A; Experte E; Runde et al. (2008), S. 15; Photoindustrie-Verband (2014), Runde et al. (2008), S. 15.

[66] Vgl. Runde et al. (2008), S. 12ff.

Akteuren.[67] Auch auf der Kundenseite gab es einige Veränderungen. So gab es zu analogen Zeiten in der Regel nur eine Kamera pro Haushalt, die meistens das Familienoberhaupt, z. B. der Vater, bediente. Zu digitalen Hoch-Zeiten hatte die Digitalkamera den Massenmarkt erobert, viele Haushalte verfügten über zwei oder mehr digitale Aufnahmegeräte.[68] Während die Produktlebenszyklen im analogen Bereich bei ca. 10–15 Jahren lagen, haben sich die PLZ im digitalen Bereich von anfänglich 4–5 Jahren vor allem bei digitalen Kompaktkameras bis auf ein Jahr verkürzt. Das bedeutet, gewisse Modelle wurden nur ½ Jahr produziert, bevor das Nachfolgemodell auf den Markt kam. Da es sich zunächst um eine neue Technologie handelte, die anfänglich noch nicht ganz ausgreift war, gab es permanent Weiterentwicklungen, Verbesserungen und Innovationen.[69] Zunächst lagen die Verbesserungen vor allem im Bereich der Bildqualität und der Auflösung. Die Pixelanzahl einer Kamera war lange Zeit das Verkaufsargument für neue Modelle. Dies machte zunächst Sinn, da man in den ersten Jahren mit jedem neuen Modell und einer gesteigerten Pixelzahl deutliche Verbesserungen in der Qualität der Bilder erkennen konnte. Ab einer bestimmten Anzahl war das nicht mehr der Fall, denn ab einer gewissen Anzahl an Pixeln in Relation zum Sensor verschlechterten mehr Pixel sogar die Bildqualität.[70] Aufgrund der Tatsache, dass die Innovationsgeschwindigkeit in den ersten Jahren so hoch war, waren die Innovationen für die Kunden nach einiger Zeit nicht mehr bahnbrechend. Vor allem Kunden aus dem Amateurbereich wurden nach und nach immer mehr von den Verbesserungen übersättigt und waren nicht mehr bereit, neue Modelle zu kaufen.[71] Viele Amateure, also Wenig- und Gelegenheitsfotografen, haben die technischen Neuerungen oft nicht gebraucht und konnten dadurch keine besseren Fotos machen. Das Verkaufsargument, mehr MP, kommuniziert durch Werbung, sollte jedoch das Verlangen nach neuen Modellen wecken.[72] Es wurden Modelle bis zu 42 MP angeboten, während für Amateurfotografen lt. Experten 8 Megapixel in Kombination mit einem guten Sensor völlig ausreichen, ohne Einbußen in der Qualität zu haben.[73] In den letzten Jahren hat der Pixelwahn wieder

[67] Vgl. Cruz, Meyer (2012), S. 204 ff.

[68] Vgl. Experte A, Experte B.

[69] Vgl. Experte A; Experte B; Experte D; Experte E.

[70] Vgl. Kamera Kaufratgeber (o. Jg.).

[71] Vgl. Kamera Kaufratgeber (o. Jg.), Experte A; Experte B; Experte D; Experte E.

[72] Vgl. Experte E.

[73] Vgl. Knaak, Bautsch (2014).

abgenommen und Pixel als Werbekriterium für neue Modelle sind weitgehend verschwunden. Kunden mussten sich dadurch genauer mit neuen Kameramodellen beschäftigen, um Verbesserungen erkennen zu können. Weil die Technologie mittlerweile sehr ausgereift und die Qualität der Kameras auf einem sehr hohen Niveau ist, ist es heute nicht mehr so einfach, den Kunden den Mehrwert eines neuen Modells allein durch Werbesolgans zu vermitteln. Die Verbesserungen heute bestehen aus einer Summe verschiedener Faktoren, die vor allem von Amateurkunden oft nicht mehr wahrgenommen werden können. So gab es in den letzten Jahren Verbesserungen in der Qualität des Displays, in der Kameraoptik und -größe und bei den Programmen für verschiedene Arten von Aufnahmen (Nachtaufnahmen, Sonnenuntergang etc.).[74]

Nachdem die Qualität der Kameras für die meisten Kunden ausreichend gut war, versuchten sich die Hersteller über günstige Preise voneinander zu differenzieren. Die DKK wurden immer günstiger, während der Absatz trotzdem rückläufig war. Einige Hersteller sind daher aus dem Kameramarkt wieder ausgetreten. Die Produkte waren nicht mehr rentabel und die Absatzzahlen zu gering. Die Firmen, die im Markt verblieben sind, haben sich auf hochwertigere Kameramodelle und anspruchsvollere Kundensegmente fokussiert.[75] Heute ist der Trend wieder gegenläufig, weil zwar viel weniger, aber eher teurere Geräte gekauft werden. Der Massenmarkt der Kunden, die in der Vergangenheit Digitalkameras kauften, hat sich in einen Hobbymarkt verwandelt, die Kunden, die heute noch Digitalkameras kaufen, kaufen hauptsächlich sehr hochwertige Modelle wie SLR-Kameras oder sehr hochwertige Systemkameras. Ein Markt für DKK existiert kaum noch, er wurde durch Smartphone-Kameras ersetzt.[76] Die neueste Entwicklung ist das 4K-Filmen, das ist ein sehr hohes Niveau und spricht vor allem sehr ambitionierte Fotografen und Profis an. Außerdem ist der Zoom ein Faktor, der sich sehr weiterentwickelt hat von anfänglich von 3- bis 5-fach zu 12- bis 20-fach bei den Bridgekameras.[77] Gleichzeitig steigt das Angebot der vernetzten Fotokameras stetig an.

[74]Vgl. Experte A, Experte B.

[75]Vgl. Experte A, Samsung (2014).

Anmerkung: Casio ist z. B. zu Anfang der digitalen Ära neu in den Markt eingetreten, um digitale KK zu verkaufen, Samsung ebenso. Casio ist mittlerweile auch wieder ausgetreten, Samsung hat sich auf hochwertige Kameras fokussiert und bietet Modelle bis zu einem Preis von 2.000 Euro in Grundausstattung an.

[76]Vgl. Experte A; Experte E.

[77]Vgl. Experte B.

Verbraucher können ihre Bilder seit kurzer Zeit nun auch mit der Digitalkamera direkt in die Cloud hochladen oder in sozialen Netzwerken teilen, da sich die Kameras häufig direkt oder per drahtlosem Netzwerk mit dem Internet verbinden.[78] Der Photoindustrie-Verband sieht die WLAN-Funktion in den Kameras als klaren Mehrwert für Kompaktkameras und kompakte Systemkameras, da dadurch Fotos viel schneller als bisher mit Kabelübertragung an Drucker, PC oder direkt ins Internet übertragen werden können. Weitere Kaufanreize sollen schnellere Prozessoren und kürzere Verschlusszeiten sein sowie eine bessere Antriebs- und Steuertechnik, damit Fotos noch schneller gemacht werden können und noch bessere Schnappschüsse gelingen als bisher.[79]

4.1.3.3 Das disruptive Potential der Digitalkamera

Da in der Initialstudie das disruptive Potential mit Hilfe des Modells von Keller und Hüsig (2009) nicht bestimmt wurde, soll dies an dieser Stelle nachgeholt werden. Dies soll helfen, um in der anschließenden Analyse der Fallstudie und dem Cross-Case-Vergleich mit der Initialstudie die Ergebnisse besser vergleichen und analysieren zu können.

Wie bereits im geschichtlichen Teil in Abschnitt 4.1.3.2 erwähnt, waren die digitalen Kameras zunächst in den Hauptmerkmalen wie Größe, Gewicht, Preis und Bildqualität wesentlich schlechter als analoge Kameras. Zunächst gab es nur DKK, die anfangs sehr voluminös und mit bis zu 5 kg sehr schwer waren. Zudem waren die Kameras sehr teuer, langsam im Sinne einer hohen Auslöseverzögerung und hatten eine schlechte Bildqualität. Für die spontane Fotografie war die DK zunächst nicht geeignet und sie entsprach nicht den Anforderungen am Markt. Etablierte Kunden und Hersteller lehnten die Technologie daher lange Zeit entschieden ab und ordneten sie als Spielerei ein, die nie an die Leistung einer analogen Kamera herankommen wird.[80] Die neue Technologie wurde vor allem von neuen Firmen am Markt angeboten, die bis dahin vor allem im Bereich Elektronik oder Consumer-Elektronik tätig waren.[81] Tatsächlich wurde die Innovation zunächst bei Profis oder bisherigen Nichtkonsumenten der analogen Fotografie abgesetzt, die sich z. B. für die Fotografie mit der DK vor allem deshalb interessiert haben, weil sie sehr technikaffin waren und bereits damals viel mit dem Computer gemacht haben. Auch Zeitungsverlage und Sachverständige haben

[78] Vgl. Hoffmann et al. (2014) S. 10, S. 20.

[79] Vgl. ProPhoto Online (2013).

[80] Vgl. Experte I; Rupprecht (2002, 2003); Kodak (2016); Experte A.

[81] Vgl. Runde et al. (2008), S. 12ff.

früh auf die DK gesetzt, weil es viel einfacher war, einen Bericht zu schreiben und diesen mit Bildern zu ergänzen, die kaum Kosten verursachten und auf dem PC archiviert werden konnten. Auch in der industriellen Anwendung verbreitete sich Fotografie plötzlich, denn obwohl die Kamera zunächst in der Anschaffung viel teurer war als die analoge Variante, war sie im Unterhalt wesentlich günstiger, je mehr Bilder gemacht wurden. Das lag daran, dass bei analogen Kameras nicht jedes Bild, das gemacht wurde, entwickelt werden musste. Die Bilder konnten kostenlos auf den PC übertragen und dort einfacher gespeichert und verwaltet, bearbeitet oder auch per E-Mail versendet werden.[82] Je ausgereifter die Technologie jedoch wurde, desto bequemer und zuverlässiger wurde auch die Nutzung und desto wettbewerbsfähiger wurde sie im Hinblick auf die analoge Kamera. Obwohl die Kunden der analogen Kameras nicht übersättigt waren, haben aufgrund der Vorteile der DK-Fotografie nach und nach immer mehr Kunden zur neuen Technologie gewechselt. Gleichzeitig hat sich die Qualität der Kameras im Verlauf der Zeit immer weiter verbessert. So konnte die digitale Kamera bald auch Videos aufnehmen und ersetzte damit Schritt für Schritt auch den Bereich der Camcorder.[83]

Mit Aufkommen der digitalen Kamera wurde das Netzwerk völlig verändert. Neue Akteure kamen auf den Markt und boten die Technologie an, während sich etablierte Hersteller nach und nach immer mehr auf high-end Produkte fokussierten.[84] Die Landschaft der Komponentenlieferanten und der Foto-Finishing-Firmen hat sich verändert. Letztere sind teilweise aufgrund stark rückläufiger Absatzzahlen der Filmentwicklung langfristig vom Markt verschwunden. Zu Beginn der Technologie mussten die Kamerahersteller viel ausprobieren, um die Technologie wettbewerbsfähig zur analogen Fotografie zu machen. Die Technologie musste neu entwickelt werden und konnte nicht aus Standardkomponenten gebaut werden. Obwohl das Geschäftsmodell für die Kamerahersteller ziemlich gleich geblieben ist, haben sich ihre Prozesse völlig verändert. Dies lag an der neuen Technologiekomponente, die hinzukam. Das neue Aufnahmemedium brauchte viel mehr Elektronik und Auseinandersetzung mit Halbleitertechnologie, und auch die Sensortechnologie hatte sich verändert. Viele etablierte Hersteller haben sich daher gegen die neue Technologie gewehrt, zum einen, weil sie keinen Markt dafür gesehen haben, und zum anderen, weil die neue Technologie nach Einführung der APS-Technologie erneut hohe Investitionen bedeutet hätte, während die bisherigen Investments z. T. nutzlos geworden wären.

[82]Vgl. Experte I; Rupprecht (2002).

[83]Vgl. Experte I; Experte A.

[84]Vgl. Cruz, Meyer (2012), S. 212.

Tabelle 4.1 Kriterien DP Neue Unternehmen (Quelle: Eigene Darstellung in Anlehnung an Keller, Hüsig 2009, S. 1046f.)

Phase	Kriterium	Erfüllt	Nicht erfüllt	Unbekannt
Foothold market entry	Die Produkte verfügen in den Haupteigenschaften über eine schlechtere Leistung	X	-	-
	Die Produkte sind günstiger, einfacher, bequemer und zuverlässiger	-	X	-
	Die Produkte sprechen bisherige Nichtkonsumenten an	X	-	-
	Das Geschäftsmodell ist profitable und adressiert übersättigte Kunden	-	X	-
	Die Investoren erlauben Experimente	X	-	-
	Phase total	**3**	**2**	**0**
Main market entry	Die Produkte basieren auf Standardkomponenten	-	X	-
	Strategische Ressourcen (Lizenzen, Kapital, etc.) sind verfügbar	X	-	-
	Das Netzwerk für die PDI wird als groß eingeschätzt	X	-	-
	Die PDI ist kompatibel mit dem bestehenden Netzwerk	-	X	-
	Phase total	**2**	**2**	**0**
Failure of incumbent	Das neue Geschäftsmodell unterscheidet sich stark vom etablierten Geschäftsmodell	-	X	-
	Die Prozesse sind signifikant anders	X	-	-
	Das neue und das etablierte Wertnetzwerk haben nur geringe Überschneidungen	X	-	-
	Phase total	**2**	**1**	**0**
	Total	**7**	**5**	**0**

Etablierte Hersteller haben sich daher immer mehr auf Premiumkameras für Kunden mit höheren Ansprüchen konzentriert, bei denen die Margen höher waren und auch mit geringeren Absatzzahlen den Gewinnerwartungen entsprochen werden konnte. Das Geschäftsmodell der Filmehersteller ist DK verschwunden.[85]

Aber nicht nur die Technik hat sich verändert, sondern auch die Art der Fotoverwendung. Es war plötzlich möglich, viel mehr mit den Fotos zu machen. Man konnte sie bearbeiten, teilen, drucken, unzählige Kopien erstellen und am Fernseher vorführen.[86] Die Qualität hat sich schnell verbessert, so dass sie bald mit analoger Technologie vergleichbar war. Der Markt ist dadurch viel größer geworden, als er zunächst eingeschätzt wurde. Es wurden 2010 in der Spitze 145 Mio. DK verkauft, das war weit mehr, als man in den letzten Dekaden mit analogen

[85]Vgl. Experte I; Rupprecht (2002, 2003); Runde et al. (2008), S. 17.

[86]Vgl. Cruz, Meyer (2012), S. 212 ff.; Boeres (2002); Rupprecht (2002).

Tabelle 4.2 Kriterien DP Etablierte Unternehmen (Quelle: Eigene Darstellung in Anlehnung an Keller, Hüsig 2009, S. 1048f.)

Phase	Kriterium	Erfüllt	Nicht erfüllt	Unbekannt
Foothold market entry	Es gibt übersättigte Kunden	-	X	-
	Die Hauptkunden lehnen das Produkt ab	X	-	-
	Der Markt für Produkte, basierend auf der PDI, scheint klein und irrelevant	X	-	-
	Phase total	**2**	**1**	**0**
Main market entry	Etablierte Leistungsmerkmale verschieben sich	-	X	-
	Kunden sind nicht bereit, für Verbesserungen der etablierten Leistungsmerkmale zu bezahlen	X	-	-
	Wechselkosten sind gering	X	-	-
	Koordinationskosten sind gering	X	-	-
	Phase total	**3**	**0**	**0**
Failure of incumbent	Die neuen Produkte warden von etablierten Unternehmen nicht angeboten	-	X	-
	Etablierte Unternehmen fliehen in Premiumsegmente	X	-	-
	Die PDI wird nicht in einer getrennten Organisationseinheit verwirklicht	X	-	-
	Phase total	**2**	**1**	**0**
	Total	**7**	**3**	**0**

Kameras pro Jahr - das waren 40-45 Mio. Stück - verkaufen konnte. Die Absatzkanäle waren dieselben, aber der Markt ist mit der DK explodiert.[87] Überträgt man diese Analyse in Tabelle 4.1 und Tabelle 4.2, kann festgestellt werden, dass insgesamt 15 Kriterien erfüllt und acht Kriterien nicht erfüllt sind. Damit deutet der erste Teil des Modells auf ein mittleres bis hohes disruptives Potential hin.

Im zweiten Teil des Modells werden die Merkmale, bezogen auf die **Kurvendiagramme,**[88] untersucht:

- Die Leistungskurve der PDI schneidet die unterste Nachfragekurve
- Die Leistungskurve der etablierten Technologie übersteigt die Marktnachfrage
- Die Leistungskurve der PDI ist steil
- Die Preiskurve der PDI schneidet die Preiskurve der etablierten Technologie von oben oder bleibt immer darunter

[87]Vgl. Experte I.

[88]Vgl. Keller, Hüsig (2009), S. 1047.

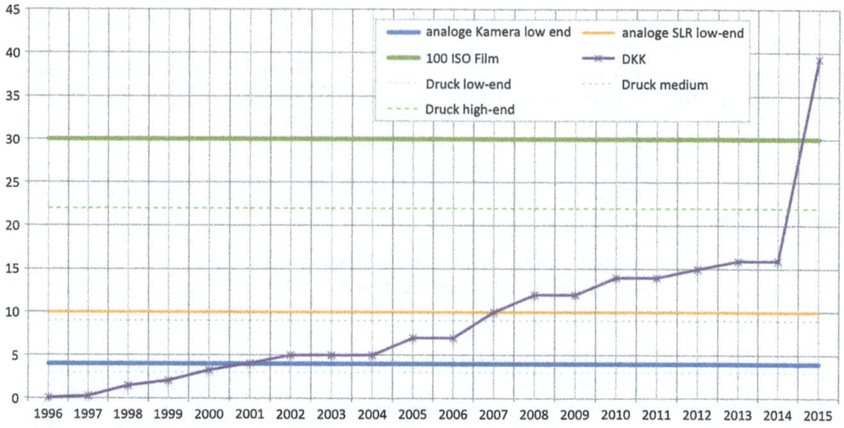

Abbildung 4.1 Trajektoriendiagramm Megapixel analoge vs. digitale Kamera (Eigene Darstellung, Quelle: Eigens erstellte Datenbanken -siehe Anhang-; Klenner 2011, S. 301f.; Kamera Kaufratgeber o. Jg.; Experte I; Experte E)

Abbildung 4.1 zeigt das Kurvendiagramm im Hinblick auf die Bildauflösung, ausgedrückt in Megapixel. Wie oben bereits erwähnt, war die Bildauflösung lange Zeit ein kritischer Faktor für die etablierten Kunden bei der Entscheidung bzgl. des Kaufs einer Digitalkamera. Wie in Abbildung 4.1 schön zu sehen ist, schneidet die Kurve der DKK die unterste Nachfragekurve und auch das low-end der analogen Kompaktkameras im Jahr 2000. Die Nachfrage im mittleren Segment wird im Jahr 2007 erstmals überstiegen und sogar die Nachfrage im high-end Bereich, bezogen auf die Auflösung, wird im Jahr 2014 von der digitalen Kompaktkamera erreicht. Damit kann die Kurve als mittelmäßig steil eingestuft werden.

Die Kurven der analogen Kameras sind relativ konstant eingezeichnet. Weil die Technologie im Jahr 1996 bereits sehr ausgereift und die Auflösung stark abhängig von dem verwendeten Speichermedium Film war, wurden die MP am unteren Ende der verschiedenen Kameraarten sowie die Auflösung eines Standardfilms in das Kurvendiagramm eingezeichnet. Die Auflösung des Films wird in den meisten Fällen durch die verwendetet Kameraart etwas herabgesetzt.[89] Trotz dieser Tatsache übersteigen bereits im Jahr 1996 alle drei Leistungskurven

[89]Vgl. Experte I; Experte E.

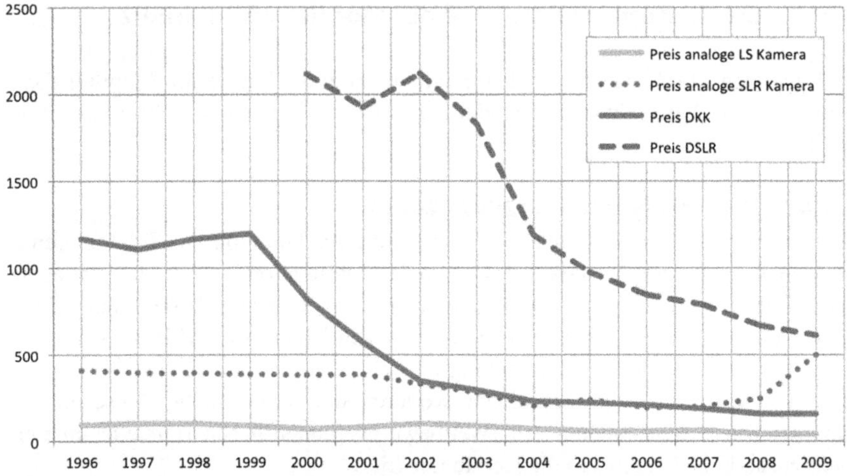

Abbildung 4.2 Preistrajektorie analoge vs. digitale Kamera (Eigene Darstellung, Quelle: Eigens erstellte Datenbanken -siehe Anhang- und Daten der GFK Retail GmbH)

die Nachfrage am unteren Ende des Marktes. Die drei Merkmale der Leistungstrajektorie können damit als erfüllt betrachtet werden.

Das Preisdiagramm in Abbildung 4.2 zeigt, dass die Preise für Digitalkameras über den Preisen der analogen Kameras liegen. Ab dem Jahr 2004 ist der Unterschied zwischen analoger und digitaler Kompaktkamera nicht mehr so groß. Das Merkmal der schneidenden und darunterliegenden Preiskurve ist damit auf den ersten Blick nicht erfüllt. Es muss allerdings bei der Preisbetrachtung miteinbezogen werden, dass die *operating costs* der Digitalkamera wesentlich geringer sind als bei der analogen Kamera, da nicht jedes Foto, das gemacht wurde, auch entwickelt werden muss. Bezieht man den Aspekt der Kosten für die Entwicklung der Fotos mit ein, kann das Merkmal in Bezug auf das Preisdiagramm als erfüllt betrachtet werden.

Insgesamt ist damit ein mittleres bis hohes disruptives Potential der Innovation Digitalkamera im Vergleich zur analogen Kamera festzustellen.

4.1.4 Das disruptive Potential der Mobiltelefonkamera

Im folgenden Abschnitt soll das disruptive Potential der Innovation Mobiltelefonkamera durch Anwendung des Modells von Keller und Hüsig (2009) bestimmt werden.[90]

4.1.4.1 Die Handykamera (2002–2006)

Die Entwicklung des Mobiltelefons begann mit der Funktion des Telefonierens. Menschen haben um das Jahr 1990 erstmals Mobiltelefone verwendet, um auch unterwegs erreichbar zu sein und telefonieren zu können. Ab dem Jahr 1995 konnte man mit dem Mobiltelefon auch Textnachrichten, sog. SMS (Short Message Service), versenden.[91] Die anfänglich sehr hohen Preise für die Mobiltelefone sind im Lauf der Zeit gesunken, wodurch sich immer mehr Menschen ein Mobiltelefon leisten konnten. Aus Wettbewerbsgründen haben Hersteller immer mehr zusätzliche Features in die Geräte integriert.

Im Jahr 2002 wurde erstmals eine Kamera in ein Mobiltelefon eingebaut. Die Idee, eine Kamera in ein Handy zu integrieren und einen Datenservice anzubieten, um die Fotos versenden und empfangen zu können, kam von dem japanischen Mobiltelefonprovider J-Phone und NTT DoCoMo und hat sofort Erfolge in den Absatzzahlen gezeigt. Die Innovation richtete sich vor allem an Teenager, die durch das Senden und Empfangen der Fotos eine neue Art der Unterhaltung hatten. Bislang hatte man mit Mobiltelefonen vor allem versucht, Erwachsene bzw. Geschäftskunden anzusprechen und um deren Anspruch, unterwegs erreichbar und produktiv zu sein, indem kurze Zeitfenster effektiv genutzt und Arbeiten erledigt werden konnten, nachzukommen. Der Fokus der Mobiltelefonanbieter lag daher auf Office-Anwendungen wie E-Mail- oder Kalenderfunktion. Die Vorgänger der Smartphones, sog. Handheld Devices wie XDA, MDA, Palm, waren das Ergebnis dieser Bemühungen.[92] Die Innovation Mobiltelefonkamera richtete sich zu Beginn also nicht an die Kunden der etablierten Digitalkamerahersteller, sondern wurde im Mobiltelefonmarkt etabliert, um Kunden von Mobiltelefonen einen Mehrwert zu bieten. Durch die integrierte Mini-Kamera wollten sich Hersteller von Mobiltelefonen von ihren Wettbewerbern differenzieren und in einem

[90]Vgl. Keller, Hüsig (2009), S. 1047, für Details zu diesem Modell wird auf den Abschnitt 2.2.5 verwiesen.

[91]Vgl. Informationszentrum Mobilfunk (2015).

[92]Vgl. Christensen, Raynor (2003), S. 85; Schönfeldinger (2013), S. 16 f.; Cruz, Meyer (2012), S. 214; Experte A; Experte I.

gesättigten Markt einen Anreiz für den Kauf eines neuen Gerätes bieten.[93] Die Integration sehr einfacher, miniaturisierter Standardkameras in ein Mobiltelefon war zu Beginn von Seiten der Hersteller eine Art Experiment, um wie oben beschrieben neue Anwendungen zu schaffen.[94] Zu Beginn handelte es sich um sehr einfache Kameras mit mäßiger Bildqualität,[95] zum Teil sogar um externe Aufsteckgeräte. Die Fotos konnte man auf den damals kleinen Displays zwar nur mühsam ansehen, aber sofort per MMS für einen Preis von 49 Cent an andere Mobiltelefone versenden.[96] Im Lauf der Zeit zogen viele Hersteller nach, verbauten ebenfalls Kameramodule und verbesserten die Kamera immer weiter. Sie war bald fester Bestandteil eines jeden Mobiltelefons. Die Kamera wurde zu Beginn vor allem von Jugendlichen als Spaßgadget und zum Zeitvertreib genutzt. Die schlechte Qualität war für den damaligen Zweck der Nutzung weniger bedeutend, denn es wurde nicht als Ersatz für eine richtige Fotokamera gesehen, sondern als erste Möglichkeit, Bilder in die Fernkommunikation per Telefon zu integrieren. Durch die Kombination der Kamera und der Netzwerkfunktion im Mobiltelefon konnte man via MMS und später auch per E-Mail Bilder direkt am Handy machen und sofort versenden. Das Foto wurde Teil der Kommunikation. Dadurch bot diese Kameraart ein ganz neues Nutzenversprechen und einen Vorteil im Vergleich zu DKK trotz bislang noch schlechterer Leistung in vielen Bereichen, wie der Bildqualität.[97] Ein weiterer Vorteil war die Tatsache, dass das Handy ohnehin immer dabei war, und so konnte immer, auch wenn man seine Kamera nicht dabei hatte, ein Foto gemacht werden.[98]

In den Haupteigenschaften der Digitalkamera war die Mobiltelefonkamera allerdings nicht vergleichbar. Die Bildqualität und damit die Bildauflösung/Pixelanzahl war für Amateurfotografen lange Zeit das wichtigste Leistungsmerkmal einer digitalen Kompaktkamera und Verbesserungen in diesem Bereich waren ein wesentlicher Grund für eine Neuanschaffung.[99] Die Auflösung der Handykameras war anfangs vergleichbar mit der Auflösung von Digitalkameras in ihren

---

[93] Vgl. Stobbe, Just (2006), S. 8.

[94] Vgl. Christensen, Raynor (2003), S. 85.

[95] Die ersten Handykameras hatten eine sehr schlechte Auflösung von 0,3–0,6 MP, vgl. Modelliste (siehe Anhang) und Experte E.

[96] Vgl. Abbildung 29.

[97] Vgl. Cruz, Meyer (2012), S. 214; Experte A; Experte F.

[98] Vgl. Experte A; Schönfeldinger (2013), S. 123 ff., Experte I.

[99] Vgl. Experte A.

Tabelle 4.3 Durchschnittliche MP von Handy-/Smartphonekameras im Zeitverlauf (Eigene Darstellung, Quelle: Eigens erstellte Datenbasis: Modellisten Kamera, Herstellerlisten - siehe Anhang)

Jahr	02–04	2004	ab 2005	2007	2008	ab 2009	ab 2012	ab 2014
Handy-/Smartphone-kameraauflösung in MP	0,1–0,3	0,3–1,2	über 1MP	1,9–3,1	3,1–4,9	4,9	8–12	8–15,9 max. 26
Digitalkameraauflösung in MP	3,1–5	3,3–5,2	4–8	6–10	7–12	12–16	14–16	14–16 max. 39,3

Tabelle 4.4 Entwicklung durchschnittliche Megapixel einer Digitalkamera pro Jahr (Eigene Darstellung, Quelle: Eigens erstellte Datenbasis: Modellisten Kamera - siehe Anhang)

Jahr	1996	1997	1998	1999	2000	2001	02–04	2005
Auflösung Digitalkamera gesamt in MP	0,3	0,3–0,8	0,4–1,5	1,3–2,1	1,3–3,3	2,1–4,1	3,1–5	4–8
Auflösung digitale Kompaktkamera in MP	0,1–0,3	0,3–1,2	0,4–1,5	1–2,1	1,3–3,3	1,3–4,1	2,1–5,1	4,9–8
Jahr	**2006**	**2007**	**2008**	**09–11**	**2009**	**2010**	**12–14**	**2014**
Auflösung Digitalkamera gesamt in MP	6–10	7–12	8–15,9	12–14	max. 24,4	max. 39,5	15,9–24	max. 46
Auflösung digitale Kompaktkamera in MP	5–10	6–12	8–15,9	12–16	max. 20,2	max. 25,9	14–16	max. 39,3

Anfängen und lag in den ersten 3 Jahren unter einem Megapixel. Digitale Kompaktkameras konnten zu diesem Zeitpunkt im Schnitt bereits 3–5 MP liefern – siehe Tabelle 4.3 und Tabelle 4.4.[100]

Um ein Foto in einer vernünftigen Qualität ausdrucken zu können bzw. entwickeln zu lassen, muss eine digitale Kamera mindestens eine Auflösung von 3 MP haben. Somit waren die Fotos, die mit einer Handykamera gemacht wurden, bei Weitem nicht für einen Druck geeignet und erfüllten daher auch die Ansprüche der etablierten Amateurkunden nicht, denn die meisten Amateurfotografen wollten ihre Fotos, wie in analogen Zeiten, vor allem auf Papier gedruckt aufbewahren.[101] Cruz und Meyer (2012) beschreiben die Handykamera in ihren Anfängen wie folgt: *„Es waren noch keine richtigen Kameras, sondern eher Rohqualität liefernde bildermachende Geräte.“*[102] Aber auch in anderen Bereichen war die Leistung der Mobiltelefonkamera anfänglich noch sehr viel schlechter als die der digitalen Kompaktkameras bzw. erst zu einem späteren Zeitpunkt verfügbar. So war z. B.

[100]Eigene Recherche, vgl. dazu Modellliste.

[101]Vgl. Experte D, bzgl. Entwicklung und MP.

[102]Vgl. Cruz, Meyer (2012), S. 214.

Tabelle 4.5 Vergleich Leistungsmerkmale DKK vs. HK/SK (Eigene Darstellung, Quelle: Eigens erstellte Datenbasis: Modellisten Kamera - siehe Anhang B.4)

Funktion	Digitale Kompaktkamera	Handy-/Smartphonekamera
Videofunktion	ab 2000	ab 2003
Optischer Zoom	ab 2005	bis 2014 nicht vorhanden (nur wenige Ausnahmen)
Blitz	ab 1996	ab 2012 (v. a. bei Smartphones, vor 2012 nur vereinzelt)
Nachtmodus	ab 1996	ab 2008
Autofokus	ab 1996	ab 2007/2008

Tabelle 4.6 Vergleich Displaygröße DKK vs. HK/SK (Quelle: Eigene Berechnung auf Basis der Modellliste Kamera - siehe Anhang B.4)

Jahr	96-01	02-03	2004	05-06	07-09	2010	2011	2012-13	2014
Displaygröße in inch/Zoll DKK	1,5-2,4	1,6-2,5	1,8-2,5	2,4-2,8	2,5-3,6	2,7-3			4,7
Displaygröße in inch/Zoll HK/SK	k. A.	1,6-2,5	2,1-2,5	2,8	2,2-3,2	3,2-4,3	2,8-4,3	4,3-5	4,7-6

der Autofokus bei der HK/SK eine wichtige Funktion, weil man im Vergleich zur DK keine manuellen Einstellungsmöglichkeiten hatte, um das Bild optimieren zu können. Durch den Autofokus konnte die Qualität des Bildes deutlich verbessert werden. In Tabelle 4.5 und Tabelle 4.6 werden weitere relevante Merkmale[103] einer DKK mit der Leistung der HK/SK verglichen.

Ein weiteres wichtiges Merkmal für jeden Fotografen ist die Displaygröße seiner Kamera. Diese war im Verlauf der Jahre bei beiden Technologien fast ähnlich klein, siehe dazu Tabelle 4.6.

Wie bereits erwähnt, waren die Funktionen einer Handykamera im Vergleich zu einer digitalen Kompaktkamera zunächst sehr eingeschränkt. Jedoch war die Bedienung einfacher. Es war einfacher Fotos zu versenden ohne zuvor, wie das bei Digitalkameras nötig war, diese erst auf den PC übertragen zu müssen.[104] Diese neuen Eigenschaften konnten zwar etablierte Kunden von digitalen Kompaktkameras nicht überzeugen, sprachen aber andere Kundengruppen an, auch Personen, die zuvor aus verschiedenen Gründen wenig oder keinen Zugang zu

[103] Vgl. Experte A.

[104] Vgl. Cruz, Meyer (2012), S. 215; Experte E.

Kameras hatten, wie z.B. Menschen, die mit dem PC nicht umgehen konnten oder wollten.[105] Für sie war diese neue Art der Fotografie einfacher und bequemer als die Digitaltechnik. Neben technikscheuen Menschen wurden auch Personen mit geringerem Einkommen angesprochen.[106] Denn zum einen entfiel der Kaufpreis für eine Kamera und das Mobiltelefon konnte man über den Netzanbietervertrag finanzieren, zum anderen konnte man die Bilder teilen, ohne dass Entwicklungskosten dafür entstanden. Für ein Mobiltelefon fielen je nach Modell und Vertrag z. T. nur sehr geringe Erstkosten an. Ein großer Teil wurde oft vom Netzwerkanbieter subventioniert und zum Teil auf die fälligen Monatsraten aufgeteilt.[107] Da sich die Mobiltelefonhersteller mit der integrierten Kamera voneinander abgrenzen und ihren Kunden einen Vorteil verschaffen wollten, war die zusätzliche Kamerafunktion meist nicht mit höheren Preisen behaftet.[108] Auch Kinder und Jugendliche kamen durch das Mobiltelefon und die darin integrierte Kamera zum Teil viel früher in Kontakt mit der Technologie Fotografie.[109]

Einhergehend mit den Verbesserungen der Bildqualität im Lauf der Zeit sprach die Mobiltelefonkamera langsam auch Kunden vom low-end des digitalen Kompaktkameramarktes an. Amateurfotografen, die sehr wenig fotografierten und wenig Wert auf gute Bilder legten, wurden von den immer weiterführenden Verbesserungen der digitalen Kompaktkameras nach und nach überfordert.[110] Lange Zeit wurden neue digitale Kompaktkameras vor allem durch Pixelzählerei verkauft. In der Werbung wurde bewusst bei jedem neuen Modell mit einer höheren Pixelzahl geworben, um Kunden einen Grund für den Kauf einer neuen Kamera zu liefern und die Produktlebenszyklen möglichst kurz zu halten. Geworben wurde immer mit dem Argument, dass neue Geräte mit höheren Pixelzahlen eine bessere Bildqualität haben. Das war anfänglich auch richtig und auch Amateure konnten bis zur Grenze von ca. 4 MP eine Verbesserung in der Bildqualität sehen. Alles darüber war jedoch bereits auf so einem hohen Niveau, dass allein die Pixelzahl nicht ausreichend war, um weitere Verbesserungen in der Bildqualität zu erzielen.[111] Zum Teil war sogar das Gegenteil der Fall und das Rauschen

---

[105] hierbei handelt es sich vor allem auch um ältere Menschen.

[106] Vgl. Experte D.

[107] Vgl. Cruz, Meyer (2012), S. 216.

[108] Vgl. Experte C.

[109] Vgl. Experte D.

[110] Vgl. Schidlack et al. (2013), S. 5f.; Experte I.

[111] Vgl. Experte A; Experte B.

in den Bildern nahm aufgrund der hohen Pixelzahl zu.[112] Das haben die Kunden nach und nach bemerkt und waren daher immer öfters nicht mehr bereit, in neue Modelle zu investieren. Die Kameramodelle, die in den letzten Jahren auf den Markt gekommen sind, haben deshalb weniger Verbesserungen bei der Bildqualität, weil diese ohnehin schon sehr gut ist, sondern bieten eine höhere Geschwindigkeit, bessere Serienbildfunktionen, bessere Autofokussteuerung und zusätzliche Features. Verbesserungen finden heutzutage auch im Bereich des Autofokus, der Gesichtserkennung und im Videobereich statt. Es können bereits mit einfachen Geräten Videos in einer 4K-Qualität gemacht und daraus Standbilder ausgeschnitten werden, die gestochen scharf sind. Die Hersteller überbieten sich ständig gegenseitig mit Neuerungen, um die Gunst der Kunden zu erlangen, übersättigen damit allerdings eine sehr breite Kundengruppe.[113] Die Videofunktion in den digitalen Kameras ist mittlerweile so gut, dass ganze Serien fürs Fernsehen, Filme oder Musikvideos mit digitalen SLR-Kameras gedreht werden.[114] All diese Verbesserungen überforderten nach und nach die einfachen Kunden, die nur ein paar Fotos für den privaten Bereich machen wollten. Sie konnten die Verbesserungen nicht mehr wirklich nutzen, denn der Bedarf bei den Amateurfotografen für diese hohe Qualität der Fotos war nicht da und so wurden im Lauf der Zeit immer mehr Kunden vom Angebot übersättigt und wechselten zur Mobiltelefonkamera.[115] So mussten sie nur noch ein Gerät und ggf. ein Ladegerät mitnehmen. Das benötigte weniger Platz und war durch die Konnektivität viel komfortabler.[116] Bei Digitalkameras hat es ausgesprochen lange gedauert, bis sich die Hersteller des Themas Konnektivität angenommen haben. Ein anderes Thema ist das GPS-Geotagging. Durch den im Handy integrierten GPS-Sensor wusste das Handy, wo das Foto aufgenommen wurde. Das war standardmäßig erst 2009 in Digitalkameras verfügbar.[117]

4.1.4.2 Die Smartphone-Kamera (2007–2014)

Die Smartphone-Kamera kam zusammen mit Einführung der ersten Smartphones auf den Markt. Apple hat als einer der ersten Hersteller mit dem iPhone der ersten Generation im Jahr 2007 den Durchbruch geschafft und das Smartphone erfolgreich auf dem Markt integriert. Neu waren dabei die Art und Weise der

112 Vgl. Experte A.
113 Vgl. Experte B.
114 Vgl. Experte B; Experte I.
115 Vgl. Experte E.
116 Vgl. Schidlack et al. (2013), S. 5f.
117 Vgl. Experte D.

Bedienung und die Kombination der möglichen Anwendungen. Die Bedienung war erstmals intuitiv und erfolgte durch ein Touchdisplay.[118] Aus diesem Grund war das Display größer als bisher, was die Nutzung der integrierten Kamera erleichtert hat. Die Kameraqualität und die Möglichkeiten in Bezug auf die Fotoverwendung waren ebenfalls deutlich besser. Das iPhone wurde beispielsweise nur in Kombination mit einem mobilen Datenpaket verkauft und bot dem Nutzer dadurch zusätzliche Funktionen, z. B. den Versand per E-Mail und später Fotoapps, die über den sog. *App Store* erworben werden konnten.[119] Der App Store ist ein Onlineshop für Anwendungsprogramme des Smartphones. Bei Apps handelt es sich um kleine Softwareprogramme. Der Begriff App ist vom englischen Wort „application“ oder „application software“ abgeleitet. Apps können über das Internet in einem App Store, zum Teil kostenlos, erworben und downgeloadet werden. Der App Store der Firma Apple war der erste seiner Art. Heute gibt es solche Onlinestores auch von anderen Betriebssystemherstellern. Bei Android sind die Apps auf der Plattform *Google Play* zu finden, für Windows gibt es den *Windows-Phone-Store* und bei Blackberry nennt er sich *BlackBerryWorld.* Da die Programme von Drittanbietern entwickelt und angeboten werden und damit durch das Downloaden der Apps keine schädlichen Programme auf das Smartphone gelangen, gibt es bestimmte Zulassungs- und Sicherheitsverfahren für die Anbieter. Durch Apps können die Funktionen eines Smartphones erweitert werden, ohne dass ein neues Gerät (Hardware) erworben werden muss. Zudem werden auch Netzwerkeffekte geschaffen, da die Apps nicht plattformübergreifend nutzbar sind. Die Programmierer stimmen die Apps gezielt auf einzelne Betriebssysteme ab, wodurch manche auf einem Betriebssystem besser funktionieren als auf anderen oder für manche nicht erhältlich sind. Im ersten Halbjahr 2013 waren 800.000 Apps im Apple App Store verfügbar, 700.000 bei Google Play und 150.000 im Windows Phone Store.[120] Google Play ist mit 91 Mrd. downgeloadeten Apps der Marktführer in diesem Bereich – siehe dazu auch Abbildung 4.3.[121] Für den Download einer App ist eine Verbindung zum Internet notwendig.[122]

[118]Vgl. Experte C; Lutter et al. (2015); Funk (2016), S. 13.

[119]Vgl. Experte F.

[120]Vgl. Schönfeldinger (2013), S. 94 ff.; Stiftung Warentest (2016).

[121]Vgl. Statistic Brain Research Institute (2016).

[122]Vgl. Schönfeldinger (2013), S. 101.

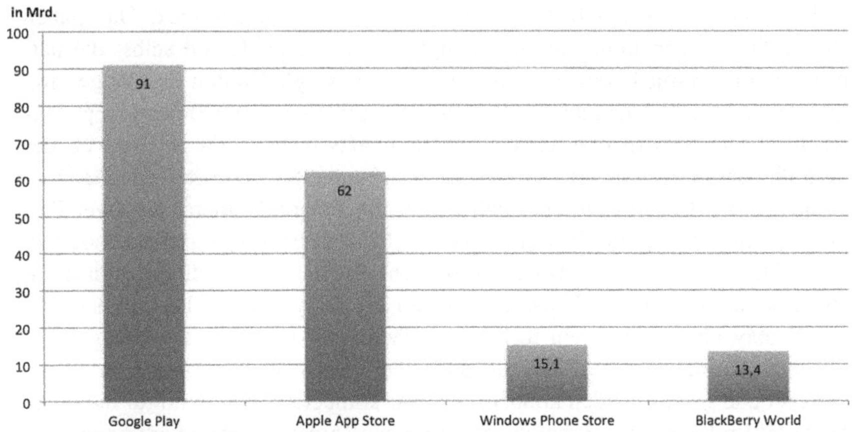

Abbildung 4.3 Gesamte Anzahl weltweit geladener Apps je App Store (Stand 2016) (Quelle: Statistic Brain Research Institute 2016)

Durch die zahlreichen Apps haben sich die Möglichkeiten für den Nutzer der Smartphone-Kamera vervielfacht.[123] Für viele Amateurfotografen wurde die Kamerafunktion im Smartphone erst interessant, als sie mit entsprechenden Apps kombiniert wurde.[124] Zahlreiche Foto-Apps bieten unzählige Anwendungs- und Bearbeitungsmöglichkeiten für die Fotos, die mit der Smartphone-Kamera aufgenommen wurden. Mit den Apps lassen sich die Fotos direkt bearbeiten, personalisieren oder mit anderen teilen. Kunden können die Softwareanwendungen in kleinen Paketen herunterladen. Pakete mit ein paar Basisfeatures sind oft kostenlos erhältlich. Für weitere Features oder Verbesserungen kann man sog. „App-In-Käufe" tätigen. Der Kunde kauft dann bspw. einzelne Filter oder kleine Zusammenstellungen zu Preisen von durchschnittlich 99 Cent bis 4,99 Euro. Somit ist die Software für jeden erschwinglich. Durch die Filter werden auch qualitativ schlechtere Fotos interessant und Alltägliches wird zur Kunst. Die Apps beflügeln die Verbraucher in ihrer Kreativität und auch Wenigfotografierer können ihre Bilder, auch ohne Vorkenntnisse im Bereich Fotografie und Bildbearbeitung, professionell bearbeiten und verschönern.[125] Die Bearbeitungsprogramme

[123]Vgl. Experte F.

[124]Vgl. Hoffmann, T. et al. S. 21; Experte E.

[125]Vgl. Cruz, Meyer (2012), S. 216; Hoffmann, T. et al. (2014), S. 21; Experte E; Schönfeldinger (2013), S. 97; Experte I.

für den Computer waren bislang immer sehr teuer und komplex. Das haben sich nur Profis oder ambitionierte Hobbyfotografen gekauft und selbst die hatten oft Probleme mit Photoshop, weil es so viele Möglichkeiten und Wege gibt, Dinge umzusetzen.[126] Durchschnittlich werden pro Jahr 400.000 neue Apps entwickelt.[127] Die Smartphone-Kamera ist damit das erste Gerät im Bereich der Fotografie, das drei Elemente – Bilder machen, bearbeiten und verwenden/teilen – vereint. Bis zu diesem Zeitpunkt gab es nur die Polaroidkamera, die zwei Elemente vereinte: Bilder machen und drucken. Bildbearbeitung war nicht möglich. Mit den Digitalkameras war es wiederum nicht möglich, Bilder direkt zu drucken oder zu teilen, es war der Umweg über den PC notwendig.[128] Das immer größere Display könnte auch ein technischer Parameter sein, der die Kompaktkamera (KK) ausinnoviert hat, weil die Bilder auf einem Gerät gemacht, archiviert, betrachtet und geteilt werden können. Das war kompetenzzerstörend für die Fotofinisher.[129] Im Lauf der Zeit hat die Smartphone-Kamera enorme Verbesserungen durchgemacht. Sowohl im Bereich der Auflösung als auch im Bereich der eingebauten Sensoren.[130] Mit dem iPhone 4s im Jahr 2011 war das Smartphone eine Konkurrenz für Digitalkameras, weil die Qualität so gut war, dass man ohne Probleme z. B. im A4-Format drucken konnte.[131] Mittlerweile ist es sogar möglich, Videos in HD-Qualität zu machen. Anfang 2013 hatten bereits 70% der Smartphones eine Auflösung von 1080p und 50% verfügten über HD-Qualität. Viele Modelle haben auch schon mehrfach optischen Zoom und Linsen in verschiedenen Qualitäten.[132]

Mit Einführung der Mobiltelefonkamera wurde die Kamera vom Familienobjekt zum Einzelobjekt. Denn plötzlich hatte jede Person mit einem Handy auch eine eigene Kamera. Obwohl die Qualität der Handykamera zu Beginn in Hinblick auf Auflösung, Lichtbedingungen, Linsen etc. nicht sehr gut war, veränderte sich mit der Einführung der Handykamera plötzlich das gesamte Netzwerk. Es war plötzlich sehr einfach, Fotos zu machen, zu bearbeiten und mit anderen zu teilen. Es wurde eine neue Gruppe von Konsumenten angesprochen, die sich bislang nicht viel mit Fotografie beschäftigt hatte. Sie nutzen das Feature vor

---

[126]Vgl. Experte E.

[127]Vgl. Prophoto (2012), S. 6.

[128]Vgl. Cruz, Meyer (2012), S. 216, 203 f.

[129]Vgl. Experte D.

[130]Vgl. Polifke (2013).

[131]Vgl. Experte B; Experte C; Experte E.

[132]Vgl. Polifke (2013).

allem für Schnappschüsse, ohne dass zusätzliche Kosten für Entwicklung oder die Anschaffung einer Kamera anfallen. Statt hoher Bildqualität bot das Smartphone „Fun"-Merkmale.[133] Smartphone-Kameras bieten im Vergleich zur DKK viele neue Möglichkeiten in Bezug auf die Verwendung der gemachten Bilder, was dazu geführt hat, dass der klassische Fotofinishing-Bereich immer weniger genutzt wurde und stark abgenommen hat. Die Gewohnheiten der Konsumenten bzgl. der Verwendung von Bildern haben sich geändert und von Offline- zu Online-Anwendungen verschoben.[134] Bei klassischen Digitalkameras war hierfür der Umweg über den Computer notwendig, während Smartphones das direkt ermöglichten,[135] wodurch nicht nur Arbeitsschritte wegfallen, sondern auch die zeitliche Spanne zwischen Foto auslösen und Foto versenden viel kürzer geworden ist. Da das Smartphone an sich schon viele andere Komponenten wie GPS-Sensor, WLAN-Funktion integriert hatte, konnten diese Features auch für die Kamera genutzt werden, wodurch sich viele neue Anwendungsmöglichkeiten ergaben, die eine Digitalkamera nicht oder nur durch Mehrkosten anbieten konnte.[136] Besonders beliebt bei den Konsumenten ist es in den letzten Jahren, Fotos auf sozialen Netzwerken oder über spezielle Fotodienste mit Freunden und Familie zu teilen – siehe dazu auch Abbildung 4.4.[137] Die meisten Konsumenten benutzen dafür Bildbearbeitungsprogramme, wie Filter, um ihre Fotos zu bearbeiten, bevor sie diese teilen.[138]

In der analogen Zeit wurden Bilder vor allem dafür verwendet, Erlebnisse zu dokumentieren, zu bewahren und für die Nachwelt zu konservieren. Mit der Digitalfotografie hat sich das geändert, es wurden viel mehr Fotos gemacht, die meisten wurden jedoch nur noch auf dem PC gespeichert und sind damit nicht mehr wirklich greifbar gewesen. Mit dem Einsatz der Smartphone-Kameras wurde es plötzlich noch einfacher und günstiger, Bilder zu machen. Die Fotos waren wieder präsenter und wurden in vielen Bereichen eingesetzt. Bilder wurden verstärkt in der Kommunikation und der Dokumentation verwendet.[139]

---

[133] Vgl. Cruz, Meyer (2012), S. 212–215.

[134] Vgl. Experte D; Experte C; Experte E; Prophoto (2012), S. 5.

[135] Vgl. Hoffmann et al. (2014), S. 10; Schidlack (2013), S. 30ff.; Cruz, Meyer (2012), S. 216.

[136] Vgl. Experte C; Experte D; Anmerkung: diese Features mussten bei Digitalkameras extra integriert werden, wodurch sich der Preis jeweils erhöhte.

[137] Vgl. Hoffmann et al. (2014), S. 10; Schidlack (2013), S. 30ff.; Cruz, Meyer (2012), S. 216.

[138] Vgl. Chao, Kenney (2014), S. 6.

[139] Vgl. Experte B.

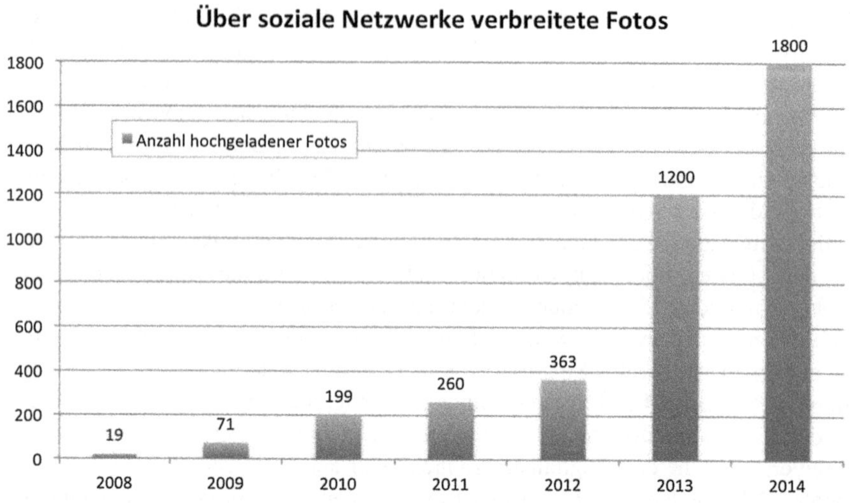

Abbildung 4.4 Anzahl der täglich über soziale Netzwerke und Apps wie Facebook, Instagram und Snapchat verbreiteten Fotos in den Jahren 2008 bis 2014 (in Millionen) (Quelle: statista 2016)

Heute werden mehr Fotos geteilt als zu analogen Zeiten gemacht wurden.[140] Dafür oft genutzte Plattformen im Internet sind in Deutschland Fotoplattformen oder soziale Medien. Instagram bietet z. B. als Fotoplattform die Möglichkeit, Bilder einfach professionell zu bearbeiten und dann zu posten. Dafür wird eine große Auswahl an Filtern und anderen Bearbeitungstools bereitgestellt. Instagram ist mittlerweile die absolute Nummer eins im Bereich Fotoplattformen, hier postet jeder vom Amateur bis zum Profi. Die Bilder können geliked oder kommentiert werden. Facebook ist führend bei sozialen Netzwerken, hier haben die verwendeten Fotos mehr Kommunikationsfunktion.[141]

Durch den unlimitierten Internetzugang können die Kunden unendlich viele Fotos ins Internet hochladen und sie dadurch einfach, schnell und ohne zusätzliche Kosten mit anderen teilen. Aus diesem Grund werden heute viel mehr Fotos gemacht als vor zehn Jahren.[142] Durch den unkomplizierten Upload ist es auch

[140]Vgl. Chao, Kenney (2014), S. 9; Cruz, Meyer (2012), S. 214.

[141]Vgl. Experte E, Hutter (2015).

[142]Vgl. Cruz, Meyer (2012), S. 215.

möglich, virtuelle Bildergalerien anzulegen, die bei Bedarf wieder heruntergeladen werden können. Dadurch müssen die Fotos nicht mehr zwingend auf dem Mobiltelefon gespeichert werden und so ist die Speicherkapazität schier unendlich.

Für etablierte Hersteller von DKK war dieser neue Markt zunächst unattraktiv, da es sich um sehr einfache Kameras handelte, die kaum Gewinne einbringen konnten. Sie waren froh, von der schlechten Qualität der Digitalkameras der ersten Jahre weg hin zu hochwertigen Modellen gekommen zu sein und fokussierten sich deshalb immer weiter auf Verbesserungen der Bildqualität der Digitalkameras. Die Smartphone-Kameras wurden als reines Spielzeug betrachtet.[143] Doch der Markt hat sich verändert und die Hersteller haben viele Kunden verloren. Aufgrund der Popularität der Smartphone-Kamera sind die Umsätze bei den Digitalkameras, vor allem die Absatzzahlen der DKK, stark zurückgegangen. Kunden, die sich noch Digitalkameras kaufen, greifen zu hochwertigeren Modellen mit großen Sensoren, lichtstarker Optik und leistungsstarken Prozessoren. Außerdem geben sie im Schnitt wieder etwas mehr Geld aus als die Jahre zuvor.[144] In den letzten Jahren wurden daher immer mehr Digitalkameras mit Funk-Chips (mobilem Internet) ausgestattet, um mobil eine drahtlose Verbindung zu einem Netzwerk herstellen zu können und damit den Möglichkeiten der Smartphone-Kameras nachzukommen. Auch Apps sollen in Zukunft auf Digitalkameras nutzbar sein, indem Betriebssysteme von Smartphones für Digitalkameras benutzt werden. 2013 hatten allerdings erst 45% der Digitalkameras eine WLAN- oder Bluetooth-Schnittstelle.[145] Dass die Kamerahersteller die Features von Smartphones kopieren, zeigt, wie stark sich die Nachfrage am Markt verändert hat. Was früher noch belächelt wurde, gibt heute technologisch gesehen die Richtung vor. Ganz allgemein ist im Lauf der Jahre bei den Verbrauchern, neben einem immer sensibleren Preisbewusstsein, auch ein großes Bewusstsein für Bedienbarkeit entstanden. Produkte müssen heute selbsterklärend und intuitiv zu bedienen sein, ansonsten hat das Produkt von Anfang an verloren. Smartphones haben dieses Bedürfnis erfüllt und daher trotz zunächst schlechter Leistung in den Haupteigenschaften gewonnen.[146] Das Fotografieren ist eine der beliebtesten Anwendungen mit dem Smartphone. Dabei liefern viele Smartphones hinsichtlich der Bildqualität heute bessere Ergebnisse als eine Digitalkamera.[147] Mittlerweile

---

[143]Vgl. Experte B; Experte G; Experte H.

[144]Vgl. Lutter et al. (2015), S. 30; Experte G; Experte H.

[145]Vgl. Schidlack (2013), S. 30ff.; Prophoto (2012), S. 4.

[146]Vgl. Hoffmann, T.; et al. (2014), S. 5.

[147]Vgl. Schönfeldinger (2013), S. 123 ff.; Lutter et al. (2015), S. 28; Experte G; Experte H.

Tabelle 4.7 Kriterien DP Smartphone-Kamera, Sichtweise: Neue Unternehmen (Quelle: Eigene Darstellung in Anlehnung an Keller, Hüsig 2009, S. 1046f.)

Phase	Kriterium	Erfüllt	Nicht erfüllt	Unbekannt
Foothold market entry	Die Produkte verfügen in den Haupteigenschaften über eine schlechtere Leistung	X	-	-
	Die Produkte sind günstiger, einfacher, bequemer und zuverlässiger	X	-	-
	Die Produkte sprechen bisherige Nichtkonsumenten an	X	-	-
	Das Geschäftsmodell ist profitable und adressiert übersättigte Kunden	X	-	-
	Die Investoren erlauben Experimente	X	-	-
	Phase total	**5**	**0**	**0**
Main market entry	Die Produkte basieren auf Standardkomponenten	X	-	-
	Strategische Ressourcen (Lizenzen, Kapital, etc.) sind verfügbar	X	-	-
	Das Netzwerk für die PDI wird als groß eingeschätzt	X	-	-
	Die PDI ist kompatibel mit dem bestehenden Netzwerk	X	-	-
	Phase total	**4**	**0**	**0**
Failure of incumbent	Das neue Geschäftsmodell unterscheidet sich stark vom etablierten Geschäftsmodell	X	-	-
	Die Prozesse sind signifikant anders	X	-	-
	Das neue und das etablierte Wertnetzwerk haben nur geringe Überschneidungen	X	-	-
	Phase total	**3**	**0**	**0**
	Total	**12**	**0**	**0**

gibt es keinen Unterschied für den Amateur mehr, ob er mit einem Smartphone fotografiert oder mit einer Kamera. Allein die Kampagne von Apple „made with iPhone 6" zeigte, dass Fotos, die mit einem iPhone 6 aufgenommen wurden, an eine Häuserwand in 10 m Größe gedruckt werden können und damit sowohl Amateur als auch Profi von der Qualität des Bildes überzeugen können.[148]

Zusammenfassend kann festgestellt werden, dass das disruptive Potential der Innovation Handy-/Smartphone-Kamera aufgrund der sehr hohen Anzahl an erfüllten Propositionen als sehr hoch einzustufen ist. Die Zusammenfassung der Propositionen ist in Tabelle 4.7 und Tabelle 4.8 zu sehen.

Im Folgenden wird nun der zweite Teil des Modells Anwendung finden.

[148] Vgl. Experte E; Experte H.

Tabelle 4.8 Kriterien DP Smartphone-Kamera, Sichtweise: Etablierte Unternehmen (Quelle: Eigene Darstellung in Anlehnung an Keller, Hüsig 2009, S. 1046f.)

Phase	Kriterium	Erfüllt	Nicht erfüllt	Unbekannt
Foothold market entry	Es gibt übersättigte Kunden	X	-	-
	Die Hauptkunden lehnen das Produkt ab	X	-	-
	Der Markt für Produkte, basierend auf der PDI, scheint klein und irrelevant	X	-	-
	Phase total	**3**	**0**	**0**
Main market entry	Etablierte Leistungsmerkmale verschieben sich	X	-	-
	Kunden sind nicht bereit, für Verbesserungen der etablierten Leistungsmerkmale zu bezahlen	X	-	-
	Wechselkosten sind gering	X	-	-
	Koordinationskosten sind gering	-	-	X
	Phase total	**3**	**0**	**1**
Failure of incumbent	Die neuen Produkte warden von etablierten Unternehmen nicht angeboten	X	-	-
	Etablierte Unternehmen fliehen in Premiumsegmente	X	-	-
	Die PDI wird nicht in einer getrennten Organisationseinheit verwirklicht	-	-	X
	Phase total	**2**	**0**	**1**
	Total	**8**	**0**	**2**

4.1.4.3 Trajektorien

Der zweite Teil des Modells untersucht Kurvendiagramme,[149] die bei einer vorliegenden potentiell disruptiven Innovation folgende Merkmale aufzeigen sollen:

- Die Leistungskurve der PDI schneidet die unterste Nachfragekurve
- Die Leistungskurve der etablierten Technologie übersteigt die Marktnachfrage
- Die Leistungskurve der PDI ist steil
- Die Preiskurve der PDI schneidet die Preiskurve der etablierten Technologie von oben oder bleibt immer darunter

Trajektoriendiagramme sind lt. Christensen das am besten geeignete Tool, um eine Disruption nachzuweisen und die Übersättigung der etablierten Kunden darzustellen.[150] Für die Marktnachfragekurven ist es notwendig, den Amateurfotomarkt nachfrageseitig etwas zu segmentieren.

[149]Vgl. Keller, Hüsig (2009), S. 1047.

[150]Christensen (1997). S. 206.

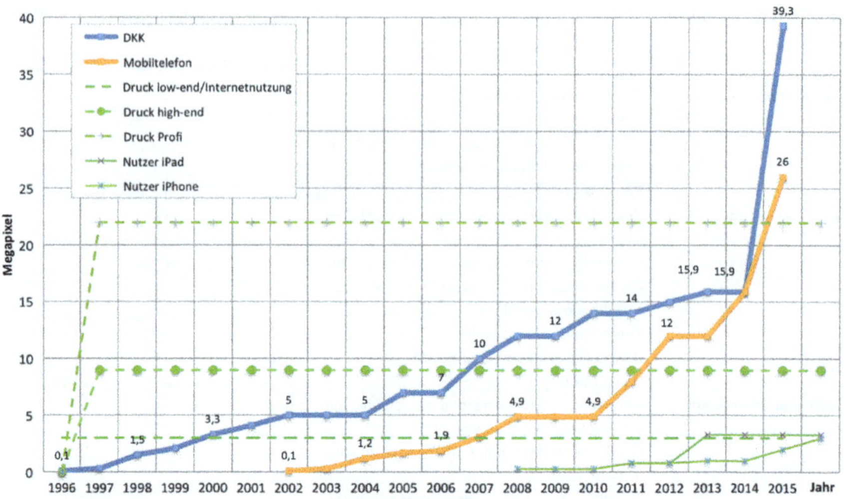

Abbildung 4.5 Kurvendiagramm – Megapixel (Eigene Darstellung, Quelle: Eigens erstellte Datenbasis: Modelllisten Kamera -siehe Anhang-; Interviews, Hoffmann et al. 2014, S. 20f.)

Abbildung 4.5 zeigt ein Kurvendiagramm, bei dem auf der y-Achse das wichtigste Leistungsmerkmal der Digitalkamera, die Megapixel, aufgezeigt sind. Die blaue Kurve zeigt die Entwicklung der digitalen Kompaktkameras in der Leistung der Megapixel, während die gelbe Kurve die Entwicklung der Handy-/ Smartphone-Kameras darstellt. Die Nachfragekurven, hier in Grün dargestellt, wurden nicht nach Nutzergruppen oder Einkommensschichten ausgewählt, sondern orientieren sich an der meistgenutzten Verwendung von Fotos. Die Kurven orientieren sich an der Anzahl der Megapixel, die für den Ausdruck von Fotos benötigt wird, da die Entwicklung von Fotos bzw. der Druck zumindest in Digitalfotografie-Zeiten die wichtigste Anwendung für den Großteil der Amateurfotografen war. „Druck low-end" zeigt eine Gerade bei 3 MP, eine Anzahl von 3 MP reicht aus, um Fotos in den Standardgrößen 9 x 13 und 10 x 15 in bester Qualität zu drucken. Die Linie stellt die Mindestanforderungen am unteren Ende des Massenmarktes dar. Die Kurve „Druck high-end" mit einer Geraden bei 9 MP ermöglicht beste Qualitätsdrucke bis zu einem Format in der Größe A4. Diese Größe wird immer noch von Amateuren und Hobbyfotografen genutzt. Auch viele Fotobücher, die sich seit Einführung der Digitalkamera immer größerer Beliebtheit erfreuen, haben dieses Format. Der Bereich Profi-Druck erlaubt ein Format bis zur Größe A3.

Bei der Auflösung der Smartphonebilder ist zu bedenken, dass diese Fotos hauptsächlich auf Geräten wie Tablet und Smartphone, einem digitalen Fotoalbum wiedergegeben werden und nur noch ein kleiner Teil der Bilder gedruckt wird. Für elektronische Ausgabegeräte wie Tablet wie iPad wird eine Auflösung von 560 x 1380 benötigt.[151] Dafür und für das Hochladen der Fotos ins Internet reicht eine Auflösung von 3 MP aus. Auch für das Betrachten der Fotos auf einem Fernseher in der 2014 besten Auflösung im UHD- bzw. 4K-Format reicht eine Auflösung von 3840 x 2160 Pixel, das entspricht 8,6 MP.[152] Das Datenvolumen bzw. die Bildgröße für die im Internet verwendeten Fotos ist wegen der begrenzten Kapazitäten limitiert. Die Angebotskurve der PDI Mobiltelefonkamera zeigt, dass die Innovation (anfänglich) der Digitalkamera unterlegen war, sich aber im Lauf der Zeit stark verbessert hat. Bei den hier aufgeführten Werten handelt es sich um Durchschnittswerte der MP-Zahlen der Mobiltelefonkameras pro Jahr.[153]Aus diesem Grund gibt es auch vereinzelt bessere Geräte auf dem Markt, die hier im Diagramm nicht abgebildet sind. Im Jahr 2013 brachte Nokia beispielsweise das Lumia 1020 auf den Markt, das neben einem Carl-Zeiss-Objektiv eine 41-MP-Kamera verbaut hatte.[154]

An diesem Kurvendiagramm ist zu sehen, dass die geforderten Merkmale in Bezug auf die Angebotskurve der PDI erfüllt sind. Die Leistungskurve der HK/SK schneidet die unterste Marktnachfragekurve des Massenmarktes im Jahr 2007, was mit dem Rückgang des Verkaufsvolumens im selben Jahr zusammenpasst. Die Leistungskurve der digitalen Kompaktkamera übersteigt die Kundennachfrage am unteren Ende des Massenmarktes bereits im Jahr 2000. Es kann daher ab diesem Jahr von einer Art Overshooting der ersten Kunden am Markt gesprochen werden.

Die Auflösung im Sinne von Pixeln war das kerntechnische Kriterium im Sinne der Disruptionstheorie von Christensen. Der Wendepunkt war im Jahr 2007, weil die Mobiltelefonkameras ab diesem Jahr eine durchschnittliche Auflösung von 3 MP hatten. Dieser Wert kann als Grenze gesehen werden, die ausreicht, um den Massenmarkt zu befriedigen. Die Anforderungen des Massenmarktes konnten damit gedeckt werden, vorher war die Auflösung einfach noch

151 Vgl. Experte E.

152 Vgl. Knaak, Bautsch (2014).

153 Eine Auflistung der Digitalkamera- und Smartphone-Modelle der letzten 20 Jahre, die als Basis für die Kurvendiagramme dienten, ist im Anhang zu finden.

154 Vgl. Gruber, G. (2013); Hoffmann et al. (2014), S. 21f.

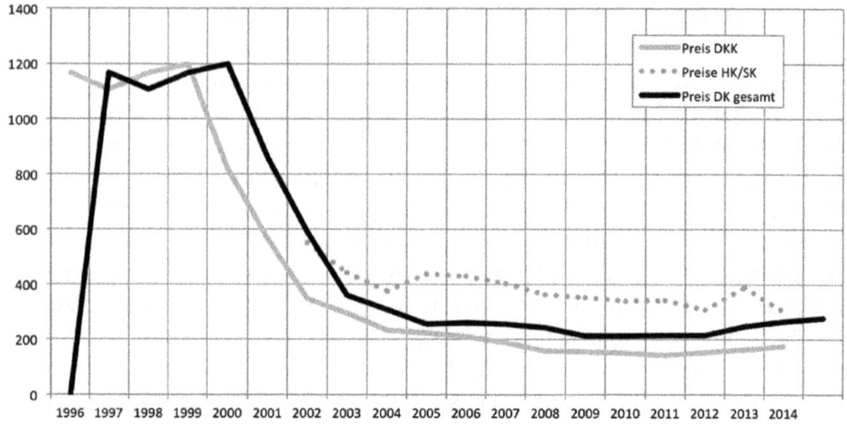

Abbildung 4.6 Kurvendiagramm, Preiskurven Digitalkamera vs. Mobiltelefonkamera (Eigene Darstellung, Quelle: Eigens erstellte Datenbasis -siehe Anhang-, Daten der GFK Retail GmbH)

zu gering.[155] Mit einem CAGR von 0,53 im Zeitraum von 2002 bis 2015 kann die Angebotskurve der Handy-/Smartphone-Kamera auch als steil bezeichnet werden. Damit sind alle Merkmale des Modells, das Kurvendiagramm betreffend, erfüllt.

Vergleicht man die Preiskurven in der Trajectory Map in Abbildung 4.6, so wird deutlich, dass der Preis für Handy-/Smartphones die meiste Zeit deutlich über der Preislinie der Digitalkameras liegt.

Der Preis der Mobiltelefone hat sich nach oben und unten ausgedehnt. Zuerst hat ein simples Telefon 200–300 Euro und ein hochwertiges Gerät ca. 600–700 Euro gekostet. Heute liegt der Preis bei bis zu 1.000 Euro bei high-end Smartphones, während es low-end Versionen bereits ab unter 100 Euro zu kaufen gibt.[156] Die Voraussetzung, „Die Preiskurve der PDI schneidet die Preiskurve der etablierten Technologie von oben oder bleibt immer darunter", scheint daher in vorliegendem Fall nicht erfüllt. Die potentiell disruptive Innovation ist lt. diesem Diagramm nicht günstiger als die etablierte Technologie.

Es muss allerdings in diesem Zusammenhang beachtet werden, dass die meisten Kunden der Handy- und Smartphone-Hersteller nicht die Endkonsumenten,

[155]Vgl. Experte D.

[156]Vgl. Experte C.

sondern vor allem die Netzwerkbetreiber sind. Die meisten Mobiltelefone werden von Endkonsumenten über ihren Netzwerkbetreiber in Kombination mit einem Mobilfunkvertrag bezogen. Die Kosten für die Geräte werden dabei nicht direkt von den Kunden bezahlt, sondern über Mobilfunkverträge finanziert und in diesem Zusammenhang vom Netzbetreiber, zum Teil sehr stark, subventioniert.[157] Die meisten Smartphones werden so verkauft.[158] Dadurch muss der Kaufpreis nicht in einem Betrag bezahlt werden, sondern wird auf 12–24 Monatsraten verteilt. Das ist vor allem für das low-end am Markt, die preissensibleren Kunden, leichter finanzierbar.

Ein weiterer relevanter Aspekt in diesem Zusammenhang ist die Tatsache, dass es sich bei der PDI um ein Konvergenzprodukt handelt, das der Kunde zunächst aus einem anderen Grund erworben hat. Das bedeutet, wenn sich der Kunde ein Handy oder Smartphone kauft, um mobil erreichbar zu sein, und in diesem Gerät eine Kamera integriert ist, deren Qualität für ihn ausreicht, hat er quasi kein Geld für die Kamera an sich ausgegeben und trotzdem muss er nicht noch extra Geld für eine Digitalkamera ausgeben. Auch das verringert die Kosten für die Nutzung der Smartphone-Kamera. Obwohl das Kurvendiagramm zunächst einen anderen Anschein erweckt, kann aufgrund der eben angeführten Argumente auch das letzte Merkmal, „Die Preiskurve der PDI schneidet die Preiskurve der etablierten Technologie von oben oder bleibt immer darunter", als erfüllt betrachtet werden.

Zusammenfassend ist festzuhalten, dass alle Merkmale des zweiten Teils des Modells zur Bestimmung des disruptiven Potentials in diesem Fall als erfüllt betrachtet werden können. In Kombination mit dem ersten Teil des Modells deutet das auf ein hohes disruptives Potential der Innovation Smartphone-Kamera hin.

4.1.5 Bestimmung der Disruptionsreife des digitalen Kompaktkameramarktes nach Klenner (2011)

In diesem Abschnitt wird nun der deutsche Amateurfotomarkt mit Hilfe des Modells zur Bestimmung der Disruptionsreife von Märkten nach Klenner (2011) analysiert. Der Untersuchungszeitraum ist von 1996-2014 angesetzt wobei der Fokus auf dem Zeitraum 1996–2006 liegt, da es sich dabei um den Zeitraum vor Eintritt der Innovation Mobiltelefonkamera handelt. Die Analyse der einzelnen Propositionen des Modells von Klenner (2011) im Kameramarkt wird im

[157]Vgl. Marketline (2014), S. 13ff.

[158]Vgl. Marketline (2014), S. 19.

Folgenden detailliert dargestellt, bevor im Anschluss daran die Ergebnisse zusammengefasst werden und ein Fazit gezogen wird.

4.1.5.1 P1: Geringe Angebotslücke

P1.1 Steigender Marktpreis

Da die Proposition P1.1 einen steigenden Marktpreis vorgibt, wird zunächst die Preisentwicklung der verschiedenen Kameraarten analysiert und im Anschluss miteinander in Beziehung gesetzt.

Preisentwicklung digitaler Kompaktkameras

Wie in Abbildung 4.7 zu sehen ist, war der Preis der digitalen Kompaktkameras zunächst auf einem sehr hohen Niveau. Ab dem Jahr 2000 ist der Preis zunächst bis zum Jahr 2004 extrem gefallen. Ab dann war nur noch ein leichter Rückgang zu verzeichnen und ab dem Jahr 2012 sind die Preise sogar wieder ganz leicht angestiegen.

Zum Zeitpunkt der Einführung der Digitalkamera gab es zunächst nur Kompaktkameras. Diese waren aufgrund dessen, dass es sich um eine sehr neue Technologie handelte, trotz schlechter Qualität sehr teuer und wurden erst im Verlauf der Zeit mit zunehmender Erfahrung und Economies of Scale günstiger. Nachdem zunächst im ersten Zeitraum ein kleiner Anstieg des Preisniveaus zu erkennen ist, ist der Preis ab dem Jahr 1999 von einem Höchstwert von 1.200 Euro auf einen Wert von 200 Euro im Jahr 2006 gefallen. Auch für den Zeitraum 2007–2014 kann das Kriterium des steigenden Marktpreises nicht nachgewiesen werden. Zwar kann ab dem Jahr 2011 wieder ein leichter Preisanstieg beobachtet werden, dennoch erreicht der Preis das Ausgangsniveau von 2007 nicht mehr.

Preisentwicklung digitale System- und SLR-Kameras

Die digitale SLR-Kamera kam im Jahr 2000 auf den Markt. Die digitale Systemkamera im Jahr 2006.[159] Digitale SLR- und Systemkameras hatten für Amateurfotografen zunächst aufgrund des hohen Preises eher weniger Bedeutung, sind aber vor allem in den letzten Jahren wegen des mittlerweile stark gesunkenen Anschaffungspreises vermehrt in den Fokus von Hobbyfotografen gerückt. Wie in Abbildung 4.8 zu sehen ist, sinkt auch hier der durchschnittliche Marktpreis im Zeitverlauf. Dies gilt sowohl für den Zeitraum 2001–2006 für die SLR-Kamera als auch für 2007–2014 für beide Kameraarten.

---

[159]Experte G, Experte B.

Anmerkung: Es gab auch vor 2000 schon ein paar wenige Modelle, vor allem von der Firma Olympus, diese waren allerdings sehr eingeschränkt in ihrer Funktionalität und es waren so wenige Modelle, so dass für vorliegenden Auswertung das Jahr 2000 als Einführungsjahr angenommen wird.

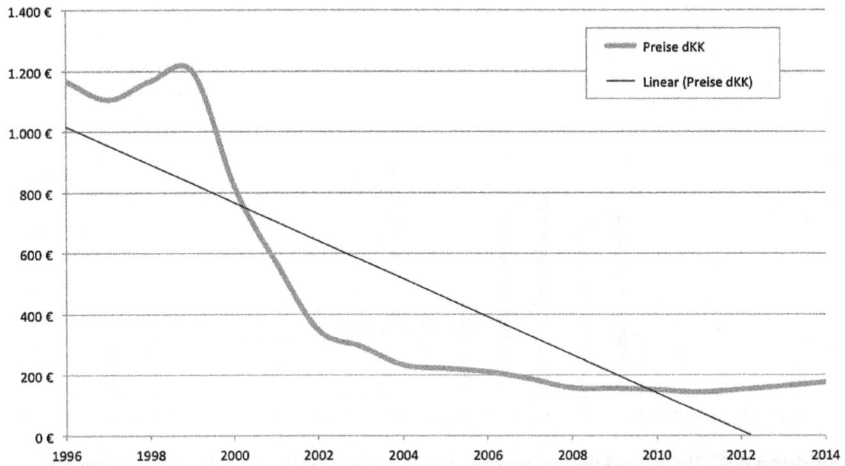

Abbildung 4.7 Preisentwicklung DKK 1996–2014 (Eigene Darstellung, Quelle: Eigens erstellte Datenbasis -siehe Anhang-, Modelllisten, Daten der GFK Retail GmbH)

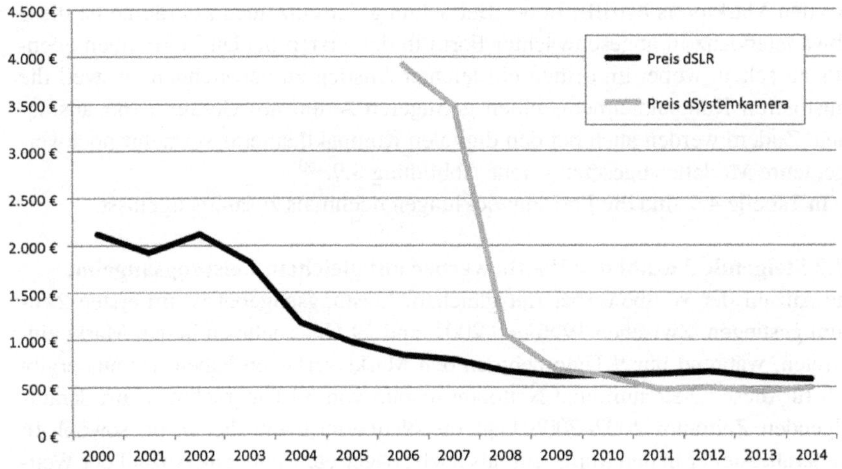

Abbildung 4.8 Preisentwicklung dSLR- und dSystemkamera (Eigene Darstellung, Quelle: Eigens erstellte Datenbasis und Modelllisten -siehe Anhang-, Daten der GFK Retail GmbH)

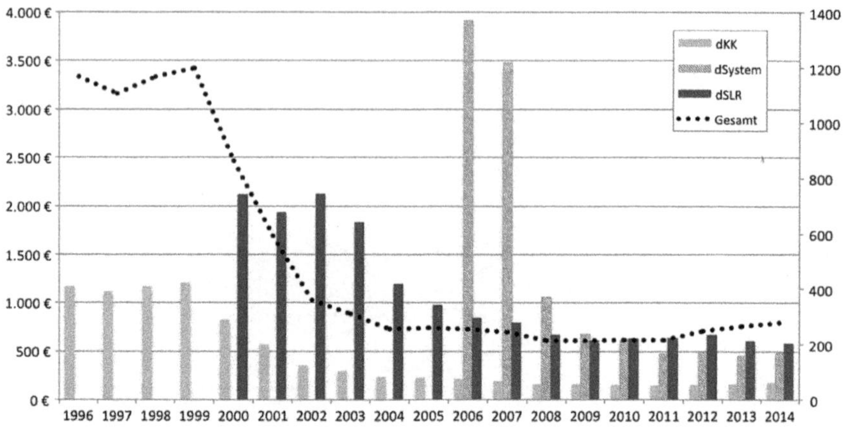

Abbildung 4.9 Preisentwicklung versch. Kameraarten 1996–2014 (Eigene Darstellung, Quelle: Eigens erstellte Datenbasis - siehe Anhang)

Preisentwicklung Digitalkameras gesamt

Damit ergibt sich auch in der Gesamtbetrachtung eine starke Abwärtstendenz, was den Marktpreis betrifft. In der Betrachtung der einzelnen Zeiträume ist diese Abwärtstendenz in abgeschwächter Form in den ersten beiden Zeiträumen ebenfalls zu sehen, wobei im dritten ein leichter Anstieg zu verzeichnen ist, weil die günstigeren Kompaktkameras einen geringeren Anteil am Gesamtmarkt ausmachen. Zudem werden auch bei den digitalen Kompaktkameras vermehrt hochwertige, teure Modelle abgesetzt – siehe Abbildung 4.9.[160]

In Tabelle 4.9 sind die Preisentwicklungen nochmals zusammengefasst.

P1.2 Steigende Anzahl der Wettbewerber mit gleichem Leistungsangebot

Die Anzahl der Wettbewerber mit gleichem Leistungsangebot ist im ersten Zeitraum gestiegen. Zwischen 1996 und 2001 sind 39 Unternehmen in den Markt eingetreten, während nur 9 Unternehmen den Markt verlassen haben. Daraus ergibt sich für diesen Zeitraum eine Nettoeintrittsrate von 30 Unternehmen. Im darauffolgenden Zeitraum 2002–2006 liegt die Nettoeintrittsrate bei 0, da sowohl 16 Kamerahersteller in den Markt ein- als auch ausgetreten sind. Die Anzahl der Wettbewerber ist gleich geblieben. Im dritten Zeitraum können noch mehr Austritte

[160]Vgl. Experte A.

Tabelle 4.9 Zusammenfassung Preisentwicklung digitaler Kameras (Quelle: Eigene Berechnung auf Basis von Daten der GFK Retail GmbH; Zahlen sind auf 0 Nachkommastellen gerundet)

Kameraart/Zeitraum	1996–2001	2002–2006	2007–2014
Kompaktkamera	-30%	-63%	-10%
Tendenz	fallend	fallend	leicht fallend
Systemkamera	-	-	-86%
Tendenz			fallend
SLR Kamera	-10%	-60%	-26%
Tendenz	leicht fallend	fallend	fallend
DK gesamt	-50%	-29%	+14%
Tendenz	fallend	fallend	leicht steigend

erfasst werden. Durch 20 Firmen, die aus dem Markt austreten und fünf neu eintretende entsteht eine negative Nettoeintrittsrate von –15, siehe Abbildung 4.10

P1.3 Steigendes Produktionsvolumen im Verlauf

Die Absatzzahlen und damit einhergehend das Produktionsvolumen sind vor allem bei digitalen Kompaktkameras in den ersten Jahren nach der Einführung stark gestiegen. Da die Hersteller von Digitalkameras kurze PLZ fokussiert haben, wurden die produzierten Stück immer schnell vor einer neuen Markteinführung abverkauft. Es kann deshalb davon ausgegangen werden, dass die Verkaufszahlen den Produktionszahlen entsprechen.[161] Im Zeitraum 1996–2001 stieg das Produktionsvolumen (in Stk.) der Fixed-lens-Kameras um 132% p. a. Im zweiten Abschnitt noch um 26% p. a. Auch die Verkaufs- und Produktionszahlen der SLR stiegen nach der Einführung im Jahr 2000 in diesem Zeitraum um 131% p. a. an. Der dritte betrachtete Zeitabschnitt zeigt jedoch einen dramatischen Rückgang in der Gesamtbetrachtung. Dies liegt an den rückläufigen Verkaufszahlen der Kompaktkameras. Der Absatz sinkt um 11% p. a. und liegt im Jahr 2014 auf einem Niveau von vor 2003. Damit ist der Absatz seit dem Höhepunkt im Jahr 2008 mit gerundet 6 Mio. verkauften Stück um rund 60% auf ein Niveau von 2,4 Mio. Stück gesunken. Aufgrund der großen Marktbedeutung beeinflussen sie den gesamten Markt. Die Verkäufe der 2006 eingeführten Systemkameras steigen zwar um 106% p. a., allerdings auf einem sehr geringem Niveau von ca. 233.000 Stück im Jahr 2014. Die SLR-Kameras steigen ebenfalls, jedoch nur leicht um

[161]Vgl. Experte A.

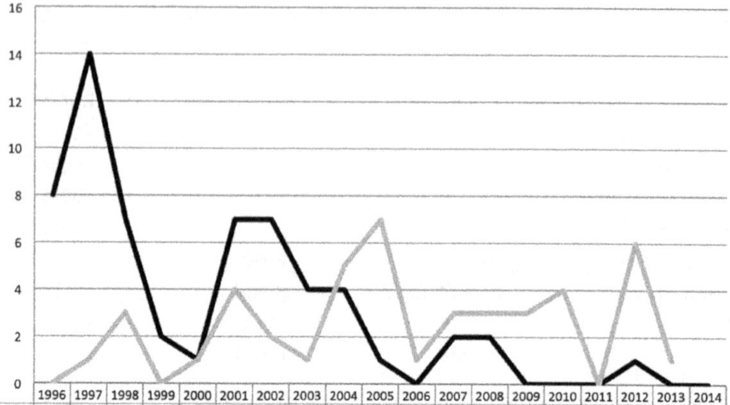

	1996	1997	1998	1999	2000	2001	2002	2003	2004	2005	2006	2007	2008	2009	2010	2011	2012	2013	2014
Eintritte	8	14	7	2	1	7	7	4	4	1	0	2	2	0	0	0	1	0	0
Austritte	0	1	3	0	1	4	2	1	5	7	1	3	3	3	4	0	6	1	
Bruttoeintrittsrate	8	14	6	-1	1	6	3	2	3	-4	-7	1	-1	-3	-3	-4	1	-6	-1

Abbildung 4.10 Ein- und Austritte Digitalkameramarkt Amateurbereich 1996–2014 (Eigene Darstellung, Quelle: dkamera.de, digitalkamera.de, digiacmmuseum.de und Daten der GFK Retail GmbH)

1% p. a. Sie erreichen 2012 ihren Höhepunkt mit ca. 922.000 und sinken bis 2014 um 30% auf ca. 639.000 Stück, siehe Abbildung 4.11.

Zusammenfassend kann Proposition P1 für den ersten Zeitraum als *konsistent mit der Theorie* und für die anderen beiden Zeiträume als *nicht konsistent* betrachtet werden.

Kriterium/Zeitraum	1996-2001	2002-2006	2007-2014
P1: Geringe Angebotslücke	✓	✗	✗
• Steigender Marktpreis	✗	✗	✓
• Steigende Anzahl der Wettbewerber mit gleichem Angebot	✓	✗	✗
• Steigendes Produktionsvolumen im Verlauf	✓	✓	✗

4.1.5.2 P2: Geringe Ein- und Austritte von Unternehmen

P2.1 Geringe Anzahl der Wettbewerber

Abbildung 4.12 zeigt die Anzahl der Wettbewerber pro Jahr an. Die Durchschnittsanzahl der Wettbewerber lag im Zeitraum 1996–2001 bei 21, im Zeitraum 2002–06 bei 36,2 und von 2007 bis 2014 bei 22 Wettbewerbern, siehe Tabelle 4.10.

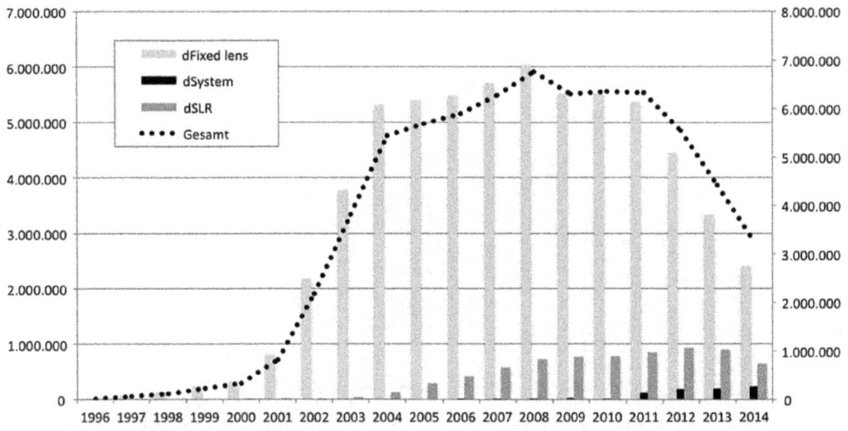

Abbildung 4.11 Absatzzahlen Digitalkameras 1996–2014 (Eigene Darstellung und Berechnung, Quelle: Daten der GFK Retail GmbH)

Klenner (2011) spezifiziert in seiner Initialstudie nicht, ab welcher Anzahl von Unternehmen von einer „geringen Unternehmensanzahl" gesprochen werden sollte.[162] Da er aber selbst im Zeitraum 1996–2003 nicht mehr von einer geringen Anzahl ausgeht, wird diese Einstufung für die vorliegende Arbeit übernommen und das Kriterium für alle drei Zeiträume als *nicht konsistent* angesehen.

P2.2 und P2.3 Geringe Bruttounternehmens-Eintritts- und -Austrittsrate

Zwischen 1996 und 2002 sind sehr viele neue Hersteller in den digitalen Kameramarkt eingetreten. Dabei handelte es sich bei den Firmen nicht nur um analoge Kamerahersteller, sondern um Firmen, die bislang in anderen Bereichen, wie dem Elektronikbereich, tätig waren. Einige dieser Hersteller konnten sich am Markt durchsetzen, die meisten sind später wieder aus dem Markt ausgetreten oder haben sich auf hochpreisigere Kameraarten spezialisiert. Einige Ausnahmen, wie Fujifilm, die bereits im analogen Fotomarkt eine wichtige Rolle gespielt haben, haben sich sehr lange Zeit gelassen, um in den digitalen Markt einzusteigen, haben dann aber keine digitalen Kompaktkameras, sondern nur sehr hochwertige digitale Systemkameras angeboten, mit denen und sie nun die SLR-Kamerahersteller wie Nikon und Canon angreifen.[163]

[162]Vgl. dazu Klenner (2011), S. 201.

[163]Vgl. Experte E, Experte I.

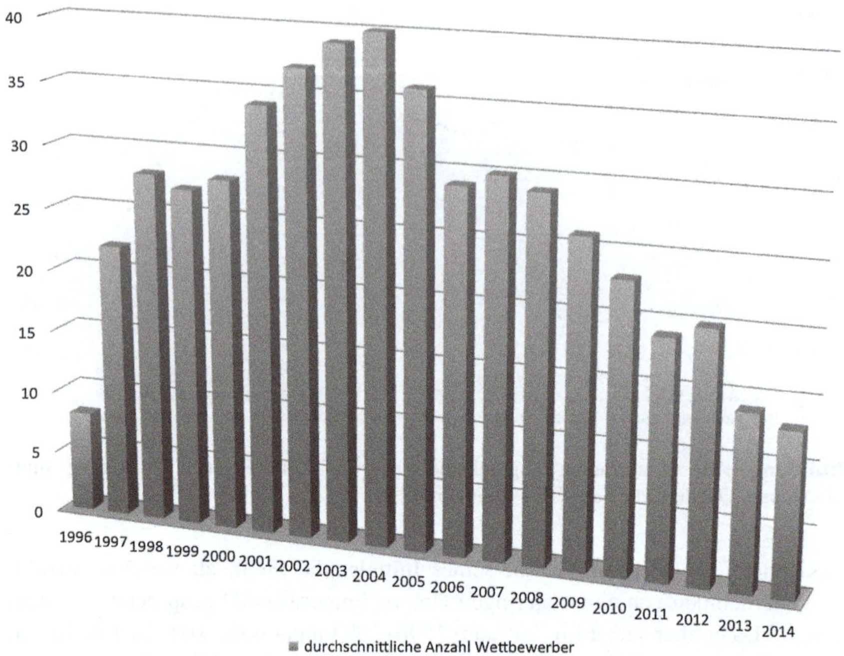

Abbildung 4.12 Anzahl Wettbewerber pro Jahr 1996–2014 (Eigene Darstellung, Quelle: Eigene Berechnung auf Basis der Herstellerliste und Daten der GFK Retail GmbH)

Tabelle 4.10 Durchschnittliche Wettbewerber (Eigene Darstellung, Quelle: Eigene Berechnung auf Basis der Herstellerliste - siehe Anhang)

Zeitraum	1996-2001	2002-2006	2007-2014
Durchschnittliche Anzahl Wettbewerber	21	36,2	22

In der Initialstudie wird von einer geringen Bruttounternehmenseintritts- und austrittsrate ausgegangen, sofern der prozentuale Anteil als Tendenz unter 5% der im Markt aktiven Unternehmen liegt.[164] Aus Abbildung 4.13 und Tabelle 4.11

[164]Vgl. Klenner (2011), S. 201.

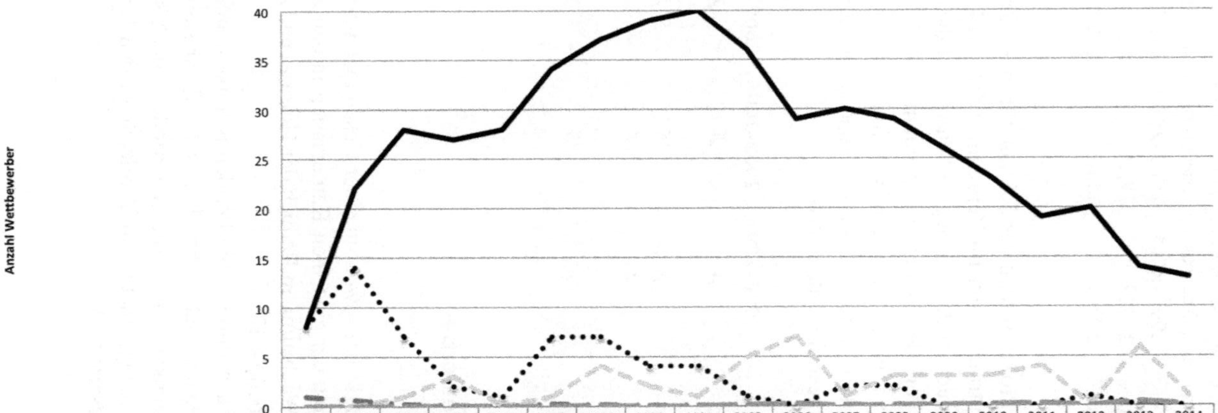

	1996	1997	1998	1999	2000	2001	2002	2003	2004	2005	2006	2007	2008	2009	2010	2011	2012	2013	2014
durchschnittliche Anzahl Wettbewerber	8	22	28	27	28	34	37	39	40	36	29	30	29	26	23	19	20	14	13
Anzahl Eintritte	8	14	7	2	1	7	7	4	4	1	0	2	2	0	0	0	1	0	0
Eintritte in %	100%	63,64%	25,00%	7,41%	3,57%	20,59%	18,92%	10,26%	10,00%	2,78%	0,00%	6,67%	6,90%	0,00%	0,00%	0,00%	5,00%	0,00%	0,00%
Anzahl Austritte	0	0	1	3	0	1	4	2	1	5	7	1	3	3	3	4	0	6	1
Austritte in %	0,00%	0,00%	3,57%	11,11%	0,00%	2,94%	10,81%	5,13%	2,50%	13,89%	24,14%	3,33%	10,34%	11,54%	13,04%	21,05%	0,00%	42,86%	7,69%

Abbildung 4.13 Wettbewerbssituation am Markt (Eigene Darstellung, Quelle: Eigene Berechnung auf Basis der eigenen Datenbasis: Herstellerliste - siehe Anhang)

Tabelle 4.11 Durchschnittliche Brutto-Ein- und -Austrittsraten in Prozent (Eigene Darstellung, Quelle: Eigene Berechnung auf Basis der eigenen Datenbasis: Herstellerliste - siehe Anhang)

Zeitraum	1996–2001	2002–2006	2007–2014
Ø Bruttounternehmenseintrittsrate in %	36,70%	12,51%	2,31%
Ø Bruttounternehmensaustrittsrate in %	2,93%	11,88%	13,73%

ergibt sich ein durchschnittlicher Prozentwert unter 5% nur für einen Zeitraum. Von einer geringen Anzahl an Eintritten kann im Zeitraum 2007–2014 gesprochen werden, da hier die Eintrittsrate bei 2,31 % liegt. Ebenso wird dieser Wert bei den Austrittsraten nur in einer Periode erreicht. Im Zeitraum 1996–2014 kann eine geringe Austrittsrate analysiert werden, mit einem Wert von 2,93%.

Zusammenfassend kann festgestellt werden, dass die Proposition P2 in allen Zeiträumen als *nicht konsistent* eingestuft werden muss.

Kriterium/Zeitraum	1996–2001	2002–2006	2007–2014
P2: Geringe Unternehmens-Ein- und -Austrittsrate	✗	✗	✗
• Geringe Anzahl der Wettbewerber	✗	✗	✗
• Geringe Bruttounternehmens-Eintrittsrate	✗	✗	✓
• Geringe Bruttounternehmens-Austrittsrate	✓	✗	✗

4.1.5.3 P3: Konstante Wettbewerber

P3.1 Geringes Marktwachstum

Der digitale Amateurfotokameramarkt hat sowohl in einer Gesamtbetrachtung als auch bei einer isolierten Betrachtung der einzelnen Kameraarten in den Zeiträumen 1996–2001 und 2002–06 ein Wachstum im Bereich der Umsatz- und Absatzzahlen vorzuweisen, siehe dazu Tabelle 4.12.

In der dritten Periode ist das Wachstum sowohl bei den Kompaktkameras als auch in der Gesamtbetrachtung negativ, siehe Abbildung 4.14. Zwar steigen die Umsätze der dSLR und der dSystemkameras in dieser Periode, jedoch sind die Absatzzahlen dieser Kameraarten mengenmäßig im Vergleich zu den DKK nur von geringer Bedeutung für den Gesamtmarkt.

Tabelle 4.12 Übersicht wichtiger Wachstumskennzahlen im digitalen Amateurfotomarkt (Eigene Darstellung und Berechnung, Quelle: Eigens erstellte Datenbasis, Daten der GFK Retail GmbH) (Die angegebenen Prozentzahlen in den Klammern stehen für das prozentuale Wachstum pro Periode, während die farblich markierte Prozentzahl den CAGR-Wert pro Periode angibt)

	1996–2001	2002–2006	2007–2014
Verkaufte Stückzahlen			
Gesamt	Stark steigend (6745,09%)	Stark steigend (169,99%)	Stark sinkend (–47,89%)
CAGR	132,85%	28,18%	–8,90%
Fixed lens	Stark steigend (6633,53%)	Stark steigend (152,70%)	Stark sinkend (–57,94%)
CAGR	132,09%	26,08%	–11,65%
SLR	Steigend (21,34%)	Stark steigend (1064,92%)	Stark steigend (1008,83%)
CAGR	3,94%	50,69%	41,06%
System			Stark steigend (17246,80%)
CAGR			109,03%
Umsätze in Euro			
Gesamt	Stark steigend (3370,62%)	Stark steigend (91,77%)	Stark sinkend (–40,47%)
CAGR	103,27%	17,68%	–7,15%
Fixed lens	Stark steigend (3186,22%)	Stark steigend (53,22%)	Stark sinkend (–60,44%)
CAGR	101,07%	11,26%	–12,42%
SLR	Steigend (10,53%)	Stark steigend (1038,23%)	Sinkend (–17,52%)
CAGR	2,02%	50,10%	–2,72%
System			Stark steigend (2330,87%)
CAGR			57,82%
Preise in Euro			
Gesamt	Stark sinkend (–49,27%)	Stark sinkend (–28,97%)	Steigend (14,40%)
CAGR	–12,69%	–8,20%	1,94%
Fixed lens	Stark sinkend (–51,24%)	Stark sinkend (–39,37%)	Stagnierend (–5,85%)
CAGR	–13,38%	–11,76%	–0,86%
SLR	Sinkend (–8,93%)	Stark sinkend (–60,32%)	Sinkend (–26,24%)
CAGR	–1,85%	–14,30%	–4,26%
System			Stark sinkend (–85,99%)
CAGR			–24,50%

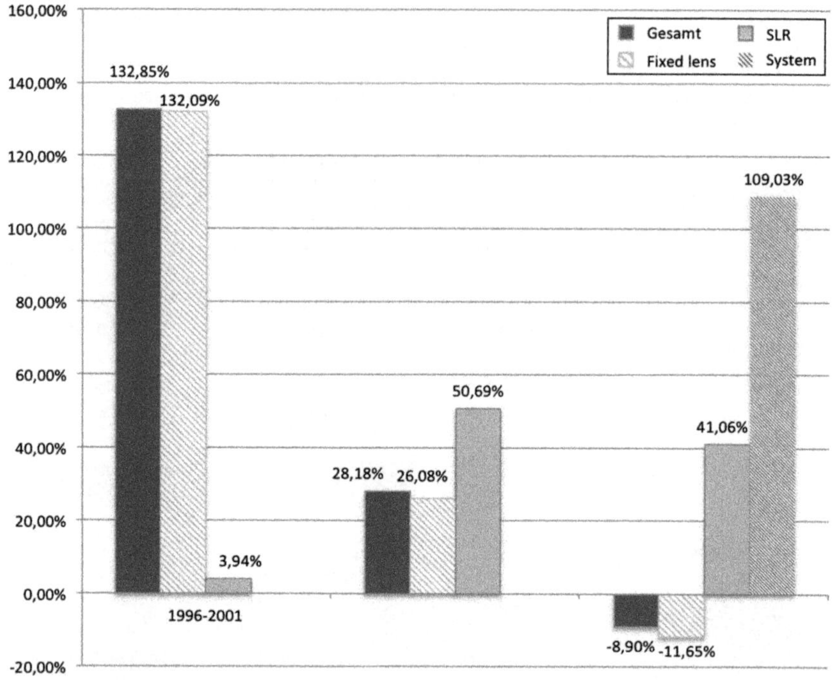

Abbildung 4.14 Marktentwicklung Umsatzwachstumsrate (Eigene Darstellung und Berechnung, Quelle: Eigens erstellte Datenbasis, Daten der GFK Retail GmbH)

P3.2 Hohe Zugehörigkeitsdauer

Da der Digitalkameramarkt im Jahr 1996 erst entstanden ist, sind alle Herstellerfirmen in diesem Jahr in den Markt eingetreten. Die Zugehörigkeitsdauer kann daher im ersten Zeitabschnitt mit einer Maximalzeit von fünf Jahren noch nicht als hoch eingestuft werden. Bis zum Jahr 2014 ist der Großteil der Firmen auch wieder aus dem Markt ausgetreten. Die durchschnittliche Zugehörigkeitsdauer über alle Hersteller liegt bei 8 Jahren und kann daher auch für die beiden anderen Perioden nicht als hoch angesehen werden.

P3.3 Konstante Anzahl gleicher Wettbewerber

In der Vergangenheit gab es im digitalen Kameramarkt wenig Konstanz, was die Herstellerlandschaft betrifft. Die Einführung der Digitalkameratechnologie hat viele neue Unternehmen verleitet, im Kameramarkt aktiv zu werden. Vor allem Eletronikhersteller, die bislang nicht im Kamerabereich aktiv waren, wie Panasonic Olympus oder Sony. Viele davon haben nur Kompaktkameras hergestellt und

Tabelle 4.13 Veränderung Wettbewerbssituation am Markt (Eigene Darstellung und Berechnung, Quelle: Eigens erstellte Herstellerliste -siehe Anhang-, Daten der GFK Retail GmbH)

Zeitraum	1996-2001	2002-2006	2007-2014
Anzahl Beginn	8	37	30
Anzahl Ende	34	29	13
Veränderung absolut	+ 26	-8	-17
Veränderung in %	325,00%	-21,62%	-56,67%
CAGR	33,56%	-5,91%	-11,27%
Tendenz	Stark steigend	Stark sinkend	Stark sinkend

sind später, als die Nachfrage am Kompaktkameramarkt zurückgegangen ist, wieder aus dem Markt ausgetreten. Viele etablierte Kamerahersteller sind hingegen nicht in den Digitalkamera-Markt eingetreten oder aufgekauft worden, wie Rollei, Minolta oder Polaroid. Es gab eine permanente Bewegung im Markt.[165]

Abbildung 4.13 zeigt die durchschnittliche Wettbewerberanzahl pro Jahr. 1996 waren acht Hersteller am Markt aktiv, im Jahr 2014 waren es 13. Zwischendrin lag die Wettbewerbsdichte im Jahr 2004 mit 40 Wettbewerbern auf ihrem Höchststand. Diese Entwicklung macht deutlich, dass die Anzahl gleicher Wettbewerber in keinem der betrachteten Zeiträume konstant war. Tabelle 4.13 verdeutlicht dies nochmals und zeigt die Zuwachsraten der Hersteller auf.

P3.4 Wachsende Marktanteile etablierter Anbieter Als letztes Kriterium der Proposition P3 wird die Veränderung der Marktanteile etablierter Hersteller betrachtet. Dies wird anhand der Marktanteile der Top-4-Hersteller analysiert. Die Herstellerfirmen, die in den betrachteten Zeiträumen marktanteilsmäßig zu den führenden Top-4-Unternehmen zählen, ändern sich vor allem in den ersten beiden Zeiträumen mehrmals, siehe Tabelle 4.14. So gibt es von 1996 bis 2001 alle zwei Jahre eine andere Konstellation der Top-4-Hersteller. Des Weiteren sinkt ihr kumulierter Marktanteil von 87% im Jahr 1996 auf 59,27% im Jahr 2001. Dieser Rückgang von 7,39% p. a. liegt an der zu dieser Zeit, stetig wachsenden Anzahl von Herstellern. Durch die Neueintritte wird der Marktanteil der Branchenführer verringert. Auch zwischen 2002 und 2006 gibt es nach einer stabilen Phase der Zugehörigkeit bis 2004 in den Jahren 2005 und 2006 wieder Veränderungen in den Top-4. Der kumulierte Marktanteil von 51,6% im Jahr 2002 steigt (CAGR: +4,92%) bis 2006 leicht auf 62,53% an. Im letzten Zeitraum von 2007

[165]Vgl. Experte A; Experte B.

Tabelle 4.14 Zusammenfassung Marktanteilsentwicklung (Eigene Darstellung, Quelle: Eigene Berechnung auf Basis der GFK Daten)

Zeitraum	1996–2001	2002–2006	2007–2014
Marktanteil Top-4	87%/59,27% (1996/2001)	51,6%/62,53% (2002/2006)	64,34%/85,42% (2007/2014)
Marktanteils-veränderung Top-4	−27,73%	+10,93%	+21,08%
CAGR	−7,92%	+4,92%	+4,13%
Marktanteil andere	13%/40,73%	48,4%/37,47%	35,66%/14,58%
Marktanteils-veränderung andere	+27,73% (1996/2001)	−10,93% (2002/2006)	−21,08% (2007/2014)
Tendenz	Stark steigend	Stark sinkend	Stark sinkend

bis 2014 hat sich die Herstellerlandschaft der Top-Branchenführer stabilisiert und ist konstant. Vier Player führen über den gesamten Zeitraum den Markt an. Der kumulierte Marktanteil entwickelt sich von 64,34% im Jahr 2007 auf 85,42%, was ein Wachstum von 4,13% p. a. bedeutet. Im selben Zeitraum liegt die Nettounternehmenseintrittsrate bei –16, was zum einen den Anstieg des kumulierten Marktanteils der Top-4 erklärt, aber auch ein Indiz dafür ist, dass viele Marktteilnehmer in den letzten Jahren nur einen sehr geringen Marktanteil hatten.

Zusammenfassend kann die Proposition P3 für keinen Zeitraum als *konsistent* mit der Theorie betrachtet werden.

Kriterium/Zeitraum	1996–2001	2002–2006	2007–2014
P3: Konstante Wettbewerber	✗	✗	✗
• Geringes Marktwachstum	✗	✗	✓
• Hohe Zugehörigkeitsdauer	✗	✗	✗
• Konstante Anzahl gleicher Wettbewerber	✗	✗	✗
• Wachsende Marktanteile etablierter Anbieter	✗	✓	✓

4.1.5.4 P4: Hohe Marktkonzentration

P4.1 Hoher Konzentrationsgrad

Allein den Marktanteil zu betrachten, reicht nicht aus, um den Konzentrationsgrad des digitalen Amateurfotomarktes zu beurteilen. Zwar liegt der Marktanteil der Top-4-Hersteller im Jahr 1996 bei 87%, was auf einen konzentrierten Markt hindeuten würde, allerdings ändern sich die zu den Top-4 zugehörigen Firmen in dieser Periode fast jährlich. Zudem sinkt dieser kumulierte Marktanteil im Verlauf des Zeitraums auf unter 60% – siehe Tabelle 4.14. Aus diesem Grund muss im ersten Zeitraum von einem niedrigen Konzentrationsgrad ausgegangen werden. Ähnlich verhält es sich im darauffolgendem Zeitabschnitt. Hier verhält sich der kumulierte Marktanteil eher konstant und bleibt zwischen 51% und 63%, aber es sind ebenfalls starke Veränderungen in der Marktstruktur zu beobachten. Ab 2007 stabilisiert sich die Lage etwas, es treten einige Hersteller aus dem Markt aus und 4 Branchenführer können sich etablieren und 2014 einen Marktanteil von 85,42% aufweisen. Die Marktanteile für die restlichen Hersteller liegen nur noch bei 14,58%, was deutlich gegen einen fragmentierten Markt spricht. Damit ist Proposition P4 nur für den Zeitraum 2007–2014 als *konsistent* zu betrachten.

Kriterium/Zeitraum	1996–2001	2002–2006	2007–2014
P4: Hohe Marktkonzentration	✗	✗	✓
• Hoher Konzentrationsgrad	✗	✗	✓

4.1.5.5 P5: Geringe low-end Angebote

P5.1 Geringe Anzahl von low-end Angeboten

Um diese Proposition analysieren zu können, ist es zunächst notwendig zu bestimmen, worum es sich bei „low-end"-Angeboten im Digitalkameramarkt handelt. Da es hier nicht wie im analogen Fotomarkt mit Einwegkameras eine bestimmte Kame-rakategorie gibt, müssen Leistung und Preis das low-end bestimmen. Die digitale Kompaktkamera ist im Vergleich die günstigste Kameraart mit der geringeren Leistung und den wenigsten Features.

Im Zeitraum 1996–2001 gab es im digitalen Bereich nur Kompaktkameras. Die Qualität war zunächst sehr schlecht, was ein hohes Angebot an low-end Angeboten vermuten ließe, allerdings waren diese Geräte mit Preisen zwischen 600 und 1.200 Euro damals sehr teuer, weil die Technologie erst auf den Markt gekommen ist, so dass sich low-end Kunden das Produkt nicht leisten konnten.[166] Aus diesem Grund kann man sagen, dass im ersten Zeitraum im Digitalbereich kaum low-end Angebote für Kunden verfügbar waren. Im Lauf der Zeit wurden

[166]Vgl. Experte I; Experte H; Experte G; Experte A, Experte E, Experte D.

die Kompaktkameras stetig günstiger und die Qualität verbesserte sich. Im Jahr 2000 wurden dSLR-Kameras eingeführt, die für anspruchsvollere Kunden konzipiert und in den folgenden Jahren ebenfalls weiterentwickelt wurden. Deutlich günstiger und auch für Kunden am unteren Endes des Marktes erschwinglich wurde die DKK dann ab dem Jahr 2003, ab diesem Jahr gab es vermehrt DKKs für unter 300 Euro zu relativ vernünftiger Qualität.[167] Ab dem Jahr 2007 lagen die durchschnittlichen Preise sogar nur noch zwischen 140 und 190 Euro[168] und weil die Technologie zu diesem Zeitpunkt weitgehend ausgereift war, war die Qualität dieser Geräte als gut bis sehr gut einzustufen.[169] Die Proposition P5 kann damit nur für den ersten Zeitraum als konsistent betrachtet werden.

Kriterium/Zeitraum	**1996–2001**	**2002–2006**	**2007–2014**
P5: Geringe low-end Angebote	✓	✗	✗
• Geringe Anzahl von low-end Angeboten	✓	✗	✗
• Qualitative Beurteilungen der Marktangebote im low-end Segment	schlecht	mittelmäßig	gut-sehr gut

4.1.5.6 P6: Starke Marktanteilsverschiebung

P6.1 Wachsende Marktanteile im low-end Segment

Wie bereits in Proposition 5 aufgeführt, gab es in den ersten Jahren nach Einführung der Digitalkameratechnik ausschließlich Kompaktkameras, die aber zunächst nicht als low-end Angebote gewertet werden können. In den nachfolgenden Tabellen, Tabelle 4.15, Tabelle 4.16 und Tabelle 4.17, werden die Marktanteilsveränderungen zwischen den verschiedenen Kameraarten aufgezeigt. Ab 2003 gab es die ersten low-end DKK, ab diesem Zeitraum sind die Marktanteile im low-end Segment gestiegen. Da die low-end Angebote innerhalb der digitalen Kompaktkamera nicht separiert werden können, war es hierfür nicht möglich, Marktanteilsverschiebungen zu errechnen. Die low-end Angebote wurden von den Kunden sehr gut angenommen und bereits nach kurzer Zeit durch neue Modelle ersetzt. In der dritten Periode ab dem Jahr 2008 hat die Nachfrage nach solchen Modellen langsam nachgelassen. Auch extrem niedrige Preise unter 100 Euro konnten diesen Rückgang nicht stoppen, daher ging der Trend bei den

[167] Vgl. Experte A; Experte D; Experte E.

[168] Vgl. hierzu Abbildung 4.7.

[169] Vgl. Experte I.

Tabelle 4.15 Marktanteilsveränderung nach Kameraart 1996–2001 (Sales Units) (Eigene Darstellung, Quelle: Eigene Berechnung auf Basis der Daten der GFK Retail GmbH)

Jahr	1996	1997	1998	1999	2000	2001
FL MA in %	100%	100%	100%	100%	97%	98%
FL MA Diff VJ	0	0	0	0	–3%	1%
FL MA Diff ges	-	-	-	-	-	–2%
SLR MA in %	-	-	-	-	3%	2%
SLR MA Diff VJ	-	-	-	-	3%	–1%
SLR MA Diff ges	-	-	-	-	-	2%

Tabelle 4.16 Marktanteilsveränderung nach Kameraart 2002–06 (Sales Units) (Eigene Darstellung, Quelle: Eigene Berechnung auf Basis der Daten der GFK Retail GmbH)

Jahr	2002	2003	2004	2005	2006
FL MA in %	99%	99%	98%	95%	93%
FL MA Diff VJ	1%	0	–1%	–3%	–2%
FL MA Diff ges	-	-	-	-	–6%
SLR MA in %	1%	1%	2%	5%	7%
SLR MA Diff VJ	–1%	0	1%	3%	2%
SLR MA Diff ges	-	-	-	-	6%
System MA in %	-	-	-	-	0%

Tabelle 4.17 Marktanteilsveränderung nach Kameraart 2007–14 (Sales Units) (Eigene Darstellung, Quelle: Eigene Berechnung auf Basis der Daten der GFK Retail GmbH)

Jahr	2007	2008	2009	2010	2011	2012	2013	2014
FL MA in %	91%	89%	88%	87%	85%	80%	75%	73%
FL MA Diff VJ	–2%	–2%	–1%	–1%	–2%	–5%	–5%	–2%
FL MA Diff ges	-	-	-	-	-	-	-	–18%
SLR MA in %	9%	11%	12%	12%	13%	17%	20%	20%
SLR MA Diff VJ	2%	2%	1%	0%	1%	4%	3%	0%
SLR MA Diff ges	-	-	-	-	-	-	-	11%
System MA in %	0%	0%	0%	1%	2%	3%	4%	7%
System MA Diff VJ	0%	0%	0%	0%	1%	1%	1%	3%
System MA Diff ges	-	-	-	-	-	-	-	7%

Tabelle 4.18 Veränderung Marktanteil je Kameraart 1996–2014 (Eigene Darstellung, Quelle: Eigene Berechnung auf Basis der Daten der GFK Retail GmbH)

	1996–2001	2002–2006	2007–2014
Fixed Lens			
MA Diff (Wert)	–5%	–19%	–23%
MA Diff (Stk)	–2%	–6%	–18%
SLR			
MA Diff (Wert)	+5%	+19%	+11%
MA Diff (Stk)	+2%	+6%	+11%
System			
MA Diff (Wert)	-	-	+12%
MA Diff (Stk)	-	-	+7%

Herstellern ab 2011 wieder vermehrt zu hochwertigen DKK-Modellen und die Preise stiegen wieder an.[170]

Was die Marktanteilsverschiebungen zwischen den verschiedenen Kameraarten betrifft, gab es in allen drei Zeiträumen Veränderungen. Vor allem in Zeitraum 2 und 3 sind diese Veränderungen stark ausgeprägt und liegen zwischen 10% und 20%, siehe Tabelle 4.18. Im ersten Zeitraum gab es zwar ebenfalls einen Rückgang der Marktanteile der DKK zugunsten der im Jahr 2000 neuen dSLR-Kameras, aber diese Veränderung liegt nur bei 5% und ist damit eher gering. Die Proposition P6 kann daher für den zweiten und dritten Zeitraum als *konsistent* betrachtet werden.

Kriterium/Zeitraum	**1996-2001**	**2002-2006**	**2007-2014**
P6: Starke Marktanteilsverschiebung	✗	✓	✓
• Wachsende Marktanteile im low-end Segment	✗	✓✓	✗
• Neu: starke Marktanteilsverschiebung	✗	✓	✓

[170] Vgl. Experte A; Experte I.

4.1.5.7 P7: Geringe Kaufbereitschaft

P7.1 Sinkende Absatzzahlen neuer Produkte mit verbesserter Leistung
Betrachtet man Tabelle 4.12 und Abbildung 4.11, so zeigt sich deutlich, dass es im Digitalkameramarkt in den ersten beiden Zeitabschnitten keine sinkenden Absatzzahlen neuer Produkte gibt. Die Verkaufszahlen steigen bei jeder Kameraart, zum Teil sogar stark an. Erst ab dem Jahr 2008 gibt es erstmals in der Gesamtbetrachtung einen leichten Absatzrückgang, der vor allem durch die sinkenden Absatzzahlen bei den digitalen Kompaktkameras zu erklären ist.[171] Dieser Rückgang hält bis zum Jahr 2014 an. Sowohl dSLR- als auch digitale Systemkameras weisen in Periode zwei bzw. Periode drei ein leichtes Absatzplus auf, machen jedoch nur einen geringen Anteil am Gesamtmarkt aus.

Zu den Kritiken und Testbeurteilungen im Falle der Kamerahersteller konnten keine ausreichenden Informationen generiert werden, um das Kriterium abschließend beurteilen zu können. Insgesamt ist die Basis der Verkaufsdaten so detailliert, dass die Proposition P7 damit für den dritten Zeitraum als *konsistent* betrachtet werden kann.

Kriterium/Zeitraum	1996–2001	2002–2006	2007–2014
P7: Geringe Kaufbereitschaft	✗	✗	✓
• Sinkende Absatzzahlen neuer Produkte mit verbesserter Leistung	✗	✗	✓
• Kritiken und Testbeurteilungen neuer Produkte	n. a.	n. a.	n. a.

4.1.5.8 P8: Hohe Wertschöpfungsnetzwerkgröße

P8.1 Starker Größenunterschied zwischen dem untersuchten Wertschöpfungsnetzwerk und Netzwerken mit vergleichbarer Leistung
Vergleicht man die Wertschöpfungsnetzwerke Fotokameramarkt und Camcorder-Markt wie in der Initialstudie, so ist ab dem Jahr 1996 ein deutlicher Größenunterschied erkennbar. Im Lauf der Zeit wird die Camcorder-Funktion sogar vom Digitalkameramarkt übernommen, während Letzterer sich stetig vergrößert.[172]

[171] Vgl. Experte A; Experte D.
[172] Vgl. Klenner (2009), S. 212f.

Digitalkameras werden nicht mehr allein für das Festhalten von Momenten und Erinnerungen genutzt, sondern, aufgrund der durch die Digitaltechnologie weggefallenen Entwicklungszeit und -kosten, auch in anderen Bereichen verstärkt eingesetzt. So zum Beispiel in der Industrie bei Fertigung und Verpackung, für Sicherheits- und Überwachungstechnik, im medizinischen Bereich, in der Automobilbranche, im Versandhandel etc.[173] Der Foto- und Imaging-Bereich ist seit Einführung der Digitalkameratechnologie im Vergleich zu analogen Zeiten unglaublich gewachsen. In jedem denkbaren Bereich wurden Kameras zur Unterstützung herangezogen. Man muss allerdings beachten, dass dieses Wachstum nicht nur dem Digitalkameramarkt zugute kommt. Die Technologie der Digitalkamera wurde in andere Geräte integriert und es wurden vor allem für die Industrie und Medizintechnik viele neue Geräte mit Fotofunktion geschaffen. Die vielen neuen Einsatzgebiete konnten nicht mit der Digitalkamera im herkömmlichen Sinn bedient werden, es wurde lediglich die Technologie verwendet, modifiziert und dann genutzt. Das Wachstum des Foto- und Digitalkameramarktes erreichte seinen Höhepunkt in den Jahren 2007 (Umsatzrekord) und 2008 (Absatzrekord). Ab diesem Zeitpunkt ist der Markt für Digitalkameras wieder gesunken, die Kamerafunktion für den Amateurfotografen wurde von Mobiltelefonen übernommen, die Netzwerkgröße des Mobiltelefonmarktes stieg ab 2008 rapide an, siehe Abbildung 4.15. Im Vergleich zum Wertschöpfungsnetzwerk der Smartphones ist die Wertschöpfungsnetzwerkgröße des Kameramarktes ab 2007/2008 nicht mehr als hoch einzustufen.

Die Proposition P8 kann daher für die Zeiträume 1996–2001 und 2002–*2006 als konsistent* betrachtet werden.

Kriterium/Zeitraum	**1996–2001**	**2002–2006**	**2007–2014**
P8: Hohe Wertschöpfungsnetzwerkgröße	✓	✓	✗
• Starker Größenunterschied zwischen dem untersuchten Wertschöpfungsnetzwerk und Netzwerken mit vergleichbarer Leistung	✓	✓	✗

[173] Vgl. Experte A.

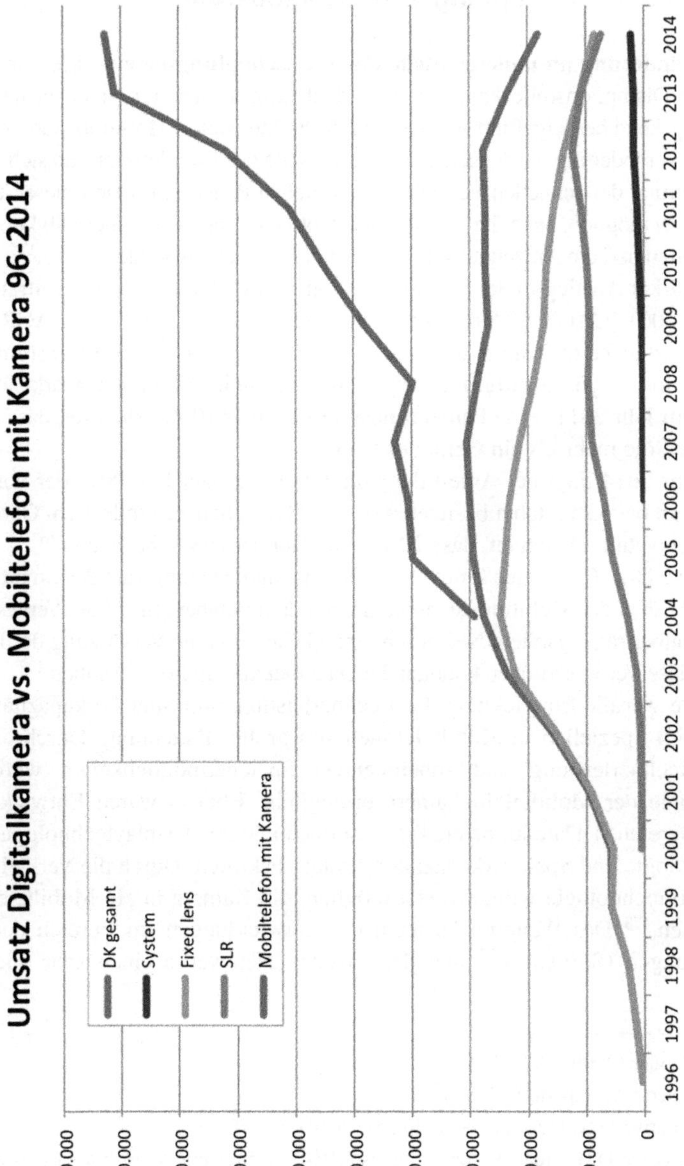

Abbildung 4.15 Vergleich Umsatzzahlen Kamera- vs. Mobiltelefonmarkt (Eigene Darstellung und Berechnung, Quelle: Daten der GFK Retail GmbH)

4.1.5.9 P9: Wertschöpfungskettenveränderung

P9.1 Veränderung an anderer Stelle des Wertschöpfungsnetzwerkes Eine Erhöhung der Disruptionsreife kann durch Veränderung an anderer Stelle in der Wertschöpfungskette herbeigeführt werden.[174] Für die Innovation Mobilfunkkamera ist als relevante Veränderung zunächst die Penetrationsrate des Mobiltelefons an sich zu nennen. Aufgrund der schnellen Verbreitung und hohen Penetrationsraten dieser Technologie war es möglich, auch die Technologie Mobiltelefonkamera innerhalb kurzer Zeit zu verbreiten und die Anwendungsfälle zu erhöhen – siehe Abbildung 4.16.[175]

Ein starker Anstieg in der Verbreitung von Mobiltelefonen ist im Zeitraum von 1996 bis 2001 (CAGR 58,8%) zu verzeichnen. Von 2002 bis 2006 (CAGR 9,7%) und im letzten Zeitabschnitt 2007–2014 (CAGR 0,98%) ist das Wachstum etwas geringer und stagniert aufgrund der überdurchschnittlich hohen Marktsättigung ca. ab dem Jahr 2011. Eine Penetrationsrate von über 100% bedeutet, dass es Personen gibt, die mehr als ein Gerät besitzen.

Im Jahr 2014 liegt der Anteil der Smartphonebesitzer bei 58%, der von Handybesitzern bei 53%, dabei besitzen 91% der Deutschen zumindest ein Gerät, was im Umkehrschluss bedeutet, dass 20% beide Geräteklassen besitzen.[176]

Eine wichtige Grundlage für die Penetrations- und Nutzungsrate des Smartphones war der Ausbau der Mobilfunktechnologie und damit einhergehend die Verbesserung der Datenübertragungsraten, Netzgeschwindigkeiten und die Verkürzung der Latenzzeiten. Diese Verbesserungen konnten die Datennutzung indirekt erhöhen.[177]

Zudem war die Entwicklung der Rechnerleistung und Speicherkapazität generell und im Speziellen in Mobiltelefonen von großer Bedeutung. Durch die steigende Rechnerleistung und zunehmenden Speichermöglichkeiten wurde die Technologie der Mobiltelefonkamera ermöglicht. Ebenso waren Entwicklungen in den Bereichen Datentransfer, Prozessortechnologie, Displaytechnologie, Sensortechnologie und Speicherkapazität relevante Faktoren. Durch die Verkleinerung der Sensortechnologie wurde es erst möglich, die Kamera in ein Mobiltelefon zu integrierten.[178] Des Weiteren leisteten die Entwicklungen im Bereich der App-Anwendungen (Software)[179] und der sozialen Netzwerke einen sehr wichtigen

[174] Vgl. Klenner (2009), S. 202.

[175] Vgl. Experte A; Experte E; Experte I.

[176] Vgl. Initiative D21, Huawei Technologies (2014), S. 12f.

[177] Vgl. Initiative D21; Huawei Technologies (2014), S. 5; Anmerkung: Latenzzeit = Netzantwortzeit, Experte A; Experte E; Experte I.

[178] Vgl. Experte A; Experte E; Experte I.

[179] z. B. Bildbearbeitungsanwendungen etc.

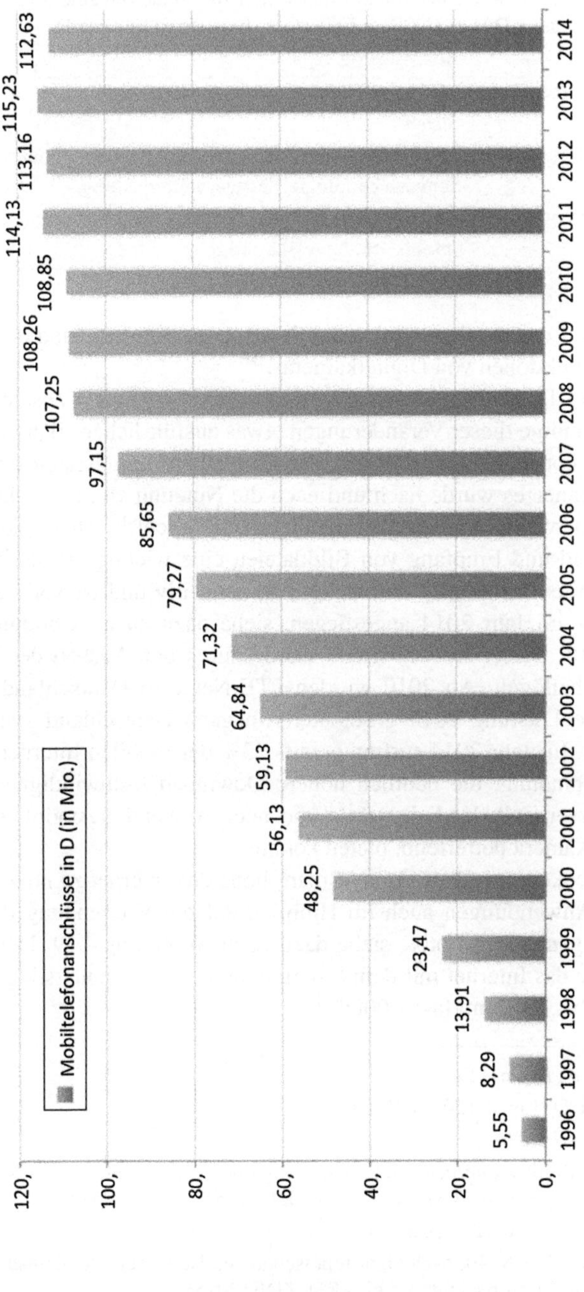

Abbildung 4.16 Penetrationsrate Mobiltelefon – Mobiltelefonanschlüsse in D 1996–2014 (in Mio.) (Quelle: Bundesnetzagentur 2015)

Tabelle 4.19 Relevante Treiber für die Innovation Mobiltelefonkamera (Eigene Darstellung, Quelle: Initiative D21 et al. 2014; Experte A, Experte E, Experte I)

Datenkategorie	Ausprägung
Penetrationsrate & Nutzung	PC, Mobiltelefon (Handy, Smartphone), Internet, mobiles Internet
Leistungsverbesserung	Rechnerleistung, Prozessortechnologie, Speicherkapazität, Sensortechnologie, Softwareentwicklung,
Netzinfrastruktur	Netzgeschwindigkeit, Netzausbau, Datenübertragungsrate (mobil, stationär), Latenzzeit

Beitrag für die Leistungsmerkmalen der Smartphone-Kameras und deren Abgrenzung zu den Funktionen von Digitalkameras.[180]

Tabelle 4.19 fasst die relevanten Veränderungen nochmals zusammen, bevor im Anschluss einige dieser Veränderungen etwas ausführlicher erläutert werden.

Durch die konstante Verbesserung der Datenübertragungsraten und des Ausbaus des Datennetzes wurde nach und nach die Nutzung von mehr, komplexeren und datenintensiveren mobilen Anwendungen ermöglicht.[181] Dies spielt vor allem für den Versand und Empfang von Bilddateien eine wichtige Rolle.[182] Die Nutzung des mobilen Internets[183] entwickelte sich positiv und ist von 27% im Jahr 2012 auf 54% im Jahr 2014 angestiegen, siehe dazu auch Abbildung 4.17 und Abbildung 4.18. Dieser Aufwärtstrend wurde durch den Ausbau der Mobilfunktechnologien beflügelt. Ab 2010 wurden LTE-Netze in Deutschland aufgebaut, wodurch diese Leistung 2014 größtenteils in ganz Deutschland standardmäßig verfügbar war. Im Jahr 2014 surften bereits 23% der mobilen Internetnutzer über eine LTE-Verbindung, die deutlich höhere Downloadgeschwindigkeiten bot als das bis zu dieser Zeit der Fall war[184] und neue Anwendungsmöglichkeiten, die Smartphone-Kamera betreffend, bieten konnte.

Die Möglichkeit, mit dem Handy/Smartphone das Internet zu nutzen, bot vielfältige neue Anwendungen auch im Hinblick auf die Verwendung der mit dem Mobiltelefon gemachten Fotos, siehe dazu auch Abbildung 4.19. Der Anteil der Menschen, die das Internet mit dem Smartphone nutzen konnte, stieg in den Jahren von 2006 bis 2012 um fast 1.000%.[185]

---

180 Vgl. Experte A; Experte E.

181 Vgl. Initiative D21 et al. (2014), S. 10.

182 Vgl. Destatis (2015).

183 Anmerkung: Mobiles Internet = Internetzugang über das Datennetz eines Mobilfunkproviders, d. h. der Zugang auf Basis von GSM/2G, UMTS/3G, LTE/4G etc.

184 Vgl. Initiative 21 et al. (2014), S. 6ff.

185 Vgl. statista (2013), S. 40, nach einer repräsentativen Befragung der deutschen Bevölkerung im Alter von 14 bis 64 Jahren, vgl. ARD, ZDF (2015).

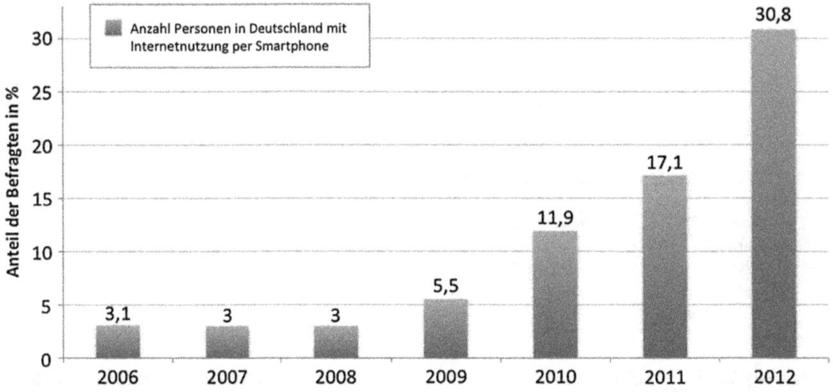

Abbildung 4.17 Anzahl der Personen in D mit Internetnutzung per Smartphone (Quelle: statista 2013, S. 40)

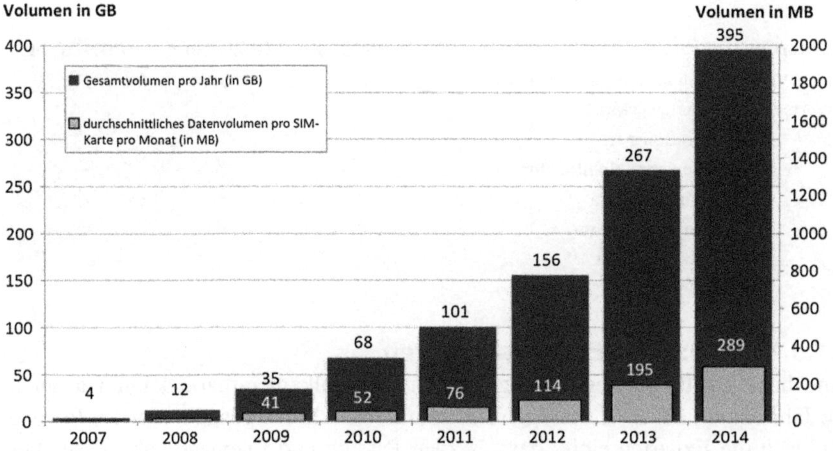

Abbildung 4.18 Volumenentwicklung des Datenverkehrs aus Mobilfunknetzen 2007–14 (Eigene Darstellung, Quelle: Dialog Consult, VATM 2012, S. 24; Dialog Consult, VATM 2014, S. 28)

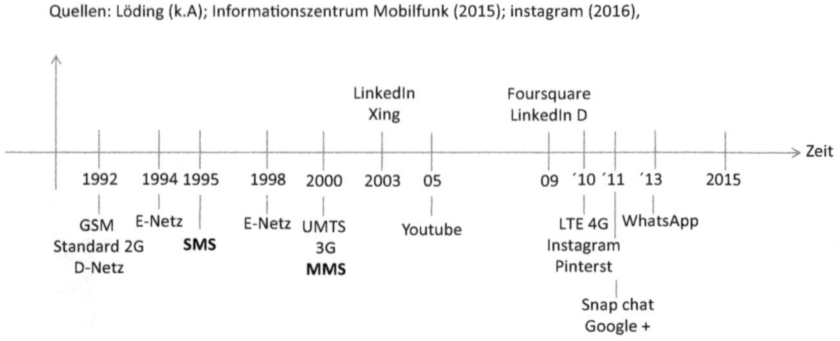

Abbildung 4.19 Timeline mobiler Netzausbau und soziale Netzwerke (Eigene Darstellung, Quelle: Löding o. Jg.; Informationszentrum Mobilfunk 2015; instagram 2016)

Damit ergeben sich in jedem der drei betrachteten Zeiträume relevante Veränderungen an anderer Stelle des Wertschöpfungsnetzwerkes.

Kriterium/Zeitraum	1996-2001	2002-2006	2007-2014
P9: Veränderung an anderer Stelle des Wertschöpfungsnetzwerkes	✓	✓	✓
• PC-Penetrationsrate	✓	✓	✓
• Penetrationsrate Mobiltelefon	✓	✓	✓
• Internetnutzungsrate	✓	✓	✓
• Datenübertragungsrate/ Netzgeschwindigkeit	✓	✓	✓

4.1.5.10 P10: Hohe Eintrittsbarrieren

Eine hohe staatliche Regulierung auf dem Digitalkameramarkt kann wie auch die Jahre zuvor auf dem analogen Fotomarkt[186] nicht festgestellt werden. Ebenso sind sich die Experten einig, dass es zwar Patente und Lizenzen gab, diese aber in allen drei Zeiträumen keine bedeutende Rolle für den Eintritt neuer Unternehmen hatten.[187] Es werden zwar in diesem Markt stetig Rechtsstreite über die Nutzung von Patenten und über Lizenzen geführt sowie zahlreiche neue Patente

---

[186] Vgl. Klenner (2011), S. 208f.

[187] Vgl. Experte A; Experte B; Experte D; pc-magazin (2009); Brachmann, S. (2014a, b); Mitroff, S. (2012).

angemeldet und lizenziert, dies hat lt. der Experten jedoch keinen Einfluss auf den Eintritt neuer Wettbewerber.[188] Eine Produktdifferenzierung, jedoch nur in leichter Ausprägung, wurde für den ersten und zweiten Zeitraum bestätigt, da sich die stetig neu eintretenden Wettbewerber von der Konkurrenz abzugrenzen versuchten. Bestätigt wurden weiterhin ein hoher Kapitalbedarf sowie Economies of Scale. Der Zugang zu Vertriebskanälen für Digitalkamerahersteller war anfangs nicht ganz einfach, weil der Handel etwas ablehnend war, was die neue digitale Technologie betraf. Ab dem Jahr 2000 war das jedoch kein Hindernis mehr und der Zugang zu Vertriebskanälen wurde entweder direkt oder indirekt über einen Einkaufsverbund hergestellt. Mit der Verbreitung des Internets konnten Onlineshops als zusätzlicher Vertriebskanal genutzt werden. Das erleichterte den Zugang zu Vertriebskanälen. Hohe Umstellungskosten für den Kunden wurden ebenfalls verneint, diese waren nur bei Zusatzprodukten wie z.B. Objektiven vorhanden, die im Amateurmarkt nur eine untergeordnete Rolle spielen.[189]

Die Merkmalsausprägungen zeigen, dass die Proposition 10 für den ersten Zeitraum als *konsistent* betrachtet werden muss, weil die meisten der genannten Eigenschaften konsistent sind. In den beiden späteren Zeiträumen halten sich die konsistenten und nicht konsistenten Merkmale die Waage, weshalb angenommen werden muss, dass zwar noch Eintrittsbarrieren vorhanden waren, diese aber nicht mehr als besonders „hoch" eingestuft werden dürfen, was die DR lt. Klenner (2011) des Marktes verringert.

Kriterium/Zeitraum	**1996–2001**	**2002–2006**	**2007–2014**
P10: Hohe Eintrittsbarrieren	✓	✗	✗
• Hohe staatliche Regulierungen	✗	✗	✗
• Patente	✓	✓	✓
• Lizenzen	✓	✓	✓
• Kapitalbedarf	✓	✓	✓
• Hohe Economies of Scale	✓	✓	✓
• Starke Produktdifferenzierung	✓	✗	✗
• Hohe Umstellungskosten	✓	✗	✗
• Limitierter Zugang zu Vertriebskanälen	✗	✗	✗

188 Vgl. photoscala (2006); photoscala (2005); Schwarzer (2008); ZeitOnline (2015); Brachmann, S. (2014a, b); Mitroff, S. (2012).

189 Vgl. Experte A; Experte B; Experte D.

4.1.5.11 P11: Hohe Eintrittsbegünstigungen

Hohe Eintrittsbegünstigungen können zur Erhöhung der Disruptionsreife führen, da neue Unternehmen verstärkt in das Wertschöpfungsnetzwerk eintreten und als potentielle Quelle disruptiver Innovationen wirken.[190] Es konnten jedoch weder bei der Recherche noch bei den Gesprächen mit den Branchenexperten hohe Eintrittsbegünstigungen nachgewiesen werden. So gab es weder besondere staatliche Subventionen für neu eintretende Unternehmen noch steuerliche Vorteile, die speziell für diese Branche geschaffen wurden. Ebenso verhielt es sich mit Existenzförderungsmaßnahmen, die es zwar grundsätzlich in Deutschland gab, die jedoch für alle Industrien gleichbedeutend waren. Dieser Indikator kann daher für keinen Zeitraum als erfüllt betrachtet werden.[191]

Kriterium/Zeitraum	1996–2001	2002–2006	2007–2014
P11: Hohe Eintrittsbegünstigungen	✗	✗	✗
• Vorhandene staatliche Subventionen	✗	✗	✗
• Vorhandene Steuerbegünstigungen	✓	✗	✗
• Existenzförderung	✗	✗	✗
• Vorhandene Infrastruktur	✓	✓	✓

4.1.5.12 P12: Geringe Kundenbindung

Auch in diesem Punkt sind sich die Experten einig, dass es im ersten Zeitraum eher wenige bis keine Kundenbindungsprogramme gab und die wenigen vor allem vom Handel aus geschaffen wurden.[192] Ab Ende des Jahres 2001 beschäftigen sich die Kamerahersteller zwar langsam mit Kundenbindung und ab diesem Zeitpunkt wurden von den Herstellerfirmen auch erste Ansätze für Kundenbindungsprogramme geschaffen, aber diese wurden nur sehr langsam ausgeweitet und spielten erst im letzten Zeitraum wirklich eine Rolle. Dazu zählen dann Aktivitäten wie der Sony Award, die Olympus Community, Cloud-Dienste von Canon und Leica sowie Social-Media-Aktivitäten der Kamerahersteller. Auch Softwareupdates oder verlängerte Garantien wurden genutzt, um die Loyalität der Kunden zu erhöhen.[193]

---

190 Vgl. Klenner(2011), S. 214.

191 Vgl. Experte A; Experte B; Experte D.

192 Vgl. Experte A; Experte B; Experte D.

193 Vgl. Experte A; Experte B.

Kriterium/Zeitraum	1996–2001	2002–2006	2007–2014
P12: Geringe Kundenbindung	✓	✓	✗
• Niedrige Netzwerkeffekte	✓	✓	✓
• Nicht vorhandene Kundenbindungsprogramme	✓	✓	✗
• Nicht vorhandene Serviceleistungen	✓	✓	✗
• Nicht vorhandene Rabattprogramme	✓	✗	✗

4.1.5.13 P13: Lobbyarbeit als Schutz des Marktes

Im Bereich der Kamera- und Fotoindustrie existieren in allen drei Zeiträumen zwei Lobbyverbände, ein nationaler und ein internationaler Verband. Bei dem nationalen Verband handelt es sich um den Photoindustrie-Verband e. V., auf internationaler Ebene um die Photo Market Association (PMA).[194] Der Photoindustrie-Verband sagt über sich selbst, dass es sich um einen „*branchenübergreifenden Verband von Herstellern und Dienstleistern im Bereich Foto und Imaging*“ handelt, der „*die Interessen der Branche auf fachlicher und politischer Ebene in Deutschland, Europa und weltweit vertritt. Ziel ist das Image der Branche zu fördern und zur Entwicklung des Marktes beizutragen. Ziel ist ebenfalls, den Mitgliedern ein Forum für sachorientierten Meinungsaustausch zu bieten und ihre Interessen durch Presse- und Öffentlichkeitsarbeit zu unterstützen.*“ Der Photoindustrie-Verband sieht sich als Dienstleister im Sinne der Absatzförderung für den Foto- und Imagingmarkt.[195] Constanze Clauß, Pressesprecherin des Photoindustrie-Verbandes e. V. bestätigte die Bemühungen des Verbandes, die Interessen der Kamerahersteller zu wahren, allerdings betont sie, dass diese Verbandstätigkeiten den Marktschutz bzgl. der Eintrittsbarrieren nicht in einem relevanten Ausmaß beeinflussen.[196] Diese Einschätzung wurde auch durch andere Experten bestätigt. Der Verband wurde eher in einer unterstützenden Funktion beschrieben, was technische Fragen, Messen, Importe oder Standards betrifft. Beide Verbände wurden zudem als eher weniger stark und nachhaltig eingestuft.[197] Auch Klenner (2011) sieht keine starke Lobbyarbeit im Kameramarkt und beschreibt die geringe

---

[194] Vgl. Experte B; Experte D; Vorgespräch Experte E; Vorgespräch Experte F.

[195] Vgl. Photoindustrie-Verband (2015).

[196] Vgl. Experte A.

[197] Vgl. Experte B; Experte D; Vorgespräch Experte E; Vorgespräch Experte F.

Relevanz des Wertschöpfungsnetzwerkes innerhalb der politischen Umwelt.[198] Hieran hat sich auch mit Fortentwicklung der Technologie nichts geändert.[199] Das Kriterium *„Anzahl der jährlichen Treffen zwischen Lobbyverband und Politik"* konnte nicht eruiert werden, bringt aber so oder so keine Veränderung für die Proposition, dass der Markt nicht stark durch den Lobbyverband geschützt wird und die Relevanz innerhalb der politischen Umwelt in Deutschland nur eine geringe Rolle spielt. Proposition P13 ist damit als *nicht konsistent* mit der Theorie einzustufen.

Kriterium/Zeitraum	1996–2001	2002–2006	2007–2014
P13: Lobbyverband als Schutz des Marktes	✗	✗	✗
• Vorhandener Lobbyverband	✓	✓	✓
• Hohe Relevanz des Wertschöpfungsnetzwerkes innerhalb der politischen Umwelt	✗	✗	✗

4.1.5.14 P14: Exogene Schocks

Am 11. März 2011 ereignete sich in Fukushima eine Nuklearkatastrophe als Folge eines schweren Erdbebens, gefolgt von einem schweren Tsunami. Dadurch wurde das Kernkraftwerk Fukushima Dai-ichi zu großen Teilen zerstört und eine Kernschmelze in mehreren Reaktoren verursacht. Aufgrund dessen wurde eine große Menge an radioaktivem Material freigesetzt, das Luft, Wasser, Boden und sogar Teile des Meeres kontaminierte. Viele Menschen mussten in Sicherheit gebracht werden. Bis heute sind davon noch starke Strahlungen in Fukushima und anderen angrenzenden Teilen Japans messbar.[200] Dieses Ereignis sowie die schlimme Flutkatastrophe im Oktober 2011 in Thailand[201] können als *exogene Schocks* für die deutsche Kameraindustrie angesehen werden. Obwohl beide Ereignisse nicht in Deutschland stattgefunden haben, haben sie dennoch den Absatz am deutschen Digitalkameramarkt stark beeinflusst, weil die meisten Kamerahersteller in Japan sitzen und ihre Geräte hauptsächlich in Asien produzieren lassen. Diese beiden Naturkatastrophen zogen extreme Produktionsausfälle nach sich, was zu extremen Lieferschwierigkeiten der japanischen Hersteller führte. Dieser Lieferengpass

---

[198]Vgl. Klenner (2011), S. 214.

[199]Vgl. Experte A.

[200]Vgl. Stohl, A. et al. (2012), S. 2313f.

[201]Vgl. Surachai, F. (2011).

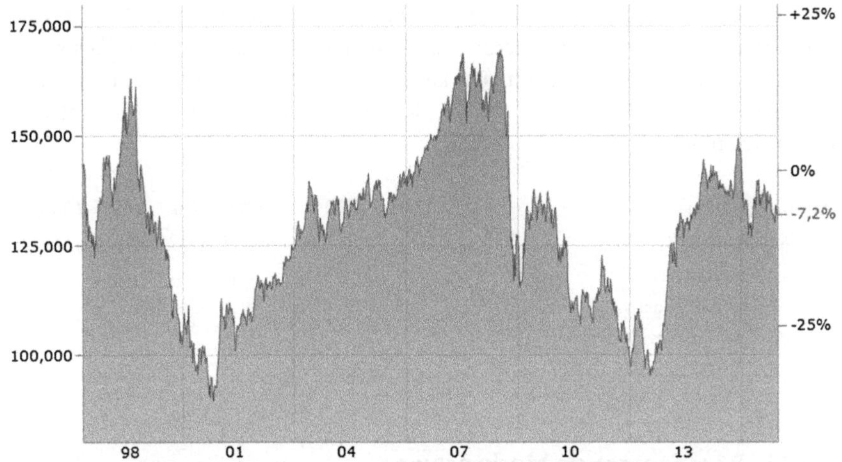

Abbildung 4.20 Wechselkursentwicklung EUR-YEN 1996–2015 (Quelle: finanzen.net 2015)

war lt. Experten zunächst für den Rückgang der Verkaufszahlen der Digitalkameras im Jahr 2009 verantwortlich. Die zuvor erzielten Verkaufszahlen wurden im Anschluss nie mehr erreicht und sanken immer weiter ab.[202] Es ist zwar zu vermuten, dass die Verkaufszahlen auch ohne diesen „exogenen Einfluss" zurückgegangen wären, jedoch wurde die Branche zumindest kurzfristig stark beeinflusst.

Neben Naturkatastrophen können auch extreme Wechselkursschwankungen in die Betrachtung exogener Schocks miteinfließen. Da fast alle Geräte, die in Deutschland verkauft werden, von japanischen Herstellern kommen, ist die Yen-Entwicklung und damit die Entwicklung und Veränderung der Handelspreise ein wichtiger Faktor für den deutschen Kameramarkt.[203] Abbildung 4.20 zeigt den Verlauf des Yen/Euro-Wechselkurses von 1996 bis 2015. Dabei fallen drei Extreme ins Auge. Zum einen der starke Abfall des Yen im Jahr 2000 und 2012, zum Anderen das Hoch im Jahr 2008. Da ein schwacher Wechselkurs dem deutschen Markt eher nützt und der Ankauf der Geräte durch geringere Preise verbessert wird, werden die beiden Tiefpunkte nicht als exogene Schocks, den Digitalkameramarkt betreffend, eingeordnet.

[202]Vgl. Experte B.

[203]Vgl. Experte B.

Der Höhepunkt ist im Jahr 2008 zu verzeichnen und könnte damit ähnlich wie die Naturkatastrophen neben anderen Faktoren einen Einfluss auf den Rückgang der Verkaufszahlen gehabt haben. Da keine sonstigen Einflüsse eruiert werden konnten, ist die Proposition P14 nur für den dritten Zeitraum als konsistent mit der Theorie zu betrachten.

Kriterium/Zeitraum	1996-2001	2002-2006	2007-2014
P14: Exogene Schocks	✗	✗	✓
• Terroraktivitäten	✓	✗	✗
• Politische Schocks	✗	✗	✓
• Umweltkatastrophen	✗	✗	✓
• Starke Kursschwankungen	✓	✗	✓

4.1.5.15 P1n: Steigende Marktpreise

P1n.1 Steigender durchschnittlicher Marktpreis
Der durchschnittliche Marktpreis von Digitalkameras ist wie in Tabelle 4.9 und in Abschnitt 4.1.5.1 aufgezeigt, in der Gesamttendenz im ersten Zeitraum um ca. 50% und im zweiten Zeitraum noch um ca. 29% gefallen. Auch bei einer Einzelbetrachtung der Kameraarten Kompaktkamera und SLR-Kamera ist jeweils ein Rückgang des Kaufpreises in den ersten beiden Zeiträumen zu verzeichnen. Ein leichter Anstieg in der Gesamtbetrachtung kann lediglich im Zeitraum 2007–2014 beobachtet werden.

P1n.2 Sinkendes Verkaufsvolumen
Sowohl die Absatzzahlen, siehe dazu auch Abbildung 4.11, als auch das Umsatzvolumen von Digitalkameras, siehe Abbildung 4.14 und Tabelle 4.12, sind von 1996 bis 2006 gestiegen. Ein Rückgang ist erst ab dem Zeitraum 2007–2014 zu verzeichnen. Die Proposition Pn1 kann daher nur im letzten Zeitraum als konsistent betrachtet werden.

Kriterium/Zeitraum	1996-2001	2002-2006	2007-2014
Pn1: Steigende Marktpreise	✗	✗	✓
• Steigende Marktpreise	✗	✗	✓
• Sinkendes Verkaufsvolumen	✗	✗	✓

4.1.5.16 P2n: Vorhandene low-end Angebote

P2n.1 Vorhandene Zahl von low-end Angeboten und P2n.2 Qualitative Beurteilungen der Marktangebote im low-end Segment
Auch bei dieser neuen Proposition kann auf die oben bereits bearbeiteten Abschnitte hingewiesen werden. Wie in Abschnitt 4.1.5.5 in Proposition 5 dargestellt, gab es im ersten Zeitabschnitt eine eher geringe Anzahl von low-end Angeboten. Die damals auf dem Markt angebotenen Digitalkameras waren den analogen Kameras zwar leistungsmäßig noch weit unterlegen, trotzdem waren sie sehr hochpreisig. Auch Größe und Gewicht waren noch sehr hoch, womit sie in der Gesamtbetrachtung eher weniger für low-end Kunden des Marktes geeignet waren. Das bedeutet, im Zeitraum 1996–2001 gab es auf dem Digitalkameramarkt sehr wenig bis keine low-end Angebote. Erst ab dem Jahr 2002 wurden zunehmend günstigere Digitalkameras, vor allem im Kompaktkamerabereich, auf den Markt gebracht. Das low-end Segment nahm ab diesem Zeitpunkt stetig zu und die Preise sind zwischen 2002 und 2006 zum Teil unter die Grenze von 100 Euro gefallen und wurden auch bei Discountern verkauft.[204] Ab 2011 stiegen die Preise im gesamten Markt wieder leicht an und das Angebot im low-end Bereich nahm zahlenmäßig etwas ab. Dies ist zum einen darauf zurückzuführen, dass viele Hersteller wieder aus dem Markt ausgestiegen sind, weil die Margen sehr gering waren, zum anderen, weil die Kaufkraft zurückging, da Kameras aus dem low-end Bereich durch Smartphone-Kameras ersetzt wurden oder Kunden vermehrt hochwertigere Modelle nachgefragt haben, die eine wesentlich bessere Leistung boten als die Smartphone-Kamera.

Obwohl jedes Angebot immer relativ betrachtet und in die aktuellen Möglichkeiten des jeweiligen Zeitraums eingeordnet werden muss, war die qualitative Beurteilung zunächst eher schlechter und hat sich im Verlauf der Zeit immer mehr verbessert.[205]

Kriterium/Zeitraum	1996–2001	2002–2006	2007–2014
Pn2: Vorhandene low-end Angebote	✗	✗	✓
• Vorhandene Anzahl von low-end Angeboten	✗	✓	✓✓
• Qualitative Beurteilungen der Marktangebote im low-end Segment	schlecht	mittelmäßig	gut-sehr gut

204 Vgl. Rupprecht (2003).

205 Vgl. Experte A; Experte B.

4.1.5.17 P3n: Einführung einer radikal sustaining Innovation

Eine radikal sustaining Innovation im Bereich des Digitalkameramarktes war im Zeitraum 1996–2001 nicht zu verzeichnen. Es gibt nur inkrementelle Innovationen wie z.B. die Einführung der digitalen SLR-Kamera sowie Verbesserungen der Digitalkameratechnologie. Erst bei der Integration der Videofunktion in Digitalkameras, die ungefähr ab dem Jahr 2000[206] stattfand, sprechen Experten von einer radikalen Innovation. Dabei wurden Videokamera und Digitalkamera erstmals in einem Gerät kombiniert. Es kann hierbei von einer Produktkonvergenz gesprochen werden, durch die der Videokameramarkt nachhaltig geschädigt wurde und im Lauf der Zeit zusammengebrochen ist.[207]

Eine weitere technologische Entwicklung im Bereich der Digitalkamera sind die sog. Outdoorkameras, die in Zusammenhang mit der Outdoorwelle der letzten 10–20 Jahre aufgekommen sind. Es handelt sich um Digitalkameras mit Videofunktion, die miniaturisiert, meist schockresistent, stoßfest und ggf. wasserdicht sind. Führender Anbieter mit der größten Marktbedeutung weltweit, aber auch in Deutschland ist die Firma GoPro (70–75% Marktanteil) aus Amerika. Insgesamt wird der Bereich von 2–3 Herstellern dominiert, klassische Hersteller wie Sony und Panasonic haben auch versucht, in diesen Bereich einzusteigen, um die Verluste aus dem Videogeschäft wettzumachen. Kunden sind vor allem jüngere Menschen.[208] Diese Actioncams sind im Lauf der Zeit immer kleiner geworden, so dass man sie als sog. Wearables am Körper tragen kann. Sie sind relativ neu, aber ebenfalls unter inkrementelle Innovationen einzuordnen, die geschaffen wurden, um eine Nische im Markt zu bedienen und am Digitalkameramarkt zu überleben.[209] Das Kriterium kann daher nur für den Zeitraum 2002–2006 als *konsistent* betrachtet werden.

Kriterium/Zeitraum	1996-2001	2002-2006	2007-2014
Pn3: Einführung einer radikal sustaining Innovation	✗	✓	✗

[206] Vgl. siehe ausführliche Modellliste im Anhang.

[207] Vgl. Experte A; Experte B; Experte D; Experte E; Experte I.

[208] Vgl. Experte A.

[209] Vgl. Experte B; Experte I.

4.1.5.18 Zusammenfassung der Ergebnisse

In Tabelle 4.20 werden die Ergebnisse der vorangegangenen Analyse zur Bestimmung der Disruptionsreife des Digitalkameramarktes zusammengefasst dargestellt. Im ersten Zeitraum konnten insgesamt sechs Propositionen als *konsistent* betrachtet werden. Davon waren drei bedingende und drei nicht bestätigte Propositionen. Im zweiten Zeitraum von 2002 bis 2006 konnten insgesamt fünf Propositionen nachgewiesen werden, wovon es sich nur bei einer um eine nicht bestätigte Proposition handelt. Drei waren bedingender und zwei ermöglichender Art. Im dritten Zeitraum nach Einführung der Innovation Mobiltelefonkamera hat sich die DR erhöht. Insgesamt waren sieben Propositionen konsistent, davon zwei ermöglichende und vier bedingende.

Damit ist die DR des Digitalkameramarktes im ersten Zeitraum als gering einzustufen, siehe Abbildung 4.21.

Betrachtet man die Veränderung vom ersten zum zweiten Zeitraum, dann zeigt sich, dass die DR im Lauf der Zeit angestiegen ist. Zwar waren im ersten Zeitraum insgesamt mehr Propositionen erfüllt, jedoch waren drei davon in der Initialstudie nicht bestätigte Propositionen. Im zweiten Zeitraum sind die Propositionen Pn3: *Einführung einer radikal sustaining Innovation* und P6: *Starke Marktanteilsverschiebung* hinzugekommen und die Propositionen P10: *Hohe Eintrittsbarrieren*, P1: *Geringe Angebotslücke* und P5: *Geringes low-end Angebot* weggefallen. Betrachtet man Periode 3, dann ist die DR in diesem Zeitraum im Vergleich zur Periode 2 nochmals gestiegen. Mit insgesamt sieben erfüllten Propositionen, von denen nur eine Proposition als neutral gilt, während vier bedingender und zwei ermöglichender Art sind, kann von einer mittleren Disruptionsreife gesprochen werden.

Tabelle 4.20 Zusammenfassung Propositionen Disruptionsreife Fallstudie 1

Proposition/Zeitraum	1996–2001	2002–2006	2007–2014
P1: Geringe Angebotslücke	✓	✗	✗
P2: Geringe Unternehmens-Ein- und -Austritte	✗	✗	✗
P3: Konstante Wettbewerber	✗	✗	✗
P4: Hohe Marktkonzentration	✗	✗	✓
P5: Geringe low-end Angebote	✓	✗	✗
P6: Starke Marktanteilsverschiebung	✗	✓	✓
P7: Geringe Kaufbereitschaft	✗	✗	✓
P8: Hohe Wertschöpfungsnetzwerkgröße	✓	✓	✗
P9: Wertschöpfungskettenveränderung	✓	✓	✓
P10: Hohe Eintrittsbarrieren	✓	✗	✗
P11: Hohe Eintrittsbegünstigungen	✗	✗	✗
P12: Geringe Kundenbindung	✓	✓	✗
P13: Lobbyarbeit	✗	✗	✗
P14: Exogene Schocks	✗	✗	✓
P1-n: Steigende Marktpreise	✗	✗	✓
P2-n: Vorhandene low-end Angebote	✗	✗	✓
P3-n: Einführung einer radikal sustaining Innovation	✗	✓	✗
Anzahl erfüllter Propositionen	6	5	7

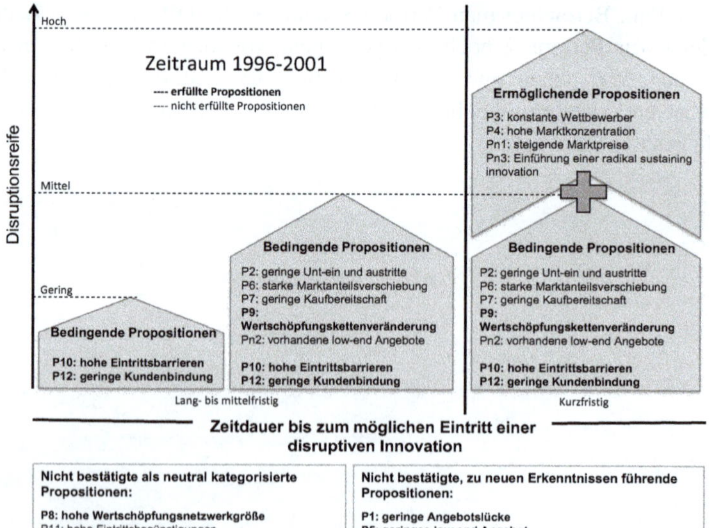

Abbildung 4.21 Disruptionsreife des Digitalkameramarktes 1996–2001 (Eigene Darstellung, Quelle: Klenner 2011, S. 223)

Tabelle 4.21 Kriterien einer Disruption (Quelle: Eigene Darstellung in Anlehnung an Christensen, Raynor, McDonald 2016, S. 67)

Kriterien einer Disruption
- Eine Innovation, mit anfänglich schlechteren Eigenschaften, eingeführt von neuen Unternehmen, substituiert eine bisherige Technologie in mehr als 50% des Marktes. Die neuen Unternehmen verbessern die PDI im Lauf der Zeit (inkrementelle und radikale Verbesserungen) so stark, dass nach und nach immer mehr Mainstreamkunden die Leistung ausreichend finden und zur neuen Innovation wechseln.
- Einhergehend mit dieser Substitution ändert sich die Hersteller- und Anbieterlandschaft am Markt, indem neue Firmen hinzukommen und etablierte verschwinden (die etablierten Anbieter verschwinden entweder ganz vom Markt oder konzentrieren sich nur noch auf Premiumsegmente). Damit einhergehend verändert sich auch die Zusammensetzung der Top-5-Marktführer.

4.1.6 Die Disruption im digitalen Amateurfotomarkt

Um zu überprüfen, ob die beiden Modelle zur Früherkennung einer Gefahr durch disruptive Innovationen richtige Vorhersagen getroffen haben, soll nun untersucht werden, ob es Anzeichen dafür gibt, dass die digitale Kompaktkamera im Amateurfotomarkt durch die Smartphone-Kamera disruptiert wurde.

In Tabelle 4.21 werden die Merkmale einer Disruption aus Abschnitt 2.2.6 nochmals kurz aufgeführt und sollen anschließend, zum Teil mit Hilfe von Diagrammen, untersucht werden:

1) Substitution der Technologie

Klenner (2009) begründet in der Initialstudie eine stattgefundene Disruption der analogen Kamera durch die Digitalkamera mit dem Nachweis, dass 2003 erstmals mehr digitale als analoge Kameras verkauft wurden.[210] Ein Vergleich der Absatzzahlen in Abbildung 4.22 zeigt, dass bereits 2004 mehr Mobiltelefone mit Kamera verkauft wurden als digitale Kompaktkameras. Bereits in den Jahren 2003 bis 2005 wuchs der Absatz von Mobiltelefonkameras wesentlich schneller

[210] Vgl. Klenner (2011), S. 186.

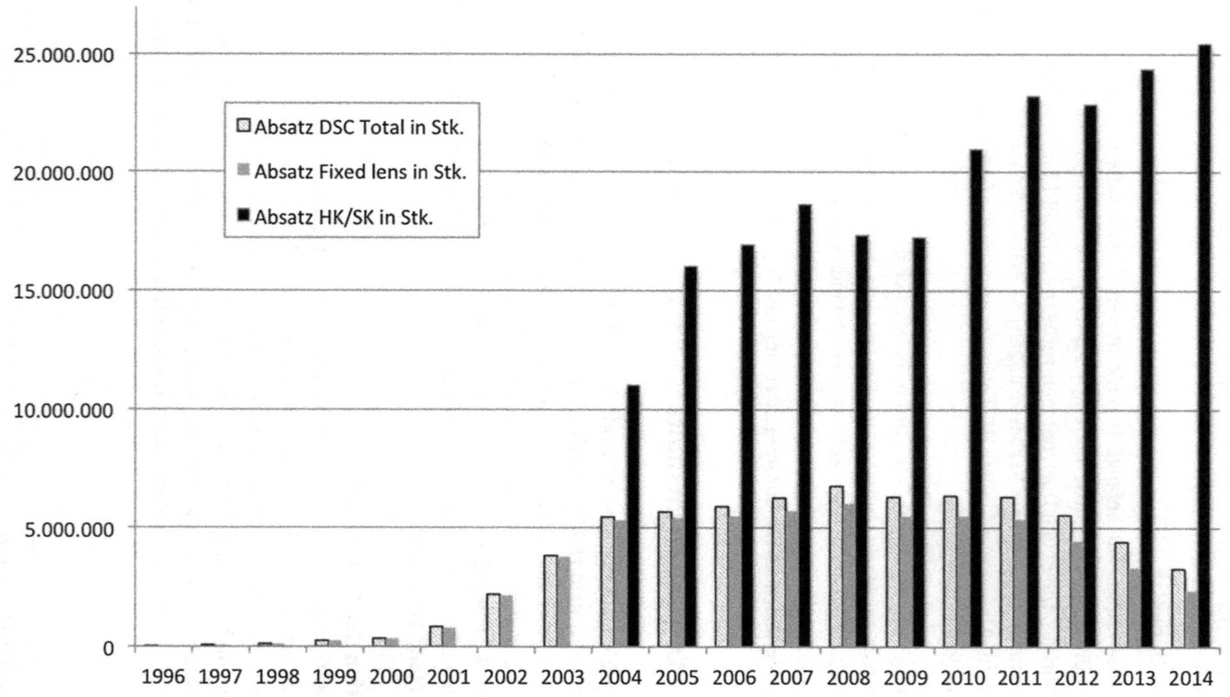

Abbildung 4.22 Absatz Digitalkamera vs. Handy-/Smartphone-Kamera (Eigene Darstellung und Berechnung, Quelle: Daten der GFK und Retail GmbH)

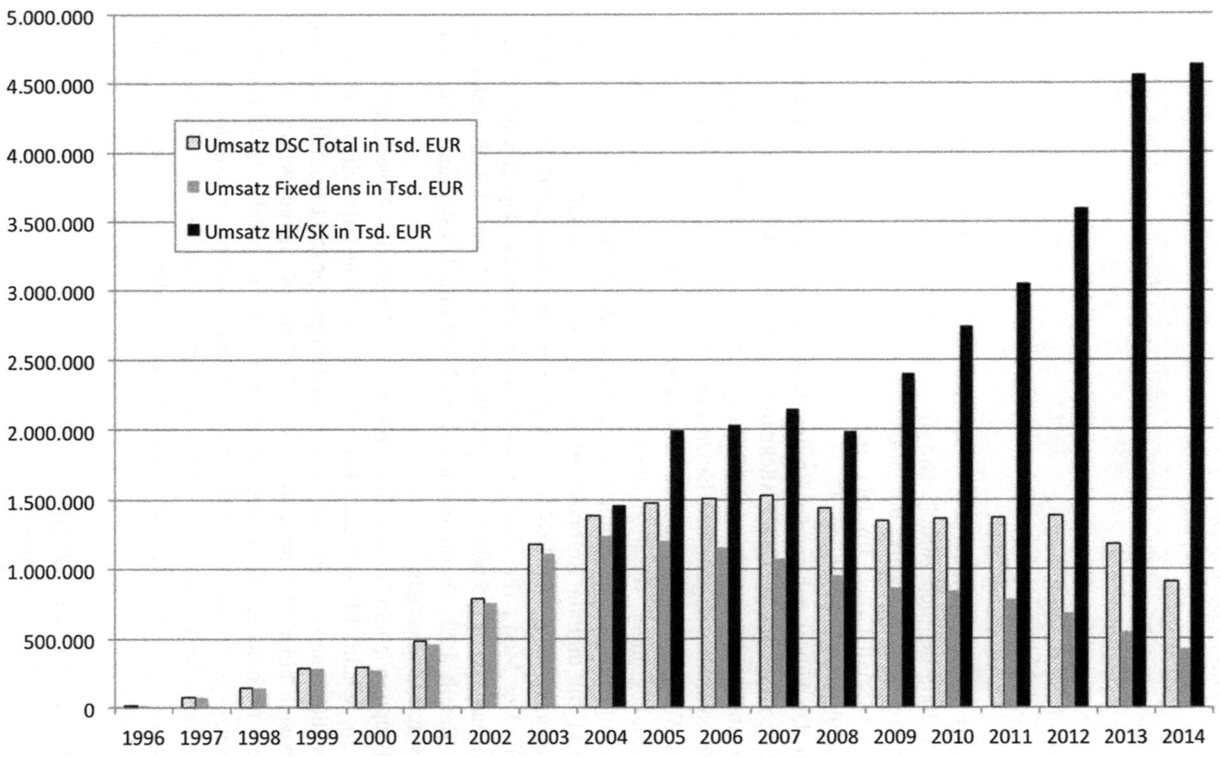

Abbildung 4.23 Umsatz Digitalkamera vs. Handy-/Smartphone-Kamera (Eigene Darstellung und Berechnung, Quelle: Daten der GFK und Retail GmbH)

Tabelle 4.22 CAGR-Vergleich DKK vs. HK/SK

Zeitraum	2002-2006		2007-2014	
	DKK: 02-06	HK/SK: 04-06	DKK: 07-14	HK/SK: 07-14
CAGR (Umsatz)	11,3%	17,8%	-12,42%	11,3 %
CAGR (Absatz)	28,2%	24,0%	-8,9%	4,5%

als der Absatz von Digitalkameras.[211] Der Absatz der Digitalkameras geht erst ab dem Jahr 2008 deutlich zurück. Die meisten Hersteller sind deshalb in den Folgejahren aus dem DK-Markt ausgetreten oder haben sich auf hochwertigere Kameraarten spezialisiert.[212] Im Jahr 2014 verfügten über 60% der deutschen Bevölkerung über ein Smartphone.[213]

Auch in den Umsatzzahlen der Kompaktkameras, siehe Abbildung 4.23, ist ein Rückgang zu beobachten. Der Rückgang beginnt hier bereits im Jahr 2004, obwohl die Absatzzahlen zunächst noch steigen. Das deutet darauf hin, dass ein extremer Preisverfall stattgefunden haben muss. Dieser Preisverfall lag an dem gesteigerten Wettbewerb durch andere Kamerahersteller und das Substitut Mobiltelefonkamera begründet. Vor allem die Mobiltelefonkamera war für den Kunden deutlich günstiger als digitale Kompaktkameras im Jahr 2004.

Der Markt für digitale Kompaktkameras ist in den Jahren 2007–2014 bei einem Ausgangsniveau von 1.072.558 Tsd. Euro im Jahr 2007 um 12,42% geschrumpft. Der Markt für Mobiltelefone mit Kamera ist dagegen bei einem Ausgangsniveau von 2.145.009 Tsd. Euro im Jahr 2007 um 11,3 % gestiegen, siehe dazu Tabelle 4.22. Damit würden die Absatz-und Umsatzzahlen für eine erfolgte Disruption sprechen.

Eine Disruption allein an der übersteigenden Menge der Abverkaufszahlen festzumachen, scheint für vorliegenden Fall jedoch nicht ausreichend, weil es sich bei der hier untersuchten PDI um ein Konvergenzprodukt handelt, welches nicht nur wegen einer Funktion, in diesem Fall der Kamerafunktion, gekauft wird, sondern noch andere Funktionen erfüllen soll. Es muss daher im Folgenden auch das Nutzungsverhalten der Smartphone-Kunden untersucht werden. Insbesondere die Tatsache, ob und wie häufig Smartphone-Kunden die Smartphone-Kamera in der Vergangenheit genutzt und in welchen Fällen sie die Digitalkamera damit ersetzt haben.

---

[211]Vgl. Stobbe, Just (2006), S. 8; Experte A.

[212]Vgl. Experte A; Experte G; Experte H.

[213]Vgl. Hoffmann, T. (2014), S. 6.

Veränderung im Nutzungsverhalten
Durch die Kombination einer Kamera mit den Möglichkeiten und Anwendungen des Smartphones, insbesondere dem Internet, haben sich viel mehr Anwendungsmöglichkeiten für die Verwendung von Fotos eröffnet. Mit dem Smartphone wurden zunächst andere Fotos gemacht als mit der Digitalkamera. Mittlerweile wird aber auch für viele klassische Bereiche, wie Urlaub und Familienfeiern, das Smartphone verwendet, selbst wenn eine DK im Haushalt ist. Ein Grund dafür ist die Tatsache, dass die meisten Bilder nur noch auf Smartphones oder Tablets angeschaut und auf sozialen Medien geteilt werden. Das ist einfacher, wenn das Foto direkt mit dem Smartphone aufgenommen wird. Ein weiterer Grund ist, dass Kunden die Usability des Smartphones sehr schätzen. Dazu gehört nicht nur die einfache Bedienbarkeit, sondern auch die Tatsache, dass man das Smartphone immer bei sich hat und mit einem einzigen Gerät mehrere Funktionen erfüllen kann.[214] Zudem sind die Fotos des Smartphones mittlerweile qualitativ so gut, dass sie mind. in den Standardformaten 9 x 13 oder 10 x 15 ausgedruckt werden können.[215] Die Bildqualität der Fotos ist seit 2011 so gut, dass die SK auch im Bereich der Bildqualität eine Konkurrenz zur DK darstellt. Viele Smartphone-Kameras sind sogar besser als viele DKK.[216]

Obwohl heute sehr viel mehr Bilder gemacht werden als zu Digitalkamerazeiten (siehe z. B. Abbildung 4.24), werden weniger Bilder auf Papier gebracht. Durch die neue Technologie Smartphone-Kamera hat sich der Usecase, was die Benutzung der Bilder betrifft, erweitert. Fotos wurden früher vor allem gemacht, um diese entwickeln zu lassen oder Fotobücher zu gestalten. Heute werden Fotos auch für die Kommunikation, z. B. in sozialen Netzwerken, genutzt. Ein Teil der Online-Kommunikation läuft fast nur über Bilder.[217]

Smartphones erleichtern dem Benutzer diese Anwendungen durch die Integration von Apps, sozialen Netzwerken und Messenger-Diensten und steigern

---

[214] Vgl. Lutter et al. (2015); Experte G; Experte H.

[215] Vgl. Experte D, Experte F; Experte C; Experte I.

[216] Vgl. Experte B; gfu, GFK (2013), Hoffmann et al. (2014) S. 10; Experte H.

[217] Vgl. Experte C; Experte D; Experte F; Digital Imaging (2015); Focus-Money (2015); Franck (2015).

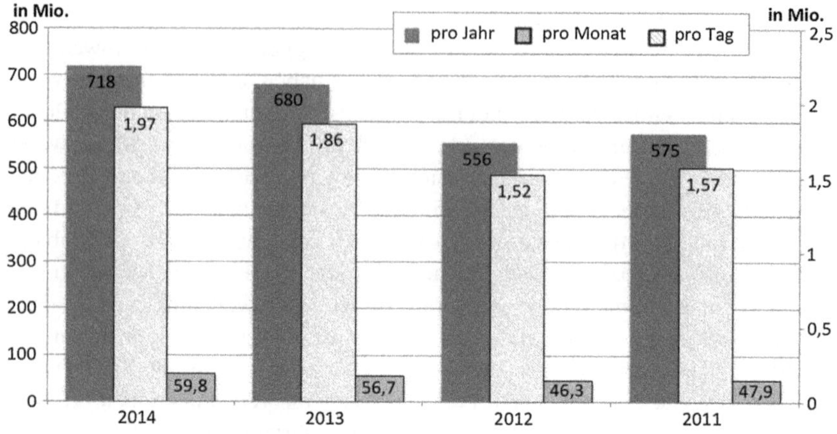

Abbildung 4.24 Entwicklung Uploads auf Flickr (Quelle: Franck 2015)

dadurch ihre Popularität.[218] Früher hat man nur Fotos gemacht, die man auch entwickeln wollte, heute machen 2 Mrd. Smartphone-Besitzer weltweit unendlich viele Fotos für alle möglichen Zwecke. Der Kundenkreis für Fotografie hat sich enorm vergrößert, weil Fotografieren mit dem Smartphone sehr einfach und günstig geworden ist und es mehr Möglichkeiten gibt, die Bilder zu verwenden. Die Verbreitung der Fotografie ist durch die Smartphone-Fotografie stark gestiegen.[219]

Bereits im Zeitraum von 2006 bis 2008 waren die Fotos, die zum Fotofinisher gekommen sind, unterproportional von Kompaktkameras, obwohl das zuvor der Massenmarkt war. Die Fotos kamen zunehmend von digitalen SLR-Kameras. Dieser Bereich im Fotofinishing ist massiv gewachsen, während der Bereich der Bilder von digitalen Kompaktkameras sehr stark abgenommen hat. Mit zunehmender Qualitätsverbesserung der Mobiltelefonkameras wurden die Fotos, die bis dahin mit einer Kompaktkamera gemacht wurden, durch das Smartphone ersetzt, denn entweder hatten die Menschen ihre Kamera für Schnappschüsse nicht dabei oder sie haben besondere Bilder mit einer SLR-Kamera gemacht. Spätestens mit dem ersten iPhone hat die Mobiltelefonkamera der DKK ernsthaft Konkurrenz gemacht und ihr mit den zahlreichen Bearbeitungsmöglichkeiten im Verlauf der Zeit den Rang abgelaufen. Daher werden heute die meisten Bilder vor allem von

[218]Vgl. Hoffmann et al. (2014) S. 20; Experte E; Experte H.

[219]Vgl. Experte F; Experte I.

dSLR- oder Systemkameras oder Smartphones gemacht.[220] Der Marktführer im Bereich des Fotofinishings in Europa, Cewe, analysierte, dass Ende 2014 bereits 25% der Fotos, die im Labor belichtet wurden, und sogar 40% der Fotos, die direkt am POS belichtet wurden, von Mobiltelefonen aufgenommen wurden.[221] Das zeigt deutlich, dass die DKK vom Smartphone ersetzt worden ist.

Ein weiterer Grund für die vermehrte Nutzung der Smartphone-Kamera ist, dass das Display von Smartphones nach einiger Zeit bereits groß genug war, um das Smartphone als digitales Fotoalbum zu nutzen. Das hat den Vorteil, dass alle Fotos immer dabei sind und leicht wiedergefunden werden können. Das ist allerdings kompetenzzerstörend für die Fotofinisher. Dass die DKK vom Smartphone verdrängt wurde, liegt neben der hohen Qualität der Smartphone-Kameras auch daran.[222] Weiterhin ist die Videokamera im Smartphone mittlerweile so gut, dass Videos in Full-HD-Qualität aufgenommen und auf anderen Geräten wie dem Fernseher abgespielt werden können.[223] Digitale Kompaktkameras wurden in der Vergangenheit vor allem verwendet, um Situationen festzuhalten sowie gelegenheitsmäßig für besondere Anlässe wie Familienfeiern, Urlaub. Dieser Bereich war bereits 2014 durch Smartphones substituiert worden.[224] Das Smartphone hat sich innerhalb kürzester Zeit zum Universalgerät entwickelt.[225] Das iPhone war 2009 die am häufigsten verwendete Schnappschusskamera.[226] Der Photoindustrie-Verband stuft Smartphones als „Immer-dabei-Kamera" ein.[227] Eine Substitution von über 50% kann ab Mitte 2012 analysiert werden, siehe dazu Abbildung 4.25. Umfragen und Experten bestätigen dies.[228]

Smartphones werden fast täglich verwendet und damit viel häufiger als Digitalkameras zum Einsatz gebracht. 47% der Deutschen fotografieren täglich mit ihrem Smartphone, nur 8% mit ihrer Digitalkamera.[229] Das Smartphone war 2013 der dominierende Fotoapparat im Alltag und der liebste Fotoapparat der Deutschen im

---

[220] Vgl. Experte D; Experte H.

[221] Vgl. Experte H.

[222] Vgl. Experte D; Experte C; Experte H.

[223] Vgl. Experte B, gfu, GFK (2013); Hoffmann et al. (2014) S. 10.

[224] Vgl. Experte A; Experte B; Experte H.

[225] Vgl. Hoffmann et al. (2014), S. 22 ff.

[226] Vgl. Cruz, Meyer (2012), S. 203 f.

[227] Vgl. Prophoto (2013).

[228] Vgl. Hoffmann et al. (2014), Experte H, Experte I, Dialog Consult VATM (2012); Dialog Consult VATM (2015); statista (2013); netzoekonom.de (2014).

[229] Vgl. Chao, Kenney (2014), S. 4 ff.

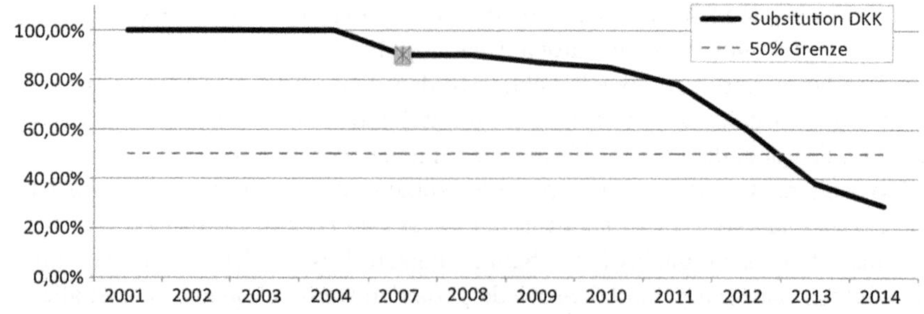

Abbildung 4.25 Substitutionskurve digitale Kompaktkamera (Eigene Berechnung und Darstellung, Quellen: Dialog Consult VATM 2012; Dialog Consult VATM 2015; statista 2013; netzoekonom.de 2014; statista 2014; Lutter et al. 2015; Meeker 2015; KPCB 2014) (Anmerkung: Die Subsitutionskurve wurde auf Basis der Entwicklung folgender Parameter erstellt: die Häufigkeit der Nutzung der Mobiltelefonkamera für verschiedene Anlässe, den Anstieg des Datenaufkommens von mobilen Geräten, der Anzahlt von Personen in Deutschland die mit ihrem Mobiltelefon das Internet benutzen, der subjektiv empfundenen Relevanz des mobilen Internets für Mobiltelefonnutzer, der Anzahl der Bilder die in Soziale Netzwerke geladen wurden und Veränderungen in den Gewohnheiten der Menschen bei der Nutzung von Digitalkameras und Mobiltelefonkameras)

Vergleich zu allen anderen Kameraarten,[230] siehe dazu beispielsweise auch Abbildung 4.26. Spätestens im Jahr 2014 hat die Handykamera die digitale Kompaktkamera mit über 80% substituiert.[231] Smartphone-Nutzer sind mit der integrierten Kamera sehr zufrieden.[232] Das liegt neben der Qualitätsverbesserung der Smartphone-Kamera vor allem daran, dass das Smartphone immer zur Hand ist und mehr Möglichkeiten bietet.[233] Die Bildqualität der Smartphones reicht für viele Konsumenten längst aus und das beeinflusst die Verkaufszahlen von Kompaktkameras negativ.[234]

Zusammenfassend kann davon ausgegangen werden, dass die Smartphone-Kamera die digitalen Kompaktkameras verdrängt hat.[235]

---

[230] Vgl. Hoffmann et al. (2014) S. 20.

[231] Vgl. Experte A.

[232] Vgl. Chao, Kenney (2014), S. 9; Experte E; Experte H.

[233] Vgl. Hoffmann, T.; et al. (2014), S. 20; Experte D; Experte B; Thomas, Christoph (2014), check24.de (2013).

[234] Vgl. Chao, Kenney (2014), S. 4 ff.

[235] Vgl. Dietz, C. (2014); Knaak, Bautsch (2014).

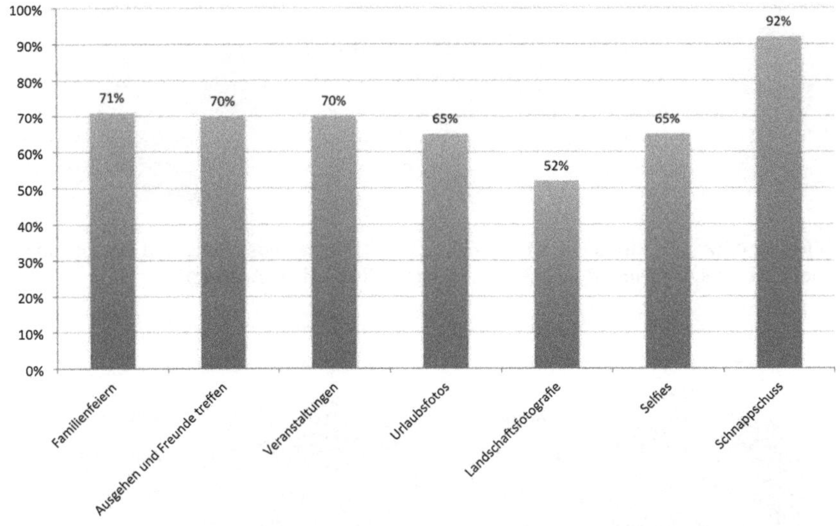

Abbildung 4.26 Verwendung HK/SK 2013/2014 (Quelle: Hoffmann 2014, S. 21)

2) Marktanteilsverschiebungen

Ein weiterer Nachweis für eine Disruption kann anhand massiver Marktanteilsverschiebungen am etablierten Markt zu Gunsten der neuen Firmen gesehen werden.

Abbildung 4.27 zeigt die Marktführer von DKK aus den Jahren 2002, 2006 und 2014. Es sind zwar Marktanteilsverschiebungen am Markt für DKK zu beobachten, aber diese sind nicht massiv und nicht zugunsten von neuen Firmen.

Dieses Merkmal würde daher zunächst nicht auf eine Disruption hinweisen. Das Marktvolumen hat jedoch von 1.155.509 Tsd. € im Jahr 2006 auf 424.271 Tsd. € im Jahr 2014 stark abgenommen. Der Markt ist damit extrem geschrumpft, was auch einen Rückgang der absoluten Marktanteile darstellt. Die Mobiltelefone mit Kameras sind hier nicht miteingerechnet, weil diese Umsätze dem Mobiltelefonmarkt zugerechnet werden.

Man kann daher nicht wie in der Initialstudie sagen, dass sich die Marktanteile der Digitalkamerahersteller so stark zugunsten der Smartphone-Hersteller verändert haben, denn diese Marktanteile sind relativ gesehen ziemlich gleich geblieben. Betrachtet man aber die absoluten Zahlen von Verkauf und Umsatz bei digitalen Kompaktkameras, ist ein deutlicher Rückgang zu beobachten. Der Markt für DKK verschwindet langsam und ein neuer Markt mit neuen Akteuren

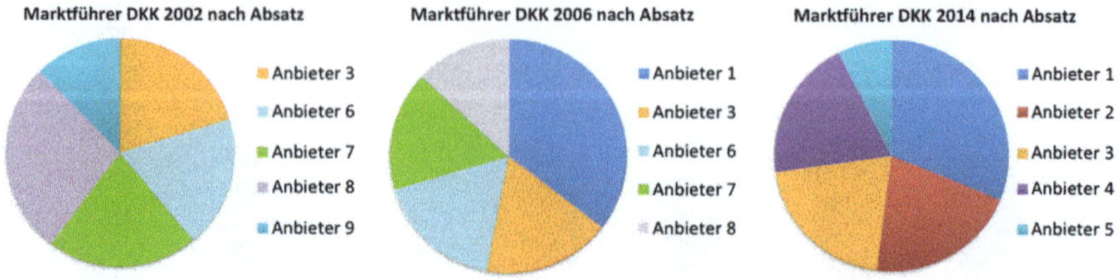

Abbildung 4.27 Marktführer DKK 2002 vs. 2006 (Eigene Darstellung und Berechnung, Quelle: Daten der GFK und Retail GmbH, Herstellerliste - siehe Anhang)

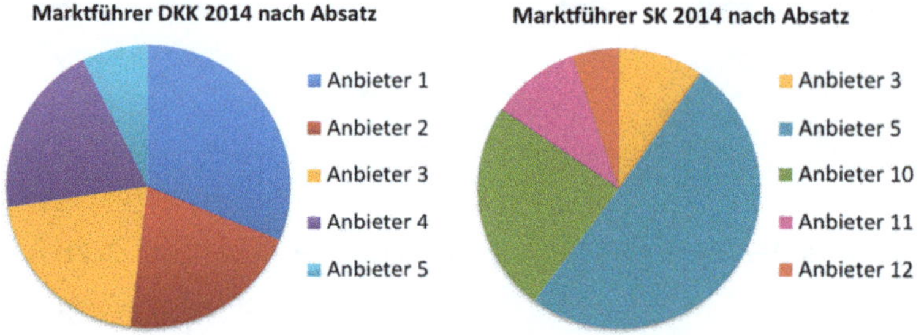

Abbildung 4.28 Marktführerschaft DKK vs. SK 2014 (Eigene Darstellung und Berechnung, Quelle: Herstellerliste, Daten der GFK und Retail GmbH)

ist parallel entstanden.[236] Das Kriterium Veränderung der Herstellerlandschaft am Markt kann daher im Zusammenhang mit Konvergenzprodukten, die disruptives Potential haben, nicht allein als Nachweis für eine Disruption gesehen werden. Vielmehr muss der alte Markt der DKK mit dem Markt des Konvergenzproduktes SK verglichen werden.

Die Marktführer bei den digitalen Kompaktkameras waren vor der Einführung der Technologie Handykamera im Jahr 2001 andere als die Marktführer bei den Smartphone-Kameras im Jahr 2014.[237] Die Herstellerlandschaft hat sich im Zuge der Substitution der Geräteart stark verändert. Unter den Top-12-Anbietern von Smartphones sind 2014 nur zwei Hersteller, die auch im Digitalkameramarkt aktiv waren. Diese sind Samsung und Sony, alle anderen sind sozusagen neue Unternehmen im Bereich der Digitalkameratechnologie, siehe dazu auch Abbildung 4.28.

[236] Vgl. Experte A; Dietz, C. (2014), Knaak, Bautsch (2014).

[237] Vgl. eigene Datenbank; Marketline (2014), S. 19; statista (2013), S. 20.

Tabelle 4.23 Zusammenfassung Eigenschaften Disruption im Use Case (Quelle: Eigene Darstellung)

Neuer Use Case	Kommunikation
Vorteile	Einfacher: weniger Einstellungen notwendig, Einstellungen einfacher, Gerät immer dabei, Bildbearbeitung möglich und sehr einfach, direktes Versenden/Teilen und Vorzeigen direkt und einfacher möglich, Fotos immer dabei
Markt explodiert, viel mehr Nutzer als zuvor	Jeder Smartphone-Nutzer hat plötzlich die Möglichkeit zu fotografieren, Anzahl der Fotografen und der Fotos ist explodiert
Disruption erfolgt	Ja

Damit ist zwar das Merkmal der Anteilsverschiebung innerhalb des Amateurfotomarktes nicht erfüllt, betrachtet man jedoch den neuen Markt, zu dem sich der Umsatz verschoben hat, dann kann dieses Kriterium in jedem Fall als erfüllt betrachtet werden.

In den vergangenen Jahren sind ganze Geräteklassen verschwunden. Im Gegenzug schaffen neue Geräte wie Smartphones und die mit ihnen verbundene Vernetzung neue Chancen, Märkte und neue Anwendungsfelder.[238] Tabelle 4.23 fasst die Argumente, die die Nutzer überzeugt haben, die DKK durch die SK zu ersetzen, nochmals zusammen. Insgesamt kann festgestellt werden, dass eine Disruption am Markt stattgefunden hat.

4.1.7 Zusammenfassende Fallstudienergebnisse und -analyse

In diesem Abschnitt werden zunächst die Ergebnisse der ersten Fallstudie kurz zusammengefasst, bevor sie im Anschluss kritisch betrachtet und analysiert werden.

4.1.7.1 Zusammenfassung der Ergebnisse

Die Anwendung des **Modells zur Bestimmung der DR des Digitalkameramarktes** in Abschnitt 4.1.5 kommt zu dem Ergebnis, dass der Markt vor Eintritt der Innovation Mobiltelefonkamera im Zeitraum 1996–2001 nur eine *geringe Disruptionsreife* aufweist. Die Zeitdauer bis zu einer Disruption ist laut dem Ergebnis des Modells zur Bestimmung der DR eines Marktes nur *langfristig* zu erwarten.

---

[238] Vgl. Hoffmann et al. (2014).

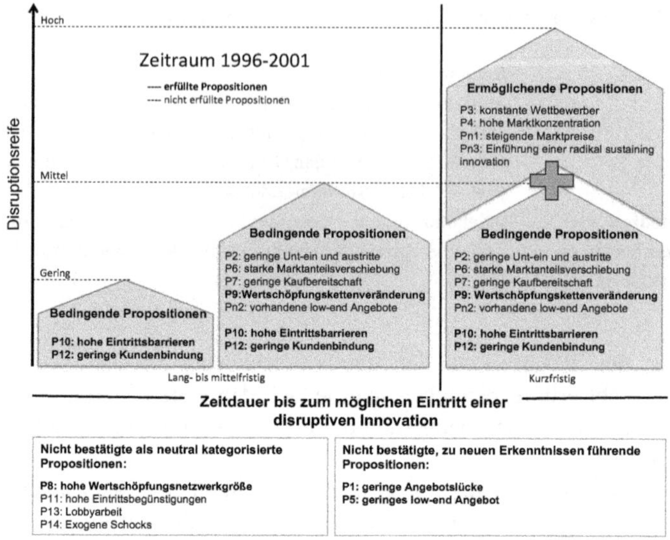

Abbildung 4.29 Zusammenfassung DR F1 Periode 1 (Eigene Darstellung in Anlehnung an Klenner et al. 2013, S. 921)

Es konnten in diesem Zeitraum alle Propositionen bestimmt werden. Zusammenfassend kann festgestellt werden, dass:

- drei von sieben der bedingenden Propositionen konsistent mit der Theorie sind.
- keine von vier ermöglichenden Propositionen konsistent ist.
- eine der neutralen Propositionen konsistent ist.
- zwei der nicht bestätigten zu neuen Erkenntnissen führenden Propositionen konsistent sind.

Die Tatsache, dass mit drei von sieben Propositionen über die Hälfte der bedingenden Propositionen *nicht konsistent* ist und keine der ermöglichenden Proposition konsistent ist, siehe Abbildung 4.29, wirkt sich negativ auf die DR des Marktes aus. Damit ist die DR im ersten Zeitraum als gering einzustufen.

In den nachfolgenden Perioden 2001–2006 und 2007–2014 erhöht sich die DR etwas und würde mittelfristig die Gefahr einer Disruption anzeigen. Im Zeitraum von 2002–2006 ist neben drei bedingenden Merkmalen auch eine ermöglichende Proposition konsistent, damit steigt die DR leicht an. Insgesamt sind jedoch nur noch fünf Propositionen konsistent. Im dritten Zeitraum von 2007 bis 2014 sind insgesamt sieben Propositionen konsistent, siehe Abbildung 4.31. Davon sind vier bedingender und zwei ermöglichender Art. Damit kann die DR des Marktes im letzten Zeitraum als *mittel-hoch* eingestuft werden.

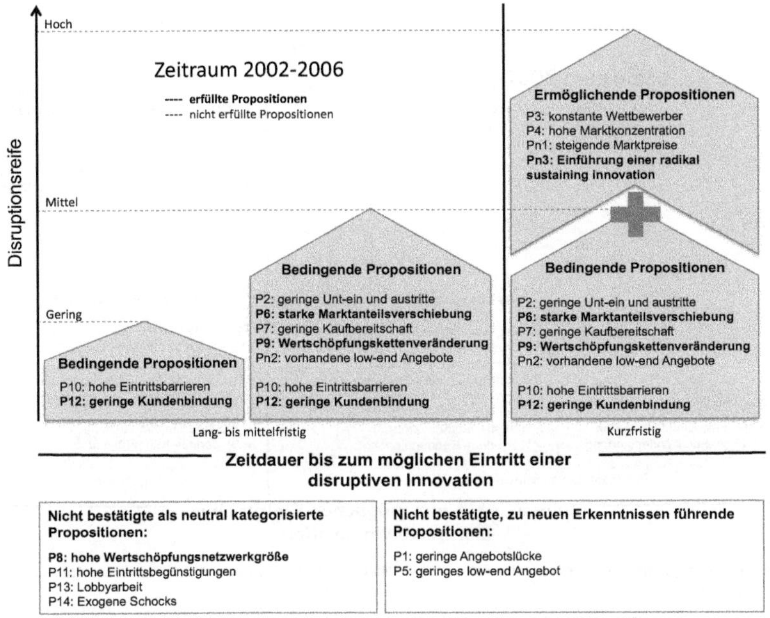

Abbildung 4.30 Zusammenfassung DR F1 Periode 2 (Eigene Darstellung in Anlehnung an Klenner et al. 2013, S. 921)

Die Anwendung des **Modells zur Bestimmung des disruptiven Potentials** lässt hingegen auf ein sehr hohes disruptives Potential der Innovation *Mobiltelefonkamera* schließen. Insgesamt waren 20 von 22 Kriterien erfüllt. Im ersten Zeitraum, der *Foothold Market Entry*-Phase, konnten alle Merkmale als erfüllt betrachtet werden, in der *Main Market Entry*-Phase wurden sieben Merkmale erfüllt, während ein Merkmal nicht eruiert werden konnte, und in der *Failure of Incumbent*-Phase konnte eins von sechs Merkmalen nicht eruiert werden. Damit ist das Modell in jeder Phase zu mehr als 80% erfüllt, siehe Abbildung 4.30 und Abbildung 4.32, und weist auf ein *hohes disruptives Potential der Innovation Mobiltelefonkamera* und auf die Gefahr einer nahenden Disruption am Markt hin.

Um zu überprüfen, welches der beiden Modelle die Zukunft richtig vorhergesagt hätte, wurde ex post untersucht, ob eine **Disruption** am Markt stattgefunden hat und die DKK von der Mobiltelefonkamera verdrängt wurde. Indem eine Substitution der Technologie DKK durch die Mobiltelefonkamera, eine Veränderung der Marktanteile sowie eine Veränderung bei den Marktführern am Kameramarkt nachgewiesen werden konnte, siehe Abschnitt 4.1.6, kann davon ausgegangen werden, dass eine Disruption ab dem Jahr 2012 stattgefunden hat.

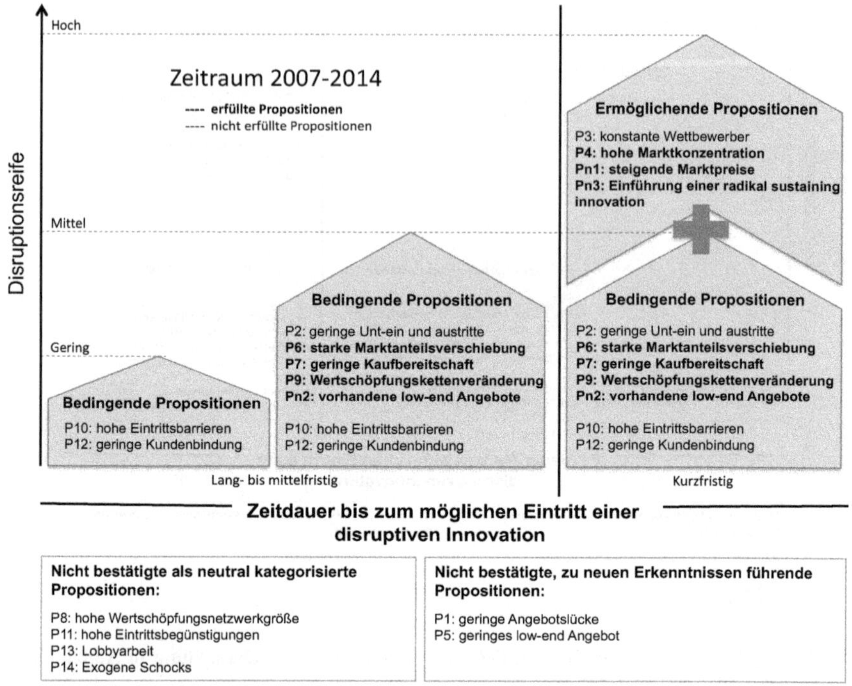

Abbildung 4.31 Zusammenfassung DR F1 Periode 3 (Eigene Darstellung in Anlehnung an Klenner et al. 2013, S. 921)

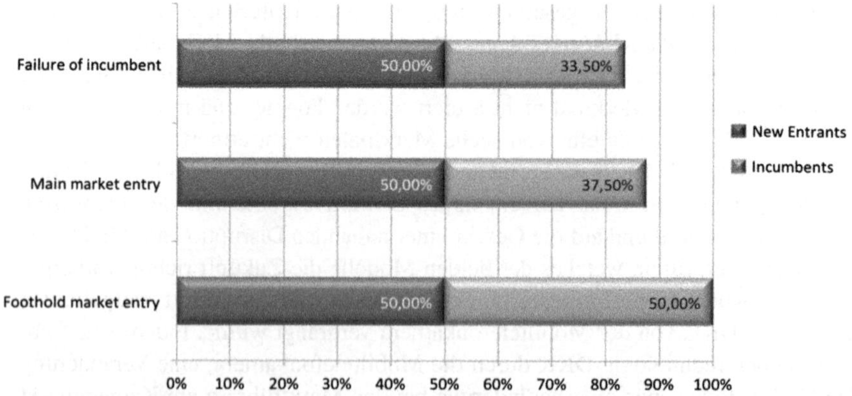

Abbildung 4.32 Zusammenfassung DP F1 (Eigene Darstellung in Anlehnung an Keller, Hüsig 2009, S. 1050)

4.1.7.2 Fallstudienanalyse

Vergleicht man die Ergebnisse der drei Untersuchungen, so fällt auf, dass die Ergebnisse des Modells zur Bestimmung des DP einer Innovation mit dem tatsächlich eingetretenen Ereignis einer erfolgten Disruption am Markt übereinstimmen. Damit hätte das Modell die Zukunft richtig vorhergesagt. Bei dem Modell zur Bestimmung der DR eines Marktes verhält sich das anders. Der Fokus der Betrachtung liegt auf dem Zeitraum 1996–2001, bevor die Innovation Handykamera 2002 auf den Markt kommt. In diesem Zeitraum ergab die Analyse eine sehr geringe DR des Marktes, was darauf schließen lässt, dass die Wahrscheinlichkeit der wirtschaftlichen Verwertung einer DI sehr gering ist und dass eine Disruption am Markt kurz- und mittelfristig nicht zu erwarten ist.[239] Damit stimmt das Ergebnis der Früherkennung einer DI mit dem Modell zur Bestimmung der DR von Märkten nicht mit der eingetretenen Wirklichkeit überein. Es stellt sich nun die Frage, warum das Modell im genannten Zeitraum zu einem „falschen" Ergebnis kommt und welche, in der Initialstudie zunächst bestätigten, Propositionen innerhalb dieser Fallstudie nicht nachgewiesen werden konnten. Bei genauer Betrachtung zeigt sich, dass die Propositionen P2, P3, P4, P6, P7, P11, P13, P14, P1-n, P2-n und P3-n in Fallstudie 1 nicht nachgewiesen werden konnten. Es kann daher angenommen werden, dass diese Propositionen nicht konsistent sind. Da diese Propositionen allerdings in der Originalstudie bestätigt wurden, scheint eine weitere Überprüfung unerlässlich. Im Gegensatz dazu waren die Propositionen P8, P1 und P5, die zunächst in der Initialstudie nicht bestätigt werden konnten, in dieser Fallstudie nachweisbar. Es sollte daher keine endgültige Ablehnung dieser Propositionen, sondern eine weitere Überprüfung anhand weiterer Fallstudien erfolgen. Im Folgenden werden auch die Unterschiede und Gemeinsamkeiten dieser Fallstudie gegenüber der Initialstudie analysiert, um so ggf. Abweichungen des Ergebnisses interpretieren zu können.

[239] Vgl. Klenner et al. (2013), S. 916.

Tabelle 4.24 Vergleich Fallstudie 1 und Initialstudie Klenner (2011) – Unterschiede in der Ausgangslage (Quelle: Eigene Darstellung)

Fallstudie	**Initialstudie (Klenner)** **Analoge Kamera zu Digitalkamera**	**Fallstudie 1** **Digitalkamera zu Mobiltelefonkamera**
Untersuchungszeitraum DR	1985–1990 bzw. 1991–1995	1996–2001
Branche	Amateurkameramarkt in D	Amateurkameramarkt in D
Ergebnis Disruptionsreife	DR des analogen Kameramarktes ist mittel-hoch	DR des Digitalkameramarktes ist gering
Ergebnis disruptives Potential	DP der Digitalkamera ist mittel-hoch[a]	DP der Mobiltelefonkamera ist hoch
Ergebnis Disruption	Erfolgt	Erfolgt
Art der DI	Low-end DI	New-market DI
Innovationsart[b]	Modular Innovation	Architectural Innovation
Digitalisierung	ja	nein
Konvergenz	Kein Konvergenzprodukt Single-function Device	Konvergenzprodukt Multi-function Device
LZ der etablierten Technologie im Untersuchungszeitraum der DR (vor Eintritt der PDI)	Reifephase	Wachstumsphase

[a]Vgl. Stobbe, Just (2006), S. 14; Song (2015), S. 84; Thielmann (2000), Greenstein, Khanna (1997), S. 202ff.; Yoffie (1997), siehe dazu auch Abschnitt 2.3.
[b]Christensen, Raynor (2003), S. 47.

Tabelle 4.24 vergleicht die Ergebnisse und Ausgangslage aus Fallstudie 1 mit denen der Initialstudie. Es zeigt sich, dass sich mehrere Ausgangsfaktoren in Fallstudie 1 von den Faktoren in der Initialstudie unterscheiden.

Nach der Beschreibung von Downes, Nunes (2009) könnte es sich bei vorliegendem Fall um eine Big Bang Disruption handeln. Dafür sprechen mehrere Merkmale: Zum einen die Produktkonvergenz und damit einhergehend, dass es sich um ein Multi-function Device handelt. Die Autoren beschreiben, dass bei BBD die Innovation dadurch zustande kommt, dass reife Technologien in andere Technologien oder Produkte integriert und ohne nennenswerte zusätzliche Kosten angeboten werden. Die neue Innovation hat zunächst nur die Funktion, die andere Technologie aufzuwerten. Zum anderen, dadurch, dass die Technologie in die etablierte Technologie integriert wird und in einem anderen Wertnetzwerk agiert, handelt es sich um eine new-market DI, die zunächst von den etablierten Herstellern nicht als Konkurrenz gesehen wird. Damit zielen die Autoren vor allem auf eine stattgefundene Konvergenz und deren Folgen ab.

Dadurch, dass es sich bei der PDI-Mobiltelefonkamera um ein Konvergenzprodukt handelt, dessen Hauptfunktion nicht die Kamera ist, wurde die neue

Innovation zunächst in einem anderen Wertnetzwerk und damit einhergehend in einem anderen Kontext eingeführt und verbreitet. Damit handelt es sich bei der Mobiltelefonkamera um eine new-market DI, weil sie zunächst in einem anderen Wertnetzwerk, dem Wertnetzwerk der Mobiltelefonhersteller, eingeführt wurde, in dem andere Leistungsmerkmale relevant sind. Erst später haben Kunden aus dem Digitalkameramarkt die Technologie für sich entdeckt und die DKK damit substituiert. Bei dem Konvergenzprodukt Mobiltelefon(kamera) handelt es sich zum einen um eine substitutive Konvergenz, weil die Mobiltelefonkamera in Relation zur Digitalkamera einen substitutiven Charakter hat, zum anderen handelt es sich um eine komplementäre Konvergenz, da aufgrund der Kombination der Kamera im Mobiltelefon mit anderen Funktionen wie E-Mail-Programm, Messaging Service oder Apps die Kamera mit anderen Anwendungen kombiniert werden kann und dem Kunden dadurch mehr Funktionen bietet als eine reine DK.

Damit unterscheidet sich die Fallstudie 1, bei der, aufgrund der Konvergenz, eine new-market DI vorliegt, deutlich von der Initialstudie, bei der eine low-end DI analysiert worden ist.

Es wird angenommen, dass bestimmte Merkmale des Modells für die Bestimmung der DR einer low-end DI entwickelt wurden und deshalb nicht für Fälle mit new-market DI oder Konvergenz bzw. Big Bang DI passen und dafür einer Modifizierung bedürfen: So erscheint es zum Beispiel im Zusammenhang mit new-market DI nicht sinnvoll, vor allem *Markteintrittsbarrieren, Markteintrittsraten und Marktanteilsverschiebung* am etablierten Markt zu betrachten, weil die PDI auf einem anderen Markt entsteht und Eintrittsbarrieren durch Konvergenz sinken können.[240] Statt in den etablierten Markt einzutreten, werden die Kunden durch die new-market DI langsam von der etablierten Technologie abgezogen. Die Anbieter der DI müssen in diesem Fall nicht in den etablierten Markt eintreten, sondern können bestehende Kunden von der Zusatzfunktion überzeugen und im Falle von Big Bang Disruptionen sofort von den etablierten Firmen abziehen, in dem das Konvergenzprodukt eine substitutive Wirkung auf ein Produkt aus einem anderen Markt hat. Aus diesem Grund scheint auch der Faktor der *Kundenloyalität* nur eine untergeordnete Rolle zu spielen, da der Kunde, selbst wenn er loyales Verhalten gegenüber den etablierten Herstellern zeigt, dennoch zunächst aufgrund anderer Funktionen die PDI kauft. Dies ist vermutlich eine Sondersituation bei Konvergenzprodukten, aber auch ein erster Schritt der Diffusion der PDI bei Kunden der etablierten Hersteller, ohne dass die etablierten Hersteller dies bemerken oder

[240] Vgl. Stobbe, Just (2006), S. 14; Song (2015), S. 84; Thielmann (2000), Greenstein, Khanna (1997), S. 202ff.; Yoffie (1997), siehe dazu auch Abschnitt 2.3.

beeinflussen können. Sobald die Innovation beim Kunden ist, muss sich dann nur noch das Nutzungsverhalten ändern, was keine große Hürde darstellen sollte. Da das Modell der DR in der aktuellen Form u. a. aufgrund der eben genannten Faktoren für new-market DI nicht besonders geeignet erscheint, sollten ggf. Modifikationen in den Propositionen vorgenommen werden, da es für die Praxis sehr wichtig ist, mit einem Vorhersagemodell beide Arten DI bestimmen zu können, da ex ante nicht bestimmt werden kann, um welche Art DI es sich handelt und weil es sich lt. Christensen (1997) bei vielen disruptiven Innovationen um Hybride handelt, die sowohl von einem neuen Markt überschwappen, aber gleichzeitig auch am unteren Ende des Marktes mit der Diffusion beginnen können.[241] Bevor jedoch Vorschläge für Modifikationen erarbeitet werden, siehe Abschnitt 5.4, erscheint es sinnvoll, das Modell zunächst anhand weiterer Fallstudien anzuwenden und die Ergebnisse fallstudienübergreifend zu vergleichen, um neue Erkenntnisse generieren zu können sowie Gemeinsamkeiten und Unterschiede herauszuarbeiten.

Ein weiterer wesentlicher Unterschied im Vergleich der beiden Fallstudien ist in der Art der Innovation zu sehen. Nach der Einteilung von Henderson, Clark (1990) handelt es sich bei der Digitalkamera in der Initialstudie um eine *modulare Innovation,* während es sich bei der Innovation Mobiltelefonkamera um eine *architectural Innovation* handelt. Dies ist damit zu begründen, dass sich nur die Kombination der Komponenten, also die Bauweise, geändert hat, während die Komponenten zwar miniaturisiert, aber im Kern gleich geblieben sind.

Eine weitere Erklärung für die geringe DR in dieser Fallstudie könnte auch im unterschiedlichen Lebenszyklus der untersuchten Technologie bzw. der Branche zu finden sein. Die beiden Fallstudien unterscheiden sich insofern, als dass es sich in Fallstudie 1 im Untersuchungszeitraum der DR um eine Technologie in der Entstehungs- bzw. später in der Wachstumsphase handelt, während sich die Technologie bzw. der untersuchte Markt in der Initialstudie bereits seit einiger Zeit in einer Reife- bzw. Stagnationsphase befand, da es sich bei der analogen Kamera um eine Basistechnologie handelt, die seit vielen Jahren bereits weitgehend ausgereift war. Die digitale Kamera wurde hingegen zu Beginn des Untersuchungszeitraums 1996 erst auf den Markt gebracht.

Des Weiteren hat die DK am Kameramarkt in Relation zur analogen Kamera eine Disruption ausgelöst. Somit handelte es sich bei der Innovation DK bereits um eine DI. Die Disruption fand allerdings erst im Zeitraum nach Einführung der Mobiltelefonkamera statt. Dadurch könnte die DR des Marktes beeinflusst worden sein. Es wäre zwar eigentlich anzunehmen, dass die DR aufgrund des DP

[241] Christensen, Raynor (2003), S. 47.

der Innovation DK eher einen erhöhten Wert aufweisen würde, diese Vermutung kann allerdings nicht nachhaltig begründet werden. Aus diesem Grund wird nur von einem *neutralen Einfluss* ausgegangen, der das Potential hat, das Ergebnis der DR zu verzerren, z. B., weil in der Anfangsphase eine große Veränderung im Bereich der Ein- und Austrittsraten zu verzeichnen ist.

Sowohl die unterschiedlichen Technologiearten als auch der unterschiedliche Lebenszyklus der betrachteten Technologien sowie die Tatsache, dass es sich bei der möglicherweise zu disruptierenden Innovation selbst um eine DI handelt, die während des Untersuchungszeitraumes eine Disruption auslöst, sprechen dafür, dass die Parameter in der vorliegenden Fallstudie hätten verzerrt sein können.

Ein letzter Unterschied ist in der Digitalisierung zu sehen. Während der in der Initialstudie untersuchte technologische Wandel durch die Digitalisierung der Fotokamera ausgelöst wurde, handelt es sich bei vorliegender Fallstudie bei beiden Produkten um digitale Produkte. Da durch die Digitalisierung die PLZ verkürzt werden und Innovationen schneller auf den Markt gebracht werden können, könnte dies dazu führen, dass die Bestimmung der DR beeinflusst wird. Denn obwohl sich die Digitalkamera im Zeitraum 1996–2001 noch in der Entstehungs- bzw. Wachstumsphase befand, so war der Markt für Digitalkameras in Deutschland bereits gesättigt, bevor die Disruption durch Mobiltelefonkameras im Jahr 2012 stattfand. Es handelt sich damit um einen relativ kurzen Lebenszyklus, der verstärkt bei digitalen/digitalisierten Produkten zu beobachten ist. Die Technologie der Digitalfotografie war damit zum Zeitpunkt der DR bereits voll ausgereift und es handelte sich um einen Markt, der sich in der Reife- bzw. Stagnationsphase befindet.

Inwiefern die hier aufgeführten Faktoren einen Einfluss auf die Propositionen und das Modell zur Bestimmung der DR haben, kann an dieser Stelle noch nicht näher bestimmt werden. Es scheint daher eine weitere Überprüfung anhand anderer Fallstudien notwendig, um weiterführende Erkenntnisse zu erlangen und Empfehlungen zu möglichen Modifikationen abgeben zu können. Im nächsten Kapitel wird daher eine weitere Fallstudie durchgeführt.

4.2 Fallstudie 2 und 3 – Die automobile Navigationsindustrie

In diesem Kapitel werden die Modelle zur Bestimmung des disruptiven Potentials und der Disruptionsreife eines Marktes in der automobilen Navigationsindustrie in Deutschland angewendet.

Die Branche hat in den letzten 30 Jahren einige Veränderungen und technologischen Wandel erlebt und im Verlauf der Zeit wurden zahlreiche größere und kleinere Innovationen eingeführt. Aus diesem Grund scheint diese Branche für das Forschungsvorhaben, welches dieser Arbeit zu Grunde liegt, sehr gut geeignet. Zudem sind Parallelen zur Fallstudie 1 dieser Arbeit sowie zur Initialstudie erkennbar. Zum einen fand zunächst – ähnlich wie in der Initialstudie – eine Digitalisierung der Branche statt, indem Straßenkarten und -atlanten digitalisiert und dadurch langsam durch digitale Karten und Navigationssysteme ersetzt wurden. Zum anderen spielt auch hier wie in Fallstudie 1 das Konvergenzprodukt Smartphone eine wichtige Rolle im Markt. Im portablen Bereich macht es den sogenannten PNDs (Portable Navigation Systems) ernsthaft Konkurrenz. Diese Parallelen erleichtern den an die Fallstudien anschließenden Vergleich der Ergebnisse der einzelnen Fallstudien und können helfen, einen wichtigen Beitrag im Hinblick auf neue Erkenntnisse zu leisten. Im folgenden Abschnitt werden daher die beiden Innovationen *embedded Car Navigation System* und *Smartphone-Navigation* herausgegriffen und im Rahmen einer Fallstudie auf ihr disruptives Potential hin untersucht. Zudem findet das Modell zur Bestimmung der DR eines Marktes im Straßenkartenmarkt im Zeitraum von 1980 bis 1999 sowie im portablen Navigationsmarkt von 1999 bis 2008 Anwendung. Der Fokus liegt dabei auf der privaten Nutzung von PKWs.

Das Kapitel 4.2 ist wie folgt aufgebaut: Im ersten Abschnitt 4.2.1 werden die Datenbeschaffung und die Quellen vorgestellt, die für die Beantwortung der Forschungsfragen herangezogen wurden. Der zweite Abschnitt 4.2.1 geht neben der Erklärung der Technologien kurz auf die Firmenlandschaft am Markt ein, bevor in Abschnitt 4.3 mit der Fallstudie 2 der technologische Wandel von PNDs zu Smartphones Gegenstand der Analyse der Disruptionsreife, des disruptiven Potentials und der Disruption ist. In Fallstudie 3 in Abschnitt 4.4 wird vice versa der Wandel von Straßenkarten zu Navigationssystemen im Hinblick auf das DP der Innovation Navigationssystem und die DR des Straßenkartenmarktes analysiert. Zudem wird auch hier untersucht, ob eine Disruption stattgefunden hat. Mit einer fallstudienübergreifenden Analyse (Cross-Case Analysis) nach der Vorgabe von Yin (2009) wird das Kapitel mit einem Vergleich der Ergebnisse aller Fallstudien und der Interpretation der Ergebnisse in Abschnitt 5 beendet.

4.2.1 Datenquellen und Triangulation

Für die Analysen der Fallstudien 2 und 3 wurden die nachfolgend aufgeführten Datenquellen herangezogen. Auch für diese Fallstudien wurde wieder darauf geachtet, dass eine Triangulation der Daten nach Yin (2007) erreicht werden kann. Neben einer großen quantitativen Datenbasis aus den Jahren 1989–2015 wurden viele qualitative Daten verwendet.

- **Unveröffentlichte Daten** zu Umsatz- und Verkaufszahlen sowie zu Marktdaten folgender Firmen: Here, Bitkom, GFK Retail (quantitativ)
- **Veröffentlichte Daten und Studien** von verschiedenen Auftraggebern und Verbänden wie Kraftfahrtbundesamt, IAV, Bitkom, ADAC, BMVI, VDA, DAT etc. (qualitativ und quantitativ)
- **Semistrukturierte Experteninterviews:** Interviews mit 13 Experten aus verschiedensten Bereichen der automobilen Navigationsindustrie. Zum großen Teil handelte es sich um Manager aus dem C-Level-Management und/ oder Personen mit langjähriger Erfahrung (im Durchschnitt mind. 10 Jahre) und einem guten Verständnis für Gesamtzusammenhänge am Markt. Für jeden Experten wurde jeweils ein eigener Interviewleitfaden, je nach Hintergrund der zu interviewenden Person, erstellt. Der Zugang zu diesen Experten ist einzigartig und lieferte neben den quantitativen Daten die wohl wertvollsten Informationen für die Fallstudien, die durch Sekundärliteratur so nie in Erfahrung gebracht hätten werden können.[242] Die Interviews wurden zum Teil persönlich, zum Teil am Telefon durchgeführt. Die Sprache war deutsch oder englisch. Die durchschnittliche Dauer pro Interview lag bei ca. 70 Minuten. Insgesamt wurden knapp 200 Seiten Interviews für die beiden Fallstudien im Navigationsmarkt transkribiert. (qualitativ)
- **Öffentlich zugängliche Dokumente:** Pressemitteilungen, Geschäftsberichte, Jahresabschlüsse, Websites, Zeitungsberichte, Beschreibungen von Produkttests etc. (quantitativ und qualitativ)

Eigens recherchierte und erstellte Datenbasis:

- **Modellliste Smartphone und PND:** Es wurde eine ausführliche Liste von 250 Portablen Navigationsgeräten (PND) und 1.000 Smartphones mit bis zu je 38 Ausprägungen erstellt. Grundlage dafür waren verschiedene Portale im Internet, die Datenblätter zu allen gelisteten Smartphones und PNDs führen.[243]
- **Liste Anbieter Smartphone App aus dem Bereich „Automotive Navigation":** Zusammenstellung aller Anbieter von deutschen Smartphone Apps aus den vier verschiedenen App Stores
- **Liste Hersteller PND:** Zusammenstellung aller Anbieter von PND in Deutschland seit 1999, mit Angabe von Ein- und Austrittsjahr.

---

[242]Eine Aufstellung der Experten sowie ihre Position und Branche ist im Anhang zu finden.

[243]wie dkamera.de; digitalkamera.de; fotomundus24.de; digicammuseum.de; handylist.de; inside-handy.de,

Anmerkung: Die Modellliste kann auf Anfrage bei Autor eingesehen werden, siehe Anhang.

Einen sehr bedeutenden Teil aller Daten machen, neben den eigens recherchierten und sehr umfangreichen Listen, die umfangreichen und unveröffentlichten Daten aus, die von der GFK Retail GmbH zur Verfügung gestellt wurden.[244] Insgesamt ist die Datenbasis damit sehr umfassend und einzigartig.

4.2.2 Grundlagen, Definitionen und Hintergründe der Branche

4.2.2.1 Definitionen

Ein Navigationssystem ist ein technisches System zur Bestimmung der eigenen Position, der Berechnung einer Route sowie einer anschließenden Routenführung. Die Aufgabe von Navigationssystemen ist, den Fahrer vom eigenen Standpunkt zum gewünschten/eingegebenen Ziel zu navigieren. Damit helfen Navigationssysteme dem Fahrer, sich in einer fremden Umgebung zurechtzufinden.[245] Die Positionsbestimmung wird in den meisten Fällen über GPS-Satellitendaten berechnet.[246] Im Bereich der Routenberechnung können manuelle Einstellungen vorgenommen werden, was die Präferenz verschiedener Straßen oder das Einfügen von Zwischenzielen betrifft.[247] Während der Fahrt werden aktuelle Verkehrsinformationen abgerufen, die bei der Streckenplanung berücksichtigt werden. Zudem können embedded Navigationssysteme heute z. B. auch vor Gefahren, wie überhöhter Geschwindigkeit schützen und Warnungen aussprechen oder das Auto sogar automatisch bremsen. So können beispielsweise Unfälle verhindert und die Sicherheit im Straßenverkehr erhöht werden. Die Navigation kann heute neben Sicherheitsanwendungen auch als Assistenzsystem z. B. für die Reduktion des Kraftstoffverbrauchs eingesetzt werden.[248]

Grundsätzlich kann heute bei Navigationssystemen für PKWs zwischen vier Arten unterschieden werden: 1) *Embedded Navigation Systems* sind durch den

---

[244]Vgl. Experte P; Anmerkung: Die Daten der GFK in Bezug auf den PND-Markt zeigen die Entwicklung ab 2003 und aufgeschlüsselt nach Firmen ab 2005. Wie in Abbildung 4.33 später zu sehen ist, wird die Technologie zwar bereits 1999 in den Markt eingeführt, bis 2003 gibt es jedoch kaum verkaufte Stückzahlen in Deutschland. Dabei muss auch beachtet werden, dass Absatzzahlen vom Discounter in den Daten nicht mitabgedeckt sind.

[245]Vgl. Experte N; Tomtom (2016a); KFZ.de(2016); Hitzenberger et al. (2009), S. 3f., 10ff.; Hoheisel (2009), S. 94, 100.

[246]Vgl. KFZ.de (2016), Hitzenberger et al. (2009), S. 3f., 10ff.; adac (2016b).

[247]Vgl. Hitzenberger et al. (2009), S. 3f., 10ff.

[248]Vgl. Hoheisel (2009), S. 94, 100.

Automobilhersteller im PKW fest verbaute Systeme. 2) *Personal Navigation Devices* (PNDs) sind portable Navigationsgeräte, die unabhängig vom PKW erworben und mit Hilfe einer zusätzlichen Halterung, meist an der Windschutzscheibe, innen angebracht und über den Zigarettenanzünder mit Strom versorgt werden. 3) *Nachrüstsysteme* sind OEM-spezifisches Zubehör, die auch nach dem Kauf eines PKW mit Hilfe einer bestehenden Vorrichtung fest im Auto verbaut werden können, sofern nicht von Anfang an ein embedded Navigationssystem bestellt wurde.[249] 4) *Smartphone Navigation* bezeichnet die Navigationsfunktion eines Smartphones, das mit Hilfe einer Halterung ebenso wie PNDs an der Windschutzscheibe befestigt werden kann.[250]

4.2.2.2 Abgrenzung des Beobachtungswertschöpfungsnetzwerkes

Wie bereits oben erwähnt, werden in den folgenden Fallstudien zwei Innovationen der Navigationsbranche herausgegriffen und im Hinblick auf die DIT-Theorie untersucht. Abbildung 4.33 zeigt den Navigationsmarkt in einer stark vereinfachten Timeline, die einen Überblick über die Einführung der bedeutendsten Innovationen am Markt gibt. Für Fallstudie 3 wird die gesamte Navigationsbranche in Deutschland in einem Zeitraum von ca. 35 Jahren von 1980 bis 2015 betrachtet. Die Untersuchung der DR des Marktes konzentriert sich vor allem auf den Zeitraum 1980 bis 1989, während der Zeitraum 1989 bis 2015 für die Analyse des disruptiven Potentials und die Einschätzung bzgl. einer erfolgten Disruption dient. In Fallstudie 2 wird vor allem der Markt der portablen Navigationsgeräte für die Nutzung im Automobil betrachtet. Während das disruptive Potential der Smartphone-Navigation im Hinblick auf PNDs im Zeitraum von 2007 bis 2015 untersucht und eine Einschätzung bzgl. einer erfolgten Disruption versucht wird, fokussiert sich die Untersuchung zur DR dieses Marktes vor allem auf den Zeitraum von 1999 bis 2007.

---

249 Nachrüstgeräte haben heute nur noch wenig Bedeutung. Das liegt daran, dass viele OEMs gar keine Vorrichtung mehr für ein nachträgliches System einbauen. Die OEMs haben durch ihr Design das Nachrüsten von Navis beendet, Vgl. Experte P; gfu (2011).

250 Vgl. Navi Magazin 2007b; Reelitz (2009), S. 107; Eberspächer et al. (2009), S. V; Experte L; Experte M; Experte P; gfu (2011).

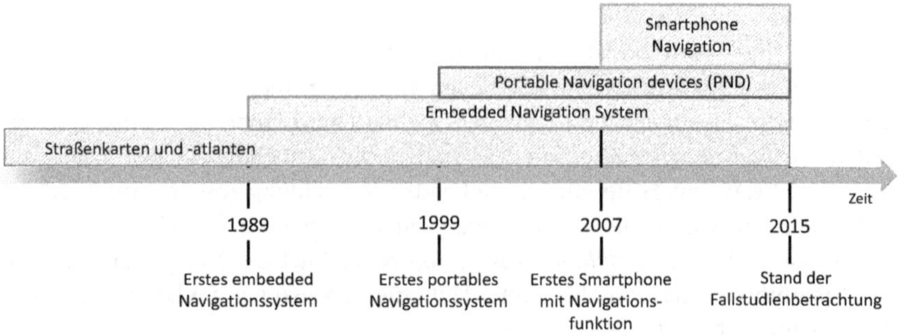

Abbildung 4.33 Timeline: Wichtige Innovationen in der Navigationsbranche in Deutschland (Quelle: Eigene Darstellung)

4.2.2.3 Technologischer Aufbau und Komponenten verschiedener Navigationsgeräte

Im Folgenden soll zunächst ein Überblick über den Aufbau und die unterschiedlichen Komponenten der verschiedenen Navigationssysteme geschaffen werden. Die wichtigsten Bestandteile eines jeden Navigationssystems sind zunächst in Hardware und Software zu unterscheiden. Die Software besteht aus einem Betriebssystem, Spracherkennungssoftware, Routenkalkulationssoftware mit versch. wählbaren Optionen, Kartenmaterial (Straßennetzwerk, Verkehrsführung, Kartenanzeige, POI) und Verkehrsinformationen. Zur Hardware zählen: Display, GPS-Empfänger, Mikrophone, Lautsprecher, Schnittstellen, Speichermedium, Tastatur oder Touchscreen, Navigationscomputer, DAB-Empfänger und Gehäuse und verschiedene Arten von Sensoren wie Geschwindigkeitssensor, Richtungssensor, Beschleunigungssensor.[251] Bei den verschiedenen Arten von Navigationsgeräten ist der Unterschied vor allem im Gehäuse zu finden.[252] Ansonsten unterscheiden sich die verschiedenen Systeme im Aufbau bzw. in den Komponenten nicht besonders voneinander.[253] Die Technologie, die hinter den Navigationssystemen, vor allem in der Hardware, steckt, wird eher als alt und wenig differenziert beschrieben. Es gibt eine Datenbank, die aufgrund verschiedener Parameter optimale Routen berechnet und mit Hilfe gleichbleibender Algorithmen den Nutzer von A nach B führt. Daran hat sich im Verlauf der Jahre nicht viel geändert. Obwohl die Anforderungen an ein embedded System viel höher sind als an portable Systeme, sind die Komponenten fast dieselben, nur mit

[251] Vgl. Kluge (2010); Experte R.

[252] Vgl. Experte R.

[253] Vgl. Experte P; Experte S.

dem Unterschied, dass die Hardware eines embedded Navis eben nicht kompakt in einem Gerät, sondern im gesamten Auto verteilt ist. Beim embedded und Nachrüstnavi sind im Vergleich zu PNDs und Smartphones mehr Sensoren und Schnittstellen zum Fahrzeug integriert. Zudem können neben den GPS-Daten auch die Daten der Raddrehgeschwindigkeit und des Gyroskops mitverwendet werden, um den eigenen Standort besser zu bestimmen. Das ist allerdings nur für den Fall notwendig, wenn das GPS-Signal gestört ist.[254] Ansonsten unterscheiden sich alle Gerätearten nur durch die herstellerspezifische Software. In diesem Bereich ist auch die einzige Möglichkeit zur Differenzierung gegeben.[255] Die Innovation Smartphone-Navigation ist daher nach der Einteilung von Henderson, Clark (1990) als *Architectural Innovation* einzuordnen, da sich ähnlich wie bei der Mobiltelefonkamera nur die Architektur der Komponenten, aber nicht die Komponenten selbst verändert hat. Bei der Innovation embedded Navigation System hingegen haben sich im Vergleich zu auf Papier gedruckten Straßenkarten sowohl die Komponenten als auch die Architektur verändert. Es handelt sich daher bei dieser Innovation um eine *Radical Innovation.*

4.2.2.4 Firmenlandschaft im automobilen Navigationsmarkt

Es gab im Verlauf der Zeit viele verschiedene Player am Navigationsmarkt, einige haben sich horizontal, andere vertikal diversifiziert – viele sind mittlerweile vom Markt verschwunden.[256]Am Anfang war es ein relativ dezidiertes Spiel in 4 Geschäftsfeldern. Der mobile Bereich wurde von Anfang an von Here abgedeckt, die Navigation im Internet hat Google gemacht, TomTom und andere PND-Hersteller hatten sich auf PNDs fokussiert, OEM-Zulieferer haben das Navigationsgerät, in der Head Unit integriert, an OEMs verkauft und die zwei Kartenhersteller Navteq und Teleatlas haben an alle Player Kartendaten geliefert. Im Lauf der Zeit sind die verschiedenen Bereiche/Geschäftsfelder verschmolzen und die Firmen haben über ihren anfänglichen Bereich hinaus agiert. Die Bereiche *Mobile* und *Internet* sind verschmolzen, indem die Navigation in 100 Mio. Handys integriert wurde. Google hat als erster Anbieter Navigation kostenlos angeboten und sie mit dem iPhone ins Smartphone gebracht. Nokia hat dafür 2006 Navteq Here gekauft und es von 25 Ländern auf 110 Länder ausgebaut, um die Kartenkompetenz selbst zu besitzen und diese auch an andere Anbieter

[254]Vgl. Experte L; Experte M; Experte R; Experte S; Kluge (2010); Navi Magazin Online (2016).

[255]Vgl. Experte L; Experte M; Experte R; Experte S; Kluge (2010); Navi Magazin Online (2016).

[256]Vgl. Experte K; Schmidt (2016); Experte Q.

lizenzieren zu können. Gleichzeitig wurden die embedded Navigationssysteme immer besser, günstiger und wurden nicht mehr von nur einem, sondern plötzlich von einer Vielzahl an Lieferanten direkt beim OEM erstellt.[257] Die embedded Navigationssysteme waren zunächst ein Teil der sog. Head Unit. Das ist eine Kombination aus Hardware und Betriebssystem, die im PKW verbaut wird und verschiedene Funktionen wie Radio, Video und Navigation zusammen erfüllt. Früher bezogen OEMs immer die komplette Head Unit von einem Zulieferer und haben diese dann mit Schnittstellen in den PKW verbaut. Hergestellt wurden diese Head Units von Tier-1-Lieferanten wie Becker, Continental oder Panasonic.[258] Sie haben wiederum die Navigationsfunktion, bestehend aus Navigationskern und Kartendaten, von anderen Zulieferern zugekauft und nur das Design an den OEM angepasst.[259] Im Lauf der Zeit haben die OEMs, vor allem die Premiumhersteller, ihre Lieferantenkette, was die Head Unit betrifft, aufgeteilt und verschiedene Teile der Head Unit bei verschiedenen Zulieferern zugekauft, um jeweils die besten Komponenten der besten Hersteller nutzen zu können. Heute teilen sich 5 bis 6 Zulieferer den Markt für OEM-Zulieferung, darunter Bosch und Hama. Im Nachrüstbereich gibt es heute nur noch Kenwood, Pioneer, JVC, Elphein und Calvion.[260]

Bei den PND-Herstellern gab es Firmen, die fast alles zugekauft haben, das waren vor allem Elektronikhersteller, die nur kurzzeitig in den Markt eingetreten waren, und Firmen, meist Hersteller von Softwarenavigation, die aus dem Navigationsbereich kamen und im Lauf der Zeit immer mehr Teile der Wertschöpfungskette integriert und an andere PND-Hersteller oder OEMs geliefert haben. Was zunächst immer zugekauft werden musste, waren Kartendaten, denn es gab nur zwei Lieferanten für diese Kartenrohdaten. Dies lag daran, dass es sehr zeit- und kostenintensiv war, Kartenmaterial zu generieren und aktuell zu halten. Im Lauf der Zeit sind die Kartenhersteller aufgekauft worden. TomTom hat im Jahr 2008 TeleAtlas gekauft.[261] Nokia-Here hat im Jahr 2007 Navteq gekauft. Das Kartengeschäft ist auch heute noch ein Oligopol. Mittlerweile gibt es vier Kartenhersteller, TomTom, Here, Google und OpenStreetMap. Den größten Marktanteil

[257] Vgl. Experte K; Experte R; Experte Q.

[258] Vgl. Experte R.

[259] Vgl. Experte R; Experte S.

[260] Vgl. Experte R.

[261] Vgl. Experte P; Experte S.

im Nicht-Smartphonebereich hat Here.[262] Here hat mit einem jährlichen Budget von 600 Mio. Euro vermutlich das meiste Geld zur Verfügung, um das System am Leben zu halten und damit stets aktuelle Karten zu liefern. Im Jahr 2015 wurde Here von der deutschen Automobilindustrie gekauft, um die Wertschöpfungstiefe zu erweitern und dadurch zukunftssicherer zu sein.[263] Im Smartphone-Bereich ist Google Marktführer. Google bietet nicht nur Kartendaten an, sondern liefert die gesamte Wertschöpfung im Bereich der Smartphone-Navigation und ist besonders stark im Bereich der lokalen Suche.[264] Google nutzt seine Daten vorwiegend selbst, lizenziert dieses aber auch an OEMs und Smartphone-Hersteller. Wenn ein Google-Betriebssystem irgendwo eingebaut ist, dann hat das Gerät auch automatisch Google-Karten integriert, die für den Endverbraucher kostenlos sind.[265] TomTom beliefert OEMs, andere PND-Hersteller, Nachrüstgerätehersteller wie Kenwood und Pioneer und vor allem nutzt TomTom seine Karten, ebenso wie Google, selbst. Neben den Kartendaten liefern sie auch Navigationssoftware.[266] TomTom ist damit ein gutes Beispiel für Unternehmen, die in allen Bereichen der Navigation tätig sind. Sie sind zum einen Tier-1-Lieferant für OEMs, gleichzeitig PND-Hersteller, Anbieter von Smartphone Apps und Tier-2-Lieferant, weil sie auch noch an Hersteller von Head Units liefern.[267]

Ein wichtiger Teil im Bereich der Navigation sind neben den Karten die Verkehrsinformationen. Navigationshersteller können Verkehrsinformationen bei Kartenlieferanten und Mobilfunkanbietern zukaufen. Mobilfunknetzbetreiber haben den Vorteil, dass sie eine ständige direkte Geschäftsbeziehung zu den Kunden unterhalten. Sie bereiten die Bewegungsdaten von Smartphones auf, leiten daraus den aktuellen Verkehrsfluss ab und verkaufen diese Infos an die Hersteller von Navigationsgeräten. Die Verkehrsinformationen sind gestaffelt nach Straßenklasse und teurer, je mehr Informationen/Straßenklassen übermittelt werden. Google ist Kartenlieferant, hat aber den Vorteil, dass sie auch Mobilfunkdaten selbst ermitteln können, weil sie über die Bewegungsdaten aller Mobiltelefone verfügen, die mit ihrem Betriebssystem ausgestattet sind.[268]

---

[262] Vgl. Experte Q.

[263] Vgl. Experte L; Experte M.

[264] Vgl. Experte R; Experte P; Experte K.

[265] Vgl. Experte Q.

[266] Vgl. Experte P.

[267] Vgl. Experte L; Experte M.

[268] Vgl. Experte S; Europäische Union (2009).

4.3 Fallstudie 2 – Von PNDs zur Smartphone-Navigation

4.3.1 Grundlagen zur digitalen Navigation

4.3.1.1 Die Geschichte des Personal Navigation Device (PND)

Die Navigation ist zunächst vom Auto in den mobilen Markt gegangen und dann in Smartphones integriert worden.[269] Das PDA war eine erste Plattform für tragbare GPS-Anwendungen und der Vorreiter der PNDs. Es war gut geeignet, weil es ein mobiles Gerät war, das die notwendige Rechenleistung und ein Display hatte und Verkehrsinformationen über TMC empfangen konnte. Hersteller versuchten zunächst die Geräteklasse PDA durch das Feature Navigation wieder attraktiver zu machen, als die Absatzzahlen zurückgingen, aber die Nachfrage für tragbare Navigation wurde von PNDs besser befriedigt und so setzte sich das PND als Gerät für mobile Navigation durch.[270] Im Jahr 2003 kamen die ersten Personal Navigation Devices (PNDs) auf den Markt.[271] In Deutschland wurde das erste PND auf der Cebit von TomTom vorgestellt. Der Fokus lag auf einer einfachen Bedienung und erschwinglichen Preisen.[272] Nachdem das GPS ab 2000 störungsfrei nutzbar war und die Präzision der Positionsbestimmung dadurch von 100 m auf 10 m gesteigert werden konnte, stand der Entwicklung von PNDs zu einem erschwinglichen Preis nichts mehr im Wege.[273] Im Jahr 2005 ist die Akzeptanz am Markt für PNDs schneller gewachsen als vorhergesehen. Dies lag vor allem daran, dass es mehr Auswahl gab und die Preise gefallen sind.[274] PNDs wurden zunächst als Gefahr für Automobilhersteller (OEMs) bezeichnet, da sie sich aufgrund der günstigen Preise bis 2008 zum dominanten Marktführer im Bereich der Navigation entwickelt haben. Die Nachfrage nach integrierten Systemen, die von Automobilherstellern angeboten werden, ist jedoch trotzdem stetig gewachsen. Vor allem Vielfahrer und Käufer von Oberklassewagen haben dazu beigetragen, dass die Umsätze mit embedded Systemen zwar langsam, aber konstant gestiegen sind. Unabhängig von den high-end Luxusautos und Vielfahrern gab es eine hohe Preissensitivität im Bereich der Automobilbranche und damit auch im Bereich der embedded Navigation. PNDs

[269] Vgl. Experte R.

[270] Vgl. Colwell (2007); Bast (2010).

[271] Vgl. Gill (2008); Navi Magazin (2007b).

[272] Vgl. Denker (2011).

[273] Vgl. Yext (2016); Bast (2010).

[274] Vgl. TomTom (2005, 2005b).

haben daher andere Nutzergruppen angesprochen. Viele PND-Kunden hatten zuvor kein Navigationsgerät, weil es ihnen zu teuer war, und haben sich durch die portablen Geräte erstmals in diesen Bereich gewagt.[275] Ein Problem der embedded Systeme waren außerdem die langen Entwicklungszyklen der Automobilindustrie.[276] PNDs sind CE und haben im Vergleich zu eingebauten Geräten sehr kurze Entwicklungs- und mittlere Produktlebenszyklen. Das hat den Vorteil, dass die Technologie auf dem aktuellsten Stand ist, wenn sie auf den Markt kommt.[277] Neben Portabilität und einfacher Bedienung waren die Kosten ein elementares Kriterium für den Kauf. PND-Geräte haben deshalb eine große Nachfrage nach Navigationssystemen ausgelöst.[278] 2006 und 2007 boomte der PND-Markt.[279] Aus diesem Grund sind sehr viele Firmen in den Markt eingetreten und haben PNDs angeboten. Die Geräte wurden dadurch deutlich günstiger und hatten mehr Zusatzfunktionen.[280] Differenzierungen gab es vor allem im Bereich der Bildschirmgröße, des Kartenmaterials und der Verkehrsmeldungen. Je größer der Bildschirm, desto leichter war auch die Eingabe der Ziele und desto teurer waren die Geräte. Günstigere Geräte verfügten meist nur über kleinere Bildschirme. Auch beim Kartenmaterial war es so, dass der Preis mit der Größe des umfassten Gebiets anstieg. Karten mit dem Gebiet DACH waren beispielsweise günstiger als ganz Europa.[281] Hochwertige PNDs waren im Gegensatz zu günstigen Versionen mit vielen Extras ausgestattet, die teilweise nicht mit der Routenführung an sich zu tun hatten. So konnten hochwertige PNDs anfangs auch als MP3-Player oder Freisprecheinrichtung genutzt werden.[282] Im Jahr 2007 boten die meisten PNDs bereits eine dynamische Routenführung, das bedeutet, dass Stau automatisch durch Berechnung einer neuen Route umfahren wurde.[283] Auch bei den Verkehrsmeldungen fanden Verbesserungen bis hin zur Real-Time-Informationsversorgung statt.[284] TomTom hatte mit HD Traffic Ende 2007 ein neues Verkehrsinformationssystem eingeführt, das Rückmeldungen fahrender Navigationssysteme anonym sammelt, auswertet und diese nutzt, um in Echtzeit Informationen über

[275] Vgl. Gill (2008); Navi Magazin (2007b).
[276] Vgl. Reelitz (2009), S. 123.
[277] Vgl. Reelitz (2009), S. 123.
[278] Vgl. Reelitz (2009), S. 107.
[279] Vgl. gfu (2015).
[280] Vgl. Bitkom (2009), S. 13; Colwell (2007); Bauer (2016).
[281] Vgl. Navi-Magazin ONLINE (2016).
[282] Vgl. adac (2016).
[283] Vgl. Experte P; Bitkom (2009), S. 5.
[284] Vgl. Experte N.

Anzahl und Geschwindigkeit von Navigationsgeräten und Mobiltelefonen auf der Straße zu verfolgen. Zudem arbeiteten sie auch mit Vodafone Deutschland zusammen und kauften Bewegungsdaten von Mobilfunkgeräten. Auf Basis dieser Informationen konnten schnellste Routen und exakte Ankunftszeiten besser errechnet werden.[285]

Den Höhepunkt der Verkaufszahlen erreichten die PNDs im Jahr 2008, danach brach der Markt ein, während die Smartphone-Navigation deutliche Fortschritte machte.[286] Zu dieser Zeit war die Navigationsfunktion im technologischen Sinn bereits weitgehend ausgereift und es gab nur noch sehr wenige Innovationen.[287] Im Oktober 2009 kündigte Google seine kostenlose Navigationssoftware auch für Android Smartphones an.[288] Smartphones mit integriertem GPS-Empfang standen plötzlich im Wettbewerb mit PNDs und die damit einhergehende gratis Navigation hat den Druck auf PND-Hersteller weiter erhöht. Aus diesem Grund, weil der Absatz zurückgegangen ist und so viele etablierte Hersteller am Markt waren, gab es ab 2009 einen harten Preiskampf am Markt.[289] Die Preise der PNDs sind im Lauf der Zeit auf unter 100 Euro gefallen. Hersteller versuchten durch zusätzliche Features einen Wettbewerbsvorteil zu schaffen. Diese neuen Features hatten jedoch oft keinen Nutzen für die Navigation an sich, sondern verlangsamten diese sogar.[290] Deshalb folgten viele Fusionen, Insolvenzen oder Marktaustritte von PND-Herstellern. Zwischen 2007 und 2010 ist der Umsatz von PNDs von über einer Mrd. auf 425 Mio. eingebrochen, das entspricht einem Wert von über 50%.[291] Hersteller wie TomTom, Garmin oder United Navigation setzten in den Folgejahren auf high-end PNDs, die sich durch ihre hohe Qualität und zahlreichen Features von den Smartphone-Lösungen abheben sollten[292] und suchten sich komplett neue Geschäftsfelder.[293] Einige PNDs der Marke TomTom wurden auch mit eigenen SIM-Karten ausgestattet, damit sie ähnlich wie Smartphones über

285vgl. TomTom (2007) AR; Kuhn (2015).

Anmerkung: HD-Traffic funktioniert nur in Geräten, die mit einem GPRS-Datenübertragungstool ausgestattet sind. Die ständigen Datenübertragungen werden durch eine monatliche Gebühr an den Navigationshersteller bezahlt; vgl. Deutsche Messe (2009).

286Vgl. Yext (2016); Navi-Magazin Online (2016); Mitra (2012).

287Vgl. Experte R; Experte P; Bitkom (2009), S. 5.

288Vgl. Yext (2016).

289Vgl. Colwell (2007); Bauer (2016).

290Vgl. Bauer (2016).

291Vgl. Zschunke, P. (2011); Navi-Magazin Online (2016); Mitra (2012).

292Vgl. United Navigation (2012); Deutsche Messe (2009).

293Vgl. Experte N.

mobiles Internet verfügen. Damit können diese Geräte Bewegungsdaten in Echtzeit senden und helfen, die Verkehrsinformationen noch weiter zu verbessern. Zudem boten sie weitere Möglichkeiten, wie z.B. den Abruf von Wetterinformationen etc.[294] Im Jahr 2014 bot TomTom als einziger PND-Hersteller Cloud-basierte Lösungen an. Eine Lösung, bei der die Navigation, die am PC oder im Auto beginnt und über das Smartphone weitergeführt werden kann, sobald man aussteigt. Der Fahrer kann seine Routen auch in der Cloud speichern.[295] Für viele PNDs im high-end Segment gibt es inzwischen Kartenupdates ohne Aufpreis,[296] weil die Kunden für Kartenaktualisierungen nicht mehr bezahlen wollten und deshalb lieber die Smartphone-Navigation nutzen.[297] Mittlerweile kennen auch viele PNDs Fußgänger- und Fahrradwege oder können vor gefährlichen Situationen wie scharfen Kurven mit akustischen Signalen warnen.[298]

4.3.1.2 Die Geschichte der Smartphone-Navigation

Die Anfänge der Smartphone-Navigation waren bereits vor Markteinführung der PNDs zu beobachten. Als Vorläufer der Smartphone-Navigation wird die PDA (Personal Digital Assistant) - Navigation bezeichnet. Navigon, Telenav und auch TomTom haben bereits vor der Entwicklung ihrer PND-Geräte Software für PDAs und XDAs geschrieben.[299] Bei der PDA-Navigation handelte es sich um eine Navigationssoftware, die auf einem PDA, an das ein GPS-Empfänger angeschlossen war, installiert wurde.[300] Das PDA war die erste Plattform für tragbare GPS-Anwendungen, weil es die notwendige Rechenleistung und ein Display hatte.[301] Die Navigation in das Smartphone zu integrieren war ähnlich und daher ziemlich einfach und ohne viel Aufwand oder Kosten durchführbar. Der Unterschied dabei war, dass die Navigation bei den meisten Smartphones bereits Teil der Software war. Smartphone-Hersteller wollten sich damit am Anfang am Markt differenzieren und konnten durch mehr Features höhere Preise für ihre Geräte erzielen.[302]

---

[294] Vgl. Experte P; Kuhn (2015); TomTom (2007) AR; TomTom (2008) AR.

[295] Vgl. TomTom (2014).

[296] Vgl. Kuhn (2015).

[297] Vgl. Experte N.

[298] Vgl. Navi-Magazin Online (2016), Mitra (2012), gfu (2015).

[299] Vgl. Experte R.

[300] Vgl. Focus (2007), S. 38.

[301] Vgl. Colwell (2007).

[302] Vgl. Experte S.

Die Navigation im Smartphone für den deutschen Markt kann mit der Einführung des ersten iPhone (Apple) in enge Verbindung gebracht werden.[303] Denn neben dem ersten HTC Dream und der Samsung-Galaxy-Reihe begann 2008 mit dem ersten iPhone die Ära der Smartphones.[304] Smartphones sind Konvergenzprodukte, die viele Funktionen und Fähigkeiten zuvor verschiedener Produkte und Märkte vereinen: Musikplayer, Telefon, Adressbuch, E-Mail, Webbrowser, Kamera, Kartendienst, Routenplaner etc. Mit der Kombination dieser zahlreichen Funktionen tragen sie zur Konvergenz, also dem Zusammenwachsen von ursprünglich getrennten Märkten, Produkten und Diensten bei und können deshalb nicht mehr allein einem Segment wie z. B. der Unterhaltungselektronik oder den Consumer Electronics zugeordnet werden.[305] Das erste iPhone wurde am 9. Januar 2007 vorgestellt. Es war eines der ersten Smartphones im heutigen Sinne und damit eine wichtige Innovation für den Mobiltelefonmarkt und aufgrund der integrierten Navigationsfunktion eben auch für den Navigationsmarkt. Es beinhaltete bereits alle Voraussetzungen, die für die Navigationsfunktion notwendig waren: ein berührungssensitives 3,5-Zoll-Multitouch-Breitbild-Display, integriertes Internet, GPS-Empfänger und neben vielen anderen vorinstallierten Softwareanwendungen auch die Navigationssoftware Google Maps.[306] Über das Display ließen sich mit Hilfe der integrierten Ortungstechnologie Karten-, Satelliten-, Verkehrsinformationen abrufen sowie Routen berechnen. Zusätzlich konnten auch über den Browser online Routendienste genutzt werden.[307] Im Gegensatz zu Online-Anwendungen über den Browser, die nur eine einfache Routenplanung ermöglichten, bot die Smartphone-Navigation eine Turn-by-Turn-Navigation mit Sprachführung in Echtzeit.[308]

Durch die Öffnung des iPhone als Plattform für Drittanbieter, die mit der Einführung der 2.0 Software Beta Version im Juni 2008 und dem iPhone 3G, das am 11. Juni 2008 erstmals in Deutschland verfügbar war, vollzogen wurde, wurde die Smartphone-Navigation weiter verbessert. Ab diesem Zeitpunkt gab es die Möglichkeit, dass Drittanbieter Softwareapplikationen für das iPhone entwickelten.

[303]Vgl. Experte R.

[304]Vgl. Lutter et al. (2015); IfD Allensbacher (2014c).

[305]Vgl. Colwell (2007); Lutter et al. (2015); Haupter (2012).

[306]Google Maps war bis zu diesem Zeitpunkt vor allem im Bereich der Online-Karten und Routenführung bekannt, die über den Browser nutzbar waren.

[307]Vgl. Apple (2007a); (2008a, b, c); Europäische Union (2009); Experte K.

[308]Vgl. Europäische Union (2009).

Diese konnten dann über den App-Store von Kunden erworben werden.[309] Dadurch konnte das iPhone plötzlich durch unzählig viele neue Dienste erweitert werden. Ab diesem Zeitpunkt war es Kunden auch möglich, neben der vorinstallierten Anwendung Google Maps andere Navigationsapps von verschiedenen Herstellern zu laden und diese zur Navigation zu verwenden. Zur gleichen Zeit kam eine neue Qualität der Datenverbindung hinzu. 3G wurde eingeführt und ermöglichte den Nutzern einen schnelleren Internetzugang mittels Quad-Band GSM und Tri-Band HSDPA. Das iPhone der zweiten Generation unterstützte WLAN, 3G und EDGE-Netzwerke, schaltete automatisch zwischen diesen um und suchte sich auf diese Weise immer das schnellste Netzwerk. Damit wurde es einfacher und schneller, Kartendaten aus dem Internet zu laden, Wegbeschreibungen abzurufen und die Navigationsfunktion zu nutzen. Auch Realtime Mapping war erstmals möglich.[310] Es ist daher anzunehmen, dass die Smartphone-Navigation ihren Anfang ca. zu Beginn des Jahres 2008 genommen hat. Dieser Zeitpunkt wird deshalb in den weiteren Analysen als Einführung der neuen Technologie in den mobilen Navigationsmarkt angenommen.

Im Lauf der Zeit wurden immer mehr Smartphones mit ähnlichen Möglichkeiten von anderen Herstellern angeboten. Das hat den Umsatz der PND-Hersteller beeinträchtigt.[311] Nokia kaufte 2007 den größten Navigationssoftwarehersteller und Kartenlieferanten Navteq für $ 8,1 Mrd. Das war ein erstes Zeichen dafür, dass Handyhersteller in Zukunft im Markt der Navigationslösungen eine wesentliche Rolle spielen würden.[312] Bereits zu Beginn dominierte jedoch Google als Lieferant von Karten- und Navigationsanwendungen in diesem neuen Segment[313] und baute seine Marktführerschaft später mit der Einführung eigener Smartphones bzw. der Lieferung des eigenen Betriebssystems Android für viele Smartphone-Hersteller weiter aus. Google machte es allen Herstellern, die mit dem Android-Betriebssystem arbeiten und den Android App Store nutzen wollten, zur Bedingung, den Kartendienst Google Maps als vorinstallierte Anwendung auf dem Smartphone zu integrieren.[314] Dadurch hatten sie schnell einen unglaublich hohen Marktanteil im Bereich der Smartphone-Navigation.

---

[309] Vgl. Apple (2007a); (2008a, b, c); Peterson (2008), S. 38; Experte K.

[310] Vgl. Apple (2008b); kfztech.de (2016c).

[311] Vgl. Frei (2007); Experte K; Experte R.

[312] Vgl. Frei (2007).

[313] Sie belieferten zunächst auch Apple mit Karten und Routingsoftware, bis Apple 2012 selbst einen Kartendienst ins Leben gerufen hat.

[314] Vgl. Experte K; Experte R.

Bereits im Jahr 2009 verfügte der Großteil der Mobiltelefone des mittleren bis hohen Segments über Betriebssysteme, die Navigationslösungen unterstützten.[315] Die Smartphones wurden mit immer leistungsfähigeren Chips, besserer Software und größeren Displays ausgestattet. Eine Turn-by-Turn-Navigation war standardmäßig in fast allen Geräten enthalten. Ausführlichere Programme können jederzeit zum Teil kostenlos als Software downgeloadet werden.[316] Durch die Erweiterung der Smartphone-Funktionen mit Hilfe von Apps diverser Drittanbieter, durch den Ausbau der mobilen Bandbreiten und den steigenden Anteil der Providerkunden mit festen Verträgen und Datenflatrates stieg die Nutzung des mobilen Internets und die mobile Nutzung von Routenplanern noch stärker an. Allein im Bereich der Navigation sind zahlreiche Apps verfügbar. Die Preise variieren zwischen 0 und 100 Euro.[317] 2014 nutzten 69% der 14- bis 19-Jährigen in Deutschland kostenlose internetbasierte Routenplaner wie Google Maps und 2015 verwendeten 55% der Menschen in Deutschland das Smartphone zum Navigieren.[318] Der hauptsächliche Gebrauch von Karten auf Smartphones ist die Navigationsfunktion, um den Weg zu seinem Ziel und das Ziel an sich mit so wenig Aufwand wie möglich zu finden. Der zweite Grund für den Gebrauch ist, sich orientieren zu können, um den Weg beim nächsten Mal ohne Karte zu finden.[319]

Smartphones haben eine sehr hohe Penetrationsrate. Dies liegt u. a. daran, dass das Smartphone ein Universalgerät geworden ist.[320] Bei der Smartphone-Navigation wird zwischen zwei Arten der Navigation unterschieden. Der sog. On-board-Navigation und der Off-board-Navigation. Es wird vorwiegend Letztere verwendet.[321] Dabei ist die Karte nicht auf dem Handy gespeichert, sondern die für die Zielführung relevanten Daten werden von einem Server geladen und berechnet und dann zusammen mit dem Teil der Karte über das mobile Internet auf das Smartphone geladen.[322] Bei On-board-Systemen werden, ähnlich wie

[315]Vgl. Europäische Union (2009).

[316]Vgl. IT Times (2011).

[317]Vgl. kfztech.de (2016); Lutter et al. (2015); IFD Allensbacher (2014); IfD Allensbacher (2014c).

[318]Vgl. Lutter et al. (2015); IFD Allensbacher (2014); IfD Allensbacher (2014c).

[319]Vgl. Peterson (2008b), S. 9.

[320]Vgl. kfztech.de (2016); Lutter et al. (2015); IfD Allensbacher (2014); IfD Allensbacher (2014c).

[321]Vgl. Experte R.

[322]Vgl. Auto Motor Sport (o. Jg.); adac (2016d); Anmerkung: Bei dieser Version fallen Kosten für Datennutzung im Mobilfunknetz an.

bei PND-Systemen, Kartenmaterial und Software auf dem Smartphone gespeichert, so dass eine Routenberechnung auch offline möglich ist. Da das viel mehr Speicherplatz benötigt, Smartphones ohnehin fast immer über eine Verbindung zum Internet verfügen und die Preise für die mobile Datennutzung in den letzten Jahren stark gesunken sind, findet diese Variante immer seltener Verwendung und wird vor allem von Softwareherstellern angeboten, die im PND-Bereich aktiv sind.[323] So hat Navigon 2009 als erster etablierter Hersteller die App für Smartphone-Navigation als On-board-System für den App Store auf den Markt gebracht. Der Einführungspreis lag bei 69,99 US-Dollar und wurde nach kurzer Zeit auf 99,99 US-Dollar angehoben.[324] Google Maps war der erste Hersteller von Off-board-Smartphone-Navigation und ist auch heute noch Marktführer. Google bietet neben der reinen Navigation viele Anwendungen, die mit locationsbasierten Services auf einer Karte gemacht werden können. So ist es beispielsweise möglich, nach Empfehlungen von anderen Menschen oder Freunden in der Umgebung zu suchen oder Bewertungen zu Einrichtungen, Lokalen etc. zu finden. Zudem ist es mittlerweile auch möglich, den eigenen Standort auf einer Karte an andere Personen zu versenden.[325] Der Smartphone-Navigationsmarkt war und ist sehr konsolidiert. 2–3 Spieler generieren 80% des Umsatzes.[326] Die beliebtesten Kartendienste in Deutschland sind Google Maps, iOS-Karten, Bing Maps, Nokia Here, TomTom oder Garmin.[327]

4.3.2 Das disruptive Potential der Smartphone-Navigation

Zur Bestimmung des disruptiven Potentials der Smartphone-Navigation wird im folgenden Abschnitt das Modell von Keller und Hüsig (2009) angewandt. Zunächst wird untersucht, ob die Merkmale der einzelnen Phasen in vorliegendem Fall erfüllt sind, bevor im Anschluss daran Trajektorien/Kurvendiagramme gezeichnet werden die den zweiten Teil des Modells abbilden.[328]

---

[323] Vgl. Auto Motor Sport (o. Jg.); adac (2016d); Focus (2007).

[324] Vgl. Gilroy (2009b); Anmerkung: Der Name war MobileNavigator.

[325] Vgl. Peterson (2008), S. 46f.

[326] Vgl. Experte R.

[327] Vgl. Bitkom (2014).

[328] Vgl. Keller, Hüsig (2009), S. 1047; für Details zu diesem Modell wird auf den Abschnitt 2.2.5 verwiesen.

Die Smartphone-Navigation ist zunächst nicht im Kontext der Navigation entstanden. Google wollte in Zusammenhang mit seiner Online-Suchfunktion Ergebnisse geografisch auf einer Karte darstellen. Aus diesem Grund wurde eine digitale Karte benötigt, die von Google mit Hilfe von Daten der Teleatlas entwickelt wurde. Die Navigation entstand dabei zunächst als Nebeneffekt bei dem Bemühen, Menschen oder den Standort der gesuchten Einrichtung anzuzeigen und sie ggf. auch dorthin zu navigieren. Kurze Zeit später wurde aus diesen Anfängen der digitale Karten- und Navigationsdienst *Google Maps*, der erstmals allen Internetnutzern Navigation über das Internet zugänglich gemacht hat. Google hat sich in diesem Zusammenhang mehr und mehr Kompetenzen im Karten- und Softwarenavigationsbereich angeeignet.[329] Im Jahr 2007 haben sie dann, in Zusammenarbeit mit Apple, die Navigationsfunktion für die erste Generation des iPhone als vorinstallierte Anwendung im Smartphone angeboten.[330] Die Navigationsfunktion war ein Differenzierungsmerkmal für Smartphone-Hersteller, indem sie Kunden mehr Anwendungsmöglichkeiten bieten wollten als andere Hersteller. Damit sprach die Innovation zunächst nur Smartphone-Nutzer an. Sie sollten mit der Anwendung Orte suchen oder sich in fremden Umgebungen eine Orientierung verschaffen können. Kunden klassischer Navigationsgeräte lehnten die Innovation, vermutlich berechtigt, mit Verweis auf die unzureichende Qualität der Routenberechnung, der Karten und der schlechten Handhabung im PKW ab.[331] Die Navigationsfunktion wurde daher zunächst vor allem von Fußgängern benutzt. An den Einsatz im Fahrzeug wurde damals vermutlich auch von Seiten der Hersteller noch nicht gedacht, vor allem deshalb, weil die Nutzung von Mobiltelefonen während der Fahrt gesetzlich verboten war und noch immer ist.[332] Wie bereits oben kurz angesprochen, war die Entwicklung und Umsetzung der Smartphone-Navigation einfach und wenig kostenintensiv, da die bereits bestehende Routenberechnungssoftware und Karten aus dem Onlinebereich, der PDAs und PNDs nur geringfügig verändert werden mussten und zudem lizenziert oder zugekauft werden konnten. Das Smartphone als Gerät verfügte zudem bereits über die notwendigen Komponenten wie Display, Funkverbindung und notwendige Rechenleistung, die für eine portable Navigation notwendig waren.[333] Obwohl es auch über Mobilfunkmasten und WiFi Hotspots möglich

[329] Vgl. Experte K; Experte R.

[330] Vgl. Peterson (2008), S. 46ff.; Apple (2007a); Apple (2008a, b, c).

[331] Vgl. Peterson (2008b), S. 9.

[332] Vgl. Experte L; Experte M, Frankfurter Rundschau (2015).

[333] Vgl. Experte S; Experte K.

wäre, bestimmen die meisten Smartphones mit Hilfe von GPS-Daten die eigene Position.[334] Die Karten und weitere Informationen werden über das Internet geladen. Die Verbindung zum Internet ermöglicht darüber hinaus Zusatzdienste wie Google-Suche, Life-Dienste, u.a. in Bezug auf Verkehrsaufkommen, weiterführende Informationen und Kartenaktualisierungen.[335]

Anfänglich hatte die Smartphone-Navigation noch einige Nachteile im Vergleich zu PNDs, wenn es um die Benutzung der Navigationsfunktion im PKW ging. Nachteile waren z. B. die zunächst limitierte Kartendarstellung durch die relativ kleinen Displays, die geringe Lautstärke der Sprachhinweise durch die begrenzte Power der Lautsprecher und die fehlenden bzw. begrenzten Möglichkeiten, das Smartphone mit einer Halterung im PKW zu befestigen, um die Navigation während der Fahrt im Blick zu behalten und gleichzeitig das Smartphone nicht in Händen halten zu müssen.[336] Auch die Kartendaten, die in den Smartphones genutzt wurden, waren anfangs noch nicht ganz ausgereift und teilweise mit Fehlern behaftet bzw. nicht besonders genau im Hinblick auf die Nutzung von PKW-Fahrern im Straßenverkehr.[337] Ein weiterer Nachteil von Smartphones war lange Zeit, dass trotz erkanntem Stau keine alternative Route berechnet wurde. Der Fahrer musste daher selbst eine neue Route suchen und diese neu eingeben.[338] Ein Problem, das auch heute noch zu beobachten ist, ist, dass die Karte und damit auch die Routenführung vom Display verschwinden oder die Navigation stoppt, sobald ein Anruf oder eine Mitteilung auf das Smartphone kommt.[339] Um dadurch nicht vom Straßenverkehr abgelenkt zu werden, wird daher empfohlen, Anrufe während der Navigation zu blocken. Sicherheit ist ein sehr wichtiger Faktor im Straßenverkehr und jede Ablenkung kann sehr gefährlich sein.[340] Aus diesem Grund ist auch die Benutzung von Smartphones im PKW bis heute eigentlich gesetzlich verboten. §23 Abs. 1a STVO regelt, dass ein Mobiltelefon vom Fahrer nicht in der Hand gehalten und bedient werden darf, solange der

---

[334]Vgl. Peterson (2008), S. 43f.

[335]Vgl. Experte P.

[336]Vgl. Peterson (2008), S. 45; Auto Motor Sport (o. Jg.); Experte R; Experte N; Bähnisch (2009), Bitkom (2009), S. 12.

[337]Vgl. Peterson (2008b), S. 8; Beispiel: So wurden beispielsweise Straßen, die zwar existierten, aber im Winter gesperrt waren, auch im Winter für die Routenführung verwendet.

[338]Vgl. Kremp (2010).

[339]Vgl. Experte R; Mitra (2012).

[340]Vgl. Experte N.

Motor läuft.[341] Eine Ausnahme bildet die Nutzung des Smartphones, wenn es in einer entsprechenden Halterung, ähnlich wie ein PND, fixiert ist und mit nur einem Finger bedient werden kann oder wenn das Smartphone in das Infotainmentsystem des Autos eingebunden ist und über die Knöpfe im Fahrzeug bedient werden kann.[342] Ein weiteres Problem in der Vergangenheit waren die Kosten für die Datenübertragung. Da die meisten Smartphones online navigieren und die mobile Datenübertragung in den Anfängen der Smartphone-Navigation 2008 noch nicht so gut war, wie das heute der Fall ist, war es bei längeren Reisen möglich, dass die Kartendaten zu langsam aus dem Internet geladen haben oder dass die Kosten für den Download der Daten sehr hoch ausgefallen sind. Dies war vor allem der Fall, wenn Kunden keine Datenflatrates hatten. Auch das war anfangs ein relevantes Argument für viele Kunden, bei der Navigation auf PNDs zurückzugreifen, die keine Datenverbindung benötigten. Später konnte in solchen Fällen die Route vor dem Start z. B. in einer WLAN-Verbindung auf den Speicher des Telefons geladen werden.[343] Zunehmende Flatrate-Angebote für Datenverbindungen, die steigende Anzahl öffentlicher WLAN-Angebote, Verbesserungen der Übertragungszeiten und sinkende Datenübertragungskosten führten ebenfalls zu einer vermehrten Nutzung.[344] Heute fallen die Kosten für den Download der Karten, zumindest in Deutschland und im europäischen Ausland, aufgrund von zahlreichen Datenflatrates und der geringen Datenpreise nicht mehr ins Gewicht.[345] Zudem wird beispielsweise bei Google das Kartenmaterial nur so weit geladen, wie es gerade benötigt wird. Dadurch werden nicht viele Daten aus dem Internet geladen und es geht sehr schnell. Sobald eine Strecke geladen ist, ist es möglich, auch ohne Internetverbindung weiter zu navigieren. Dadurch ist die Google-Navigation auch im Ausland bei teuren Daten-Roaming-Tarifen gut geeignet.[346]

Aufgrund der vielen Einschränkungen war die Smartphone-Navigation für die Nutzung im PKW anfangs nicht optimal und eignete sich eher für Personen, die ein Navigationssystem nur selten benötigten.[347] Im Lauf der Zeit wurden diese Probleme jedoch behoben. Mit zunehmender Größe der Handydisplays, besserer

[341] Vgl. STVO §23; Experte P; Bähnisch (2009); Experte L; Experte M.

[342] Vgl. Rundschau (2015); Experte K.

[343] Vgl. Kuhn (2015); Bitkom (2009), S. 12.

[344] Vgl. Bitkom (2009), S. 12.

[345] Vgl. Stauch (2011).

[346] Vgl. Kremp (2010).

[347] Vgl. Auto Motor Sport (o. Jg.).

Auflösung, günstigeren Datenpreisen und weiteren Features hat die Attraktivität der Smartphone-Navigation stark zugenommen.[348] Im Jahr 2010 hat Google seine Navigationssoftware für Android-Betriebssysteme in Deutschland auf den Markt gebracht. Eine Spracherkennungssoftware, um bei Google per Sprachbefehl nach etwas zu suchen oder um die Navigation zu nutzen, war ebenfalls integriert. Auch die Ansagen bzgl. der Routenführung waren mittlerweile so genau, dass man ohne Blick auf das Display alleine nach den Audio-Signalen fahren konnte. Dadurch war es nicht mehr notwendig, das Smartphone während der Fahrt mit den Händen zu bedienen, und es war einfacher, die Innovation verkehrssicher für die Navigation im PKW zu nutzen. Bei PND-Geräten boten zur gleichen Zeit nur wenige, sehr hochwertige Geräte die Funktion der Spracherkennung.[349] Da das Smartphone ein Konvergenzprodukt ist, kann es mehr Funktionen erfüllen als ein Single Function Device wie das PND. Einen wesentlichen Vorteil, den Smartphones im Vergleich zu PNDs bereits von Anfang an hatten, der aber erst im Lauf der Zeit mit Ausbau der mobilen Datenübertagung voll genutzt werden konnte, ist die Konnektivität, sprich die Verbindung zum Internet.[350] Dadurch kann das Smartphone dem Kunden mehr und personalisierten Service bieten als PNDs.[351] Durch den Internetzugang konnten auch die Funktionen im Lauf der Zeit zusätzlich erweitert werden, ohne dass ein neues Gerät erworben werden musste. So bietet das Smartphone neben Routing und Kartendarstellung die Möglichkeit, aktuelle Informationen und Daten zu beschaffen.[352] Es ist beispielsweise möglich, im Internet zu surfen und nach Einrichtungen, Adressen etc. zu suchen oder standortbasierte Inhalte abzurufen, während im PND nur nach einer sehr begrenzten Anzahl hinterlegter Sonderziele wie Flughäfen, Bahnhöfe oder Tankstellen etc. gesucht werden kann. Die Informationsbeschaffungsmöglichkeiten der Smartphones gehen über die reine Navigation hinaus. So werden heute auch locations-basierte Dienste angeboten, die den Kunden über Angebote oder Parkplätze im nahen Umkreis der eigenen Position informieren, zusätzliche Informationen in den digitalen Karten gespeichert oder Bewertungen anderer Nutzer

[348]Vgl. Auto Motor Sport (o. Jg.); Peterson (2008), S. 45.

[349]Vgl. Peterson (2008), S. 43f.; Kremp (2010).

Anmerkung: Bei PNDs ist diese Funktion nur bei sehr hochwertigen und damit hochpreisigen Geräten integriert.

[350]Vgl. Experte K; Experte R; Experte Q; Frei (2007), Experte N; Experte O; Bitkom (2014).

[351]Vgl. Experte K; Lutter et al. (2015), Experte R; Experte O.

[352]Vgl. Experte P; Experte N; Experte O.

zu Einrichtungen geliefert.[353] Diesen Service können PNDs meist nicht bieten. Das PND ist im Vergleich zum Smartphone ein Single Function Device, von dem ein Großteil[354] bis heute über keine eigene SIM-Karte verfügt. Dadurch würde das Gerät zwischen 30 und 50 Euro teurer und PND-Kunden sind laut Experten nicht bereit, diesen Mehrpreis zu bezahlen. Die meisten PNDs arbeiten daher mit einer Bluetooth-Verbindung zu einem Smartphone oder über eine Verbindung per USB-Kabel an einen PC, um eine Verbindung zum Internet herzustellen und Updates etc. downloaden zu können.[355] Das PND verändert sich während seiner Lebensdauer nicht in seinen Funktionen. Der Kunde muss ein neues Modell kaufen, um neue Features nutzen zu können. Ein Grund dafür ist neben dem fehlenden Internetzugang das Betriebssystem der PNDs. Dieses ist nach Aussagen der Experten sehr speziell, nicht besonders gut und nicht für Erweiterungen geeignet. Es handelt sich um ein geschlossenes System, das je nach Anbieter variiert, oft nicht richtig funktioniert und teilweise sehr langsam ist.[356] Das Smartphone kann hingegen quasi täglich durch Softwareupdates und Appkäufe in seiner Funktion erweitert werden. Weiterhin hat das Smartphone nur sehr kurze PLZ, wodurch Neuerungen aus dem CE-Bereich schneller umgesetzt werden können.[357] Da das Smartphone überall dabei ist, kann die Route schon geplant werden, bevor man überhaupt im Auto sitzt, und man kann sich auch am letzten Abschnitt als Fußgänger vom PKW zum Ziel navigieren lassen.[358] Ein wichtiger Faktor für den Kunden in Bezug auf Navigation sind korrekte und aktuelle Kartendaten und Verkehrsinformationen.[359] Auch hier hat das Smartphone mittlerweile einen Vorteil im Vergleich zum PND. Während das Smartphone Software over the air (SOTA) nutzt und immer auf die aktuellsten Karten und Informationen, die in der Cloud gespeichert sind, zurückgreifen kann, können PNDs nur mit den auf dem Gerät gespeicherten Karten arbeiten, die auf dem Stand des letzten Updates sind.[360] Die

---

[353]Vgl. Bitkom (2009), S. 9; Frei (2007); Kremp (2010); Experte S; Experte Q; Kremp (2010); Peterson (2008), S.43f.

[354]Experten schätzen den Anteil auf ca. 90%, vgl. Experte R; eine Ausnahme bilden die Geräte der Firma TomTom; TomTom Annual Reports.

[355]Vgl. Experte K; Experte R; Experte P.

[356]Vgl. Experte Q; Experte P.

[357]Vgl. Experte O.

[358]Vgl. Experte O; Experte L; Experte M; Peterson (2008), S. 43f.; Experte K.

[359]Vgl. Experte P; Navi Magazin Online (2016).

[360]Vgl. Experte R; Frei (2007); Peterson (2008b), S. 9; Experte Q; Howard (2007), S. 25.

meisten dieser Karten sind veraltet. Denn nur jeder dritte Navi-Nutzer hat sein Gerät jemals aktualisiert. Dies ist darauf zurückzuführen, dass in der Vergangenheit Aktualisierungen für Karten lange dauerten, bis sie vom Hersteller angeboten wurden, dass Aktualisierungen über den PC umständlich waren und dass Kartenupdates so teuer waren, dass z. T. ein neues Gerät für denselben Preis hätte erworben werden können. PND-Kunden waren daher oft unzufrieden mit der Aktualität ihrer Karten und wollten für Kartenupdates nicht die geforderten Preise bezahlen. Neben den Verkehrsinformationen waren veraltete Karten der Hauptbeschwerdegrund über PNDs in der Vergangenheit.[361] Die Smartphone-Navigation war dagegen intuitiv, einfach, bequem, von Beginn an kostenlos und nach ein paar Anlaufschwierigkeiten immer auf dem aktuellsten Stand.[362] Das Smartphone konnte auch von Fußgängern oder beim Fahrradfahren zur Navigation benutzt werden, weil alle Straßen, Fuß- und Radwege und später auch Nahverkehrsrouten der öffentlichen Verkehrsmittel enthalten sind.[363] Das Smartphone verfügt zudem über die aktuellsten Verkehrsinformationen, denn der Marktführer Google nutzt beispielsweise Bewegungsdaten aller Mobiltelefone und Autos, die mit Android oder Google Maps ausgestattet sind, um den Verkehrsfluss in Echtzeit abzurufen und anzuzeigen. Da die Menge der Smartphones am Markt extrem hoch ist, sind diese Verkehrsdaten sehr genau und zuverlässig und Staus bereits frühzeitig zu erkennen.[364] Auch TomTom kann Bewegungsdaten seiner PNDs abrufen und hat bereits vor einigen Jahren begonnen, seine Community einzubeziehen, um Kartendaten zu aktualisieren.[365] Die Informationen von Google sind trotzdem genauer und aktueller, weil sie aus viel mehr Geräten generiert werden. Je nachdem, wie flüssig der Verkehr auf den Straßen ist, wird die Straße grün, gelb oder rot angezeigt.[366] Die Genauigkeit der Verkehrsinformation hat auch Auswirkung auf die Berechnung der Ankunftszeit. Bei PNDs waren für die Routenberechnung lange Standardgeschwindigkeiten der Straßen gespeichert. Dadurch war die berechnete Ankunftszeit oft viel ungenauer als bei der Google Navigation. Heute wissen auch PNDs, an welchen Tagen, zu welchen Zeiten die Geschwindigkeit

---

[361] Vgl. Reelitz (2009), S. 11; Experte P; manager magazin (2013).

[362] Vgl. Experte N; Mitra (2012).

[363] Vgl. Bitkom (2014).

[364] Vgl. Experte Q; Experte P.

[365] Vgl. Experte P.

[366] Vgl. Kremp (2010).

wie hoch ist, und können das in die Route miteinbeziehen, jedoch ist das noch immer ungenauer als der Echtzeit-Service, den Google Maps bieten kann.[367]

Im Laufe der Zeit haben sich dann auch die Ansprüche der Nutzer verändert. Heute wollen Kunden nicht mehr nur den Weg von A nach B, sondern möglichst viele personalisierte Informationen in Echtzeit und einen Service, der über die reine Navigation hinausgeht. Dieser Anspruch wurde in gewisser Weise vom Markt anerzogen, weil die Kunden diesen Service von ihrem Smartphone gewöhnt waren. So wird z. B. heute erwartet, dass sich die Kalenderfunktion mit der Navigationsfunktion verbindet und automatisch ein Zeichen gibt, wann aufgrund der aktuellen Verkehrs- und Wetterlage losgefahren werden sollte, um pünktlich beim eingetragenen Termin zu sein, oder Kunden wünschen, dass das Gerät Muster in ihren Verhaltensweisen wie z. B. der täglichen Fahrt zur Arbeit erkennt und darauf reagiert. Solch hohe Erwartungen kann nur ein Gerät erfüllen, das Internetanbindung hat, Gewohnheiten tracken kann und Termine und Adressbuch kennt. Experten schätzen deshalb, dass Geräte, die das nicht bieten können, auf lange Sicht keine Chance haben, am Markt zu überleben.[368] TomTom bietet als einziger PND-Hersteller ähnliche Lösungsansätze an. So arbeiten sie im Bereich der Verkehrsdaten mit Rückkopplung eigener Geräte, um die Informationen genauer und aktueller zu halten, und haben viele ihrer Geräte mit SIM-Karten ausgestattet, um den Kunden aktuelle Informationsbeschaffung zu ermöglichen. Dies ist vermutlich auch ein Grund, warum TomTom bis heute am Markt überlebt hat und noch immer Marktführer im PND-Bereich ist.[369] Die meisten PNDs können die Ansprüche der Kunden nicht mehr erfüllen und haben sogar Probleme, die reine Navigation zur Zufriedenheit der Kunden zu leisten. Eine Untersuchung der Universität Regensburg aus dem Jahr 2009[370] in Bezug auf PNDs unterschiedlicher Marken kam zu dem Ergebnis, dass die PNDs Schwierigkeiten in folgenden Bereichen hatten: sehr umständliche Bedienung und Eingabe von Adresse, Fehlen aktueller Verkehrsinformationen, Suche von Sonderzielen oder POIs in der Nähe, Scrollen in der Karte, um sich Orientierung zu verschaffen, träge Reaktionszeit des Touchscreens und das Nichtfinden von Adressen und Hausnummern. Zudem verloren die Geräte nicht selten den Satellitenkontakt, wodurch die Routenführung abrupt abgebrochen wurde.[371] Einige PND-Hersteller haben die Gefahr erkannt und gehandelt. Sie versuchen die Attraktivität der Geräte durch mehr zusätzlichen

[367]Vgl. Navi Magazin Online (2016).

[368]Vgl. Experte O; Experte L; Experte M; Experte P; Experte Q; Weicksel (2016), S. 4.

[369]Vgl. Experte Q.

[370]Vgl. Hitzenberger et al. (2009);

[371]Vgl. Hitzenberger et al. (2009); Experte P.

Service zu verbessern, so geben sie heute z. B. eine Aktualitätsgarantie für den Neukauf von Geräten. Wird kurze Zeit später eine neue Karte veröffentlicht, kann diese kostenlos erworben werden. Zusätzlich können jederzeit Aktualisierungen oder nachträgliche Erweiterungen gekauft werden. Diese sind allerdings nicht immer kostenlos und günstig. Ein Update kann je nach Umfang zwischen 50 und 90 Euro kosten. Es gibt auch die Möglichkeit von Abos; so können Kunden für einen bestimmten Betrag einen gewissen Zeitraum oder sogar lebenslang (das Leben des Geräts zählt) Kartenupdates durchführen. Diese Abos sind nicht viel teurer als eine einmalige Aktualisierung.[372] Seit einigen Jahren (ca. ab dem Jahr 2013) sind Kartenupdates bei hochwertigen PNDs zum Teil als Abo bereits im Kaufpreis inbegriffen.[373] PND-Hersteller fokussieren sich damit auf Premiumkunden, die bereit sind, etwas mehr zu bezahlen. Dadurch können die Hersteller der PNDs, wie oben bereits für TomTom beschrieben, ähnliche Funktionen wie Smartphones bieten. Da der Umsatz der PNDs trotzdem stark abgenommen hat, bieten einige PND-Hersteller auch Navigationsapps fürs Smartphone an. Die Entwicklung ist ähnlich der Softwareentwicklung für PNDs und wird daher nicht in eine eigene Organisationseinheit ausgelagert.

Durch die im Smartphone integrierte Navigation wurden neue Möglichkeiten der Benutzung des sog. Use Case entwickelt. Durch die hohe Penetrationsrate von Smartphones war es plötzlich einer viel größeren Anzahl von Menschen möglich, ein Navigationsgerät zu nutzen. Mehr Menschen konnten mit Navigation erreicht werden, weil sie keine extra Kosten auf sich nehmen und ein neues Gerät kaufen mussten. Dadurch und weil das Smartphone täglicher Begleiter der meisten Menschen ist, ist die Häufigkeit der Verwendung von Navigation exponentiell gestiegen. Zugleich sind die Kosten für die Nutzer stark gesunken.[374]

Obwohl das Smartphone dem PND im Bereich der Navigation zunächst unterlegen war, hat es schnell aufgeholt und das PND durch zahlreiche zusätzliche Funktionen, wie die einfache Bedienung, die Aktualität von Karten und Verkehrsinformationen und die Konnektivität übertroffen.[375] Ein Smartphone kann sich heute z.B. sogar merken, wo man sein Auto geparkt hat und den Standort angeben, damit man es schnell wiederfindet.[376] Einer Umfrage zufolge fanden bereits im Jahr 2009 76% der Deutschen die Navigationsfunktion des Smartphones gut

[372]Vgl. Navi-Magazin Online (2016).

[373]Vgl. Experte P; manager magazin (2013), Experte R; Anmerkung: Dieser Service ist abhängig von den unterschiedlichen Herstellern.

[374]Vgl. Experte K.

[375]Vgl. Hitzenberger et al. (2009); Experte P; Experte R.

[376]Vgl. Experte Q.

Tabelle 4.25 Kriterien DP Neue Unternehmen (Quelle: Eigene Darstellung in Anlehnung an Keller, Hüsig 2009, S. 1046f.)

Phase	Kriterium	Erfüllt	Nicht erfüllt	Unbekannt
Foothold market entry	Die Produkte verfügen in den Haupteigenschaften über eine schlechtere Leistung	X	-	-
	Die Produkte sind günstiger, einfacher, bequemer und zuverlässiger	X	-	-
	Die Produkte sprechen bisherige Nichtkonsumenten an	X	-	-
	Das Geschäftsmodell ist profitable und adressiert übersättigte Kunden	-	X	-
	Die Investoren erlauben Experimente	X	-	-
	Phase total	**4**	**1**	**0**
Main market entry	Die Produkte basieren auf Standardkomponenten	X	-	-
	Strategische Ressourcen (Lizenzen, Kapital, etc.) sind verfügbar	X	-	-
	Das Netzwerk für die PDI wird als groß eingeschätzt	X	-	-
	Die PDI ist kompatibel mit dem bestehenden Netzwerk	X	-	-
	Phase total	**4**	**0**	**0**
Failure of incumbent	Das neue Geschäftsmodell unterscheidet sich stark vom etablierten Geschäftsmodell	X	-	-
	Die Prozesse sind signifikant anders	X	-	-
	Das neue und das etablierte Wertnetzwerk haben nur geringe Überschneidungen	X	-	-
	Phase total	**3**	**0**	**0**
	Total	**11**	**1**	**0**

genug, um es für die Navigation im Auto zu nutzen.[377] Heute gehören Navigations- und Kartendienste zu den meistgenutzten Anwendungen auf Smartphones und Tablet-Computern. Die beliebtesten Kartendienste in Deutschland sind Google Maps, iOS-Karten, Bing Maps, Nokia Here, TomTom oder Garmin.[378] Die PNDs sind dadurch gefährdet. Der Kunde entscheidet sich dann entweder gleich für ein embedded System oder benutzt das Smartphone.[379]

Die Ergebnisse ersten Teils des Modells zur Bestimmung des disruptiven Potentials sind in den folgenden Tabellen, Tabelle 4.25 und Tabelle 4.26 zusammengefasst dargestellt.

---

[377]Vgl. Accenture, Statista (2009).

[378]Vgl. Bitkom (2014).

[379]Vgl. Experte N.

Tabelle 4.26 Kriterien DP Etablierte Unternehmen (Quelle: Eigene Darstellung in Anlehnung an Keller, Hüsig 2009, S. 1046f.)

Phase	Kriterium	Erfüllt	Nicht erfüllt	Unbekannt
Foothold market entry	Es gibt übersättigte Kunden	-	X	-
	Die Hauptkunden lehnen das Produkt ab	X	-	-
	Der Markt für Produkte, basierend auf der PDI, scheint klein und irrelevant	X	-	-
	Phase total	2	1	0
Main market entry	Etablierte Leistungsmerkmale verschieben sich	X	-	-
	Kunden sind nicht bereit, für Verbesserungen der etablierten Leistungsmerkmale zu bezahlen	X	-	-
	Wechselkosten sind gering	X	-	-
	Koordinationskosten sind gering	X	-	-
	Phase total	4	0	0
Failure of incumbent	Die neuen Produkte warden von etablierten Unternehmen nicht angeboten	-	X	-
	Etablierte Unternehmen fliehen in Premiumsegmente	X	-	-
	Die PDI wird nicht in einer getrennten Organisationseinheit verwirklicht	X	-	-
	Phase total	2	1	0
	Total	8	2	0

Trajektorien

Der zweite Teil des Modells zur Bestimmung des disruptiven Potentials untersucht **Kurvendiagramme,**[380] die bei einer vorliegenden potentiell disruptiven Innovation folgende Merkmale aufweisen:

- Die Leistungskurve der PDI schneidet die unterste Nachfragekurve
- Die Leistungskurve der etablierten Technologie übersteigt die Marktnachfrage
- Die Leistungskurve der PDI ist steil
- Die Preiskurve der PDI schneidet die Preiskurve der etablierten Technologie von oben oder bleibt immer darunter

Abbildung 4.34 zeigt ein Trajektoriendiagramm, das die durchschnittliche Displaygröße von PNDs und Smartphones im Zeitverlauf darstellt und einen Vergleich der Leistung ermöglicht. Die zu erfüllenden Bedingungen scheinen dabei erfüllt zu sein. Die Leistungskurve der PNDs schneidet die Nachfragekurve im Jahr 2008 und übersteigt ab diesem Zeitpunkt die Nachfrage am unteren Ende

[380] Vgl. Keller, Hüsig (2009), S. 1047.

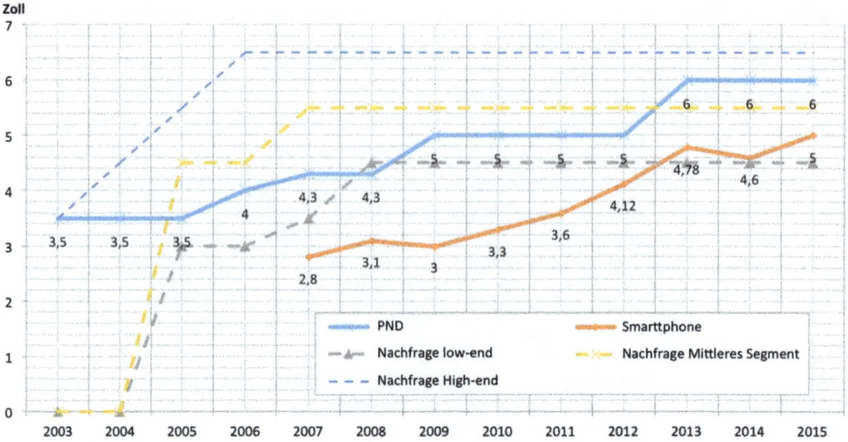

Abbildung 4.34 Trajektoriendiagramm Ø Displaygröße (Eigene Darstellung, Quelle: Eigene Datenbasis: Modelllisten PND und Mobiltelefon)

des Marktes. Die Leistungskurve des Smartphones schneidet die untere Nachfragekurve im Jahr 2012, nachdem sie eine Phase der Steigung, die im Jahr 2009 begonnen hat, hinter sich gebracht hat. Die ersten drei Anforderungen des Modells von Keller und Hüsig (2009) scheinen damit erfüllt zu sein, was dafür spricht, dass das Smartphone disruptives Potential im Vergleich zur PND-Technologie zeigt.

Abbildung 4.35 zeigt ein Kurvendiagramm, in dem die Preise der PNDs und Smartphones im Verlauf der Zeit dargestellt sind. Die Anforderungen des Modells zur Bestimmung des DP an das Preisdiagramm scheinen auf den ersten Blick nicht erfüllt, da der Preis der PDI auf einem viel höheren Niveau liegt als die „alte" Technologie. Hier muss allerdings ebenso wie in Fallstudie 1 beachtet werden, dass der Preis für das Smartphone oft durch einen Mobilfunkprovider subventioniert wird und die restlichen Kosten in Raten im Rahmen eines Mobilfunkvertrages über einen Zeitraum von in der Regel 2 Jahren bezahlt werden. Zudem wird das Smartphone vor allem wegen der Funktion der mobilen Erreichbarkeit erworben. Insofern ist der gefühlte Preis für die Smartphone-Navigation für die Kunden vermutlich relativ gering zu werten und liegt in jedem Fall unter dem Preis der PNDs. Damit kann auch dieses Merkmal als erfüllt betrachtet werden.

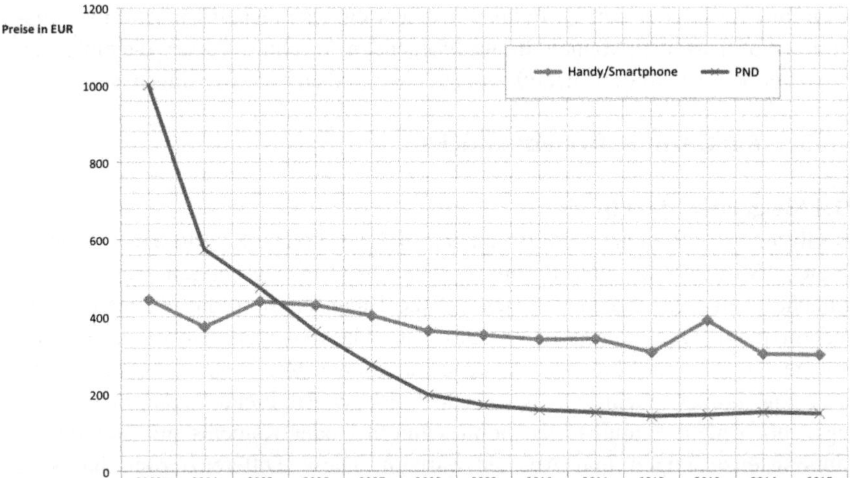

	2003	2004	2005	2006	2007	2008	2009	2010	2011	2012	2013	2014	2015
Handy/Smartphone	443	374	438	430	403	363	352	341	342	307	390	303	300
PND	1000	573	474	361	273	198	170	158	151	142	145	151	149

Abbildung 4.35 Trajektoriendiagramm Preis (Eigene Darstellung, Quelle: Eigens erstellte Datenbasis: Modellliste PND und Smartphone -siehe Anhang-, Daten der GFK Retail GmbH)

Zusammenfassend ist festzuhalten, dass alle Charakteristika des zweiten Teils des Modells zur Bestimmung des disruptiven Potentials in diesem Fall *erfüllt* erscheinen. In Kombination mit dem ersten Teil des Modells deutet das, nach den Aussagen von Keller und Hüsig (2009), auf ein hohes disruptives Potential der Innovation Smartphone Navigation hin.

4.3.3 Bestimmung der Disruptionsreife des portablen Navigationsmarktes

Nachdem zunächst das disruptive Potential der Smartphone-Navigation untersucht und als hoch eingestuft wurde, soll nun im folgenden Abschnitt der Markt der portablen Navigationsgeräte untersucht werden. Die Untersuchung wird unterteilt in die beiden Zeiträume **2004 bis 2008** und **2009 bis 2015**. Der Fokus liegt dabei auf dem ersten Zeitraum, bevor die PDI Smartphone-Navigation auf den Markt kam, weil die DR eines Marktes vor Eintritt einer PDI bestimmt wird. Ziel des Abschnittes ist die Höhe der DR des mobilen Navigationsmarktes zu bestimmen um damit den Zeitraum für den wahrscheinlichen Eintritt einer Disruption einschätzen zu können. Im nachfolgenden Abschnitt werden die einzelnen Propositionen des Modells detailliert betrachtet und auf den Fall angewandt.

4.3.3.1 P1: Geringe Angebotslücke

P1.1 Steigender Marktpreis

Es gibt heute verschiedene Preissegmente bei den PNDs. Es gibt den Einstiegsbereich, Mittelklasse- und Premiumgeräte. Im Einstiegsbereich werden sehr einfache Geräte angeboten, die sich auf die Hauptfunktion, die Navigation und Verkehrsmeldungen, konzentrieren. Das Mittelklassesegment hat bessere Geräte, größere Displays und bietet zusätzliche Funktionen wie beispielsweise Sprachsteuerung, Freisprecheinrichtung oder MP3-Player. High-end Geräte bieten hingegen noch mehr Features wie mobiles Internet oder Kameras mit integrierten Fahrassistenzlösungen und Abstandswarnern. Diese Differenzierung hat sich erst im Lauf der letzten Zeit entwickelt. Bei Markteinführung der Technologie war das, was heute low-end Geräte bieten, eine Innovation am Markt und damit eine high-end Lösung, die teuer verkauft werden konnte. Im Laufe der Zeit gab es zahlreiche Verbesserungen. Dennoch lag der Fokus lange Zeit vor allem auf low-end Geräten, die immer mehr Features integriert hatten, da der Preis lange Zeit und mit zunehmenden Wettbewerbern ein wesentlicher Verkaufsaspekt war. Die Preise liegen heute bei 50–80 Euro für einfache Geräte, bei 100–180 Euro für Mittelklasse-Geräte und bei 200–350 für high-end Lösungen. Der höchste Absatz findet im mittleren Segment statt, da low-end Lösungen mittlerweile durch Smartphones abgedeckt werden und high-end Lösungen den meisten Kunden auch heute noch zu teuer und zu aufwendig sind.[381]

Der Marktpreis von PNDs war zu Beginn der Markteinführung trotz weniger Funktionen sehr hoch. Im Zeitraum 2004 bis 2008 ist er dann von über 500 Euro auf unter 200 Euro gesunken. Das entspricht einem Rückgang von ca. 60% in einem Zeitraum von 4 Jahren, siehe Tabelle 4.27. Von 2009 bis 2015 sank der Marktpreis zunächst bis zum Jahr 2012 weiter ab, bis er sich 2013 stabilisierte und ab dann bis zum Jahr 2015 auf einem stabilen Level blieb und zwischendurch ganz leicht anstieg, siehe Abbildung 4.36. In diesem Zeitraum waren wieder vermehrt Innovationen zu beobachten, was den leichten Preisanstieg rechtfertigen könnte.[382] Der Ausgangspreis von 2009 wird allerdings nicht mehr erreicht.

[381] Vgl. Experte P.

[382] Vgl. Experte P; Colwell (2007); Focus (2007); TomTom (2014) AR.

Tabelle 4.27 Marktpreisveränderung PND (Eigene Berechnung und Darstellung, Quelle: Daten der GFK und Retail GmbH)

Zeitraum	**2004–2008**	**2009–2015**
PND Veränderung Marktpreis	-60 %	-12%
CAGR per anno	-18,3 %	-1,9 %
CAGR gesamt	-63,6 %	-12,35%
Tendenz	stark fallend	leicht fallend

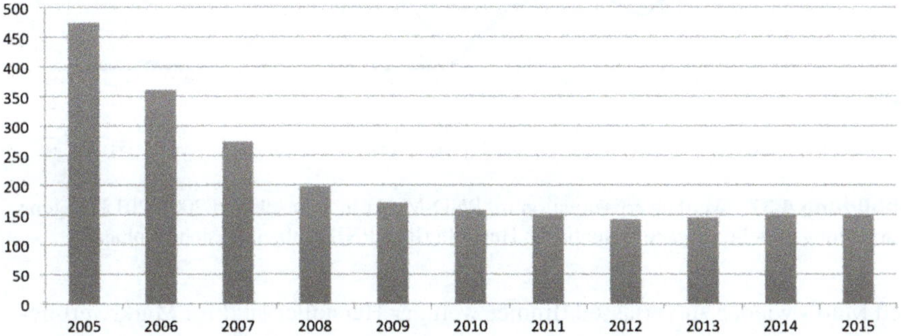

Abbildung 4.36 Durchschnittlicher Marktpreis PND in Deutschland 2005–2015 (Eigene Darstellung, Quelle: Eigens erstellte Datenbasis -siehe Anhang-, Daten der GFK Retail GmbH)

P1.2 Steigende Anzahl der Wettbewerber mit gleichem Leistungsangebot

Weil der Markt bis 2007 stark gewachsen ist, sind immer mehr Firmen in den PND-Markt eingetreten und es waren immer mehr Geräte am Markt verfügbar.[383] Im Jahr 2009 gab es weltweit ca. 260 PND-Marken, wovon jede Marke eine gewisse Anzahl an Endgeräten anbot. Das war eine Explosion im Marktangebot,[384] die den Wettbewerb sehr verschärft hat. Aufgrund der geringen Differenzierung der Geräte und Innovationen der verschiedenen Hersteller wurde der Kampf immer stärker über den Preis ausgetragen. Es wurden immer mehr billige Importgeräte aus Asien auf den Markt gebracht, die einen vernünftigen Preis bzw. Marge für PND-Anbieter zunichte machten.[385] Diese Tatsache und die ab 2008 sinkenden Verkaufszahlen haben viele Hersteller dazu bewegt oder gezwungen,

[383]Vgl. Colwell (2007); TomTom (2007); AR.

[384]Vgl. Reelitz (2009), S. 107.

[385]Vgl. Colwell (2007); Experte R; Experte P.

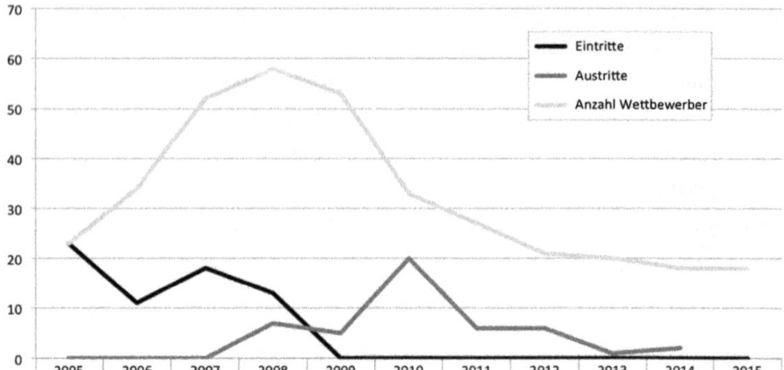

	2005	2006	2007	2008	2009	2010	2011	2012	2013	2014	2015
Eintritte	23	11	18	13	0	0	0	0	0	0	0
Austritte	0	0	0	7	5	20	6	6	1	2	
Anzahl Wettbewerber	23	34	52	58	53	33	27	21	20	18	18

Abbildung 4.37 Wettbewerbssituation im PND-Markt in Deutschland 2005-2015 (Eigene Darstellung, Quelle: Eigene Datenbasis: Herstellerliste PND Anbieter - siehe Anhang)

den Markt wieder zu verlassen. Immer weniger Hersteller sind im Markt verblieben. Der Markt hat sich konsolidiert – siehe Abbildung 4.37.[386]

P1.3 Steigendes Produktionsvolumen im Verlauf

Die Innovation PND wurde im Jahr 1999 erstmals in den deutschen Markt eingeführt. Zunächst musste sich der Markt entwickeln und eine Nachfrage geschaffen werden. Daher gab es nur sehr wenige Absatzzahlen in den ersten Jahren und es sind keine Daten für 1999–2003 verfügbar. Ab 2003 entwickelte sich das Wachstum am Markt immer besser. Von 2005 an war der Markt für PNDs schon sehr stabil und ist bis 2008 stark gewachsen, siehe Abbildung 4.38. Große Innovationen waren in dieser Zeit nicht notwendig. Die Hersteller konzentrierten sich vor allem darauf, die Karten möglichst exakt und aktuell anzubieten und die Bedienung zu erleichtern, weil das am Anfang teilweise ein Problem war. Im Jahr 2008 war die Technologie bereits relativ gut und ausgereift. Viele Hersteller sind in den Markt eingetreten, die Preise sind gesunken und der Markt war langsam gesättigt. Ab 2008 ist der Absatz eingebrochen und bis heute stetig zurückgegangen. Plötzlich war es viel schwieriger, Kunden zu überzeugen, sich ein neues Gerät zu kaufen. Zum einen weil die

[386]Vgl. United Navigation (2012); Colwell (2007).

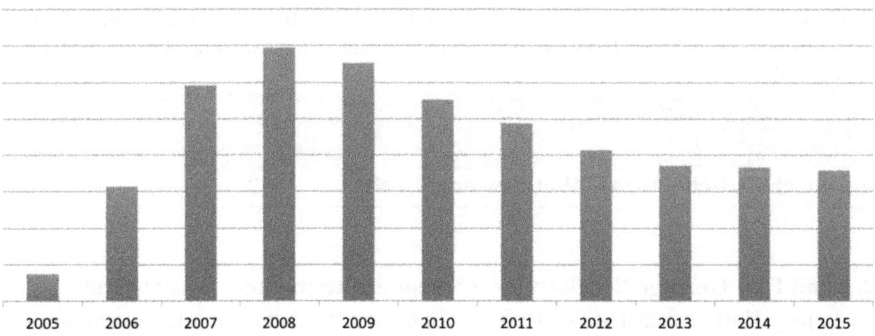

Abbildung 4.38 Absatzzahlen im PND-Markt 2005–2015 (Eigene Darstellung, Quelle: Daten der GFK Retail GmbH)

Technologie für viele ausreichend war, zum anderen weil Smartphones plötzlich eine ähnliche Leistung mit zusätzlichen Features ohne Kosten boten.[387]

Kriterium/Zeitraum	1999-2008	2009-2015
P1: Geringe Angebotslücke	✓	✗
• Steigender Marktpreis	✗	✗
• Steigende Anzahl der Wettbewerber mit gleichem Angebot	✓	✗
• Steigendes Produktionsvolumen im Verlauf	✓	✗

Zusammenfassend kann die erste Proposition P1 für den Zeitraum 1999–2008 als *konsistent mit der Theorie* angesehen werden, während sie für den Zeitraum 2009–15 als *nicht konsistent* zu betrachten ist.

4.3.3.2 P2: Geringe Ein- und Austritte von Unternehmen

P2.1 Geringe Anzahl der Wettbewerber

Die durchschnittliche Anzahl der Wettbewerber lag im Zeitraum von 2005 bis 2008 bei 42, während die Anzahl von 2009 bis 2015 nur noch bei 27 Wettbewerbern lag, siehe Tabelle 4.28.

[387] Vgl. Experte P.

Tabelle 4.28 Durchschnittliche Wettbewerber PND (Eigene Berechnung und Darstellung, Quelle: Eigene Datenbasis: Herstellerliste PND Anbieter -siehe Anhang-, Daten der GFK Retail GmbH)

Zeitraum	2005-2008	2009-2015
Durchschnittliche Anzahl Wettbewerber PND	42	27

P2.2 und P2.3 Geringe Bruttounternehmens-Eintritts- und -Austrittsrate

Am Anfang sind zunächst viele Hersteller in diesen Wachstumsmarkt eingetreten – siehe Abbildung 4.39. Neben neuen Herstellern, die nur im Bereich Navigation aktiv waren, sind auch klassische Elektronikhersteller wie z.B. Sony in den Markt eingetreten und haben versucht, sich am Markt zu etablieren. Viele dieser Hersteller haben nur die Hardware produziert und die PND-Software von Herstellern wie Navigon, TomTom o. Ä. zugekauft. Daher gab es in den Anfangsjahren eine sehr hohe Marken- und Anbietervielfalt, die im Lauf der Jahre immer stärker abgenommen hat.[388] In den Jahren 2007–2009 wurden auf der Cebit in einer ganzen Halle nur PNDs vorgestellt. Ab dem Jahr 2008 gab es dann viele Marktaustritte, weil die Absätze stagniert sind und viele Anbieter kein Potential mehr im Markt gesehen haben oder weil zahlreiche Firmen insolvent gegangen und/oder aufgekauft worden sind.[389] Neben den sinkenden Absatzzahlen waren die Gründe immer stärker sinkende Preise und die neue Konkurrenz, die von kostenlosen Navigationslösungen in Smartphones ausging.[390]

Die Bruttounternehmens-Ein- bzw. -austrittsrate lag insgesamt in nur zwei Zeiträumen unter 5% der am Markt aktiven Unternehmen, siehe dazu Tabelle 4.29.

Zusammenfassend ist die Proposition P2 für den Zeitraum 1999–2008 *nicht konsistent,* während sie für den Zeitraum 2009–15 als *konsistent* betrachtet werden kann.

Kriterium/Zeitraum	1999-2008	2009-2015
P2: Geringe Unternehmens-Ein- und -Austritte	✗	✓
• Geringe Anzahl der Wettbewerber	✗	✓
• Geringe Bruttounternehmenseintrittsrate	✗	✓
• Geringe Bruttounternehmensaustrittsrate	✓	✗

[388] Vgl. Experte P; Experte R; Focus (2007).

[389] Vgl. Experte P; Experte R; United Navigation (2012).

[390] Vgl. United Navigation (2012).

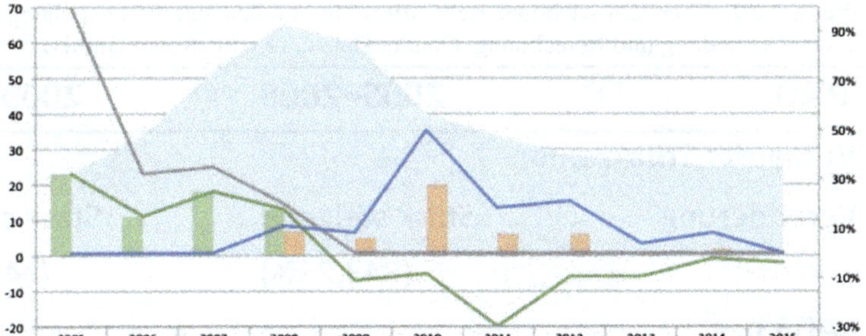

	2005	2006	2007	2008	2009	2010	2011	2012	2013	2014	2015
Ø Wettbewerberanzahl	23	34	52	65	60	40	34	28	27	25	25
Markteintritte	23	11	18	13	0	0	0	0	0	0	0
Marktaustritte	0	0	0	7	5	20	6	6	1	2	0
Nettoeintrittsrate	23	11	18	13	-7	-5	-20	-6	-6	-1	-2
Bruttoeintrittsrate in %	100%	32%	35%	20%	0%	0%	0%	0%	0%	0%	0%
Bruttoaustrittsrate in %	0%	0%	0%	11%	8%	50%	18%	21%	4%	8%	0

Abbildung 4.39 Wettbewerbslandschaft im PND-Markt 2005–2015 (Eigene Darstellung und Berechnung, Quelle: Eigene Datenbasis: Herstellerliste PND Anbieter -siehe Anhang-, Daten der GFK Retail GmbH)

Tabelle 4.29 Brutto-Ein- und -Austrittsrate PND-Hersteller (Quelle: Eigene Darstellung und Berechnung)

Zeitraum	2005–2008	2009–2015
Ø Bruttounternehmenseintrittsrate in %	47%	0%
Ø Bruttounternehmensaustrittsrate in %	2,8%	15,6%
Ø Anzahl Wettbewerber PND	43	27

4.3.3.3 P3: Konstante Wettbewerber

P3.1 Geringes Marktwachstum

Betrachtet man die Berechnungen in Tabelle 4.30, die auf Basis der Daten der GFK Retail GmbH errechnet wurden, so zeigt sich, dass der PND-Markt im ersten Zeitraum zunächst stark gewachsen ist, während er ab 2008 stagniert hat und sowohl in Bezug auf Absatz- als auch Umsatzzahlen zurückgegangen ist. Ein geringes Marktwachstum kann daher nur für den ersten der beiden Zeiträume festgestellt werden.

Tabelle 4.30 Übersicht wichtiger Kennziffern im mobilen automotiven Navigationsmarkt (Eigene Darstellung und Berechnung, Quelle: Daten der GFK Retail GmbH)

PND	2005–2008	2009–2015
Verkaufte Stückzahlen		
Veränderung	Stark steigend (843,21%)	Stark sinkend (–45,10%)
CAGR p. a.	75,25%	–8,21%
Umsätze in Euro		
Veränderung	Stark steigend (294,11%)	Stark sinkend (–51,94%)
CAGR p. a.	40,90%	–9,94%
Preise in Euro		
Veränderung	Stark sinkend (–58,23%)	Sinkend (–12,35%)
CAGR p.a.	–19,61%	–1,87%
Herstellerlandschaft		
Konzentration	Mittel-hoch	Mittel-gering
Konzentrations-veränderung	Steigend	Sinkend

P3.2 Hohe Zugehörigkeitsdauer

Wenn man die durchschnittliche Zugehörigkeitsdauer aller Firmen am Markt betrachtet, die PNDs angeboten haben, dann war sie aufgrund der vielen Ein- und Austritte und der teilweise sehr kurzen Verweildauer einzelner Firmen mit einem Wert von 5,9 Jahren nicht besonders hoch. Fokussiert man sich nur auf die Top-7-Hersteller, kann man zumindest für den zweiten Zeitraum mit Ø 12,6 Jahren von einer relativ hohen Zugehörigkeitsdauer sprechen.[391] Für den ersten Zeitraum

[391]Eigene Berechnung, Anmerkung: Die Top-7 wurden deshalb genommen, weil sie die Anzahl der Firmen widerspigelt, die über den gesamten Zeitraum unter den Top-4-Marktführern waren.

kann dies nicht bestätigt werden. Das liegt daran, dass der mobile Navigationsmarkt erst im Jahr 1999 entstanden ist und die einzelnen Firmen nach und nach in den Markt eingetreten sind. Die durchschnittliche Zugehörigkeitsdauer aller Firmen liegt in diesem Zeitraum bei 1,8 Jahren.

P3.3 Konstante Anzahl gleicher Wettbewerber
In Abbildung 4.39 ist die durchschnittliche Wettbewerberanzahl pro Jahr aufgezeigt. Diese Zahl variiert im gesamten Zeitraum immer wieder nach oben oder unten und liegt zwischen 23 und 60 Herstellern. Zum einen treten im ersten Zeitraum viele neue Hersteller in den Markt ein, zum anderen gibt es im zweiten Zeitraum viele Verschmelzungen oder Hersteller, die den Markt wieder verlassen. Eine gewisse Konstanz ist bei den Top-8-Herstellern, die über den gesamten Zeitraum die größten Marktanteile hatten, zu beobachten, siehe dazu auch Abbildung 4.40. Das zeigt, dass vor allem Unternehmen mit geringeren Marktanteilen aus dem Markt ein- und ausgetreten sind.[392]

P3.4 Wachsende Marktanteile etablierter Anbieter
Die nachfolgenden Abbildungen, Abbildung 4.41 und Abbildung 4.42, zeigen den Umsatz bzw. den Absatz der Top-4-Hersteller in Relation zum Gesamtabsatz und -umsatz am Markt. Abbildung 4.43 zeigt die Marktanteilsverschiebung der einzelnen Firmen in den einzelnen Zeiträumen. In allen Grafiken wird dabei deutlich, dass der Marktanteil der Top-4-Hersteller in den ersten Jahren abnimmt. Dies kann auf die hohe Eintrittsrate von neuen Wettbewerbern in diesem Zeitraum zurückgeführt werden. Ab dem Jahr 2009 wird der Abstand zwischen dem kumulierten Marktanteil der Top-4 und dem gesamten Markt dann immer kleiner, bis er sich im Jahr 2015 auf 1% annähert, siehe dazu auch Tabelle 4.31. Dies lässt auf eine starke Konsolidierung im Markt schließen, in dem nur noch sehr wenige Hersteller eine Rolle spielen. Die etablierten Hersteller konnten ihre Marktmacht in dieser Zeit ausbauen. Ab 2008 verkleinert sich das Marktvolumen der PNDs im Gesamtmarkt für mobile Navigation jedoch, weil die Innovation Smartphone-Navigation ab diesem Zeitpunkt einen immer größer werdenden Anteil am Gesamtmarkt einnimmt. Da der Bereich Smartphone-Navigation vor allem durch neue Hersteller abgedeckt wird, kann auch hier die Proposition der steigenden Marktanteile der Etablierten, also der PND-Hersteller, nicht als *konsistent* betrachtet werden.

[392]Vgl. Experte R.

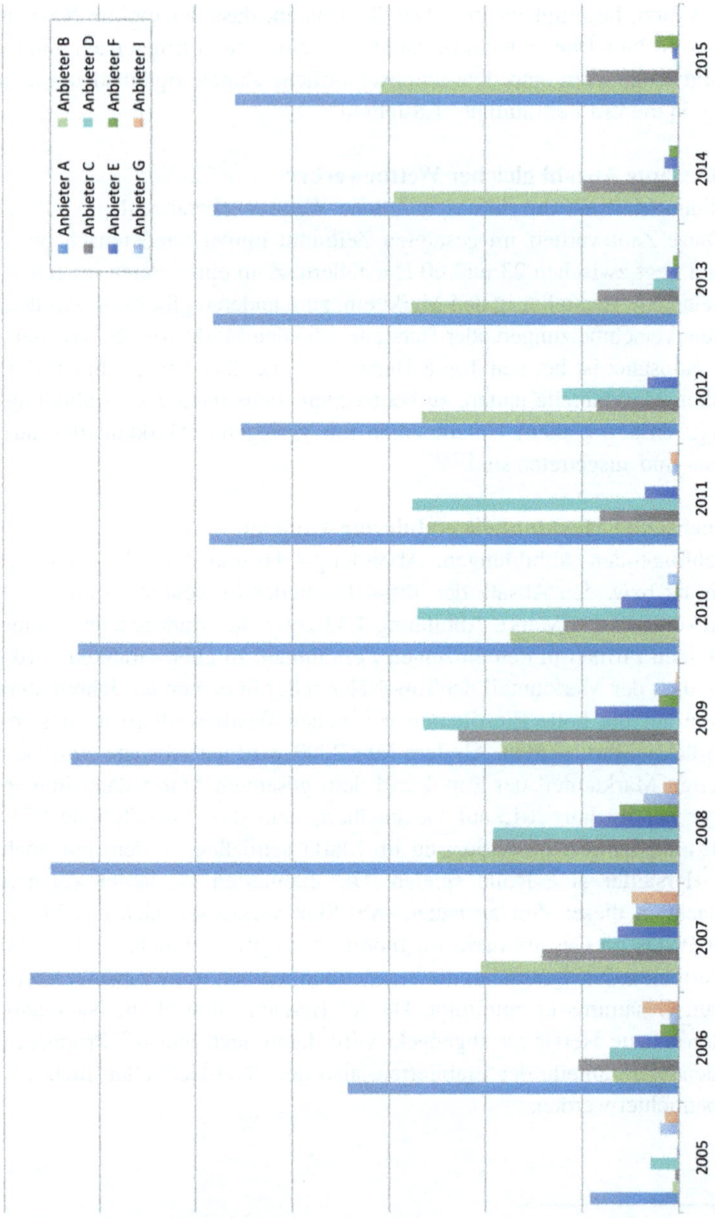

Abbildung 4.40 Absatz Top-8-Anbieter am PND-Markt (Eigene Darstellung und Berechnung, Quelle: Daten der GFK Retail GmbH)

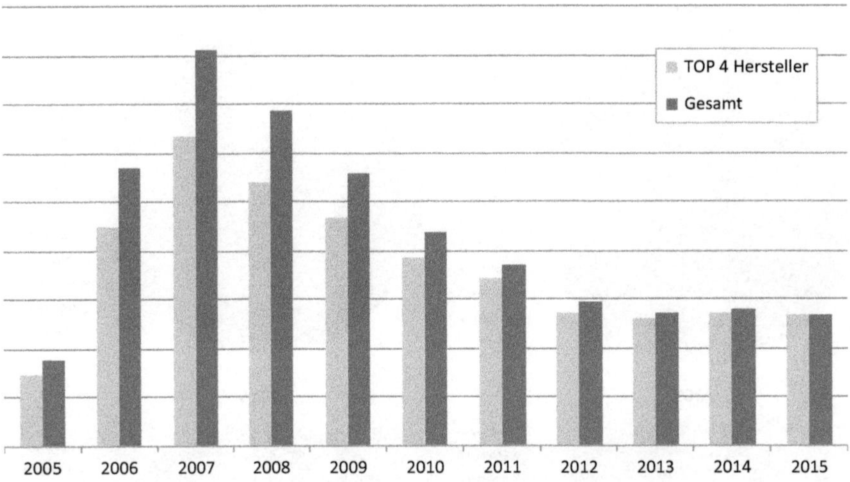

Abbildung 4.41 Umsatzverteilung PND-Markt (Eigene Darstellung, Quelle: Daten der GFK Retail GmbH)

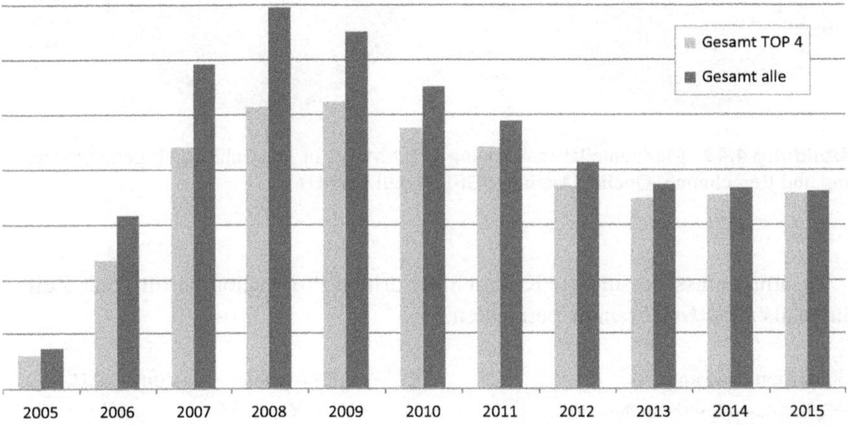

Abbildung 4.42 Absatzverteilung am PND-Markt (Eigene Darstellung, Quelle: Daten der GFK Retail GmbH)

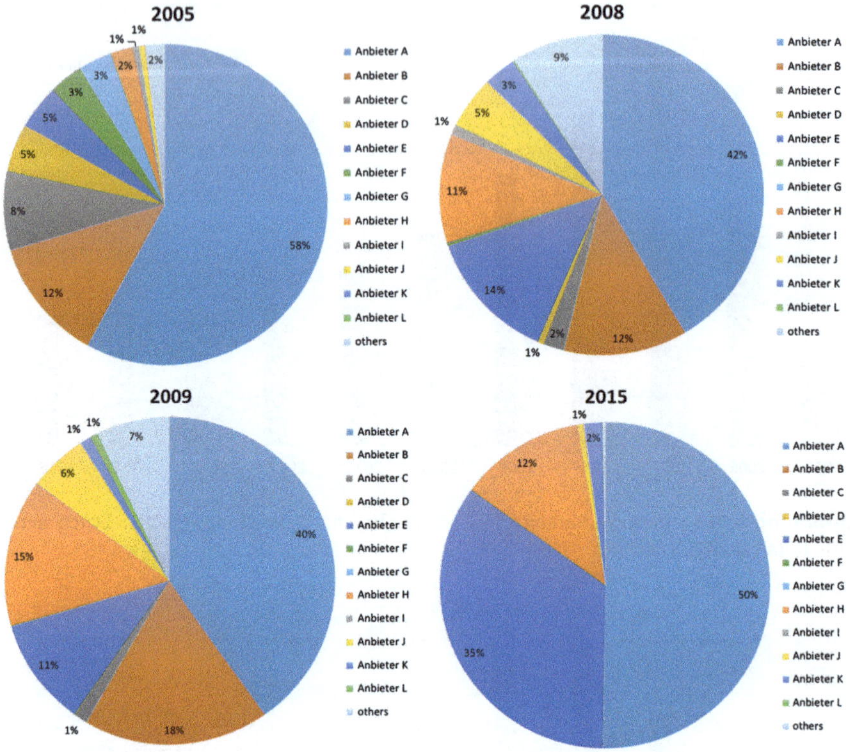

Abbildung 4.43 Marktanteilsverschiebung PND-Markt in Deutschland (Eigene Darstellung und Berechnung, Quelle: Daten der GFK Retail GmbH)

Zusammenfassend sind die Kriterien der dritten Proposition P3 für beide Zeiträume als *nicht konsistent* zu betrachten.

Kriterium/Zeitraum	**1999–2008**	**2009–2015**
P3: Konstante Wettbewerber	✗	✗
• Geringes Marktwachstum	✓	✗
• Hohe Zugehörigkeitsdauer	✗	✗
• Konstante Anzahl gleicher Wettbewerber	✗	✗
• Wachsende Marktanteile etablierter Anbieter	✗	✗

Tabelle 4.31 Zusammenfassung Marktanteilsentwicklung nach Umsatz (Eigene Darstellung, nur bezogen auf den PND-Gerätemarkt)

Zeitraum	1999–2008	2002–2006
Marktanteil Top-4	83%/78% (1999/2008)	84%/99% (2009/2015)
Marktanteilsveränderung Top-4	−6,02%	17,86%
CAGR	−1,54%	+2,37%
Marktanteil andere	17%/12%	16%/1%
Marktanteilsveränderung andere	+6,02%	−17,86%
Tendenz	Sinkend	Steigend

4.3.3.4 P4: Hohe Marktkonzentration

P4.1 Hoher Konzentrationsgrad

Eine hohe Marktkonzentration kann laut Klenner (2011) als Signal für eine hohe DR angesehen werden.[393] Auch der Konzentrationsgrad am Markt für mobile Navigation kann durchgängig als hoch eingestuft werden. Abbildung 4.44 zeigt, dass der kumulierte Marktanteil der Top-4-Hersteller zu keiner Zeit unter 70% lag. Vor allem im zweiten Zeitraum war er sehr hoch und lag im Durchschnitt bei 91%, obwohl es im Jahr 2009 eine Marktexplosion gab, was die Anzahl der Hersteller betrifft.[394]

Die Proposition P4 kann daher für beide Zeiträume als *konsistent* angesehen werden.

Kriterium/Zeitraum	**1999–2008**	**2009–2015**
P4: Hohe Marktkonzentration	hoch ✓	sehr hoch ✓

[393]Vgl. Klenner (2011), S. 203.

[394]Vgl. Reelitz (2009), S. 107.

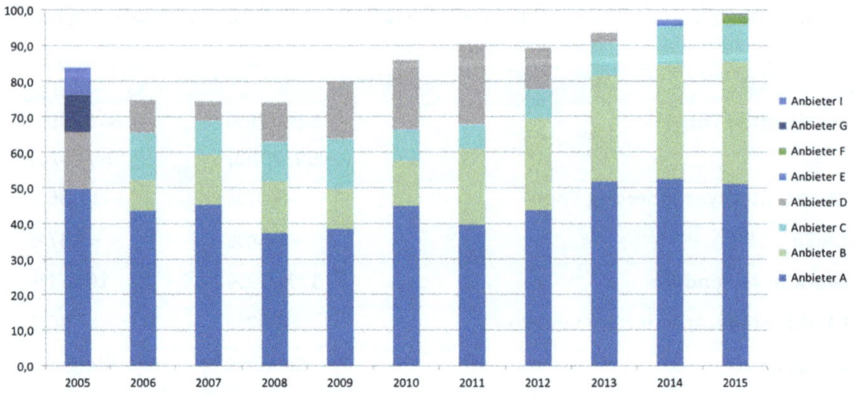

Abbildung 4.44 Kumulierter Marktanteil (nach Stückzahlen) der Top-4-Hersteller in Prozent (Eigene Darstellung und Berechnung, Quelle: Daten der GFK Retail GmbH)

4.3.3.5 P5: Geringe low-end Angebote

P5.1 Geringe Anzahl von low-end Angeboten

Bei allen PND-Herstellern wurden verschiedene Arten von PNDs und verschiedene Preiskategorien, was die PND-Serien betrifft, angeboten.[395] Leider konnten die Umsatz- und Absatzzahlen der einzelnen Preiskategorien nicht ermittelt werden. Zudem ist nicht ganz klar zu bestimmen, wann welche Geräte in die Kategorie low-end einbezogen werden dürfen. Geht es nach Funktionen, waren diese gerade zu Beginn bei Markteinführung der Innovation noch sehr begrenzt, während die Preise in den ersten Jahren sehr hoch waren. Im Jahr 2003 gelang dem Hersteller Navigon erstmals eine Kooperation mit einem Discounter. Dabei wurden erstmals mobile Navigationssysteme bei Aldi zu einem Preis von unter 500 Euro verkauft. Bis dahin waren die Preise sehr hoch, daher gab es in diesem Zeitraum keine low-end Angebote in dem Sinne.[396] Durch die vermehrte Anzahl von Herstellern, die in den folgenden Jahren in den Markt eintraten, und dem Rückgang der Absatzzahlen ab 2008 wurde der Wettbewerb in den Jahren ab 2008 verstärkt über den Preis geführt. Alle Hersteller haben vor allem versucht, ihre Produkte über Preisreduzierungen abzusetzen und sich mit Preisen von den

[395]Vgl. Garmin (2016); TomTom (2014).

[396]Vgl. Experte R.

Wettbewerbern zu differenzieren. Je günstiger die Geräte angeboten wurden, desto einfacher waren sie auch im Aufbau und in den Funktionen. Von 2012 bis 2014 gab es dann richtige Preiskämpfe am Markt und PNDs wurden vermehrt in Discountern abgesetzt.[397] Das Kriterium kann daher nur für den ersten Zeitraum als *konsistent* betrachtet werden.

P5.2 Qualitative Beurteilungen der Marktangebote im low-end Segment

Um die qualitative Beurteilung des low-end Segments einschätzen zu können, wurden zahlreiche Beurteilungen, Tests und Kommentare in alten Zeitschriften sowie in Internetartikeln und Foren studiert. Insgesamt ist der Eindruck entstanden, dass die low-end Produkte, die es ca. ab den Jahren 2008/2009 auch bei Discountern zu kaufen gab, die Kunden relativ gut zufrieden gestellt haben. Die Geräte erfüllten die Hauptaufgabe der Navigation im Durchschnitt gut, waren einfach zu bedienen und verfügten häufig über zusätzliche Accessoires wie extra Speicherkarten, Stifte, Taschen etc. oder wurden mit zusätzlichen Features wie extra Länderkarten, MP3-Player etc. beworben. Die Bewertungen lagen in der Regel zwischen den Noten 2 und 3. Je später die Betrachtung, desto niedriger waren die Preise und desto mehr Features hatten diese günstigen Geräte integriert.[398] Dies liegt vermutlich daran, dass die Technologie im Grunde bereits ab 2009 ausgereift war.[399] Mittlerweile sind bei manchen low-end Modellen sogar Dash Cams oder Kollisionswarner inkludiert.[400] Die Proposition P5 kann damit für den ersten Zeitraum als *konsistent* betrachtet werden.

Kriterium/Zeitraum	1999–2008	2009–2015
P5: Geringe low-end Angebote	✓	✗
• Geringe Anzahl von low-end Angeboten	✓	✗
• Qualitative Beurteilungen der Marktangebote im low-end Segment	✗	✗

[397] Vgl. Experte P; Experte K.

[398] Vgl. z. B. Baruda (2007); Kirchhoff (2009); Computer Bild (2007); Experte R; Hitzenberger et al. (2009), S. 19ff.; Experte S; Stiftung Warentest (2004); Navi-Magazin Online (2016); etc. Anmerkung: Auf die gesamte Auflistung aller Seiten wurde verzichtet, dies hätte den Rahmen der Arbeit an dieser Stelle gesprengt.

[399] Vgl. Bitkom (2009), S. 5.

[400] Vgl. Experte R.

4.3.3.6 P6: Starke Marktanteilsverschiebung

P6.1 Wachsende Marktanteile im low-end Segment
Wie bereits in Abschnitt 4.3.3.5 dargestellt, machte das low-end Segment im ersten Zeitraum nur einen kleinen, aber wachsenden Anteil des Marktes aus und wuchs dann verstärkt im zweiten Zeitraum. Da der Preis im Verlauf der Zeit stetig gefallen ist, siehe dazu auch Abschnitt 4.3.3.1, und es keine weiteren bedeutenden Differenzierungsmerkmale gab, haben alle Hersteller die günstigen Geräte angeboten. Aufgrund des dadurch entstandenen massiven Preisdrucks am Markt, einhergehend mit einer Marktsättigung, sind nach und nach immer mehr Firmen aus dem Markt ausgetreten, bis es ein viergeteilter Markt war, bei dem die Top-4-Hersteller einen Marktanteil von 97% hatten.[401] Da die Technologie ab dem Jahr 2009 relativ ausgereift war und auch low-end Angebote die Kunden zufrieden stellen konnten, ist das low-end Segment auch in der Kundennachfrage stark angestiegen. Die Proposition P6 kann daher für beide Zeiträume als *konsistent* betrachtet werden.

Kriterium/Zeitraum	1999–2008	2009–2015
P6: Starke Marktanteilsverschiebung	✓	✓
• Wachsende Marktanteile im low-end Segment	✓	✓

4.3.3.7 P7: Geringe Kaufbereitschaft

P7.1 Sinkende Absatzzahlen neuer Produkte mit verbesserter Leistung
Wie bereits mehrmals erwähnt, sind die Absatzzahlen neuer Produkte im ersten Zeitraum stark gestiegen, siehe dazu auch Abbildung 4.38 und Tabelle 4.30. Allein von 2005 bis 2008 kann ein Zuwachs von +843,21% (CAGR: 75,25) errechnet werden. Im zweiten Zeitraum hingegen ist ein Rückgang im PND-Absatz zu verzeichnen. Bis 2015 sind die Absatzzahlen trotz stetiger Verbesserungen im Gehäuse und der Software um 45,10% zurückgegangen, das entspricht einem jährlichen Rückgang von –8,21% (CAGR). Dies deutet auf eine Übersättigung der Kunden im Hinblick auf die qualitativ ausreichenden low-end Angebote hin, die immer weniger Bereitschaft zeigten, hochpreisige Produkte zu kaufen.

[401] Vgl. dazu auch Experte P.

P7.2 Kritiken und Testbeurteilungen neuer Produkte

Zu den Beurteilungen neuer Produkte insgesamt kann nicht viel gesagt werden. Wie in Abschnitt 4.3.3.5 bereits dargestellt, waren die Beurteilungen der low-end Produkte relativ gut. Grundsätzlich gab es kontinuierlich Verbesserungen der Technologie und im Verlauf der Zeit viele kleine Innovationen im Bereich der Features, des Gerätes und der Rechenleistung. Aufgrund der hohen Anzahl an Modellen gab es aber auch Geräte mit negativen Beurteilungen und es wurde teilweise kontrovers diskutiert, ob gewisse Innovationen dem Kunden einen Vorteil bringen und dadurch einen Mehrpreis rechtfertigen.[402] Dieses Kriterium kann daher nicht beurteilt werden. Damit ist die Proposition P7 nur für den zweiten Zeitraum als *konsistent* einzustufen.

Kriterium/Zeitraum	**1999–2008**	**2009–2015**
P7: Geringe Kaufbereitschaft	✗	✓
• Sinkende Absatzzahlen neuer Produkte mit verbesserter Leistung	✗	✓
• Kritiken und Testbeurteilungen neuer Produkte	k. A.	k. A.

4.3.3.8 P8: Hohe Wertschöpfungsnetzwerkgröße

P8.1 Starker Größenunterschied zwischen dem untersuchten Wertschöpfungsnetzwerk und Netzwerken mit vergleichbarer Leistung

Laut der Initialstudie kann ein wachsendes Wertschöpfungsnetzwerk im Vergleich zu anderen Wertschöpfungsnetzwerken mit vergleichbaren Leistungen eine starke Attraktivität des Netzwerkes für neue Anbieter und somit eine erhöhte Disruptionsreife anzeigen.[403]Als Netzwerk mit vergleichbarer Leistung kann sicherlich der Markt für fest installierte Navigationsgeräte gesehen werden, da sie das gleiche „Kundenproblem" lösen und den Kunden von A nach B navigieren. Das Wachstum des Wertschöpfungsnetzwerkes PND-Markt war im ersten Zeitraum im Vergleich zum Markt der fest eingebauten Navigationsgeräte, die im Zeitraum 1999–2008 noch nicht sehr verbreitet waren und vermutlich aufgrund des damals sehr hohen Verkaufspreises auch keine hohen Wachstumsraten verzeichnen konnten, sehr hoch.[404] Dies kann auf eine erhöhte Disruptionreife

[402]Vgl. dazu auch Kuhn (2015), Auto, Motor, Sport (o. Jg.).

[403]Vgl. Klenner (2011), S. 212.

[404]Vgl. Interview Experte R; Experte S; Experte N.

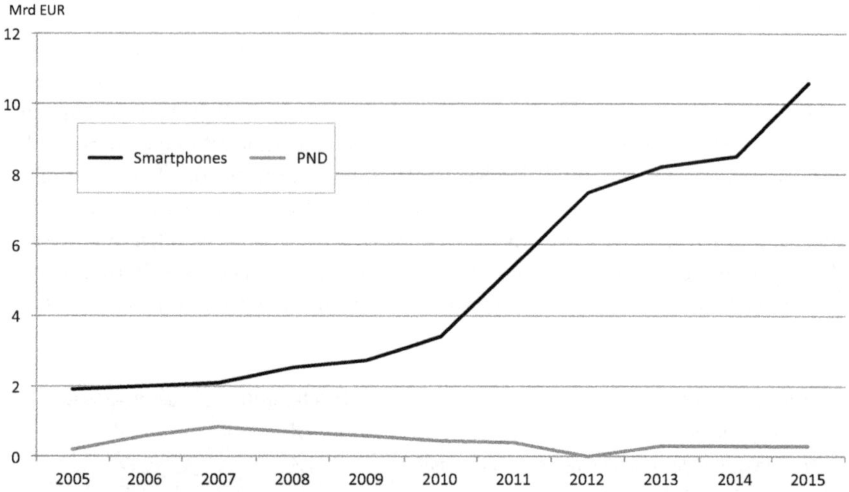

Abbildung 4.45 Vergleich Wertschöpfungsnetzwerkgröße PND und Smartphone (Eigene Darstellung, Quelle: Eigens erstellte Datenbasis -siehe Anhang-, Daten der GFK Retail GmbH)

im ersten Zeitraum hindeuten.[405] Im zweiten Zeitraum ist die Größe des Wertschöpfungsnetzwerkes sukzessive zurückgegangen und pro Jahr im Durchschnitt um 8,21% (CAGR) gesunken, während die Anzahl der verkauften fest installierten Navigationssysteme bis heute nach wie vor ansteigt.[406] Ab 2008 bot auch das Smartphone ein Wertschöpfungsnetzwerk, das dem Kunden eine vergleichbare Leistung anbietet. Auch dieser Vergleich – siehe Abbildung 4.45 – deutet eher auf eine geringe Wertschöpfungsnetzwerkgröße des PND-Marktes im Zeitraum 2009–2015 hin. Damit kann die Proposition P8 nur für den ersten Zeitraum als *konsistent* betrachtet werden.

Kriterium/Zeitraum	**1999–2008**	**2009–2015**
P8: Hohe Wertschöpfungsnetzwerkgröße	✓	✗
• Starker Größenunterschied zwischen dem untersuchten Wertschöpfungsnetzwerk und Netzwerken mit vergleichbarer Leistung	✓	✗

---

[405] Vgl. Klenner (2011), S. 212.

[406] Genaue Zahlen, was den Absatz und Umsatz der fest installierten Systeme betrifft, konnten nicht eruiert werden.

4.3.3.9 P9: Wertschöpfungskettenveränderung

P9.1 Veränderung an anderer Stelle des Wertschöpfungsnetzwerkes
Sowohl im ersten als auch im zweiten Zeitraum haben einige Fusionen und Übernahmen von Firmen stattgefunden. Sehr wichtig waren für die Branche dabei vermutlich die Zusammenschlüsse von Kartenlieferanten und Navigationssoftwareherstellern, wie das z. B. bei TomTom und Teleatlas im Jahr 2007 oder bei Here und Navteq im Jahr 2008 der Fall war. Beide Firmen haben dadurch ihre Wertschöpfungstiefe vergrößert.[407]

Neben vielen Fusionen, auch zwischen PND-Firmen, gab es in beiden Zeiträumen technologische Veränderungen in anderen Märkten, die zum Wertschöpfungsnetzwerk der PNDs zählen und einen relevanten Einfluss auf den mobilen Navigationsmarkt hatten.

Eine der wichtigsten Veränderungen wurde durch die Freischaltung des GPS-Signals im Jahr 2000 geschaffen. Bis dahin hatte man das durch die US-Regierung gestörte Signal mit Hilfe von zusätzlichen Daten des Gyroskops oder anderen Fahrzeugdaten kombinieren müssen, um die eigene Position bestimmen zu können.[408] Auch die Veränderungen in den Speicherkapazitäten der verschiedenen Datenträger, die Einführung neuer Datenträger, die Verbesserung der CPU-Leistung, die Verbesserung des (mobilen) Internets im Hinblick auf Verbindungsgeschwindigkeit, -qualität und Verbreitung sowie die Kompression der Kartendaten im Verlauf der Zeit haben einen wichtigen Beitrag für die Branche geleistet und völlig neue Möglichkeiten geschaffen.[409]

Ebenso hatte die Einführung der Smartphone-Technologie im Jahr 2007, die Einführung des App Stores im Jahr 2008 und die Bereitstellung der kostenlosen Navigationsfunktion durch Google einen bedeutenden Einfluss auf die Branche.[410]

---

[407] Vgl. Experte P.

[408] Vgl. Experte R.

[409] Vgl. TomTom (2007), AR; Haupter (2012); Experte P; Experte R; Experte N; Süddeutsche Zeitung (2014), Experte S; Arnold et al. (2009), S. 134; vgl. dazu auch Abbildung 4.17, Abbildung 4.18.

[410] Vgl. TomTom (2007), AR; Apple (2008b); Experte Q.

Da sich die Innovationen und Veränderungen über den gesamten Zeitraum verfolgen lassen, kann Proposition P9 für beide Zeiträume als *konsistent* betrachtet werden.

Kriterium/Zeitraum	1999–2008	2009–2015
P9: Wertschöpfungskettenveränderung	✓	✓
• Veränderung an anderer Stelle des Wertschöpfungsnetzwerkes	✓	✓

4.3.3.10 P10 und P11: Hohe Eintrittsbarrieren und -begünstigungen

In seinem Jahresbericht aus dem Jahr 2006 beschreibt TomTom die Markteintrittsbarrieren für neue Firmen, aufgrund kontinuierlicher Innovationen und neuer technologischer Entwicklungen sowie durch die große Reichweite und hohe Kundenbindung von TomTom, als besonders hoch. Neue Unternehmen hätten es dadurch schwer, in den Markt für PNDs einzutreten.[411] Branchenexperten sehen das anders. Sie beteuern, dass es keine wirklichen Eintrittsbarrieren und auch keine Eintrittsbegünstigungen für den mobilen Navigations-/PND-Markt gab.[412] Diese Einschätzung wird bestätigt durch die Tatsache, dass die Anzahl der Anbieter in den ersten 10 Jahren inflationär gestiegen ist.[413] Das lag daran, dass es sehr einfach war, PNDs herzustellen, weil das Gerät aus Standardkomponenten bestand, die man leicht zukaufen oder lizenzieren konnte. Alle Teile waren am Markt für jeden Marktteilnehmer verfügbar. Das GPS-Signal und die Verkehrsmeldungen waren für alle gleichermaßen zugänglich und die Navigationssoftware konnte entweder inhouse geschrieben oder ebenfalls zugekauft bzw. lizenziert werden. Da sich die Software nicht stark von der Software für embedded Systeme unterschied, gab es hierfür auch bereits in den ersten Jahren viele Anbieter.[414] Auch die Patente, die es im Navigationsbereich ganz zu Beginn gab, waren kein Problem, und da die meisten Patente nur ca. 15 Jahre gültig sind, waren viele 2003 bereits ausgelaufen.[415]

Als eine Markteintrittsbarriere könnten die hohen Kosten gesehen werden, die auch heute noch notwendig sind, um Straßenkarten aktuell zu halten. Straßen

[411]Vgl. TomTom (2006) AR.

[412]Vgl. Experte K; Experte N; Experte P.

[413]Vgl. Experte K.

[414]Vgl. Experte P; Experte K.

[415]Vgl. Experte N.

verändern sich jedes Jahr um ca. 10–15%. Deshalb müssen ständig Anpassungen vorgenommen und das System aktuell gehalten werden. Für die Kunden war es sehr wichtig, dass die Karten präzise und stets auf dem neuesten Stand sind. Um das zu gewährleisten, werden viele Leute bzw. Entwickler benötigt. Das war vor allem in Zeiten, in denen die Erlöse zurückgegangen sind, nicht sehr lukrativ. Neue Unternehmen, die in den Kartenmarkt eintreten wollten, brauchten deshalb einen sehr großen finanziellen Spielraum, um am Markt Fuß fassen zu können.[416]Aber das gilt eben vorwiegend für den Kartenmarkt. Es gibt zwar PND-Hersteller wie TomTom, die ihre Karten selbst entwickeln, aber das war keine notwendige Kompetenz für PND-Hersteller. Gute Kartendaten sind essentiell für ein gutes Navigationsgerät, aber es war einfach, Lizenzen zu erwerben, um die Karten nutzen zu können. Die Lizenzen waren für jeden Hersteller frei zugänglich und zum gleichen Preis zu erwerben.[417] Es kann daher zusammengefasst werden, dass sowohl Proposition P10 als auch Proposition P11 für beide Zeiträume als *nicht konsistent* angesehen werden können.

Kriterium/Zeitraum	**1999–2008**	**2009–2015**
P10: Hohe Eintrittsbarrieren	✗	✗
- Hohe staatliche Regulierungen	✗	✗
- Patente	✗	✗
- Lizenzen	✗	✗
- Hoher Kapitalbedarf	✓	✓
- Hohe Economies of Scale	✗	✗
- Starke Produktdifferenzierung	✗	✗
- Hohe Umstellungskosten	✗	✗
- Limitierter Zugang zu Vertriebskanälen	✗	✗

Kriterium/Zeitraum	**1999–2008**	**2009–2015**
P11: Hohe Eintrittsbegünstigungen	✗	✗
- Vorhandene staatliche Subventionen	✗	✗
- Vorhandene Steuerbegünstigungen	✗	✗
- Existenzförderung	✗	✗
- Vorhandene Infrastruktur	✓	✓

[416]Vgl. Experte S.

[417]Vgl. Experte S; Hohensee (2012).

4.3.3.11 P12: Geringe Kundenbindung

Eine geringe Kundenbindung kann die Disruptionsreife eines Wertschöpfungsnetzwerkes erhöhen.[418] Der Marktführer TomTom hatte nach eigenen Angaben bereits im Jahr 2006 eine sehr hohe Kundenbindung. Seine Bemühungen, die Kundenbindung aufrechtzuerhalten, hat, betrachtet man seinen heutigen Marktanteil, vermutlich Wirkung gezeigt. TomTom hat sich eigenen Angaben zufolge bereits ab 2006 regelmäßig mit seinen Kunden ausgetauscht, um den Support zu verbessern und eine möglichst gute Beziehung zu den Kunden aufzubauen. Im Jahr 2008 wurde dieser Support in 30 Ländern in 15 verschiedenen Sprachen angeboten.[419] 2006 wurde das kostenlose Management-Portal TomTom HOME auf den Markt gebracht. Kunden konnten ihr PND mit nach Hause nehmen, über den PC mit dem Internet verbinden und dadurch das Portal nutzen und sich mit anderen Nutzern austauschen. TomTom bot den Kunden eine Plattform mit Mehrwert für den Kunden und konnte durch die damit einhergehende Verbindung zu den PNDs die Reisedaten der Nutzer auslesen und damit z. B. seine Straßenkartendaten aktualisieren.[420] Auch heute noch nutzt TomTom die Geräte seiner Community, indem sie die Bewegungsdaten der Geräte auswerten, um die Verkehrsinformationen zu verbessern. Neu dabei ist, dass mittlerweile viele TomTom-Geräte mit einer SIM-Karte ausgestattet sind und daher ohne Anschluss an den PC quasi ständig Daten an TomTom senden. Damit ergänzt TomTom die normalen Verkehrsinformationen, die durch Quellen wie den Verkehrsfunk der Polizei, die Induktionsschleifen in den Fahrbahnen oder die Daten, die von Mobilfunkprovidern geliefert werden.[421]

Im Jahr 2007 wurde TomTom Map Share eingeführt. Damit konnte die User Community von TomTom die Aktualität der Karten verbessern, indem sie Änderungen in der Karte direkt in ihrem Gerät eingaben und diese, sobald das PND mit dem PC verbunden war, in das TomTom Home Portal hochluden. Die Änderungen wurden dann von TomTom überprüft und für die Aktualisierung ihrer Karten verwendet. Damit konnten Nutzer selbst zur Verbesserung der Kartendaten beitragen und das stärkte neben dem Zugehörigkeitsgefühl, das durch die von TomTom kommunizierte TomTom Community geschaffen wurde, die Loyalität der Nutzer zur Marke.[422] Kunden, die ein neues Gerät gekauft haben,

---

[418] Vgl. Klenner (2011), S. 210.

[419] Vgl. TomTom (2007) AR.

[420] Vgl. TomTom (2006) AR; Reelitz (2009), S. 110.

[421] Vgl. Experte P.

[422] Vgl. TomTom (2007) AR; Experte P; Reelitz (2009), S. 110; Experte S.

durften Map Share 12 Monate kostenlos nutzen.[423] Ab 2009 gab TomTom auch eine Aktualitätsgarantie. Wenn 30 Tage nach Kauf eines neuen PNDs eine neue Karte erschien, gab es diese Karte kostenlos als Update, TomTom hat sein Kartenmaterial viermal pro Jahr erneuert. Alle Updates konnten jederzeit ebenso wie neue Karten, z. B. für andere Länder, online gekauft und auf das Gerät geladen werden.[424] Zudem sammelt TomTom Kundendaten, um die statistischen Durchschnittsgeschwindigkeiten mit den tatsächlich gefahrenen Durchschnittsgeschwindigkeiten zu vergleichen. Damit verbessern sie die Routenberechnungszeiten und differenzieren zwischen Tagen und Uhrzeiten, in denen die Navigation gestartet wird. Die berechneten Ankunftszeiten werden dadurch deutlich präziser. Je größer die Community ist, desto mehr Daten stehen TomTom zur Auswertung zur Verfügung.[425] Dadurch entsteht ein direkter Netzwerkeffekt, der wiederum die Kundenloyalität erhöhen kann und neue Kunden anzieht. Ähnliche Aktionen, wenn auch nicht in dieser Dichte, gab es auch bei anderen Herstellern. Es wird auch angenommen, dass eine gewisse Kundenbindung dadurch entstand, weil die Benutzeroberflächen der einzelnen Hersteller bei allen Modellen sehr ähnlich waren. Man wollte dadurch erreichen, dass Kunden wieder auf die Marke zurückgreifen, deren Handhabung sie bereits gewöhnt sind.[426] Einige Hersteller hatten auch Tauschprogramme und boten Kunden, die ihr altes Gerät einschickten, ein neues Gerät zu einem günstigeren Preis an.[427] Dass die Marktanteile der Top-4-Hersteller über den gesamten betrachteten Zeitraum sehr hoch waren und sich 7 Firmen die Plätze 1–4 über einen Zeitraum von 13 Jahren teilten, spricht ebenfalls dafür, dass eine relative Kundentreue vorhanden war.[428] Die Proposition P12 gilt damit für beide Zeiträume als *nicht konsistent*.

Kriterium/Zeitraum	**1999–2008**	**2009–2015**
P12: Geringe Kundenbindung	✗	✗
- Niedrige Netzwerkeffekte	✗	✗
- Nicht vorhandene Kundenbindungsprogramme	✗	✗
- Nicht vorhandene Serviceleistungen	✓	✓
- nicht vorhandene Rabattprogramme	✗	✗

423Vgl. TomTom (2007) AR.
424Vgl. Reelitz (2009), S.116.
425Vgl. Reelitz (2009), S.112f.
426Vgl. Experte O.
427Vgl. Experte R.
428Vgl. Experte P.

4.3.3.12 P13: Lobbyarbeit

P13.1 Vorhandener Lobbyverband
Die Existenz eines Lobbyverbandes für den PND-Markt im Speziellen oder die Navigationsbranche im Allgemeinen konnte trotz umfangreicher Recherchen nicht in Erfahrung gebracht werden. Es wird daher angenommen, dass es keinen gibt.

P13.2 Hohe Relevanz des Wertschöpfungsnetzwerkes innerhalb der politischen Umwelt
Die Automobilindustrie ist in Deutschland einer der wichtigsten Pfeiler der Volkswirtschaft.[429] Insofern ist auch die Relevanz dieses Wertschöpfungsnetzwerkes, zu dem auch die Navigationsindustrie gehört, in der politischen Umwelt sehr groß.

Persönliche Mobilität stellt für Einwohner von entwickelten Industrienationen einen wichtigen Bestandteil ihrer wahrgenommenen Lebensqualität dar. Fast noch wichtiger ist der kommerzielle Straßenverkehr, der die Logistik auf den Straßen abbildet. Beide Faktoren haben dazu geführt, dass der Verkehr in Deutschland im Lauf der letzten Jahre immer mehr angestiegen ist. Prognosen indizieren zudem weiterhin ein stetig wachsendes Verkehrsaufkommen. Je mehr Fahrzeuge auf den Straßen sind, desto mehr Staus, Verkehrsunfälle und Wartezeiten entstehen.[430] Der volkswirtschaftliche Schaden von Staus liegt bei ca. 100 Mrd. Euro pro Jahr in Deutschland allein aufgrund von Zeitverlust, zusätzlichen Schadstoffemissionen und Unfällen.[431] Aufgrund dessen ist es Industrie und Regierung ein Anliegen, diesen Schaden möglichst gering zu halten. Dafür wurden verschiedene Maßnahmen getroffen. Eine davon ist die Nutzung von Informations- und Telekommunikationstechnologien (IKT), zu denen auch das Navigationsgerät zählt, zur intelligenten Verkehrssteuerung. Das kann die Effizienz des Verkehrsnetzes erhöhen, die Mobilität des Fahrers verbessern, Wartezeiten sowie die Anzahl von Verkehrsunfällen und Staus reduzieren und die Sicherheit auf deutschen Straßen erhöhen. Aus diesem Grund hat der Staat ein Interesse am automobilen IKT-Markt und dadurch auch am Navigationsmarkt.[432] Die deutsche Regierung hat sich vermutlich auch deshalb eingeschaltet, als ein Konglomerat deutscher OEMs den Kartenhersteller Here kaufen wollte, und hat Druck ausgeübt, damit diese

[429] Vgl. Experte P.
[430] Vgl. Arnold, et al. (2009), S. 129; Garbers (2009), S. 7ff.
[431] Vgl. Bitkom (2009), S. 14; Garbers (2009), S. 7ff.
[432] Vgl. Arnold, et al. (2009), S. 129; Garbers (2009), S.7ff.; Bitkom (2009), S. 6.

wichtigen Daten im Land bleiben.[433] Eine verstärkter Schutz des Marktes durch die Politik oder einen Lobbyverband konnte allerdings nicht festgestellt werden, daher ist die Proposition P13 für beide Zeiträume als *nicht konsistent* einzustufen.

Kriterium/Zeitraum	1999–2008	2009–2015
P13: Lobbyverband als Schutz des Marktes	✗	✗
- Vorhandener Lobbyverband	✗	✗
- Hohe Relevanz des Wertschöpfungsnetzwerkes innerhalb der politischen Umwelt	✓	✓
- Anzahl der jährlichen Treffen zwischen Lobbyverband und Politik	✗	✗

4.3.3.13 P14: Exogene Schocks

Die Automobilindustrie wurde im Jahr 2009 besonders hart von der Wirtschaftskrise getroffen.[434] Der Absatz wurde dadurch negativ beeinflusst. Weil Kunden ängstlich waren und nicht unnötig Geld ausgeben wollten, wurden nur notwendige Investitionen getätigt. Das gilt zwar vor allem für den Automobilbereich, in dem es sich um hohe Investitionen handelt, aber auch der PND-Bereich war in diesem Zeitraum von Umsatzrückgängen betroffen. Die Krise könnte eine von mehreren Erklärungen dafür sein. Zwar ist ein PND-Gerät keine teure Investition, allerdings handelt es sich um ein Produkt, welches der Kunde nicht zwingend benötigt bzw. das jedes Jahr ersetzen muss und worauf Kunden in Krisenzeiten verzichten.[435] Da ansonsten keine weiteren relevanten exogenen Schocks für die Branche ermittelt werden konnten,[436] wird angenommen, dass Proposition P14 in beiden Zeiträumen als *nicht konsistent* eingestuft werden kann.

Kriterium/Zeitraum	1999–2008	2009–2015
P14: Exogene Schocks	✗	✗
- Terroraktivitäten	✗	✗
- Politische Schocks	✓	✗
- Umweltkatastrophen	✗	✗
- Starke Kursschwankungen	✗	✗

433 Vgl. Experte Q.

434 Vgl. Bitkom (2009); Garbers (2009), S. 7.

435 Vgl. Experte P.

436 Vgl. dazu auch Experte S.

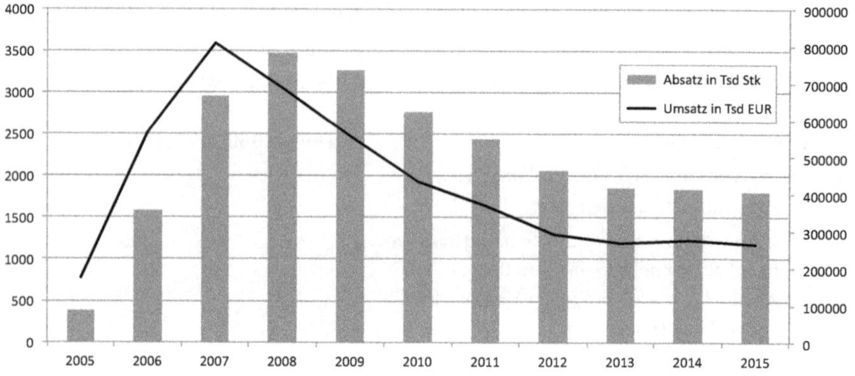

Abbildung 4.46 Vergleich Absatz- und Verkaufsvolumen PND (Eigene Darstellung, Quelle: Daten der GFK Retail GmbH)

4.3.3.14 P1n: Steigende Marktpreise

Wie in Abschnitt 4.3.3.1, Abbildung 4.36 und in Tabelle 4.27 bereits ausführlich dargestellt ist, sinkt der Marktpreis am PND-Markt kontinuierlich seit Einführung der PNDs im deutschen Markt. Das Verkaufsvolumen und auch der Umsatz stiegen zunächst an, bis sie 2007 bzw. 2008 ihren Höhepunkt erreichten und dann im zweiten Zeitraum ebenfalls ein negatives Wachstum verzeichnten – siehe dazu Abbildung 4.46.

Damit ist das Kriterium Pn1 *nicht konsistent.*

Kriterium/Zeitraum	1999–2008	2009–2015
Pn1: Steigende Marktpreise	✗	✗
- Steigende Ø Marktpreise	✗	✗
- Sinkendes Verkaufsvolumen	✗	✓

4.3.3.15 P2n: Vorhandene low-end Angebote

An dieser Stelle wird auf den Abschnitt 4.3.3.5 verwiesen, dort wurde dieses Thema bereits ausführlich dargestellt.

Kriterium/Zeitraum	1999–2008	2009–2015
P2n: Vorhandene low-end Angebote	✗	✓
• Vorhandene Anzahl von low-end Angeboten	✗	✓
• Qualitative Beurteilungen der Marktangebote im low-end Segment	✗	✗

4.3.3.16 P3n: Einführung einer radikal sustaining Innovation

Eine radikale Innovation im PND-Markt könnte laut Experten die Einführung der Kartendarstellung ganz zu Beginn gewesen sein. Zuvor wurde nur mit Pfeilen die Richtung angezeigt, in die gefahren werden musste. Spätere Innovationen wie zusätzliche Informationen zu POIs, größere und bessere Bildschirme, dynamische Routenführung und Verkehrsinformationen waren eher Verbesserungen und daher Innovationen inkrementeller Art.[437] Es ist somit keine Ablenkung der Firmen durch eine Einführung von radikal sustaining Innovationen festzustellen und Proposition Pn3 wird für beide Zeiträume als *nicht konsistent* eingestuft.

Kriterium/Zeitraum	1999–2008	2009–2015
P3n: Einführung einer radikal sustaining Innovation	✗	✗

4.3.3.17 Zusammenfassung der Propositionen

Tabelle 4.32 fasst nochmals die Ergebnisse aller Propositionen zusammen. Insgesamt waren im ersten Zeitraum sechs Propositionen als konsistent mit der Theorie einzustufen. Davon sind drei Propositionen bedingender Art und eine Proposition ermöglichend.

Im zweiten Zeitraum sind ebenfalls sechs Propositionen *konsistent*, fünf davon bedingend und eine ermöglichend. Die bedingenden Propositionen P2: geringe Unternehmens-Ein- und -Austritte, P7: geringe Kaufbereitschaft, Pn2: vorhandene low-end Angebote haben ihre Ausprägung im Zeitverlauf verändert, was zu einer Erhöhung der Disruptionsreife im Zeitraum 2009–2015 führt. Insgesamt ist die DR des mobilen Navigationsmarktes im zweiten Zeitraum höher als im Zeitraum 1999–2008. Da jedoch vor allem der erste Zeitraum vor Eintritt einer PDI relevant ist, wurde dieser zur besseren Verdeutlichung in Abbildung 4.47 nochmals zusammenfassend dargestellt. Die Ergebnisse werden später in Abschnitt 4.3.5 diskutiert.

4.3.4 Disruption im PND-Markt

Es gibt zahlreiche Experten, die der Meinung sind, dass der PND-Markt seit einigen Jahren durch andere Geräte, insbesondere Smartphones, immer mehr verdrängt

---

[437] Vgl. Experte S; Experte N; Experte P.

Tabelle 4.32 Zusammenfassung der Ergebnisse der DR des PND-Marktes

Proposition/Zeitraum	1999–2008	2009–2015
P1: Geringe Angebotslücke	✓	✗
P2: Geringe Unternehmens-Ein- und -Austritte	✗	✓
P3: Konstante Wettbewerber	✗	✗
P4: Hohe Marktkonzentration	✓	✓
P5: Geringe low-end Angebote	✓	✗
P6: Starke Marktanteilsverschiebung	✓	✓
P7: Geringe Kaufbereitschaft	✗	✓
P8: Hohe Wertschöpfungsnetzwerkgröße	✓	✗
P9: Wertschöpfungskettenveränderung	✓	✓
P10: Hohe Eintrittsbarrieren	✗	✗
P11: Hohe Eintrittsbegünstigungen	✗	✗
P12: Geringe Kundenbindung	✗	✗
P13: Lobbyarbeit	✗	✗
P14: Exogene Schocks	✗	✗
P1-n: Steigende Marktpreise	✗	✗
P2-n: Vorhandene low-end Angebote	✗	✓
P3-n: Einführung einer radikal sustaining Innovation	✗	✗
Anzahl der erfüllten Propositionen	6	6

bzw. ersetzt wurde und dass PNDs nur eine zeitweise Erscheinung sind, die wieder verschwinden wird.[438] Als Gründe dafür werden z. B. angeführt, dass es heutzutage keinen Sinn mehr macht, eine Hardware zu kaufen, die nur eine Funktion ausführen kann[439] oder dass die Leistung der Navigationsanwendungen in Smartphones, die zum Großteil von Google und Apple kommen, in jedem Fall für Kunden, die ein Navigationsgerät nicht täglich benötigen, ausreichen, weil sie mit der Leistung einfacher PNDs mithalten können bzw. diese sogar in manchen Bereichen übersteigen.[440] In diesem Abschnitt soll nun untersucht werden, ob diese Aussagen tatsächlich der Realität entsprechen und ob im portablen PKW-Navigationsmarkt tatsächlich eine Disruption der PNDs durch die Smartphone-Navigation stattgefunden hat. Dafür werden wie in Abschnitt 4.1.6 die Parameter überprüft, mit denen

[438]Vgl. Experte S; Die Welt (2014); Stauch (2011).

[439]Vgl. Experte K; Experte S.

[440]Vgl. Kuhn (2015).

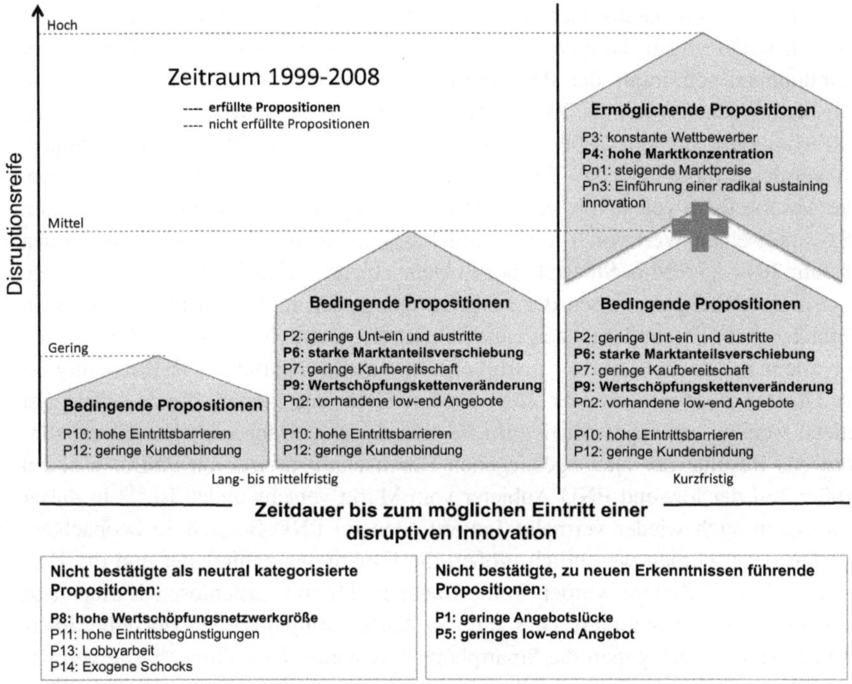

Abbildung 4.47 Disruptionsreife PND-Markt im Zeitraum 1999–2008 (Eigene Darstellung in Anlehnung an Klenner et al. 2013, S. 921)

Christensen (1997) eine erfolgreiche Disruption beschrieben hat: 1) Substitution der alten Technologie durch die neue (mind. 50%), 2) Veränderung der Herstellerlandschaft und Verdrängung der Marktführer.[441]

4.3.4.1 Substitution der alten durch die neue Technologie

Navigation an sich ist schon lange keine „Killerapplikation“ mehr, sondern eine ausgereifte Technologie und dadurch eine Funktion, die einfach anzubieten ist. Aus diesem Grund lag der Fokus der Hersteller von PNDs und embedded Systemen in

---

[441] Vgl. Christensen (1997); Christensen, Raynor, McDonald (2016), S. 67; Anmerkung: Es handelt sich nur um eine sehr vereinfachte Beschreibung, für weitere Information zu Disruption wird auf Kapitel 2.2 verwiesen.

der Vergangenheit darauf, sich über möglichst niedrige Preise voneinander abzugrenzen und Kunden damit zum Kauf neuer Geräte zu bewegen.[442] Trotz dieser Bemühungen schrumpft der PND-Markt seit Jahren.[443] Die ersten Absatz- und Umsatzrückgänge waren ab 2009 zu beobachten. Das Marktvolumen ist von knapp 700 Mio. Euro im Jahr 2008 auf 270 Mio. Euro im Jahr 2015 zurückgegangen. Im Vergleich dazu liegt das Volumen am Smartphone-Markt bei 4,6 Mrd. Euro. Die Absatzzahlen von PNDs sind in Deutschland pro Jahr von 2008 auf 2015 um 48,6% auf einen Wert von 1,8 Mio. Stück gesunken. Im Gegensatz dazu wurden im Jahr 2014 25,5 Mio. Smartphones in Deutschland verkauft.[444] Experten zufolge liegt dieser Rückgang neben der Marktsättigung, den fehlenden Innovationen im Bereich der PNDs und der steigenden Penetrationsrate von embedded Systemen vor allem in der Innovation Smartphone-Navigation begründet.[445] Kurzzeitig ist der Umsatz zwar um das Jahr 2014 wieder leicht angestiegen, dieser Anstieg ist jedoch weniger auf einen Anstieg im Bereich der Nachfrage zurückzuführen, sondern das Resultat der leicht gestiegenen Durchschnittspreise von PNDs, weil ein großer Teil der low-end PND-Anbieter vom Markt verschwunden ist.[446] In dieser Zeit waren auch wieder vermehrt Innovationen im PND-Bereich zu beobachten. Die Displays wurden wesentlich größer, die Funktionen zahlreicher und die Karten aktueller.[447] Zudem wurden immer mehr PNDs mit kostenlosen Karten- und Verkehrsupdates ausgeliefert. Dies kann als Anstrengung der PND-Hersteller interpretiert werden, sich gegen die Smartphone-Navigation zu wehren.[448] Die verbliebenen Hersteller versuchen vor allem Kunden anzusprechen, die bereit sind, etwas mehr Geld auszugeben. Dadurch können sie ihre Geräte mit mehr Features ausstatten, wie z. B. SIM-Karten, was in Zeiten von extremen Preiskämpfen am Markt aus Kostengründen nicht mehr möglich war.

Neben den Entwicklungen im Bereich Absatz und Umsatz der PNDs soll im Folgenden auch das *Nutzungsverhalten* der Menschen in Deutschland untersucht werden. Dies erscheint deshalb relevant, weil der Markt mit PNDs aufgrund der zeitweisen sehr hohen Absatzzahlen relativ gesättigt war. Insofern könnte nach

---

[442]Vgl. Experte K.

[443]Vgl. Experte P; Experte K, Parbel (2008), Daten der GFK Retail GmbH.

[444]Eigene Berechnungen, Quelle: Daten der GFK Retail GmbH.

[445]Vgl. Experte P; Experte K; Lutter et al. (2015); IT Times (2011); Die Welt (2014), Daten der GFK Retail GmbH.

[446]Vgl. Experte P.

[447]Vgl. Experte P.

[448]Vgl. Nathan (2014).

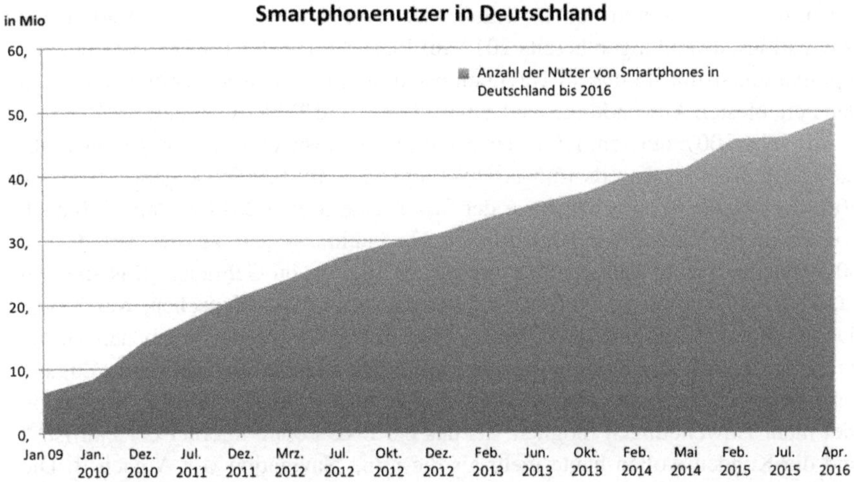

Abbildung 4.48 Anzahl Smartphonenutzer in Deutschland von 2009 bis 2016 (Quelle: comScore 2016)

dem vorangegangenen Abschnitt argumentiert werden, der Absatzrückgang sei rein der Marktsättigung geschuldet und nicht der Innovation Smartphone bzw. dem zugrunde liegenden technologischen Wandel zuzuschreiben.

Wie bereits oben dargestellt wurde, ist die Penetrationsrate von Smartphones in Deutschland sehr hoch, siehe dazu auch Abbildung 4.48. Bereits 2014 benutzten über 65% der Menschen in Deutschland ein Smartphone.[449] Im Jahr 2015 wurden 26,2 Mio. Geräte verkauft.[450] Heute liegt die Smartphone-Abdeckung bei über 80%.[451] Aufgrund dieser Tatsache und weil Smartphones ebenfalls eine Navigationsfunktion bieten, verfügen die meisten Leute bereits über die Möglichkeit der portablen Navigation, ohne dass sie dafür ein PND benötigen. Weil es günstiger und bequemer ist, das Smartphone als ständigen Begleiter für Navigation zu nutzen und es darüber hinaus viele weitere Infos und Features bietet, die die Navigation unterstützen, verzichten viele Menschen darauf, noch ein extra Gerät rein für mobile Navigation zu kaufen.[452] Dies zeigt sich auch in der

[449] Anmerkung: ab 14 Jahren; Quelle: vgl. Lutter et al. (2015), IFD Allensbach (2014b).

[450] Vgl. EITO,IDC, Bitkom (2016).

[451] Vgl. Experte S.

[452] Vgl. Experte S; Experte K; Focus, Xyologic (2012).

Nutzung von Apps und den Downloads der App Stores. So waren Karten und Navigationsanwendungen bereits 2012 auf Platz 3 unter den fünf meist genutzten Applikationen mit 43,4%.[453] Navigations- und Kartendienste gehören damit zu den beliebtesten Anwendungen auf Smartphones und Tablet-Computern.[454]

Im Jahr 2007 nutzten 1,1% der Smartphone-Besitzer ihre Navigationsfunktion, 2010 waren es bereits 15,5%.[455] Wenig später, im Jahr 2014, gaben nur noch 20% der Nutzer in einer Umfrage der Seven One Media 2014 an, nie Gebrauch von ihrem im Smartphone integrierten Navigationssystem zu machen. Ganze 80% machten, zum Teil sogar mehrmals pro Tag, davon Gebrauch. Das sind bei ca. 44 Mio. Smartphone-Nutzern 2014 bereits 35,2 Mio. Menschen, was 35,2% der gesamten deutschen Bevölkerung entspricht.[456] Experten sehen den Grund dafür darin, dass alle Smartphones mit Hilfe der integrierten SIM-Karte Zugang zum Internet haben und vernetzt sind. Dadurch sind im Bereich der Navigation viel mehr Anwendungen möglich, als das bei PNDs ohne Internet der Fall ist[457] und die Kunden wollen heute mehr als die reine Navigation von A nach B. Die Ansprüche haben sich verändert. Es geht ihnen um zusätzliche Services, z. B. dass man Adressen und Einrichtungen suchen kann, Bewertungen dazu erhält und dass die Eingabe bequemer ist.[458] Aus diesen Gründen ist die Kaufabsicht für spezielle Autonavigationsgeräte wie dem PND sehr gering, siehe Abbildung 4.49.

Es gibt auch Kunden, die zwei Geräte parallel nutzen; ein fest installiertes und ein portables bzw. das Smartphone. Das ist oft der Fall, wenn das eingebaute Navigationssystem nicht mehr aktuell ist. Dann kann ein zweites System helfen.[459]

Aber nicht nur im privaten Bereich wurden PNDs bereits zu großen Teilen durch das Smartphone ersetzt. Auch im gewerblichen Bereich – insbesondere in der Personenbeförderung – wird das Smartphone bereits intensiv für die Navigation genutzt. Waren Taxis früher noch mit eingebauten Navigationssystemen oder PNDs ausgestattet, gibt es heute immer mehr Taxen, die ein Smartphone allein oder zusätzlich als Navigationsgerät nutzen. Dies liegt neben den oben genannten Vorteilen der aktuelleren Karten und Verkehrsinformationen an den neuen Geschäftsmodellen zur Personenbeförderung.

---

[453] Vgl. Statista, Focus (2013); Anmerkung: Im Jahr 2012 waren es 36,8%, vgl. statista (o. Jg.).

[454] Vgl. Bitkom (2014); Focus, Xyologic (2012).

[455] Vgl. TNS Infrastest, E-Plus, Statista (2011a).

[456] Vgl. Seven One Media, statista (2014); Statistisches Bundesamt (2016b).

[457] Vgl. Lutter et al. (2015); siehe hierzu auch Abschnitt 4.3.2.

[458] Vgl. Experte P.

[459] Vgl. Experte L, Experte M.

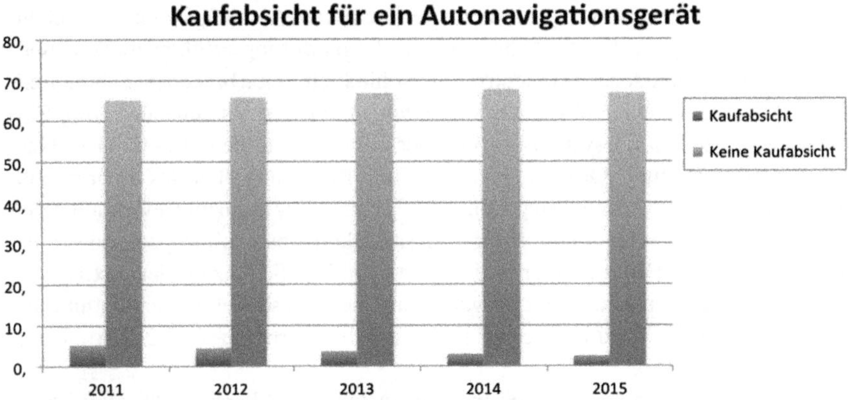

Abbildung 4.49 Kaufabsicht in Deutschland bezogen auf ein Navigationsgerät für PKW (Quelle: VuMa 2016b)

Als Beispiele werden die beiden Fahrdienstvermittler *Uber* und *MyTaxi* herangezogen, da es sich hierbei um die beiden größten Unternehmen handelt, die in Deutschland das neue Geschäftsmodell im Bereich der Personenbeförderung eingeführt haben.[460] Es handelt sich um Fahrdienstvermittler, die einen Service, vergleichbar mit dem von Taxen, vermitteln. Die Besonderheit dabei ist, dass dies allein über eine App am Smartphone funktioniert. Der Fahrdienstvermittler bietet eine App als eine Art Plattform für Kunden und Fahrer, bei der sich beide unter bestimmten Bedingungen registrieren können. Soll ein Wagen bestellt werden, wird der eigene Standort über das Smartphone ermittelt und die Anfrage mit dem gewünschten Ziel an verschiedene Fahrer übermittelt.[461] Sobald ein Fahrer, ebenfalls über die App, die Fahrt annimmt, werden neben dem Standort und dem Zielort auch Name und Telefonnummer des Fahrgastes an den Fahrer übermittelt. Ebenso erhält der Fahrgast Informationen zu Fahrzeugtyp, Kennzeichen, Name des Fahrers und Bewertungen anderer Kunden zur Zufriedenheit mit diesem Fahrer. Eine weitere Besonderheit ist, dass neben dem Anfahrtsweg auch die tatsächliche Fahrt über die App live verfolgt werden kann. Dies erhöht die Sicherheit für den Kunden. Die Bezahlung erfolgt am Ende der Fahrt automatisch und

[460]Weitere Anbieter sind beispielsweise Better Taxi, Taxi Deutschland und Taxi.de, vgl. Pöhler (2016).

[461]Das hat den Vorteil, dass man auch in fremder Umgebung ein Taxi bestellen und den eigenen Standort mitteilen kann.

bargeldlos über die in der App hinterlegte Kreditkarte/Zahlungsdaten.[462] Neben den Voraussetzungen, die die Fahrer für die Registrierung erfüllen müssen und die bei den verschiedenen Anbietern unterschiedlich sind, brauchen Fahrer und Fahrgast bei allen Anbietern nur ein Smartphone mit der entsprechenden App. Ein zusätzliches Navigationssystem benötigt der Fahrer nicht, denn bei allen Anbietern werden Bestellung, Ortung, Navigation und Bezahlung über das Smartphone abgewickelt.[463] Die Anschaffung neuer PNDs bzw. die Nutzung eventuell vorhandener Geräte werden dadurch für alle Taxifahrer obsolet, die ganz oder teilweise mit solchen Fahrdienstvermittlern arbeiten. Da die Anzahl der Taxifahrer, die diese Services nutzen, in der Vergangenheit stark gestiegen ist, hat damit einhergehend auch die Verdrängung der PNDs durch Smartphones im gewerblichen Bereich stattgefunden.

Allein den Service von MyTaxi nutzten im Jahr 2012 bereits 20% aller Taxifahrer in Deutschland. Im Vergleich dazu waren es 5.000 Taxen im Jahr 2011 und 2013 allein in Berlin 30.000, das entspricht einem Marktanteil von über 40%.[464] Damit kann der erste Punkt, eine Substitution der PNDs zu mehr als 50% am Markt durch Smartphones, als erfüllt betrachtet werden.

Kombination embedded Systeme & Smartphone

Manche Experten sind der Meinung, dass PNDs neben dem Smartphone auch durch die steigende Penetrationsrate und fallenden Preise von embedded Systemen verdrängt wurden bzw. in der Zukunft noch weiter verdrängt werden.[465] Begründet wird diese Aussage mit hohen Penetrationsraten der embedded Systeme, die in Zukunft noch weiter zunehmen werden, weil das Navigationssystem für immer mehr Anwendungen im PKW benötigt wird. Beispiele dafür sind Fahrassistenzsysteme, Lichtsteuerung, Motor- und Verbrauchssteuerung sowie die Reichweitenberechnung bei Elektrofahrzeugen. Dadurch soll die Navigationsfunktion an sich zu einem Neben- oder Abfallprodukt werden, das dem Kunden dann einfach zur zusätzlichen Nutzung bereitgestellt werden kann. Das Navigationssystem verändert sich so von einem Sonderausstattungselement zur Standardausstattung, die in jedem Auto integriert sein wird.[466] Dieser Einschätzung

[462]Vgl. Pöhler (2016); myTaxi (2011a, b); myTaxi (2012a,c), myTaxi (2013a).

[463]Vgl. myTaxi (2012c); myTaxi (2011b).

[464]Vgl. myTaxi (2011a, b, d); myTaxi (2012b); myTaxi (2013b).

[465]Vgl. Experte P; Experte K; Experte S; IT Times (2011); Die Welt (2014).

[466]Vgl. Experte S, Experte K; Experte L; Experte M; Stauch (2011); Frei (2007).

kann aufgrund durchgeführter Analysen nur begrenzt zugestimmt werden. Es ist zwar richtig, dass die Penetrationsraten dieser Systeme gestiegen sind, allerdings gilt dies vermehrt für Premiumfahrzeuge. Es verwundert daher nicht, dass diese Einschätzung vor allem von Experten aus dem gehobenen OEM-Bereich kommt. Über alle Fahrzeugklassen ist die Penetrationsrate in Neuwägen in Deutschland noch immer nicht besonders hoch, während immer noch sehr hohe Preise dafür verlangt werden und ein Navigationsgerät nach wie vor bei den meisten Herstellern zur Sonderausstattung zählt.

Im Jahr 2005 lag die Penetrationsrate europaweit erst bei 6%, 2006 bei 7% und 2007 deutschlandweit bei 10,6%.[467] Laut TomTom waren die Penetrationsraten im Jahr 2009 vor allem im Mittelklasse- und Unterklasse-Segment noch sehr gering.[468] In der gehobenen Mittelklasse und in der Oberklasse liegen die Penetrationsraten zwar deutlich höher, nämlich bei 60–80%[469], dennoch besaßen 2014 nur 25% der Haushalte einen PKW mit fest eingebautem Navigationsgerät.[470] Es ist daher zu vermuten, dass vor allem Firmenflotten mittlerweile mit embedded Systemen ausgestattet sind.

Ein anderer Aspekt könnte allerdings in Zusammenhang mit den embedded Systemen eine Rolle bei der Verdrängung der PNDs spielen: die Kombinationsmöglichkeit von embedded Navigation und Smartphone-Navigation.

Die komfortabelste Lösung für Navigation im Auto ist sicherlich ein integriertes System, weil es die wenigste Ablenkung mit sich bringt. Embedded Systeme haben allerdings Nachteile, wie veraltetes und teures Kartenmaterial, veraltete Features sowie sehr hohe Anschaffungskosten. Es stellt sich daher für die Kunden die Frage, wie oft man Navigation braucht und ob es sich lohnt, so viel Geld dafür auszugeben.[471] Zudem haben Automobilhersteller grundsätzlich Probleme mit Consumer Elektronik (CE), weil die Entwicklungszyklen extrem viel kürzer sind als beim PKW. Der PLZ von CE-Produkten liegt zwischen 6 Monaten und einem Jahr und passt nicht zur automotiven Welt.[472] Wenn Sie ein PKW-Modell planen, ist der Stand der Consumer Elektronik auf einem ganz anderen Level als zu dem Zeitpunkt, zu dem der PKW später ausgeliefert wird. Für die Entwicklung

[467] Vgl. TomTom (2005b); Frei (2007), Focus (2007), S. 38.

[468] Vgl. TomTom (2009) AR.

[469] Vgl. Experte L; Experte M.

[470] Vgl. IfD Allensbacher (2014).

[471] Vgl. Experte R.

[472] Vgl. Experte R; TomTom (2012) AR, Experte T; Dörner (2016).

muss in vielen Bereichen ein *Freezing* des aktuellen Standes, der während der Planung vorherrscht, vorgenommen werden. Das bedeutet, dass sich auf ein System oder eine Software verständigt wird und neuere Entwicklungen nicht mehr beachtet werden. Dadurch ist die CE im PKW, wenn dieser auf den Markt kommt, in den meisten Fällen bereits überholt und veraltet. Im Bereich der CE kann nicht mehrere Jahre vorausgeplant werden, wie das bei PKWs der Fall ist. Selbst Experten wissen nicht, welche Neuerungen es nach einem Jahr geben wird, dadurch wird dieses Problem auch in Zukunft nicht so schnell zu lösen sein.[473] Ein weiteres Problem sind die hohen Qualitätsanforderungen z. B. im Hinblick auf Sicherheit, Temperatur, Langlebigkeit etc. von in PKW verbauten Systemen. Diese sind viel höher als bei portablen Geräten. Dadurch dauert die Entwicklung viel länger und die Preise sind viel höher als bei nicht integrierter CE. Bislang hat man noch keinen Weg gefunden, die Vorteile von CE und Automotive zu verbinden. In vielen Fällen werden nur die Nachteile verbunden.[474] Denn man kann nicht innovativ und billig sein und auch noch alle Anforderungen der OEMs erfüllen. Diese 3 Ziele können nicht zusammen erreicht werden. Ein Schritt in diese Richtung könnte die Kombination von Smartphone und embedded Navi sein.[475] Smartphones sind eine gute Ergänzung zu den Navigationssystemen, die im Auto verbaut sind.[476] Smartphones und embedded Navis stehen daher nicht in einer Konkurrenz zueinander, sondern werden intelligent kombiniert, um dem Kunden einen möglichst optimalen Service zu bieten.[477] Ford hat als erster Hersteller in Deutschland die Smartphone-Navigation in die Fahrzeugelektronik integriert und für 185 Euro an den Endkunden verkauft. So besitzt das Smartphone die gleiche Bedienbarkeit und Verkehrssicherheit wie ein fest installiertes System und ist trotzdem günstig. Der Austausch der Daten findet über Bluetooth statt. Zieleingabe und Routenberechnung nimmt das Smartphone vor, die Sprachausgabe und die Darstellung der Karte erfolgen über die Lautsprecher und das Multifunktionsdisplay des PKW.[478] Neue Möglichkeiten zur Kombination bieten auch neue, speziell für den PKW entwickelte Betriebssysteme wie Car Play (Apple), Android Auto (Google) oder Open Car (Inrix). Sie bringen die Betriebssysteme iOS oder Anroid ins Auto und

---

[473]Vgl. Experte R; Henke (2016); Dörner (2016).

[474]Vgl. Experte R.

[475]Vgl. Experte R; TomTom (2012) AR.

[476]Vgl. Experte P; Experte R; Experte S.

[477]Vgl. Experte L; Experte M; Auto, Motor, Sport (o. Jg.); Frei (2007).

[478]Vgl. Bähnisch (2009); Experte L; Experte M.

bieten damit eine Plattform für eigen- und fremdentwickelte Anwendungen. Einen App Store speziell für den PKW. Damit können Anwendungen wie z. B. die Navigationssoftware Apple Maps in Kombination mit den festinstallierten Einheiten wie Bildschirm oder Head-up Display genutzt werden. So wird aktuelle Software ins Auto gebracht, unabhängig von dem Stand der OEM-spezifischen Inhalte.[479] Für *CarPlay* von Apple sind neben den eigenen Anwendungen wie Messenger, iTunes, Telefon und Apple Maps derzeit 16 Apps von Fremdanbietern verfügbar. Bei *Android Auto* sind es 51 Anwendungen.[480] Navigation ist damit nur noch eine von vielen Anwendungen im Multimediasystem des PKW.[481] CarPlay ist bislang in mehr als 100 Automodellen verfügbar.[482] Fast alle Hersteller haben ihre Systeme bereits für Android Auto (Google) oder Apples CarPlay geöffnet, weil dies auch als die Vorstufe zum connected car gesehen wird.[483] Die meisten Automobilhersteller unterstützen sogar beide Plattformen.[484] Experten vermuten daher, dass PNDs in Zukunft auch deshalb verschwinden werden, weil das Smartphone mit embedded Systemen bzw. die Vorteile beider Systeme miteinander optimal kombiniert werden können.[485] Aktuelle Consumer-Geräte mit Software und Inhalten können auf diese Art ins Auto gebracht werden.[486] Vor allem für Hersteller günstigerer PKWs, wie beispielsweise im Falle des Opel Adam, ist es sinnvoll, Mobiltelefone zu kombinieren. Dadurch kann das Auto um Features und Infotainment-Lösungen aufgepeppt werden, ohne dass hohe Mehrkosten verursacht werden. Die Intelligenz zielt auf das Smartphone und der PKW stellt den Bildschirm dafür zur Verfügung.[487] Die User Experience von Smartphone-Navigation wird mit zunehmender Integration der Mobiltelefone im Auto immer besser.[488]

[479]Vgl. imore (2016); Experte R; Bay (2016); Auto, Motor, Sport (o. Jg.); Frei (2007).
[480]Vgl. Dörner (2016).
[481]Vgl. Experte P.
[482]Vgl. Experte P; Dörner (2016); Liste zu verfügbaren Modellen siehe Anhang.
[483]Vgl. Bay (2016); Experte P; Dörner (2016), Apple (2016b).
[484]Vgl. Dörner (2016).
[485]Vgl. Experte P; Experte R; Experte S; Bay (2016).
[486]Vgl. Experte R; Frei (2007).
[487]Vgl. Experte R; Auto, Motor, Sport (o. Jg.); Frei (2007).
[488]Vgl. Nathan (2014).

4.3.4.2 Veränderung in der Herstellerlandschaft und der Marktführerschaft

Ein weiteres Zeichen dafür, dass eine Disruption am mobilen Navigationsmarkt stattgefunden hat und die PNDs verdrängt wurden, ist die Tatsache, dass sich die Herstellerlandschaft am Markt für mobile Navigationsgeräte mit dem technologischen Wandel vom PND zum Smartphone sehr verändert hat. Viele etablierte PND-Hersteller sind vom Markt verschwunden, während viele neue Anbieter im Bereich der Smartphone-Navigation dazugekommen sind. Vergleicht man die Anbieter der verschiedenen Technologien, siehe Herstellerlisten im Anhang, so wird deutlich, dass sich die Hersteller von PNDs und Smartphone-Navigation deutlich unterscheiden. Es gibt nur 11 Anbieter von insgesamt 144, die sowohl PNDs als auch das Gerät Smartphone angeboten haben, und es sind nur 5 Anbieter, die sowohl im Bereich der Smartphone-Navigationssoftware als auch im PND-Bereich Anbieter sind oder waren. Diese sind Garmin, Medion, Navigon, TomTom und ViaMichelin. Dabei gehört Navigon zu Garmin und ViaMichelin zum MairDumont Verlag. Damit bieten eigentlich nur 4 eigenständige etablierte Firmen aus dem mobilen Navigationsmarkt für PKWs die neue Technologie „Smartphone-Navigation“ an. Dies zeigt eine deutliche Veränderung im Bereich der aktiven Firmen.

Aber auch von den Firmen, die nur PNDs anbieten, waren Jahr 2015 nur noch wenige Anbieter auf dem PND-Markt aktiv. Die Top-3-Anbieter teilten sich einen Marktanteil von über 96%.[489] Die Marktführer im Markt der portablen Navigationsgeräte, insbesondere mit der PND-Technologie, waren in Deutschland vornehmlich TomTom, Navigon/Garmin, Becker, Falk und Blaupunkt.[490] In diesem Zusammenhang ist interessant, was mit Marktführern aus dem PND-Bereich passiert ist. Betrachtet man die Top-10-Hersteller von 2008 bis heute – siehe Tabelle 4.33 – geht daraus hervor, dass nur noch drei Hersteller im Markt verblieben sind, alle anderen haben entweder den Markt verlassen, sind insolvent gegangen und/oder aufgekauft worden. Diejenigen, die übriggeblieben sind, sind Garmin, TomTom und Medion. Da vor allem die ersten beiden in den letzten Jahren über 80% des PND-Marktes innehatten, soll im Folgenden gleich näher untersucht werden, ob auch sie Schwierigkeiten mit dem PND-Markt hatten oder ob sie einfach nur die anderen Hersteller erfolgreich verdrängen konnten.

---

[489] Obwohl manche Hersteller bereits von anderen übernommen wurden wird die „alte“ Marke noch für Produkte auch im Bereich Navigationsapps für Smartphones verwendet vgl. Experte R, Experte S.

[490] Vgl. TomTom (2005,2006,2007,2008), Experte R; Experte S.

Tabelle 4.33 Top-10 Hersteller mobiler Navigation im PKW (Eigene Darstellung, Quelle: TomTom 2016a, b, c; Garmin 2015; Experte K; Experte R; Experte P; Experte S; Deutsche Wirtschaftsnachrichten 2016; Eckl-Dorna 2016; Chip.de 2008)

Top-10-Anbieter von PND im Jahr 2008			
Becker	Aufgekauft von United Navigation GmbH (MairDumont)	**MyGuide**	Aus dem Markt ausgetreten
Blaupunkt	Insolvent, Rechte bei GIP Development SARL	**Navigon**	Übernommen von Garmin Ltd.
Falk	Aufgekauft von United Navigation GmbH (MairDumont)	**Panasonic**	Aus dem Markt ausgetreten
Garmin	aktiv	**Sony**	Aus dem Markt ausgetreten
Medion	aktiv	**TomTom**	aktiv

PND-Hersteller bieten zwar heute ebenfalls Navigationsapps für Smartphones an. Die Marktführer sind aber vor allem Google und Apple. Insbesondere deshalb, weil sie ihre Apps bereits vorinstalliert zusammen mit ihren Geräten/Betriebssystemen als Standardlösung in den Smartphones verkaufen. Ihre Lösungen sind dann für den Endkunden sofort nutzbar und kostenlos und werden deshalb bevorzugt genutzt.[491]

Genaue Betrachtung der noch am Markt vorhandenen PND-Hersteller

Wie bereits oben erwähnt, sollen im Folgenden die überlebenden PND-Firmen näher untersucht werden. Gegen eine Disruption im Sinne der Theorie von Christensen (1997) würde sprechen, dass Firmen wie Garmin und TomTom, die das PND im deutschen Markt eingeführt haben, im PND-Bereich bis heute die Marktführerschaft haben und bis heute überlebt haben.[492] Man muss jedoch hier untersuchen, wie groß der Markt im Jahr 2015 tatsächlich noch war und welche Rolle das Geschäft in diesem Bereich für die beiden Marktführer in einer allgemeinen Betrachtung hat.[493] TomTom und Garmin entwickeln trotz enormer Umsatzrückgänge auch 2015 immer weiter neue Geräte, in die sie unzählige neue Features/Zusatzfunktionen packen, um einen Vorteil gegenüber Smartphones zu erreichen und Kunden zum Kauf zu bewegen. In letzter Zeit wurden vor allem Kameras mit Spurhalteassistenten und Abstandswarnern integriert sowie die

[491] Vgl. Experte R.

[492] Vgl. Experte R.

[493] Vgl. Experte S.

Displaygröße und die Auflösung verbessert. Zudem wurden manche Geräte sogar internetfähig gemacht, wodurch eine Streckenplanung am Handy oder PC möglich wird.[494] Will man untersuchen, ob TomTom und Garmin disruptiert wurden, obwohl sie nicht vom Markt verdrängt worden sind, muss man sich ihre Geschichte und ihren Revenue Stream im Verlauf der Zeit ansehen.

TomTom

Zunächst wird TomTom untersucht. Abbildung 4.50 und Abbildung 4.51 zeigen den Gewinn von TomTom mit dem Anteil, den der Consumer-Bereich ausgemacht hat, der vor allem aus dem PND-Bereich besteht. Es ist zu sehen, dass der Consumer-Bereich ab 2008/2009 einen deutlich kleineren Anteil am Gesamtgewinn ausgemacht hat als die Jahre zuvor. Dies zeigt, dass sich TomTom neben dem Consumer-Bereich ab 2008 auch auf andere Geschäftsbereiche wie Automotive, Licencing und Business Solutions fokussiert bzw. diese ausgebaut hat.

Dennoch rutschte TomTom im ersten Quartal des Jahres 2015 in die roten Zahlen. Das operative Ergebnis sank seit Jahren und lag in 2015 auf einem Rekordtief.[495] Das liegt u.a. an der weiter rückläufigen Nachfrage nach PNDs, die von Smartphones ersetzt wurden.[496]

Die Umsätze mit den PND sind ab 2007 zurückgegangen, vor allem weil die Preise für PNDs am Markt stark gefallen sind.[497] Ab 2010 hat TomTom seinen Consumer-Bereich noch weiter ergänzt: Nachdem 2009 die App-Entwicklung für Smartphones hinzugenommen wurde, wurde 2010 das Portfolio um GPS-Sportuhren erweitert.[498] 2012 wurde eine Navigationsapp für Android entwickelt und ein Car Kit für Smartphones eingeführt, das den Kunden leichter macht, das Smartphone im PKW für Navigation zu verwenden.[499] 2014 entwickelte TomTom spezielle Navigationslösungen für Zweiräder[500] und 2015 sind sie in den Action-Cam-Markt eingetreten, der ebenfalls unter dem Bereich Consumer geführt wird.[501] Diese Neuausrichtungen waren richtig und wichtig, denn bereits im Jahr 2012 waren über 50% der Einkünfte aus dem NICHT-PND-Geschäft. Noch kann der neue Bereich zwar nicht alles ersetzen, was durch den Rückgang im

[494]Vgl. Kuhn (2015); Ciesielski (2013).
[495]Vgl. Reuters (2015), TomTom (2015).
[496]Vgl. Reuters (2015).
[497]Vgl. TomTom (2009) AR.
[498]Vgl. TomTom (2010) AR.
[499]Vgl. TomTom (2012) AR.
[500]Vgl. TomTom (2014) AR; TomTom (2016b).
[501]Vgl. TomTom (2016c).

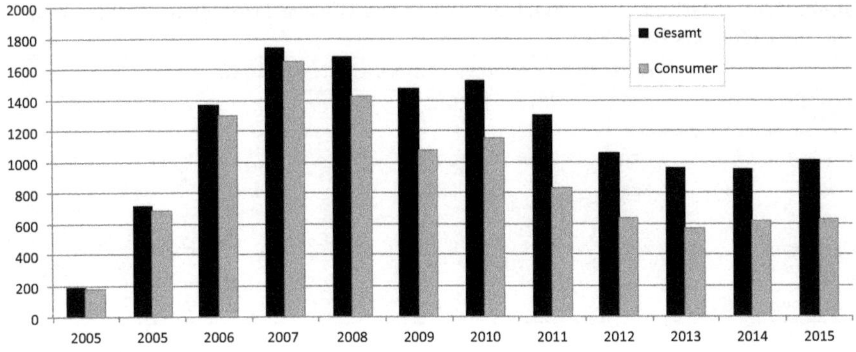

Abbildung 4.50 TomTom Revenue 2004–2015 (Eigene Darstellung, Quelle: Annual Reports TomTom von 2005-2015)

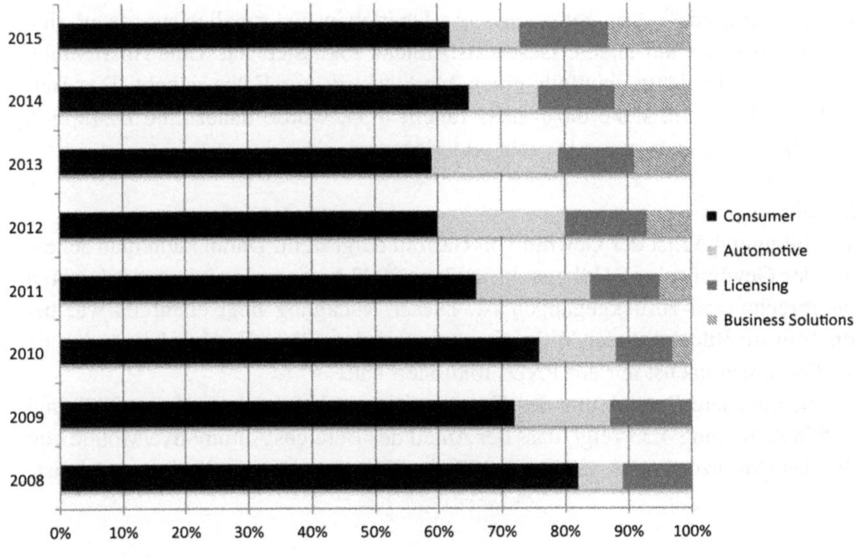

Abbildung 4.51 Aufteilung TomTom Revenue (Eigene Darstellung, Quelle: Annual Reports TomTom 2005 – 2015)

Tabelle 4.34 TomTom Geschäftszahlen - Überblick (Eigene Darstellung, Quelle: TomTom Annual Reports 2008-2015)

TomTom Key Figures – Übersicht 2008–2015								
€ in Mio.	2015	2014	2013	2012	2011	2010	2009	2008
Income and Expenses								
Revenue	1.007	950	963	1057	1273	1521	1480	1674
Gross result	519	523	521	555	640	744	731	781
Operating result	1	21	26	70	102	190	231	264
Net result	18	23	20	129	74	110	94	188

PND-Geschäft weggefallen ist, aber es hilft sehr. Der Umsatz mit Sportuhren stieg seit Einführung kontinuierlich an.[502] Global betrachtet hat TomTom sogar 85% seiner Marktkapitalisierung in zwei Jahren nach Einführung der Navigationsapps verloren.[503] Das zeigt, dass ein Überleben nur möglich war, weil sich das Unternehmen auf andere Geschäftsbereiche fokussiert hat. Eine Ausrichtung allein auf PNDs hätte ebenfalls einen Marktaustritt zur Folge gehabt. Das Beispiel von TomTom, siehe dazu auch Tabelle 4.34, würde daher eine Disruption am mobilen Navigationsmarkt nicht widerlegen.

Garmin

In Abbildung 4.52 ist der Gewinn von Garmin dargestellt. Daran kann man sehen, dass der Gewinn seinen Höhepunkt im Jahr 2007 hatte und seitdem mit leichten Unterbrechungen zurückgegangen ist. Dieser Rückgang liegt ebenfalls wie bei TomTom im Rückgang der Verkaufszahlen aus dem PND-Bereich begründet, da sich Garmin zunächst nur auf PNDs fokussiert hatte.[504]

Eine genauere Betrachtung des Gewinns und ein Vergleich der Jahre 2008 und 2015 in Abbildung 4.53 zeigt, dass der Anteil des Bereichs Automotive/Mobile von 73% des Umsatzes im Jahr 2008 auf 25% des Umsatzes im Jahr 2015 gesunken ist.

[502] Vgl. TomTom (2012) AR.

[503] Vgl. Downes, Nunes (2009), S. 51.

[504] Vgl. Garmin (2006); Garmin (2009); Garmin (2014); Garmin (2015).

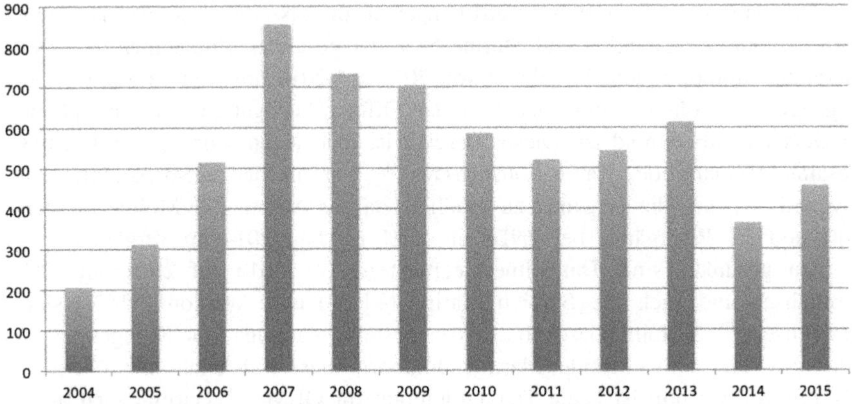

Abbildung 4.52 Net Income Garmin 2004–2015 (Eigene Darstellung, Quelle: Garmin Annual Reports 2006-2016, Garmin 2015a, b)

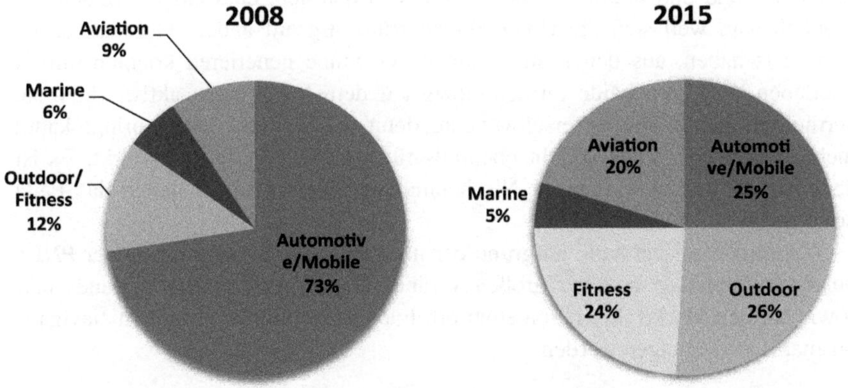

Abbildung 4.53 Verteilung Revenue bei Garmin 2009 vs. 2015 (Eigene Darstellung, Quelle: Garmin 2006; Garmin 2009; Garmin 2014; Garmin 2015)

Aber auch Garmin setzte frühzeitig auf andere Bereiche wie Fitness, Outdoor und andere Services, um seine Geschäftsfelder zu diversifizieren.[505] Sie haben weltweit 70% ihrer Marktkapitalisierung in zwei Jahren nach Einführung

[505]Vgl. IT Times (2011).

der Navigationsapps verloren.[506] 2014 machten die „Non-automotive" Bereiche Fitness, Outdoor, Aviation und Marine 58% der gesamten Einnahmen aus. Der Bereich Automotive und Mobile ist von 2013 auf 2014 um weitere 5% zurückgegangen, obwohl Garmin sogar bei der Offboardnavigation am Smartphone in Deutschland führend ist. Dieser Bereich ist jedoch ein sehr kleiner Teil des gesamten Smartphone-Navigationsmarktes.[507] Garmin hat umstrukturiert und diversifiziert, um die Gewinne zu erhöhen, da der Automotive/Mobile-Bereich aufgrund der Rückgänge bei PNDs um 11% im Jahr 2014 im Vergleich zum Vorjahr gesunken sind. Das Fitnesssegment ist von 2013 auf 2014 um 70% gewachsen und auch der Bereich Marine (+11%) und Aviation (+14%) sind gewachsen.[508] Garmins Geschäftsstruktur besteht heute aus vier Kerngeschäftsbereiche: Automotive/Mobile, Marine, Outdoor/Fitness und Aviation.[509] Navigon als Teil von Garmin ist heute Tier-1-Lieferant für OEMs.[510] Garmin setzt auch verstärkt auf die Zulieferung von Software. Vor allem in den USA, wo Garmin einen hohen Marktanteil von 80% hat.[511]

Betrachtet man also insgesamt die Situation der beiden Firmen, die im Markt geblieben sind und überlebt haben, dann wird deutlich, dass ein Überleben nur möglich war, weil sich die Unternehmen frühzeitig auf andere Geschäftsfelder fokussiert haben, aus denen sie genügend Gewinne generieren konnten um zu überleben.[512] Wären beide Firmen einzig auf dem PND-Markt aktiv, wären sie vermutlich schon längst verschwunden, denn das PND-Geschäft bringt kaum mehr Gewinne.[513] Dies spricht ebenfalls für eine Disruption am Markt. Es ist dennoch zu vermuten, dass es Nischenmärkte geben wird, in denen das PND erhalten bleibt.[514]

Zusammenfassend kann aufgrund der nachgewiesenen Substitution der PNDs durch Smartphones und der großen Veränderungen in der Herstellerlandschaft sowie bei den Marktführern von einer erfolgten Disruption am mobilen Navigationsmarkt ausgegangen werden.

---

[506] Vgl. Downes, Nunes (2009), S. 51.
[507] Vgl. Garmin (2015b), Experte R.
[508] Vgl. Garmin (2015b).
[509] Vgl. IT Times (2011).
[510] Vgl. Experte R.
[511] Vgl. Experte R.
[512] Vgl. Experte K.
[513] Vgl. Experte S.
[514] Vgl. Experte R.

4.3.5 Zusammenfassende Fallstudienergebnisse und -analyse

Im folgenden Abschnitt werden die Ergebnisse der Fallstudie 2 zunächst zusammengefasst und im Anschluss analysiert.

4.3.5.1 Zusammenfassung der Ergebnisse

Die Anwendung des **Modells der Disruptionsreife** auf Basis der verwendeten Daten impliziert für den Zeitraum 1999–2008 eine *geringe Wahrscheinlichkeit* für eine disruptive Entwicklung im mobilen Navigationsmarkt. Es konnten im Rahmen der Analyse alle 15 Propositionen bestimmt werden. Zusätzlich wurden auch die beiden Propositionen P1 und P5 bestimmt, die in der Initialstudie nicht bestätigt werden konnten und zu neuen Propositionen geführt haben. Zusammenfassend kann festgehalten werden:

- Von den als bedingend definierten Propositionen können zwei von sieben als *konsistent mit der Theorie* angesehen werden.
- Eine von vier nicht bestätigten, neutralen Propositionen kann als *konsistent* betrachtet werden.
- Von den ermöglichenden Propositionen konnte ebenfalls eine Proposition als konsistent nachgewiesen werden.
- Die beiden im Rahmen der Initialstudie nicht bestätigten Propositionen konnten nachgewiesen werden.

Die Nichterfüllung einer bedingenden Proposition führt zu einer Abschwächung der Disruptionsreife. Im ersten Zeitraum 1999–2008 wiesen fünf der bedingenden Propositionen keine Konsistenz mit der Theorie auf, siehe Abbildung 4.54. Dadurch ist die Disruptionsreife als *gering* einzustufen und eine Disruption kurz- oder mittelfristig nicht wahrscheinlich. Im zweiten Zeitraum 2009–2015 waren hingegen fünf von sieben bedingenden und eine von vier ermöglichenden Propositionen erfüllt, während keine der neutralen oder nicht bestätigten Propositionen erfüllt waren, siehe Abbildung 4.55. Damit ist die Disruptionsreife im zweiten Zeitraum, nachdem die PDI bereits auf dem Markt war, angestiegen und könnte als *mittel* eingestuft werden.

Die Anwendung des **Modells zur Bestimmung des disruptiven Potentials** lässt auf ein hohes *disruptives Potential* der Innovation PND im Vergleich zur Smartphone-Navigation schließen. Insgesamt waren 19 von 22 Kriterien erfüllt, siehe Abbildung 4.56. Im ersten Zeitraum, der *Foothold Market Entry*-Phase

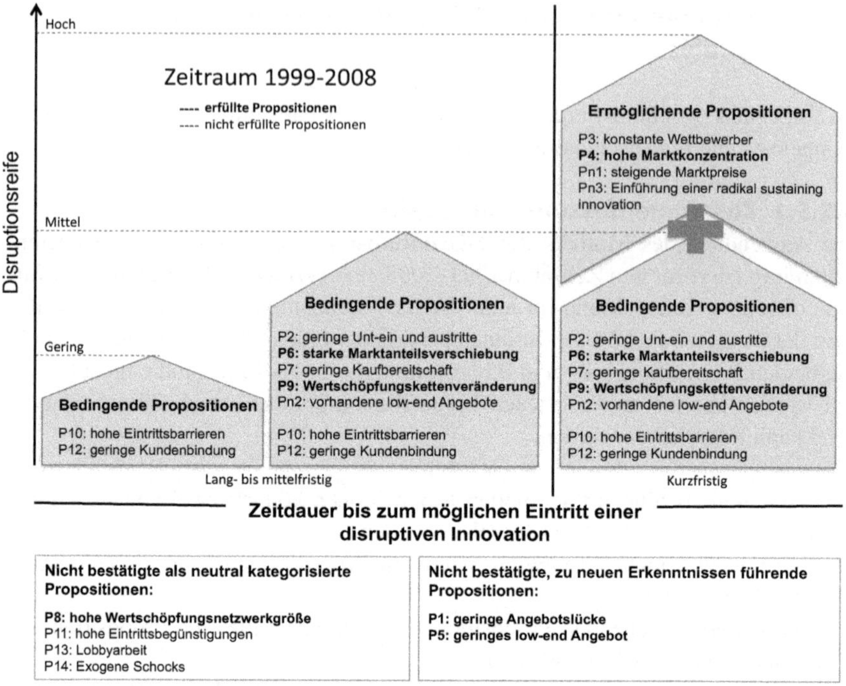

Abbildung 4.54 Zusammenfassung DR F1 Periode 1 (Eigene Darstellung in Anlehnung an Klenner et al. 2013, S. 921)

wurden zwei von acht Merkmalen nicht erfüllt, in der *Main Market Entry*-Phase wurden alle Merkmale erfüllt und in der *Failure of Incumbent*-Phase wurde eins von sechs Merkmalen nicht erfüllt. Damit ist das Modell in jeder Phase zu mehr als 70% erfüllt und deutet auf ein *hohes DP* hin.

Im Rahmen der Analyse des Marktes auf die Frage, ob eine **Disruption** stattgefunden hat, wurden verschiedene Aspekte beleuchtet. Zunächst wurde untersucht, inwiefern eine Substitution der alten Technologie durch die neue stattgefunden hat. Als Ergebnis kann davon ausgegangen werden, dass das PND bereits zu mehr als 50% durch die Smartphone-Navigation substituiert wurde, wenngleich nicht genau geklärt werden konnte, zu wie viel Prozent die Substitution bis heute stattgefunden hat, da nicht genau zu eruieren war, wie viele Menschen tatsächlich welches Gerät im täglichen Gebrauch in welcher Häufigkeit im PKW nutzen. Als zweiter Punkt wurde untersucht, inwiefern sich die Herstellerlandschaft durch die neue Technologie verändert hat, wie sich die Marktführerschaften verteilen und

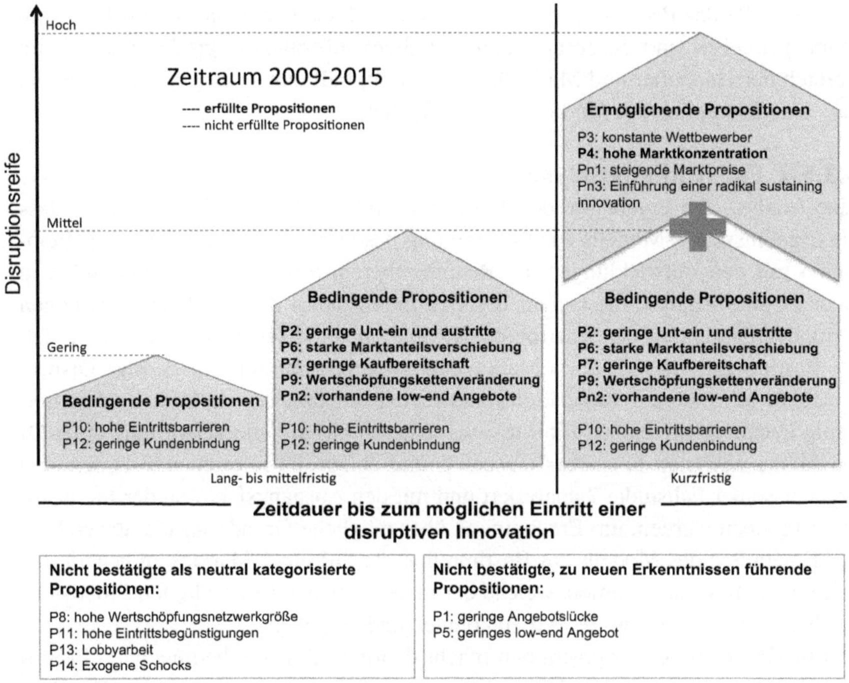

Abbildung 4.55 Zusammenfassung DR F1 Periode 2 (Eigene Darstellung, vgl. Klenner et al. 2013, S. 921)

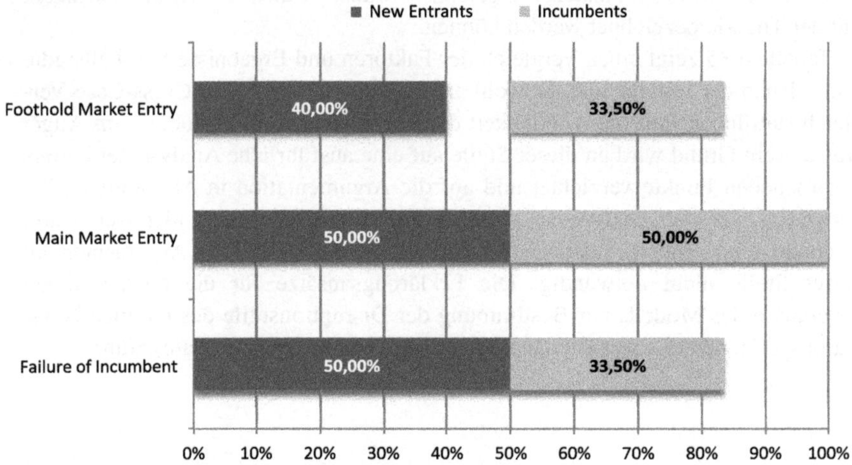

Abbildung 4.56 Zusammenfassung DP F2 (Eigene Darstellung in Anlehnung an Keller, Hüsig 2009, S. 1050)

welche Rolle das PND im Produktportfolio der Hersteller spielt, die bis heute am Markt geblieben sind. Insgesamt kann vor allem aufgrund des großen Wandels im Bereich der Hersteller und Marktführer in jedem Fall davon ausgegangen werden, dass eine Disruption am Markt stattgefunden hat.

4.3.5.2 Fallstudienanalyse

Eine Analyse der Ergebnisse der drei durchgeführten Untersuchungen zeigt, dass die Ergebnisse des Modells zur Bestimmung des disruptiven Potentials einer Innovation mit den Entwicklungen der Realität übereinstimmen. Das Modell hätte in einer ex ante Analyse die Gefahr der Disruption durch das Ergebnis eines hohen disruptiven Potentials der Smartphone-Navigation vorhersagen können. Das Modell zur Bestimmung der DR eines Marktes hat hingegen nur auf eine geringe Disruptionsreife am mobilen Navigationsmarkt schließen lassen, was kurz- und mittelfristig keinen erfolgreichen Eintritt sowie eine wirtschaftliche Verwertung einer DI am Markt vermuten lässt. Aus diesem Grund sollen die relevanten Faktoren und Ergebnisse der Fallstudie 2 analysiert und mit den Ausgangsfaktoren der Initialstudie verglichen werden, um Erkenntnisse über mögliche Gründe für die abweichenden Ergebnisse des Modells zur Bestimmung der DR eines Marktes zu generieren. Zudem soll bestimmt werden, welche der in der Initialstudie bestätigten Propositionen hier nicht nachgewiesen werden konnten und umgekehrt.

Ein Vergleich der Propositionen macht deutlich, dass die bedingenden Propositionen P2, P7, P10, P11, Pn2 und die ermöglichenden Propositionen P3, Pn1, Pn3 in vorliegender Fallstudie im Zeitraum 1999–2008 vor Eintritt der PDI *nicht nachgewiesen* werden konnten, wohingegen die Propositionen P8, P1 und P5, die durch die Initialstudie zunächst abgelehnt wurden, in diesem Fall als konsistent mit der Theorie bezeichnet werden können.

Tabelle 4.35 zeigt einen Vergleich der Faktoren und Ergebnisse von Fallstudie 2 mit denen der Initialstudie. Obwohl an dieser Stelle noch kein Cross-Case-Vergleich stattfindet, fällt die Ähnlichkeit der Fallstudie 2 mit Fallstudie 1 ins Auge. Aus diesem Grund wird an dieser Stelle auf eine ausführliche Analyse der bereits besprochenen Punkte verzichtet und auf die Argumentation in Abschnitt 4.1.7.2 verwiesen. Da die Analyse an dieser Stelle teilweise nahezu identisch wäre, erscheint eine erneute ausführliche Diskussion mit denselben Argumenten an dieser Stelle nicht notwendig. Die Erklärungsansätze für die abweichenden Ergebnisse des Modells zur Bestimmung der Disruptionsreife des mobilen Navigationsgerätemarktes werden daher etwas kürzer bzw. ergänzend aufgeführt.

Tabelle 4.35 Vergleich Charakteristika Initialstudie Klenner (2011) und Fallstudie 2 (Quelle: Eigene Darstellung)

Ausgangspunkt Fallstudie	Initialstudie (Klenner) Analoge Kamera zu Digitalkamera	Fallstudie 2 PND zu Smartphone Navigation
Untersuchungszeitraum DR	1985–1990, 1991–1995	1999–2007
Branche	Amateurkameramarkt in D	Portabler Navigationsmarkt für PKW in D
Ergebnis Disruptionsreife	DR des analogen Fotomarktes mittel-hoch	DR des PND-Marktes gering
Ergebnis Disruptives Potential	DP der Digitalkamera ist mittel-hoch[a]	DP der Smartphone-Navigation hoch
Art der DI	Low-end DI	New-market DI
Innovationsart[b]	Modular Innovation	Architectural Innovation
Digitalisierung	Ja	Nein
Konvergenz	Single function device Kein Konvergenzprodukt	Multi function device Konvergenzprodukt
LZ der etablierten Technologie im Untersuchungszeitraum[c]	Reifephase	Wachstums- und Reifephase

[a]Vgl. Honda (2016).
[b]Vgl. Bast, H. (2010); KFZ.DE (2016); Honda (2016).
[c]Vgl. Bast, H. (2010).

Ein Vergleich der vorliegenden Fallstudie mit der Initialstudie zeigt, dass sich zunächst die Branchen, in der die Modelle angewendet wurden, unterscheiden. Während in der Initialstudie der Amateurkameramarkt untersucht wurde, steht in Fallstudie 2 der portable Navigationsmarkt für PKWs im Zentrum der Untersuchung. Geografisch wurde in beiden Fällen der Fokus auf Deutschland gelegt. Der Untersuchungszeitraum für die Analyse der Disruptionsreife ist mit neun Jahren in der Initial-studie ebenfalls vergleichbar mit den acht Jahren von Fallstudie 2 und sollte daher keinen Einfluss auf die Abweichung der Ergebnisse haben.

Anders hingegen die Art der Innovation. Da es sich bei dem Smartphone um ein Multifunktionsgerät und ein Konvergenzprodukt handelt, das eine Disruption am Markt ausgelöst hat, entspricht es den Beschreibungen von Downes, Nunes (2009) einer Big Bang Disruption. Die Innovation wurde zunächst in einem anderen Wertnetzwerk mit anderen Kundenansprüchen auf den Markt gebracht und erst später von den Kunden der PND-Hersteller als Substitut anerkannt. Dadurch kann man von einer new-market DI ausgehen und die etablierten Hersteller haben die Innovation zu spät als Konkurrenzprodukt wahrgenommen. Im Vergleich dazu handelte es sich bei der in der Initialstudie untersuchten DI um ein single-function Produkt, das vom unteren Ende (low-end) des etablierten Marktes in den Massenmarkt vorgedrungen ist. Da Konvergenz Branchengrenzen verschwimmen lässt oder auflöst, können die Propositionen in Bezug auf Markteintrittsbarrieren, Marktanteilsverteilung und Markteintrittsraten vermutlich in diesem Fall das Ergebnis des Modells zur Bestimmung der DR verzerren. Für diesen Fall sollte ggf. über Modifikationen nachgedacht werden.

Des Weiteren unterscheiden sich die Innovationsarten nach der Einteilung von Henderson, Clark (1990). Während es sich bei Fallstudie 2 um einen technologischen Wandel in der Produktarchitektur (architectural innovation) handelt, der von Henderson, Clark (1990) als eher schwierig für etablierte Unternehmen beschrieben wird, handelt es sich bei der Initialstudie um eine modulare Innovation. Da Christensen (1997) allerdings wie Henderson, Clark (1990) davon ausgeht, dass eine PDI eher architectural knowledge benötigt und dieser Faktor erst Einfluss auf Firmenebene hat, sobald die Innovation am Markt ist, scheint dieser Unterschied zwischen Initialstudie und vorliegender Fallstudie keinen Einfluss auf das Ergebnis der DR zu haben.

Während es sich bei der Initialstudie um ein sehr reifes Produkt bzw. einen reifen Markt handelt, der untersucht wird, ist der Markt für PND bzw. die Technologie selbst erst 1999 in Deutschland entstanden. Es handelt sich bereits um ein digitales Produkt, da die Digitalisierung der gedruckten Straßenkarten in der Vergangenheit bereits stattgefunden hat. Wie für digitale Produkte kennzeichnend, wird der Lebenszyklus zügig durchlaufen und die Technologie befindet sich vor Eintritt der PDI Smartphone-Navigation bereits in ihrer Reifephase. Während des Untersuchungszeitraums werden alle Phasen des PLZ durchlaufen. Dabei muss beachtet werden, dass vor allem in der Entstehungs- und Wachstumsphase eine andere Situation am Markt herrscht, was die Firmenlandschaft betrifft. Es ist daher durchaus zu vermuten, dass diese Umbrüche Einfluss auf die Bestimmung der DR haben, die ggf. noch gesondert bedacht werden müssen. Insbesondere deshalb, weil in der Initialstudie der gesamte Untersuchungszeitraum mit einer Dauer von neun Jahren durch eine Reifephase geprägt war. Der Untersuchungszeitraum in vorliegendem Fall ist mit acht Jahren ausreichend lang, um eine profunde Einschätzung abgeben zu können, und kann mit den neun Jahren in der Initialstudie als kongruent betrachtet werden.

Nachdem nun die Unterschiede und möglichen Gründe für die in der Fallstudie identifizierten Abweichungen analysiert wurden, wird im Folgenden eine weitere Fallstudie durchgeführt. Eine fallstudienübergreifende Analyse im Anschluss an die dritte Fallstudie soll weitere Erkenntnisse bringen und helfen, die Faktoren zu identifizieren, die die Generalisierbarkeit des Modells zur Bestimmung der DR eines Marktes beeinflussen.

4.4 Fallstudie 3 – Von Straßenkarten zu Navigationssystemen

In der dritten Fallstudie soll der technologische Wandel von analogen Straßenkarten und -atlanten zu Navigationssystemen mit digitalen Karten im Zeitraum von 1980 bis 1989 untersucht werden. Diese Fallstudie wurde gewählt, weil sie Parallelen zur Initialstudie erkennen lässt. Der technologische Wandel ist hier ebenso wie in der Initialstudie durch den Wechsel von analogen zu digitalen Lösungen bestimmt. Im Gegensatz zu den Fallstudien 1 und 2 ist hier kein Konvergenzprodukt in den Wandel involviert. Die Ergebnisse dieser Fallstudie können daher mit den Ergebnissen der Initialstudie verglichen werden, um neue Erkenntnisgewinne zu generieren.

4.4.1 Die Geschichte der Navigationssysteme

Die ersten Anfänge im Bereich der Navigationssysteme wurden im Jahr 1978 von Bosch-Ingenieuren mit Hilfe von „ersten Positionspapieren zu Zielführungssystemen" entwickelt.[515] Wenig später, im Jahr 1981, wurde der Electro Gyrocator von Honda auf den Markt gebracht. Er konnte aus Daten eines Drehwinkel- und Wegstreckensensors eine Fahrstrecke berechnen, die auf dem Monitor angezeigt wurde. Der Fahrer musste dafür eine transparente Karte vor den Monitor spannen und die angezeigte Linie mit der dazu passenden Straße zur Deckung bringen.[516] Zunächst gab es bei der Entwicklung der Technologie vor allem Ungenauigkeiten bei den Karten und Probleme bei der Darstellung. Straßen konnten nur in Form sehr dünner, kaum erkennbarer Linien dargestellt werden und wenn viele Straßen zusammenliefen, war nichts mehr erkennbar. Um dieses Problem zu entschärfen und dennoch einen Überblick behalten zu können, wurden durch Deformation die tatsächlichen Abstände in solchen Fällen zu einem gewissen Grad ignoriert. Der Electro Gyrocator war ein Schock und gleichzeitig eine neue Ära für die Automobilbranche. Im Jahr 1981 war er erstmals als Option für Händler verfügbar.[517]

[515] Vgl. Die Welt (2014); Sueddeutsche Zeitung (2014).

[516] Vgl. Bast, H. (2010); KFZ.DE (2016); Honda (2016).

[517] Vgl. Honda (2016).

Er konnte aber weder die eigene Position angeben noch eine Route berechnen.[518] Drei Jahre später, 1984, wurde der *City Pilot* von VDO entwickelt, der mit Hilfe des Erdmagnetfeldes erstmals seine Position ermitteln konnte. Er konnte zudem die zu fahrende Himmelsrichtung und die Luftlinienentfernung zum Ziel angeben.[519] Weitere Bemühungen von Honda, seinen Electro Gyrocator zu verbessern, folgten, indem ein digitales Kartensystem hinzugenommen wurde. Dieses konnte, im Vergleich zum analogen, digitale Karteninformationen mit der aktuellen Position abgleichen. Für die Weiterentwicklung waren Kompetenzen im Bereich des Kartenabgleiches, der Kartenerstellung, Speicher und Display sowie des Scrollens im Bildschirms notwendig. Der Entwicklungsprozess war nicht immer einfach und ein großes Problem waren fehlende Speichermedien. Als Honda seine Karten erstmals digitalisierte, gab es kein Speichermedium, das genügend Speicher für eine solch große Menge an Daten bieten konnte. Honda verwendete Mikrofilme, diese machten es aber schwierig, Karten automatisiert zu wechseln, was für die Routenführung notwendig war.[520] Das weltweit erste richtige Navigationsgerät für PKWs wurde von der Firma Blaupunkt in Zusammenarbeit mit Bosch in Hildesheim entwickelt. Der Prototyp wurde 1983 mit dem Arbeitsnamen *Eva* für „Elektronischer Verkehrslotse für Autofahrer" versehen. Die Landkarte war auf einer Kassette gespeichert und hatte nur ein sehr geringes Datenvolumen. Im Jahr 1989 wurde mit dem *TravelPilot IDS* von Blaupunkt das erste serienreife Auto-Navigationssystem in Europa für den Straßenverkehr in Europa auf den Markt gebracht. Es kostete 7000 DM. Den Weg wies ein Kompass, der mit Radsensoren Informationen in gespeicherte Straßenkarten einfügte.[521] Die Entwicklung war nicht beauftragt, sondern ist nebenbei durch die Spielerei eines Ingenieurs entstanden. Notwendige Komponenten dafür waren neben dem Algorithmus zur Routenberechnung ein Kompass und eine Landkarte.[522] Der Monitor, auf dem der Fahrer seine Position bestimmen konnte, war 4,5 Zoll groß und die Optik des dargestellten Bildes war noch verwirrend.[523] Im Jahr 1990 entwickelte Pioneer das

[518]Vgl. Bast, H. (2010); KFZ.DE (2016); Honda (2016).

[519]Vgl. Bast, H. (2010).

[520]Vgl. Honda (2016).

[521]Vgl. Die Welt (2014); Sueddeutsche Zeitung (2014); Experte S; TAZ (2016).

[522]Vgl. Experte S.

[523]Vgl. Sueddeutsche Zeitung (2014).

erste GPS-gestützte PKW-Navi.[524] Durch einen eingebauten hochempfindlichen Empfänger für GPS-Signale konnte das Navigationssystem seine eigene Position ermitteln.[525] Die damaligen Ungenauigkeiten der GPS-Daten wurden durch Sensoren im Auto ausgeglichen.[526] Die Entwicklung und Freischaltung des GPS-Signals (Global Positioning Systems)[527] im Mai 2000 war eine wichtige Entwicklung für die Navigationsbranche und hat zu enormen Verbesserungen in der Leistungsfähigkeit beigetragen. Das zivile GPS-Signal SPS (Standard Positioning Service) wurde zu diesem Zeitpunkt erstmals von der US-Regierung uneingeschränkt und ohne Störer für den zivilen Gebrauch freigegeben. Dadurch war auch eine rein auf GPS-Daten gestützte Navigation möglich und die Genauigkeit der Positionsbestimmung verbesserte sich auf unter 10 Meter. Die Positionsbestimmung wurde dadurch viel präziser und günstiger und[528] es konnte die sog. Turn-by-Turn-Navigation eingeführt werden.[529] Der erste PKW in Deutschland mit einem ab Werk integrierten embedded System und Turn-by-Turn-Navigation war der BMW 7er E38 im Jahr 1994.[530] Solche Systeme konnten für ca. 4000 DM Aufpreis als Sonderausstattung erworben werden.[531] Die Systeme waren zu dieser Zeit noch in den Kinderschuhen und die Eingabemodalitäten waren umständlich. Auch die Rechnerleistung war am Anfang noch begrenzt, was zu vielen Abstürzen der Systeme und langen Rechenzeiten führte. Das hat sich im Lauf der Zeit nach und nach verbessert.[532] Die Geschichte der Navigationssysteme hat also damit begonnen, dass es möglich war, seine eigene Position mit Hilfe des Navigationssystems zu orten. Dann hat das Navigationssystem mit Hilfe von Algorithmen die optimale Route zum gewünschten Ziel mit ungefährer Ankunftszeit berechnet. Durch Einstellungen verschiedener Routenoptionen wie *schnellste Route*, *Autobahnen meiden*, *kürzeste Route* etc. konnte diese Routenführung vom Fahrer teilweise

[524]Vgl. Bast, H. (2010).

[525]Vgl. Navi-Magazin Online (2016), Experte S.

[526]Vgl. Bast, H. (2010).

[527]präziser: Navigation System with Timing and Ranging Global Positioning System, kurz: NAVSTAR-GPS.

[528]Vgl. Sueddeutsche Zeitung (2014); Bast, H. (2010); Navi Magazin (2007b); Navi-Magazin ONLINE (2016); Experte S; Kluge (2010); adac (2016); Europäische Union (2009).

[529]Vgl. Yext (2016).

[530]Vgl. Süddeutsche Zeitung (2014); Bast, H. (2010); Experte L; Experte M.

[531]Vgl. Süddeutsche Zeitung (2014).

[532]Vgl. Experte L; Experte M.

beeinflusst werden.[533] Die digitalen Karten, die als Basis für die Berechnung dienten, wurden im Verlauf der Zeit auf verschiedenen Speichermedien gespeichert. Zunächst wurden CDs, später DVDs und fest integrierte Festplatten verwendet. Neben der Routenberechnung zu eingegebenen Adressen waren auch Zielführungen zu gespeicherten Sonderzielen wie z. B. Bahnhöfen oder Flughäfen etc. möglich. Die Ausgabe der Routenführung war zunächst vor allem durch Pfeile dargestellt. Mit größer werdendem Display wurden auch mehr Informationen von der Karte um die Route herum angezeigt.[534] Für die Berechnung der Ankunftszeit wurden Durchschnittsgeschwindigkeiten je nach Straßenkategorie verwendet. Die berechnete Ankunftszeit war anfänglich sehr ungenau, deshalb wurden im nächsten Schritt Informationen zur Verkehrslage ergänzt, um die Berechnung zu verbessern.[535] Die Geschwindigkeit der Routenberechnung ist abhängig vom Prozessor, der Software und dem Speicherchip und dauert zwischen 3 und max. 20 Sekunden.[536] Alle Komponenten des Navigationssystems sind in der Head Unit des PKW vereint. Als Head Unit wird eine Einheit bezeichnet, die fest im PKW verbaut ist. Sie besteht aus einer Kombination aus Hardware und Software und ist neben Navigation für weitere zahlreiche Funktionen wie Audiofunktionen, Radio und seit Neuestem auch für online Apps verantwortlich.[537]

Im Jahr 1997 wurde das Verkehrsinformationssystem Traffic Message Channel (TMC) eingeführt, das wichtige Verkehrsinformationen zu Stau, Unfällen oder sonstigen Gefahren über UKW ausgestrahlt hat. Diese Informationen waren für den Fahrer von großer Bedeutung. Sie wurden zunächst auf dem Display angezeigt und konnten später in die Berechnung der Fahrzeit integriert werden. Eine weitere Innovation waren Geräte, die eine dynamische Routenführung ermöglichten und auf Verkehrsbehinderungen mit Routenänderungen reagieren konnten, um diese zu umfahren. Nach Einführung der dynamischen Routenführung wurden immer mehr und aktuellere Daten mit aufgenommen, um die Berechnung der Route und der Ankunftszeit zu verbessern. Die Basisversion von TMC war kostenlos für alle verfügbar. Später wurde noch eine kostenpflichtige TMC-Pro-Version angeboten, die noch aktuellere und exaktere Informationen lieferte. Die

[533] Vgl. Reelitz (2009), S. 110; adac (2016); Hitzenberger et al. (2009), S. 3f, 10ff.; Hoheisel, D. (2009), S. 95; Navi-Magazin Online (2016).

[534] Vgl. adac (2016), Experte L; Experte M; Experte O.

[535] Vgl. Reelitz (2009), S. 110.

[536] Vgl. Navi-Magazin Online (2016).

[537] Vgl. Experte O.

Kosten dafür waren meist im Gerätepreis inkludiert.[538] Heute werden die Verkehrsinformationen über eine digitale Radiofrequenz *Digital Audio Broadcasting* (DAB) übermittelt und mit Informationen zu Bewegungsdaten von Navigationssystemen und Mobiltelefonen kombiniert.[539] Ein weiterer Meilenstein im Bereich der Verkehrsdaten und der dynamischen Routenführung war die Verbindung zum Internet und damit einhergehend Echtzeit-Informationen zu Verkehrsaufkommen. Durch die Verbindung zum Internet können die Bewegungsdaten von Navigationssystemen ausgewertet und an andere Nutzer übermittelt werden. Zusätzlich konnten Muster in den Bewegungsdaten und Verzögerungen erkannt und die Ankunftszeit noch exakter berechnet werden. Neben bislang verwendeten Durchschnittsgeschwindigkeiten konnten dadurch erstmals die tatsächlich gefahrenen Geschwindigkeiten auf den Straßen herangezogen werden.[540] Im Jahr 2004 gab es das erste dynamische und vorausschauende Navigationssystem mit „optimaler Route".[541]

Ein von Beginn an sehr wichtiger Faktor im Bereich der Navigation war die Genauigkeit und Aktualität des Kartenmaterials. Dies hat sich seit der Einführung der Technologie nicht verändert.[542] Wird ein Navigationsgerät verkauft, wird der Stand der Karte angegeben, z. B. „4. Quartal 2015". Diese Angabe bedeutet, dass zu diesem Zeitpunkt die Straßendaten vom Kartenhersteller an den Hersteller des Navigationssystems übergeben wurden und nicht, dass alle Straßen, die es im 4. Quartal 2015 gab, verzeichnet sind.[543] Da die Entwicklungszyklen der Automobilhersteller in der Regel sehr lange sind, nehmen die Hersteller ab einem gewissen Zeitpunkt im Entwicklungsprozess ein sog. *Freezing* im Bereich der Technologie vor. Das gilt auch für die Kartendaten. Damit frieren sie sozusagen einen Stand der Technik ein, der verwendet werden soll, und verändern diesen nicht mehr, bis der PKW auf den Markt kommt. Neue Entwicklungen ab diesem Zeitpunkt werden einfach ignoriert. Dadurch ist das Navigationssystem im PKW bereits alt und überholt, wenn er auf den Markt kommt.[544] Weil es vor

[538]Vgl. adac (2016d); adac (2016); Reelitz (2009), S. 110; Hoheisel, D. (2009), S.98; Anmerkung: Beide Systeme senden über UKW-Signal unhörbar die Position und die Art des Hindernisses.

[539]Vgl. Experte P.

[540]Vgl. Reelitz (2009), S. 110; Navi-Magazin Online (2016); Bachleitner (2009), S. 152.

[541]Vgl. gfu (2015).

[542]Vgl. Experte P; adac (2016); Navi-Magazin ONLINE (2016).

[543]Vgl. Navi-Magazin Online (2016).

[544]Vgl. Henke (2016); Experte R.

allem im Straßen- und Autobahnnetz im Durchschnitt 60 Änderungen pro Monat gibt, beinhalten die meisten embedded Navigationssysteme, auch die von neuen PKWs, ein veraltetes Kartenmaterial.[545] Aktuelle Karten oder Kartenupdates müssen dann extra zugekauft werden. Der Kunde muss dafür je nach Hersteller einen neuen Datenträger mit den aktuellen Karten erwerben oder den PKW für eine Softwareaktualisierung in die Werkstatt bringen. Doch auch trotz dieser Aktualisierungen gibt es immer wieder Fehler in den Karten, da der OEM Kartenaktualisierungen auch nur in bestimmten Abständen zukauft und sich das Straßennetz in Deutschland und die dazugehörigen Begrenzungen stetig verändern.[546] Meist ist nur ein begrenztes Gebiet in den Kartendaten inkludiert und es können weitere Länder bei Bedarf ebenfalls extra erworben werden.[547] Mittlerweile werden von manchen Herstellern mehrmals pro Jahr Karten-Updates angeboten und die Karten durch die Darstellung von Schildern und Traffic ergänzt.[548] Im Jahr 2009 war die Technologie der Navigation an sich weitgehend ausgereift. Verbesserungen wurden dann um die Navigation herum durchgeführt.[549] Das Internet spielte lange Zeit keine große Rolle im Navigationsbereich, bis zu dem Zeitpunkt, als Google in den Kartenmarkt eingetreten ist und zunächst kostenlose Online-Karten mit Routenführung und später Navigation am Smartphone angeboten hat.[550] Im Jahr 2010 wurden deshalb die ersten embedded Systeme mit Internet ausgestattet, um noch mehr Serviceleistungen als bisher bieten zu können.[551]

Die Umsätze bei embedded Navigationssystemen sind stetig gewachsen. Im Jahr 2007 lag die Penetrationsrate von embedded Systemen bei fast 11%. Sinkende Preise machen die Technologie attraktiver für Kunden.[552] In Oberklasse-/Premiumfahrzeugen sind vollintegrierte Navigationssysteme heute oft Teil der Grundausstattung, weil es auch für andere Bereiche im Auto wie das Motormanagement etc. benötigt wird. Experten verweisen darauf, dass heute millimetergenaue Karten und Daten in Echtzeit angeboten werden müssen, um sich am Markt dem Wettbewerb zu stellen und sich auf die bevorstehende Autonomisierung im Bereich des Fahrens vorzubereiten. Aus diesem Grund wurde auch der Kartenlieferant Here im

[545]Vgl. adac (2016); Springer (2009), S. 160.

[546]Vgl. adac (2016).

[547]Vgl. adac (2016); Experte O; Experte L; Experte M.

[548]Vgl. Experte P; adac (2016); Experte O.

[549]Vgl. Bitkom (2009).

[550]Vgl. Experte P.

[551]Vgl. gfu (2015).

[552]Vgl. Focus (2007) S. 36ff.

Jahr 2015 von den drei großen Premiumherstellern Daimler, Audi und BMW für 2,55 Mrd. US-Dollar gekauft. Es stellt ein strategisches Asset für die Zukunft des autonomen Fahrens dar. Günstigere Automobilhersteller bieten oft keine embedded Systeme an, sondern bieten die Möglichkeit einer Integration von Smartphones oder portablen Systemen.[553] Mittlerweile gibt es auch bei den embedded Systemen die Möglichkeit, das Smartphone zu integrieren. Parallel dazu werden oft auch spezielle Betriebssysteme für PKWs, die von Google oder Apple entwickelt wurden, integriert. Damit kann der Fahrer, ähnlich wie beim Smartphone, Apps wie Google Map oder Google Suche im Auto nutzen.[554] Bei den zukünftigen Verbesserungen sehen Experten 3-D-Karten sowie eine Standardisierung der Karten, damit alle Autos über den gleichen Informationsstand verfügen. Das ist vor allem für das autonome Fahren in Zukunft von großer Bedeutung.[555] Navigationsgeräte kennen heute abhängig von Wochentag und Uhrzeit die beste Route, was Staus und Verkehrsflüsse, betrifft. Die Hersteller bieten mehrmals pro Jahr Kartenupdates an, einige davon bereits kostenlos. Aktuelle Verkehrsinformationen werden alle zwei Minuten aktualisiert. So lässt sich die Reisezeit bis zu 15% reduzieren und die Genauigkeiten der Reisedauer und Ankunftszeit enorm verbessern.[556]

Die Bedürfnisse und Ansprüche der Kunden im Bezug auf Navigation haben sich im Verlauf der Zeit verändert. Zunächst war es Aufgabe des Navigationssystems, den Ort, an dem man sich befindet, festzustellen und eine Route mit ungefährer Ankunftszeit zu berechnen. Später wollten die Kunden eine möglichst exakte Ankunftszeit haben und mit Hilfe aktueller Verkehrsinformationen und smarter Routenführung schneller und effizienter ans Ziel kommen.[557] Wichtig waren dabei aktuelle Informationen zu Beginn und Länge eines Staus, zu Ursachen und den möglichen Ausweichrouten.[558] 2012 wollten Kunden dann wie im Smartphone connected Infotainmentsysteme im Auto, die sich automatisch miteinander sowie mit einer Cloud verbinden und updaten konnten und in Kombination mit dem Smartphone nutzbar waren.[559]

---

[553] Vgl. Experte L; Experte M; Navi Magazin Online (2016); Experte R; Futurezone (2016), Fried (2016), Bauer (2015), Sueddeutsche Zeitung (2014), Zschunke, P. (2011).

[554] Vgl. Experte O.

[555] Vgl. Experte Q.

[556] Vgl. Denker (2011).

[557] Vgl. Reelitz (2009), S. 110.

[558] Vgl. Reelitz (2009), S. 110.

[559] Vgl. TomTom (2012) AR.

4.4.2 DP von Navigationssystemen im Vergleich zu Straßenkarten/-atlanten

In folgendem Abschnitt soll nun das disruptive Potential der Innovation embedded Navigationssystem im Vergleich zu Straßenkarten und -atlanten mit Hilfe des Modells von Keller und Hüsig zwischen 1989 und 2016 bestimmt werden. Der zeitliche Fokus liegt vor allem auf dem Zeitraum zwischen 1989 – Einführung des ersten Navigationsgerätes in Deutschland – und 1999 – dem Zeitpunkt der Einführung der PNDs.

Sinn und Zweck der Navigationssysteme war und ist auch heute noch, dass sie eine optimale Route ggf. mit Zwischenzielen berechnen und anzeigen können. Das Navigationsgerät zeigt während der Fahrt stets die aktuelle Position an und führt den Fahrer durch Anweisungen per Sprach- und Bildausgabe zu seinem Ziel. Der Hauptvorteil im Vergleich zu Straßenkarten ist, dass sich der Fahrer während der Fahrt mehr auf die Straße konzentrieren kann, weil ihm angezeigt wird, wo er sich befindet und wohin er fahren soll. Dies ist vor allem in unbekannten Gegenden hilfreich und führt dazu, dass der Fahrer seltener in die falsche Richtung fährt. Straßenkarten während der Fahrt zu lesen, ist hingegen sehr gefährlich, weil die Ablenkung vom Straßenverkehr sehr groß ist. Aus diesem Grund ist es empfehlenswert, bei Benutzung der Straßenkarten kurz anzuhalten und erst weiterzufahren, sobald man sich orientiert und den Weg gefunden hat. Im Lauf der Zeit konnten immer mehr Einstellungen in Bezug auf die Routenführung getätigt werden. Aktuelle Verkehrsinformationen wurden miteinbezogen und verbesserten neben der Routenführung auch die Ankunftszeiten. Zusätzliche Informationen zu Adressen von POI wurden dem Fahrer ebenfalls zur Verfügung gestellt und erleichterten die Fahrt.[560]

Vergleicht man allerdings die analogen Straßenkarten und -atlanten mit den anfänglichen Navigationssystemen, so fällt auf, dass die Straßenkarten in den ersten Jahren nach Einführung der Navigationsgeräte im Jahr 1989 noch einige Vorteile im Vergleich zur digitalen Lösung hatten.[561] Die Straßenkarten waren in verschiedenen Formaten und Größen zu günstigen Preisen fast überall zu erwerben.[562] Sie waren leicht, konnten gefaltet und beschriftet und aufgrund des geringen Gewichts überall

[560] Vgl. Wu et al. (2013), S. 427; Experte L; Experte M; Knott (2010); Experte K; Experte N; Statista (2015), S. 19; Anmerkung: mehr zu den Entwicklungen und heutigen Möglichkeiten siehe unter Abschnitt 4.4.1..

[561] Vgl. Experte S; Die Welt (2014).

[562] Vgl. Experte K.

mitgenommen werden.[563] Je nachdem, welche Reise man plante, konnte man eine kleine spezifische Karte oder einen großen Atlas verwenden. Karten, die einmal gekauft waren, konnte man in jedem PKW, als Fußgänger oder für die Routenplanung zuhause nutzen.[564] Da die Preise, vor allem im Vergleich zu Navigationssystemen, die mehrere tausend Euro extra kosteten, sehr gering waren, konnten sich alle Autofahrer diese Karten leisten.[565] Navigationssysteme waren Ende der 80er-, Mitte der 90er-Jahre nicht nur sehr teuer, sondern auch schwer zugänglich. Da die Geräte nur als Sonderausstattung verfügbar waren, waren sie in den meisten PKWs nicht verbaut. In einem Gebrauchtwagen waren sie daher so gut wie nie enthalten.

Später gab es zwar die Möglichkeit, Nachrüstgeräte zu kaufen, die waren jedoch ähnlich teuer und der Einbau umständlich. Neben dem hohen Preis und der schwierigen Verfügbarkeit konnte das Navigationssystem anfangs nicht viele Kunden überzeugen.[566] Zu Beginn war die Technologie komplett neu und dadurch lange Zeit nicht ausgereift. Das GPS-Signal war bis zum Jahr 2000 noch mit Störern versehen. Dadurch konnten trotz Zuhilfenahme von PKW-Komponenten wie z. B. dem Gyroskop weder die eigene Position noch die Zielposition exakt bestimmt werden. Auch die Berechnung der Route war aufgrund der damals begrenzten Rechnerleistung nicht einfach und dauerte inklusive der Positionsbestimmung mit bis zu 15 Minuten sehr lange.[567]

Zunächst funktionierte die Navigation nur durch Pfeildarstellung, ohne die Darstellung einer Karte, kleine Displays mit Kartenausschnitten folgten später, aber auch damit war es schwierig, viel von der Umgebung zu erkennen.[568] Zudem war das System sehr fehleranfällig und stützte während der Fahrt oft ab. Damit waren Navigationssysteme zunächst sehr unzuverlässig und es war sinnvoll, trotz Navigationsgerät zusätzlich eine Straßenkarte mitzuführen.[569] Die Darstellung der digitalen Karte, wodurch sich der Nutzer auch selbst ein wenig Orientierung verschaffen konnte, brauchte lange, um zu laden und die Karten waren anfangs noch sehr fehlerhaft und unvollständig. Das hat sich im Lauf der Zeit verbessert

[563] Vgl. Reilly (2005), S. 215.

[564] Vgl. Wu et al. (2013), S. 427, Experte P.

[565] Vgl. Experte R; Die Welt (2014), Süddeutsche Zeitung (2014).

[566] Vgl. Colwell (2007), Experte L, Experte M.

[567] Vgl. Experte P; Experte N; Experte L; Experte M; Anmerkung: Zum Vergleich heute dauert die Routenberechnung zwischen zwei und vier Sekunden.

[568] Vgl. Experte S; Experte L; Experte M; Experte N; Reilly (2005).

[569] Vgl. Reilly (2005), S. 215f.; Die Welt (2014, 2014b).

und konnte auch in bestehenden Systemen durch Updates behoben werden, allerdings waren viele Systeme veraltet, weil sich die Straßen pro Jahr um ca. 15% verändern und die Kunden nicht bereit waren, das neue Kartenmaterial bzw. die Updates zu hohen Preisen zu kaufen.[570] Analoge Straßenkarten waren hingegen jederzeit schnell, günstig und unkompliziert verfügbar.[571] Ebenso problematisch verhielt es sich mit dem Verkehrsfunk. Verkehrsinformationen mussten zunächst vom Fahrer über den Verkehrsfunk aufgenommen werden. Bei Behinderungen und Staus musste dann der Fahrer auf dem Navigationssystem eine neue Route suchen und diese eingeben. Dies war aufgrund der kleinen Displays und langen Ladezeiten sehr knifflig[572], daher war es auch in diesem Fall einfacher, die Straßenkarte zu benutzen. Die dynamische Routenführung gab es erst ab dem Jahr 2004.[573] Aufgrund der vielen z. T. hier aufgezeigten Nachteile und aufgrund des hohen Preises lehnten viele PKW-Fahrer die Innovation Navigationssystem zunächst ab.[574] Der Markt für embedded Navigationsgeräte war daher zunächst sehr klein, erste Kunden waren vermutlich sehr technikaffine Menschen mit hoher Risikobereitschaft, die wenig preissensitiv waren. Für die Automobilhersteller waren die Navigationssysteme hochpreisige „Experimente", die sich an Kunden im Premiumsegment richteten.[575] Da die Technik dafür von den Zulieferern und ihnen selbst erst komplett neu entwickelt werden musste und es sich nicht um eine einfache Zusammensetzung von Standardkomponenten handelte, musste viel Zeit und Geld investiert werden, bis die Navigationsgeräte ohne Probleme zuverlässig gelaufen sind.[576] Den Durchbruch am Massenmarkt schaffte die Navigationsindustrie erst mit den PNDs, die im Jahr 1999 eingeführt wurden. Das lag neben den günstigeren Preisen und der einfachen Bedienung auch daran, dass das Navigationssystem ähnlich wie die Karte nicht fest mit dem PKW verbunden war und in verschiedenen Autos genutzt werden konnte.[577] Im Verlauf der Zeit hat sich das Navigationssystem extrem verbessert, siehe dazu auch

[570]Vgl. Experte R; Experte L; Experte M; Experte N; Süddeutsche Zeitung (2014); Bitkom (2009), S. 14; Experte Q.

[571]Vgl. Experte P; Experte N.

[572]Vgl. Experte L; Experte M.

[573]Vgl. gfu (2015).

[574]Vgl. Experte P; Experte N.

[575]Vgl. Experte T; Experte M; Experte N.

[576]Vgl. Experte N.

[577]Vgl. Experte L; Experte M; Reelitz (2009), S. 108ff.

Tabelle 4.36 Zusammenfassung Merkmale DP Neue Unternehmen - Navigationssystem (Eigene Darstellung in Anlehnung an Keller, Hüsig 2009, S. 1049f.)

Phase	Kriterium	Erfüllt	Nicht erfüllt	Unbekannt
Foothold market entry	Die Produkte verfügen in den Haupteigenschaften über eine schlechtere Leistung	X	-	-
	Die Produkte sind günstiger, einfacher, bequemer und zuverlässiger	-	X	-
	Die Produkte sprechen bisherige Nichtkonsumenten an	-	X	-
	Das Geschäftsmodell ist profitable und adressiert übersättigte Kunden	-	X	-
	Die Investoren erlauben Experimente	X	-	-
	Phase total	**2**	**3**	**0**
Main market entry	Die Produkte basieren auf Standardkomponenten	-	X	-
	Strategische Ressourcen (Lizenzen, Kapital, etc.) sind verfügbar	X	-	-
	Das Netzwerk für die PDI wird als groß eingeschätzt	X	-	-
	Die PDI ist kompatibel mit dem bestehenden Netzwerk	-	X	-
	Phase total	**2**	**2**	**0**
Failure of incumbent	Das neue Geschäftsmodell unterscheidet sich stark vom etablierten Geschäftsmodell	X	-	-
	Die Prozesse sind signifikant anders	X	-	-
	Das neue und das etablierte Wertnetzwerk haben nur geringe Überschneidungen	X	-	-
	Phase total	**3**	**0**	**0**
	Total	**7**	**5**	**0**

Abschnitt 4.4.1.[578] und der Absatz der embedded Systeme ist gestiegen. Das lag auch daran, dass die Preise gefallen sind und neue Features integriert wurden.[579]

Da die benötigten Kompetenzen und Prozesse zwischen Karten- und Navigationsherstellern sehr unterschiedlich waren, sind die meisten Kartenhersteller nicht in den embedded Navigationsmarkt eingetreten. Sie verfügten als Verlagshaus oder Druckerei nicht über die notwendigen Ressourcen oder das technische Know-how.[580] Einige Hersteller haben jedoch später PNDs angeboten, weil die Technologie einfacher war und die meisten Komponenten zugekauft werden konnten.

Zusammenfassend kann festgehalten werden, dass die meisten Punkte nicht für ein hohes disruptives Potential der Innovation embedded Navigationssystem sprechen. Die beiden Tabellen, Tabelle 4.36 und Tabelle 4.37 verdeutlichen, dass

[578]Vgl. Experte L; Experte M.

[579]Vgl. Experte L; Experte M; Reelitz (2009), S. 108ff.

[580]Vgl. Experte N.

Tabelle 4.37 Zusammenfassung Merkmale Etablierte Unternehmen - Navigationssystem (Eigene Darstellung in Anlehnung an Keller, Hüsig 2009, S. 1049f.)

Phase	Kriterium	Erfüllt	Nicht erfüllt	Unbekannt
Foothold market entry	Es gibt übersättigte Kunden	-	X	-
	Die Hauptkunden lehnen das Produkt ab	X	-	-
	Der Markt für Produkte, basierend auf der PDI, scheint klein und irrelevant	X	-	-
	Phase total	**2**	**1**	**0**
Main market entry	Etablierte Leistungsmerkmale verschieben sich	-	X	-
	Kunden sind nicht bereit, für Verbesserungen der etablierten Leistungsmerkmale zu bezahlen	-	X	-
	Wechselkosten sind gering	-	X	-
	Koordinationskosten sind gering	-	X	-
	Phase total	**0**	**4**	**0**
Failure of incumbent	Die neuen Produkte warden von etablierten Unternehmen nicht angeboten	X	-	-
	Etablierte Unternehmen fliehen in Premiumsegmente	-	X	-
	Die PDI wird nicht in einer getrennten Organisationseinheit verwirklicht	X	-	-
	Phase total	**2**	**1**	**0**
	Total	**4**	**6**	**0**

nur 11 von 23 Merkmalen *erfüllt* und 12 als *nicht erfüllt* angenommen werden müssen. Dabei ist kein wirkliches Muster zu erkennen. Die erfüllten Merkmale verteilen sich über alle drei Phasen relativ gleichmäßig, nur in der *Main Market Entry*-Phase kann aus Sicht der Incumbents kein Merkmal als erfüllt betrachtet werden. Dass mehr Merkmale unerfüllt sind, lässt auf ein mittleres bis geringes disruptives Potential schließen.

4.4.3 Trajektoriendiagramme

Für den zweiten Teil des Modells zur Bestimmung des DP der embedded Navigation werden Trajektorien auf die vorgegebenen Merkmale hin untersucht. Das Preistrajektoriendiagramm in Abbildung 4.57 zeigt keinen Schnittpunkt der Preiskurven. Die Preiskurve der Innovation embedded Navigation liegt für den gesamten Zeitraum weit über den Preiskurven der Straßenkarten sowie der Straßenatlanten. Das zeigt, dass die Innovation nicht vom unteren Ende des Marktes kam und Kunden aus dem low-end Bereich angesprochen hat, sondern dass sich die Innovation bis heute vor allem an Kunden aus dem high-end Bereich richtet. Damit wird das Merkmal Nummer 4 des zweiten Teils des Modells nicht erfüllt.

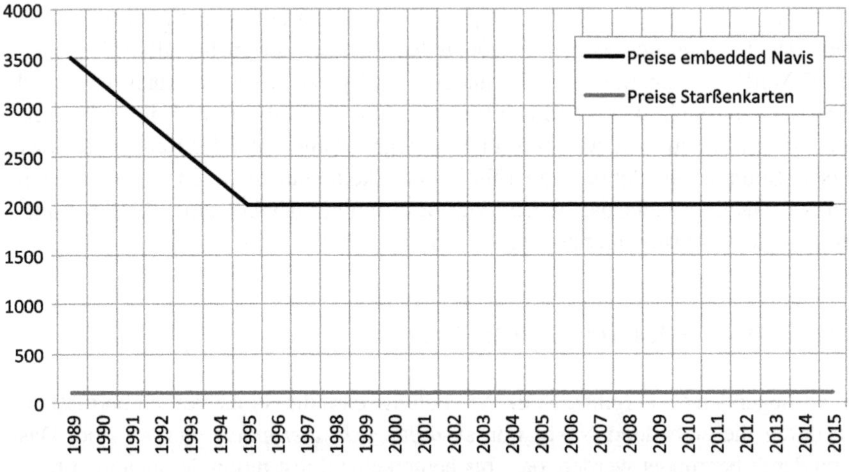

Abbildung 4.57 Preiskurven Straßenkarten vs. embedded Navigation (Eigene Darstellung, Quellen: Experte P; Süddeutsche Zeitung 2005, S.217; Colwell 2007; Auto Motor Sport o. Jg.; Navi-Magazin Online 2016)

Auf weitere Trajektorien, die die Leistung der Technologien und die Nachfrage am Markt in einen Kontext bringen und vergleichen, so wie es der zweite Teil des Modells zur Bestimmung des disruptiven Potentials einer Innovation vorsieht, muss aufgrund der schlechten Vergleichbarkeit von Straßenkarte und Navigationssystem an dieser Stelle verzichtet werden. Es ist nicht ersichtlich, in Bezug auf welche Performance-Kriterien dies Sinn machen würde, da die beiden Systeme so extrem unterschiedlich sind. Aus diesem Grund muss die Annahme getroffen werden, dass auch dieser Teil des Modells als *nicht erfüllt* betrachtet werden sollte. Dieses Ergebnis schwächt das disruptive Potential weiter ab.

4.4.4 DR des Marktes für Straßenkarten

Das Modell zur Bestimmung der DR des Marktes kann leider aufgrund fehlender Informationen zum Markt im Zeitraum von 1980 bis 1989 keine Anwendung finden. Trotz langer und ausführlicher Recherchen in Sekundärdaten war es nicht möglich, ausreichende Informationen über den Straßenkartenmarkt zu ermitteln. Aus dieser Zeit waren nur sehr wenige Informationen über den Markt verfügbar. Von den wenigen, heute noch im Markt aktiven Verlagen und anderen angeschriebenen Experten aus der Branche wollte fast niemand Auskünfte erteilen oder auch ein Interview geben. Einzig ein Experte war bereit zu einem Interview. Fünf der 12 angeschriebenen Personen haben auch auf mehrmalige Anfragen per E-Mail nicht geantwortet, die anderen sechs haben sowohl Interviews und Gespräche als auch die schriftliche Beantwortung von Fragen oder die Bereitstellung von Informationen zum Teil mit der Begründung fehlender Kenntnisse über diesen Zeitraum abgelehnt. Weiterhin konnten keine quantitativen Daten erhoben werden. Dadurch kann das Modell zur Bestimmung der DR eines Marktes aufgrund fehlender Daten hier keine Anwendung finden.

4.4.5 Disruption der Straßenkarten

Im vorliegenden Fall ergibt sich die Vermutung, dass die Straßenkarten und -atlanten durch die embedded Navigationssysteme *nicht disruptiert* worden sind. Das kann damit begründet werden, dass bis heute keine Substitution der analogen Karten durch die embedded Systeme stattgefunden hat, weil die Penetrationsraten von embedded Systemen bis heute nur sehr gering sind – siehe dazu Abbildung 4.58 – und der Absatz der Straßenkarten nicht nach Einführung der embedded Systeme, sondern erst Ende des 20. Jahrhunderts, aber vor allem ab dem Jahr 2008/2009 stark rückläufig war.[581]

Vor allem in Klein- und Mittelklassewagen werden embedded Navigationssysteme eher selten verbaut. Embedded Systeme werden vor allem von Vielfahrern oder für Firmenflotten bestellt. Andere Kunden greifen mittlerweile auf andere Lösungen wie PNDs oder Smartphones zurück.[582] Die Entscheidung für ein Navigationssystem ist auch abhängig davon, in welcher Preiskategorie Menschen Autos kaufen. Je mehr Geld sie für ein Auto ausgeben, desto leichter akzeptieren sie den hohen Preis der embedded Systeme.[583] Im Jahr 2004 wurden 226.000 fest installierte Navigationssysteme abgesetzt.[584] Vergleicht man diese Zahl mit den 3,3 Mio. PKW-Neuzulassungen in diesem Jahr, dann ergibt sich eine durchschnittliche Penetrationsrate von knapp 7%.[585] In den folgenden Jahren ist diese Rate leicht gestiegen und lag 2006/2007 bei ca. 11%.[586] Im Jahr 2009 hatten

[581] Vgl. Experte T.

[582] Vgl. Burnett et al. (2004), S. 265; Experte L; Experte M; Experte T.

[583] Vgl. Experte L; Experte M; Reelitz (2009), S. 109.

[584] Vgl. gfu (2015).

[585] Vgl. Kraftfahrbundesamt (2004).

[586] Vgl. Focus (2007), S. 36ff.

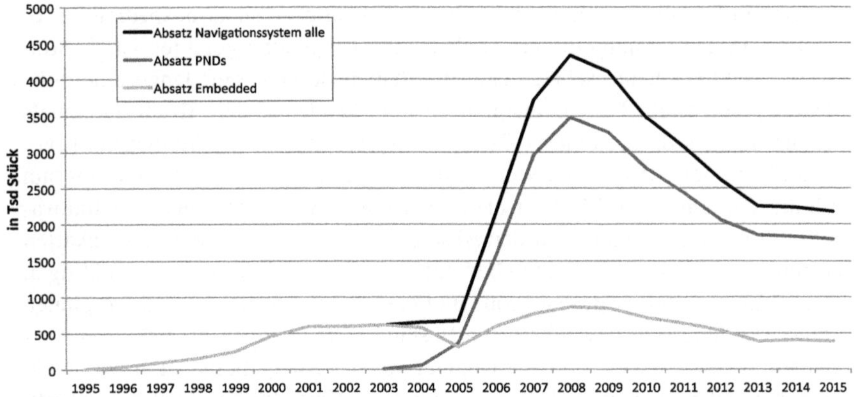

Abbildung 4.58 Absatzentwicklung Navigationsgeräte in Deutschland (Eigene Darstellung, Quelle: Nowicki 2002; GFK 2015a; GFK, gfu, BVT 2016a)

39,3 % der Vielfahrer ein embedded Navigationsgerät.[587] In sehr teuren Oberklassefahrzeugen sind vollintegrierte Navigationssysteme heute zwar oft Teil der Grundausstattung, weil es für andere Bereiche im Fahrzeug benötigt wird,[588] bei den meisten Herstellern anderer Fahrzeugklassen zählen sie aber auch heute noch zur teuren Sonderausstattung, die sich der Großteil der Kunden nicht leistet, weil sie, je nach Fahrzeugart, bis zu 20% des gesamten Neupreises ausmachen.[589] Günstigere Automobilhersteller bieten zum Teil keine embedded Systeme mehr an, sondern bauen auf die Integration von Smartphones im PKW.[590]

Wie bereits oben erwähnt, greifen viele Menschen heute zu portablen Navigationslösungen. Straßenkarten und -atlanten werden zwar auch heute noch verkauft, aber der Absatz ist im Vergleich zu den 80er- und 90er-Jahren stark zurückgegangen. Die Technologie der embedded Navigationsgeräte wurde lange Zeit parallel oder additiv zu den Straßenkarten verwendet, weil die Navigationssysteme aufgrund der unausgereiften Technologie lange Zeit keinen vollständigen Ersatz der Karten boten.[591] Für Straßenkarten, vor allem Faltkarten, waren

---

[587]Vgl. Reelitz (2009), S. 110, Anmerkung: aktuellere Zahlen konnten trotz ausführlicher Recherchen und Anfragen bei allen deutschen OEMs nicht eruiert werden.

[588]Vgl. Navi Magazin Online (2016).

[589]Vgl. Experte L; Experte M; Reelitz (2009), S. 109.

[590]Vgl. Navi Magazin Online (2016).

[591]Vgl. Experte S, Experte T.

keine großen Investitionen notwendig und man kaufte sie situationsbedingt, z. B. wenn man in den Urlaub oder eine unbekannte Umgebung gefahren ist.[592] Straßenkarten sind bis heute sehr günstig und hatten deshalb sehr lange eine hohe Bedeutung am Markt.[593] Vor allem nach der Wende ist der Absatz nochmals stark angestiegen, da es in dieser Zeit große Veränderungen im Straßenbau gegeben hat.[594] In den 90er-Jahren wurden die Straßenkarten und -atlanten langsam durch die sehr günstigen PNDs ersetzt, noch stärker war der Einfluss der Innovation Smartphone-Navigation auf den Absatz.[595] Bis 2009/10 waren Straßenkarten aber immer noch relevant. Nicht unbedingt in der DACH-Region, aber im übrigen Europa. Mit steigender Speichergröße und besserer Komprimierung der digitalen Karten veränderte sich das. Was lange Bestand hatte, waren die Käufe von Auslandskarten. Bevor Kunden für ein Upgrade für das Navigationssystem viel Geld ausgegeben haben, haben sie lieber eine günstige Karte für das Ausland gekauft. Vor allem im osteuropäischen Ausland gab es oft Probleme. Entweder waren die Länder durch die digitalen Karten nicht so gut erschlossen oder die Karten waren kein Bestandteil des Navigationsgerätes und mussten extra zugekauft werden.[596] Auch heute gibt es noch analoge Straßenkarten zu kaufen, aber das wird von Experten eher als Nischenmarkt betrachtet.[597] Menschen benutzen sie vor allem, um einen Überblick oder eine Orientierung einer Gegend zu bekommen, bevor und um eine Reise zu planen, weil man bei Navigationsgeräten nur einen Ausschnitt der Karte sehen kann.[598] Leider konnte nicht eruiert werden, wie sich der Absatz und Umsatz zahlenmäßig im Lauf der Zeit verändert haben.

Im Jahr 2010 soll die Nachfrage bei Aral-Tankstellen bei Übersichtskarten für Deutschland im Maßstab 1:1.000.000 um 14 % gestiegen sein. Die Nachfrage scheint jedoch von älteren Generationen zu kommen und betrifft mit diesem Maßstab eher Landes- oder Kontinentalkarten, die weniger zur Navigation, sondern mehr zur Übersicht dienen.[599]

---

[592] Vgl. Experte K.

[593] Vgl. Experte S.

[594] Vgl. Experte T.

[595] Vgl. Die Welt (2014); Experte T.

[596] Vgl. Experte S; Experte T.

[597] Vgl. Experte N.

[598] Vgl. Experte N; Berthold (2011); Experte T.

[599] Vgl. Berthold (2011); Experte N; Experte T.

4.4.6 Zusammenfassende Fallstudienergebnisse

Zusammengefasst kann festgehalten werden, dass die Innovation embedded Navigationssystem die Straßenkarten nicht disruptiert hat. Es hat in dieser Hinsicht keine Disruption am Markt stattgefunden. Die Anwendung des **Modells zur Bestimmung des disruptiven Potentials** deutet darauf hin, dass die Innovation nur über geringes bis maximal mittleres disruptives Potential verfügt, weil nur wenige Merkmale nachgewiesen werden konnten – siehe dazu auch Abbildung 4.59. Insgesamt waren 11 von 22 Kriterien konsistent mit der Theorie. Im ersten Zeitraum, der *Foothold Market Entry*-Phase, wurden vier von acht Merkmalen erfüllt, in der *Main Market Entry*-Phase wurden ebenfalls vier Merkmale erfüllt und in der *Failure of Incumbent*-Phase waren fünf von sechs Merkmalen erfüllt. Damit ist das Modell teilweise nur zu 25% erfüllt, siehe Abbildung 4.59. Da das Modell zur Bestimmung des disruptiven Potentials damit nur auf ein geringes DP hindeutet, hat es auch in diesem Fall richtig vorhergesagt, dass durch die Innovation embedded Navigation keine Disruption am Straßenkartenmarkt ausgelöst wird, und stimmt mit den tatsächlich eingetretenen Ereignissen überein.

Die Disruptionsreife des Straßenkartenmarktes konnte bedauerlicherweise, aufgrund fehlender quantitativer Daten aus dem Zeitraum 1980–1989, nicht bestimmt werden. Es wäre gerade im Hinblick auf die Vergleichbarkeit der erweiterten Replikationsstudien sehr interessant gewesen zu sehen, zu welchem Ergebnis das Modell zur Bestimmung der DR des Straßenkartenmarktes in eine Fall gekommen wäre, in dem keine Disruption stattgefunden hat.

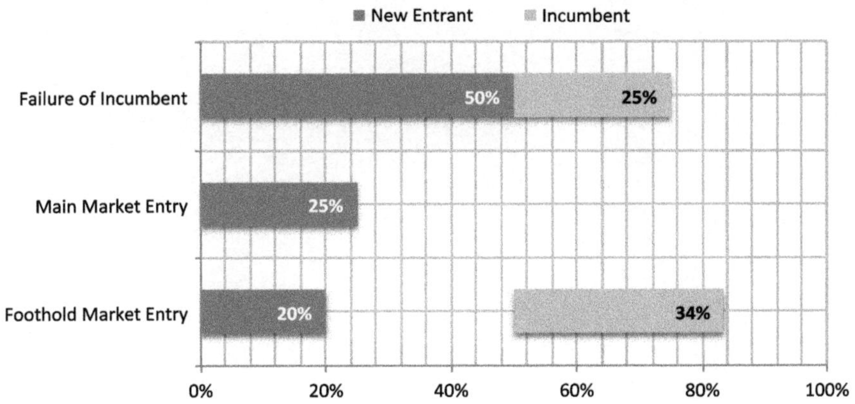

Abbildung 4.59 Zusammenfassung disruptives Potential embedded Navigation (Eigene Darstellung in Anlehnung an Keller, Hüsig 2009, S. 1050)

5 Fallstudienübergreifende Analyse und Modifikation

In diesem Kapitel werden zunächst die Ergebnisse der einzelnen Fallstudien noch einmal kurz zusammengefasst (Abschnitt 5.1), um sie im zweiten Schritt vergleichen und interpretieren zu können (Abschnitt 5.2). Dabei werden zunächst die Ergebnisse der Fallstudien miteinander sowie mit der Initialstudie verglichen und Ähnlichkeiten und Unterschiede der Ausgangssituationen herausgearbeitet, um die Ergebnisse des Vergleichs besser interpretieren zu können. Es wird versucht, eventuelle Widersprüche zwischen der Empirie dieser Arbeit und den bestehenden theoretischen Modellen mit Hilfe der Literatur zu lösen. Durch den ex post Charakter aller durchgeführten Fallstudien können die Vorhersagen der Modelle mit den tatsächlichen Vorkommnissen in der Realität verglichen werden. Dieser Vergleich kann helfen einzuschätzen, wie gut die Modelle ihre Vorhersagefunktion erfüllen, ob sie die Theorien auf andere Fälle ausweitbar sind oder ob und wo es ggf. noch Anpassungen bedarf. Im weiteren Schritt werden die Erkenntnisse aus Theorie und Empirie verwendet, um die Forschungsfragen zu beantworten (Abschnitt 5.3) und Modifikationen für das Modell zur Bestimmung der DR eines Marktes zu erarbeiten (Abschnitt 5.4).

5.1 Zusammenfassung der Ergebnisse der einzelnen Fallstudien

5.1.1 Fallstudie 1 – Digitale Kompaktkamera vs. Mobiltelefonkamera

Bei Fallstudie 1 konnte durch die Anwendung des **Modells zur Bestimmung des disruptiven Potentials** ein hohes disruptives Potential der Innovation Smartphone-Kamera festgestellt werden. 19 von 23 Merkmalen konnten als *erfüllt* nachgewiesen

E. M. Baumann, *Replikation und Erweiterung des Modells zur Bestimmung der Disruptionsreife von Wertnetzwerken*, https://doi.org/10.1007/978-3-658-20479-2_5

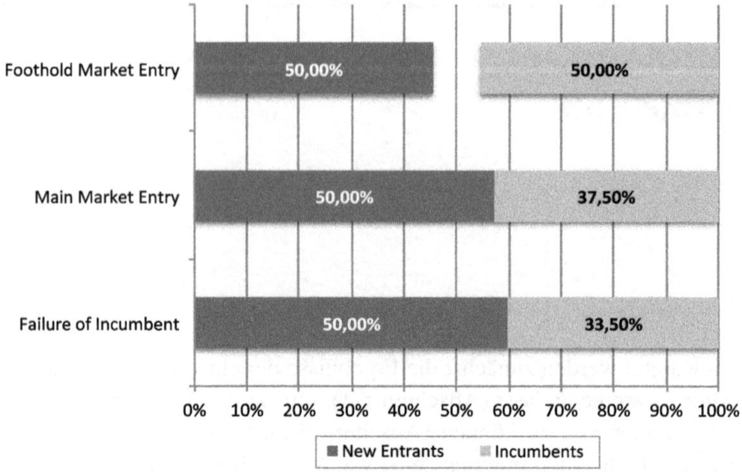

Abbildung 5.1 Zusammenfassung DP Fallstudie 1 (Eigene Darstellung in Anlehnung an Keller, Hüsig 2009, S. 1050)

werden. Das entspricht in jeder Phase über 80%, bei der *Foothold entry*-Phase sogar 100% der Merkmale, siehe Abbildung 5.1. Ebenso wurden die Anforderungen des zweiten Teils des Modells, betreffend die Trajektorien, bestätigt.

Zeitlich nachgelagert konnte eine Disruption am digitalen Kompaktkameramarkt, ausgelöst durch die Smartphone-Kamera, beobachtet werden. Die Untersuchungen führen zu der Vermutung, dass eine Substitution der alten Technologie DKK durch die Innovation Mobiltelefonkamera bereits im Jahr 2012 mit über 50% stattgefunden hat, siehe dazu auch Abbildung 4.25.

Die Anwendung des **Modells zur Bestimmung der Disruptionsreife** des Fotomarktes führte zu dem Ergebnis, dass der Markt in der Zeit vor Einführung der Smartphone-Kamera eine *geringe Disruptionsreife* zeigt. Neben den beiden bedingenden Faktoren P10: *Hohe Markteintrittsbarrieren* und P12: *Geringe Kundenloyalität* konnten noch wesentliche Veränderungen im Wertschöpfungsnetzwerk festgestellt werden. Damit war neben den Propositionen P10 und P12 auch P9: *Veränderung im Wertschöpfungsnetzwerk* konsistent. Nur drei konsistente Propositionen deuten auf eine geringe Wahrscheinlichkeit eines Markteintrittes und eine geringe wirtschaftliche Verwertung einer potentiell disruptiven Innovation hin. Eine Disruption wird aufgrund dieses Ergebnisses als unwahrscheinlich eingestuft. Die Dauer bis zum Eintritt einer möglichen disruptiven Innovation und eine Gefahr wird nur langfristig gesehen, siehe dazu Abbildung 5.2.

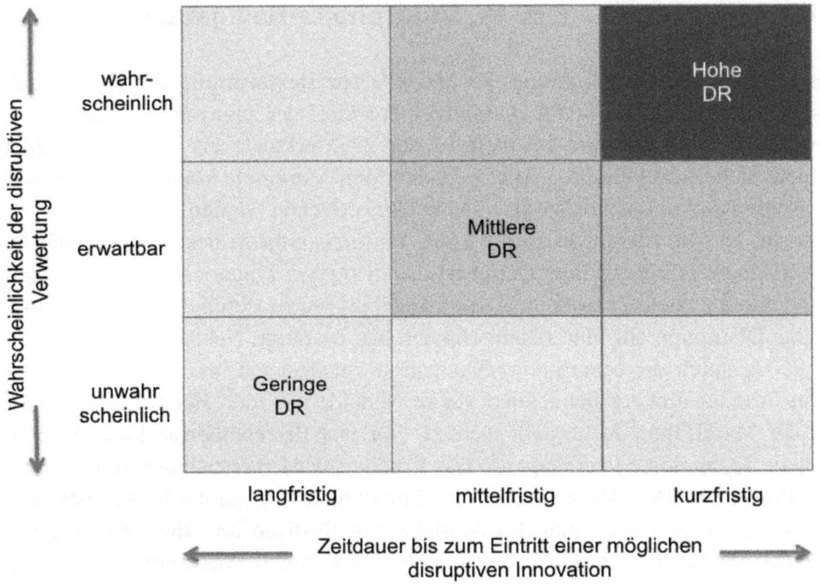

Abbildung 5.2 Dimensionen der Disruptionsreife (Quelle: Klenner 2011, S. 115)

Um zu sehen, inwiefern sich die Propositionsauswirkungen im Zeitverlauf verändern, wurde das Modell auch in den Zeiträumen 2002–2006 und 2007–2014, nachdem die Mobiltelefonkamera bereits auf dem Markt war, angewandt. Eine Veränderung hat sich insofern ergeben, als dass sich die DR des Digitalkamera-Marktes im zweiten Zeitraum zunächst marginal und im dritten Zeitraum deutlich erhöht hat. Mit drei von vier ermöglichenden und vier von sieben bedingenden Proposition wäre die DR für den letzten Zeitraum in jedem Fall als mittel-hoch einzustufen. Interessant ist auch, dass in beiden Zeiträumen die in der Initialstudie nicht bestätigten Propositionen, mit Ausnahme von P8: *Hohe Wertschöpfungsnetzwerkgröße*, nicht mehr als konsistent eingestuft werden konnten.

Wie bereits in Abschnitt 4.1.7 erwähnt, stimmen die Vorhersagen des Modells zur Bestimmung des DP mit dem Ergebnis eines hohen DP mit der beobachteten Disruption am Markt überein. Dieses Modell hätte sozusagen mit seiner Vorhersage die Zukunft richtig vorausgesehen und vor der bevorstehenden Gefahr einer Disruption gewarnt. Das Ergebnis der Anwendung des Modells zur Bestimmung der DR von Märkten würde kurz- und mittelfristig keine Disruption erwarten, selbst wenn eine PDI auf den Markt kommt, weil eine wirtschaftliche Verwertung als unwahrscheinlich eingestuft wurde. Damit stimmt die Vorhersage, die durch dieses Modell getroffen wurde, nicht mit der eingetretenen Realität überein.

5.1.2 Fallstudie 2 – PND vs. Smartphone-Navigation

Das Ergebnis der Durchführung des **Modells zur Bestimmung des DP** in Fallstudie 2 deutet auf ein *hohes disruptives Potential* der Innovation Smartphone-Navigation hin. Insgesamt konnten 19 der 22 Merkmale als *erfüllt* betrachtet werden, siehe Abbildung 5.3. Die restlichen drei Merkmale konnten nicht bestätigt werden und müssen daher als *nicht erfüllt* betrachtet werden.

Auch die Anforderungen an die Preis- und Leistungs-Trajektorien konnten in der Fallstudie erfüllt werden. Damit ist das disruptive Potential der untersuchten Innovation als hoch einzustufen. Dieses Ergebnis wurde durch die Untersuchung, ob eine Disruption am Markt stattgefunden hat, bestätigt. Neben der Substitution der PNDs durch die Smartphone-Navigation konnte auch, mit dem technologischen Wandel einhergehend, eine starke Veränderung der Herstellerlandschaft und der Marktführer festgestellt werden. Nur vier der etablierten Firmen boten die neue Technologie überhaupt an. Das Ergebnis der Untersuchung ist, dass eine **Disruption** des PND-Marktes durch die Smartphone-Navigation beobachtet werden konnte. Die Anwendung des **Modells zur Bestimmung der Disruptionsreife des Marktes** zeigte im Zeitraum 1999–2008 ähnlich wie im ersten Fall eine *geringe Disruptionsreife* des PND-Marktes an. Es konnten insgesamt drei der für das Modell relevanten Propositionen nachgewiesen werden, davon waren zwei, P6: *starke Marktanteilsverschiebung* und P9: *Wertschöpfungskettenveränderung*, bedingender Art und eine, P4: *hohe Marktkonzentration,* ermöglichend. Die anderen drei Propositionen waren in der Initialstudie nicht bestätigt worden und daher als neutral eingestuft oder abgelehnt worden. Es handelt sich um die Propositionen P1: *Geringe Angebotslücke*, P5: *Geringes low-end Angebot* und P8: *Hohe Wertschöpfungsnetzwerkgröße*. Das Modell wurde auch im Zeitraum 2009–2015 angewandt, nachdem die Smartphone-Navigation bereits auf dem Markt war, um zu sehen, ob und wie sich die Propositionsauswirkungen im Zeitverlauf verändern. Im zweiten Zeitraum hat sich die DR der Branche erhöht. Mit fünf bedingenden und einer ermöglichenden Proposition wäre die DR für diesen Zeitraum vermutlich als mittel einzustufen. Insgesamt zeigt das Modell zur Bestimmung der DR vor Eintritt der DI kurz- und mittelfristig keine Gefahr durch eine DI an und widerspricht damit der beobachteten Realität, die zeigt, dass kurze Zeit später eine Innovation auf den Markt kam, die später eine Disruption ausgelöst hat.

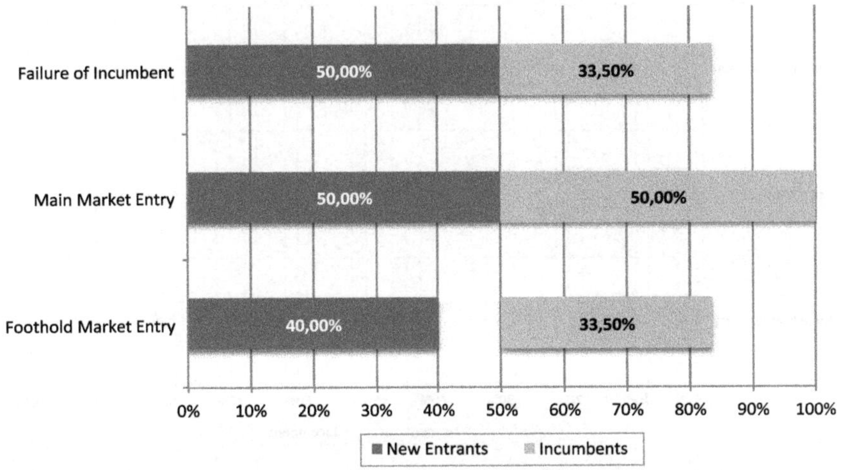

Abbildung 5.3 Zusammenfassung DP Fallstudie 2 (Eigene Darstellung in Anlehnung an Keller, Hüsig 2009, S. 1050)

5.1.3 Fallstudie 3 – Straßenkarten vs. Embedded Navigation

Die Anwendung des Modells zur **Bestimmung des disruptiven Potentials einer Innovation** in Fallstudie 3 deutet darauf hin, dass die Innovation embedded Navigation nur über *geringes disruptives Potential* in Bezug auf Straßenkarten verfügt. Es konnten nur 11 von 23 Merkmalen nachgewiesen werden, siehe Abbildung 5.4. Das ist weniger als die Hälfte und lässt vermuten, dass es sich bei der embedded Navigation eher um eine sustaining Innovation handelt, die aufgrund der großen technologischen Veränderung radikalen Charakter hat.

Dem entspricht auch das Ergebnis der Überprüfung einer Disruption. Eine **Disruption** konnte aufgrund der geringen Verbau- und Penetrationsraten der embedded Systeme bis heute nicht nachgewiesen werden. Zwar ist der Markt für Straßenkarten mittlerweile stark zurückgegangen, jedoch ist der Grund dafür nicht bei den embedded Navigationssystemen zu finden. Damit entsprechen auch hier die Ergebnisse des Modells zur Bestimmung des DP einer Innovation den tatsächlichen Vorkommnissen in der Zukunft. Die **Disruptionsreife des Straßenkartenmarktes** konnte, wie bereits in Abschnitt 4.4.4 erläutert, leider nicht bestimmt werden, da zu wenig bis keine Informationen für den Untersuchungszeitraum 1980–1989 generiert werden konnten.

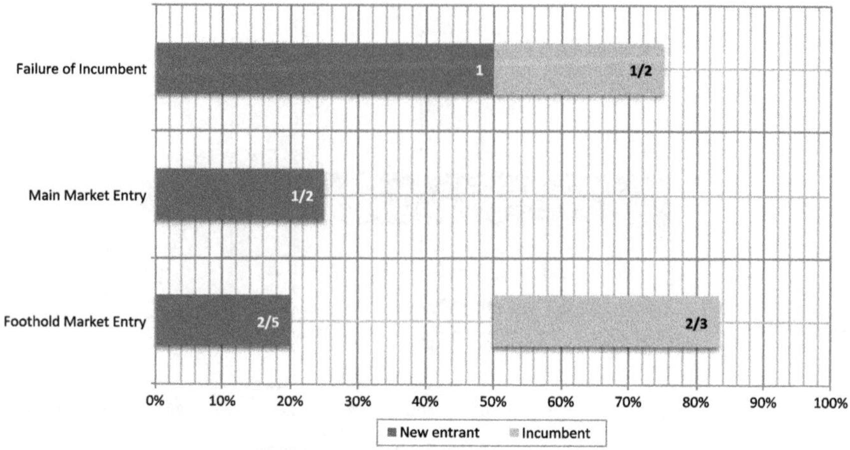

Abbildung 5.4 Zusammenfassung DP Fallstudie 3 (Eigene Darstellung in Anlehnung an Keller, Hüsig 2009, S. 1050)

5.2 Cross-Case-Analyse

In folgendem Abschnitt soll nun ein fallstudienübergreifender Vergleich der hier durchgeführten Fallstudien und der Initialstudie durchgeführt werden. Während die Initialstudie die zunächst theoretisch hergeleiteten Propositionen bestätigt oder abgelehnt hat, soll aufgrund der hier durchgeführten Replikationen erneut fallstudienübergreifend analysiert werden, welche Propositionen durch die Empirie bestätigt werden konnten und welche insgesamt als nicht konsistent mit der Empirie einzuordnen sind. Zudem sollen neue Erkenntnisse aus der Empirie gezogen werden. Ein fallstudienübergreifender Vergleich der Ergebnisse und die damit einhergehende Suche nach Gemeinsamkeiten und Unterschieden zwischen den Fallstudien kann weitere Erkenntnisse in Bezug auf die Generalisierbarkeit der beiden Modelle und gegebenenfalls notwendige Modifikationen bringen. Es fällt zunächst auf, dass das Modell zur Bestimmung des disruptiven Potentials in jedem der vier Fälle mit dem Ergebnis der Bestimmung einer Disruption übereinstimmt. Während das Modell in den ersten beiden Fallstudien 1 und 2 ein hohes DP angezeigt und damit die später eingetretene Disruption vorhergesagt hat, kam das Modell in Fallstudie 3 zu dem Ergebnis, dass das DP gering ist. In diesem Fall konnte auch keine Disruption der Straßenkarten durch die embedded Navigationssysteme nachgewiesen werden. Als vierter Fall ist hier die Analyse des DP der Digitalkamera zu sehen, das in Abschnitt 4.1.3.3 zusätzlich bestimmt wurde. Auch hier konnte mit Hilfe des Modells die später eingetretene Disruption frühzeitig antizipiert werden. Insgesamt ist festzustellen, dass dieses Modell durch sein Ergebnis die Zukunft in jedem Fall richtig vorhergesagt hat. Es muss daher davon ausgegangen werden, dass dieses Modell generalisierbar, sprich extern valide ist und unabhängig von Technologieart, Branche, Zeit und Lebenszyklus der Branche zu einem richtigen Ergebnis führt. Diese Erkenntnis kann durch die hier durchgeführten Fallstudien gestützt werden. Des Weiteren führten die Fallstudien zu der Erkenntnis, dass auch Konvergenz, insbesondere Produktkonvergenz, keinen Einfluss auf das Modell zur Bestimmung des DP einer Innovation hat. Das Modell liefert auch in diesen Fällen exakte und zuverlässige Ergebnisse und bedarf daher keiner weiteren Modifikationen. Aus diesen Gründen sowie aufgrund seiner guten und relativen einfachen Anwendbarkeit kann es vor allem für die Praxis sehr empfohlen werden kann.

Im Gegensatz dazu hat die Anwendung des Modells zur Bestimmung der DR eines Marktes in keiner der hier durchgeführten Fallstudien zu einer richtigen Einschätzung geführt, was die Entwicklung am untersuchten Markt betrifft. Es soll daher im Folgenden geklärt werden, an welchen Faktoren das liegen könnte und welche Änderungen an den Propositionen vorgenommen werden könnten, um das Modell für diese Fälle auszuweiten. Dafür werden zunächst die Ergebnisse des Modells in den einzelnen Fallstudien sowie die Veränderung in den verschiedenen Zeiträumen näher betrachtet.

In Tabelle 5.1 sind die Ergebnisse und Ausgangsfaktoren aller Fallstudien noch einmal zusammengefasst, um sie mit den Ergebnissen der Initialstudie vergleichen zu können.

Es wurde bei der Auswahl der Fallstudien die Annahme getroffen, dass es sich bei allen drei Fällen um Märkte handelt, in denen eine Disruption durch die untersuchte Innovation ausgelöst wurde. Es wurde darauf geachtet, dass jeweils zwei Fallstudien vergleichbare Ausgangsfaktoren haben, um die Ergebnisse besser interpretieren zu können. So sollten Fallstudie 1 und 2 eine große Ähnlichkeit zueinander aufweisen, um eine *theoretical Replikation* nach Yin durchführen zu können, während mit Fallstudie 3 aufgrund geringfügiger Veränderungen im Vergleich zur Initialstudie eine *literal Replikation* geplant war.[1] Damit wäre Fallstudie 3 ein Gegenstück zu den beiden ersten Fallstudien gewesen und hätte ähnliche Ergebnisse erwarten lassen wie die Initialstudie. Durch diese Kombination hätten

[1] Vgl. hierzu Yin (2007), S. 54 und Abschnitt 3.2.

Tabelle 5.1 Alle Fallstudienergebnisse im Vergleich (Quelle: Eigene Darstellung)

Fallstudie	Initialstudie[a] Analoge Kamera – Digitalkamera	Fallstudie 1 Digitalkamera – Smartphone-Kamera	Fallstudie 2 PND – Smartphone-Navigation	Fallstudie 3 Straßenkarten – embedded Navi
Untersuchungszeitraum DR	1985–1995	1996–2001	1999–2007	1980–1989
Branche	Kameramarkt in D	Amateurkameramarkt in D	Portable Navigationsbranche in D	Straßenkartenmarkt in D
Ergebnis Disruptionsreife	DR am analogen Kameramarkt mittel-hoch	DR am Digitalkameramarkt gering	DR am PND-Markt gering	-------
Ergebnis Disruptives Potential	DP mittel-hoch	DP der Smartphone-Kamera hoch	DP der Smartphone-Navigation hoch	DP des embedded Navi gering bis mittel
Disruption	Erfolgt	Erfolgt	Erfolgt	Nicht erfolgt
Art der DI	Low-end DI	New-market DI	New-market DI	Keine DI
Innovationsart[b]	Modular Innovation	Architectural Innovation	Architectural Innovation	Radical Innovation
Digitalisierung	ja	nein	nein	ja
Konvergenz	Kein Konvergenzprodukt Single function Device	Konvergenzprodukt Multi function Device	Konvergenzprodukt Multi function Device	Kein Konvergenzprodukt, Single function Device
LZ der etablierten Technologie[c]	Reifephase	Entstehungs- & Wachstumsphase	Entstehungs- & Wachstums- und Reifephase	Reifephase

[a]Vgl. Downes, Nunes (2009), S. 52.
[b]Vgl. Benner, Tripsas (2012), S. 285.
[c]Vgl. Klenner (2011).

neue Erkenntnisse generiert werden können. Erst im Rahmen der Analyse wurde deutlich, dass das embedded Navigationsgerät die Straßenkarten nicht disruptiert hatte. Zudem war es bedauerlicherweise nicht möglich, ausreichend Daten zu generieren, um das Modell zur Bestimmung der DR in Fallstudie 3 anwenden zu können. Aus diesem Grund stehen nun vor allem die Fallstudien 1 und 2 im Fokus dieser fallstudienübergreifenden Analyse. Hierfür werden die Unterschiede zur Initialstudie und mögliche Gründe für die Abweichung der Ergebnisse des Modells zur Bestimmung der DR aufgeführt und analysiert.

Der erste große Unterschied zwischen den Fallstudien und der Initialstudie ist, dass es sich bei der (P)DI in beiden Fallstudien der Replikation um eine architectural Innovation nach der Einteilung von Henderson, Clark (1990) handelt, wohingegen es sich bei der in der Initialstudie untersuchten disruptiven Innovation um eine modulare Innovation handelt. Während bei modularen Innovationen vor allem eine Veränderung der Komponenten stattfindet, ändert sich bei architectural Innovationen vor allem die Bauweise bzw. die Verbindung der Komponenten. Henderson, Clark (1990) zeigen, dass etablierte Unternehmen erstere Art der Innovation bevorzugen, bei denen ein Unternehmen vor allem über Komponentenwissen verfügen muss, um sie hervorzubringen. Neue Unternehmen haben dagegen einen Vorteil bei architectural Innovationen, weil hier neue Prozesse im Unternehmen, die vor allem die Bauweise einer Innovation betreffen, leichter geschaffen werden können. Etablierten Unternehmen fällt es schwer, etablierte Prozesse zu ändern, weshalb sie seltener einen Erfolg bei architectural Innovationen zu verzeichnen haben.[2] Wie die Erklärung von Henderson, Clark (1990) zeigt, hat die Verschiedenartigkeit der Innovation vor allem Einfluss auf Unternehmensebene und beeinflusst weniger den Markt an sich bzw. den Markt erst, wenn eine PDI auf den Markt kommt. Damit kann angenommen werden, dass die Disruptionsreife eines Marktes bzw. das Modell zur Bestimmung der DR eines Marktes nicht tangiert werden. Aus diesem Grund kann davon ausgegangen werden, dass die Veränderung dieses Parameters in den vorliegenden Fallstudien nicht als Erklärung für das abweichende Ergebnis des Modells herangezogen werden kann.

Ein weiterer wesentlicher Unterschied ist in der Art der Disruption zu finden. Während es sich bei der Initialstudie eine low-end disruptive Innovation handelte, wurde im Vergleich dazu in den beiden Replikations-Fallstudien jeweils eine new-market disruptive Innovationen untersucht. Dies liegt vor allem daran, dass es sich bei den hier durchgeführten Fallstudien bei der PDI jeweils um ein Konvergenzprodukt handelt, das verschiedene Funktionen zuvor unterschiedlicher Produkte kombiniert. Downes, Nunes (2013) beschreiben solche Arten von DI als Big Bang Disruptions (BBD). Durch die Konvergenz von Technologien und Produkten verschwimmen klassische Branchengrenzen, und Kunden, die zunächst in einem bestimmten Markt ihre Bedürfnisse erfüllen konnten, können das auch in einem anderen Markt. Das Konvergenzprodukt richtet sich zunächst nicht an die Kunden des etablierten Wertnetzes, sondern an ein anderes oder neues Wertnetzwerk und entzieht dem „alten" Markt langsam die Kunden.[3] Dadurch entwickelt sich ein neuer Markt, die Markteintrittsbarrieren sinken und Firmen müssen nicht in den etablierten Markt eintreten. Das Smartphone ist ein Konvergenzprodukt,

[2] Vgl. Henderson, Clark (1990), S. 9ff. sowie Abschnitt 2.1.2.

[3] Vgl. Downes, Nunes (2013), S. 46ff.; Stobbe, Just (2006), S. 14.

das zum einen substitutiven Charakter für Digitalkameras und PNDs hat[4] und zum anderen komplementären Charakter, weil durch die Kombination aller Funktionen im Gerät viel mehr Anwendungen möglich sind als bei den ursprünglichen Single function Devices. Es wird davon ausgegangen, dass dies einen wesentlichen Einfluss auf das Ergebnis der DR in den hier durchgeführten Fallstudien hatte, da einige Faktoren, die bei low-end DI ohne Konvergenz die DR eines Marktes erhöhen, nicht erfüllt sein müssen, wenn Konvergenz im Spiel ist, die dazu führt, dass eine DI zunächst auf einem neuen oder anderen Markt etabliert wird. Dies ist z. B. für Propositionen in Bezug auf Markteintrittsbarrieren, Marktein- und -austritte oder Marktanteilsverschiebungen der Fall und sollte in jedem Fall bei den Modifikationen beachtet werden, vor allem da vorab nicht eingeschätzt werden kann, ob die Disruption vom low-end oder von einem neuen Markt kommt und es sich bei DI häufig um hybride Formen handelt.[5]

Downes, Nunes (2009) beschreiben, dass die Wertschöpfungskette virtuell integriert ist und viele Big Bang DI durch die Infrastruktur der Cloud gebaut und entwickelt werden.[6] Das kann in den vorliegenden Fällen teilweise bestätigt werden, denn durch die Cloud entsteht ein neues Wertversprechen für den Kunden, als das bisher bei der etablierten Technologie ohne Anbindung an die Cloud der Fall war – eine Art der komplementären Konvergenz nach Greenstein, Khanna (1997).

Die Replikationsstudien unterscheiden sich im Vergleich zur Initialstudie weiterhin auch im Bereich der Lebenszyklusphasen des untersuchten Marktes, der ggf. disruptiert werden soll. Während sich die Branche der analogen Kamera in der Initialstudie im gewählten Untersuchungszeitraum in der Reife- bzw. Stagnationsphase befand, haben die Digitalkamerabranche sowie die portable Navigationsbranche die Entstehungs-, Wachstums- und Reifephase im Untersuchungszeitraum durchlaufen.[7] Dies ist insofern bemerkenswert, da dies für beide Fallstudien gilt, der Untersuchungszeitraum in Fall 1 mit 5 Jahren jedoch relativ kurz ausgefallen ist. Es scheint zwar auch durch diese Fallstudien „bestätigt", dass eine Disruption nur in einem reifen Markt stattfindet,[8] allerdings werden die Produktlebenszyklen immer kürzer und somit schneller durchlaufen. Dies ist insbesondere dann der

[4]Vgl. DB Research (2011), S. 11f.

[5]Vgl. Christensen, Raynor (2003), S. 47.

[6]Vgl. Downes, Nunes (2009), S. 52.

[7]Vgl. Benner, Tripsas (2012), S. 285.

[8]Vgl. Klenner (2011).

Tabelle 5.2 Vergleich Propositionen F1 über alle Zeiträume (Quelle: Eigene Darstellung)

Proposition/Zeitraum	1996-2001	2002-2006	2007-2014
P1: Geringe Angebotslücke	✓	✗	✗
P2: Geringe Unternehmensein- und Austritte	✗	✗	✗
P3: Konstante Wettbewerber	✗	✗	✗
P4: Hohe Marktkonzentration	✗	✗	✓
P5: Geringe low-end Angebote	✓	✗	✗
P6: Starke Marktanteilsverschiebung	✗	✓	✓
P7: Geringe Kaufbereitschaft	✗	✗	✓
P8: hohe Wertschöpfungsnetzwerkgröße	✓	✓	✗
P9: Wertschöpfungskettenveränderung	✓	✓	✓
P10: Hohe Eintrittsbarrieren	✓	✗	✗
P11: Hohe Eintrittsbegünstigungen	✗	✗	✗
P12: Geringe Kundenbindung	✓	✓	✗
P13: Lobbyarbeit	✗	✗	✗
P14: Exogene Schocks	✗	✗	✓
P1-n: steigende Marktpreise	✗	✗	✓
P2-n: vorhandene low-end Angebote	✗	✗	✓
P3-n: Einführung einer radikal sustaining innovation	✗	✓	✗
Anzahl erfüllter Propositionen	6	5	7

Fall, wenn es sich, wie in den beiden vorliegenden Fällen, um Branchen mit digitalisierten Produkten handelt, da diese die Lebenszyklusphasen verkürzen und so den LZ beschleunigen können. Auch dieser Punkt sollte bei der Anwendung des Modells zur Bestimmung der DR in Zukunft berücksichtigt werden.

Vergleicht man die erfüllten Propositionen der beiden Fallstudien im Zeitraum, nachdem die PDI bereits auf dem Markt ist, so fällt auf, dass sich die DR des Marktes in beiden Fällen, aber auch in der Initialstudie erhöht. Die DR in beiden hier durchgeführten Fallstudien war zunächst vor Eintritt der PDI gering, während sie nach dem Eintritt als hoch oder zumindest als mittel eingestuft werden konnte.

In Fallstudie 1 wird dieser Zeitraum in zwei Perioden unterteilt. Zunächst sind die Propositionen P1, P5, P8, P9, P10 und P12 erfüllt. Nachdem die PDI auf den Markt kommt, können die Propositionen P6, P8, P9, P12 und P3 bestätigt werden, siehe Tabelle 5.2.

Damit sind im zweiten Zeitraum zwar insgesamt weniger Propositionen konsistent, jedoch mehr bedingende und ermöglichende. Im dritten Zeitraum kann aufgrund der vielen erfüllten Propositionen die DR sogar als mittel-hoch eingestuft werden, siehe dazu Abbildung 5.5.

In Fallstudie 2 wurde nur ein Zeitraum nach Eintritt der PDI untersucht. Während zunächst die Propositionen P8, P6, P9, P1, P5 und P4 erfüllt sind, so steigt die

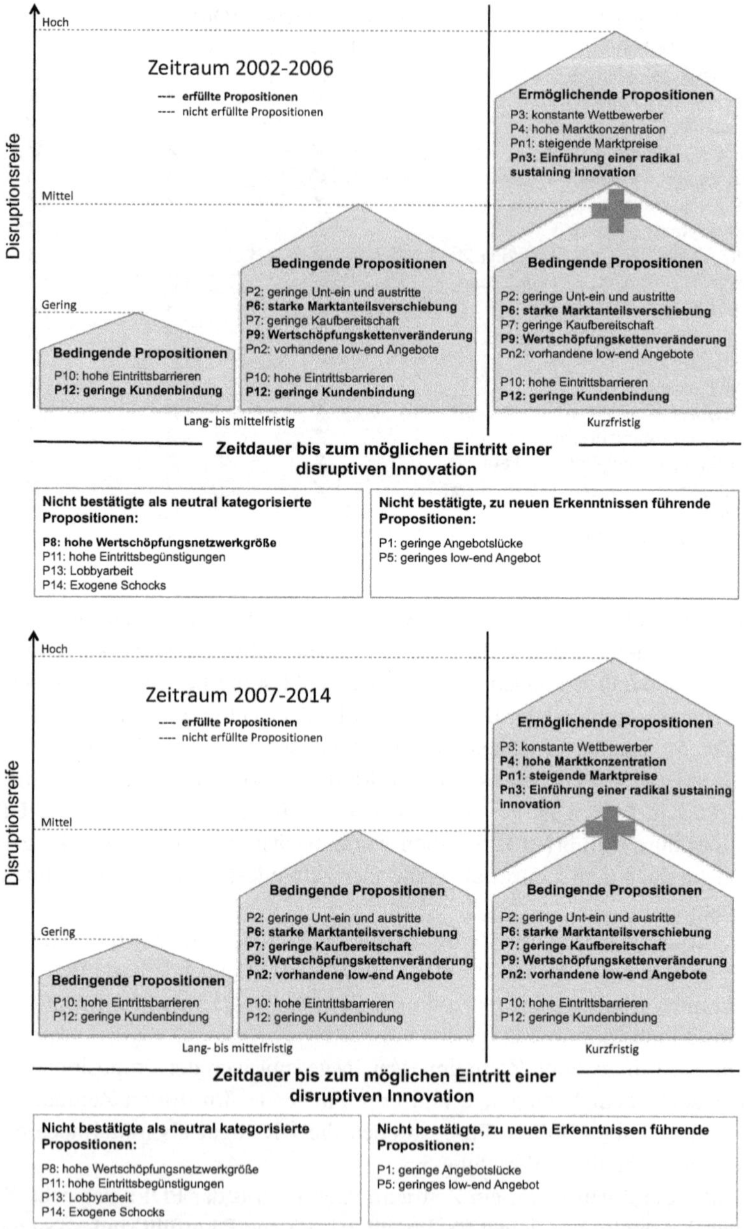

Abbildung 5.5 Vergleich DR Fallstudie 1 (Eigene Darstellung in Anlehnung an Klenner et al. 2013, S. 291)

DR auch in diesem Fall nach Eintritt der PDI auf ein mittleres Niveau an und es sind die Propositionen P4, P2, P6, P7, P9 und Pn-2 konsistent, siehe Abbildung 5.6.

Ein Vergleich der erfüllten Propositionen vor Eintritt der DPI zeigt, dass in beiden Fällen im Zeitraum vor Eintritt der PDI die Propositionen P8, P1 und P5, die in der Initialstudie zunächst abgelehnt wurden, bestätigt werden konnten. Wären die Propositionen in der Initialstudie nicht abgelehnt worden, so hätten sie in den vorliegenden Fällen dazu beigetragen, die DR zu erhöhen, was eine richtige Tendenz gewesen wäre. Dieser Aspekt sollte daher bei den Modifikationen in jedem Fall Beachtung finden. Weiterhin war in beiden ex post durchgeführten Fallstudien die Proposition P9 konsistent. Dadurch kann diese Proposition eher als bestätigt und konsistent mit der Theorie angesehen werden, während dies für die anderen in der Initialstudie bestätigten Propositionen hier nicht nachgewiesen werden konnte.

Während es sich bei den hier aufgeführten Punkten um Faktoren handelt, die in beiden Replikationsstudien beobachtet werden konnten, gibt es auch fallspezifische Faktoren in Fallstudie 1, auf die an dieser Stelle eingegangen wird, weil deren Einfluss auf das Modell zur DR eines Marktes an dieser Stelle nicht ausgeschlossen werden kann.

So könnte die fehlende Übereinstimmung der Ergebnisse in Fallstudie 1 beispielsweise auch dadurch beeinflusst werden, dass innerhalb kurzer Zeit zwei Disruptionen am Kameramarkt stattgefunden haben. Während die Mobiltelefonkamera auf den Markt kam, war die Digitalkamera gerade dabei, die analoge Kamera zu disruptieren.[9] Nicht nur die Tatsache, dass in diesem Fall zwei DI in Folge auf den Markt gebracht wurden, sondern auch der Umstand, dass dies zeitlich überlappend geschehen ist, könnte das Ergebnis der DR des Marktes verzerren. Ein weiterer Unterschied zwischen Fall 1 und der Initialstudie ist die Dauer des Untersuchungszeitraums, in dem die DR des Marktes bestimmt wird. Dieser fällt in Fall 1 relativ kurz aus. Das liegt daran, dass die Digitalkamera erst 1996 und die Mobiltelefonkamera bereits kurze Zeit später im Jahr 2002 auf den Markt gebracht wurde. Wie bereits erwähnt, wurde der Lebenszyklus von Industrie und Technologie in diesem Fall sehr schnell durchlaufen.

In diesem Zusammenhang muss bedacht werden, dass eine Untersuchung der DR eines Marktes verzerrt sein kann, da dieser Markt in dieser Zeit selbst erst entstanden ist. Dadurch wird der ohnehin kurze Beobachtungszeitraum, der für die Bestimmung der DR des Marktes zur Verfügung steht, zu einem Zeitraum, in dem eigentlich der neue Markt entsteht. Verwunderlich ist allerdings in diesem

[9]Vgl. hierzu Klenner (2011), S. 186.

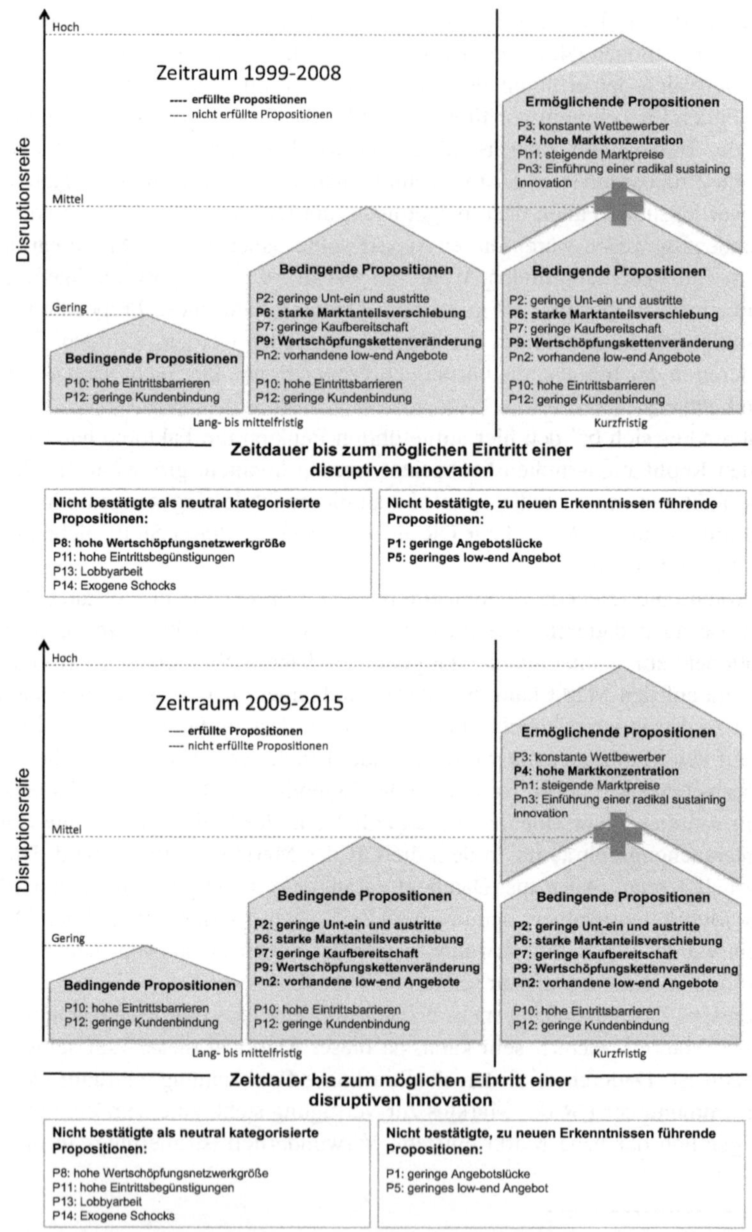

Abbildung 5.6 Vergleich DR Fallstudie 2 (Eigene Darstellung in Anlehnung an Klenner et al. 2013, S. 291)

Fall, dass die DR zu gering war. Eigentlich würde man davon ausgehen, dass diese Faktoren die DR eines Marktes erhöhen, weil eine große Veränderung stattfindet. Da der Einfluss dieser Faktoren nicht abschließend bestimmt werden kann, erscheinen weitere Fallstudien notwendig.

Ein weiterer Unterschied zwischen Fallstudie 2 und der Initialstudie liegt in der unterschiedlichen Branche, die analysiert wird. Während in Fall 1 ebenfalls der Kameramarkt in Deutschland untersucht wurde, handelt es sich bei Fallstudie 2 mit der portablen Navigationsindustrie um eine andere Branche, die untersucht wird. Nun stellt sich die Frage, ob das Modell der DR auch auf andere Branchen generalisierbar ist. Die Tatsache, dass das Ergebnis der Fallstudie 2 nicht zu einer richtigen Einschätzung in Bezug auf die Zukunft geführt hat, könnte vermuten lassen, dass der Unterschied der Branchen einen Einfluss auf das Modell hat. Dies kann zwar durch die empirischen Untersuchungen in dieser Arbeit nicht ausgeschlossen werden, wird jedoch als eher unwahrscheinlich angesehen. Zum einen, weil es andere Faktoren gibt, deren Einfluss wesentlicher erscheint, zum anderen weil auch Fallstudie 1 zu einem verzerrten Ergebnis geführt hat, obwohl hier die gleiche Branche analysiert wurde.

Insgesamt kann zusammengefasst werden, dass es weiterer Fallstudien bedarf, um tiefergreifende Erkenntnisse zu erlangen.

5.3 Beantworten der Forschungsfragen

In folgendem Abschnitt werden die Erkenntnisse aus der Empirie und der fallstudienübergreifenden Analyse herangezogen, um die Forschungsfragen, die als Ausgangsbasis und Motivation dieser Arbeit dienten, zu beantworten. Dafür werden die Forschungsfragen zunächst nochmals zusammengefasst dargestellt, bevor sie im Anschluss einzeln detailliert beantwortet werden:

- **Forschungsfrage 1:** Wie geeignet sind die beiden Modelle, das Modell zur Bestimmung des DP einer Innovation und das Modell zur Bestimmung der Disruptionsreife von Märkten für andere Fälle? Ausweitbarkeit auf andere Fälle disruptiver Innovationen, andere Technologiearten und andere Branchen.
- **Forschungsfrage 2:** Wie geeignet sind die beiden Modelle, das Modell zur Bestimmung des DP einer Innovation und das Modell zur Bestimmung der Disruptionsreife von Märkten in konvergierenden Märkten, insbesondere bei Konvergenz auf Produktebene?
- **Forschungsfrage 3:** Wie ergänzen sich die beiden Vorhersagemodelle bei der Früherkennung disruptiver Innovationen?

5.3.1 Forschungsfrage 1: „Generalisierbarkeit" der Modelle

Wie geeignet sind die beiden Modelle, das Modell zur Bestimmung des DP einer Innovation und das Modell zur Bestimmung der Disruptionsreife von Märkten in anderen Fällen? (*analytische* Generalisierbarkeit der Theorie / der Propositionen auf andere Fälle)

- **auf andere Fälle disruptiver Innovationen → 1a**
- **auf andere Technologiearten → 1b**
- **auf andere Branchen? → 1c**

Die Ergebnisse der drei, hier durchgeführten Fallstudien sowie die Bestimmung des DP für den Fall der Initialstudie zeigen, dass das Ergebnis des Modells zur Bestimmung des DP einer Innovation in allen vier Fällen mit der später tatsächlich eingetretenen Realität übereinstimmte. Es ist aufgrund dieser Ergebnisse mit hoher Wahrscheinlichkeit davon auszugehen, dass das Modell zur Bestimmung des disruptiven Potentials auch in solchen anderen Fällen anwendbar ist und zu „richtigen" Ergebnissen führt. Dies gilt sowohl für Fälle mit einer anderen Art der disruptiven Innovation als auch für andere Branchen und andere Technologiearten. Es kann davon ausgegangen werden, dass es sich unabhängig davon, ob architectural oder component knowledge nötig ist, um Innovationen hervorzubringen oder ob die DI vom low-end oder von einem neuen Markt kommt das Modell zur Bestimmung des DP einer Innovation angewendet werden kann. Obwohl keine statistische Untersuchung durchgeführt wurde, kann aufgrund der Ergebnisse der durchgeführten Fallstudien von einer Erweiterbarkeit der Theorie des Modells zur Bestimmung des disruptiven Potentials auf andere Fälle ausgegangen werden.[10] Damit kann Forschungsfrage 1 für das Modell zur Bestimmung des DP einer Innovation als positiv beantwortet betrachtet werden.[11]

Anders verhält es sich mit dem Modell zur Bestimmung der DR von Märkten. Da die Anwendung dieses Modell in den durchgeführten Fallstudien nicht zu den erwarteten Ergebnisse geführt hat, wird die Forschungsfrage 1 im Folgenden aufgeteilt beantwortet:

[10] vgl. Baumgarth, Evanschitzky (2005), S. 253f.

[11] vgl. Baumgart, Evanschitzky (2005), S. 255, Yin (2006), S.15.

5.3.1.1 Forschungsfrage 1a: „Generalisierbarkeit“ auf Märkte mit new-market DI

Wie geeignet ist das Modell zur Bestimmung der DR eines Marktes für auf Fälle, in denen eine Disruption durch new-market disruptive Innovationen ausgelöst wird?

Die Ergebnisse des Modells zur Bestimmung der DR eines Marktes waren in den angewandten Fällen nicht konsistent mit der Theorie. Es ist daher davon auszugehen, dass das Modell für Fälle mit new-market DI in der aktuellen Form nicht so gut geeignet ist. Dies scheint darin begründet, dass die Theorie des Modells zur Bestimmung der DR von Märkten auf den etablierten Markt fokussiert ist. Wird eine PDI zunächst in einem anderen Wertnetzwerk auf den Markt gebracht, so kann dies durch das Modell in der aktuellen Form nicht antizipiert werden, da nur die Disruptionreife des etablierten Marktes untersucht wird. Die bedingenden Propositionen P2: *Geringe Unternehmens-Ein- und -Austritte*, P10: *Geringe Eintrittsbarrieren*, P12: *Geringe Kundenbindung* und P7: *Geringe Kaufbereitschaft*, sowie die ermöglichenden Propositionen P3: *Konstante Wettbewerber*, P4: *Hohe Marktkonzentration* zielen nur auf den Wettbewerb im etablierten Wertnetzwerk ab. Es wird dabei untersucht, ob ein Markteintritt neuer Marktteilnehmer und eine wirtschaftliche Verwertbarkeit der PDI auf diesem Markt wahrscheinlich ist. Während das für low-end DI gut zu funktionieren scheint, müssen Firmen, die die DI auf den Markt bringen, bei new-market DI nicht in den etablierten Markt eintreten und es muss auch keine wirtschaftliche Verwertung am etablierten Markt stattfinden. Kunden aus anderen Wertnnetzwerken kaufen oder konsumieren die neue Technologie und erst im Lauf der Zeit wandern die Kunden vom etablierten Markt zu den neuen Herstellern und substituieren die etablierte Technologie. Aus diesem Grund scheint es, dass die Theorie bzw. die Propositionen des Modells der DR aufgrund der hier durchgeführten Analysen für Fälle mit new-market DI weiter verfeinert und modifiziert werden sollten. Eine Ausweitung des Modells, um auch new-market DI anhand der DR des Markte frühzeitig vorhersehen zu können, scheint von hoher Relevanz, da zum einen aus einer ex ante Perspektive nicht klar ist, welche Art disruptiver Innovationen zu erwarten sind und eine Disruption auslösen werden, und zum anderen deshalb weil es sich lt. Christensen (1997) in vielen Fällen disruptiver Innovationen um Hybride handelt, die zunächst am neuen Markt beginnen und dann ins low-end des etablierten Marktes wechseln und somit beide Formen annehmen.[12]

5.3.1.2 Forschungsfrage 1b: „Generalisierbarkeit" auf Märkte mit anderen Technologiearten

Wie geeignet ist das Modell zur Bestimmung der DR eines Marktes für Fälle mit anderen Arten von Innovationen (architectural vs. component knowledge)?

Wie bereits in Abschnitt 5.2 erwähnt, wird auf Grund der Analyse der Theorien in Kapitel 2.1 und der empirischen Arbeit in Abschnitt 4 davon ausgegangen, dass die Art der Innovation keinen Einfluss auf die DR eine Marktes hat. Christensen hat zwar beschrieben, dass es sich bei disruptiven Innovationen meistens um architectural Innovationen handelt[13], Beispiele aus der Praxis zeigen jedoch, dass auch andere Innovationsarten, beispielsweise jene, die rein auf der Veränderung der Komponenten und Kernkonzepte basieren und die Bauweise unberührt lassen, disruptiv sein können.[14] Zudem wird der Einfluss der Innovationsart vor allem auf Unternehmensebene insofern beschrieben, als dass etablierte Firmen oft einen Vorteil bei der Änderung der Komponenten haben, während neue Firmen oft Erfolge verzeichnen können, wenn sich die Innovation durch eine veränderte Bauweise auszeichnet, siehe dazu auch Henderson, Clark (1990) und Christensen (1992a, b). Aus diesem Grund kann davon ausgegangen werden, dass das die Theorie des Modells zur Bestimmung der DR eines Marktes auch in Fällen mit anderen Arten von Innovationen nach der Einteilung Henderson, Clark (1990) passt und angewendet werden kann. Die Theorie scheint mit allen vier Innovationsarten konsistent.

5.3.1.3 Forschungsfrage 1c: „Generalisierbarkeit" auf andere Branchen

Wie geeignet ist das Modell der Disruptionsreife in verschiedenen Branchen?

Diese Frage kann allein aufgrund der durchgeführten Fallstudien nicht abschließend geklärt werden. Ein Argument, das dafür sprechen würde, dass die Theorie für Fälle in anderen Branchen nicht konsistent ist, wäre die Tatsache, dass

---

[12] Vgl. Christensen et al. (2004), S. 17ff.; Christensen et al. (2004), S. 4 ff.; Christensen, Raynor (2003), S. 47.

[13] Vgl. Christensen (1997), S. 13–15.

[14] siehe zum Beispiel die Initialstudie Klenner (2011).

das Modell das in Fallstudie 2, in einer anderen Branche als in der Initialstudie angewandt wurde, nicht zu dem erwarteten Ergebnis geführt hat. Einschränkend muss allerdings bedacht werden, dass dies auch in Fallstudie 1, in der die selbe Branche wie in der Initialstudie untersucht wurde, nicht der Fall war und dass in beiden Fällen weitere weitaus gewichtigere Faktoren identifiziert werden konnten, die das Ergebnis möglicherweise beeinflusst haben. Aus diesem Grund wird zunächst angenommen, dass die Auswahl der Branche keinen Einfluss auf die Konsistenz der Theorie hat und sich diese erste Vermutung nur aufgrund von anderen, zufällig gleichzeitig erfüllten Einflussfaktoren ergeben hat.

5.3.2 Forschungsfrage 2: Einfluss von Produktkonvergenz

Wie geeignet sind die beiden Modelle, das Modell zur Bestimmung des DP einer Innovation und das Modell zur Bestimmung der Disruptionsreife von Märkten in konvergierenden Märkten, insbesondere bei Konvergenz auf Produktebene?

Für das Modell zur Bestimmung des DP einer Innovation konnte aufgrund der durchgeführten Fallstudien kein Einfluss auf die Konsistenz der Theorie für Fällen in Märkten mit Produktkonvergenz festgestellt werden. Das Modell hat in den beiden Fällen (Fallstudie 1 und 2), in denen ein Konvergenzprodukt, in diesen Fällen das Smartphone, eine Disruption am Markt ausgelöst hat, ein richtiges Ergebnis geliefert. Es wird daher davon ausgegangen, dass das Modell bzw. die Theorie auch auf Fälle mit Konvergenz, insbesondere Produktkonvergenz, ausgeweitet werden kann.

Für das Modell zur Bestimmung der DR eines Marktes muss die Situation etwas detaillierter dargestellt werden. In beiden vorliegenden Fällen hat die Konvergenz auf Produktebene bei der untersuchten disruptiven Innovation dazu geführt, dass die PDI zunächst innerhalb eines neuen Wertnetzwerkes an Kunden abgesetzt wurde. Es handelte sich dabei um das Wertnetzwerk des Mobiltelefons. Die Funktionen *Kamera* in Fallstudie 1 und *Navigation* in Fallstudie 2 waren zunächst nur zusätzliche Features, die neue Kaufanreize für Mobiltelefonkunden bringen sollten, bevor sich die Technologie immer weiter verbessert hat und Kunden aus den, für die Fallstudien „etablierten Märkten“, Kameramarkt und portabler Navigationsmarkt, die disruptive Innovation als Substitut für die etablierte Technologie gesehen haben. Dadurch hat die Produktkonvergenz in diesen Fällen dazu geführt, dass es sich bei der DI um eine new-market DI handelte. Wie bereits in Abschnitt 5.3.1.1 beschrieben, scheint das Modell zur Bestimmung der

DR von Märkten für diese Art DI in der aktuellen Form nicht optimal geeignet und sollte ggf. modifiziert werden. Überraschend ist in diesem Zusammenhang die Tatsache, dass die zunächst unabhängig gestellten Forschungsfragen F-1b und F-2 am Ende über zwei Wege zum ähnlichen Ergebnis bzw. der gleichen Argumentation in Bezug darauf führen, warum das Modell nicht das erwartete Ergebnis erbracht hat und für diese Fälle modifiziert werden sollte.

5.3.3 Forschungsfrage 3: Kombination zweier Vorhersagemodelle

Wie ergänzen sich die beiden Vorhersagemodelle bei der Früherkennung disruptiver Innovationen?

Aufgrund der zeitlich unterschiedlichen Untersuchungszeiträume wäre davon auszugehen, dass die Einschätzung eines Modells durch das andere gestützt und so die Vorhersagekraft in Bezug auf die Früherkennung disruptiver Innovationen verbessert würde. Dies war jedoch in den hier untersuchten Fällen nicht der Fall. Es gibt zwar Erklärungen, warum das Modell der DR nicht zu den richtigen Ergebnissen geführt hat, dennoch kann aufgrund der durchgeführten Empirie diese Forschungsfrage nicht abschließend beantwortet werden. Aufgrund der oben bereits analysierten Faktoren kann allerdings davon ausgegangen werden, dass sich, sofern diese Parameter verändert werden, die beiden Modelle gut ergänzen. Aus diesem Grund sollten weitere Fallstudien durchgeführt werden, um diese Frage besser beantworten zu können.

5.3.4 Weitere Erkenntnisse

Neben der Beantwortung der Forschungsfragen konnten weitere Einblicke in anderen Bereichen generiert werden:

- Hat die zeitliche Überlappung von disruptiven Technologien einen Einfluss auf die Theorie der beiden Modelle zur Bestimmung der DR des Marktes und zur Bestimmung des DP einer Innovation?

Hierbei geht es darum, ob die Tatsache, dass eine Disruption in einem Markt stattgefunden hat, einen Einfluss auf die Art zur Bestimmung der DR eines Marktes zu einem späteren Zeitpunkt hat. Diese Frage kann zwar nur eingeschränkt beantwortet werden, da in folgender Arbeit mit der Kamerabranche nur eine Branche analysiert wurde, in der mehr als eine Disruption am Markt stattgefunden hat, dennoch ist aufgrund der Erkenntnisse von Fallstudie 1 davon auszugehen, dass das Ergebnis des Modells der DR zumindest geringfügig verzerrt wird, wenn im Analysezeitraum bereits eine Disruption -ausgehend von vergangenen Innovationen - stattgefunden hat. Dies kann darin begründet werden, dass die Propositionen P2: *geringe Unternehmens-Ein- und -Austritte*, P7: *geringe Marktanteilsverschiebung*, Pn3: *Einführung einer radikal sustaining Innovation* und P3: *konstante Wettbewerber* i. d. R. als nicht konsistent mit der Theorie eingestuft werden können, wenn eine Disruption am Markt stattfindet, da sich diese ja vor allem dadurch abzeichnet, dass neue Unternehmen eine in der Regel günstigere und bequemere Lösung auf den Markt bringen, siehe dazu auch Abschnitt 2.2. Dadurch, dass sich im Zusammenhang mit einer Disruption die Marktanteile in einem Markt massiv verändern und etablierte Unternehmen in der Regel den Markt verlassen, kann es aufgrund einer Disruption zu Verzerrungen am Markt kommen, die zu Fehleinschätzungen bei der Konsistenz der Propositionen führen können.

Aufgrund dessen wird davon ausgegangen, dass die Tatsache, dass eine Disruption im Analysezeitraum der DR stattgefunden hat, sehr wohl einen Einfluss auf das Ergebnis der DR eines Marktes hat. Es wird weiter davon ausgegangen, dass das Ausmaß dieses Einflusses davon abhängt, wie lange die stattgefundene Disruption bereits zurückliegt. Eine genauere Spezifizierung kann hier nicht vorgenommen werden. Es sollten daher weitere Untersuchungen durchgeführt werden, um den Zusammenhang näher zu untersuchen. Das Modell zur Bestimmung der DR eines Marktes kommt bei der Untersuchung eines sehr stabilen und reifen Marktes vermutlich zu valideren Ergebnissen, als wenn in diesem Markt in den letzten Jahren bereits Disruptionen stattgefunden hat. Die Tatsache, dass eine Disruption stattgefunden hat, kann also die Ergebnisse des Modells der DR verzerren und sollte daher in jedem Fall als eigener Faktor, wenn auch nicht als Teil des Modells, in die Einschätzung der DR eines Marktes miteinbezogen werden. Weiterhin wird nicht davon ausgegangen, dass eine bereits stattgefundene Disruption auf einem Markt einen Einfluss auf das Modell zur Bestimmung des DP einer Innovation bzw. das DP einer Innovation, die in diesen Markt eingeführt wird, hat, da dieses Modell auch in Fallstudie 1 die erwarteten Ergebnisse geliefert hat.

▶ Sind DI nur in der Reifephase etablierter Industrien erfolgreich wirtschaftlich zu verwerten oder auch in anderen Phasen?

Es scheint, dass DI tatsächlich vor allem in der Reifephase verwertet werden können, allerdings ist hierbei zu beachten, dass sich Lebenszyklen vor allem bei digitalisierten Produkten und Industrien schneller entwickeln, als das zu analogen Zeiten der Fall war. Downes und Nunes (2009) gehen davon aus, dass diese Tendenz neben der Digitalisierung auch durch das Internet und soziale Medien vorangetrieben wird. So können sich z. B. Softwareinnovationen innerhalb kürzester Zeit verbreiten, sofern das Endgerät beim Kunden vorhanden ist, da sie nur downgeloadet werden müssen.[15] Aus diesem Grund kann nicht davon ausgegangen werden, dass eine wirtschaftliche Verwertung einer PDI auf einem Markt nicht wahrscheinlich ist, nur weil sich die untersuchte Branche oder Technologie zum Untersuchungszeitpunkt noch in der Entstehungs- oder Wachstumsphase befindet, da die Entwicklung rasant vollzogen werden kann. Der Aspekt der Reife sollte daher nur begrenzt direkten Einfluss auf die DR eines Marktes haben.

5.4 Ansätze zur Modifikation

Ableitend von den empirischen Erkenntnissen dieser Arbeit muss davon ausgegangen werden, dass das Modell zur Bestimmung der DR von Märkten weiterer Ergänzungen bedarf, um auch in Fällen mit new-market DI eine gute Vorhersage zu ermöglichen. Im Folgenden werden daher erste Vorschläge zur Überarbeitung und Verfeinerung des Modelles der DR formuliert, die in weiteren Studien verfolgt, überarbeitet und weiter ausgearbeitet werden sollten.

1) Generelle Vorschläge/Ansätze zur Verfeinerung des Modells der DR:
   - Da die Propositionen P8: *Hohe Wertschöpfungsnetzwerkgröße*, P1: *Geringe Angebotslücke* und P5*: Geringes low-end Angebot* in allen Fällen mit der Theorie konsistent waren, sollte in Erwägung gezogen werden, diese Propositionen künftig nicht mehr als neutral zu kategorisieren, sondern in die bedingenden Propositionen mit aufzunehmen.
   - Ist eine Technologie sehr reif, gibt es Menschen, die von der Technologie übersättigt werden. Sind Kunden übersättigt, sind sie empfänglich für low-end DI. Übersättigung ist bereits ein relevanter Aspekt im Rahmen der DIT.[16] Dieser Aspekt findet sich auch im Modell zur Bestimmung des DP wieder. Da der Zustand der Übersättigung von Kunden bereits analysiert

[15]Vgl. Downes, Nunes (2009), S. 47ff.

[16]Vgl. Christensen (1997), S. xvff., 9ff.; Christensen et al. (2004), S. 7ff.

werden kann, wenn die PDI noch nicht auf dem Markt ist, sollte der Faktor auch als relevanter Punkt in das Modell zur DR eines Marktes aufgenommen werden. In diesem Zusammenhang könnte angenommen werden: *Je mehr Menschen von der etablierten Technologie übersättigt sind und je mehr etalierte Firmen Kunden selektieren, desto höher ist die Wahrscheinlichkeit, dass eine PDI wirtschaftliche Verwertung am Markt findet.*

- Die Propositionen P11: *Hohe Eintrittsbegünstigungen*, P13: *Lobbyarbeit* und P14: *Exogene Schocks* mussten in vorliegenden Fallstudien als *nicht konsistent* mit der Theorie eingestuft werden und können daher weiterhin als *neutral* eingestuft werden.
- Es könnte konkretisiert werden, wie die DR eines Marktes ab welcher Anzahl an als konsistenten betrachteten Propositionen (bedingend oder ermöglichend) eingestuft werden soll: Ein solcher Richtwert für eine geringe, mittlere oder hohe DR könnte mehr Transparenz für die Anwender, insbesondere im Hinblick auf die Verwendung in der Praxis, bringen.

2) Spezielle Vorschläge im Hinblick auf *new-market disruptive* Innovationen:
   - Ähnlich wie bei dem Modell zur Bestimmung des DP macht es vermutlich mehr Sinn, Propositionen zu ermitteln, von denen angenommen werden kann, dass je mehr davon konsistent sind, umso höher kann die DR eingeschätzt werden. Daher wäre ein Vorschlag, dass die Kategorien neu eingeteilt werden, zum einen für Propositionen, die immer konsistent sein sollten (bei new-market und low-end), und Propositionen, die nur Sinn machen, wenn es sich um low-end DI handelt, Letztere könnten dann z. B. nur *verstärkend* wirken und auch so bezeichnet werden:
     - Die Proposition P9: *Wertschöpfungskettenveränderung* konnte in allen Fallstudien „bestätigt" werden und sollte daher als bedingender Faktor bleiben.
     - Proposition P8: *Hohe Wertschöpfungsnetzwerkgröße* war in beiden Fällen vor Eintritt der DI konsistent, muss jedoch nicht zwingend konsistent sein, damit eine new-market PDI in einen Markt gebracht und wirtschaftlich verwertet werden kann. Sie könnte daher als *verstärkende* Proposition eingeordnet werden.
     - Die Proposition P12: *Geringe Kundenbindung* könnte ebenfalls nur als verstärkend kategorisiert werden, denn sie kann die DR erhöhen, je geringer sie ausfällt. Sie kann jedoch im Falle einer new-market disruptive Innovation bzw. bei Konvergenzprodukten den Erfolg einer Disruption vermutlich nicht verhindern, selbst wenn die Kundenbindung sehr hoch ist. Dies liegt daran, dass Kunden das Konvergenzprodukt aus einem anderen Grund kaufen und nach und nach z. B. aus Kostengründen auf

das etablierte Produkt verzichten, obwohl sie z. B aufgrund hoher Kundenbindung bzw. großer Loyalität zum etablierten Anbieter diesem treu geblieben wären, wenn sie einfach ein Ersatzprodukt des „alten" Produktes hätten kaufen müssen. Zudem kann es in diesem Fall sein, dass die Kundenbindung sich plötzlich auflöst, weil der etablierte Anbieter das neue Produkt nicht anbietet. Die Proposition wurde in Fall 1 im ersten Zeitraum bestätigt, war jedoch in Fall 2 nicht konsistent. Auch die Ergebnisse des empirischen Teils dieser Arbeit sprechen daher dafür, dass es sich eher um einen verstärkenden Faktor handelt.

- Die Proposition P10: *Hohe Eintrittsbarrieren* könnte ebenfalls als verstärkend eingestuft werden, weil es aus theoretischer Betrachtung keinen Sinn macht, Eintrittsbarrieren zu betrachten, wenn eine Disruption wie im vorliegenden Fall von einem anderen Markt ausgeht. In diesem Fall sind Eintrittsbarrieren keine Hindernisse für neue Unternehmen, die eine PDI auf den Markt bringen, wie das bei new-market DI der Fall sein kann und bei Konvergenzprodukten vermutlich immer der Fall ist. Die Propositionen P3, P4, P2, P6, P7, Pn2, Pn3 sollten ebenfalls als *verstärkend* wirken, da sie new-market DI vermutlich ausgrenzen.

- Christensen et al. (2004) nennen rasantes Wachstum bzw. steigende Wachstumsraten in einem anderen, neuen Markt als mögliches frühzeitiges Signal, um new-market DI frühzeitig zu erkennen.[17] Dieser Punkt erscheint auch im Zusammenhang von Disruption und Konvergenz sinnvoll, da so bereits die Anfänge einer Konvergenz erkannt werden könnten, die das Potential haben, eine Disruption auszulösen. Dieser Aspekt sollte daher zur Ableitung einer Proposition genutzt, operationalisiert und in das Modell aufgenommen werden.
- Bei technologischer Konvergenz handelt es sich meistens um das Ausbreiten von Basistechnologien.[18] Das bedeutet, dass das Vorhandensein von Basistechnologien die DR eines Marktes erhöhen kann. Dies konnte auch in den Fallstudien bestätigt werden. Es sollte daher auch unbedingt die Überprüfung des Reifegrads der Technologie mit in das Modell zur Bestimmung der DR aufgenommen werden. Es könnte eine neue Proposition abgeleitet und in das Modell aufgenommen werden, die sich auf die Reife einer Technologie bezieht, denn je reifer eine Technologie ist, desto

[17]Vgl. Christensen et al. (2004), S. 8.

[18]Vgl. Dowling et al. (1998), S. 8; Thielmann (2000), S. 10; Gambardella, et al. (1998), S. 445ff.; Downes, Nunes (2009).

eher kann sie verkleinert/miniaturisiert werden und damit Gefahr laufen, von einem neuen Hersteller oder einem Konvergenzprodukt aufgegriffen zu werden. Desto leichter ist es auch, die Technologie günstiger anzubieten/herzustellen als bisher und Standardkomponenten sind eher verfügbar. Dadurch steigt die Wahrscheinlichkeit an, dass eine DI entsteht. Je unreifer eine Technologie, desto unwahrscheinlicher eine Disruption.

Aufgrund der Erkenntnisse in den Fallstudien sowie den theoretischen Grundlagen zu beiden Phänomenen in Abschnitt 2.4 könnte die Annahme getroffen werden, dass DI häufig aufgrund von Konvergenz auf einer Ebene entstehen. Das bedeutet nicht, dass Konvergenz immer zur Disruption führt, aber wenn DI entstehen, gab es zuvor häufig eine Konvergenz auf Markt- oder Technologieebene. Diese Vermutung und der Zusammenhang zwischen beiden Phänomenen sollten in einer gesonderten Arbeit weiter untersucht und ausgearbeitet werden. Geht man davon aus, dass diese Annahme richtig ist, lassen sich davon folgende Vermutungen für das Modell der DR ableiten:

1) Die DR eines Marktes erhöht sich, wenn sich Konvergenz (auch Produktkonvergenz) abzeichnet oder stattfindet.
2) Treiber von Konvergenz könnten auch Treiber für Disruption sein. Daher könnten Treiber von Konvergenz auch die DR eines Marktes erhöhen und sollten in das Modell der DR integriert werden.
   - Greenstein, Khanna (1997) und Dowling et al. (1998) weisen im Zusammenhang mit Treibern von Konvergenz darauf hin, dass etablierte Unternehmen bei substitutiver Konvergenz oft Kooperationen bilden, um den technologischen Wandel zu verhindern oder zu verlangsamen.[19] Aus diesem Grund könnten Kooperationen zwischen Unternehmen aus verschiedenen Bereichen auf eine mögliche oder nahende Konvergenz hinweisen und die DR eines Marktes erhöhen.
   - Auch Deregulierungen können Konvergenz beeinflussen. Vor allem wenn es sich darum handelt, dass Barrieren aufgehoben werden, die eine Konvergenz auf Industrieebene bis dahin verhindert haben,[20] siehe dazu folgendes Zitat: „*Deregulation often leads to a removal of artificial barriers that then*

[19]Vgl. Greenstein, Khanna (1997) S. 214f. und Dowling et al. (1998), S. 34

[20]Vgl. Greenstein, Khanna (1997), S. 201ff, 215f.; Dowling et al. (1998), S. 32f.; Katz (1996), S. 1084; Europäische Kommission (1997), S. 18f.; Song (2015), S. 112.

promotes industry convergence.“[21] Dies gilt im Übrigen auch für Disruptionen. Christensen et al. (2004) empfehlen, Veränderungen im Bereich der Regulierungen als einen Indikator zur Vorhersage DI zu verwenden.[22] Es sollte daher auch die Veränderung von Marktregulierungen im untersuchten Markt und nahen Märkten mit in das Modell zur Bestimmung der DR einfließen: Haben Deregulierungen im untersuchten oder verwandten Märkten stattgefunden, die eine Konvergenz auf Industrieebene erleichtern, möglich machen oder Branchengrenzen auflösen (vor allem Deregulierungen im kartellrechtlichen Bereich), könnte dies die DR eines Marktes erhöhen. Es gibt zwar im Modell der DR das Kriterium „*hohe staatliche Regulierung*“ innerhalb der Proposition P10: *Hohe Eintrittsbarrieren,* jedoch scheint dieses Kriterium im Modell aktuell eher statischen Charakter zu haben.

Fazit

Die hier aufgeführten Modifikationsvorschläge sind nur als Vorschlag oder Denkanstoß zu sehen. Sie wurden abgeleitet von den theoretischen Ansätzen wie der DIT, der Konvergenztheorie und von den empirischen Erkenntnissen der hier durchgeführten Fallstudien. Sie müssen in jedem Fall in weiteren Fallstudien verfeinert, angewandt und operationalisiert werden. Insgesamt kann zusammengefasst werden, dass es weiterer Fallstudien bedarf, um das Modell zur Bestimmung der DR von Märkten auszuweiten und auch für die Vorhersage von new-market DI nutzbar zu machen.

[21] Vgl. Dowling et al. (1998), S. 33

[22] Vgl. Christensen et al. (2004), S. xxxv

Schluss 6

6.1 Zusammenfassung der Arbeit

Da sowohl in der Wissenschaft als auch in der Praxis weitgehend Einigkeit darüber herrscht, dass die DIT zwar bereits sehr ausgereift ist, es aber nach wie vor Schwierigkeiten gibt, DI frühzeitig zu erkennen oder vorherzusagen, war das Ziel dieser Arbeit, die beiden Modelle zur Früherkennung DI, das Modell zur Bestimmung der DR eines Marktes und das Modell zur Bestimmung des DP einer Innovation erstmals in Kombination anzuwenden und die Initialstudie von Klenner (2011) im Rahmen veränderter Rahmenbedingungen zu wiederholen, um die die Ausweitbarkeit der beiden Modelle auf andere Fälle zu untersuchen und sie somit weiter zu festigen. Dadurch sollten neue Erkenntnisse im Bereich der Vorhersage DI erreicht werden. Vor allem das Modell zur Bestimmung der DR eines Marktes galt bislang aufgrund seiner Neuartigkeit als noch nicht sehr gesichert. Da es in der Wissenschaft bis heute an Ansätzen zu mangeln scheint, die den Zusammenhang und die Interaktion der beiden Phänomene Disruption und Konvergenz erklären, war es weiter das Ziel zu eruieren, inwiefern die Modelle für die Anwendung in Märkten mit Konvergenz, insbesondere Produktkonvergenz, die in der Praxis in den letzten Jahren verstärkt in Kombination mit Disruption zu verzeichnen ist, geeignet sind. Die erarbeitete Forschungslücke wurde zunächst im Rahmen der Einleitung und des Theorieteils ausführlich dargestellt, bevor ableitend davon folgende Forschungsfragen formuliert wurden:

- **Forschungsfrage 1:** *Wie geeignet sind die beiden Modelle, das Modell zur Bestimmung des DP einer Innovation und das Modell zur Bestimmung der Disruptionsreife von Märkten für andere Fälle?*
  - andere Art disruptiver Innovation (new-market vs. low-end DI)
  - andere Branchen
  - andere Technologien (architectural vs. component knowledge)

E. M. Baumann, *Replikation und Erweiterung des Modells zur Bestimmung der Disruptionsreife von Wertnetzwerken*, https://doi.org/10.1007/978-3-658-20479-2_6

- **Forschungsfrage 2:** *Wie geeignet sind die beiden Modelle, das Modell zur Bestimmung des DP einer Innovation und das Modell zur Bestimmung der Disruptionsreife von Märkten in konvergierenden Märkten, insbesondere bei Konvergenz auf Produktebene?*
- **Forschungsfrage 3:** *Wie ergänzen sich die beiden Vorhersagemodelle bei der Früherkennung disruptiver Innovationen?*

Im Theorieteil wurden zunächst theoretische Grundlagen zu Innovation und technologischem Wandel sowie deren Bedeutung für das Management von Unternehmen erläutert, bevor im Anschluss daran eine umfassende Übersicht in Bezug auf die Theorie disruptiver Innovationen und der Früherkennung DI präsentiert wurde. In diesem Zusammenhang wurde auf die beiden Modelle zur Vorhersage DI jeweils sehr detailliert eingegangen, um dem Leser für die später folgende erweiterte Replikation der Initialstudie von Klenner (2011) eine breite Wissensbasis zu verschaffen. Weiterhin beschäftigte sich die Arbeit mit den Grundlagen von Konvergenz. Nachdem zunächst Begriffsdefinitionen vorgestellt und diese voneinender abgegrenzt wurden, wurde auf die Dimensionen und Ausprägungen sowie die Treiber und Folgen von Konvergenz detaillierter eingegangen. Ein Vergleich der beiden Bereiche Disruption und Konvergenz, indem Gemeinsamkeiten und Beziehungen der beiden Phänomene herausgestellt wurden, hat den Theorieteil abgeschlossen. Bevor mit der Empirie begonnen wurde, wurde die Bedeutung von Replikationen und deren Beitrag für die Wissenschaft aufgezeigt sowie die Fallstudie als Forschungsmethodik vorgestellt. Weiterhin wurden die geplanten Fallstudien für die Replikationen aufgezeigt und deren Auswahl begründet.

Der Fokus der empirischen Analyse lag auf der Anwendung der beiden Modelle zur Früherkennung DI in ausgewählten Märkten. Nicht nur aufgrund der zahlreichen Experteninterviews, vorwiegend mit Personen aus dem C-Level-Management aus verschiedenen Bereichen, konnte für jede Fallstudie eine einzigartige Datenbasis erstellt werden. Es wurden weiterhin äußerst umfangreiche Datensätze erstellt, in denen Modelle von Kameras, Mobiltelefonen und Navigationssystemen aus bis zu 18 Jahren mit bis zu 38 Eigenschaften pro Modell aufgelistet wurden. Des Weiteren konnten zahlreiche unveröffentlichte Datensätze in Bezug auf Marktdaten, Verkaufszahlen und Preisentwicklungen der letzten Jahrzehnte generiert werden. Ergänzt durch eine große Anzahl an Sekundärdaten, die aus Unternehmensberichten, Jahresberichten, Pressemitteilungen und Artikeln aus Zeitungen entnommen wurden, bot diese eine hervorragende Ausgangsbasis für die Durchführung der empirischen Studien. Um zu eruieren, inwiefern die

Modelle in auf die jeweiligen Fallstudien ausgeweitet werden können, wurden ex post Fallstudien gewählt, bei denen zusätzlich jeweils untersucht worden ist, ob eine Disruption durch die untersuchte Innovation am jeweiligen Markt ausgelöst wurde. Nach jeder Fallstudie wurden die Ergebnisse zusammengefasst, es wurde analysiert, inwiefern die empirischen Ergebnissen mit der Theorie übereinstimmen und wodurch Abweichungen erklärt werden können. Eine fallstudienübergreifende Analyse der Ergebnisse und die Suche nach Gemeinsamkeiten, die die Abweichungen erklären konnten, stets in enger Anlehnung an die Theorie, beendete den empirischen Teil und bildete die Grundlage für die Beantwortung der Forschungsfragen.

Es zeigte sich, dass das Modell zur Bestimmung des DP einer Innovation für die verschiedene Branchen, verschiedenen Arten disruptiver Innovationen und Innovationsarten in den Fällen in denen die Modelle angewandt wurden konsistent mit den Daten aus der Empirie war. Dadurch scheint es, dass das Modell für diese Fälle und in Märkten mit Produktkonvergenz geeignet ist. In Bezug auf das Modell zur Bestimmung der DR von Märkten konnte nicht gezeigt werden, dass das Modell auf Fälle mit diesen Ausprägungen ausweitbar ist. Die Erkenntnis aus der Empirie war, dass die Theorie in Fällen mit new-market DI und architectural Innovationen nicht konsistent mit den Daten der durchgeführten Fallstudien war. Die Produktkonvergenz hatte insofern einen Einfluss auf die Anwendung des Modells weil die PDI zunächst in einen neuen Markt eingeführt werden, sprich es entstehen new-market DI, wofür das Modell in der ursprünglichen Form nicht geeignet zu sein scheint. Damit scheint es, dass am Ende zwei zu Beginn der Arbeit scheinbar unabhängige Fragen mit einer ähnlichen Erklärung beantwortet werden können.

Aufgrund der Erkenntnisse aus Theorie und Empirie wurden die bestehenden Propositionen des Modells zur Bestimmung der DR zirkulär erweitert, indem Vorschläge für mögliche Modifikationen erarbeitet wurden, die helfen sollen, die Anwendbarkeit des Modells in Zukunft auszuweiten. Diese sollen in weiteren Fallstudien detaillierter ausgearbeitet, angewandt und überprüft werden. Die vorliegende Arbeit wollte einen Beitrag dazu leisten, die häufig diskutierte Forschungslücke der mangelnden Vorhersage DI und den Zusammenhang von Konvergenz und Disruption ein Stückchen weiter zu schließen.

In Zusammenhang mit der Beantwortung der Forschungsfragen wurde auch das disruptive Potential der Innovationen *Smartphonekamera*, *Smartphone-Navigation* und *embedded Navigationssysteme in PKWs* bestimmt und untersucht, ob diese Innovationen eine Disruption in den untersuchten Märkten ausgelöst haben. Als Ergebnis kann zusammengefasst werden, dass es sich bei den ersten beiden Innovationen um new-market DI handelt, während die Innovation *embedded Navigationssystem* über kein hohes disruptives Potential verfügte. Auch eine Disruption in Bezug auf Straßenkarten ausgelöst durch das embedded Navigationssystem konnte nicht analysiert werden.

6.2 Limitationen und weiterer Forschungsbedarf

Basierend auf den in der vorliegenden Arbeit gewonnenen Erkenntnissen ergeben sich weitere Ansatzpunkte für theoretische und empirische Forschungen: Wie bereits oben erwähnt, scheint es aufgrund der durchgeführten Studien, dass das Modell der DR einer Erweiterung für die Anwendung in Märkten bedarf in denen Konvergenz insofern eine Rolle spielt, als dass sie auf Produktebene stattfindet. Das Modell sollte insofern erweitert werden, so dass damit auch in Märkten mit new-market DI die Gefahr einer Disruption frühzeitig identifiziert werden kann. Zudem ist es notwendig, die in Abschnitt 5.4 erarbeiteten Ideen zur Modifikation des Modells weiter zu verfeinern und ergänzende Propositionen und Operationalisierungen herauszuarbeiten. Eine intensivere Auseinandersetzung mit der Bedeutung von Patenten und Patententwicklungen für die Früherkennung von Konvergenzen[1] könnte ebenfalls zu weiteren Propositionen führen und helfen, das Modell der DR weiter zu verfeinern. Dabei könnte die Arbeit von Momeni, Rost (2016) als erste Ausgangsbasis auf Seite der DIT miteinbezogen werden. Zudem wäre interessant zu untersuchen, ob es im Rahmen der langen Wellen, insbesondere der Kondratieff-Zyklen, Anzeichen auf architectural Innovationen gibt und ob diese Anzeichen helfen könnten, DI frühzeitig zu erkennen oder einen Einfluss auf die DR eines Marktes haben.[2] Um weitere Erkenntnisse zu generieren und das Modell weiter zu festigen, bedarf es weiterhin zusätzlicher Fallstudien. So könnten literal Replikationen mit Fallstudien, die ähnlicher der Initialstudie sind, beispielsweise helfen, das Modell für Fälle mit low-end DI weiter zu festigen. Dies war in vorliegender Arbeit anfänglich für Fallstudie 3 geplant, konnte jedoch aufgrund der in diesem Zusammenhang analysierten nicht stattgefundenen Disruption und der fehlenden Daten leider nicht durchgeführt werden.

Weil es in der Literatur bislang an einer Aufarbeitung der Interaktion zwischen Konvergenz und Disruption mangelt, wäre auch in diesem Bereich weiterer Forschungsbedarf zu sehen. Der Zusammenhang beider Forschungsfelder

[1]Vgl. Fai (2003) S. 46ff.; 59, Sick et al. (2016), Curran, Leker (2011), S. 256ff.; Lee, Han, Sohn (2015), S. 317ff.; Fai, von Tunzelmann (2001).

[2]Vgl. Inspiration von Smith (2006), S. 44ff.

erscheint sehr wichtig für deren Weiterentwicklung und kann auch im Bereich der Früherkennung beider Phänomene weitere Erkenntnisse bringen. Den Zusammenhang innerhalb dieser Arbeit ausführlich zu erforschen, hätte deren Umfang gesprengt. Aufgrund der empirischen Ergebnisse in den Fallstudien sowie der Aufarbeitung der theoretischen Konzepte der beiden Phänomene Disruption und Konvergenz kann jedoch die Vermutung geäußert werden, dass Disruption bzw. disruptive Innovationen häufig entstehen, nachdem in diesem Markt auf mindestens einer Ebene Konvergenz stattgefunden hat. Das muss nicht bedeuten, dass Konvergenz immer Disruption zur Folge hat, aber wenn es Disruption gibt, ist zu vermuten, dass zuvor Konvergenz stattgefunden hat. Diese Vermutung konnte durch die vorliegenden Fallstudien nicht untersucht werden, sie gibt lediglich einen Eindruck wider, der während der Erstellung dieser Arbeit entstanden ist, und soll einen Anreiz für weitere Forschungen bieten. Da bei Fallstudie 1 und 2 das Thema „Software as a Service" im Konvergenzprodukt Smartphone durchaus eine Rolle spielt, könnte auch in dieser Richtung untersucht werden, inwiefern sich hier Zusammenhänge oder Überschneidungen mit der Früherkennung disruptiver Innovationen ergeben.

Die Fallstudienmethodik ist teilweise starker Kritik ausgesetzt. Fallstudien werden oft als wenig attraktiv betrachtet, weil sie angeblich nicht präzise und robust genug sind. Diese Annahme stammt vermutlich von zahlreichen Beispielen, bei denen Fallstudien ohne systematisches Vorgehen zu finden sind. Sie ist jedoch falsch. Jeder Forscher muss hart daran arbeiten, alle nur möglichen Beweise und Quellen heranzuziehen, diese kritisch zu beleuchten und in die Analyse miteinzubeziehen. Dem wurde durch die umfangreiche Datenbasis in vorliegender Arbeit sowie der anschließenden Analyse in jedem Fall Folge geleistet. Der zweite Grund für den schlechten Ruf von Fallstudien ist die Tatsache, dass Fallstudien scheinbar nur einen kleinen Beitrag bzgl. der wissenschaftlichen Generalisierung leisten können, da man von einer Fallstudie nicht unbedingt auf eine große Grundgesamtheit schließen kann. Diesem Problem wurde in der vorliegenden Arbeit mit einem multiplen Fallstudiendesign entgegnet. Die Fallstudien können so für die theoretischen Propositionen generalisierbar sein und haben dabei eher das Ziel, die Theorien hinter den Modellen auszuweiten (analytic generalization) statt Häufigkeiten aufzuzählen (statistical generalization).[3] Damit wird die häufig geäußerte Kritik, die Stichprobe sei zu klein, entschärft.

[3]Vgl. Yin (2009), S. 14f.; Anmerkung: Dies ist auch Ziel dieser Arbeit und ist gemeint wenn von „Generalisierung" die Rede ist.

Ein weiterer Kritikpunkt ist, dass die Durchführung der Studien sehr lange dauert und in gewaltigen, unzähligen Dokumenten endet, u. a. weil die Phänomene, die untersucht werden, sehr umfangreich sind und durch den *real life context* sehr viele Faktoren eine Rolle spielen. Das war zwar in vorliegenden Fallstudien auch der Fall, aufgrund der klaren Abgrenzung der Untersuchungsobjekte und der Einbeziehung zahlreicher hochqualitativer Quellen konnte die Aufgabe jedoch gelöst werden.[4]

Der Fokus der hier durchgeführten Fallstudien wurde geografisch gesehen nur auf den deutschen Markt gelegt, um möglichst gezielt nur einige Parameter im Vergleich zur Initialstudie zu verändern. Eine geografische Ausweitung in Bezug auf die Erweiterung von Propositionen wäre jedoch interessant. So könnte beispielsweise der Einfluss nationaler und kultureller Faktoren auch in Bezug auf Konvergenz neue Erkenntnisse bringen.

Gerade im Hinblick auf Globalisierung und Digitalisierung sowie die heutigen Kommunikationsplattformen scheint es jedoch gleichzeitig problematisch, Ländergrenzen als Abgrenzungen für Angebot und Nachfrage heranzuziehen. Besonders durch das Internet herrscht teilweise vollkommene Markttransparenz und es ergeben sich Möglichkeiten zur Integration nationaler Märkte in die Weltwirtschaft. Durch das Ausblenden dieser Tatsache könnten Analyse-, Mess- oder Interpretationsfehler entstanden sein. Weiterhin lag der Fokus der Untersuchung auf dem Amateurfotomarkt, bei dem vor allem der Bereich „fixed lens"-Kameras in verschiedenen Qualitäten und Preisbereichen relevant ist. Würde der gesamte Kameramarkt betrachtet, ist die Nachfrage anders, wodurch eine andere Gewichtung der Leistungsansprüche der Kunden angenommen werden müsste. Diese veränderten Annahmen könnten die Ergebnisse der Studien ebenfalls beeinflussen. Es könnte dann beispielsweise als Ergebnis gesehen werden, dass der Disruptionsprozess der Mobiltelefonkamera im Vergleich zu digitalen Kameras erst am Anfang ist, während der Prozess im Bezug auf digitale Kompaktkameras bereits abgeschlossen ist.

Da die Realität aufgrund ihrer Komplexität selten in ein Modell passt, wurde versucht zu vereinfachen und den Untersuchungsrahmen eingegrenzen, um neue Erkenntnisse zu generieren. In weiteren Schritten können immer mehr oder andere Aspekte der Realität miteinbezogen werden.

Eine weitere Limitation der hier durchgeführten Forschung kann in der Anzahl der durchgeführten Fallstudien gesehen werden. So sollte eine literal Replika-

[4]Vgl. Yin (2009), S. 2, 15; Eisenhardt (1989), S. 536; Siggelkow (2007), S. 20.

tion, die durchgeführt wird, um mehr Sicherheit über die Anwendbarkeit Theorie auf andere Fälle zu bekommen, mindestens fünf bis sechs Fallstudien umfassen, wenn es sich wie in vorliegendem Fall, um eine umfangreiche und detaillierte Theorie handelt. Bei der Entscheidung über die Anzahl von theoretical Replikationen ist es wichtig, die Relevanz der gegensätzlichen Erklärungen abzuwägen. Je mehr Gegenspieler es gibt, desto mehr Fälle werden gebraucht, jeder einzelne, um ein gegensätzliches Ergebnis zu berücksichtigen. Insofern wären auch hier mindestens fünf Fallstudien für weitere Replikationen sinnvoll.[5] Da dies in vorliegender Arbeit aufgrund einer Begrenzung in Zeit und Umfang nicht geleistet werden konnte, soll auch hier der Hinweis auf weiteren Forschungsbedarf gegeben werden.

6.3 Implikationen für Wissenschaft und Praxis

Wissenschaft

Insgesamt konnte mit vorliegender Arbeit, durch die Beantwortung der Forschungsfragen, sowohl zur Erweiterung des Erkenntnisstandes in der Wissenschaft beigetragen als auch Implikationen für die Praxis abgeleitet werden. Die Theorie des Modells zur Bestimmung des DP konnte auf andere Fälle ausgeweitet werden. Es hat sich gezeigt, dass dieses Modell unabhängig von der Art der Technologie, der disruptiven Innovation und Märkten mit Produktkonvergenz „richtige" Ergebnisse liefert. Weiterhin wurde ein Beitrag für die Wissenschaft geleistet, indem die beiden Forschungsfelder Konvergenz / konvergierende Märkte und Disruption gegenübergestellt und Gemeinsamkeiten herausgearbeitet wurden. Durch die Einbeziehung von Fällen mit Produktkonvergenz in die erweiterte Replikation der Initialstudie von Klenner konnte zudem eine erste Erkenntnis in Bezug auf die Anwendbarkeit der beiden Modelle zur Früherkennung DI in Märkten mit Produktkonvergenz generiert werden.

Eine weitere Erkenntnis wurde durch die fehlende Konsistenz der Fallstudienergebnisse mit der Theorie des Modells zur Bestimmung der DR in Fällen mit Produktkonvergenz und in Fällen mit new-market DI gewonnen. Da das Modell in aktueller Form nicht die erwarteten Ergebnisse gebracht hat, wurden, abgeleitet von der umfassenden wissenschaftlichen Literaturanalyse am Anfang der Arbeit sowie den empirischen Erkenntnissen aus den umfangreichen Fallstudien,

[5] Vgl. Yin (2009), S. 58ff.

Vorschläge für Modifikationen abgleitet, um den theoretischen Bezugsrahmen der DR im nächsten Schritt auf Fälle mit new-market DI zu erweitern und zirkuläre Anpassungen vorzunehmen. Weiterhin wurden die beiden Modelle zur Vorhersage DI erstmals in drei Fällen in Kombination angewandt. Damit leistet die Arbeit einen Beitrag für Wissenschaft und Praxis, indem eine Handlungsoption in Bezug auf die Kombination der beiden Modelle zur Vorhersage DI aufgezeigt werden kann. Auch das disruptive Potential dreier Innovationen wurde eruiert. Es kann festgehalten werden, dass das Konvergenzprodukt Smartphone sowohl im Vergleich zu Digitalkameras als auch im Vergleich zu PNDs hohes disruptives Potential hat und in beiden Fällen eine Disruption am Markt ausgelöst hat. Ein disruptives Potential der Innovation embedded Navigationssystem im Vergleich zu gedruckten Straßenkarten konnte ebenso wenig eruiert werden, wie die Tatsache, dass diese Innovation eine Disruption ausgelöst hat.

Praxis

Für die Praxis konnte insgesamt ein Mehrwert geschaffen werden, indem eine klare Empfehlung für die Anwendung des Modells zur Bestimmung des disruptiven Potentials ausgesprochen werden kann. Die Theorie war in allen Fallstudien konsistent mit den empirischen Ergebnissen und konnte damit weiter gefestigt werden. Das Modell ist für die Anwendung in der Praxis geeignet und kommt auch in Fällen, in denen der Prozess der Disruption durch Konvergenz ausgelöst wurde, zu einem „richtigen" Ergebnis.

Das Modell zur Bestimmung der DR von Märkten kann helfen, Märkte hinsichtlich der Chance der wirtschaftlichen Verwertung DI zu analysieren. Dadurch, dass der Untersuchungszeitraum vor Eintritt der PDI liegt, haben etablierte Unternehmen durch Anwendung dieses Modells eine längere Reaktionszeit, als das bei Modellen der Fall ist, die eine bereits bestehende Innovation am Markt analysieren. Während das Modell für den Fall von low-end DI aufrgund der Ergbenisse der Initialstudie von Klenner (2011) geeignet scheint, konnte in den hier durchgeführten Studien keine Konsistenz mit der Theorie gezeigt werden. Es sollte daher in der Praxis beachtet werden, dass das Modell in der aktuellen Form die Gefahren, die von new-market DI ausgehen, vermutlich nicht in jedem Fall zuverlässig erkennen kann. Dieser Faktor hat hohe Relevanz, wenn das Modell in der Praxis angewandt wird, da zum Zeitpunkt der Untersuchung nicht bekannt ist, wann und ob eine Disruption bevorsteht und falls ja, ob die PDI vom low-end des etablierten Marktes oder von einem anderen Markt kommt. Ist sich der Anwender allerdings dessen bewusst, dass eine der beiden Gefahren mit dem Modell nicht vorhergesehen werden kann, kann das durchaus helfen, die Zukunft realistischer einzuschätzen.

Auch die Anwendung der beiden Modelle in Kombination kann, unter den genannten Einschränkungen, für die Praxis empfohlen werden, da beide Modelle gut kombinierbar und einfach anzuwenden sind. Zudem ist der Untersuchungszeitraum relativ lang wenn beide Modelle kombiniert werden, wodurch etablierte Unternehmen die Gefahr einer Disruption besser einschätzen können als mit nur einem Modell.

6.4 Fazit

Die vorliegende Arbeit hatte zum Ziel, im Kontext des strategischen Managements sowie des Innovations- und Technologiemanagements das relativ neue Modell zur Früherkennung disruptiver Innovationen, das Modell zur Bestimmung der DR von Märkten, durch eine erweiterte Replikation der Initialstudie weiterzuentwickeln. Zudem sollte die Anwendbarkeit des Modells in Kombination mit dem Modell zur Bestimmung des DP von Innovationen erstmals an konkreten Anwendungsbeispielen untersucht werden. Vor dem Hintergrund zunehmender Vermischung der Phänomene Konvergenz und Disruption, vor allem in dem Sinne, dass Konvergenzprodukte das Potential haben, Disruptionen auszulösen, wurde der Einfluss von Produktkonvergenz auf die beiden Vorhersagemodelle untersucht. Es zeigte sich, dass das Modell zur Bestimmung des DP über alle Fälle generalisiert werden konnte, während das Modell der DR einer Erweiterung bedarf, die ebenfalls mit in ersten Vorschläge zur Modifikation in diese Arbeit aufgenommen wurde.

Vor dem Hintergrund der empirischen Ergebnisse dieser Arbeit können folgende Beiträge als Fazit der Arbeit zusammengefasst werden:

- Weiterentwicklung des Modells zur Bestimmung des DP eines Marktes. Hinweise auf die Möglichkeit der Ausweitung des Modells für Fälle mit new-market DI, architectural Innovationen und in Märkten mit Konvergenz auf Produktebene.
- Identifikation von Grenzen des Modells zur Bestimmung der DR eines Marktes durch die fehlende Konsistenz zwischen der Theorie der DR und den durchgeführten Fallstudien in Märkten mit Produktkonvergenz und new-market DI.
- Entwicklung von Modifikationsvorschlägen zur Erweiterung und Verfeinerung des Modelles der DR für Fälle mit Produktkonvergenz und new-market DI

- Erstmalige Kombination der beiden Vorhersagemodelle, Modell zur Bestimmung der DR von Märkten und Modell zur Bestimmung des DP einer Innovation
- Bestimmung des disruptiven Potentials folgender Innovationen: Mobiltelefonkamera vs. digitale Kompaktkamera, Smartphone-Navigation vs. Personal Navigation Device; Embedded Navigationssystem für PKWs vs. Straßenkarten gedruckt, in Papierformat.

Weiterhin fand eine Gegenüberstellung der beiden Bereiche Konvergenz und Disruption statt, indem die Gemeinsamkeiten verglichen und die gegenseitigen Auswirkungen aufeinander untersucht wurden. Obgleich dies keine Forschungsfrage darstellte, so konnten dennoch Ähnlichkeiten gefunden werden, die für die weitere Forschung durchaus von Interesse sein können. Die Überschneidung der Bereiche Disruption und Konvergenz wird auch in den nächsten Jahren weiter zunehmen, wenn sich die Produkt- und Technologielebenszyklen weiter verkürzen und immer mehr Produkte oder ganze Branchen digitalisiert werden. Aus diesem Grund scheint es wichtig, die Forschungen in Bezug auf die Früherkennung DI weiter fortzuführen und zu erweitern sowie die Beziehung von Disruption und Konvergenz weiter zu erforschen.

Anhang

A Fallstudienübergreifende Informationen

A.1 Übersicht Experteninterviews

Experte	Institution	Position	Datum	Dauer
Experte A	Fotohaus Zacharias	Geschäftsführer	26.05.2015	1:16:36
Experte B	Photoindustrie-verband	Pressesprecherin	22.06.2015	ca. 90 Minuten
Experte C	Phonegallery GmbH	CEO	26.06.2015	0:54:56
Experte D	Telecom	Vice President T-Gallery	04.08.2015	0:51:38
Experte E	Herr Holzner	Profifotograf Gründer, Geschäftsführer	10.09.2015	1:17:05
Experte F	Milton Keynes	VP, Principal Analyst at Strategy Analytics	24.09.2015	0:57:13
Experte G	GFK Retail und Technology GmbH	Key Account Manager Photo Digital World / Consumer Choices	19.02.2016	0:34:42
Experte H	Cewe Foto	CTO	08.03.2016	0:40:28
Experte I	Leica Camera AG	Director Management Photo	15.04.2016	0:57:36
Experte J	CEWE Stiftung & Co. KGaA	Leiter CEWE Stiftung & Co. KGaA	14.06.2016	2:10:00
Experte K	Here	Gründer und ehem. CEO	16.05.2016	1:19:29
Experte L	BMW AG	k.A.	19.04.2016	1:18:53
Experte M	BMW AG	k.A.	19.04.2016	1:18:53
Experte N	Ford Motor Company	Chief Technical Officer, Vice President Research and Advanced Engineering	16.06.2016	1:05:00
Experte O	Pixida GmbH	Manager Consulting Services	14.07.2016	1:05:23

E. M. Baumann, *Replikation und Erweiterung des Modells zur Bestimmung der Disruptionsreife von Wertnetzwerken*, https://doi.org/10.1007/978-3-658-20479-2

Experte P	GFK Retail und Technology GmbH	Marketing Consultant	16.03.2016	1:07:40
Experte Q	Advanced Telematic Systems GmbH	CEO	26.02.2016	0:48:35
Experte R	Garmin	Head of Product Management Automotive	19.07.2016	1:25:12
Experte S	IAV GmbH	Fachreferent für Navigationslösungen	05.08.2016	1:06:22
Experte F	Milton Keynes	VP, Principal Analyst at Strategy Analytics	24.09.2015	0:57:13
Experte C	Phonegallery GmbH	CEO	26.06.2015	0:54:56
Experte T	Porsche	Marketingleiter Porsche Deutschland	29.09.2016	ca. 35 Minuten
Experte U	Mairdumont GmbH & Co. KG	Bereichsleiter Geodaten Management	11.11.2016	1:16:15

A.2 Indikatoren des Modells zur Bestimmung der DR eines Marktes

Nr.	Indikator	Kriterien
		Kriterium
P1	**Geringe Angebotslücke**	*quantitativ*
		> Ø Marktpreis > Anzahl der Wettbewerber mit gleichem Leistungsangebot >Produktionsvolumen im Verlauf
Pn1	**Steigende Marktpreise**	*quantitativ*
		> Ø Marktpreis > Anzahl Wettbewerber > Ø Absatzvolumenänderung
P2	**Geringe Unternehmenseintritte**	*quantitativ*
		> Ø Wettbewerberanzahl (QA) > Bruttoeintrittsrate (QA) > Bruttoaustrittsrate (QA)
Pn2	**Vorhandene low-end Angebote**	*Quantitativ und qualitativ*
		> vorhandene Anzahl von low-end Angeboten > qualitative Beurteilungen der Marktangebote im low-end Segment

P3	**Konstante Wettbewerber**	*quantitativ*
		> Marktwachstum (QA) > Zugehörigkeitsdauer (QA) > Anzahl der Wettbewerber (QA) > Marktanteile (QA)
Pn3	**Steigende Marktpreise**	*quantitativ*
		> steigender Ø Marktpreis > sinkendes Verkaufsvolumen im Verlauf > Ø Marktpreis > Anzahl Wettbewerber > Ø Absatzvolumenänderung
P4	**Hohe Marktkonzentration**	*quantitativ*
		> Konzentrationsgrad (QA)
P5	**Geringe low-end Angebote**	*quantitativ*
		> Anzahl der low-end Angebote (QA) > Beurteilungen der Marktangebote im low-end Bereich (QL)
P6	**Starke Marktanteilsverschiebung**	*quantitativ*
		> Marktanteile im low-end Segment (QA)
P7	**Geringe Kaufbereitschaft**	*Quantitativ und qualitativ*
		> Absatzzahlen neuer Produkte mit verbesserter Leistung (QA) > Kritiken und Testbeurteilungen (QL)
P8	**Hohe Wertschöpfungs-netzwerkgröße**	***qualitativ***
		> Wertschöpfungsnetzwerkgröße (QL) > Größe der Wertschöpfungsnetzwerke mit vergleichender Leistung (QL)
P9	**Wertschöpfungs-kettenveränderung**	*qualitativ*
		> Veränderung an anderer Stelle der Wertschöpfungskette (QL)
P10	**Hohe Eintrittsbarrieren**	*qualitativ*
		> Staatliche Vorgaben (QL) > Patente (QL) > Lizenzen (QL) > Kapitalbedarf (QL) > Economies of Scale (QL) > Produktdifferenzierung (QL) > Umstellungskosten (QL) > Zugang zu Vertriebskanälen (QL)

P11	**Hohe Eintrittsbegünstigungen**	*qualitativ*
		> Staatl. Subventionen (QL) > Steuerprogramme (QL) > Existenzförderung (QL) > Infrastruktur (QL)
P12	**Geringe Kundenbindung**	*qualitativ*
		> Netzwerkeffekte (QL) > Kundenbindungsprogramme (QL) > Bonusprogramme (QL) > Serviceleistungen (QL) > Rabattprogramme (QL)
P13	**Starke Lobbyarbeit**	*qualitativ und quantitativ*
		> Lobbyverband (QL) > jährliche Anzahl der Treffen zwischen Lobbyverband und Politik (QA) > Relevanz des Wertschöpfungsnetzwerkes innerhalb der politischen Umwelt (QL)
P14	**Exogene Schocks**	*qualitativ*
		> Terroraktivitäten (QL) > politische Schocks (QL) > Umweltkatastrophen (QL)

Quelle: Klenner (2011), S.297ff.

B Weiterführende Informationen zur Fallstudie der Kamerabranche

B.1. Herstellerliste Kamera: Ein- und Austritte Digitalkamerahersteller

Name	Land	Hersteller Digitalkamera	Amateurbereich	Gründungsdatum	Einstiegsjahr DK	Zugehörigkeitsdauer	Ausstiegsjahr
Acer	Taiwan	1	1	1976	2005	2	2007
Agfa	B	1	1	1867	1998	3	2001
Agfa Photo Holding GmbH	D	1	1	2006	2007	5	2012
Aiptek	Taiwan	1	1	1997	2002	3	2008
Aito	Taiwan	1	1	2002	2002	2	2004
Apple	USA	1	1	1976	1994	3	1997
BenQ		1	1	1984	2003	9	2012
Braun Phototechnik	D	1	1	1915	2007	1	2008
Canon	JAP	1	1	1937	1995/97	20	2015
Casio	JAP	1	1	1946	1995	20	2015
Chinon	JAP	1	1	1970	nicht		
Concord		1	1	*Na*	2002	4	2006
Contax	D	1	1	1932	2002	3	2005
Dycam	USA	1	1	1988	1991	4	1995
Dynatron	D	1	1	*Na*	1999	1	2000
Epson	JAP	1	1	1942	k.A.		
Fujitsu-Siemens	D	1	1	1999	2004	1	2005
Fujifilm	JAP	1	1	1934	1994	21	2015
General-Imaging	USA	1	1	2007	2008	4	2012
Hewlett-Packard	USA	1	1	1939	1997	13	2010
Hyundai	Südkorea	1	1	1947	2008	1	2009
Ilhage	D	1	1	1912			
Jay-Tech	NA	1	1	*NA*	2004	1	2005
Jenoptik	D	1	1	1991	1998	11	2009
JVC	JAP	1	1	1927	1998	5	2003

Kodak	USA	1	1	1892	1994	18	2012
Konica	JAP	1	1	1873	1997	7	2004
Konica Minolta	JAP	1	1	2003	2004	2	2005/06
Kyocera	JAP	1	1	1959	1997	8	2005
Leica Camera	D	1	1	1849	1998	17	2015
Logitech	CH	1	1	1981	1990	12	2002
Maginon	D	1	1	Na	2001	4	2005
Medion	D	1	1	Na	2003	12	2015
Minolta	JAP	1	1	1928	1996	8	2004
Minox	D	1	1	1945	2001	9	2010
Mustek	Taiwan	1	1	1988	1998	6	2004
Nikon	JAP	1	1	1917	1991/97	18	2015
Nytech	D	1	1	Na	2003		k.A.
Olympus	JAP	1	1	1919	1996	19	2015
Panasonic	JAP	1	1	1918	1997	18	2015
Pentacon	DDR	1	1	1964	k.A.	k.A.	k.A.
Pentax	JAP	1	1	1938	1997	18	2015
Philips	NL	1	1	1891	1997	1	1998
Polaroid	USA	1	1	1937	2002	8	2010
Praktica	DDR-D	1	1	1949	1999	13	2012
Pretec	D	1	1	Na	1998	1	1998
Relisys	k.A.	1	1	Na	1998	1	1998
Ricoh	JAP	1	1	1936	1997	18	2015
Rollei	D	1	1	1920	2000	15	2015
Samsung	Südkorea	1	1	1938	2001	14	2015
Sanyo	JP	1	1	1947	1997	13	2010
Sigma	JAP	1	1	1961	2002	13	2015
SiPix	k.A.				2001	1	2002
Soligor	k.A.				2001	1	2001
Skanhex	Taiwan	1	1	Na	2004	1	2005
Sony	JAP	1	1	1946	1997	18	2015
Toshiba	JAP	1	1	1939	1997	6	2003
Traveler	NA	1	1	Na	2003	6	2009
Trust	NA	1	1	Na	2001	3	2004
Umax	k.A.				1997	10	2007
Voigtländer	D	1	1	1756	2001	7	2008
Yakumo	D	1	1	1999	2002	5	2007
Yashica	JAP	1	1	1949	2012	1	2012
Yashica Kyocers	k.A.	1	k.A.	k.A.	1997	2000	3
Zeiss	D	1	1	1926	k.A.		2011

Quelle: eigens erstelle Datenbasis aufgrund ausführlicher Recherchen zu den einzelnen Firmen

B.2. Anforderung Auflösung Foto

Gerät	Modell	Jahr	Auflösung	MP
Tablet	iPad	2010	1024x798	0,8 MP
	iPad 2	2011	1024x798	0,8 MP
	iPad 3	2012	2048x1536	3,3 MP
	iPad 4	2012	2048x1536	3,3 MP
	iPad Air	2013	2048x1536	3,3 MP
	iPad Air 2	2014	2048x1536	3,3 MP
	iPad Pro	2015	2048x1536	3,3 MP
	iPad mini	2012	1024x798	0,8 MP
	iPad mini 2	2013	2048x1536	3,3 MP
	iPad mini 3	2014	2048x1536	3,3 MP
	iPad mini 4	2015	2048x1536	3,3 MP
Smartphone	iPhone	2007	480x320	0,3 MP
	iPhone 3G	2008	480x320	0,3 MP
	iPhone 3Gs	2009	480x320	0,3 MP
	iPhone 4	2010	960x640	0,8 MP
	iPhone 4s	2011	960x640	0,8 MP
	iPhone 5	2012	1136x640	1 MP
	iPhone 5s	2013	1136x640	1 MP
	iPhone 6	2014	1334x750	2 MP
	iPhone 6 Plus	2014	1920x1080	3 MP
	iPhone 6s	2015	1334x750	2 MP
	iPhone 6s Plus	2015	1920x1080	3 MP

Quelle: Eigene Darstellung auf Basis diverser Pressemitteilungen von Apple (apple.com) vgl. auch apple (2016), Geniale Tipps (2016)

B.3. Anforderungen für Druckauflösungen (MP)

Format/Qualität	72 dpi	150 dpi	300dpi
9x13	0,4 MP	k.A.	k.A.
10x15	0,5 MP	0,8 MP	3 MP
13x18	0,8 MP	1,0 MP	4 MP
A4	1,4 MP	2,1 MP	9 MP
A3	3,0 MP	5,0 MP	22 MP

Quelle: Eigene Darstellung auf Basis der Angaben von Poster XXL, Flyeralarm und Cewe, vgl. hierzu auch Experte H, Experte J, Experte I

B.4. Modellliste Mobiltelefon- und Kompaktkamera

Die selbst erstellten Modelllisten umfassen von 178 Hersteller 1.000 Digitalkameramodelle mit je bis zu 32 Merkmalen und 1.000 Mobiltelefonkameras mit bis zu 38 Merkmalen pro Gerät und waren aus diesem Grund zu groß um hier aufgeführt zu werden. Sie sind jedoch auf Anfrage beim Autor einzusehen.

Die einzelnen Modelle wurden durch das Zufallsprinzip ausgewählt. Bei den Digitalkameras wurde darauf geachtet, dass die Modelle zwischen verfügbarem Erscheinungsjahr und Herstellerfirma ausgeglichen sind. Zudem wurden ca. 70% Kompaktkameras und 30% System und SLR Kameras erfasst, da dies auch die Verkaufszahlen am Markt wiederspiegelt und der Amateurkameramarkt vor allem aus Verkäufen DKK besteht. Der Zeitraum wurde von 1996-2014 festgesetzt. Aufgrund der Einführung der Digitalkameratechnologie in den Amateurmarkt im Jahr 1996 gab es in den ersten Jahren nur eine begrenzte Anzahl an Modellen die in Kombination mit einem Datenblatt zu finden waren. Es ergibt sich daher aufgrund der Verfügbarkeit der Daten und des zu diesem Zeitpunkt noch eingeschränkten Angebots an Modellen ein marginales Ungleichgewicht zwischen den gesammelten Modellen pro Jahr. Die einzelnen Datenblätter wurden im Internet auf verschiedenen Fotoportalen und Websiten von Herstellern recherchiert.[1] Die Mobiltelefonkameramodelle wurden von 2002-2014 erfasst und sollen mit der Verteilung ca. 65% Smartphones und 35% Handymodelle die Realität widerspiegeln.

[1]Als Quellen wurden v.a. folgende Fotoportale genutzt: dkamera.de; digitalkamera.de; fotomundus24.de; digicammuseum.de; handylist.de; inside-handy.de.

B.5. Beispiel Interviewleitfaden – Fotobranche

UNIVERSITÄTREGENSBURG
WIRTSCHAFTSWISSENSCHAFTLICHEFAKULTÄT

Lehrstuhl für Innovations- und Technologiemanagement
Pr of. Dr. Michael Dowling
Eva Baumann, M.Sc.

Interviewleitfaden

[redacted]

Zur Person und Profession - Experte
Seit wann sind Sie in der Fotobranche tätig?
Meilensteine
1996 Erste Digitalkamera in Deutschland für den Amateurmarkt 2002 Erstes Fotohandy 2006/07 Erstes Smartphone
Einführung
Erzählen Sie mir gerne aus Ihrer Sicht den Wandel den die Branche von der **analogen Kamera** zur **digitalen Kamera** zur **Handy-/Smartphonekamera** durchgemacht hat?
Architectural vs. component Innovation – Fokus: Technologie *Um welche Art von Innovation handelt es sich bei DK und HK/SK? Component oder architectural?*
Wie unterscheiden sich die **Bauweisen** von: Analoger Kamera (AK) zu Digitaler Kamera v.a. Kompaktkamera (DKK) zur Handy/Smartphonekamera (HK/SK)
Was waren technologisch gesehen jeweils die **Hauptkomponenten der Kameras** und wo lagen jeweils die dafür notwendigen **Kernkompetenzen der Hersteller**? AK: DKK: HK/SK:
Welches Wissen war bei dem jeweiligen Wandel notwendig? *Component knowledge oder architectural knowledge?* Haben sich die Komponenten und/oder die Kombination der Komponenten verändert? DKK: HK/SK: Wurden bislang relevante Kompetenzen obsolet?

Hintergrundwissen:
component knowledge: Wissen über einzelnen Komponenten
architectural knowledge: Wissen über die Art wie Komponenten kombiniert werden und interagieren

architectural innovation: Innovationen, die durch Veränderung der Art & Weise wie Komponenten kombiniert werden, entstehen. Während die Komponenten mehr oder weniger gleich bleiben, verändert sich die Architektur und damit die Art wie Komponenten zusammenarbeiten

Ex-post disruptives Potential der Digitalkamera bestimmen

Zeitpunkt ab ca. 1996, disruptives Potential der DK relativ zur analogen Kamera

Bitte gerne kurze Diskussion zu den einzelnen Punkten!

Phase 1:
- Produkte waren schlechter in etablierten Eigenschaften
- Produkte waren günstiger, einfacher, bequemer, zuverlässiger
- Produkte sprachen bisherige Nichtkonsumenten an
- Geschäftsmodell sprach übersättigte Kunden an
- Dem Hersteller war es möglich auszuprobieren, was bei Kunden ankommt
- Es gab übersättigte Kunden
- Hauptkunden lehnten das neue Produkt ab
- Neuer Markt schien klein und irrelevant für etablierte Kamerahersteller

Phase 2:
- Produkte basierten auf Standardkomponenten
- Ressourcen waren verfügbar (Geld, Lizenzen etc.)
- Netzwerk wurde von den neuen Herstellern als groß eingeschätzt
- Innovation war kompatibel mit dem bestehenden Netzwerk
- Wichtige Eigenschaften verschoben sich mit der Zeit
- Kunden wollten für Verbesserung der alten Technologie nicht mehr zahlen
- Wechselkosten waren gering
- Koordinationskosten waren gering

Phase 3:
- Geschäftsmodell war anders
- Prozesse, die im Unternehmen benötigt wurden, waren anders
- Altes und neues Wertnetzwerk hatten nur geringe Überschneidungen
- Etablierte Firmen boten die neue Technologie nicht an, sondern konzentrierten sich lieber auf ihre Premiumkunden
- Wenn etablierte Unternehmen die Innovation anboten dann nicht in einer separaten Geschäftseinheit sondern im gleichen Unternehmen, in dem auch die etablierte Technologie hergestellt wurde

Disruptionsreife des Digitalkameramarktes
Wie beurteilen Sie die Qualität des low-end Angebots von Digitalkameras insbesondere digitale Kompaktkameras im Zeitraum von 1996-2001? Gibt oder gab es im Bereich Digitalkamera eine **radikale Innovation** von Seiten der Kamerahersteller seit Einführung der Digitalkamera bis 2002? Auf welche Kameraarten hat sich Leica spezialisiert und warum? Arbeiten Sie mit Smartphone Herstellern zusammen z.B. durch Zulieferung von Komponenten? Wie sind die Kameras heute technologisch aufgestellt? Wo sind Kunden ggf. übersättigt, wo erwarten sie weitere Verbesserungen von den Herstellern? Wie war das 1996/1997?
Kunde/Nachfrage
Wie würden Sie den **Amateurmarkt vom Profimarkt abgrenzen**? Heute und in der Vergangenheit. Was hat sich verändert? *Gibt es heute mehr Profis und auch mehr Amateurfotografen? Wie unterscheiden sich die beiden Gruppen, müsste man nicht auch noch die Gruppe der ambitionierten Hobbyfotografen in diesem Zusammenhang benennen?* Was schätzen Sie: Wie viele Fotos wurden pro Jahr ca. in Deutschland gemacht? in den Jahren: 1994,2000, 2006, 2010, 2014
Leistungsmerkmale Kamera
Welche Leistungsmerkmale sind/waren Kunden an Kameras besonders wichtig – in der Vergangenheit bist heute?
Welche Rolle spielen heute Softwareinnovationen für Kamerahersteller?
Innovation Handykamera
Welche technologischen Entwicklungen im Wertschöpfungsnetzwerk waren aus Ihrer Sicht notwendig für die Entwicklung der Handy/Smartphone Kamera und deren Erfolg? Gibt/gab es im Amateurbereich „übersättigte" Kunden von Digitalkameras? Falls ja, wann, und in welchen Leistungsmerkmalen fand die „Übersättigung" hauptsächlich statt? Sind dem Kameramarkt Kunden durch die Innovation „Handy Kamera" verloren gegangen? Falls, ja um welche Kunden handelt es sich vor allem? *Welche die wenig profitabel waren und eher weniger Geld für Digitalkameras ausgegeben haben?* Bildqualität: Wann war das Handy/Smartphone Ihrer Meinung nach gut genug für den durchschnittlichen Amateurkunden? Hat eine Disruption am Markt der DKK stattgefunden? (Disruption = mehr als 50% der Kunden von DKK sind in der **Nutzung** umgestiegen auf ihr Smartphone)

Was überzeugt Kunden Ihrer Meinung nach an Smartphone Kameras?

Was schätzen Sie, wie viel Prozent aller Fotos die in Deutschland gemacht wurden, wurden mit dem Handy oder Smartphone gemacht? (in den Jahren: 2004, 2007, 2010, 2014)

Wer sind/waren Kunden von Handykameras (in der Vergangenheit und heute)? Wem ist/war das Feature „Kamera" im Mobiltelefon wichtig? Für welche Zielgruppe wurde die Kamera ins Handy integriert und wurde diese Zielgruppen dann auch tatsächlich erreicht?

Sehen Sie die klassische Kameraindustrie (Hardware) oder zumindest Teile davon durch Smartphones und das Softwareangebot bedroht oder bereits verdrängt z.B. die digitale Kompaktkamera? Falls ja, wie sieht Ihrer Meinung nach die zukünftige Entwicklung aus? Werden Smartphones vll. auch andere Produktklassen von Kameras verdrängen?

Es sind im Laufe der Zeit immer mehr aktuelle Aufnahmegeräte in die Haushalte gekommen? Sprich eine analoge Kamera, dann zwei bis drei digitale Kameras, dann Smartphones und Tablets. Bedeutet heute mind. eine Kamera pro Person. Welche wird Ihrer Meinung nach am häufigsten von Amateuren genutzt?

C Weiterführende Informationen zur den Fallstudien der Navigationsbranche

C.1. Herstellerliste PND Hersteller: Ein- und Austritte der Hersteller von PND am deutschen Markt

Hersteller	Herkunftsland	PND	Gründungsjahr	Markteintritt PND Markt	Zugehörigkeitsdauer	Marktaustritt
A-RIVAL	Deutschland	1	1993	2008	7	nein
ACER	TW	1	1976	2005	10	nein
AIRIS	Spanien	1	1998	2007	1	2008
ALAN	Deutschland	1	1989	2005	4	2009
ALEGRO	k.A.	1	k.A.	2006	4	2010
ALPINE	JP	1	1967	2007	8	nein
AMSTRAD	UK, Ireland	1	1968	2007	3	2010
ARCHOS	F	1	1988	2008	0	2008
ASUS	TW	1	1989	2008	2	2010
AVMAP	Italien	1	1994	2005	5	2010
AYTOBE	Dänemark	1	k.A.	2007	4	2011
BECKER	Deutschland	1	1945	2005	10	nein
BINATONE	England	1	1958	2007	3	2010
BLAUPUNKT	Deutschland	1	1923	2006	9	aufgekauft
BLUEMEDIA	HongKong	1	k.A.	2005	10	nein
CAMOS	Deutschland	1	1986	2006	2	2008
CARTREK	Niederlande	1	k.A.	2005	10	nein
CLARION	JP	1	1940	2006	9	nein
CYBERDRIVE	Deutschland	1	k.A.	2006	5	2011
DELPHI GRUNDIG	UK	1	1998	2006	4	2010
EASYLITE	k.A.	1	k.A.	2006	6	2012
FALK	Deutschland	1	1945	2004	11	nein
FSC	k.A.	1	k.A.	2006	5	2011
FUNKWERK DABEND	Deutschland	1	2000	2008	4	2012
Garmin	Schweiz	1	1989	2001	14	nein
HAGENUK	Deutschland	1	1899	2005	5	2010
HARMAN-KARDON	US	1	1953	2007	5	2012
HP	US	1	1939	2007	3	2010

HYUNDAIAUTO NET	Indien	1	2007	2008	4	2012
INVION	k.A.	1	k.A.	2006	4	2010
JAY-TECH	Deutschland	1	1999	2007	7	2014
JVC	JP	1	1927	2006	9	nein
KLICKTEL	D	1	1999	2006	9	nein
L&S ELECTRONIC	USA	1	1967	2007	3	2010
LG	Südkorea	1	1958	2006	9	nein
LUCAM	k.A.	1	k.A.	2007	2	2009
MAG	k.A.	1	k.A.	2007	3	2010
MAGELLAN	USA	1	1986	2005	10	nein
MAGNUM	k.A.	1	k.A.	2007	8	nein
MEDION	Deutschland	1	1983	2005	10	nein
MERIAN	Deutschland	1	1948	2008	7	nein
MIO Technology	Taiwan	1	2002	2005	10	2007 Fusion mit Navmen
MUSTEK	Taiwan	1	1988	2007	4	2011
MYGUIDE	Schweiz	1	k.A.	2007	8	nein
MYROAD	k.A.	1	k.A.	2008	2	2010
NAVIFLASH	k.A.	1	k.A.	2005	10	nein
NAVIGON	Deutschland	1	1991	2002	13	2011 aufgekauft v. Garmin
NAVKING	Türkei	1	2004	2008	2	2010
NAVMAN	New Zealand	1	1986	2005	10	nein
NOKIA	Finnland	1	1865	2007	3	2010
NOVITA	k.A.	1	k.A.	2008	3	2011
NOVOGO	k.A.	1	k.A.	2006	4	2010
OLYMPIA	k.A.	1	k.A.	2006	3	2009
ORION	Japan	1	1958	2005	5	2010
PACKARD BELL	US	1	1926	2006	9	nein
PANASONIC	Japan	1	1918	2007	7	2014
PHONOCAR	Italien	1	1972	2008	1	2009
PIONEER	JP	1	1938	2006	7	2013
REFLEXION	Deutschland	1	k.A.	2006	4	2010
ROUTE 66	US	1	k.A.	2006	9	nein
SONY	Japan	1	1946	2005	10	nein
SUPPORT PLUS	k.A.	1	k.A.	2007	3	2010
TAKARA	Frankreich	1	1976	2007	8	nein

TECHNISAT	D	1	1987	2008	2	2010
THOMSON	Frankreich	1	k.A.	2006	9	nein
Tom Tom	Niederlande	1	1991	2004	11	nein
TRANSONIC	USA	1	1983	2008	4	2012
TV PROJECT	k.A.	1	k.A.	2006	2	2008
TYPHOON	k.A.	1	k.A.	2005	7	2012
VAOVA (UMAX)	Taiwan	1	1987	2006	3	2009
VDO DAYTON	D	1	1929	2005	10	nein
VIAMICHELIN	D	1	2001	2005	6	2011
WAYTONA	Deutschland	1	k.A.	2007	1	2008
X-PEER	Deutschland	1	k.A.	2008	1	2009
X4-TECH	Deutschland	1	k.A.	2007	1	2008
YAKUMO	D	1	1999	2005	5	2010
ZENEC	CH	1	1975	2008	7	nein

Eigene Darstellung, Quelle: Firmenwebsites aller aufgeführten Hersteller, Daten der GFK und Retail GmbH, und u.a folgende Websites: preistrend.de; airis.es; adventurealan.com; avmap.us; wikipedia.org; united-navigation.com; hk-info.com; bloomberg.com; lgcorp.com; merian.de. Eine Auflistung mit allen genutzten Quellen und den vollständigen ULRs ist auf Anfrage beim Autor erhältlich

C.2. Anbieter Smartphone Navigationsapp nach Store (Stand 2016)

Name	Store
a2bme	Google Play
Adcoms	Google Play
Aims MIGITAL Technovations Pvt Ltd	Microsoft Store
ALK Technologies Ltd.	App Store, Google Play, Microsoft Store
Android. Team	Google Play
apello	Google Play
Apello Systems	App Store
Aponia Software	App Store, Google Play
AppaDev Co. Ltd	Google Play
Arpan Production	Microsoft Store
Asamm Software s.r.o.	Google Play
atudo GmbH	App Store
Best of appdroid	Microsoft Store
Bzing s.r.o.	Google Play
calimoto GmbH	Google Play
Carob Apps LLC	App Store

Casandro Aguirref 5	Microsoft Store
Code Sector	Google Play
Coppensmi	Google Play
Daniels Danilins	Microsoft Store
Dr. Arndt Brenchede	Google Play
DS Software	Google Play
ed mobile	Google Play
Emapa S.A.	Google Play
GabrielMacBainj6	Google Play
Garmin	App Store, Google Play, Microsoft Store
General Magic GmbH	App Store, Google Play
Geo Magic LLC	App Store
GG Techno	Google Play
GiPSi Navigation	Google Play
Goo Tile	Microsoft Store
Google maps	App Store, Google Play
Great android app	Microsoft Store
Happy Free Android App	Microsoft Store
Here/ Here maps	App Store, Google Play
Highdenim	Google Play
HUD Navigation	Google Play
infoware GmbH	Google Play
Inrix Inc.	App Store, Google Play, Microsoft Store
IZW Ltd.	App Store
JKP spol s.r.o.	App Store
JoshAdenson	Google Play
JuaCali Teck	Google Play
Jubatus	Google Play
Kame Logic s.r.l.	Microsoft Store
Kincy 929	Microsoft Store
kobccp DEV	Microsoft Store
KTC CCP	Microsoft Store
Little Princess LTD	Google Play
Liu Zhihong	Google Play
M. Bitzer	Microsoft Store
MAIRDUMONT	App Store, Google Play
Map & Route GmbH & Co. KG	App Store, Google Play

Map and Route GmbH	App Store, Google Play
Map Apps	Microsoft Store
Map Factor	Google Play
Mapedy	Google Play
Medion	Google Play
Melon JSC	Microsoft Store
Michelin / Via Michelin	App Store, Google Play
MobDevTeam	Google Play
My Com	App Store
My.com B.V.	Google Play
Nalinphat Live Development	Google Play
Navigation & Maps	Google Play
navigation GmbH	Microsoft Store
Navigation Map	Google Play
Navigation.	App Store, Google Play
Navigon	Microsoft Store
Navitel	App Store, Google Play, Microsoft Store
Navmax sp. Zo.o. Ltd.	Google Play
Navmii Publishing Ltd.	App Store, Google Play
NNG Software Development	Google Play
Onyx Technologie	App Store, Google Play
OsmAnd	Google Play
PartyPowered	Google Play
Quincy Mitchell	Microsoft Store
QuintilianoVarela5	Microsoft Store
Registration Center	Microsoft Store
Rubicone	App Store, Google Play
SCT Tommy	Microsoft Store
Social Nev Inc.	App Store
Soleasoft SARL	App Store
srisuponc 89	Microsoft Store
STC Tommy	Google Play
Sygic a.s.	App Store, Google Play
Telenav	App Store, Google Play
TomTom	App Store, Google Play
UMRSAMA	Google Play
Vasilijs Nikitins	App Store

Via Michelin	App Store
VirtualMaze	Google Play
Wazado Mobile Applications B.V.	App Store
Waze	App Store, Google Play, Microsoft Store
We love maps	Google Play
Windows Maps	App Store
Wolfsburg AG	App Store, Google Play
Yandex	Microsoft Store
Zee Techno Apps	Google Play
Zoff	Google Play
United Navigation	Google Play

Eigene Darstellung, Quelle: Microsoft-Store (2016), App Store (2016), Google Play (2016)

C.3. Herstellerliste Navigation: Vergleich Anbieter PND, Smartphone Navigation und Smartphone

Anbieter PND Deutschland	Anbieter Smartphone Navigation (Software) Deutschland	Anbieter Smartphones weltweit
A-RIVAL	a2bme	3Q
ACER	Adcoms	Acer
AIRIS	Aims MIGITAL Technovations Pvt Ltd	AEG
ALAN	ALK Technologies Ltd.	Alcatel one touch
ALEGRO	Android. Team	Allviev
ALPINE	apello	Altek
AMSTRAD	Apello Systems	Amazon
ARCHOS	Aponia Software	Amplicom
ASUS	AppaDev Co. Ltd	Apple
AVMAP	Arpan Production	Archos
AYTOBE	Asamm Software s.r.o.	Asus
BECKER	atudo GmbH	AT
BINATONE	Best of appdroid	Auro
BLAUPUNKT	Bzing s.r.o.	Axia
BLUEMEDIA	calimoto GmbH	Base
CAMOS	Carob Apps LLC	Beaucom
CARTREK	Casandro Aguirref 5	BellPepper
CLARION	Code Sector	Benefon
CYBERDRIVE	Coppensmi	BenQ (Siemens)
DELPHI GRUNDIG	Daniels Danilins	Bird
EASYLITE	Dr. Arndt Brenchede	Björn Steiger Stiftung
FALK	DS Software	Blackphone
FSC	ed mobile	BlackBerry

FUNKWERK DABEND	Emapa S.A.	Bodyphone
Garmin	GabrielMacBainj6	Bosch
HAGENUK	Garmin	Cat
HARMAN-KARDON	General Magic GmbH	Cat phones
HP	Geo Magic LLC	Danger
HYUNDAIAUTONET	GG Techno	Dell
INVION	GiPSi Navigation	Doro
JAY-TECH	Goo Tile	Ecom
JVC	Google maps	Elson
KLICKTEL	Great android app	Emgeton
L&S ELECTRONIC	Happy Free Android App	Emporia
LG	Here/ Here maps	Eplus
LUCAM	Highdenim	Eten
MAG	HUD Navigation	Fairphone
MAGELLAN	infoware GmbH	Fg
MAGNUM	Inrix Inc.	FIC
MEDION	IZW Ltd.	Fitage
MERIAN	JKP spol s.r.o.	Freenet
MIO Technology	JoshAdenson	Futjitsu
MUSTEK	JuaCali Teck	Garmin asus
MYGUIDE	Jubatus	Ge
MYROAD	Kame Logic s.r.l.	Geeksphone
NAVIFLASH	Kincy 929	Hagenuk
NAVIGON	kobccp DEV	Haier
NAVKING	KTC CCP	Handspring
NAVMAN	Little Princess LTD	Hannspree
NOKIA	Liu Zhihong	Hisense
NOVITA	M. Bitzer	Hop
NOVOGO	MAIRDUMONT	Hp invent
OLYMPIA	Map & Route GmbH & Co. KG	Htc
ORION	Map and Route GmbH	Huawei
PACKARD BELL	Map Apps	Hundai mobile
PANASONIC	Map Factor	I´mco sys
PHONOCAR	Mapedy	Ice phone
PIONEER	Medion	Innostream
REFLEXION	Melon JSC	Invair
ROUTE 66	Michelin / Via Michelin	ITPlus Plus
SONY	MobDevTeam	IXI mobile
SUPPORT PLUS	My Com	Johns phone
TAKARA	My.com B.V.	Jolla
TECHNISAT	Nalinphat Live Development	Kandy Mobile
THOMSON	Navigation & Maps	Kazam
Tom Tom	navigation GmbH	Kogan
TRANSONIC	Navigation Map	Lenovo
TV PROJECT	Navigation.	LG
TYPHOON	Navigon	Lumigon
VAOVA (UMAX)	Navitel	Matsunichi Europe GmbH
VDO DAYTON	Navmax sp. Zo.o. Ltd.	Maxon
VIAMICHELIN	Navmii Publishing Ltd.	MedicalMarketingBerlin
WAYTONA	NNG Software Development	Medion
X-PEER	Onyx Technologie	Microsoft
X4-TECH	OsmAnd	Mitsubishi

YAKUMO	PartyPowered	Mobiado
ZENEC	Quincy Mitchell	Mobistel
	QuintilianoVarela5	Motorola
	Registration Center	Ncoi market
	Rubicone	Nec
	SCT Tommy	Neonade
	Social Nev Inc.	Nokia
	Soleasoft SARL	O2
	srisuponc 89	Ok
	STC Tommy	Olympia
	Sygic a.s.	Oneplus
	Telenav	Oppo
	TomTom	Palm
	UMRSAMA	Panasonic
	United Navigation	Pantech
	Vasilijs Nikitins	Phicomm
	Via Michelin	Philips
	VirtualMaze	Pirelli
	Wazado Mobile Applications B.V.	Playboy phone
	Waze	Plus
	We love maps	Polaroid
	Windows Maps	Qtek
	Wolfsburg AG	Quechua
	Yandex	Road
	Zee Techno Apps	Sagem
	Zoff	Samsung
		Secufone
		Sendo
		Sewon
		Sharph
		Siemens
		Simvalley
		Sonim
		Sony
		Sony ericcson
		Swissvoice
		T Com
		Tchibo
		Tecmobile
		Telefoon totaal
		Telekom
		Telme
		Tevion
		Tiger
		Tiptel
		Toshiba
		Trekstor
		Trolltech
		Typhoon
		Utanoutstarcom
		Velocity mobile
		Vertu

		ViewSonic
		Vitaphone
		Vitel mobile
		VK Mobile
		Vodafone
		Wiko
		Xcute
		Xelibri
		Xiaomi-Tecj
		Yakumo
		Yezz
		Yota
		Zopo
		ZTE

Eigene Darstellung, Quelle: Microsoft-Store (2016), App Store (2016), Google Play (2016), Daten der GfK Retail GmbH.

C.4. Modellliste PND

Die selbst erstellten Modelllisten umfassen von 250 PND-Modelle mit je bis zu 12 Merkmalen und 1.000 Mobiltelefone mit bis zu 38 Merkmalen pro Gerät. Die einzelnen Modelle wurden durch das Zufallsprinzip ausgewählt. Es wurde bei der Datensammlung versucht, dass die Modelle über den betrachteten Zeitraum von 1999 bis 2015 und alle Hersteller ausgeglichen sind. Aufgrund der Einführung der Innovation PND im Jahr 1999 gab es in den ersten Jahren nur eine begrenzte Anzahl an Modellen die in Kombination mit einem Datenblatt zu finden waren. Es ergibt sich daher aufgrund der Verfügbarkeit der Daten und des zu diesem Zeitpunkt noch eingeschränkten Angebots an Modellen ein marginales Ungleichgewicht zwischen den gesammelten Modellen pro Jahr. Die Inhalte der einzelnen Datenblätter wurden im Internet auf verschiedenen Technikportalen und Internetauftritten der einzelnen Hersteller recherchiert.[2] Aufgrund des großen Umfangs dieser Modellisten wurde darauf verzichtet, sie an dieser Stelle einzufügen. Das hätten den Umfang des Anhangs gesprengt. Sie sind jedoch auf Anfrage beim Autor einsehbar.

[2]Als Quellen wurden u.a. folgende Seiten genutzt: tomtom.com; garmin.com; becker-navigation.com; blaupunkt.com; amazon.de; idealo.de; pocketnavigation.de; testberichte.de; conrad.de; conrad.at; computerbild.de, chip.de; etc.

Literaturverzeichnis

Abernathy, W. J.; Utterback, J.M. (1978): Patterns of industrial innovation, in: Technology Review Jg. 80 Nr. 7, S. 40–47.

Abernathy, W. J.; Clark, K. (1985): Innovation: Mapping the winds of creative destruction, in: Research Policy Jg. 14, Nr. 1, S. 3–22.

Abernathy, W.; Clark, K.; Katrow, A. (1983): Industrial renaissance. Producing a competitive future for America. New York, Basic Books.

Abernathy, William (1978): The Productivity Dilemma, University Press, Baltimore.

adac (2016b): Basisinfo Navigationsgeräte – Mobile Geräte, unter: https://www.adac.de/infotestrat/technik-und-zubehoer/navigationsgeraete/, zuletzt aufgerufen am 14.08.2016.

adac (2016d): Basisinfo Navigationsgeräte – Spezielle Lösungen, unter: https://www.adac.de/infotestrat/technik-und-zubehoer/navigationsgeraete/, zuletzt aufgerufen am 14.08.2016.

Adner, R. (2002): When are technologies disruptive? A demand based view of the emergence of competition, in: Strategic Management Journal, Jg. 23, S. 667–688.

Adner, R.; Zemsky, P. (2004): Disruptive Technologies and the Emergence of Competition, in: Rand Journal of Economics, Jg. 36, S. 229–254.

Agarwal, R. G., M. (1996): The evolution of markets and entry, exit and survival of firms. in: Review of Economics and statistics, Jg. 78, Nr. 3, S. 489-498.

Albright, R. E. (2006): Roadmapping convergence, in: Bainbridge, W.; Roco, M. (ed.) (2006): Managing Nano-Bio-Info-Cogno Innovations: Converging technologies in society, 1st Edition, Springer, S. 23- 32, Dordrecht, Netherlands.

Amnes, Rosenberg (1977): Technological change in the machine tool industry, in Rosenberg, N. (Ed.) (1977): Perspectives on technology, Cambridge University Press, Cambridge (USA).

Anderson, Tushman (1990): Technological Discontinuities and Dominant Designs: A Cyclical Model of Technological Change, in: Administrative Science Quaterly, Jg. 35, S. 604-633

Ansoff, I. (1984): Implanting Strategic Management, Prentice Hall International, University of Michigan, Michigan.

App Store (2016): App Store, unter: https://itunes.apple.com/de/genre/ios/id36?mt=8, zuletzt aufgerufen am 20.02.2017.

E. M. Baumann, *Replikation und Erweiterung des Modells zur Bestimmung der Disruptionsreife von Wertnetzwerken,* https://doi.org/10.1007/978-3-658-20479-2

Apple (2007a): Apple erfindet mit dem iPhone das Mobiltelefon neu. San Francisco/ Wallisellen, Pressemitteilung vom 09.01.2007 unter: http://www.apple.com/chde/pr/library/2007/01/09Apple-Reinvents-the-Phone-with-iPhone.html, zuletzt aufgerufen am 26.07.2016.

Apple (2008a): Apple kündigt iPhone 2.0 Software Beta an. Enthält SDK & integriertes Microsoft Exchange ActiveSync, Pressemitteilung vom 06.03.2008, unter: http://www.apple.com/at/pr/library/2008/03/06Apple-Announces-iPhone-2-0-Software-Beta.html, zuletzt aufgerufen am 26.07.2016.

Apple (2008b): Apple stellt neues iPhone 3G vor – Doppelte Geschwindigkeit zum halben Preis. Pressemitteilung vom 09.06.2008, Apple, San Francisco, unter: http://www.apple.com/at/pr/library/2008/06/09Apple-Introduces-the-New-iPhone-3G.html, zuletzt aufgerufen am 26.07.2016.

Apple (2008c): Top-Management von Apple wird Entwicklungsplattformen Mac OS X Leopard und OS X iPhone auf der Eröffnungsrede zur WWDC 2008 zeigen, Pressemitteilung vom 13.05.2008, Apple, Cupertino, Kalifornien unter: http://www.apple.com/at/pr/library/2008/05/13Apple-Executives-to-Show…opard-and-OS-X-iPhone-Development-Platforms-at-WWDC-2008-Keynote.html, zuletzt aufgerufen am 26.07.2016.

Apple (2016): iPad Modelle vergleichen, unter: http://www.apple.com/at/ipad/compare/, zuletzt aufgerufen am 11.01.2016.

Apple (2016b): CarPlay, unter: http://www.apple.com/ios/carplay/., zuletzt aufgerufen am 17.08.2016.

ARD, ZDF (2015): Number of internet users who use the internet at least occasionally, in Germany from 1997 to 2015 (in millions), unter: http://www.statista.com/statistics/380522/number-of-internet-users-germany/, zuletzt aufgerufen am 26.11.2015.

Arnold, H., Erner, M.; Berlin, M. (2009): IKT macht mobiler und effizienter, in Eberspächer, J.; Arnold, H.; Herrtwich, R. H. (2009): Das vernetzte Automobil. Mehr Sicherheit und Effizienz durch Informations- und Kommunikationstechnik. Hüthig Verlag, Münchner Kreis.

Athreye, S., Keeble, D. (2000): Technological convergence, globalisation and ownership in the UK computer industry, in: Technovation Jg. 20, S. 227–245.

Auto, Motor, Sport (o. Jg.): Navigationsgeräte. Festeinbaugeräte ab Werk, unter: http://www.auto-motor-und-sport.de/navigationsgeraete-system-vergleich-fuer-autofahrer-1574083.html., zuletzt aufgerufen am 16.05.2016, S.1/4.

Auto, Motor, Sport (o. Jg.): Navigationsgeräte. Festeinbaugeräte über den freien Markt, unter: http://www.auto-motor-und-sport.de/navigationsgeraete-festeinbaugeraete-ueber-den-freien-markt-1574460.html, zuletzt aufgerufen am 16.05.2016, S.2/4.

Auto, Motor, Sport (o. Jg.): Navigationsgeräte. Portable Navigation, unter: http://www.auto-motor-und-sport.de/navigationsgeraete-portable-navigation-1574473.html, zuletzt aufgerufen am 16.05.2016, S.3/4.

Auto, Motor, Sport, (o. Jg.): Navigationsgeräte. Handynavigation, unter: http://www.auto-motor-und-sport.de/navigationsgeraete-handynavigation-1574487.html., zuletzt aufgerufen am 16.05.2016, S.4/4.

Autobild (2014): 43,9 Millionen Autos in Deutschland, in: Auto-Bild vom 10.03.2014, unter: http://www.autobild.de/artikel/kba-statistik-kfz-bestand-2014-4971719.html, zuletzt aufgerufen am 08.08.2016.

Aylette, P. (2013): Convergence has now really arrived, in: Home Technology Now, Juni 2013, S. 46.

Bachleitner, M. (2009): Verkehrs- und Mobilfunkinformationen für Autofahrer, in: Eberspächer, J.; Arnold, H.; Herrtwich, R. (Hrsg.) (2009): Das vernetzte Automobil. Mehr Sicherheit und Effizienz durch Informations- und Kommunikationstechnik. Hüthig Verlag, Heidelberg, S. 37–51.

Backhaus et al. (2006): Multivariate Analysemethoden. Eine anwendungsorientierte Einführung, 11. Auflage, Springer Verlag, Berlin.

Bähnisch, S. (2009): Smart und schnell, Autobild vom 14.08.2009, unter: http://www.autobild.de/artikel/ford-integriert-handy-navi-955305.html., zuletzt aufgerufen am 13.05.2016.

Bardua, J. (2007): Test: ALDI Navi MD 96410 -P4420, unter: https://www.navigation-professionell.de/test-aldi-navi-md-96410-p4420/, zuletzt aufgerufen am 09.08.2016.

Barnett, H. (1953): Innovation: the Basis of Cultural Change, McGraw-Hill, New York.

Bast, H. (2010): In 200 Metern rechts abbiegen!, in: Zeit Online vom 17.08.2010, unter: http://www.zeit.de/auto/2010-08/navigation-gps/komplettansicht, zuletzt aufgerufen am 03.02.2016.

Bauer, G. (2015): Deutsche Autohersteller kaufen Here, Navi-Magzin Online vom 03.08.2015, unter: http://www.navi-magazin.de/5850/deutsche-autohersteller-kaufen-here/., zuletzt aufgerufen am 04.02.2016.

Bauer, G. (2016): Über uns, Navi-Magazin Online, unter: http://www.landkartenarchiv.de/deutschland_strassenkarten.php., zuletzt aufgerufen am 03.02.2016.

Baumgarth, C.; Evanschitzky, H. (2005): Die Rolle von Replikationen in der Marketingwissenschaft. In: Marketing ZFP 27(4), S. 253–262.

Bay, L. (2016): Inrix attackiert Apple und Google. Kampf ums Cockpit, unter: http://www.wiwo.de/unternehmen/industrie/inrix-attackiert-apple-und-google-kampf-ums-cockpit/13073554.html, zuletzt aufgerufen am 16.05.2016.

Benner, M. J.; Tripsas, M. (2012): The Influence of prior industry affiliation on framing in nascent industries: the evolution of digital cameras, in: Strategic Management Journal Jg. 33, S. 277-302.

Bennet, D. (2014): Clayton Christensen responds to New Yorker Takedown of "Disruptive Innovation", in Business Week, unter: http://www.businessweek.com/articles/2014-06-20/clayton-christensen-responds-to-new-yorker-takedown-of-disruptive- innovation, zuletzt aufgerufen am 04.03.2017.

Berthold, N. (2011): Wer kann heute noch Straßenkarten lesen?, unter: http://www.rp-online.de/leben/auto/news/wer-kann-heute-noch-strassenkarten-lesen-aid-1.2525606., zuletzt aufgerufen am 03.02.2016.

Berthon, P. P. L.; Ewing, M.; Carr, C. (2002): Potential Research Space in MIS: A framework for Envisioning and Evaluating Research Replication, Extension and Generation, Information Systems Research Jg. 13, Nr. 4, S. 416–127.

Bharadwaj, N.; Noble, C. (2015): Innovation in Data-Rich Environments, in: Journal of Product Innovation Management.

Bitkom (2005): Digitale Konvergenz: Empfehlungen, Berlin: Bitkom, Bundesverband Informationswirtschaft, Telekommunikation und neue Medien e. V.

Bitkom (2009): Telematik und Navigation. Anwendungen & Mehrwertnutzen. Schriftenreihe Politik. Bitkom, Dialogkreis Telematik und Navigation. Band 4.

Bitkom (2014): Navigation per Smartphone und Tablet. Bitkom vom 23.04.2017, unter: https://www.bitkom.org/Presse/Presseinformation/Navigation-per-Smartphone-und-Tablet.html, zuletzt aufgerufen am 10.02.2016.

Boeres, Y. (2002): Die Geschichte der Digitalfotografie (Teil1), unter: http://www.digitalkamera.de/Meldung/Die_Geschichte_der_Digitalfotografie_Teil_1_/1595.aspx, zuletzt aufgerufen am 1.04.2014.

Booz, Allen, Hamilton (1982): New product management for the 1980s. New York.

Borés, C., Saurina C., Torres, R. (2003): Technological convergence: a strategic perspective, in: Technovation, Jg. 23, S. 1–13.

Bortz, Döring (2006): Forschungsmethoden und Evaluation für Human- und Sozialwissenschaftler. Heidelberg, Springer Medizin Verlag.

Bower, J. L.; Christensen, C. M. (1995): Disruptive Technologies: Catching the Wave, in: Harvard Business Review (Jan-Feb), S. 43–53.

Brachmann, S. (2014a): The Rise and Fall of the Company that invented digital cameras, unter: http://www.ipwatchdog.com/2014/11/01/the-rise-and-fall-of-the-company-that-invented-digital-cameras/id=51953/, zuletzt aufgerufen am 28.12.2015.

Brachmann, S. (2014b): The Evolution of Digital Cameras - A Patent History. unter: http://www.ipwatchdog.com/2014/10/28/the-evolution-of-digital-cameras-a-patent-history/id=51846/, zuletzt aufgerufen am 28.12.2015.

Bröring, S. (2007): Die frühe Innovationsphase in Industriekonvergenz – Implikationen für das Innovationsmanagement, in: Herstatt, C.; Verworn, B. Das Management der frühen Innovationsphase, 2. Auflage, Wiesbaden: Gabler, S. 317–338.

Bröring, S., Leker, J. (2007): Industry Convergence and its Implications for the Front End of Innovation: A Problem of Absorptive Capacity, in: Creativity and Innovation Management Jg. 16, Nr. 2, S. 165–175.

Bullinger, H.-J.(1990): IAO-Studie: F&E heute – Industrielle Forschung und Entwicklung in der Bundesrepublik Deutschland, Gesellschaft für Management und Technologie, Stuttgart.

Bundesnetzagentur (2015): Anzahl der Mobilfunkanschlüsse in Deutschland von 1992 bis zum 3. Quartal 2015 (in Millionen), unter: http://de.statista.com/statistik/daten/studie/3907/umfrage/mobilfunkanschluesse-in-deutschland/, zuletzt aufgerufen am 27.11.2015.

Burnett, G. E., Summerskill, S.; Porter, J. (2004): On-the-move destination entry for vehicle navigation systems: Unsafe by any means?, in: Behaviour & Information Technology Jg. 23, Nr. 4, S. 265–272.

Canon (2015): Canon Camera Story, unter: http://www.canon.com/camera-museum/history/canon_story/digest/1933_1936_digest.html., zuletzt aufgerufen am 5.1.15.

Cecere, G.; Corrocher, N.; Battaglia, R. D. (2014): Innovation and competition in the smartphone industry: Is there a dominant design, in: Telecommunications Policy Jg. 39, S. 3–4.

Cewe (2011): Hauptversammlung der CEWE COLOR Holding AG, Präsentation, Oldenburg.

Cewe (2014): Geschäftsbericht 2014, Cewe Stiftung & Co. KG, Oldenburg.

Cewe (2015): Hauptversammlung 2015 CEWE Stiftung & Co. KGaA vom 03.06.2015, Oldenburg.

Chandra, Y.; Yang, S.-J. (2012): Managing disruptive innovation, in: Journal of General Management Jg. 37, Nr. 2, S. 23–50.

Chao, A.; Kenney, B. (2014): The Evolving Landscape of Photography. GFK.

Charitou, C.; Markides, C. (2003): Responses to Disruptive Strategic Innovation. MIT Sloan Management Review Jg. 44, Nr. 2, S. 55–63.

check24.de (2013): Kamera-Markt: Japanische Hersteller mit dramatischem Einbruch, unter: http://www.check24.de/news/preisvergleich/digitalkamera-verkaufszahlen-japanische-hersteller-55762/, zuletzt aufgerufen am 19.09.2014.

Chesbrough, H. (1997): Dynamic Coordination and Creative Destruction: a Comparative Analysis of Incumbent Success and Failure in the Worldwide Hard Disk Drive Industry, unpublished dissertation, Haas, School of Business, UC—Berkeley.

Chesbrough, H. (1998): The Displacement of US Incumbent Firms and the Persistence of Japanese Incumbent firms in the Hard Disk Drive Industry,' Harvard Business School Working Paper, 98-102.

Chesbrough, H. W. (1999): The organizational impact of technological change: a comparative theory of national institutional factors, in: Industrial and Corporate Change, Jg. 8, S. 447–485.

chip.de (2008): MyGuide: Navi-Spazialist ist pleite, My Guide vom 06.11.2008, unter: http://www.chip.de/news/MyGuide-Navi-Spezialist-ist-pleite_33644458.html, zuletzt aufgerufen am 06.10.2016.

Choi, D. und Valikangas, L. (2001): Patterns of strategy innovation, in: European Management Journal, Jg. 19, S. 424–429.

Christensen, C. M. (1992a): Exploring the Limits of the S-Curve. Part I: Component Technologies, in: Production and Operations Management **1**(4): S. 334–357 und in: Burgelman, R. A.; Christensen, C. M.; Wheelwright, S. C. (Hg.) (2004): Strategic Management of technology and innovation, 4. Aufl., Maidenhead: McGraw-Hill Education, S. 208–227.

Christensen, C. M. (1992b): Exploring the Limits of the S-Curve. Part II: Architectual Technologies, in: Production and Operations Management **1**(4): S. 385–366 und in: Burgelman, R. A.; Christensen C. M.; Wheelwright S. C. (Hg.) (2004): Strategic Management of technology and innovation 4. Aufl., Maidenhead: McGraw-Hill Education, S. 227–233.

Christensen, C. M. (1997): The Innovator's Dilemma. When New Technologies Cause Great Firms to Fail, 4. Auflage, Harvard Business School Press, Boston, Mass.

Christensen, C. M. (1997b): Patterns in the Evolution of Product Competition, in: European Management Journal Jg. 15, Nr. 2, S. 117–127.

Christensen, C. M. (2006): The Ongoing Process of Building a Theory of Disruption, in: Journal of Product Innovation Management, Jg. 23, S. 39–55.

Christensen, C. M., Anthony, S., Roth, E. (2004): Seeing what's next? Using the theories of innovation to predict industry change, in: Harvard Business School Press, Boston, Mass.

Christensen, C. M., Bower, J. L. (1996): Customer power, strategic investment, and the failure of leading firms, in: Strategic Management Journal Jg. 17, S. 197–218.

Christensen, C. M., Bower, J. L. (1996): Customer power, strategic investment, and the failure of leading firms, in : Strategic Management Journal, Jg. 17, S. 197–218.

Christensen, C. M., Raynor, M., Verlinden, M. (2001): Skate to where the money will be, in: Harvard Business Review Nov. 2001, S. 72–81.

Christensen, C. M., Suárez, F., Utterback, J. (1998): Strategies for Survival in Fast-Changing Industries, in: Management Science, Jg. 44, Nr. 12, S. 207–220.

Christensen, C. M., Verlinden, M., Weterman, G. (2002): Disruption, disintegration and the dissipation of differentiability, in: Industrial and Corporate Change, Jg. 11, Nr. 5, S. 955–993.

Christensen, C. M., Wang, D.; van Bever, D. (2013): Consulting on the Cusp of Disruption, Harvard Business Review Jg. 91, Nr. 10, S. 106–150.

Christensen, C. M.; Anthony, S. D.; Roth, E. A. (2004): Seeing what's next? Using the theories of innovation to predict industry change, in: Harvard Business School Press, Boston, Mass.

Christensen, C. M.; Overdorf, M. (2000): Meeting the challenge of disruptive change, in: Harvard Business Review, Jg. 78, Nr. 2, S. 66–76.

Christensen, C. M.; Raynor, M. E. (2003): The Innovator's Solution. Creating and sustaining successful growth, Harvard Business School Press, Boston, Mass.

Christensen, C. M.; Raynor, M. E. (2003): The innovator's Solution, Creating and sustaining successful growth, 5. Auflage, Harvard Business School Press, Boston, Mass.

Christensen, C. M.; Raynor, M.; McDonald, R. (2016): Was ist Disruption? In: Harvard Business Manager (deutsche Ausgabe) Januar 2016, S. 64–75.

Christensen, C. M.; Rosenbloom, R. S. (1995): Explaining the attacker's advantage: technological paradigms, organizational dynamics, and the value network, in: Research Policy Jg. 24, S. 233–257.

Christensen, J. F. (2013): Open Innovation and Industrial Dynamics – Towards a Framework of Business Convergence, Department of Innovation and Organizational Economics, Denmark.

Ciesielski, R. (2013): Navi-Hersteller flüchten in die Wildnis, in: Handelsblatt vom 02.09.2013, unter: http://www.handelsblatt.com/technik/gadgets/internationale-funkausstellung-navi-hersteller-fluechten-in-die-wildnis/8718950.html, zuletzt aufgerufen am 18.06.2016.

Clark, K. (1985): The interaction of design hirarchies and market concepts in technological evolution, in: Research Policy Jg. 14, Nr. 5, S. 235-251.

Clark, K. B. (1985): The interaction of design hierarchies and market concepts in technological evolution, Research Policy, Jg. 14, S. 235–251.

Clark, K.; Wheelwright, S. (1992): Organizing and leading „Heavyweight" Development Teams, in: California Management Review, Spring 1992, S.9-28 und in: Wheelwright, S.; Clark, K. (1992): Revolutionizing Product Development: Quantum Leaps in Speed, Efficiency, and Quality; Chapter 8, Free Press, New York.

Cohan, Peter S. (2000): The Dilemma of the „Innovator's Dilemma": Clayton Christensen's Management Theories Are Suddenly All the Rage, but Are They Ripe for Disruption?, In: Industry Standard, January 10, 2000.

Collis, D., Bane, P., Bradley, S. (1997): Winners and Losers. Industry Structure in the Converging World of Telecommunications, Computing, and Entertainment, in: Yoffie, D.B. (1997): Competing in the age of digital convergence. 5. Auflage, S. 159–200.

Colwell, S. (2007): Flying off the shelves, in: GPS World, April 2007, S. 36–41.

Computer Bild (2007): Computer Bild-Test: So gut ist das neue Aldi-Medion MD96390, unter: http://www.computerbild.de/artikel/cb-Aktuell-Telefon-Handy-Ab...-Navigationsgeraet-Medion-MD-96390-fuer-299-Euro-1886867.html. vom 29.10.2007, zuletzt aufgerufen am 09.08.2016.

comScore (2016): Anzahl der Smartphone-Nutzer in Deutschland in den Jahren 2009 bis 20016 (in Millionen), in statista.

Corsten, H.; Gössinger, R.; Müller-Seitz, G.; Schneider, H. (2016): Grundlagen des Technologie- und Innovationsmanagements, Vahlen, 2. Auflage.

Cruz, E. G.; Meyer, E. (2012): Creation and control in the Photographic Process: iPhone and the emerging fifth moment of photography, in: Photographies Jg. 5, Nr. 2, S. 203–221.

Curran, C.-S. (2013): The anticipation of converging industries: A concept applied to Nutraceuticals and Functional Foods, London: Springer-Verlag.

Curran, C.-S.; Leker, J. (2011): Patent indicators for monitoring convergence – examples from NFF and ICT, in: Technological Forecasting and Social Change, Jg. 78, S. 256–273.

Curran, C., Bröring, S., Leker, J. (2010): Anticipating converging industries using publicy available data, in: Technological Forecasting & Social Change Jg. 77, S. 385–395.

Danneels (2004): Disruptive Technology Reconsidered: A Critique and Research Agenda, in: The Journal of Product Innovation Management, Jg. 21, S. 246–258.

Danneels, E. (2006): From the Guest Editor Dialogue on the Effects of Disruptive Technology on Firms and Industries, in: The Journal of Product Innovation Management Jg. 23, S. 2–4.

DB Research (2011): Konvergenzmärkte. Smartphones und Triple Play öffnen Branchengrenzen weiter. Economics 85, Digitale Ökonomie und struktureller Wandel, Deutsche Bank Research, Frankfurt.

Denker, H. (2011): Das Navigationsgerät wird sieben, in: Bild, vom 21.03.2011 http://www.bild.de/digital/multimedia/autonavigation/vor-sieben-jahren-erstes-navi-von-tom-tom-16904888.bild.html., zuletzt aufgerufen am 18.05.2016.

Destatis (2015): IT-Nutzung. Private Nutzung von Informations- und Kommunikationstechnologien, unter: https://www.destatis.de/DE/ZahlenFakten/GesellschaftStaat/EinkommenKonsumLebensbedingungen/ITNutzung/Tabellen/ZeitvergleichComputernutzung_IKT.html, zuletzt aufgerufen am 27.11.2015.

Deutsche Messe (2009): Navigations-Branche punktet mit innovativen Produkten, unter: http://www.pressebox.de/pressemitteilung/deutsche-messe-ag-han…ations-Branche-punktet-mit-innovativen-Produkten/boxid/238774., zuletzt aufgerufen am 08.03.2016.

Deutsche Wirtschafts Nachrichten (2016): Blaupunkt Hildesheim entlässt auch die letzten Mitarbeiter. Deutsche Wirtschafts Nachrichten vom 16.02.2016, zuletzt aufgerufen am 06.10.2016.

Dewar, Dutton (1986): The adoption of radical and incremental innovations: An empirical analysis, in: Management Science, Jg. 32, S. 1422–1433.

Dialog Consult, VATM (2012): 14. TK-Marktanalyse Deutschland 2012, VATM, Dialog Consult, Alcatel Lucent.

Dialog Consult, VATM (2014): 17. TK-Marktanalyse Deutschland 2015, VATM, Dialog Consult, Alcatel Lucent.

Die Welt (2014): Warum das Navi (beinahe) dem Tode geweiht ist, unter: http://www.welt.de/wirtschaft/webwelt/article135471944/Warum-das-Navi-beinahe-dem-Tode-geweiht-ist.html., zuletzt aufgerufen am 03.01.2016.

Die Welt (2014b): Drei Hersteller werden den Kamerakrieg überleben, unter: http://www.welt.de/wirtschaft/article124272943/Drei-Hersteller-werden-den-Kamerakrieg-ueberleben.html, zuletzt aufgerufen am 30.11.2015.

Digicammuseum (2015): History of the digital camera and digital imaging, unter: http://www.digicammuseum.com., zuletzt aufgerufen am 21.07.2014.

Digital Imaging (2015): Smartphone als Tor zum Kunden, unter: http://www.di-branche.de/digital-imaging/topthemen/default.as…=topthemen&top_item=38758&i_item=38758&top_step=6&top_start=1, zuletzt aufgerufen am 21.02.2016

Dijk, M., Kemp, R. (2010): Towards an integrated framework for sustainable innovation—path creation of hybrid-electric vehicles as an example. Int. J. Automot.

Dijk, M.; Wells, P.; Kemp, R. (2016): Will the momentum of the electric car last? Testing an hypothesis on disruptive innovation, in: Technological Forecasting & Social Change Jg. 105, S. 77–88.

Dörner, S. (2016): Warum Google und Apple im Auto nicht glänzen, Die Welt vom 02.06.16, unter: http://www.welt.de/wirtschaft/webwelt/article155895862/Warum-Google-und-Apple-im-Auto-nicht-glaenzen.html, zuletzt aufgerufen am 17.08.2016.

Dosi, G. (1982): Technological paradigms and technological trajectories, in: Research Policy, Jg. 11, S. 147–162.

Dowling, M., Lechner, C., Thielmann, B. (1998): Convergence – Innovation and Change of Market Structures between Television and Online Services, in: Electronic Markets, Jg. 8, S. 31–35.

Dowling, M.; Hüsig, S. (2004): Die Theorie der „Disruptive Technology", in: *WISU 8-9/04*, S. 1042–1049.

Dowling, M.; Hüsig, S. (2007): Technologische Innovation als Wettbewerbsfaktor: Von Schumpeters „Schöpferischer Zerstörung" bis zur „Disruptive Technology" von Christensen, Vierteljahresschrift für Sozial- und Wirtschaftsgeschichte, Beiheft 188: S. 25–33.

Downes, L.; Nunes, P. (2013): Big Bang Disruption, in: Harvard Business Review **March** 2013: S. 46–56.

Easley, R.; Madden, C. (2000): Replications and Extensions in Marketing and Management Research, in: Journal of Business Research, Jg. 48, S. 1–3.

Easley, R.; Madden, C.; Dunn, G. (2000): Conducting Marketing Science: The Role of Replication in the Research Process, in: Journal of Business Research Jg. 48, S. 83–92.

Eberspächer, Jörg; Heinrich, Arnold; Herrtwich, Ralf (Hrsg.): Das vernetzte Automobil. Mehr Sicherheit und Effizienz durch Informations- und Kommunikationstechnik. Tagungsband Münchner Kreis, Hüthig Verlag, Heidelberg.

Eckl-Dorna (2016): Blaupunkt schaltet seine deutsche Zentrale ab, in: Manager Magazin vom 06.10.2016, unter http://www.manager-magazin.de/unternehmen/autoindustrie/ex-autoradio-riese-blaupunkt-muss-aufgeben-a-1077889.html, zuletzt aufgerufen am 06.10.2016.

Eisenhardt, K. M. (1989): Building Theories from case Study Research, in Academy of Management Review, Jg. 14, Nr. 4, S. 532–550.

Eisenhardt, K. M.; Graebner, M. E. (2007): Theory Building from Cases: Opportunities and Challenges. In: Academy of Management Journal, Jg. 50, Nr. 1, S. 25–32.

EITO, ICD, Bitkom (2016): Absatz von Smartphones in Deutschland in den Jahren 2008 bis 2016 (in Millionen Stück), in statista.

Enders, A.; König, A.; Jelassi, T.; Hungenberg, H. (2006): The Relativity of Disruption: E-Banking as a Sustaining Innovation in the Banking Industry, in: Journal of Electronic Commerce Research, Vol. 7, No. 2.; S. 67-77.

Eselius, L., Nimmagadda, M., Kambil, A., Hisey, R. T., Rhodes, J. (2008): Managing pathways to convergence in the life science industry, in: Journal of Business Strategy, Jg. 29, S. 31–42.

Europäische Kommission (1997): Grünbuch zur Konvergenz der Branchen Telekommunikation, Medien und Informationstechnologie und ihren ordnungspolitischen Auswirkungen. Ein Schritt in Richtung Informationsgesellschaft. Europäische Kommission, Brüssel.

Europäische Kommission (1997b)/European Commission (1997): Green paper on the convergence of the telecommunications, media and information technology sectors, and the implications for regulation – towards an information society approach, Brussels: European Commission.

Europäische Union (2009): Zusammenfassung der Entscheidung der Kommission vom 2. Juli 2008 zur Feststellung der Vereinbarkeit eines Zusammenschlusses mit dem Gemeinsamen Markt und dem EWR-Abkommen, unter: http://eur-lex.europa.eu/legal-content/DE/TXT/?uri=CELEX%3A52009XC0120(02), zuletzt aufgerufen am 24.06.2016.

Evanschitzky, H. B. C.; Hubbard, R.; Armstrong, J. (2007): Replications reseach's disturbing trend, in: Journal of Business Research, Jg. 60, S. 411–415.

Fai, F. (2003): Corporate Technological Competence and the Evolution of Technological Diversification, Edwar Elgar, Cheltenham.

Fai, F., von Tunzelmann, N. (2001): Industry-specific competencies and converging technological systems: evidence from patents, in: Structural Change and Economic Dynamics, Jg. 12, S. 141–170.

Fanelli, D. (2009): How Many Scientists Fabricate and Falsify Research? A Systematic Review and Meta-Analysis of Survey Data. PLoS ONE 4(5): e5738. https://doi.org/10.1371/journal.pone.0005738.

Faßnacht, C.; Schidlack, M.; Böhm, K.; Stich, M. (2009): Die Zukunft der digitalen Consumer Electronics - 2009. BITCOM. Berlin.

Fichman, R.; Santos, B.; Zheng, Z. (2014): Digital Innovation as a fundamental and powerful concept in the information systems curriculum, in: MIS Quarterly, Jg. 38, Nr. 2, S. 329–352.

finanzen.net (2015): Euro-Yen Chart, unter: http://www.finanzen.net/devisen/euro-yen/chart, zuletzt aufgerufen am 28.12.2015.

Flick, U. (1999): Qualitative Forschung. Theorie, Methoden, Anwendung in Psychologie und Sozialwissenschaften. Reinbek bei Hamburg.

Flick, U. (2011): Triangulation. Eine Einführung, VS Verlag für Sozialwissenschaften, Wiesbaden.

Focus (2007): Der Markt der Consumer Electronics. Daten, Fakten, Trends, bvv, Deutsche TV-Plattform e.V., gfu, Frankfurt am Main, Hamburg.

Focus (2007): Der Markt der Consumer Electronics. Daten, Fakten, Trends. Focus, August 2007.

Focus-Money (2015): Wir können auch anders: „Man muss sich kannibalisieren", unter: http://www.focus.de/finanzen/boerse/wir-koennen-auch-anders-man-muss-sich-kannibalisieren_id_4949900.html, zuletzt aufgerufen am 21.02.2016.

Focus, TV Spielfilm plus (2006): Der Markt der Consumer Electronics – Daten, Fakten, Trends.

Focus; Xyologic (2012): Top 10 Android-Apps mit der größten Anzahl von Downloads in Deutschland im Jahr 2012 (in Millionen), in statista.

Foster, R. (1982): America's Technology Leaders tend to lose, in: Vital speeches of the day, S. 524–527.

Foster, R. N. (1986): Innovation, The attackers advantage, Summit Books, New York.

Franck, M. (2015): How many photos are uploaded, unter: https://www.flickr.com/photos/franckmichel/6855169886, zuletzt aufgerufen am 27.01.2016.

Frankfurter Rundschau (2015): Wann darf ich mein Smartphone als Navi nutzen?, unter: http://www.fr-online.de/auto/verbote–regeln-wann-darf-ich-mein-smartphone-als-navi-nutzen-,1472790,30559056.html. vom 29.04.2015, zuletzt aufgerufen am 06.06.2016.

Frei, M. (2007): Quo vadis Navigationsbranche?, in: Finanz und Wirtschaft vom 21.11.2007, unter: http://www.fuw.ch/article/quo-vadis-navigationsbranche/., zuletzt aufgerufen am 08.03.2016.

Fried, I. (2016): Nokia's former maps unit, now owned by German automakers, is close to signing more investors, Recode vom 11.08.2016, unter: http://www.recode.net/2016/8/11/12441194/here-maps-german-automakers-new-investors, zuletzt aufgerufen am 16.08.2016.

Funk, J. (2004): The Product Life Cycle Theory and Product Line Management: The Case of Mobile Phones, in: IEEE Transactions on Engineering Management 51(2): S. 142–152.

Funk, J. (2008): Components, Systems and Technological Discontinuities, in: Long Range Planning, Jg. 41, S. 555–573.

Funk, J. (2008): Systems, Components, and Modular Design: The case of the U.S. semiconductor industry. in: International Journal of Technology Management, Jg. 42, Nr. 4, S. 387–413.

Funk, J. (2013): What Drives Exponential Improvements?. California Management Review, Jg. 55, Nr. 3, S. 134–152.

Funk, J. L. (2008): Components, Systems and Technological Discontinuities. Lessons from the IT Sector, in: Longe Range Planning, Jg. 41, S. 555–573.

Funk, J. L. (2016): Technology Change, Economic Feasibility and Creative Destruction: The Case of New Electronic Products and Services, Jg. 26, Nr. 3.

Funk, J., Magee, C. (2014): Rapid improvements with no commercial production: How do the improvements occur?. Research Policy, Jg. 44, S. 777–788.

Futurezone (2016): Here Maps kehrt Windows 10 und Windows Mobile den Rücken. Futurezone vom 15.03.2016, unter: http://futurezone.at/apps/here-maps-kehrt-windows-10-und-windows-mobile-den-ruecken/187.216.347, zuletzt aufgerufen am 27.07.2016.

Gambardella, A., Torrisi, S. (1998): Does technological convergence imply convergence in markets? Evidence from electronics industry, in: Research Policy, Jg. 27, S. 445–463.

Ganguly, A.; Nilchiani, R.; Farr, J. V. (2010): Defining a Set of Metrics to Evaluate the Potential Disruptiveness of a Technology, in Engineering Management Journal, March, Jg. 22, Nr. 1, S. 34–44.

Garbers, A. (2009): Telematik und Navigation Anwendungen & Mehrwertnutzen, Schriftenreihe Politik, Auszug aus Band 4, Bitkom, Berlin.

Garcia, R.; Calantone, R. (2002): A critical look at technological innovation typology and innovativeness terminology: a literature review, in Journal of Product Innovation Management, Jg. 19, Nr. 2, S. 110–132.

Garmin (2006): 2006 Annual Report, Garmin Ltd. Grand Cayman.

Garmin (2009): Annual Report 2009, Garmin Ltd. Grand Cayman.

Garmin (2014): Garmin Ltd. 2014 Form 10-K Annual Report, Garmin LTD. Washington, D.C.

Garmin (2015): A Year in Review 2015, Celebrating product innovation and customer experience, Annual Report, Garmin Ltd.; Garmin International, Inc.; Garmin (Europe) Ltd.; Garmin Corp.; Schaffhausen, Olathe, Southamton, New Taipei City.

Garmin (2015a): Trotz Herausforderungen auf Erfolgskurs – Garmin gibt Geschäftszahlen in Q2 bekannt, Garmin Deutschland GmbH, Garching.

Garmin (2015b): Garmin Reports strong Fiscal 2014 Revenue and Pro Forma EPS Growth; Proposes Dividend Increase and Announces Share Repurchase Plan. Schaffhausen, Switzerland.

Garmin (2016): Garmin Revs Up the Drive, Introduces New Automotive Product Line Focues on Driver Awareness, unter: http://www.businesswire.com/news/home/20160105005637/en/, zuletzt aufgerufen am 22.02.2016.

Geels, F. (2005): Technological Transitions and System Innovations: A Co-Evolutionary and Socio-Technical Analysis. Cheltenham. Edward Elgar, UK.

Gemici, E.; Alpkan, L. (2015): An application of disruptive innovation theory to create a competitive strategy in Turkish air transportation industry. 11th International Strategic Management Conference 2015, Procedia - Social and Behavioral Sciences 207 (2015), S. 797–806.

Geniale Tipps (2016): iPad Bildschirmauflösung – Auflösungen der unterschiedlichen iPads, unter: http://www.geniale-tipps.de/computer-und-internet/tablet/ipad-bildschirm-aufloesung.html, zuletzt aufgerufen am 11.01.2016.

GFK, gfu, BVT (2015a): Absatz von Navigationsgeräten in Deutschland von 2005 bis 2014 (in 1.000), in statista.

GFK, gfu, BVT (2016a): Absatz von Navigationsgeräten in Deutschland von 2005 bis 2015 (in 1.000), in statista.

gfu (2015): Die Geschichte von CE im Auto. Unterhaltung im Auto goes multimedia, unter: http://www.gfu.de/home/historie/autoradio/2001.xhtml., zuletzt aufgerufen am 20.01.2015.

gfu, GFK (2013): Der Markt für Consumer Electronics, Frankfurt am Main.

Gilbert, C. (2003): The Disruption Opportunity, in: MIT Sloan Management Review 44(4) Summer 2003, S. 27–32.

Gilbert, C., Eyring, M.; Foster, R. (2012): Two Routes to Resilience, in: Harvard Business Review Dez 2012, S. 67–73.

Gilbert, C.; Bower, J. (2002): Disruptive Change. When trying harder is part of the problem, in: Harvard Business Review, S. 94–101.

Gill, S. (2008): Navigating the route to success, vom 19.05.2009, unter: http://analysis.tu-auto.com/navigation-and-lbs/navigating-route-success., zuletzt aufgerufen am 17.02.2016.

Gilroy, Amy (2009b): Navigon Offers iPhone PND App. In: Twice vom 08.03.2009, S. 24.

Glaser, Barney G., Strauss, Anselm, L. (2008): Grounded Theory. Strategien qualitativer Forschung, 2. korrigierte Auflage, Verlag Hans Huber, Bern.

Gläser, Laudel (2010): Experteninterviews und qualitative Inhaltsanalyse als Instrument rekonstruierender Untersuchungen. 4. Auflage, Springer Fachmedien Wiesbaden GmbH, Wiesbaden.

Gläser, M. (2014): Medienmanagement, 3. Auflage, Vahlen Verlag, München.

Google Play (2016): Google Play – Apps, unter: https://play.google.com/store/apps, zuletzt aufgerufen am 20.02.2017.

Gort, M.; Klepper, S. (1982): Time paths in the Diffusion of product innovations. The Economic Journal, Jg. 92, S. 630–653.

Govindarajan, V.; Kopalle, P. K. (2006a): The Usefulness of Measuring Disruptiveness of Innovations Ex Post in Making Ex Ante Predictions, in: The Journal of Product Innovation Management, Jg. 23, S. 12–18.

Govindarajan, V.; Kopalle, P. K. (2006b): Disruptiveness of Innovations, Measurement and an assessment of reliability and validity, in: Strategic Management Journal Jg. 27, S. 189–199.

Govindarajan, V.; Kopalle, P.; Danneels, E. (2011): The Effects of Mainstream and Emerging Customer Orientations on Radical and Disruptive Innovations. The Journal of Product Innovation Management, Jg. 28, Nr. 1, S. 121–132.

Greenstein, S., Khanna, T. (1997): What does industry convergence mean? In: Yoffie, D. B. (1997): Competing in the age of Digital Convergence, Harvard Business School Press, Boston, Massachusetts, S. 201–226.

Gruber, G. (2013): Nokia Lumia 1020 im Test: Die beste Smartphone-Kamera. In: futurezone, Technology News, unter: http://futurezone.at/produkte/nokia-lumia-1020-test-die-beste-smartphone-kamera/27.316.384, zuletzt aufgerufen am 13.01.2016.

Guercini, S.; Runfola, A. (o. Jg): Disruptive Interaction, in: Emerging issues and research propositions.

Habel, J. (2015): Fehlende Replikation. Harvard Business Manager Juli 2015.

Hacklin, F. (2008): Management of Convergence in Innovation: Strategies and Capabilities for Value Creation Beyond Blurring Industry Boundaries, Physical Verlag, Heidelberg.

Hacklin, F., Adamsson, N., Marxt, C., Norell, M. (2005): Design for Convergence: Managing Technological Partnerships and Competencies across and within industries. International Conference on Engineering design ICED 05 Melbourne, August 15-18, 2005.

Hahn, F., Jensen, S.; Taney, S. (2014): Disruptive Innovation vs. Disruptive Technology: The Disruptive Potential of the Value Proposition of 3D Printing Technology Startups, in: Technology Innovation Management Review Dezember 2014: S. 24–36.

Hahn, G.; Krystek, U. (1979): Frühwarnsysteme in der Wirtschaft, in: Gießener Universitätsblätter Jg. 12, Nr. 2, 21-32.

Hamel, G.; Prahalad, C.K. (1994): Wettlauf um die Zukunft. Austria, Überreuther.

Han, J., Chung, S., Sohn, Y. (2009): Technology Convergence: When do customers prefer converged products to dedicated products? in: Journal of Marketing, Jg. 73, S. 97–108.

Hang, C.; Chen, J.; Yu, D. (2011): An assessment framework for disruptive innovation, in: Foresight, Jg. 13, Nr. 5, S. 4–13.

Haufe (2016): Disruptionserfinder Christensen: „Viele haben das Konzept falsch verstanden." H. Redaktion unter https://www.haufe.de/personal/hr-management/innovationsmanagement-christensen-ueber-disruptive-innovation_80_388494.html#!, zuletzt aufgerufen am 14.12.2016.

Haupter, R. (2012): Consumer Electronics in Deutschland, Pressekonferenz vom 22.08.2012, Bitkom, Berlin.

Hauschildt, J. (1997): Innovationsmanagement. München, Vahlen Verlag.

Hauschildt, Salomon (2011): Innovationsmanagement. 5. überarbeitete, ergänzte und aktualisierte Auflage, Franz Vahlen Verlag, München.

Helfferich, Cornelia (2011): Die Qualität qualitativer Daten. Manual für die Durchführung qualitativer Interviews, 4. Auflage, VS Verlag, Wiesbaden.

Henderson, R., M.; Clark, K. B. (1990): Architectural Innovation: The Reconfiguration of Existing Product Technologies and the Failure of Established Firms, in: Administrative Science Quarterly, Jg. 35, Nr. 1, S. 9–30.

Herstatt, C.; Verworn, B. (2003): Management der frühen Innovationsphasen. Wiesbaden, Gabler Verlag.

Hess, Köhler (2003): Organisation der Produktinnovation in Medienunternehmen – eine Analyse aufbauorganisatorischer Varianten, in Habann, F. (Hrsg.) (2003): Innovationsmanagement in Medienunternehmen. Theoretische Grundlagen und Praxiserfahrungen, Gabler Verlag, Wiesbaden.

Hess, T. (Hg.) (2007): Ubiquität, Interaktivität, Konvergenz und die Medienbranche, Universitätsverlag Göttingen.

Himpel, F., Kaluza, B., Wittmann, J. (Hrsg.) (2008): Spektrum des Produktions- und Innovationsmanagements. Komplexität und Dynamik im Kontext von Interdependenz und Kooperation. Gabler Edition Wissenschaft Verlag, Wiesbaden.

Hippel, E. v. (1988): The Sources of innovation, in: The McKinsey Quarterly.

Hippel, E. v. (2017): Free Innovation. MIT Press, Cambridge.

Hitzenberger, L.; Hammer, D.; Molski, C.; Wycislo, M. (2009): Ergonomie von Navigationsgeräten - Eine Studie der Bedienbarkeit und Usability von ausgewählten Navigationssystemen. Universität Regensburg, Philosophische Fakultät IV, Regensburg.

Hoffmann, T., Krösmann, C.; Böhm, K.; Esser, R. (2014): Die Zukunft der Consumer Electronics – 2014, Bitcom, Berlin.

Höft, U. (1992): Lebenszykluskonzepte. Grundlage für das strategische Marketing- und Technologiemanagement. Berlin, Freie Universität Berlin.

Hoheisel, D. (2009): Automotive Navigation und deren Nutzen für Sicherheit und Effizienz, in: Eberspächer, J.; Arnold, H.; Herrtwich, R. (2009): Das vernetzte Automobil, Hüthig Verlag, Heidelberg, S. 93–105.

Hohensee, M. (2012): Nokias Kartendienst: „Wir haben keine andere Wahl", vom 24.11.2012, unter: http://www.wiwo.de/unternehmen/it/michael-halbherr-im-interview-nokias- kartendienst-wir-haben-keine-andere-wahl/7427748.html., zuletzt aufgerufen am 16.05.2016.

Holle, D., Hüsig, S., Dowling, M., Mohr, N. (2015): Success factors of product concepts for convergence products in the telecommunications, internet, media, and entertainment industries, in: International Journal of Product Development, Jg. 20, Nr. 4, S. 304–324.

Honda (2016): Behind the Success of the CVCC Engine, unter: http://world.honda.com/history/challenge/1981navigationsystem/index.html., zuletzt aufgerufen am 02.07.2014.

Howard, B. (2007): Five problems with portable nav devices, in: PC Magazin vom 6. Februar 2007, S. 25.

Hubbard, Armstrong (1993): Replications and extensions in marketing: Rarely published but quite contrary. In: International Journal of Research in Marketing, Jg. 11, S. 233–248.

Hubbard, R.; Vetter (1991): Replications in the finance literature; an empirical study, in: Quarterly Journal of Business and Economics, Jg. 30, S. 70–81.

Hubbard, Vetter (1996): An empirical comparison of published replication research in accounting, economics, finance, management, and marketing, in: Journal of Business Research, Jg. 35, S. 153–164.

Hüsig, S. (2009): Analyzing the Disruptive Potential in the Telecommunications Industry, in: IGI Global Chapter VII, S. 108–122.

Hüsig, S. (2013): The disruptive potential of PWLAN at the country-level: The cases of Germany, the UK, and the USA, in: Telecommunications Policy 37: S. 1060–1070.

Hüsig, S. Timar, K.; Doblinger Claudia (2014): The Influence of Regulation and Disruptive Potential on Incumbents' Submarket Entry Decision and Success in the Context of a Network Industry, in: The Journal of Product Innovation Management 31(5).

Hüsig, S., Hipp, C.; Dowling, M. (2005): Analysing disruptive potential: the case of wireless local area network and mobile communications network companies. R&D Management, Jg. 35, Nr. 1, S. 17–35.

Hutter, T. (2015), Instagram: Reichweiten für Deutschland, Österreich, Schweiz und Europa, unter: http://www.thomashutter.com/index.php/2015/10/instagram-nutzer-zahlen-fuer-deutschland-oesterreich-schweiz-und-europa/, zuletzt aufgerufen am 26.01.2016.

Hwang, N.-C.; Lui, G.; Tong, M. (2008): Cooperative Learning in a Passive Learning Environment: A Replication and Extension, in: Issues in accounting education, Jg. 23, Nr. 1, S. 67–75.

IBM Global Business Services (2007): Konvergenz oder Divergenz? Erwartungen und Präferenzen der Konsumenten an die Telekommunikations- und Medienangebote von morgen. IBM Deutschland GmbH, Stuttgart.

IfD Allensbach (2014c): Das Smartphone löst das herkömmliche Handy ab, in http://www.ifd-allensbach.de/acta/ergebnisse/ergebnisse-acta-2014/das-smartphone-loest-das-her-koemmliche-handy-ab.html, zuletzt aufgerufen am 08.06.2016.

IfD Allensbach (2015b): Handyfunktionen: Anzahl der Personen in Deutschland, die eine Navigationssystem-Funktion ihres Handys oder Smartphones nutzen, von 2013 bis 2015 (in Millionen).

IfD Allensbach ACTA (2014): Computergestützte Navigation und digitale Karten, unter: http://www.ifd-allensbach.de/acta/ergebnisse/ergebnisse-acta-2014/computergestuetzte-navigation-und-digitale-karten.html, zuletzt aufgerufen am 08.08.2016.

IfD Allensbach ACTA (2014b): Smartphones verändern die Muster der Internetnutzung, unter: http://www.ifd-allensbach.de/acta/ergebnisse/ergebnisse-acta-2014/smartphones-veraendern-die-muster-der-internetnutzung.html, zuletzt aufgerufen am 08.08.2016.

imore (2016): CarPlay, unter: http://www.imore.com/carplay., zuletzt aufgerufen am 18.08.2016.

Informationszentrum Mobilfunk (2015): Wie entwickelte sich der digitale Mobilfunk in Deutschland?, unter: http://informationszentrum-mobilfunk.de/wie-entwickelte-sich-der-digitale-mobilfunk-deutschland-0#header, zuletzt aufgerufen am 25.01.2016.

Initiative D21; Huawei Technologies (2014): Mobile Internetnutzung 2014; Gradmesser für digitale Gesellschaft, Verlag Schmiekes, Medien und Druck, unter: http://www.initiatived21.de/wp-content/uploads/2014/12/Mobile-Internetnutzung-2014_WEB.pdf, zuletzt aufgerufen am 26.22.2015.

Instagram (2016): Our story, unter: https://www.instagram.com/press/., zuletzt aufgerufen am 25.01.2016.

Isaacson, Walter (2011): Steve Jobs. Die autorisierte Biografie des Apple-Gründers. C. Bertelsmann Verlag, München.

IT Times (2011): Garmin kämpft weiter gegen den Abwärtstrend – Smartphones machen dem Unternehmen das Leben schwer, unter: http://www.it-times.de/news/garmin-kampft-weiter-gegen-den-a...-smartphones-machen-dem-unternehmen-das-leben-schwer-29683/, zuletzt aufgerufen am 18.06.2016.

Johnson, M. W., Christensen, C. M., Kagermann, H., (2008): Reinventing your business model, in Harvard Business Review, Jg. 86, Nr. 12, S. 50–59.

Kallus, K. Wolfgang (2010): Erstellung von Fragebogen, 1. Auflage, Facultas Verlags- und Buchhandels GmbH, Wien.

Kaltenecker, N.; Hüsig, S.; Hess, T.; Dowling, M. (2013): The Disruptive Potential of Software as a Service: Validation and Application of an Ex-ante Methodology. Thirty Fourth International Conference on Information Systems. Milan, S. 1–19.

Kaplan, S. (2012): Leading disruptive Innovation, in: Ivey Business Journal, July/August 2012.

Karvonen, M., Kässi, T. (2010): Technological innovation strategies in converging industries, in: Journal of Business Innovation and Research, Jg. 4, Nr. 5, S. 391–410.

Karvonen, M., Kässi, T. (2011): Patent analysis for analysing technological convergence, in: Foresight, Jg. 13, Nr. 5, S. 34–50.

Karvonen, M.; Lehtovaara, M.; Kässi, T. (2012): Build-up of understanding of technological convergence: Evidence from printed intelligence industry, in: International Journal of Innovation and Technology Management, Jg. 9, Nr. 3, S. 1250020-1-1250020-24.

Kassicieh, S., Rahal, N. (2007): A model for disruptive technology forecasting in strategic regional economic development, in: Technological Forecasting and Social Change, Jg. 74,Nr. 9, S. 1718–1732.

Katz, M. L. (1996): Remarks on the economic implications of convergence. Industrial and Corporate Change, Jg. 5, S. 1079–1095.

Kaumanns, R., Neus, A.; Pöschmann, A.(2007): Konvergenz oder Divergenz. Strategy & Change. IBM Global Business Services, Stuttgart.

Keese, C. (2014): Silicon Valley, Albrecht Knaus Verlag, München.

Kelle, Udo (2008): Die Integration qualitativer und quantitativer Methoden in der empirischen Sozialforschung. Theoretische Grundlagen und methodologische Konzepte, 2. Auflage, VS Verlag, Wiesbaden.

Keller, A.; Hüsig, S. (2009): Ex ante identification of disruptive innovations in the software industry applied to web applications: The case of Microsoft's vs. Google's, in: Technological Forecasting & Social Change, Jg. 76, S. 1044–1054.

KFZ.DE (2016): Navigationssystem, unter: http://www.kfz.de/zubehoer/navigationssystem/, zuletzt aufgerufen am 03.02.2016.

kfztech.de (2016): Nützliche und interessante Auto Apps, unter: http://www.kfztech.de/Auto/auto-apps.htm., zuletzt aufgerufen am 22.02.2016.

kfztech.de (2016b): Navigation – Grundlagen der Ortung und GPS, unter: http://www.kfztech.de/kfztechnik/komfort/navigation/navigation.htm., zuletzt aufgerufen am 22.02.2016.

kfztech.de (2016c): Nützliche und interessante Auto Apps (1), unter: http://www.kfztech.de/Auto/auto-apps.htm, zuletzt aufgerufen am 22.02.2016.

Kim, W. C. M., Mauborgne, Reneé (2005): Der blaue Ozean als Strategie. Wie man neue Märkte schafft, wo es keine Konkurrenz gibt. Carl Hanser Verlag, München.

King, A. A.; Baatartogtokh, B. (2015): "How Useful Is the Theory of Disruptive Innovation?", MIT Sloan Management Review, Jg. 57, Nr. 1, 2015.

Kirchhoff, S. (2009): Wieder ein Navi bei Aldi: Medion GoPal E4430, unter: http://www.teltarif.de/arch/2009/kw06/s32914.html, teletarif.de, zuletzt aufgerufen am 09.08.2016.

Klenner, P. (2011): Die Bestimmung der Disruptionsreife von Märkten – Ex-ante Analyse der wirtschaftlichen Verwertung disruptiver Innovationen, Wiku-Wissenschaftsverlag Dr. Stein, Köln & Duisburg.

Klenner, P., Hüsig, S.; Dowling, M. (2013): Ex-ante evaluation of disruptive susceptibility in established value networks—When are markets ready for disruptive innovations?, in: Research Policy, Jg. 42, Nr. 4, S. 914–927.

Klepper, S. (1997): Industry Life Cycles, in: Industrial and Corporate Change, Jg. 6, Nr. 1, S. 145–182.

Klepper, S.; Graddy, E. (1990): The evolution of new industries and determinants of market structure, in: RAND Journal of Economics, Jg. 21, Nr.1, S. 27-44.

Kluge, S. (2010): Moderne Navigationssysteme, Präsentation vom 12./13.04.2010, BA Friedrichshafen.

Knaak, P.; Bautsch, M. (2014): Chat Kamera: Die Antworten der Kamera Experten, Die richtige Kamera für jeden Zweck, Stiftung Warentest vom 12.03.2014 unter: http://www.test.de/Chat-Kamera-Die-Antworten-der-Kamera-Experten-4666412-0/, zuletzt aufgerufen am 22.07.2014.

Knott, M. (2010): Bitkom: Navis verweisen Straßenatlas bei der Urlaubsplanung auf den Rücksitz, unter: http://www.netzwelt.de/news/83399-bitkom-navis-verweisen-strassen-atlas-urlaubsplanung-ruecksitz.html., zuletzt aufgerufen am 05.09.2016.

Kodak (2016): Heritage – Cultural Icon, unter: http://www.kodak.com/corp/aboutus/heritage/default.htm, zuletzt aufgerufen am 16.11.2016.

König, A., Kammerlander, N.; Enders, A. (2013): The Family Innovator's Dilemma: How Family Influence Affects the Adoption of Discontinous Technologies by Incumbent Firms, in: Academy of Management Review, Jg. 38, Nr. 3, S. 418–441.

Kornmaier, M. (2008): Wissenschaftstheorie und wissenschaftliches Arbeiten, Physica Verlag.

Kostoff, R. N., Boylan, R.; Simons, G. (2004): Disruptive technology roadmaps, in: Technological Forecasting & Social Change, Jg. 71, S. 141–159.

KPMG (2013): More than medicine. KPMG International Cooperative, Global Life Sciences, April 2013.

Krauß, A. (2008): Reflexionen zum Innovationsmanagement im Kontext technologischer Konvergenz, in: Himpel, F.; Kaluza, B.; Wittmann, J. (Hrsg.) (2008): Spektrum des Produktions- und Innovationsmanagements, Gabler, Wiesbaden, S. 225–232.

Kremp, M. (2010): Handy-Navigation: Google zeigt Deutschland den Weg, Spiegel vom 09.06.2010, unter: http://www.spiegel.de/netzwelt/gadgets/handy-navigation-google-zeigt-deutschland-den-weg-a-699648.html, zuletzt aufgerufen am 13.05.2016.

Kroker, M. (2014): 3 Jahre Instagram: 218 Millionen registrierte Nutzer, 3 Millionen davon in Deutschland, unter: http://blog.wiwo.de/look-at-it/2014/02/06/3-jahre-instagram-218-millionen-registrierte-nutzer-3-millionen-davon-in-deutschland/, zuletzt aufgerufen am 26.01.2016.

Kuhn, T. (2015): Navigationsgeräte – Die Untoten am Armaturenbrett, in: Wirtschaftswoche vom 13.08.2015 unter http://www.wiwo.de/technologie/gadgets/navigationsgeraete-die-untoten-am-armaturenbrett/12153152.html, zuletzt aufgerufen am 18.06.2016.

Lacourbe, P. (2013): Balancing the dual role of disruptor and disruptee, in: International Journal of Innovation Management, Jg. 17, Nr. 4, S. 1350017-1-1350017-15.

Lamnek, Siegfried (2010): Qualitative Sozialforschung, 5. Auflage, Beltz Verlag, Weinheim, Basel.

Lee, S., Lee, J., Garrett, T. (2013): A Study of the Attitude toward Convergent Products: A focus on the Consumer perception of functionalities, in: Journal of Product Innovation Management, Jg. 30, Nr. 1, S. 123–135.

Lee, S.; Olson, D.; Trimi, S. (2010): Strategic innovation in the convergence era. International Journal of Management and Entreprise Development, Jg. 9, Nr. 1, S. 1–12.

Lee, W.; Han, W.; Sohn, S. (2015): Predicting the pattern of technological convergence using big-data technology of large tradic patents, in: Technological Forecasting & Social Change, Jg. 100, S. 317–329.

Lefenda, J.; Pöchhacker-Tröscher, G. (2014): Radikale Innovationen und disruptive Technologien. Pöchhacker Innovation Consulting GmbH, Academia Superior, Linz.

Leker, J.; Song, C. H. (2014): Die Prognose von Konvergenzentwicklungen zur Identifikation attraktiver Innovationsfelder, in: Schulz, C., Hölzle K. (2014): Motoren der Innovation. Zukunftsperspektiven der Innovationsforschung, S. 3–22. Springer Gabler, Wiesbaden.

Leoard-Barton, D. (1990): A dual methodology for case studies: synergistic use of a longitudinal single site with replicated multiple sites, in: Organization Science, Jg. 1, Nr. 3, S. 248–266.

Lepore, J. (2014): The Disruption Machine – What the gospel of innovation gets wrong, The New Yorker, June, 23., Retrieved 3/7/16 World Wide Web, http://www.newyorker.com/magazine/2014/06/23/the-disruption-machine.

Lim, D.-J.; Anderson, T. R. (2015): Technology trajectory mapping using data envelopment analysis: the ex ante use of disruptive innovation theory on flat panel technologies, R&D Management, Jg. 46, Nr. 5, S. 815–830.

Lind, J. (2004): Convergence: History of term usage and lessons for firm strategists. Proceedings of the 15th Biennial ITS Conference. Berlin, Germany, 2004.

Lind, J. (2005): Ubiquitous convergence: market redefinitions generated by technological change and the industry life cycle. Paper for the DRUID Academy Winter 2005 Conference. Aalborg, Denmark, 2005.

Lindo, W.; Becker, T. (2003): Digitale Kamera und PC, 2. Auflage, SYBEX-Verlag GmbH, Köln.

Lindsay, Ehrenberg (1993): The Design of replication Studies, in: The American Statistician, Jg. 47, Nr. 3, S. 217–228.

Lindsay, J.; Hopkins, M. (2010): From Experience: Disruptive Innovation and the need for disruptive intellectual asset strategy, in: Journal of Product Innovation Management, Jg. 27, S. 283–290.

Little, A. D. (1986): Management im Zeitalter der strategischen Führung, Arthur D. Little Int., Springer, Wiesbaden.

Löding, T. (o. Jg.): Videogrüße per Handy. Multimedia Messaging Service, unter: http://www.heise.de/ct/artikel/Multimedia-Messaging-Service-1899026.html, zuletzt aufgerufen am 25.01.2016.

lomography (2011): Die 10 inspirierendsten Zitate von Steve Jobs, unter: https://www.lomography.com/magazine/113918-die-10-inspirierensten-zitate-von-steve-jobs, zuletzt aufgerufen am 20.01.2017.

Lutter, T., Pentsi, A.; Poguntke, M.; Böhm, K.; Esser, R. (2015): Zukunft der Consumer Electronics – 2015, Marktentwicklung, Schlüsseltrends, Mediennutzung,Bitkom, Berlin.

Madjdi, F.; Hüsig, Stefan (2011): The response strategies of incumbent mobile network operators on the disruptive potential of puplic W-LAN in Germany, in: Telecommunications Policy, Jg. 35, S. 555–567.

Maidique, M. A.; Zirger, B. J. (1984): A study of success and failure in product innovation: the case of the U.S. electronics industry, in: IEEE Transactions on Engineering Management, Jg. 31, Nr. 4, S. 192–203.

Malerba, F.; Orsenigo L. (1996): The Dynamics and Evolution of Industries, in: Industrial and Corporate Change, Jg. 5, Nr. 1, S. 51–87.

Malerba, F.; Orsenigo L. (1997): Technological Regimes and Sectoral Patterns of Innovative Activities, in: Industrial and Corporate Change, Jg. 6, Nr. 1, S. 83–117.

Malhorta, A.; Gupta, A. (2001): An Investigation of Firms strategic responses to industry convergence, in: Academy of Management Proceedings.

Manager Magazin (2013): Nie mehr in die Irre fahren, in: Manager Magazin vom 25.01.2013, unter: http://www.manager-magazin.de/lifestyle/auto/a-879456.html, zuletzt aufgerufen am 16.02.2016.

MarketLine (2014): Mobile Phones in Germany, MarketLine Industy, CTIA – The Wireless Associations, Bundesnetzagentur, Washington, Bonn.

Markides, C. (2006): Disruptive Innovation: In Need of a Better Theory, in: The Journal of Product Innovation Management, Jg. 23, S. 19–25.

Markides, C. (2012): How disruptive will innovations from emerging markets be?, in: MIT Sloan Management Review, Jg. 54, Nr. 1, S. 22–26.

Markus, D. (1999): Strategische Kooperationen in der Multimediaindustrie. Eine theoretisch-empirische Betrachtung von Entstehung, Evolution und Management, Peter Lang Verlag, Frankfurt am Main.

Maschke, T. (2004a): Digitale Kameratechnik. Technik digitaler Kameras in Theorie und Praxis, Springer Verlag, Berlin, Heidelberg, New York.

Mayer, Horst O. (2009): Interview und schriftliche Befragung. Entwicklung, Durchführung, Auswertung, 5. Auflage, Oldenburg Wissenschaftsverlag GmbH, München

Mayring, P. (2002): Einführung in die Qualitative Sozialforschung. Eine Anleitung zu qualitativem Denken. 5. Auflage, Beltz Verlag, Weinheim und Basel.

Meck, G.; Weiguny, B. (2015): Disruption, Baby, Disruption!, unter: http://www.faz.net/aktuell/wirtschaft/wirtschaftswissen/das-wirtschaftswort-des-jahres-disruption-baby-disruption-13985491.html., zuletzt aufgerufen am 12.01.2016.

Meffert, H. (1974): Interpretation und Aussagewert eines Produktlebenszyklus-Konzeptes, Duncker & Humlot, Berlin.

Mellahi, K.; Wilkinson, A. (2004): Organizational failure: a critique of recent research and a proposed integrative framework, in: International Journal of Management Reviews, Jg. 5-6, Nr. 1, S. 21–41.

Microsoft Store (2016): Windows Apps im Microsoft Store, Windows Karten, unter: https://www.microsoft.com/de-de/store/p/windows-karten/9wzdncrdtbvb, zuletzt aufgerufen am 27.07.2013.

Milling, P. (1974): Der technische Fortschritt beim Produktionsprozess, Gabler Verlag, Wiesbaden.

Mitra, K. (2012): Never Lose your Way again, in: Business Today, March 18/2012, S. 156.

Mitroff, S. (2012): Kodak sells digital camera patents to Apple, Google, other tech giants, unter: http://www.wired.com/2012/12/kodak-patents/., zuletzt aufgerufen am 28.12.2015.

Mittelstaed, Zorn (1984): Economic replication: Lessons from the experimental sciences, in: Quarterly Journal of Business and Economics, Jg. 23, S. 9–15.

Momeni, A.; Rost, K. (2016): Identification and monitoring of possible disruptive technologies by patent-development paths and topic modeling, in: Technological Forecasting & Social Change, Jg. 104, S. 16–29.

Moore, G. (1991): Crossing the Chasm. Marketing and Selling High-Tech Products to Mainstream Customers, Harper Business Essentials.

Moore, W. L.; Tushman, M. L. (1982): Managing Innovation over the Product Life Cycle, in: Tushman, M. (Hrsg.); Moore W.; Boston (1982): Readings in the Management of Innovation, S. 131–150.

Mueller-Oerlinghausen, J.; Sauder, A. (2003): Die Rolle von Innovationen - Sinkender Erfolg bei steigender Bedeutung von Innovationen in der Medienindustrie. Innovationsmanagement in Medienunternehmen. F. Habann, Gabler Verlag, S. 17-36.

Mueller, M. (1999): Digital convergence and its consequences, in: the Public, Jg. 6, S. 11–28.

Müller-Stewens, G.; Hoffmann-Burchardi, U. (1996): Strategic alliances as a coordinative regime for industry convergence in the multimedia-market, in: CEMS Business Review, Jg. 1, Nr. 1, S. 1–13.

Müller, K. (2008): Strategieprozess und Marktkonvergenz – der Zusammenhang zwischen unternehmensstrategischem Handeln, Unternehmensstrategie und konvergierenden Märkten aus der Perspektive der Strukturationstheorie – Mit einem Beispiel aus dem Bereich Mobile TV. Dissertationsschrift, Universität Flensburg.

Müller, S. (2006): Konvergenz in der TIME-Branche – Anforderungen an und Lösungsmöglichkeiten für das Risikocontrolling, insbesondere die Risikoidentifikation. Diplomarbeit Technische Universität Ilmenau, Fakultät für Wirtschaftswissenschaften, Illmau.

myTaxi (2011a): Die myTaxi-App erobert Deutschland, Pressemitteilung 01/2011, my Taxi, Hamburg.

myTaxi (2011b): Die Revolution des europäischen Taximarktes, Pressemitteilung 08/2011, my Taxi, Hamburg.

myTaxi (2011d): myTaxi goes global – The German app revolution getting ready for take-off!, Pressemitteilung 12/2012, myTaxi, Hamburg.

myTaxi (2012a): myTaxi ist ab sofort in Dresden verfügbar, Pressemitteilung vom 22.03.2012, my Taxi, Hamburg.

myTaxi (2012b): Der nächste Meilenstein für myTaxi, Pressemitteilung vom 06.08.2012, myTaxi, Hamburg.

myTaxi (2012c): Wien: myTaxi gegen Exklusivitätsklauseln in Wiener Taxiverträgen, Pressemitteilung vom 12.09.2012, myTaxi, Hamburg.

myTaxi (2013a): myTaxi ergänzt Mobile Payment Angebot um Kartenleser, Pressemitteilung vom 13.02.2013, my Taxi, Hamburg.

myTaxi (2013b): mytaxi erhöht den Druck auf die großen Zentralen, Pressemitteilung vom 15.04.2013, my Taxi, Hamburg.

Nagy, D.; Schuessler, J.; Dubinsky, A. (2016): Defining and identifying disruptive innovations, in: Industrial Marketing Management, Jg. 57, S. 119–126.

Narayanan, V. K. (2001): Managing Technology and Innovation for Competitive Advantage. Prentice Hall, New Jersey.

Nathan, E. (2014): Smartphones, Tablets Eat Into Personal Navigation Device Market, in: eWeek 19.09.2014: S. 1.

Navi-Magazin (2007b): Lobbys, Firmen und Politiker, in Navi-Magazin 2/2007, S. 94–95.

Navi-Magazin ONLINE (2016): Grundlagen Navigation, unter: http://www.navi-magazin.de/grundlagen-wissenswertes/grundlagen-navigation/., zuletzt aufgerufen am 03.02.2016.

Nelson, R.; Winter, S. (1982): An Evolutionary Theory of Economic Change, Harvard University Press, Cambridge.

netzoekonom.de (2014): Anzahl der Smartphone-Nutzer in Deutschland bis 2014, in: statista (2013b): Mobiltelefone-Statista-Dossier 2013 unter: http://de.statista.com/statistik/daten/studie/198959/umfrage/anzahl-der-smartphonenutzer-in-deutschland-seit-2010, zuletzt aufgerufen am 13.01.2016.

Nowicki, J. (2002): Marktentwicklung für Kfz-Navigation, ADAC-Schätzung und Prognose bis 2005, ADAC, München.

Nylén, D.; Holmström, J. (2014): Digital innovation strategy: A framework for diagnosing and improving digital product and service innovation, in: Business Horizons.

Nyström, A. (2008): Understanding Change Processes in Business Networks. A study of Convergence in Finnish Telecommunications 1985-2005, in: Abo Akademie University Press.

Nyström, A.-G. (2007): What is convergence? Perceptions from the Finnish telecommunications sector. The 18th European Regional ITS Conference 2-4 September, Istanbul, Turkey, 2007.

Nyström, A.-G.; Hacklin, F. (2005): Operator value creation through technological convergence: the case of VoIP. International Telecommunications Society (ITS), 16th European Regional Conference, Porto, Portugal, 2005.

Oakey, R. (2007): Are disruptive technologies disruptive?, in: IET Engineering Management April/Mai, S. 10–13.

OECD (1992): Convergence between communications technologies: Case studies from North America and Western Europe, Reihe „Information Computer Communications Policy (ICCP)“, OECD Eigenverlag, Paris.

OECD (1992): Telecommunications and broadcasting: Convergence or collision?, in: Information computer communications Nr. 29, OECD Publishing.

Paap, J.; Katz, R. (2004): Predicting the „unpredictable“: Anticipating disruptive Innovation, in: Research Technology Management, Jg. 47, H. 5, S. 13–22.

Parbel, M. (2008): Verkaufszahlen von Navigationsgeräten in Europa rückläufig. Heise Online, unter http://www.heise.de/newsticker/meldung/Verkaufszahlen-von-Navigationsgeraeten-in-Europa-ruecklaeufig-215802.html vom 07.11.2008, zuletzt aufgerufen am 18.06.2016.

pc-magazin (2009): Digitalkamera-Patente – Japan führend, unter: http://www.pc-magazin.de/news/digitalkamera-patente-japan-fuehrend-371030.html., zuletzt aufgerufden am 28.12.2015.

Pennings, J.; Puranam, P. (2000): Market Convergence & Firm Strategies: Towards a systematic analysis. Organization Science Winter Conference. Keystone, CO.

Petersen, Thomas (2014): Der Fragebogen in der Sozialforschung, UVK Verlagsgesellschaft mbH, Konstanz.

Peterson, M. (2008): Trends in Internet and Ubiquitous Cartography, in: Cartographic perspectives, Jg. 61, S. 36–49.

Peterson, M. (2008b): Maps and the Internet: What a Mess it is and how to fix it, in: Cartographic perspectives, Jg. 59, S. 4–11.

Petrick, I.; Martinelli, R. (2012): Driving Disruptive Innovation, in: Research Technology Management Nov-Dec 2012, S. 49–57.

Pfeifer (1989): Etymologisches Wörterbuch des Deutschen, Akademie Verlag, Berlin.

Pfeifer, W.; Braun, W. (2005): Etymologisches Wörterbuch des Deutschen. Deutscher Taschenbuch Verlag, München.

Pfeffer, J.; Salancik, G. (1978): The External Control of Organizations. A Resource Dependence Perspective, Harper & Row Publishers, New York.

Phaal, R., O'Sullivan, E., Routley, M., Ford, S., and Probert, D. (2011): A framework for mapping industrial emergence, in: Technological Forecasting and Social Change, Jg. 78, Nr. 2, S. 217–230.

Photoindustrie-Verband e. V. (2009): Trends im Foto- und Imagingmarkt – photokina 2008, Prophoto GmbH, Frankfurt am Main.

Photoindustrie-Verband e. V. (2011): Trends im Foto- und Imagingmarkt – photokina 2010, Prophoto GmbH, Frankfurt am Main.

Photoindustrie-Verband e. V. (2012): Trends im Foto- und Imagingmarkt – Photokina 2012, Prophoto GmbH, Frankfurt am Main.

Photoindustrie-Verband e. V. (2014): Die digitale Revolution – Wer hat's erfunden?, unter: http://www.photoindustrie-verband.de/artikel/Die-digitale-Revolution-Wer-hats-erfunden, zuletzt aufgerufen am 21.07.2014.

Photoindustrie-Verband e. V. (2014): Über uns, Photoindustrie-Verband – The Imaging Association, unter: http://www.photoindustrie-verband.de/ueber-uns., zuletzt aufgerufen am 30.11.2015.

Photoindustrie-Verband e. V. (2015b): Deutscher Foto- und Imagingmarkt 2014 unter: http://www.photoindustrie-verband.de/artikel/deutscher-foto-und-imagingmarkt-2014, zuletzt aufgerufen am 16.06.2015.

Photoindustrieverband (2015): Über uns, unter: http://www.photoindustrie-verband.de/ueber-uns., zuletzt aufgerufen am 30.112015.

photoscala (2005): Ampex lizenziert Digitalkamera-Patente an Nikon und Funai, unter: http://www.photoscala.de/Artikel/Ampex-lizenziert-Digitalkamera-Patente-an-Nikon-und-Funai, zuletzt aufgerufen am 28.12.2015.

photoscala (2006): Teure Digitalkamera-Patente von Ampex, unter: http://www.photoscala.de/Artikel/Teure-Digitalkamera-Patente-von-Ampex, zuletzt aufgerufen am 28.12.2015.

Picard, R. G. (1998): Interacting forces in the Development of Communication Technologies - Business Interests and New Media Products and Services, in: European Media Management Review Jg. 1, Nr. 1, p. 18-24.

Picot, A., Schmid, M. S., Kempf, M. (2007): Die Rekonfiguration der Wertschöpfungssysteme im Medienbereich, in: Hess, T. (Hrsg.) Ubiquität, Interaktivität, Konvergenz und die Medienbranche, Göttingen: Universitätsverlag Göttingen, S. 205–257.

Planet Wissen (2015): Die Geschichte der Fotografie, unter: http://www.planet-wissen.de/kultur/medien/geschichte_der_fotografie/index.html, zuletzt aufgerufen am 26.01.2016.

Pöhler, D. (2016): Taxi und Uber im Vergleich: Was kostet weniger?, Finanztip vom 09.05.2016, unter: http://www.finanztip.de/uber-taxi-vergleich/., zuletzt aufgerufen am 08.08.2016.

Polifke, A. (2013): Mobile Phone Sales at Record High, unter: http://www.gfk.com/news-and-events/News/Pages/Mobile-phone-sales-at-record-high.aspx, zuletzt aufgerufen am 22.04.15

Porter (1992): Wettbewerbsvorteile. Spitzenleistungen erreichen und behaupten, Campus Verlag, 3. Auflage, Frankfurt am Main.

Porter, A.L., Cunningham, S.W., Banks, J., Roper, A.T., and Mason, T.W. (2011): Forecasting and Management of Technology, 2nd ed. New Jersey: John Wiley & Sons. 18 Technology Management.

Porter, M. (1999): Wettbewerbsstrategie (competitive strategy). Methoden zur Analyse von Branchen und Konkurrenten. Frankfurt, Campus Verlag.

Prahalad, C. K. (1998): Managing discontinuities: The emerging challenges, in: Research Technology Management, Jg. 41, S. 14–22.

Prophoto (2013): Deutscher Foto- und Imagingmarkt 2013, from http://www.prophoto-online.de/foto-und-imagingmarkt/deutscher-foto-und-imagingmarkt-2013-10007742., zuletzt aufgerufen am 22.08.14.

Prophoto (2013): Deutscher Foto- und Imagingmarkt 2013, unter: http://www.prophoto-online.de/foto-und-imagingmarkt/deutscher-foto-und-imagingmarkt-2013-10007742, zuletzt aufgerufen am 22.08.2014.

Prophoto (2014): Trends im Foto- und Imagingmarkt photokina 2014, Prophoto GmbH, Frankfurt am Main.

Prophoto Online (2013): Foto- und Imagingmarkt 2013 – Deutschland nimmt im europäischen Vergleich Spitzenposition ein, unter: http://www.prophoto-online.de/foto-und-imagingmarkt/Foto-Imaging…13-Deutschland-europaeischen-Vergleich-Spitzenposition-10007067, zuletzt aufgerufen am 23.08.2014.

Pur, S.; Hüsig, S.; Mann; H.; Schmidhammer, C. (2014): How to Analyse the Disruptive Potential f Business model innovation in Two-Sided Markets?: The Case of Peer to Peer Lending Marketplaces in Germany, in: 2014 Proceedings of PICMET 2014: Infrastructure ans Service Integration.

Rafii, F.; Kampas, P. J. (2002): How to identify your enemies before they destroy you, in: Harvard Business Review, Jg. 80, Nr. 11, S. 115–123, 134.

Reelitz, W. (2009): Personal Navigation Devices. In: Eberspächer, J.; Arnold, H.; Herrtwich, R. (Hrsg.) (2009): Das vernetzte Automobil, Hüthig Verlag, Heidelberg, S. 107–125.

Reilly, D.; Malcolm, R.; Argue, R.; Nunes, M.; Inkpen, K. (2005): Marked-up maps: combining paper maps and electronic information resources, in: Pers Ubiquit Comput 10: S. 215–226.

Retail Week, Conlumino, Timetric (2014): Mobile phone market penetration in Germany from 2004 to 2013, in: Retailing in Germany November 2014, S. 29.

Reuters (2015): Navi-Hersteller fährt Verlust ein, unter: http://www.handelsblatt.com/unternehmen/it-medien/tomtom-navi-hersteller-faehrt-verlust-ein/11665686.html. Handelsblatt vom 21.04.2015, zuletzt aufgerufen am 03.01.2016.

Roberts, E. B. (1987): Introduction: Managing Technological Innovation – A Search for Generalizations, in Roberts, E.B. (Hrsg.) (1987): Generating Technological Innovation, Sloan Management Review, New York/Oxford, S. 3–21.

Robles, E. (2015): How to identify disruptive new businesses, in: Review of Business and Finance Studies, Jg. 6, S. 121–130.

Rockenhäuser, J. (1999): Digitale Konvergenz und Kompetenzmanagement, Wiesbaden: Deutscher Universitäts-Verlag.

Rogers, E. M. (1983): Diffusion of Innovations, 3. Auflage, The Free Press, New York.

Rogers, E. M. (2003): The Diffusion of Innovations, 4. Auflage, The Free Press, New York.

Rosenberg, N. (1963): Technological change in the machine tool industry, 1840 – 1910, in: Journal of Economic History, Jg. 23, S. 414–443.

Rosenberg, N. (1976): Perspectives on Technology. Cambridge University Press, Cambridge, UK.

Rosenberg, N. (1982): Inside the Black Box: Technology and Economics, Cambridge University Press, Cambridge.

Rosenbloom, R.; Christensen, C. (1994): Technological Discontinuities, Organizational Capabilities, and Strategic Commitments. In: Industrial Corporate Change, Jg. 3, Nr. 3, S. 655–685.

Rothwell, R.; Gardiner, P. (1989): The strategic management of reinnovation, in: R&D Management, Jg. 19, S. 147-160.

Runde, J.; Jones, M.; Munir, K.; Kikolychuk, L. (2008): On technological objects and the adoption of technological product innovations: rules, routines and the transition from analogue photography to digital imaging. Cambridge Journal of Economics, Jg. 33, S. 1–24.

Rupprecht, J.-M. (2003): Die Geschichte der Digitalfotografie (Teil 2), unter: http://www.digitalkamera.de/Meldung/Die_Geschichte_der_Digitalfotografie_Teil_2/2021.aspx., zuletzt aufgerufen am 14.08.2014.

Sahal, D. (1985): Technological guideposts and innovation avenues, in: Research Policy, Jg. 14, S. 61–82.

Said, M. F.; Adham, K. A. (2016): Is a Mobile Phone a disruptive Innovation in the Workplace?, in: Gadjah Mada International Journal of Business, Jg. 18, Nr.2, S. 131–151.

Sainio, L.-M. (2005): A framework for analysing the effects of new, potentially disruptive technology on a business model case – Bluetooth, in: International Journal of Electronic Business, Jg. 2, Nr. 3, S. 1.

Sainio, L.-M.; Puumalainen, K. (2007): Evaluating disruptiveness in a strategic corporate context: A case study, in: Technological Forecasting & Social Change, Jg. 74, S. 1315–1333.

Samsung (2014): Die Anfänge von Samsung, unter: http://www.samsung.com/de/aboutsamsung/samsung/history.html. zuletzt aufgeruden am 19.09.2014.

Sandström, C. (2011): High-end disruptive technologies with an inferior performance. Int. J. Technology Management, Jg. 56, Nos. 2/3/4, S. 109–122.

Sandström, C. (2015): How disruptive Is Tesla, Really? Applying the theory of disruptive innovation to Tesla is not as simple as it seems, in: MIT Technology Review 7. Juli 2015.

Sandström, C. B., Henrik; Magnusson, Mats (2014): Symmetric Assumptions in the Theory of Disruptive Innovation: Theoretical and Managerial Implications, in: Creativity and Innovation Management, Jg. 23, Nr. 4, 472–483.

Sandström, C.; Magnusson, M.; Jörnmark, J. (2009): Exploring Factors Influencing Incumbents' Response to Disruptive Innovation, in: Creativity and Innovation Management, Jg. 18, Nr. 1.

Schanz (2009): Low-end Innovationen für China. Gestaltung der frühen Innovationsphasen am Beispiel eines Technologieunternehmens, Wiku-Verlag.

Schidlack, M.; Hoffman, T.; Puppe, M.; Böhm, K.; Esser, R.; Gramatke, M. (2013): Die Zukunft der Consumer Electronics – 2013, Deloitte, BITCOM. Berlin.

Schmidt, G. (2004): Low-end and high-end Encroachment strategies for new products, in: International Journal of Innovation Management, Jg. 8, Nr. 2, S. 167–191.

Schmidt, G. M.; Porteus, E.L. (2000): The impact of an integrated marketing and manufacturing innovation, in: Management and Service Operations Management, Jg. 2 Nr. 4, S. 317–36.

Schmidt, G.; Druehl, C. T. (2008): When is a disruptive innovation disruptive?, in: Journal of Product Innovation Management, Jg. 25, S. 347–369.

Schnell, Rainer (2012): Survey-Interviews. Methoden standardisierter Befragungen, 1. Auflage, VS Verlag für Sozialwissenschaften Springer Fachmedien Wiesbaden GmbH. Wiesbaden.

Schooler, J. W. (2014): Metascience could rescue the 'replication crisis', in: Nature. 515 (725): 9. PMID 25373639. https://doi.org/10.1038/515009a.

Schönfeldinger, G. (2013): Mein neues Smartphone, Verein für Konsumenteninformation, Wien.

Schubert, M. (2010): Handy-Navigation im Test: Ovi Maps., unter: http://www.netzwelt.de/news/81855-handy-navigation-test-ovi-maps.html., zuletzt aufgerufen am 16.05.2016.

Schulz, C.; Hölzle K. (Hrsg.) (2014): Motoren der Innovation. Zukunftsperspektiven der Innovationsforschung, Springer Gabler Verlag. Wiesbaden.

Schumpeter (1926): Theorie der wirtschaftlichen Entwicklung. Eine Untersuchung über Unternehmergewinn, Kapital, Kredit, Zins und Konjunkturzyklus, Duncker und Humbolt, München.

Schumpeter, J (1939): Business Cycles: A Theoretical, Historical and Statistical Analysis, McGraw Hill, New York.

Schumpeter, J. A. (1939): Business Cycles. A Theoretical, Historical and Statistical Analysis of the Capitalist Process. McGraw-Hill, New York, London.

Schumpeter, J. A. (Hg.) (1950): Kapitalismus, Sozialismus und Demokratie. 3. Aufl. Francke, München.
Schumpeter, J.(1942): Capitalism, Socialism and Democracy, Harper Brothers, New York.
Schwarzer, H. (2008): Frühe Patente für Digitalkameras, unter: http://szene.digitalkamera.de/blogs/rueckblende/archive/2008/11/24/fr-252-he-patente-f-252-r-digitalkameras.aspx., zuletzt aufgerufen am 28.12.2015.
Schwertfeger, B. (2016): Disruptions-Erfinder Christensen: „Viele haben das Konzept falsch verstanden." unter https://www.haufe.de/personal/hr-management/innovations-management-christensen-ueber-disruptive-innovation_80_388494.html#! – zuletzt aufgerufen am 14.12.2016.
Seven One Media, Statista (2014): Wie häufig führen Sie folgende Aktivitäten mit Ihrem Smartphone durch?, in MAG Mobile 2014, S. 9ff.
Sick, N.; Preschitschek, N.; Gürtler, M.; Bröring, S. (2016): Convergence research in technology and innovation management literature – A review on its current status, overall relevance and future challenges. R&D Manaement Conference 2016: „From Science to Society: Innovation and Value Creation", Cambridge, UK.
Siggelkow, N. (2007): Persuasion with case studies, in: Academy of Management Journal, Jg. 50, Nr. 1, S. 20–24.
Smith Smith, D. (2006): Exploring Innovation, McGraw-Hill Education, Berkshire.
Song, C. H. (2015): Früherkennung von konvergierenden Technologien: Ein neuer Ansatz zur Identifikation attraktiver Innovationsfelder, Gabler Verlag, Wiesbaden.
Sood, A.; Tellis, G. (2011): Demystifying Disruption: A New Model for Understanding and Predicting Disruptive Technologies, in: Marketing Science, March-April, Jg. 30, Nr. 2, S. 339–354.
Sood, A.; Tellis, G. (2013): Demystifying Disruption: On the Hazard of Being Replaced by New Technology, in: GfK MIR, Jg. 5, Nr. 1, S. 24–30.
Sood, A.; Tellis, G.; Zhu, J. (2012): Predicting the Path of technological Innovation: SAW vs. Moore, Bass, Gompertz, and Kryder, in: Marketing Science, Jg. 31, Nr. 6, S. 964–979.
Specht, G.; Beckmann, C.; Amelingmeyer, J. (2002): F&E Management, Kompetenz im Innovationsmanagement, 2. Auflage, Schäffer, Pöschl Verlag, Stuttgart.
Springer, J. (2009): Toll Collect: Die Mauttechnologie als Plattform für Dienste in Fahrzeugen. in Eberspächer, J.; Arnold, H.; Herrtwich, R. H. (2009): Das vernetzte Automobil. Mehr Sicherheit und Effizienz durch Informations- und Kommunikationstechnik. Münchner Kreis, Hüthig Verlag, S. 159–167.
Srnka, K.; Koeszegi, S. (2007): From words to numbers: How to transform qualitative data into meaningful quantitative results, in: SBR, Jg. 59, S. 29–57.
statista (2013): Marktanteile der Hersteller an der Smartphone-Nutzung in Deutschland bis 2013. Smartphones – statista dossier 2013, unter: http://de.statista.com/statistik/daten/studie/209284/umfrage/marktanteile-der-smartphone-hersteller-in-deutschland zuletzt aufgerufen am 13.01.2016.
Statista (2015): Navigationsgeräte - Statista-Dossier, statista, Hamburg, S. 1–42.
Statista (2016): Anzahl der täglich über soziale Netzwerke und Apps wie Facebook, Instagram und Snapchat verbreiteten Fotos in den Jahren 2008 bis 2014 (in Millionen) unter: http://de.statista.com/statistik/daten/studie/312172/umfrage/taeglich-von-internetnutzern-hochgeladene-und-geteilte-fotos/ zuletzt aufgerufen am 08.01.2016.

Statista (2016): Statista Marktprognose - Connected Car – Umsatz, unter https://de.statista.com/outlook/320/connected-car#market-revenue, zuletzt aufgerufen am 16.05.2016.

Statista (2016b): Statista Marktprognose - Navigationsdienste – Umsatz, in statista, unter https://de.statista.com/outlook/323/100/navigationsdienste/weltweit#, zuletzt aufgerufen am 16.05.2016.

statista (2016c): Statista Marktprognose - Connected Car – Wachstum, unter https://de.statista.com/outlook/320/connected-car#market-revenue, zuletzt aufgeruden am 16.05.2016.

Statista (o. Jg.): Die Top 20 Smartphone-Apps in Deutschland, unter: https://d28wbuch0jlv7v.cloudfront.net/images/infografik/normal/infografik_655_Top_20_Smartphone_Apps_in_Deutschland__b.jpg, zuletzt aufgerufen am 16.05.2016.

Statista, Fokus (2013): Top 10 Apps auf dem Android-Smartphone nach Nutzeranteil in Deutschland im November 2013, in statista.

Statistic Brain Research Institute (2016): Anzahl der weltweit insgesamt heruntergeladenen Apps nach App Stores im Jahr 2016 (in Milliarden), in statista.

Statistisches Bundesamt (2016): Anteil der privaten Haushalte in Deutschland mit einem Navigationsgerät von 2005 bis 2015, in statista.

Statistisches Bundesamt (2016b): Bevölkerung – Entwicklung der Einwohnerzahl von Deutschland von 1990 bis 2015 in Mio., in statista.

Stauch, O. (2011): Portable Navigationsgeräte, unter: http://www.connect.de/vergleich/kaufberatung-portable-navigationsgeraete-1132738.html., zuletzt aufgerufen am 16.05.2016.

Steilheil, M. (2005): Rosige Zukunft mit Fotohandys. Im Interview: Kornelius Müller, Carl Zeiss AG, unter: http://www.chip.de/artikel/Im-Interview-Kornelius-Mueller-Carl-Zeiss-AG_17969138.html zuletzt aufgerufen am 12.1.2017.

Steinhoff, Sascha (2015): Ende Legende: 10 spektakuläre Fehlprognosen der Fotoindustrie, unter: http://www.heise.de/foto/artikel/Ende-Legende-10-spektakulaere-Fehlprognosen-der-Fotoindustrie-2573271.html?hg=1&hgi=5&hgf=false zuletzt aufgerufen am 20.03.2015.

Stieglitz (2003): Digital Dynamics and Types of Industry Convergence: The Evolution of the Handheld Computers Market, in: Christensen, J.F.; Maskell, P. (Hrsg.): The industrial dynamics of the new digital economy. Edward Elgar Publishing Ltd, Cheltenham, S. 179–203.

Stieglitz (2004): Strategie und Wettbewerb in konvergierenden Märkten, Deutscher Universitäts-Verlag, Wiesbaden.

Stiftung Warentest (2004): Radio-Navigationsgeräte vom 16.12.2004, unter: https://www.test.de/Navi-Zielgerichtet-1229697-1229679/ zuletzt aufgerufen am 09.08.2016.

Stiftung Warentest (2016): Handy und Smartphone: 319 Mobiltelefone im Test, Die Betriebssysteme im Überblick, unter: https://www.test.de/Handys-und-Smartphones-im-Test-4222793-4222876/. zuletzt aufgerufen am 27.06.2016.

Stobbe, A..; Just, T. (2006): Am Beginn der technologischen Konvergenz. D. B. Research. Frankfurt am Main, Deutsche Bank Research, S. 1–20.

Strebel, P. (1987): Organizing for Innovation Over an Industry Cycle, in Strategic Management Journal, Jg. 8, Nr. 2, S. 117–124.

Striewisch, T. (2010): Der große Humboldt Fotolehrgang. Von der Aufnahme zum fertigen Bild. 7. Auflage, Humboldt Verlag, Hannover.

StVO (o. Jg.): §23 Sonstige Pflichten von Fahrzeugführenden, StVO.

Süddeutsche Zeitung (2014): Von „Eva" zum Navi zum Autopiloten, unter: http://www.sueddeutsche.de/auto/jahre-navigationssystem-von-eva-zum-navi-zum-autopiloten-1.2270971., zuletzt aufgerufen am 03.01.2016.

TAZ (2016): 25 Jahre Navigationsgeräte im Auto „Wenn möglich, bitte wenden", TAZ, unter: http://www.taz.de/!5025966/., zuletzt aufgerufen am 23.06.2016.

Tellis, G. (2006): Disruptive Technology or Visionary Leadership, in: The Journal of Product Innovation Management Jg. 23, S. 34–38.

Thielmann, B. (2000): Strategisches Innovationsmanagement in konvergierenden Märkten. Medien- und Telekommunikationsunternehmen in Online-Diensten und im digitalen Fernsehen, 1. Auflage, Dt. Universitätsverlag, Wiesbaden, Gabler Edition Wissenschaft, Wiesbaden.

Thurston, T. (2014): Christensen vs. Lepore: A Matter of Fact, in Techcrunch, unter: https://techcrunch.com/2014/06/30/christensen-vs-lepore-a-matter-of-fact/ zuletzt aufgerufen am 18.02.2017.

TNS Infratest, E-Plus, Statista (2011a): Nutzen Sie mobile Navigationsdienste auf Ihrem Handy?, in statista.

TomTom (2005) AR: Annual Report 2005, TomTom, Amsterdam.

TomTom (2005b): TomTom NV Q2 results: strong increase in revenues and net profit TomTom, TomTom Amsterdam.

TomTom (2006) AR: Driving Ahead. Annual Report 2006, TomTom, Amsterdam.

TomTom (2007) AR: Annual Report and Accounts 2007 – Total Navigation, Our route to the future, TomTom NV, Amsterdam.

TomTom (2008) AR: Annual Report and Accounts 2008, TomTom NV, Amsterdam.

TomTom (2009) AR: Annual Report and Accounts 2009, TomTom NV, Amsterdam.

TomTom (2010) AR: Annual Report 2010, TomTom NV, Amsterdam.

TomTom (2011) AR: Annual Report 2011, TomTom NV, Amsterdam.

TomTom (2012) AR: Annual Report 2012, TomTom NV, Amsterdam.

TomTom (2013) AR: Annual Report 2013, TomTom NV, Amsterdam.

TomTom (2014) AR: Annual Report 2014, TomTom NV, Amsterdam.

TomTom (2015) AR: Annual Report 2015, TomTom NV, Amsterdam.

TomTom (2016): About TomTom – History, unter http://corporate.tomtom.com/history.cfm. zuletzt aufgerufen am 16.06.2016.

TomTom (2016b): First quarter 2016 results, TomTom, 19.April 2016, Amsterdam.

TomTom (2016c): Key Facts, Key Dates, unter: http://corporate.tomtom.com/keyfacts.cfm?showkey=dates, zuletzt aufgerufen am 16.06.2016.

Tsang, Kwan (1999): Replication and theory development in organizational Science: A critical realist perspective. In: Academy of Management Review 24(4), S. 759–790.

Tushman, M.; Anderson, P. (1986): Technological Discontinuities Organizational Environments, in: Administrative Science Quaterly, Jg. 31, Nr. 3, S. 439–465.

Uhlmann, L. (1978): Der Innovationsprozeß in westeuropäischen Industrieländern, Duncker & Humblot, Berlin, München.

United Navigation (2012): Konsequente Ausrichtung. United Navigation trotzt Marktrückgang, United Navigation, Pressemeldung vom 23.08.2012.

Utterback, J. M. (1979): The Dynamics of Product and Process Innovation in Industry, Pergamin Press PPS Student Edition, New York.

Utterback, J. M.; Abernathy, W. (1975): A dynamic model of process and product innovation, in: Omega **3**(6): S. 639–656.

Utterback, J. M.; Suarez, F.F. (1993): Innovation, Competition, and Industry Structure, in: Research Policy, Jg. 22, Nr. 1, S. 1-21.

Vaara, E.; Lamberg (2016): Taking historical embeddedness seriously: Three historical approaches to advance strategy process and practice research, in: Academy of Management Review, Jg. 41, S. 633–657.

Vahs, D.; Burmeister, R. (2002): Innovationsmanagement: Von der Produktidee zur erfolgreichen Vermarktung, 2. Auflage, Schäffer-Poeschel Verlag, Stuttgart.

Vahs, D.; Schäfer-Kunz, J. (2007): Einführung in die Betriebswirtschaftslehre, 5. Auflage, Schäffer-Poeschel Verlag Stuttgart.

Vojak, B.; Chambers, F. (2004): Roadmapping disruptive technical threats and opportunities in complex, technology-based subsystems: The SNAIL methodology, in: Technological Forecasting & Social Change, Jg. 71, S. 121–139.

Vowe, G.; Henn, P. (2015): Konvergenz – Klärung eines kommunikationswissenschaftlichen Schlüsselbegriffs. In M. Emmer and C. H. Strippel (2015): Kommunikationspolitik für die digitale Gesellschaft 43-60. https://doi.org/10.17174/dcr.v1.4.

VuMA (2016b): Bevölkerung in Deutschland nach Kaufabsicht für ein Navigationsgerät für das Auto in den nächsten 12 Monaten in den Jahren 2011 bis 2015 (in Millionen), in: statista.

Wadhwa, V. (2015): How Recent Tech Success Stories Are Disrupting Disruption Theory, Singularityhub, Retrieved 3/7/16 World Wide Web,http://singularityhub.com/2015/11/24/how-recent-tech-success-stories-are-disrupting-disruption-theory/?utm_content=buffera0953&utm_medium=social&utm_source=facebook.com&utm_campaign=buffer.

Weaver, B. (2007): Industry convergence. Driving forces, factors and consequences. The Institute of Economic Research. Paper submitted to the 19th NFF conference in Bergen, 9-11 August 2007.

Webster, K. (2014): To Disrupt or not Disrupt: Is that really the question. Unter: http://www.pymnts.com/news/2014/to-disrupt-or-not-to-disrupt-is-that-really-the-question/, zuletzt aufgerufen am 23.01.2017.

Weicksel, J. (2016): Die digitale Transformation der Mobilität – mehr als eine App. IVS Forum 2016, 14.04.2016, Bitkom, Berlin.

Weisenbach-Keller, E; Shanklin, W. (2005): The perfect storm for disruptive technologies, in: The Marketing Management Journal, Jg. 15, Nr. 1, S. 172–178.

Weisenbach-Keller, E., (2005): Anatomy of disruptive technologies: Analyses and comparison. Dissertation. Kent State University.

Wessel, M., Christensen, C. M. (2013): Surviving Disruption, in: Harvard Business Review Jg. 90, Nr. 12, S. 72–81.

Wheelwright, S.; Clark, K. (1992): Revolutionizing Product Development: Quantum Leaps in Speed, Efficiency, and Quality; Chapter 8, Free Press, New York.

Windrum, P., Birchenhall, C., (1998): Is product life-cycle theory a special case? Dominant designs and the emergence of market niches through co-evolutionary learning, in: Structural Change and Economic Dynamics, Jg. 9, Nr. 1, S. 109–134.

Wirtz, B. (2001): Reconfiguration of Value Chains in Converging Media and Communications Markets, in: Long Range Planning, Jg. 34, S. 489–506.

yext (2016): Eine kurze Geschichte der GPS-Navigation, unter: http://www.yext.com/de/resources/pocket-guide-to-the-us-gps-navigation-market/quick-history-of-gps-navigation/. zuletzt aufgerufen am 08.03.2016.

Yin, R. (2007): Case study research. Design and methods. Sage, Thousand Oaks, California.

Yin, R. (2009): Case study Research, Design and Methods. 4. Auflage, SAGE Publications, Inc., California.

Yoffie, D. B. (1996): CHESS and competing in the age of digital convergence, in: California Management Review Summer 1996, S. 31–53.

Yoffie, D. B. (1996): Competing in the Age of Digital Convergence, in: California Management Review, Jg. 38, Nr. 4, S. 31–53.

Yoffie, D. B. (1997): Introduction – CHESS and competing in the age of digital convergence, in: Yoffie, D. (ed.) (1997): Competing in the age of digital convergence, Harvard Business Press, Boston, S. 1–35.

Yoffie, D. B. (Ed.) (1997): Competing in the Age of Digital Convergence. Harvard Business Press, Boston.

Yoo, Y., Boland, R.; Lyytinen, K.; Majchrzak, A. (2012): Organizing for Innovation in the Digitized World. Organization Science, Jg. 23, Nr. 5, S. 1198–1408.

Yu, D., Hang, C. (2010): A Reflective Review of Disruptive Innovation Theory, in: International Journal of Management Reviews, Jg. 12, S. 435–452.

Zschunke, P. (2011): Navi-Hersteller suchen nach neuer Orientierung, unter: http://www.heise.de/newsticker/meldung/Navi-Hersteller-suchen-nach-neuer-Orientierung-1260830.html., Heise online vom 15.06.2011, zuletzt aufgerufen am 03.02.2016.

Lightning Source UK Ltd.
Milton Keynes UK
UKHW02f1146200318
319745UK00010B/147/P

9 783658 204785